增訂十四版

證券交易法論

Securities Act

吳光明　著

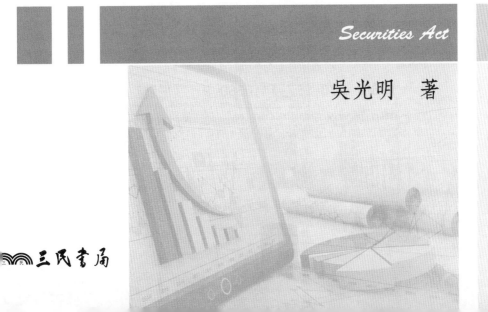

三民書局

國家圖書館出版品預行編目資料

證券交易法論 / 吳光明著.－－增訂十四版一刷.－－
臺北市：三民，2019
　　　面；　公分

ISBN 978－957－14－6560－9　（平裝）
　1.證券法規 2.論述分析

563.51　　　　　　　　　　　　　　　107023174

© 　證券交易法論

著 作 人	吳光明
發 行 人	劉振強
著作財產權人	三民書局股份有限公司
發 行 所	三民書局股份有限公司
	地址　臺北市復興北路386號
	電話　(02)25006600
	郵撥帳號　0009998－5
門 市 部	(復北店) 臺北市復興北路386號
	(重南店) 臺北市重慶南路一段61號
出 版 日 期	初版一刷　1996年10月
	增訂十三版一刷　2015年9月
	增訂十四版一刷　2019年2月
編　　　號	S 584530

行政院新聞局登記證局版臺業字第○二○○號

有著作權．不准侵害

ISBN　978－957－14－6560－9　　（平裝）

http://www.sanmin.com.tw　三民網路書店
※本書如有缺頁、破損或裝訂錯誤，請寄回本公司更換。

增訂十四版序

筆者致力法學領域，律師（從 1975-1993；2013 迄今）；兼任教授（從 1978-1992；2013 迄今）；專任教授（從 1992-2013）。在此期間，無論教學、研究，或從事律師工作，無不竭心盡力；又因志趣所在，故對證券交易方面之理論與實務，尤多涉獵。1996 年間，為期與師友、學生分享所思所學，故完成本書之初版，當時初生之犢慶幸感恩之心，於今回首，彷彿昨日。

由於證券法律規範證券市場之管理，對整體社會經濟之發展，關係至鉅，且其內容與廣大企業及投資大眾，利益攸關，故政府及民間一向關注甚殷，從而證券交易法之條文，多年來迭經修正，市場運作機制與規範，亦隨之屢有變革。在此期間，筆者陸續增修本書，並於 2015 年間完成增訂第十三版。

惟我國證券交易法繼 2015 年 7 月間本書增訂第十三版之後，已先後又修正公布第 28-4、43-1、171、172、14-2、178 條條文；增訂第 44-1 條條文；並刪除第 174-2 條條文。與證券交易法休戚相關之公司法，則於去（2018）年 8 月間大幅修正，嗣經行政院發布定自同年 11 月 1 日施行。因此，拙著舊版所述，難免又有不合時宜之處，在師友策勵下，筆者乃再重新檢視，除將全書去蕪存菁外，對近期修正及新增之規定，則多探討。另外，又增列幾篇新文章，諸如第六章中有價證券下市交易，其中就 2018 年 11 月 30 日大法官釋字第 770 號解釋之，企業併購法現金逐出合併暨股東及董事利益迴避案，有所論述。第二十九章中，概括論述「證券交易法晚近之修正與增訂」，期能無悖於筆者「與時俱進」之自我期待。

證券交易之研究是一門跨領域之專業，必須同時熟悉法律規定、財經知識，以及市場實務，始能以宏觀之角度，瞭解並剖析問題；但無論實務潮流如何演變，「證券交易法」之完備與落實，仍然發展國民經濟，保障投資之基礎。茲因社會經濟瞬息萬變，證券市場之運作與管理，雖屢經各界學者專家探討，仍一

　　直有著許多新的爭議或難題，故即使證券交易法自 1968 年制定公布以來，迄今已修法 23 次，未來必然仍有許多改進之空間。

　　筆者忝為法律界之一員，多年來得以持續研析證券市場管理之相關議題，並表淺見，誠屬有幸。於此拙著再度付梓之際，謹向歷來在教學研究之路程上，曾經指導、鼓勵、協助過筆者之師長及好友，致上誠摯之敬意與謝意！

吳光明

於研究室

二〇一九年一月

增訂十三版序

筆者因早年（1975 年）即曾執業律師，嗣又於 1992 年轉任教學、研究工作，在此期間，對證券交易方面之實務與理論，皆涉獵甚深，對證券市場管理之相關議題，亦甚關注。因而極盼能將所思所學集結成書，俾便與師友、學生討論分享。1996 年間，本書初版首次完成，其後陸續修正；轉眼之間，第十三版茲已付梓在即，雖因時光飛逝，頗感驚心，卻也因多年來致力為學略有成果，自覺慶幸。

由於社會經濟瞬息萬變，證券市場之運作與管理，即使訂有諸多法令規章，又屢經各界學者專家探討，仍一直有著許多新之爭議或難題，甚且難以單純用理論加以規範。例如證券交易有關於價值定義之難題——包括股市分析不應僅有基本分析與技術分析，投機因素亦要一併評估。還有，因為每個人對於價格之主觀認定不同，何謂高價，何謂低價，見解必有不一，可能會因而影響「股市炒作」之成立。又在證券交易中，行為人之意圖亦難界定，蓋「逢低買進，逢高賣出」雖屬市場通則，但仍有些人或因急用現金，或因公司利益考量，或為避免貨幣貶值……而買賣股票，因此即使連續多日用高價買入，或用低價賣出，亦不一定即係「故意炒作」，從而實務上有無炒作證券之行為，判斷不易。

證券交易之研究，是一門跨領域之專業，除須知悉法律規定外，亦須具備財經知識，同時應瞭解證券交易與市場管理之實務運作以及相關事宜，但在諸多亟待吸收之學識與資訊中，「證券交易法」畢竟是建立證券市場之基礎，也是市場運作可長可久之主桌，特別值得持續探討。本書認為，未來如何在既有之法令基礎上，加強我國證券交易法律之本土化研究，並更進一步維護證券交易資訊之公平透明，應是最需著力之方面。

證券交易所得稅之徵收與否，與證券市場之興衰息息相關，本書前於 2012 年 7 月（第十一版）及 2013 年 9 月（第十二版）即曾論述，且力主徵收有所不

妥。茲證所稅議題在爭議多時之後，終又重新修法，且有新之變革，故本書特別於第 23 章中再加以闡述並補充。 另為因應海峽兩岸對於證券市場管理之現況，新增第 26 章「證券律師在證券市場監督機制角色之探討——海峽兩岸之比較」。至其他章節之部分內容，亦已分別修正。惟因能力有限，仍不免有所疏漏，錯誤之處，亦在所難免，敬期各界不吝指正。

吳光明

於研究室

二〇一五年八月

增訂十二版序

法律是現代社會穩定發展基石之一；法律只有在適應社會之變化時，才具有生命力。法律文化係指人們對法律本身、法律機構、法律判決之制作者——例如法官、律師、檢察官，以及司法程序之各種知識、價值觀念、態度、信仰與期望之總和。法律文化反映了人們對靜態之法與動態之法之知識性認識，包括人們對法律之價值判斷，以及對法律實際運用之心理基礎。

證券法律因規範證券市場之管理，對整體社會經濟之發展，關係至鉅，更與廣大之民眾利益，息息相關，因而更需要與時俱進，以符合實際之需求。然而，由於法律文化之不同，各國無論證券市場之型態，或證券相關法制規章，自亦頗有差異。

一般而言，證券市場具有以下三個特徵：1.證券市場是價值直接交換之場所；2.證券市場是財產權利直接交換之場所；3.證券市場是風險直接交換之場所。因此，對於證券法規之訂定，咸認宜考量證券市場管理之彈性運作。從而我國證券交易法僅 183 條，但管理我國證券市場之行政規章、行政命令以及自律規範等，則將近 1,463 種。茲為因應我國之法律文化，並提升證券市場之管理，有必要加強對我國證券交易法律之本土化之研究，特別是在維護資訊公平透明方面，尤應再多著力。

針對證券交易所得稅之徵收與否，本書前於第十一版時即有所論述，且力主徵收有所不妥。2013 年 7 月間，此一議題在爭議多時之後，終又重新修法，而有最新變革，故本書也特別在第二十三章中再加以闡述並補充。

此外，證券交易法第 14 條之 1 修正條文，甫於 2013 年 6 月 5 日公布。本書已併於第三章中敘明，惟因篇幅所限，實難就內部控制制度作全面性之分析，故僅聚焦上開條文之探討。

今年 8 月 1 日起，我開始轉換跑道，一方面改為兼任教職，一方面則更致

力著作，並廣泛參與法律實務工作。希望在法學領域中，永遠保有清晰之思維與客觀之見解，盼藉此能再創立人生之新起點。然因能力有限，論著之際恐仍不免有所疏漏，錯誤之處，敬祈各界不吝指正。

吳光明

於秀明路一段自宅研究室

二〇一三年八月八日

增訂十一版序

我國「證券交易法」為管理證券市場最重要之法規，最初頒訂於 1968 年，全文共 183 條，其後歷經多次修正。2012 年 1 月 4 日，又修正公布第 4、14、22、36、38-1、141、142、144、145、147、166、169～171、174～175、177、178、179、183 條條文；增訂第 165-1～165-3 條條文及第五章之一章名；並刪除第 146 條條文，顯見該法為配合實際需要，向來持續頗有變革。而在證券交易法之外，規範證券交易之行政命令或行政規則者，例如證券交易所營業細則等，總共則多達 1446 種以上。在法律授權下，該等章則多可由主管機關經由規定程序直接進行修正，以配合瞬息萬變之證券市場，頗具彈性，此亦足證我國證券市場之活絡與多元。

長久以來，筆者於證券相關領域，著力甚深，誠盼藉由個人之見解及用心，就我國證券交易管理之檢視和提升，略盡綿薄之力。晚近，隨著證券市場之擴大，以及各界對於現代法治之要求，完備、靈活、適應性強的證券法律制度，尤顯重要。基於「讀萬卷書，不如行萬里路」，和「教學相長」之期待，筆者利用到中國大陸各大學講學和擔任講座期間，對於證券相關之法學理論與實務運作，特別積極致力鑽研，確也受益良多。

本冊《證券交易法論》增訂 11 版，每章均為分別獨立之論文，除沿襲歷來既有之立論與基本架構外，並再補充新文章，如第二十一章證券市場投資人保護立法與評價——以團體訴訟文化為中心、第二十三章證券市場管理規範與課稅爭議等均屬之。

由於我國之證券交易法規，主要源於國外之法制，惟證券交易或管理，受

社會環境及法律文化影響甚深，實難放諸四海而皆準。本書之付梓，期能以「法律本土化」之立場，對我國證券市場之問題，提出一些不同角度之思考，希望對學術研究及我國之證券實務，有所助益，更衷心歡迎各界先進，不吝指正。

吳光明

於臺北大學法律學系

二〇一二年七月

增訂十版序

　　證券制度之發展係一項高度專業化、技術化之工程，涉及面廣、政策性強，對社會公義與整個國民經濟之發展，具有牽一髮而動全身之影響。因而，確保證券金融機構依法穩健運行，促進證券金融業健康發展，意義重大。

　　「證券交易法」一書於一九九六年出版，迄今已增訂十版，係因立法院二〇一〇年一月十三日又修正公布第五十四條條文。二〇一〇年六月二日修正公布第二十一條之一、三十六、一五七條之一、一七一、一七七、一七八、一八三條條文。二〇一〇年十月二十一日行政院院會修正草案又作若干修正、二〇一〇年十一月五日又修正第十四條之六。因此，該增訂第十版，除沿襲歷來既有之立論與基本架構，增加新理論與實務判決外，另亦補充新文章，諸如：第七章有價證券之私募——兼論最高法院九十八年度臺上字第九二三號民事判決、第二十四章證券犯罪、第二十五章證券投資損害民事訴權。本書各章分別獨立自成一單元，期對證券交易學術研究著作，有所助益。

　　筆者於一九六七年間，初次邁入法學之門；一九七五年專門從事證券律師計十八載，繼又轉任大學從事教職，迄今又近二十年。然學海無涯，每有涉獵，又自覺所學之不足；故長久以來，總是兢兢業業於教學及研究之工作，未敢有所懈怠。

　　回顧年少時期，筆者於大學生時，擔任家教，並在學校工讀；一九七三年就讀台灣大學法律系碩士班一年級時，有幸在恩師曾師世雄教授一九七三年開設之建業律師聯合事務所擔任半天助理。考取律師後，被提升為合夥人；此後，專辦證券業務，故對證券交易法產生濃厚興趣。在做人處事方面，恩師曾師世雄教授、曾陳師明汝教授夫婦，一路言教身教，提攜引領，令筆者銘感腑內。茲謹藉拙作之完成，向師長先進之教導與提攜，聊致感恩之忱。

　　本書寫作期間，任職於中華科技大學人事室之內子邵秀華主任，利用公餘

之遲協助蒐集資料及校對等工作，備極辛勞，欣慰之餘，亦在此併致謝意。最後，本書如有疏漏之處，衷心歡迎先進同仁，不吝賜教。

吳光明

於臺北大學圖書館

二〇一一年一月

增訂九版序

在全球化的浪潮之下，金融全球化的迅速發展，尤其是無可避免的趨勢。世界各國在社會、經濟各方面，從而均產生重大變革。而如何管理證券市場，亦成為一件極為重要且艱鉅的任務。

我國證券市場之管理法規，當以屬法律位階的「證券交易法」為首要，該法共一百八十三條，為配合實際需要，公布迄今業已歷經多次修正。此外，屬於行政命令或行政規則者，例如證券交易所營業細則等，總共達一千三百二十七種之多，該等章則可由主管機關等經由規定程序直接進行修正，頗具彈性，以配合瞬息萬變之證券市場，此亦足證我國證券市場之活絡與多元。

邇來，證券市場之法律領域，日益擴大。經查法律領域擴大的因素之一，係源於各國規範體系間之碰撞，以及某些社會傳統觀念的變革。更由於個人信用與私人契約的廣泛運用，導致法律與訴訟手段持續增加。此際，完備、靈活、適應性強的證券法律制度，尤顯重要。因此，無論當年執業律師，或嗣後轉換跑道忝任教職，筆者對於證券相關之法學理論與實務運作，均積極致力鑽研，誠盼藉由個人之見解及用心，俾對我國證券之管理與提升，略盡綿薄之力。

拙作「證券交易法論」從民國八十五年初版，其內容除基本的證券交易法理論外，對我國證券市場問題、經濟金融或證券犯罪問題，亦多探討。此次增訂九版，除沿襲歷來既有之立論與基本架構外，也於第一章公司治理與獨立董事、第十七章證券爭議之仲裁、第十九章證券會計師、律師之法律責任等文章中提出新的觀念；亦補充新的文章，如第二十一章投資人保護與團體訴訟、第二十三章發展國民經濟與證券交易所得稅等。

歷來筆者屢次提及，由於證券交易或管理，受社會環境及法律文化影響甚

深，故絕非將國外制度移植至我國，即可解決我國證券市場問題。本書之付梓，期能以「本土化」的立場，對我國證券市場之管理問題，提出不同角度之思考，希望對學術研究及證券實務，有所助益，更衷心歡迎各界先進，不吝指正。

吳光明

於臺北大學法律學系

二〇〇八年八月

增訂八版序

隨著時代之進步，以及全球化潮流之影響，各國無論在社會、經濟各方面，都有著大幅之變革；而證券金融市場亦更顯活絡與多元。因此，如何藉由法制之訂定，建立並整頓證券金融市場，遂成為現代化國家之重要課題。

我國證券交易法於民國五十七年四月三十日公布施行，嗣後迭經修正。民國九十五年一月再度修正通過部分條文，其修正內容計有四大主題：其一，為衡酌國際組織及世界潮流趨勢，推動或規劃各項健全公司治理機制；其二，為增進證券商業務；其三，為與外國簽訂資訊合作協定；其四，為加強防制證券市場操縱、內線交易不法行為，以落實保障投資人權益。

一般而言，證券交易制度之完善與否，除上述事項外，更涉及下列幾個法律問題：

一、建立更完善之制度，以披露證券市場信息。

二、對證券市場中介機構——例如律師、會計師、證券商之義務與責任，應更明確規範。

三、對證券市場之民事賠償制度——包括民事賠償責任之構成要件、過失之判斷標準、因果關係之確定，以及損害賠償之計算方法等，均應更明確規範。

四、對證券市場之訴訟外爭議解決機制（Alternative Dispute Resolution，簡稱 ADR），應該更加重視。

五、政府監管之法律規範，應與業者自律問題並重。

本書從民國八十五年初版，嗣蒙各方支持厚愛，屢賜教益，故經多次增修。近十年來，針對上述問題，筆者屢藉拙作提出淺見與呼籲，並強調我國證券市場問題，乃至於所有經濟金融或證券犯罪問題，與外國並非完全相同，涉及不同環境，不同法律文化，應以不同方式解決問題。

本書「證券交易法論」增訂八版，除沿襲歷來既有之立論與基本架構外，

並就九十五年最新修正之證券交易法以及相關行政命令等，分別予以探討，另亦補充各章節之內容。同時，配合新修正法規之要旨與方向，加入幾篇新文章，期能對證券交易學術著作，有所助益，更衷心歡迎學界先進，不吝指正。

吳光明

於臺北大學法學系研究室

二○○六年四月三十日

增訂七版序

參與國際青年商會，業已三十多年，深知「健全之組織應建立在法治之基礎上」，不僅為該會之信條，亦已成為人們之共識。在人類歷史發展上，法律制度之建立，扮演著關鍵之角色，惟有健全之法制，始能奠定法治社會之基礎，亦才能推動文明社會之大幅進步。

八十五年間，筆者於本書《證券交易法論》初版為「序」時，即已指出我國證券市場四大問題——即人頭戶、丙種墊款、退佣、空中交易。九十三年間，則又於該書增訂六版中，強調證券市場之規範，應是三位一體——即政府監管機制、業者自律、糾紛解決途徑。文中並敘及「除法律規範外，更涉及法律文化問題。」以當時為文之心情，觀諸現階段之社會亂象，慨嘆之餘，僅能說「股市掏空」、「股市禿鷹」等案之發生，實屬預料之中。

二十多年前，筆者仍任律師時，股市弊端即已屢見不鮮。嗣後轉任臺北大學，專任法學系教職，致力於證券交易法、仲裁法、物權等之教學與研究；其間論著之重心，亦以證券交易法、證券交易仲裁等為主。數十年來，無論著作、講學或演說，皆一再提出上述證券弊病之解決途徑，聽聞者應不下萬餘人，然以一介書生，畢竟言者諄諄，聽者杳杳，終未見相關單位採取任何具體之策略。惟今年六月二十九日，《經濟日報》將該觀點發表於社論之中，卻意外引來諸多學者專家之關心與鼓舞，顯見各界對拙見亦頗有接觸並認同；而筆者更以此自我惕勵，相信拙著之出版，對我國股市之健全發展，仍具針砭或參考之價值。

本書《證券交易法論》（增訂七版），除維持其原有之理論與架構外，另再針對最新修正之證券交易法條文之立法目的、條文解釋、法律適用，以及相關行政命令法規精神與法院判決，予以探討補充，期能對證券交易之理論及實務，有所助益，疏漏之處，亦衷心歡迎先進同仁，不吝賜教。

此際筆者利用學校暑假之便，訪問加拿大卡加利(Calgary)大學。徜徉於面

積有一千二百五十公頃之美麗校園，又感受該國之法治、祥和，以及良好之政治環境與社會秩序，欣羨之外，感觸良多。忝為知識份子，竟未能兼善天下，實有必要加以反思，並更加努力，爰特於茲為此序。

吳光明

於加拿大 Calgary 大學研究室

九十四年七月二十八日

增訂六版序

　　本書自增訂五版迄今，已逾一年半，此期間主管機關為強化證券市場之管理，落實公司治理制度，規定擬於民國九十三年度以後申請有價證券上市之各公開發行公司，應設置獨立之董事、監察人；然而，行政院九十三年二月五日決議，證券交易法修正草案有關強制設立獨立董監事等規定，學者、企業人士出現反彈聲浪，爭議性大，將全案退回財政部函轉證期會重新擬定。此項決議意味公司治理修法方向出現重大轉折，可能由原本想要藉由修改證券交易法強制部分上市上櫃公司設置獨立董監事，改採自願式，值得注意。

　　此外，證券交易所修正該公司營業細則第二十八條之一第二項補充規定，即證券商自有資本適足比率低於百分之一百時，其當日輸入委託或自行買賣申報總金額不得超逾可動用資金淨額之倍數限制。另該細則第八十二條之二規定，辦理指數股票型證券投資信託基金之受益憑證或其表彰股票組合之套利、避險行為，以及認購權證之履約行為等策略性交易需求而借券賣出，不受「證券商管理規則」第三十二條第一項「不得申報賣出未持有之有價證券」之限制；此外，增訂防制事前炒作、沖洗買賣機制，認售權證發行人採融券賣出認售權證標的股進行避險操作，可以不受「平盤以下不得融券賣出」之限制。凡此種種，均係為加強規範證券市場，防止弊端。

　　一般而言，證券市場之規範三位一體：即政府監管機制、業者自律規範以及解決爭議途徑。業者自律規範是一種行業監管，必須以業內有共識為基礎；解決爭議途徑除訴訟外，尚有所謂訴訟外爭議解決機制 (Alternative Dispute Resolution，簡稱 ADR)，其中又以證券爭議之仲裁最為重要。至於政府監管部分，則期望由九十三年七月一日成立之行政院金融監督管理委員會負責。該管理委員會成立之目的，係為「健全金融機構業務經營，維持金融穩定及促進金融市場發展」，此之所謂金融市場，則包括證券市場。

　　眾所周知，制度之變遷絕非抽象地發生，英、美國家，以普通法 (common law) 與判例法為基礎，其法律制度鼓勵人們經由市場，進行交易活動。證券市場之管理，除法律規範外，更涉及法律文化問題，以我國證券市場而言，雖證券交易法第一條之立法宗旨，係為發展國民經濟，並保障投資。然而，該法僅是一種邏輯推演，其實無法完全用來規範真實世界，只要仍然充斥著丙種墊款、人頭戶以及退佣問題，則想要完善管理證券市場，實屬難上加難。

　　筆者自投身法學領域以來，前十餘年擔任律師工作，嗣又轉任教職；無論從事於實務或教學期間，皆持續致力研究及著作，未敢稍有怠忽；知悉學生多有所成，而小女依真亦已取得碩士學位，通過律師考試，並於最高法院服務，實為最堪告慰之事。近數年來，因於教職之外，又先後兼任國立中興大學總務主任、國立臺北大學主任秘書、國立臺北大學法律學院法律專業研究所所長等行政職務，實屬忙碌不堪。去年八月間，因幸獲 Fulbright 獎學金之獎助，遠赴美國而為 Georgetown University 訪問學者，並參加美國仲裁協會之仲裁人教育訓練；歸國後終稍得空，遂配合法令之增修，抽空完成本書之修正。然因個人才學有限，倉促之際，疏漏恐在所難免，敬祈各界先進，多加指正。

　　又本次增訂六版之校對整理工作，承蒙國立臺北大學法學系王加君助教之協助，特此再表感謝之意。

吳光明
於國立臺北大學法律學院法學系
九十三年二月十五日

增訂五版序

　　本書增訂四版後，九十年十一月證券交易法又修正公布第二五、二七、四三、一一三、一二六、一七七條條文，九十一年二月再修正公布第七、二十、二二、四三之一、一五七之一、一七四、一七五、一七七、一七八條條文及第二章章名；並增訂第四三之二至四三之八條條文及第二章第一節至第三節節名；九十一年六月十二日又再修正公布第三十、三七條條文；並增訂第十四之一、三六之一條條文。另為配合科技創新，相關行政規章亦有甚多之增刪與變化。

　　在此新經濟環境中，我國證券金融事業之發展日新月異，證券立法工作之成就，亦令人矚目。政府、學者、專家與金融市場，對於金融事業步入法制軌道之問題，實有重新思考之必要。

　　本次增訂五版，除就政府引進之「私募制度」及「修正公開收購制度」詳加探討外，對於修正證券交易法相關規定，以及其配套之法令，亦一併增修整理。由於筆者仍擔任臺北大學法律專業研究所教授兼所長一職，於工作繁忙中，盡力抽空，配合法令之增修，增訂本書，疏漏恐在所難免，敬祈各界先進，多加指正。又本次增訂五版之校對整理工作，承蒙王加君同學之協助，特此表示感謝之意。

吳光明

於國立臺北大學法律專業研究所

九十一年八月十五日

增訂四版序

　　證券交易法於民國五十七年公布，歷經七十年、七十二年、七十七年、八十六年之數度修正，而為配合證券市場自由化與國際化之趨勢，民國八十九年又大幅修正公布，新增行政章則亦多如牛毛。

　　這十幾年來，筆者從執業律師轉任為大學法律系教授，同時由於同仁及校內先進之抬愛，故於中興大學法商學院教授任內兼任學務處課外活動指導組組長、總務主任等行政工作，學校改制為「國立臺北大學」後兼任「主任秘書」乙職，今年八月起在校長李建興博士以及法律學院院長梁宇賢教授之肯定與推薦下，又榮任「法律專業研究所」首任所長，如此「一路走來，兵分二路」，雖然忙碌，但也因而更增進個人之歷練，並時承各方之策勵，對學術研究，亦不敢有所怠忽。故仍盡力抽空，時斷時續，配合法令之增修，增訂本書。然於繁忙之際，疏漏恐在所難免，如有錯誤或不足之處，敬請各界多加指正，以備日後再修正。

吳光明

於國立臺北大學法律專業研究所

九十年九月一日

增訂三版序

　　本書蒙各界採用，深感榮幸，特此致謝；惟因內容尚未完備，原想趁證券交易法修正時，再配合增訂，以求本書之完整。然該法於民國八十六年五月七日立法院修正四條後，民國八十九年七月十九日立法院又再度修正，故於第十九章第三部分再度增訂各條之立法理由說明。此外，為配合證券管理之靈活運用，證券交易法所授權訂定之命令，諸如公開發行股票公司股務處理準則於民國八十七年二月二十六日修正、證券投資信託事業管理規則於民國八十五年三月一日修正、證券投資信託基金管理辦法於民國八十八年五月十三日修正、證券商負責人與業務人員管理規則於民國八十八年十二月一日修正、證券商設置標準於民國八十七年十一月三日修正；另一方面，臺灣證券交易所股份有限公司又於民國八十八年六月十五日修正臺灣證券交易所股份有限公司有價證券借貸辦法、於民國八十八年三月三日臺灣證券交易所股份有限公司供給使用有價證券集中交易市場契約、於民國八十八年三月十一日修正臺灣證券交易所股份有限公司證券經紀商受託契約準則、於民國八十七年三月九日修正臺灣證券交易所股份有限公司存託憑證買賣辦法、於民國八十九年五月二日修正臺灣證券交易所股份有限公司營業細則等等。由於此部分之修正，所涉內容非常繁瑣，限於時間因素，本書未即再予增訂，惟讀者參閱時，仍應參考各該修正之法條，以補不足。

　　限於篇幅，本次先僅就第十六章證券糾紛之仲裁第六節現行證券法規相關規定之檢討部分，完全改寫，並附錄最新證交所營業細則條文於後，以供參考，如有疏漏，尚祈讀者先進，不吝指正。

吳光明

序於國立臺北大學法學系

民國八十九年九月二十七日

增訂二版序

　　本書蒙各界樂於採用，深感榮幸；惟因內容尚未完備，原想趁此次八十六年五月七日證券交易法修正四條，以及財政部證期會研議新版庫藏股制度時，再配合增訂，以求本書之完整。然而，立法院委員會審查通過之庫藏股制度以及財政部證期會原先一併提出之「上市上櫃公司買回自己股份辦法草案」，可能會涉及證券交易法之修正。爰此，除就證券交易法修正之四條，於第十九章說明修正理由之外，並探討庫藏股制度，再附錄最新條文於後，以供參考。

吳光明

序於中興法商總務分處

民國八十七年十一月

初版序

我國之經濟在經過幾十年來對外貿易擴張後，經濟結構大幅轉變；在證券市場方面，由民國七十五年開始累積之大量外匯，更改變我國證券市場之風貌。不容諱言，此種快速發展亦突顯若干問題，首先，我國證券市場之投資人絕大多數為自然人，法人投資機構所占比率不高，增加證券市場之不穩定性，加上多年來我國證券市場四大問題，即丙種墊款、退佣、人頭戶及空中交易，使我國證券市場之管理，難上加難。

其次，我國資本市場以股票市場為主，債券市場並不發達，資金集中於股票市場；在維護市場紀律方面，除依賴主管機關外，業者自律之功能，仍有待進一步加強；最後，為配合證券市場自由化、國際化需要，證券交易法作適當之檢討修正，均為我國證券市場未來發展所需之努力措施。

本書主旨，固在論析上述諸問題。惟亦將證券交易法諸問題，分成各小主題，逐章說明，其中並納入證券交易法最新條文修正草案，以期知悉法律政策走向，至於有關主管機關發布之行政命令，因有管理法令摘錄可供參考，故除非必要，否則不予論述。作者才疏學淺，貿然執筆，甚為惶恐。惟自民國六十四年起，即執行律師業務，專辦公司、證券案件，承恩師曾教授世雄先生指導、鼓勵，無論在訴訟實務及證券法學理論之教導，甚至如何進場開戶、買賣、交割股票，均身教言教，可謂師恩如山。在長達十七年執行律師業務，擔任證券公司、上市公司法律顧問之實務經驗，加上研修余教授雪明博士之授課所得，以及其後作者在中正法研所、中興法律系開課，師生討論，才有本書諸多見解。

本書之成，要感謝《自由新聞報》發行人袁希光先生所提供之證券資訊，以及郭崑謨教授、林誠二教授、梁宇賢教授等之鼓勵。又本書中若干專文曾向外界投稿，隱名審查委員提供之寶貴意見，使文章增色不少，這些教授之書面鼓勵訓勉，特此致謝。內人邵秀華利用公暇之餘校勘全文，臺大法研所陳思廷

同學協助校對，均屬貢獻良多，併此致謝。

　　恩師澤公教授，為作者臺大法研所博士班指導教授，二十餘年來，忝列門牆，承蒙傳道授業，勉勵有加，豈是於此言謝所能道其萬一。

　　本書之撰寫，雖甚盡力，惟限於學養，闕漏或錯誤在所難免，謹祈師友賢達，多賜教誨，是所至盼。

吳光明

謹序於中興大學法律系

民國八十五年七月十七日

證券交易法論

增訂十四版序

增訂十三版序

增訂十二版序

增訂十一版序

增訂十版序

增訂九版序

增訂八版序

增訂七版序

增訂六版序

增訂五版序

增訂四版序

增訂三版序

增訂二版序

初版序

第一章　公司治理與獨立董事

第一節　概　說 ··· 1

第二節　內部監控之權限分配與種類 ································ 2

第三節　董事會之組成與制衡 ·· 6

第四節　獨立董事之設置與職權 ····································· 13

第五節　公司治理模式與獨立董事制度之特點 ·················· 23

第六節　檢討與建議 ·· 29

第二章　論上市櫃公司獨立董事之獨立性與專業性

第一節　概　說 …………………………………………………… 34

第二節　獨立董事之設置 ………………………………………… 36

第三節　獨立董事獨立性之認定 ………………………………… 43

第四節　獨立董事之專業與薪酬 ………………………………… 49

第五節　結　語 …………………………………………………… 54

第三章　證券交易法上之有價證券

第一節　概　說 …………………………………………………… 56

第二節　有價證券之理論基礎 …………………………………… 58

第三節　證券交易法對有價證券之定義及其特性 ……………… 62

第四節　有價證券概念之檢討 …………………………………… 69

第五節　有價證券之特殊問題 …………………………………… 80

第六節　結　語 …………………………………………………… 84

第四章　財務報告與內部控制之申報

第一節　概　說 …………………………………………………… 86

第二節　資訊公開制度之意涵 …………………………………… 87

第三節　內部控制制度之意涵 …………………………………… 90

第四節　法令規範與責任 ………………………………………… 92

第五節　財報與內控申報之改革要項 …………………………… 98

第六節　結　語 ………………………………………………… 102

第五章　公開收購股權

第一節　概　說 ··· 104

第二節　公開收購股權之法律性質與要約之特徵 ··········· 105

第三節　公開收購股權之發展與特質 ························· 108

第四節　公開收購股權之利弊 ································· 109

第五節　對公開收購股權之規制 ······························· 113

第六節　公開收購之條文規定 ································· 116

第七節　敵意併購 ··· 118

第八節　結　語 ··· 120

第六章　有價證券下市交易

第一節　概　說 ··· 123

第二節　我國下市之相關規定 ································· 125

第三節　下市交易之態樣 ······································· 128

第四節　公司下市私有化之動機與弊端 ····················· 130

第五節　下市交易之經濟分析與案例探討 ··················· 133

第六節　我國法對少數股東之保護 ··························· 137

第七節　結　語 ··· 145

第七章　證券商之管理

第一節　概　說 ··· 147

第二節　證券商之業務種類與職能 ··························· 149

第三節　證券商之設立 ··· 154

第四節　經營證券商之規範 ····································· 158

第五節　有價證券之承銷 ……………………………………… 162

第六節　證券違法行為之罰則 ………………………………… 166

第七節　結　語 ………………………………………………… 170

第八章　有價證券之私募

第一節　概　說 ………………………………………………… 172

第二節　私募之意義及其優缺點 ……………………………… 173

第三節　現行證券交易法私募制度 …………………………… 178

第四節　私募制度在證券交易法與公司法之比較 …………… 188

第五節　資本市場私募概況 …………………………………… 192

第六節　結　語 ………………………………………………… 204

第九章　證券櫃檯買賣中心

第一節　概　說 ………………………………………………… 207

第二節　櫃檯買賣中心之組織與職掌 ………………………… 208

第三節　櫃檯買賣中心之規範 ………………………………… 213

第四節　櫃檯買賣制度概況與資訊揭露 ……………………… 217

第五節　結　語 ………………………………………………… 220

第十章　證券交易所

第一節　概　說 ………………………………………………… 222

第二節　證交所之功能與現況 ………………………………… 224

第三節　證交所之組織 ………………………………………… 226

第四節　證券交易之安全網 …………………………………… 233

第五節　證交所與證券商之法律關係 ………………………… 237

第六節　交易資訊公開化 ……………………………………… 241
第七節　主管機關之監督 ……………………………………… 243
第八節　結　語 ………………………………………………… 248

第十一章　有價證券之上市、上櫃

第一節　概　說 ………………………………………………… 250
第二節　有價證券上市與規範 ………………………………… 251
第三節　有價證券上市之法律性質 …………………………… 257
第四節　有價證券上櫃 ………………………………………… 259
第五節　結　語 ………………………………………………… 263

第十二章　有價證券之買賣

第一節　概　說 ………………………………………………… 266
第二節　證券買賣契約之要件 ………………………………… 267
第三節　投資人與證券商間行紀之法律關係 ………………… 270
第四節　有價證券買賣之給付與交割 ………………………… 278
第五節　有價證券買賣之實務問題 …………………………… 281
第六節　結　語 ………………………………………………… 284

第十三章　證券信用交易之規範

第一節　概　說 ………………………………………………… 285
第二節　我國證券金融事業發展史 …………………………… 286
第三節　法律依據 ……………………………………………… 291
第四節　法律關係 ……………………………………………… 293
第五節　投資人之保護與券商丙種墊款 ……………………… 299

第六節　結　語 ·· 301

第十四章　證券集中保管劃撥制度

第一節　概　說 ·· 303
第二節　證券集中保管劃撥之背景與優點 ···················· 304
第三節　證券集中保管劃撥制度之沿革 ························· 306
第四節　我國證券集中保管劃撥制度之實務問題 ············ 310
第五節　全面實施款券劃撥制度與其特殊問題 ··············· 315
第六節　結　語 ·· 319

第十五章　不法操縱行為之類型

第一節　概　說 ·· 321
第二節　操縱市場行為之定義與特徵 ···························· 323
第三節　違約不交割 ·· 325
第四節　相對委託 ··· 330
第五節　連續交易 ··· 332
第六節　造成交易活絡之表象 ··· 337
第七節　散布流言或不實資料 ··· 340
第八節　操縱行為之概括規定 ··· 343
第九節　結　語 ·· 346

第十六章　股價操縱之法理探討

第一節　概　說 ·· 348
第二節　「反操縱條款」之制定與監視 ························· 349
第三節　股價操縱認定之難處與改善 ···························· 351

第四節 股價操縱行為之類型 ⋯⋯⋯⋯⋯⋯⋯⋯⋯⋯⋯⋯⋯⋯ 353

第五節 操縱行為之法律探討 ⋯⋯⋯⋯⋯⋯⋯⋯⋯⋯⋯⋯⋯⋯ 359

第六節 結 語 ⋯⋯⋯⋯⋯⋯⋯⋯⋯⋯⋯⋯⋯⋯⋯⋯⋯⋯⋯⋯ 369

第十七章 內線交易

第一節 概 說 ⋯⋯⋯⋯⋯⋯⋯⋯⋯⋯⋯⋯⋯⋯⋯⋯⋯⋯⋯⋯ 371

第二節 我國證券交易法內線交易之規定 ⋯⋯⋯⋯⋯⋯⋯⋯⋯ 372

第三節 適用範圍 ⋯⋯⋯⋯⋯⋯⋯⋯⋯⋯⋯⋯⋯⋯⋯⋯⋯⋯⋯ 381

第四節 規範主體 ⋯⋯⋯⋯⋯⋯⋯⋯⋯⋯⋯⋯⋯⋯⋯⋯⋯⋯⋯ 383

第五節 規範客體 ⋯⋯⋯⋯⋯⋯⋯⋯⋯⋯⋯⋯⋯⋯⋯⋯⋯⋯⋯ 391

第六節 法律責任 ⋯⋯⋯⋯⋯⋯⋯⋯⋯⋯⋯⋯⋯⋯⋯⋯⋯⋯⋯ 394

第七節 犯罪所得之計算 ⋯⋯⋯⋯⋯⋯⋯⋯⋯⋯⋯⋯⋯⋯⋯⋯ 401

第八節 結 語 ⋯⋯⋯⋯⋯⋯⋯⋯⋯⋯⋯⋯⋯⋯⋯⋯⋯⋯⋯⋯ 406

第十八章 歸入權之探討

第一節 概 說 ⋯⋯⋯⋯⋯⋯⋯⋯⋯⋯⋯⋯⋯⋯⋯⋯⋯⋯⋯⋯ 408

第二節 歸入權之意義、立法目的、沿革及性質 ⋯⋯⋯⋯⋯⋯ 409

第三節 現行證券交易法第 157 條規定之分析 ⋯⋯⋯⋯⋯⋯ 414

第四節 歸入權之特殊問題 ⋯⋯⋯⋯⋯⋯⋯⋯⋯⋯⋯⋯⋯⋯⋯ 422

第五節 證券交易法第 157 條之檢討與修正建議 ⋯⋯⋯⋯⋯ 428

第六節 結 語 ⋯⋯⋯⋯⋯⋯⋯⋯⋯⋯⋯⋯⋯⋯⋯⋯⋯⋯⋯⋯ 430

第十九章 證券爭議之仲裁

第一節 概 說 ⋯⋯⋯⋯⋯⋯⋯⋯⋯⋯⋯⋯⋯⋯⋯⋯⋯⋯⋯⋯ 433

第二節 證券爭議仲裁之意義與其法律基礎 ⋯⋯⋯⋯⋯⋯⋯⋯ 435

第三節　證券仲裁制度之設計 ································· 439

第四節　證券仲裁適用仲裁法 ··························· 442

第五節　證券仲裁制度之特殊規定 ························· 446

第六節　現行證券法規相關規定之檢討 ················· 449

第七節　證券「強制仲裁」效力問題之探討 ·············· 459

第八節　結　語 ··· 462

第二十章　反詐欺條款

第一節　概　說 ··· 464

第二節　證券詐欺之行為責任 ··························· 466

第三節　我國內線交易與證券詐欺分離之獨立設計 ········ 471

第四節　證券詐欺之競合責任 ··························· 475

第五節　美國證券法上之運作 ··························· 486

第六節　結　語 ··· 488

第二十一章　證券會計師、律師之法律責任

第一節　概　說 ··· 490

第二節　法律依據 ··· 492

第三節　特別規範 ··· 497

第四節　證券會計師與律師之業務與法律責任 ············ 501

第五節　結　語 ··· 508

第二十二章　庫藏股之探討

第一節　概　說 ··· 510

第二節　建立庫藏股制度之立法依據 ····················· 511

第三節　庫藏股制度概述 ………………………………………… 514

第四節　庫藏股之特殊問題 ……………………………………… 519

第五節　違反法令之責任 ………………………………………… 522

第六節　結　語 …………………………………………………… 527

第二十三章　證券市場投資人保護立法與評價──以團體訴訟文化為中心

第一節　概　說 …………………………………………………… 530

第二節　美國團體訴訟文化 ……………………………………… 532

第三節　我國團體訴訟制度 ……………………………………… 537

第四節　證券團體訴訟之本土化問題 …………………………… 547

第五節　我國證券投資人及期貨交易人保護法之修正 ………… 554

第六節　團體訴訟與因果關係之推定 …………………………… 557

第七節　結　語 …………………………………………………… 561

第二十四章　公司董監等之詐害行為

第一節　概　說 …………………………………………………… 564

第二節　民法第 244 條之詐害行為 ……………………………… 565

第三節　證券交易法之詐害行為 ………………………………… 567

第四節　其他相關規定 …………………………………………… 571

第五節　結　語 …………………………………………………… 573

第二十五章　證券犯罪罰則與沒收新制

第一節　概　說 …………………………………………………… 575

第二節　證券交易法之罰則 ··· 577

第三節　析述證券交易法之違法類型 ·· 580

第四節　證券交易法第 171 條刑罰之加重與減免 ···················· 589

第五節　證券犯罪之沒收新制 ··· 592

第六節　結　語 ·· 597

第二十六章　證券投資損害民事訴權

第一節　概　說 ·· 599

第二節　證券民事訴訟之基本要素 ·· 601

第三節　民事訴訟請求權依據 ··· 606

第四節　因果關係與舉證責任 ··· 610

第五節　美國對證券詐欺行為舉證責任之規範 ·························· 617

第六節　美國與我國證券詐欺民事賠償之比較 ·························· 627

第七節　結　語 ·· 629

第二十七章　證券律師在證券市場監督機制角色之探討——海峽兩岸之比較

第一節　概　說 ·· 631

第二節　法律依據 ··· 633

第三節　證券律師之業務與法律責任 ·· 636

第四節　中國大陸對於證券服務機構之監管 ······························ 640

第五節　海峽兩岸律師在證券市場監督之比較 ·························· 650

第六節　結　語 ·· 653

第二十八章　證券交易法晚近之修正與增訂

第一節　概　說 ··· 656

第二節　2016 年 12 月修正之證券交易法 ···························· 657

第三節　2018 年 1 月修正之證券交易法 ····························· 660

第四節　2018 年 4 月及 12 月修正之證券交易法 ·················· 665

第五節　結　語 ··· 669

第一章　公司治理與獨立董事

第一節　概　說

公司治理之核心課題，在於使公司之經營能積極為股東及社會謀取福利，並防止經營者違法濫權，侵害投資人及利害關係人之權益❶。

近幾年來，有關公司治理 (Corporate Governance) 之發展，在我國受到高度矚目。基本上，公司治理之目的，無非在公司所謂之內部或外部之各組織中尋求平衡，使公司資訊透明，監督機制得以有效運行，並保障股東與各利害關係人之權益❷。換言之，公司治理是在兼顧利害關係人之前提下，追求公司之最大利益，並以確保股東投資分配之利益為目的，由董事會擬定公司策略方針，有效監督與執行，再經由外部之公權力適當之規範，以及公司參與者間自由意思之協議，監督與指導經營管理者，一方面落實其應有之責任，一方面將公司所有重大事件依法揭露，並詳盡且明確說明，以確保股東與其他參與者權益之一種指導與管理之機制與規範。

我國有關公司治理獨立董事之規定，詳見於「臺灣證券交易所股份有限公司有價證券上市審查準則」、「上市上櫃公司治理實務守則」、「臺灣證券交易所股份有限公司上市公司設置獨立董事之處置要點」❸、「臺灣證券

---

❶　賴英照，《最新證券交易法解析：股市遊戲規則》，2006 年 2 月，頁 113。

❷　曾宛如，〈我國有關公司治理之省思——以獨立董監事之改革為例〉，《月旦法學雜誌》，第 103 期，2003 年 12 月，頁 61、62。

❸　按「臺灣證券交易所股份有限公司上市公司設置獨立董事之處置要點」規定於 2002 年 7 月 17 日，歷經多次修正，最近一次修正於 2014 年 11 月 6 日。

交易所股份有限公司證券承銷商辦理股票初次申請上市案之評估查核程序」、「臺灣證券交易所股份有限公司上市公司設置獨立董事、監察人之相關處置措施」、「公開發行公司建立內部控制制度處理準則」、「公開發行公司董事、監察人股權成數及查核實施規則」等。此等規範對獨立董事之法律基礎、功能定位、產生方式、權利、義務與責任，以及獨立董事之獨立性規則、與監察人間之關係，甚至獨立董事之保障機制、保險機制等等，均有明文，然其是否確能達到對股東利益負責，對經理進行監控之公司治理目標，又是否能有效解決我國董事會基本權能制度，則有待觀察。

由於文化背景之差異，東、西方世界對於法律及許多社會事務之認知、理念、解釋，皆存有很大之差異。目前，在許多西方商業社會，或許普遍對於擔任上市公司之獨立董事，猶頗關注；然以我國而言，許多學者專家對擔任上市公司獨立董事之熱情，卻不如預期，其背景因素亦錯綜複雜，尚非在本文探討之列。

惟獨立董事制度既源於西方國家，在移植至我國之過程中，自然須要配合我國法律文化與實際運作❹，克服獨立董事制度本土化所可能面臨之一系列問題，始能使此一移植而來之制度，發揮其預期之功能。

基此，本章首先擬探討公司內部監控之權限分配與種類，包括股東、股東會、董事會、監察人等之經營管理權；次則探討董事會之組成與制衡；再則探討我國獨立董事之設置與職權；繼則探討公司治理獨立董事制度，包括公司治理之立法例、一元制與二元制公司治理之差異、獨立董事制度之特點；再者，探討我國公司治理中存在之問題；最後提出建議，以供各界參考。

第二節　內部監控之權限分配與種類

公司治理機制其實是一種經濟與法律制度，當公司擁有健全之公司治

---

❹　有關東方社會與西方世界法律文化之不同，參閱吳光明，〈多元文化與訴訟外解決糾紛 (ADR) 機制〉，《仲裁法理論與判決研究》，2004 年 11 月，頁 4～9。

理制度時，不但對其商譽有所提升，在資金募集方面，亦可因此受到廣泛之肯定與青睞，而得以較佳之價格籌集到所需之資金❺。

有關公司治理之權限分配與範圍、事項，依我國公司法之規定，可分為股東會（含股東）、董事會、監察人等三種。此種設計，係仿照政治上三權分立之模式，將股份有限公司內部之控管機制，分為股東會、董事會與監察人，並利用其不同的權限劃分與制衡關係，以達到公司內部監控之目的。

因此，從公司治理之多重角色言之，上述股東會（含股東）、董事會、監察人等三機關，對於公司均有經營管理權，只是其相互間存在著重疊以及相互監督制衡關係。茲將公司內部各組織單位對公司之經營管理權，分述如下：

一、股東之經營管理權

在現行制度下，公司股東之經營管理權，有需以少數股東權方式行使者，例如公司法❻第 194 條規定董事會決議違法之股東制止請求權；公司法第 11 條之聲請裁定解散權；公司法第 173 條，請求召集股東會；公司法第 200 條，解任董事之訴；公司法第 323 條，聲請法院解任清算人；公司法第 245 條，聲請法院選派檢查人；公司法第 214 條，對董事訴訟；公司法第 282 條，聲請重整；公司法第 369 條之 4，對控制公司為不合營業常規或不利益經營之損害賠償請求權等，均屬之。另有需以個別股東權方式行使者，例如公司法第 189 條，撤銷股東會決議之訴；公司法第 210 條，表冊查核權等。

---

❺ 陳錦旋，〈公司治理與獨立董事之法制與資格問題㈠〉，《集保月刊》，第 134 期，2004 年 1 月，頁 37。

❻ 按「公司法」規定於 1929 年 12 月 26 日，歷經多次修正，最近一次修正於 2018 年 8 月 1 日。

二、股東會之經營管理權

　　股東會之經營管理權，主要規範於公司法第 185 條，對董事會重要決策之認可；公司法第 209 條，競業禁止之排除；公司法第 199 條，董事之任免、公司法第 216 條，監察人之任免；公司法第 230 條，決算表冊之認可；以及公司法第 198 條，選任董事等。

　　上述規範之立法目的，係為保障公司利益與股東權益，故依公司法第 209 條第 1 項意旨，董事只要有為自己或他人為屬於公司營業範圍內之行為，即應依該項規定對股東會說明其行為之重要內容，並取得其許可。

三、董事會之經營管理權

　　董事會是公司權力之最高行使者 (director primacy)，代表集中或專業化之管理。依公司法第 193 條規定，董事會執行業務，應依照法令章程及股東會之決議。董事會之決議，違反前項規定，致公司受損害時，參與決議之董事，對於公司負賠償之責；但經表示異議之董事，有紀錄或書面聲明可證者，免其責任。換言之，經股東會決議之事項❼，董事會尚不得以決議變更之。

　　再者，依公司法第 202 條規定：「公司業務之執行，除本法或章程規定應由股東會決議之事項外，均應由董事會決議行之。」該條文之所以規定為「……應由董事會決議行之」，而非「得由董事會決議行之」，蓋因「得」字易生爭執，故以此明確劃分股東會與董事會之職權。

　　此外，公司法第 208 條規定有關「董事長常務董事」，公司法第 230 條規定有關「會計表冊之承認與分發」，均顯見董事長經常對內、外執行業務，並召集董事會。另公司法第 29 條規定有關「經理人」、第 33 條規定有關「遵守決議之義務」等，亦足見公司業務之執行，主要係以董事會為中心。

　　又實務上，最高法院認為，股份有限公司與董事間之關係，依公司法

---

❼　例如經股東會決議現金增資股數，董事會不得以決議變更之。

第 192 條第 4 項規定，應適用民法關於委任之規定。該特殊委任契約之締結係以股東會決議為基礎，而以處理公司之團體法上之事務為標的，故公司法第 196 條規定，董事之報酬，未經章程訂明者，應由股東會議定之，以避免董事利用其經營者之地位與權利，恣意索取高額報酬。為貫徹此一立法原旨，公司股東會固不得以決議將報酬額之決定委諸董事會定之，惟若僅將各個董事分配之報酬額委由董事會決之，並經公司股東會事後追認者，自非法所不許❽。

四、監察人之經營管理權

監察人之經營管理權，主要為對公司業務執行之監督及會計之審計，其存在之功能，係在企業自治原則下，持續地充實股東會監控之功能，以達到公司內部自行監控之目的，例如公司法第 221 條規定：「監察人各得單獨行使監察權。」又同法第 8 條、第 23 條規定意旨，股份有限公司之監察人應忠實執行業務並盡善良管理人之注意義務。第 214 條規定：「以書面請求監察人為公司對董事提起訴訟。」至監察人是否有權保管公司印鑑章一節，事涉私權，尚非公司法規範解釋之範疇❾。

監察人既為公司業務之監督機關，其妥善行使職權之前提，乃須明瞭公司之業務經營，故如使監察人得列席董事會，則監察人往往能更深入了解公司狀況；並易於發覺董事等之瀆職行為；又監察人如能適時於董事會中提出意見，則對不法情事之發生，亦應有防杜之效，為此，公司法第 218 條之 2 第 1 項乃明定「監察人得列席董事會陳述意見」。

由於監察人各得單獨行使監察權，準此，自無應由數監察人共同代表公司及組監察人會之情形可言。至監察人代表公司對外所為法律行為若有不當，例如其支出浮濫或超出預算等情事一節，允屬私權爭議，宜循司法途徑解決❿。

---

❽　最高法院 93 年度臺上字第 1224 號民事判決。該判決所引公司法第 192 條第 4 項，現已修正為同條文第 5 項。

❾　經濟部 92 年 1 月 14 日經商字第 09202004350 號函。

　　除前述監督機制外，有些公司監控之機制，甚且包括公司之交易相對人及債權人之制衡力量、證券市場之制衡力量、會計師查核簽證公司財務報表所發揮之制衡力量、證券商於公司申請上市（櫃）過程對公司之影響、社會之制衡力量等外在之監控機制。

　　從公司法制之層面言之，影響公司經營之因素，除經營者之經營模式外，尚包括公司章程、法令規章、股東權之行使、公司貸款融資行為等。因此，公司監控機制之良窳，與股東權益、利害關係人權益，甚至社會利益，均關係重大。

第三節　董事會之組成與制衡

　　由於本文係以獨立董事為探討之重心，爰除於前一節略述董事會之經營管理權外，茲再析述董事會之組成及董事會之制衡，俾以續就公司治理與獨立董事，深入研析。

一、董事會之組成與董事選舉

　　公司董事會之組成以及董事選舉之規範，於公司法第 192 條、第 192 條之 1 已有明文。

　　依公司法第 192 條第 1 項規定：「公司董事會，設置董事不得少於三人，由股東會就有行為能力之人選任之。」同條第 2 項規定：「公司得依章程規定不設董事會，置董事一人或二人。置董事一人者，以其為董事長，董事會之職權並由該董事行使，不適用本法有關董事會之規定；置董事二人者，準用本法有關董事會之規定。」同條第 3 項規定：「公開發行股票之公司依第一項選任之董事，其全體董事合計持股比例，證券主管機關另有規定者，從其規定。」

　　按公司法第 192 條第 1 項既規定董事由股東會「就有行為能力之人選任之」，則董事自不以具有股東身分為必要。

---

❿　　經濟部 91 年 7 月 4 日商字第 09102132160 號函。

2018 年 8 月增訂之公司法第 192 條第 2 項，雖有「公司得依章程規定不設董事會，置董事一人或二人」之規定，惟查證券交易法規定，不但有董事會，且依該法第 14 條之 2 規定：「得依章程規定設置獨立董事」。

又公司法第 192 條第 3 項，原規定：「民法第八十五條之規定，對於前項行為能力不適用之。」修正後移為第 4 項，規定為：「民法第十五條之二及第八十五條之規定，對於第一項行為能力，不適用之。」經查其修正理由，係依民法第 15 條之 2 第 1 項第 1 款規定，受輔助宣告之人為獨資、合夥營業或為法人之負責人時，應經輔助人同意；經該同意者，同條第 3 項規定準用該法第 85 條，受輔助宣告之人，關於該營業，有行為能力。惟原第 3 項已明文排除民法第 85 條之適用，本於同一事理，宜一併排除民法第 15 條之 2 之適用，爰予修正❶❶。

至於公司董事之選舉，原已規定於公司法第 192 條之 1，惟 2018 年 8 月公司法修正時，該條文已大幅變革，茲將修正前後條文分述如下：

㈠第 192 條之 1 第 1 項原規定：「公開發行股票之公司董事選舉，採候選人提名制度者，應載明於章程，股東應就董事候選人名單中選任之。」修正後規定為：「公司董事選舉，採候選人提名制度者，應載明於章程，股東應就董事候選人名單中選任之。但公開發行股票之公司，符合證券主管機關依公司規模、股東人數與結構及其他必要情況所定之條件者，應於章程載明採董事候選人提名制度。」經查其修正理由，係依原第 1 項規定，董事選舉，僅限公開發行股票之公司得採行候選人提名制度。惟非公開發行股票之公司亦有意願採行董事候選人提名制度，爰刪除第 1 項「公開發行股票之」之文字，讓非公開發行股票之公司，亦得採行董事候選人提名制度。另增訂但書授權證券主管機關就公開發行股票公司應採董事候選人提名制度者，訂定一定公司規模、股東人數與結構及其他必要情況之條件，以符合授權明確性原則❶❷。

㈡第 192 條之 1 第 2 項規定：「公司應於股東會召開前之停止股票過戶

---

❶❶ 2018 年公司法第 192 條修正理由。

❶❷ 2018 年公司法第 192 條之 1 修正理由。

日前，公告受理董事候選人提名之期間、董事應選名額、其受理處所及其他必要事項，受理期間不得少於十日。」同條第 3 項規定：「持有已發行股份總數百分之一以上股份之股東，得以書面向公司提出董事候選人名單，提名人數不得超過董事應選名額；董事會提名董事候選人之人數，亦同。」此兩項規定於最近之修法中均未異動。

　　㈢第 192 條之 1 第 4 項原規定：「前項提名股東應檢附被提名人姓名、學歷、經歷、當選後願任董事之承諾書、無第三十條規定情事之聲明書及其他相關證明文件；被提名人為法人股東或其代表人者，並應檢附該法人股東登記基本資料及持有之股份數額證明文件。」修正後簡化為「前項提名股東應敘明被提名人姓名、學歷及經歷。」經查其修正理由，係為簡化提名股東之提名作業程序，修正第 4 項之「檢附」為「敘明」，且僅需敘明被提名人姓名、學歷、經歷即可。至於「當選後願任董事之承諾書、無第三十條規定情事之聲明書」者，鑑於是否當選，尚屬未定，實無必要要求提前檢附，況被提名人一旦當選，公司至登記主管機關辦理變更登記時，即知是否願任，爰刪除該等文件；另「被提名人為法人股東或其代表人者，並應檢附該法人股東登記基本資料及持有之股份數額證明文件」者，基於法人股東登記基本資料及持有之股份數額證明文件，公司已有相關資料，亦無必要要求檢附，爰予刪除❸。

　　㈣第 192 條之 1 第 5 項原規定：「董事會或其他召集權人召集股東會者，對董事被提名人應予審查，除有左列情事之一者外，應將其列入董事候選人名單：一、提名股東於公告受理期間外提出。二、提名股東於公司依第一百六十五條第二項或第三項停止股票過戶時，持股未達百分之一。三、提名人數超過董事應選名額。四、未檢附第四項規定之相關證明文件。」修正後規定為：「董事會或其他召集權人召集股東會者，除有下列情事之一者外，應將其列入董事候選人名單：一、提名股東……。四、提名股東未敘明被提名人姓名、學歷及經歷。」經查其修正理由，係配合法制作業用語，第 5 項序文「左列」修正為「下列」。又配合第 4 項已修正簡化

---

❸　2018 年公司法第 192 條之 1 修正理由。

提名股東之作業程序，是否列入董事候選人名單，應依本項規定判斷，爰不再要求董事會或其他召集權人，對被提名人予以審查，刪除「對董事被提名人應予審查」之文字；另配合第 4 項之修正，原第 4 款「未檢附第四項規定之相關證明文件」修正為「提名股東未敘明被提名人姓名、學歷及經歷」❶❹。

㈤第 192 條之 1 第 6 項原規定「前項審查董事被提名人之作業過程應作成紀錄，其保存期限至少為一年。但經股東對董事選舉提起訴訟者，應保存至訴訟終結為止。」該項修正後已刪除，經查其刪除理由，係因配合原條文之第 5 項已刪除董事會或其他召集權人對被提名人予以審查之規定，爰刪除原條文之第 6 項❶❺。

㈥第 192 條之 1 第 7 項原規定「公司應於股東常會開會四十日前或股東臨時會開會二十五日前，將董事候選人名單及其學歷、經歷、持有股份數額與所代表之政府、法人名稱及其他相關資料公告，並將審查結果通知提名股東，對於提名人選未列入董事候選人名單者，並應敘明未列入之理由。」修正後移為第 6 項，規定為：「公司應於股東常會開會二十五日前或股東臨時會開會十五日前，將董事候選人名單及其學歷、經歷公告。但公開發行股票之公司應於股東常會開會四十日前或股東臨時會開會二十五日前為之。」經查其修正理由，係原第 7 項修正移列第 6 項。鑑於第 1 項修正後，所有股份有限公司均得採董事候選人提名制度，原第 7 項前段針對公開發行股票之公司所設計之「公司應於股東常會開會四十日前或股東臨時會開會二十五日前」將董事候選人名單等資料公告之期限規定，改置於但書，本文則規範非公開發行股票公司之期限規定，以利適用。另配合第 4 項及第 5 項之修正，刪除原公告持有股份數額等資料及有關審查董事被提名人之相關規定❶❻。

㈦第 192 條之 1 第 8 項原規定「公司負責人違反第二項或前二項規定

---

❶❹ 2018 年公司法第 192 條之 1 修正理由。

❶❺ 2018 年公司法第 192 條之 1 修正理由。

❶❻ 2018 年公司法第 192 條之 1 修正理由。

者，處新臺幣一萬元以上五萬元以下罰鍰。」修正後移為第 7 項，規定為：「公司負責人或其他召集權人違反第二項或前二項規定者，各處新臺幣一萬元以上五萬元以下罰鍰。但公開發行股票之公司，由證券主管機關各處公司負責人或其他召集權人新臺幣二十四萬元以上二百四十萬元以下罰鍰。」經查其修正理由，係原第 8 項修正移列第 7 項。依原第 8 項規定，公司負責人違反第 5 項規定（應列入董事候選人名單而未列入）者，並未處罰，又第 5 項規定之主體有董事會及其他召集權人，爰將「其他召集權人」一併納入處罰；另針對公開發行股票之公司，增訂但書由證券主管機關處較重之罰鍰❶❼。

二、董事會之制衡

　　我國公司法之架構，係以董事會為公司業務執行之決定機關，而為避免董事會濫用職權，在公司法中，亦納入一些對董事會制衡之設計。

㈠董事會違法行為之制止

　　公司法第 194 條規定，董事會決議，為違反法令或章程之行為時，繼續一年以上持有股份之股東，得請求董事會停止其行為。本條規定旨在強化股東之權利，藉以防範董事濫用權限，以保護公司與股東之利益。

　　在實務上，最高法院認為，略以依公司法第 194 條意旨，董事會之決議，有為公司登記業務範圍以外之行為，或為其他違反法令或章程之行為時，得由繼續一年以上持有股份之股東請求董事會停止其行為，係為「股東制止請求權」。此必以董事會之組成為合法，且其所作成之決議有違反法令或章程等情形為其前提。倘由不具董事身分之人所非法組成董事會而作成決議，自非屬於董事會之決議，即不生股東行使制止請求權之問題❶❽。

　　此外，依公司法第 218 條之 2 第 2 項規定：「董事會或董事執行業務有違反法令、章程或股東會決議之行為者，監察人應即通知董事會或董事停止其行為。」足見監察人亦可對董事會之違法行為加以制止。

---

❶❼　2018 年公司法第 192 條之 1 修正理由。

❶❽　最高法院 87 年度臺上字第 433 號民事判決。

㈡股東或股東會解任董事之權限

董事之解任，對於公司經營運作有重要影響。我國公司法第 199 條規定：「董事得由股東會之決議，隨時解任；如於任期中無正當理由將其解任時，董事得向公司請求賠償因此所受之損害（第 1 項）。股東會為前項解任之決議，應有代表已發行股份總數三分之二以上股東之出席，以出席股東表決權過半數之同意行之（第 2 項）。公開發行股票之公司，出席股東之股份總數不足前項定額者，得以有代表已發行股份總數過半數股東之出席，出席股東表決權三分之二以上之同意行之（第 3 項）。前二項出席股東股份總數及表決權數，章程有較高之規定者，從其規定（第 4 項）。」

依上開規定，因解任董事之門檻偏高，導致董事解任較為不易，爰配合放寬訴請解任之要件，在同法第 200 條文中規定：「董事執行業務，有重大損害公司之行為或違反法令或章程之重大事項，股東會未為決議將其解任時，得由持有已發行股份總數百分之三以上股份之股東，於股東會後三十日內，訴請法院裁判之。」，俾於董事確有重大損害公司之行為或違反法令、章程時，小股東仍得訴請法院裁判解任，以資補救。此亦為股東會得以監督董事之利器。

㈢董事競業之限制

為規範董事之行為，以及維護公司之利益，公司法第 209 條第 1 項規定：「董事為自己或他人為屬於公司營業範圍內之行為，應對股東會說明其行為之重要內容並取得其許可。」按該條第 1 項規定之立法目的，在保障公司利益與股東權益，故董事只要有為自己或他人為屬於公司營業範圍內之行為，即應依該項規定，對股東會說明其行為之重要內容，並取得其許可，至該董事之行為係於何處為之，則非所問。

準此，董事之行為違反公司法第 209 條第 1 項規定時，其行為尚非無效，僅該行為之所得是否應履行所謂歸入權利問題。至董事之行為是否屬公司法第 209 條之適用範疇，如有爭議，應循司法途徑解決，亦即應由司法機關就具體個案事實依法認定之[19]。

---

[19] 經濟部 82 年 1 月 22 日臺商㈤發字第 203809 號函。

㈣追究董事之責任

公司法第 212 條規定：「股東會決議對於董事提起訴訟時，公司應自決議之日起三十日內提起之。」同法第 213 條規定：「公司與董事間訴訟，除法律另有規定外，由監察人代表公司，股東會亦得另選代表公司為訴訟之人。」

又公司法第 214 條第 1 項，原係規定：「繼續一年以上，持有已發行股份總數百分之三以上之股東，得以書面請求監察人為公司對董事提起訴訟。」然為參酌各國公司法之規定，我國持股期間與持股比例之規定較各國嚴格，不利少數股東提起代位訴訟。然為防止股東濫行起訴，仍應保留持股比例與持股期間之限制，爰將持股期間調整為六個月以上，持股比例降低為已發行股份總數百分之一以上❷。故於 2018 年 8 月間修正為「繼續六個月以上，持有已發行股份總數百分之一以上之股東，得以書面請求監察人為公司對董事提起訴訟。」

另為考量監察人與董事之間，可能存有私人情誼，不便代表公司訴追，乃於同條第 2 項規定：「監察人自有前項之請求日起，三十日內不提起訴訟時，前項之股東，得為公司提起訴訟；股東提起訴訟時，法院因被告之申請，得命起訴之股東，提供相當之擔保；如因敗訴，致公司受有損害，起訴之股東，對於公司負賠償之責。」此即所謂代表訴訟制度。

又為降低少數股東提起訴訟之障礙，爰參酌民事訴訟法第 77 條之 22，明定股東提起訴訟，其裁判費超過新臺幣六十萬元部分暫免徵收。且明定法院得依聲請為原告選任律師為訴訟代理人❷。故本條於 2018 年 8 月間修正時，又增訂第 3 項「股東提起前項訴訟，其裁判費超過新臺幣六十萬元部分暫免徵收。」以及第 4 項「第二項訴訟，法院得依聲請為原告選任律師為訴訟代理人。」之規定。

---

❷　2018 年公司法第 214 條第 1 項修正理由。

❷　2018 年公司法第 214 條第 3 項、第 4 項增訂理由。

(五)董事與公司間交易之規範

1.規範內容

　　為防範董事利用職務之便,從事與公司間非常規之交易行為,賺取公司之利益而損害公司,公司法第 223 條規定:「董事為自己或他人與公司為買賣、借貸或其他法律行為時,由監察人為公司之代表。」旨在防範董事礙於同事之情誼,致有犧牲公司利益之虞,故監察人為公司之代表時,應本諸該立法意旨,實質審查該法律行為 ❷。

2.實務見解

　　依實務見解,由於股東對於會議之事項,如與自身有利害關係,恐難免為其個人私利,無法作出公正之判斷,此際,即有必要禁止其加入表決以及代理他股東行使其表決權。故公司法第 178 條規定:「股東對於會議之事項,有自身利害關係致有害於公司利益之虞時,不得加入表決,並不得代理他股東行使其表決權。」另依公司法第 206 條第 3 項規定意旨,董事會之決議,準用同法第 178 條之規定,故董事對於會議之事項,有自身利害關係,致有害於公司利益之虞時,亦不得加入表決 ❸。

第四節　　獨立董事之設置與職權

　　我國證券交易法於 2006 年所訂定四大修正主題之一,即為「健全公司治理」;而其目標在提升董事會效能,引進獨立董事制度,增訂董事會得設立審計委員會,落實監督。嗣後證券交易法雖又幾經修正,然上開重點則仍維持。

　　茲就獨立董事相關規定,分述如下:

---

❷　至監察人有無怠忽職務之損害賠償問題,事涉具體個案事實之認定,屬司法機關認事用法範疇。

❸　臺灣新竹地方法院 91 年度訴字第 366 號判決。該判決所引公司法第 206 條第 3 項,已修正為同條文第 4 項。

一、獨立董事之設置

㈠基本規定

　　獨立董事是董事之一種，但又不同於一般董事，因獨立董事明定須具備「獨立性」，以及品德特徵。換言之，獨立董事與所任職公司間，並無任何直接與間接利益關係。

　　依據我國證券交易法第 14 條之 2 第 1 項規定：「已依本法發行股票之公司，得依章程規定設置獨立董事。但主管機關應視公司規模、股東結構、業務性質及其他必要情況要求其設置獨立董事，人數不得少於二人，且不得少於董事席次五分之一。」同條文第 5 項規定：「獨立董事因故解任，致人數不足第一項或章程規定者，應於最近一次股東會補選之。獨立董事均解任時，公司應自事實發生之日起六十日內，召開股東臨時會補選之。」

㈡立法理由

　　證券交易法第 14 條之 2，主要在規範獨立董事之設置及消極資格。該條條文係於 2006 年 1 月間增訂，立法理由如下：

　　1.獨立董事之設置，係參考各國設置獨立董事之立法例訂定，如新加坡、韓國及美國等國，均規定公司應設置獨立董事；另本法第 126 條第 2 項及期貨交易法第 36 條亦規定公司制之證券交易所及期貨交易所之董事、監察人至少應有一定比例由非股東之相關專家擔任之。由國際發展趨勢發現，強化董事獨立性與功能，已為世界潮流，加速推動獨立董事之立法，應有其必要性。

　　2.公司法修正後，雖開放股東會得選任非股東當選董事或監察人，但並未規範公司應設置獨立董事，爰於第 1 項明定依本法發行股票之公司應設置獨立董事，且設置獨立董事人數不得少於 2 人❷❹。

㈢新增規定

　　本條於 2018 年 4 月 25 日修正時，又新增現行第 3 項，規定「公司不

---

❷❹　證券交易法第 14 條之 2 第 1 項立法理由，2006 年 1 月 11 日。按該法歷經多次修正，最近一次修正於 2018 年 12 月 5 日。

得妨礙、拒絕或規避獨立董事執行業務。獨立董事執行業務認有必要時，得要求董事會指派相關人員或自行聘請專家協助辦理，相關必要費用，由公司負擔之。」

二、獨立董事之資格

(一)董事資格之相關規定

1.積極資格

依據我國證券交易法第 14 條之 2 第 2 項規定：「獨立董事應具備專業知識，其持股及兼職應予限制，且於執行業務範圍內應保持獨立性，不得與公司有直接或間接之利害關係。獨立董事之專業資格、持股與兼職限制、獨立性之認定及其他應遵行事項之辦法，由主管機關定之」。

2.消極資格

依據我國證券交易法第 14 條之 2 第 4 項規定：有下列情事之一者，不得充任獨立董事，其已充任者，當然解任：

(1)有公司法第 30 條各款情事之一。

(2)依公司法第 27 條規定以政府、法人或其代表人當選。

(3)違反依第 2 項所定獨立董事之資格。

(二)立法理由

1.獨立董事應具備專業知識，其持股與兼職應予限制，且於執行業務範圍內應保持獨立性，例如本人及與其具一定親屬關係之人不得為公司或關係企業之董事、監察人、主要股東或受僱人，或提供經常性服務。至有關獨立董事應具備之專業資格、持股與兼職限制、獨立性之認定及其他應遵行事項，故於第 14 條之 2 第 2 項授權由主管機關定之。

2.為避免獨立董事有誠信問題或違反專業資格等情事，爰於第 14 條之 2 第 4 項訂定獨立董事之消極資格條件，其已充任者當然解任❷。

---

❷ 證券交易法第 14 條之 2 立法理由，2006 年 1 月 11 日。按該法歷經多次修正，最近一次修正於 2018 年 12 月 5 日；現行條文第 14 條之 2 第 4 項，於修法前原為第 14 條之 2 第 3 項。

三、獨立董事之選舉方式

㈠基本規定

董事之選舉方式,依公司法規定,由股東會就有行為能力之人選任之,且依上市上櫃公司治理實務守則❷第 21 條亦規定,上市上櫃公司應制定公平、公正、公開之董事選任程序,鼓勵股東參與,並應依公司法之規定採用累積投票制度以充分反映股東意見。

㈡實際運作

1.公司法第 198 條原規定(2001 年)

主管機關認為,公司法第 198 條規定:「股東會選任董事時,除公司章程另有規定外,每一股份有與應選出董事人數相同之選舉權,得集中選舉一人,或分配選舉數人,由所得選票代表選舉權較多者,當選為董事」。準此,公司股東常會或臨時會選任董事、監察人時,自應依前揭規定辦理,尚不得區分獨立董事、監察人與非獨立董事、監察人而分開進行選舉❷。由此可知,獨立董事之選任方式與一般董事相同,且應同時進行選舉。

2.立法理由

按董事之選任方式,係屬公司內部自治事宜,故修正第 1 項,增列「除公司章程另有規定外」,俾為彈性處理❷。

3.公司法第 198 條新規定(2011 年)

值得一提者,係 2001 年增列「除公司章程另有規定外」之規定;惟於 2011 年 12 月 28 日後該條文再次修正,將「除公司章程另有規定外」一句又再度刪除。

---

❷　按「上市上櫃公司治理實務守則」規定於 2002 年 9 月 26 日,歷經多次修正,最近一次修正於 2018 年 12 月 12 日。

❷　經濟部 91 年 3 月 11 日經商字第 09102039620 號函釋。

❷　公司法第 198 條第 1 項立法理由,2001 年 11 月 12 日。2011 年 12 月 28 日修正將「除公司章程另有規定外」一句刪除,該法歷經多次修正,最近一次修正於 2018 年 8 月 1 日,惟該條未再修正。

四、獨立董事之義務與責任

(一)獨立董事與董事比較

獨立董事之義務與責任和一般董事有無不同，目前並無相關規定或解釋，學者認為獨立董事與一般董事相同，均應依照我國公司法第 23 條規定，負有對公司之善良管理人之注意義務及忠實義務，如有違反相關義務致公司受有損害，則應負賠償責任❷。

但有學者認為內部董事與獨立董事兩者所負責任應不相同，內部董事致力於公司業務之經營，而獨立董事負責監督、績效評價、經營人選提名等，因職司不同，責任理應不同，不然將會成為晉用優秀人才擔任董事之阻礙，針對公司法第 23 條之損害賠償責任，建議應可容許於公司章程中規定、或經股東會或授權董事會決議為賠償責任之減輕或免除，當然僅限於董事就行為無故意或重大過失情事❸。

(二)上市上櫃公司治理實務

上市上櫃公司治理實務守則第 20 條第 4 項規定，董事會成員應普遍具備執行職務所必須之知識、技能及素養。為達到公司治理之理想目標，董事會整體應具備之能力如下：一、營運判斷能力。二、會計及財務分析能力。三、經營管理能力。四、危機處理能力。五、產業知識。六、國際市場觀。七、領導能力。八、決策能力。

此一規定非僅針對獨立董事而是全體董事會成員，將涉及抽象判斷標準之問題，以我國實務見解為例，善良管理人之標準為「即依交易上一般觀念，認為有相當知識經驗及誠意之人應盡之注意」，「行為人注意之程度，依一般社會上之觀念，認為具有相當知識及經驗之人對於一定事件所能注意者，客觀的決定其標準；至於行為人有無盡此注意義務之知識及經驗，

---

❷ 劉連煜，《新證券交易法實例研習》，2004 年修訂版，頁 142。

❸ 黃銘傑，〈經營者支配與股東支配外的第三條路──公司治理對未來公司法制革新之啟示〉，轉引自陳錦旋，〈公司治理與獨立董事之法制與實務問題〉，《集保月刊》，第 136 期，2005 年 2 月，頁 40。

在所不問」。

雖該守則不能強制公司遵守，但往後法院是否依此守則之要求而解釋有相當之「具備執行職務所必須之知識、技能及素養」方屬盡善良管理人注意義務，不無疑問。

五、獨立董事之職權問題

㈠強化董事會及獨立董事之功能

為強化董事會及獨立董事之功能，對於公司財務業務有重大影響之事項明定應提董事會決議，並規定獨立董事如有反對或保留意見者，應於董事會議事錄載明，以透過董事會決議及獨立董事意見之表達，強化董事之職權行使，保障股東權益。

獨立董事如有反對意見或保留意見者，除規定應於董事會會議紀錄載明外，未來依證券交易法第 26 條之 3 第 8 項授權訂定之董事會議事辦法，將要求公司須於指定之資訊網站公開相關資訊，另配合現行上市（櫃）公司資訊公開機制，於臺灣證券交易所及櫃檯買賣中心之重大訊息揭露亦將併同規範之，以強化資訊透明度及外界監督之機制❸❶。

因此，我國證券交易法第 14 條之 3 規定，已選任獨立董事之公司，除經主管機關核准者外，下列事項應提董事會決議通過，獨立董事針對下列董事會應決議事項如有反對或保留意見，應於董事會議事錄載明：

1. 審核公司訂定或修正內部控制制度。
2. 審核公司訂定或修正取得或處分資產、從事衍生性商品交易、資金貸與他人、為他人背書或提供保證之重大財務業務行為之處理程序。
3. 審核涉及董事或監察人自身利害關係之事項。
4. 審核重大之資產或衍生性商品交易。
5. 審核重大之資金貸與、背書或提供保證。
6. 審核募集、發行或私募具有股權性質之有價證券。

---

❸❶　證券交易法第 14 條之 3 修正說明，2006 年 1 月 11 日。按該法歷經多次修正，最近一次修正於 2018 年 12 月 5 日，惟該條迄今未修正。

7.簽證會計師之委任、解任或報酬。

8.財務、會計或內部稽核主管之任免。

9.其他經主管機關規定之重大事項。

㈡賦予主管機關行政裁量權

由於證券交易法第 14 條之 3 各款所列應提董事會決議之事項，於某些特殊行業未必得以全盤適用，故條文中特別規定「除經主管機關核准外……」，以賦予主管機關「行政裁量」之權力，使其於必要時，得依行政處分核准特定公司排除本條之適用，庶免發生實務上之困難。

又為落實第 14 條之 3 之執行，公司違反本條者，依第 178 條第 1 項第 2 款規定處罰。

六、獨立董事之豁免或優惠規定

㈠持股轉讓

為避免獨立董事有誠信問題或違反專業資格等情事，證券交易法修正條文第 14 條之 2 第 5 項（2018 年 4 月 25 日修正前為第 4 項）訂定獨立董事之消極資格條件，其已充任者當然解任❷。換言之，依該規定：「獨立董事持股轉讓，不適用公司法第一百九十七條第一項後段及第三項之規定。」即將不適用董事於任期中轉讓超過選任時之持股二分之一時，當然解任之規定。

㈡最低持股成數

我國證券交易法第 26 條規定：「凡依本法公開募集及發行有價證券之公司，其全體董事及監察人二者所持有記名股票之股份總額，各不得少於公司已發行股份總額一定之成數。前項董事、監察人股權成數及查核實施規則，由主管機關以命令定之。」

又主管機關依證券交易法第 26 條第 2 項規定，另制定有「公開發行公司董事、監察人股權成數及查核實施規則」規範之。

---

❷ 證券交易法第 14 條之 2 第 4 項修正說明，2006 年 1 月 11 日。按該法歷經多次修正，最近一次修正於 2018 年 12 月 5 日，惟該條迄今未修正。

㈢委託書徵求

公開發行公司出席股東會使用委託書規則❸第 6 條第 1 項:「繼續一年以上持有公司已發行股份符合下列條件之一者,得委託信託事業或股務代理機構擔任徵求人,其代理股數不受第二十條之限制:一、金融控股公司、銀行法所規範之銀行及保險法所規範之保險公司召開股東會,股東及其關係人應持有公司已發行股份總數百分之十以上,並符合下列條件之一:㈠依金融控股公司法第十六條第一項、第三項、銀行法第二十五條第三項、第五項、保險法第一百三十九條之一第二項、第四項規定向本會申報或經本會核准者。㈡合於同一人或同一關係人持有同一金融控股公司已發行有表決權股份總數超過一定比率管理辦法第十條、同一人或同一關係人持有同一銀行已發行有表決權股份總數超過一定比率管理辦法第十條或同一人或同一關係人持有同一保險公司已發行有表決權股份總數超過一定比率管理辦法第十一條規定者。二、前款以外之公司召開股東會,股東應持有公司已發行股份符合下列條件之一:㈠持有公司已發行股份總數百分之十以上。㈡持有公司已發行股份總數百分之八以上,且於股東會有選任董事或監察人議案時,其所擬支持之被選舉人之一符合獨立董事資格。三、對股東會議案有相同意見之股東,其合併計算之股數符合前款規定者,得為共同委託。」

另依同條文第 8 項:「股東會有選任董事或監察人議案時,第一項委託徵求之股東,其中至少一人應為董事或監察人之被選舉人。但擬支持之被選舉人符合獨立董事資格者,不在此限。」

七、審計委員會之設置

㈠成員要求

我國證券交易法第 14 條之 4 第 2 項規定:「審計委員會應由全體獨立董事組成,其人數不得少於三人,其中一人為召集人,且至少一人應具備

---

❸　按「公開發行公司出席股東會使用委託書規則」定於 1982 年 6 月 10 日,歷經多次修正,最近一次修正於 2018 年 8 月 16 日。

會計或財務專長。」可見必須先具有獨立董事之身分，始能擔任審計委員；換言之，擔任審計委員，乃是獨立董事之法定責任。

㈡功能及定位

我國證券交易法第 14 條之 4 第 1 項規定：「已依本法發行股票之公司，應擇一設置審計委員會或監察人。但主管機關得視公司規模、業務性質及其他必要情況，命令設置審計委員會替代監察人；其辦法，由主管機關訂之。」第 3 項並規定：「公司設置審計委員會者，本法、公司法及其他法律對於監察人之規定，於審計委員會準用之。」此一規定，係為擷取國外公司治理制度之優點，公司得選擇由雙軌制 (The Two-Tier System) 改採單軌制 (The One-Tier System)。

㈢審計委員會之職權

我國證券交易法第 14 條之 5 第 1 項規定，已發行股票之公司設置審計委員會者，下列事項應經審計委員會全體成員二分之一以上同意，並提董事會決議，不適用第 14 條之 3 關於獨立董事之反對意見及保留意見之規定：

1.審核公司訂定或修正內部控制制度。
2.內部控制制度有效性之考核。
3.審核公司訂定或修正取得或處分資產、從事衍生性商品交易、資金貸與他人、為他人背書或提供保證之重大財務業務行為之處理程序。
4.審核涉及董事或監察人自身利害關係之事項。
5.審核重大之資產或衍生性商品交易。
6.審核重大之資金貸與、背書或提供保證。
7.審核募集、發行或私募具有股權性質之有價證券。
8.簽證會計師之委任、解任或報酬。
9.財務、會計或內部稽核主管之任免。
10.年度財務報告及半年度財務報告。
11.其他經主管機關規定之重大事項。

又於同條文第 2 項規定，前項各款除第 10 款外，若未經審計委員會全

體成員二分之一同意者，得由全體董事三分之二以上同意行之，不受第 1
項規定之限制，並應於董事會議事錄載明審計委員會之決議。此似乎又將
審計委員會之功能回收，未來是否產生審計委員會與董事會之衝突，值得
觀察。

㈣審計委員會之獨立董事準用監察人之規定

依證券交易法第 14 條之 5 第 3 項規定，公司設置審計委員會者，不適
用第 36 條第 1 項財務報表應經監察人承認之規定。

另第 14 條之 4 第 3 項除概括規定將本法、公司法及其他法律對於監察
人之規定於審計委員會準用外，又於第 14 條之 4 第 4 項以列舉方式將公司
法關於監察人之規定於審計委員會之獨立董事準用之。而同條文第 5 項復
規定，審計委員會及其獨立董事會成員對前 2 項所定之職權之行使及相關
事項之辦法，由主管機關定之。

有學者認為，前述證券交易法第 14 條之 4 大量準用條文方式，其中有
概括式，亦有列舉式，此一立法方式未來實務運作恐將紊亂，而無所適從，
較令人擔憂，恐怕得仰賴該條文第 5 項所授權訂定之「辦法」之釐清，以
減少爭議❸。本文亦贊同。

八、董事會及監察人間相互獨立性規定

證券交易法第 26 條之 3 第 1 項規定：「已依本法發行股票之公司董事
會，設置董事不得少於五人。」第 2 項：「政府或法人為公開發行公司之股
東時，除經主管機關核准者外，不得由其代表人同時當選或擔任公司之董
事及監察人，不適用公司法第二十七條第二項規定。」第 3 項：「公司除經
主管機關核准者外，董事間應有超過半數之席次，不得具有下列關係之一：
一、配偶。二、二親等以內之親屬。」第 4 項：「公司除經主管機關核准者
外，監察人間或監察人與董事間，應至少一席以上，不得具有前項各款關
係之一。」

❸　陳錦旋，〈公司治理與獨立董事之法制與實務問題〉，《集保月刊》，第 137 期，
2005 年 3 月，頁 56。

綜觀以上規定，證券交易法除了針對獨立董事之資格限制外，另要求董事會間須維持一定之獨立性，以避免董事會為家族或少數控制股東所掌控。但此條文仍有若干「除外」規定，故其裁量權行使之適當性與否，實為此等制度實行成果良否之一大關鍵。

第五節　公司治理模式與獨立董事制度之特點

就我國而言，公司治理或獨立董事制度，均係外來之概念，在國際化、全球化之衝擊下，即使是具有強烈本土意識之法制，亦不能自外於國際潮流之影響。因此，有必要探討外國公司治理之立法例，以作為研究我國公司治理之基礎。

再者，獨立董事制度之產生，可能是上市公司監察人制度失靈所致。引入獨立董事制度之目的，在於解決公司內部人控制失控等治理之困境，加上上市公司股權結構高度分散，希望獨立董事能發揮部分制衡功能。

茲將公司治理之立法例與獨立董事制度之特點，分述如下：

一、公司治理之立法例

針對公司治理之制度，美國甚早即已建構，而德國及日本亦甚成熟，故其規範之模式，均足為公司治理之借鏡。茲略述其公司治理之模式如下：

㈠美國模式：一元制治理監督機關

美國法制下之公司內部治理，大致可分三個時期[35]：

1.股東會中心主義時期

股東會掌控公司經營結構。

2.董事會中心主義時期

即 1899 年德拉瓦州 (Delaware) 修改公司法，將股東大會之職權限定為董事之任免權、公司章程之制訂、廢除與修改權。

---

[35]　陳錦旋，前揭文，頁 43。

3.監督中心主義時期

即 1984 年美國法曹協會 (The American Bar Association, ABA)，制訂「模範商業公司法修訂版」(Revised Model Business Corporation Act)，賦予董事會享有該法及公司章程規定之公司一切權利，並加強股東對董事會之監督作用，規定董事之忠實義務 (Fiduciary Duty)。

在美國公司治理一元制之設計下，股東大會下僅設董事會，不設監事會，董事會既是業務執行機關，又是監督機構。公司治理結構雖堅持股東本位，但在公司經營上仍堅持董事會中心主義。公司經營管理之權力由董事會享有，股東大會則有選舉董事、訂定及修正公司章程、決定公司根本性變化等權力。然其「董事特立獨行」之最大缺陷，在 20 世紀「經營者革命」之過程中顯現，使公司治理受到嚴重挫折，於是乃創立獨立董事制度。

另一方面，美國另設有審計委員會執行職務辦法 (Audit Committee Charter)❸，可供參考。

㈡德國模式：二元制治理監督機關

德國公司法自 1870 年，即要求所有股份有限公司除股東會外，必須設監察人會 (Aufsuchtsrat, supervisory board) 與經營人會 (Vorstand, management board)。監察人會係由股東及勞工代表組成，其公司員工則可參與企業經營。

德國公司治理結構，實行雙層委員會制，公司機關由股東會、監事會與董事會組成。監事會是公司監督機關，同時亦係董事會之領導機關。監事會不僅行使監督權，還有董事任免權及董事報酬決策權、重大業務批准權。德國公司治理監督機關之另一特色，是強調「員工參與經營管理」。

其在法源上，德國主要係以特別法，強制規定員工監事之設置，目前德國有三種法律，均規定應設置員工監事，分別為 1951 年煤炭、鋼鐵共同決定法、1952 年經營組織法、1976 年勞工共同決定法，三者就適用對象、員工監事之產生、員工監事之成員分配、監事會主席之選任等重要事項，

---

❸　證基會（證券暨期貨市場發展基金會），《公司治理：董事及監察人如何執行職務》，2003 年 11 月修訂版，頁 170～177。

均有不同之規定❸。

(三)日本模式：銀行控制主導模式

　　日本公司治理結構與監控模式，屬銀行控制主導模式。日本公司之主要股東是銀行與公司法人，經由交叉持股，將工業集團與金融公司主要客戶公司與供應商組織在一起，形成一規模極大之企業集團。其特點有三：一是董事會成員中，股東代表較少；二是主辦銀行制度；三是監察制度。

　　日本董事會中，大多數之執行董事係由公司內部中階經理人拔擢而來，故在董事會與經理人間，少有不同點；執行董事被視為是經理人被拔擢到最高位階之表徵，性質上係屬自公司以外之外部董事，然其在法律上之角色，與內部董事並無不同。

　　在法規設計方面，為強化公司治理，日本商法於 2001 年至 2002 年大幅修訂，目前大公司之董事會如有充分之監督機制，亦即同時設置審計、薪酬、提名等三個委員會，可不另行設監察人，而選擇維持傳統雙軌董事會制者，如董事超過十人以上之大公司，可於董事下設置重大資產委員會。故依修訂後商法，目前日本大公司之組織，會出現下列三種型態：

　　1.傳統雙軌董事會制，僅有監察人制度設置。

　　2.新型雙軌董事會制，同時設置監察人，以及於董事下設置重大資產委員會之制度。

　　3.單軌董事會制，不設置監察人，改採董事會下設置審計、薪酬、提名等三個委員會，以及執行長制。

　　日本公司在經營上，具有企業間交互持股 (cross-shareholding) 及員工所有權兩大特色。故其公司之監控，首由核心員工為之，其次，為交互持股之內部股東，尤其是銀行之監督；最後才由外部股東經由出脫持股之方式監督❸。

---

❸　證基會，前揭書，頁 71；另參閱吳光明，〈勞工參與企業經營之探討——德國與我國現行制度之檢討〉，《中興法學》，第 37 期，1994 年 5 月，頁 161～188。

❸　證基會，前揭書，頁 81、82。

二、一元制與二元制公司治理之差異

(一)一元制治理模式

現代公司之治理結構，在二元制國家主要係指股東大會、監事會與董事會之結構與功能、董事長與經理人之權利與義務，以及董事長與經理人相關之聘任、獎勵與監督方面之制度安排等內容。

以英美為代表之一元制國家則無監事會機制；公司治理結構之核心，係形成一種制衡關係。獨立董事制度無疑是公司治理結構中董事會內部之一種監督制度。在此種治理模式下，強調股東至上之價值理念，公司之組織結構由股東大會與董事會組成，不設監事會。董事會中有一部分與公司無利害關係之外部人士擔任獨立董事，監督執行董事與經理之工作，以確保其決策符合全體股東之利益，防止內部人控制失效。

從功能定位之角度言之，美國公司治理結構是建立在所有權與經營權分離之基礎上。因此，股權結構如何，將決定公司控制權之分布，決定所有者與經營者間之委託代理關係之有效性。實際上，獨立董事制度正是基於股權結構失調與法人結構失靈情況下而產生。在美國，公眾股東為數眾多，股權結構高度分散，股權流動性快速，公司經營決策權不能由每一單獨股東行使，而必須賦予選聘之少數經營者，股東僅就公司之重大事項有決策權，導致所有權與經營權分離，形成經營者控制之現象。

在英美一元制董事會制度下，為監督具有控制權之經營者，防止「內部人控制失控」，其所憑藉之手段，即設立獨立於內部董事之「外部獨立董事」，尤其充當維護股東利益之監護人，防止強勢經營者作出不利於弱勢所有者之行為[39]。

總之，美國獨立董事制度之功能定位，係代表全體股東參與董事會決策、強化外部獨立董事對執行董事、董事會經營者之監督控制職能，防止「內部人控制失控」，以維護公司與全體股東之權益。

---

[39]　例如，美國1940年頒布「投資公司法」倡導股份有限公司引入「外部獨立非執行董事」之目的即在於此。

㈡二元制治理模式

公司治理之另一種模式，是以德國為代表之二元制治理模式，其組織結構由股東大會、監事會與董事會組成。其中，股東大會是公司最高權力機構；監事會 (Aufsichtrat) 是公司常設之權力監督、決策機構，由股東代表與職工代表及利害關係人組成；董事會負責公司經營，其成員由監事會選聘。足見德國形成以監事會為核心之權利配置均衡、分工明細之法人治理結構模式。

在二元制治理模式下，監事會是公司監督機關，同時亦係董事會之領導機關。監事會不僅行使監督權，其亦有董事任免權及董事報酬決定權、重大業務批准權。

德國實施董事會中心主義，董事會為公司經營決策機關、業務執行機關及公司代表機關。其公司監督機制之另一顯著特色為「職工參與制度」[40]。根據公司規模及職工人數之多寡，職工代表可占有 1/3 或 1/2 之席位。其職工監事與股東監事享有相同權限。

依上所述，上開兩種制度之差異，有公司治理之差異、股權結構之差異、外部環境之差異，此部分包括證券市場之差異、經理人市場之差異等[41]。我國公司治理中，有關獨立董事制度之推動與落實，可從此獲得借鏡。

三、獨立董事制度之特點

㈠抑制「內部人控制失控」之局面

獨立董事制度之建立應考量獨立董事之產生方式，包括獨立董事資格與提名制度、獨立董事任免制度、獨立董事權利與薪酬、獨立董事之責任與保險制度等基本範疇，且此一法律制度之價值係在公司治理結構中，形成直接之制衡機制，防範與抑制「內部人控制失控」之局面，以維護全體

---

[40] 參閱吳光明，〈勞工參與企業經營之探討——德國與我國現行制度之檢討〉，《中興法學》，第 37 期，1994 年 5 月，頁 161～188。

[41] 余雪明，《證券交易法》，證基會，2000 年 11 月，頁 43～47。

股東與公司之整體權益。

　　由於獨立董事制度創建之過程，可謂創設式與移植式制度變遷，及強制性與誘致性變遷相結合之過程。因此，我國在引進獨立董事制度時，雖借鏡英美國家公司治理之經驗，但仍必須考慮我國公司現實問題與文化傳統。

(二)強化董事會之內部監督職能

　　20世紀初，美國公司治理結構由「股東大會中心主義」，過渡到「董事會中心主義」，嗣後許多公司之股東大會逐步形式化，董事會運轉失靈，內部人控制不斷失控。為強化董事會之內部監督職能，維護股東及公司整體利益，而有獨立董事產生。

(三)監督與制衡之作用

　　在現代化董事會內部，獨立董事具有其他內部董事所無之監督與制衡作用，並有特殊之決策參謀與戰略諮詢功能。獨立董事制度之價值，主要體現在以下4點：一是在公司治理結構中，形成有效之制衡機制，防範與抑制「內部人控制失控」；二是完善董事會素質結構，提高董事會科學決策水準；三是強化公司公開信息之揭露，保障公司財務與業務更加公正透明，強化董事會；四是彌補大陸法系與英美法系傳統公司治理之缺陷。

(四)獨立董事之功能定位

　　獨立董事制度在不同之公司治理模式下，其功能定位，各有不同。在採行一元制之英美國家，由於沒有大陸法系國家公司法中之監事會作為公司內部之專門監督機構，加上其股權結構高度分散，股東遠離公司之日常經營管理事務。獨立董事主要監督對象係公司經營者，其監督功能基本定位於監督制衡內部執行董事與經理人員，並防範內部人控制失控。

　　至大陸法系之國家，則因公司係由股東會、董事會、監察人三足鼎立，此等分權與制衡之法人治理結構，與英美法制下之公司結構，頗有不同。因此，引進獨立董事之成效如何，有待觀察。

第六節　檢討與建議

一、我國公司治理中存在之問題

㈠公司法之立法

　　依我國公司法之立法，股東大會、董事會與監察人，三者係各行其責，一旦角色錯置，上開分權制衡之系統即難免發生混亂，使彼此之權責失去平衡，亦失去必要之制約功能。此種問題，主要表現在於股東大會流於形式化、監察人形同虛設、內部人控制失控等。

　　就實務上觀之，我國上市上櫃公司內部高層權責劃分以及其內部控制狀況，有極高比例之監察人實際上並未深入了解公司業務及財務狀況。設有獨立董事之上市上櫃公司，其獨立董事對於董事會議案表決之意見，或非獨立董事對獨立董事意見之尊重，情況並非極佳❷。

　　有經濟學者認為，在公司實務方面，我國亦有許多不利獨立董事制度之舊規，例如很多公司大股東及董事長等，常被銀行要求連帶保證公司之借款債務，以致公司不敢完全委由具獨立性格之董事會及審計委員會去主政。此外，從公司治理之一些基本經濟行為理論，並配合公司與外部環境互動之演化觀點，指出家族型公司治理形成之原因與發展機制。然後再納入獨立董事機制。該學者認為，改善公司治理之方向很多，強制設立獨立董事是否置於優先地位，值得斟酌❸。

　　臺灣證券交易所雖訂有「臺灣證券交易所股份有限公司有價證券上市審查準則」❹、「公開發行公司建立內部控制制度處理準則」❺，對獨立董

---

❷　陳錦旋，〈公司治理與獨立董事之法制與資格問題㈢〉，《集保月刊》，第 134
　　期，2004 年 1 月，頁 42。

❸　傅豐誠，〈從公司治理的微觀基礎探討我國強制設立獨立董事之必要性〉，《經
　　社法學論叢》，第 34 期，2004 年 7 月，頁 64、65。

❹　按「臺灣證券交易所股份有限公司有價證券上市審查準則」規定於 1990 年 3

事及獨立監察人之獨立性均加強評估，且更就上市公司設置獨立董事、監察人之相關處置措施，以推動公司治理並落實獨立董事、監察人制度。然而，由於我國證券市場與英美國家公開發行公司之股權結構、外部環境，包括證券市場、經理人市場等，均頗有差異，已如前述。因此，獨立董事制度在英美國家縱有相當之貢獻與價值，在我國則非屬必然；蓋在整體法制並非完備，實務環境又尚未有良好之配合條件下，如何保證獨立董事之素質，如何有效地進行獨立董事之選擇，如何使獨立董事在聲譽機制約束下，為上市公司負責盡職，未來均為艱鉅之任務，亦將面臨嚴格考驗。

㈡薪資報酬委員會之設置

1.規定內容

我國證券交易法第 14 條之 6，係有關薪資報酬委員會之設置之新規定，其條文為：「股票已在證券交易所上市或於證券商營業處所買賣之公司應設置薪資報酬委員會；其成員專業資格、所定職權之行使及相關事項之辦法，由主管機關定之。前項薪資報酬應包括董事、監察人及經理人之薪資、股票選擇權與其他具有實質獎勵之措施。」

2.修法理由

證券交易法增訂第 14 條之 6 之理由，係為訂定董事、監察人及經理人合理之薪酬，主要是要規範董事、監察人及經理人之酬勞，必須要與公司之經營績效成正比，以保障小股東之權益。而根據修法之內容，薪資報酬應包括董事、監察人及經理人之薪資、股票選擇權與其它具有實質獎勵之措施。

3.簡　評

前述薪資報酬委員會設置之規定，被視為「反肥貓條款」，此項反肥貓條款理由既係在規範董事、監察人及經理人之酬勞，必須要與公司之經營績效成正比。換言之，公司之經營績效好，則報酬高；公司之經營績效不

月 2 日，歷經多次修正，最近一次修正於 2018 年 11 月 30 日。

⑮ 按「公開發行公司建立內部控制制度處理準則」規定於 2002 年 11 月 18 日，歷經多次修正，最近一次修正於 2014 年 9 月 22 日。

彰,則報酬低。惟薪資報酬委員會成員幾乎都是獨立董事,即使少數成員不是獨立董事,其主席或召集人亦一定是獨立董事。理論上,獨立董事與薪資報酬委員會之設置,最主要都是在於希望透過不同機制,來監督管理公司營運。獨立董事恐難有魄力不聽命於有掌握實際權責之「公司派」大股東,因此,薪資報酬委員會之實際功能,又值懷疑。

二、本文結語

㈠公司治理應兼顧投資人與公司之權益

保護投資人權益並增進公司經營效率,為公司治理之最終價值目標,故有關公司治理之相關法律政策,應期兼顧投資人與公司之權益,不宜顧此失彼。因此,公司治理之精神,係先建立一套誘因,利用制衡原理,設計有效之監管機制。惟公司治理與外在之市場結構、政府功能與社會環境,彼此具有密切之互動,故實際上並無共通固定之規則,而目前不同之國家地區,亦有不同之公司治理模式。

㈡獨立董事首重發揮獨立作用

20世紀90年代以來,獨立董事制度之建立儼然成為一種國際化潮流,並在公司治理中,取得顯著績效。獨立董事可在上市、上櫃公司中發揮⑴公正作用;⑵客觀作用;⑶專家作用;⑷制衡作用等,董事會中之獨立董事能從全體股東利益出發監督與監控公司管理階層,為董事會提供知識、客觀性、判斷、平衡等項,已如上述。

然而,英美獨立董事之所以能發揮效力,其基礎係植基在上市公司健全之股權規範,以及股權之分散。將獨立董事制度移植至我國,由公司大股東聘請之獨立董事究否確能超然地發揮功能,又生疑慮。故如何使獨立董事維持其「獨立作用」,乃是公司治理之重要課題。

㈢法律體制難以一體適用

由於各國社會發展與文化背景,多有分歧,以致東、西方世界對於法律體制與商業環境,存有很大之差異,因此,在某一國家中深受肯認之完善制度,仍未必全盤適用於另一個國家。

　　長久以來，我國之經濟體制，向以家庭型公司為主。因此，如欲改善公司治理，似可從加強市場控制與組織控制兩方面著手。況公司所有與公司經營分離❹，本為我國公司法固有之立論，惟於資金龐大之上市公司，證券交易法仍要求股東須具備一定比例以上之持股，始得擔任董事，以確保董事對公司之投入與用心。

　　又我國引入獨立董事制度，係借鑑英美國家公司治理之經驗與過程，但獨立董事制度如確值採行，宜配合我國法律文化與實際運作，循序以法律定之，以求明確周延。然而，以美法律文化而言，美國是聯邦國家，其公司治理之立法格局，在過去數十多年間不斷進行調整，而此種立法格局之調整與變化，正是推動美國公司治理機制晚近變革之重要原因之一。美國公司治理機制晚近之發展，從「公司內部基本治理結構之發展」、「公司契約理論成違法學界之主要理論」、「經營判斷規則與董事信譽義務之發展」、「股東訴訟制度之變革」、「公司社會責任之興起與『利害關係人』之保護」以至於「反收購法律之建構」，直到 2002 年之「沙賓法案」(Sarbanes) 之通過，給我國莫大之啟示。

　　反觀我國，證券交易法第 14 條之 3 雖早已完成「獨立董事」之立法，惟獨立董事如取代監察人，能否對症下藥，匡正缺失，於該條文甫制定之初，學者即存有疑義❹。

(四)應強化獨立董事責任保險制度

　　獨立董事作為有效公司治理之重要制度保障，在解決公司內部人控制失控，維護公司股東權益方面有其功效。然而，獨立董事之收益與風險相伴隨行，獨立董事在享受高額薪津同時，亦承擔重大責任與風險。因此，亦應強化獨立董事之責任保險制度，使其成為公司中不可或缺之制度保障。

　　總之，在現階段，要監督公司業務，提升公司之經營品質，還是先從降低成本，提升監督效能思考，始為根本之道。在公司治理運作評量指標

---

❹　劉連煜，〈超越企業所有與企業分離原則——強制機構投資人分散持股規定的檢討〉，《公司法理論與判決研究㈠》，1995 年，頁 3～10。

❹　賴英照，前揭書，頁 129。

方面，應包括股東權益、董事會職能、資訊透明度、內控內稽制度❹、經營策略及利害關係人與社會責任，進行逐項評估，畢竟以我國之現況言，欲以獨立董事就公司經營發揮高度之監督效能，恐仍力有未逮。

---

❹ 按「公開發行公司建立內部控制制度處理準則」規定於 2002 年 11 月 18 日，歷經多次修正，最近一次修正於 2014 年 9 月 22 日。

第二章 論上市櫃公司獨立董事之獨立性與專業性

第一節 概 說

公司治理 (Corporate Governance) 之核心課題，在於使公司之經營能積極為股東及社會謀取福利，並防止經營者違法濫權，侵害投資人及利害關係人之權益。公司治理之目的，無非在公司所謂之內部或外部之各組織中尋求平衡，使公司資訊透明，監督機制得以有效運行，並保障股東與各利害關係人之權益。

公司治理機制其實是一種經濟與法律制度，亦即所有者、董事會與高級經理人所組成之一種組織結構。在此結構中，三者之間形成一種制衡關係。當公司擁有健全之公司治理制度時，不但對其商譽有所提升，在資金募集方面，亦可因此受到投資者廣泛之肯定與青睞，而得以較佳之價格籌集到所需之資金❶。

有關公司治理之權限分配與範圍、事項，依公司法之規定，可分為股東會（含股東）、董事會、監察人等三種。此種設計，係仿照政治上三權分立之模式，將股份有限公司內部之控管機制，分為股東會、董事會與監察人，並利用其不同的權限劃分與制衡關係，以達到公司內部監控之目的。

因此，從公司治理之多重角色言之，上述股東會（含股東）、董事會、監察人等三機關，對於公司均有經營管理權，只是其相互間存在著重疊以

---

❶ 陳錦旋，〈公司治理與獨立董事之法制與資格問題㈠〉，《集保月刊》，第134期，2004年1月，頁37。

及相互監督制衡之關係。

在英美法系國家，完善之董事會制度，一直被認為是構成有效公司治理結構之關鍵。20 世紀上半葉以來，美國掀起一場持續之董事會內部制衡機制改造與創新運動，最後引發全球性公司治理（包括獨立董事制度）結構之移植與創新。

由於文化背景之差異，東、西方世界對於法律及許多社會事務之認知、理念、解釋，皆存有很大之差異。目前，在許多西方商業社會，或許普遍對於擔任上市公司之獨立董事，頗多關注；然而，亦有許多學者專家，對擔任上市公司獨立董事之熱情不如預期，其背景因素亦錯綜複雜❷。

惟獨立董事制度既源於西方國家，在移植至臺灣之過程中，自然須要配合臺灣法律文化與實際運作❸，克服獨立董事制度本土化所可能面臨之一系列問題，始能使此一移植而來之制度，發揮其預期之功能。

另一方面，中國大陸自 20 世紀 70 年代末期，始向國際社會進行開放，其改革浪潮亦將公司推向經濟全球化之大格局中，獨立董事之移植式創設，亦訂於公司法之框架內。從理論與實務言之，獨立董事在中國大陸亦有其存在之必要性，但目前中國公司中，主要管理角色仍以監事會為主，而面對上市公司、市場現狀，與監事會本身固有之缺陷，仍必須以獨立董事之職能來與監事會互補❹。

---

❷ 參閱洪綾襄，退休高官變獨董很神？還是門神？上市櫃公司全面設置獨董兼職情況愈趨普遍，財訊，2015 年 6 月 25 日 https://www.wealth.com.tw/home/articles/5163，拜訪日：2017 年 7 月 11 日

❸ 有關東方社會與西方社會法律文化之不同，參閱吳光明，〈多元文化與訴訟外解決糾紛 (ADR) 機制〉，《仲裁法理論與判決研究》，2004 年 11 月，頁 4～9；另請參閱吳光明，第一章〈公司治理與獨立董事〉，《證券交易法論》，三民書局，2011 年 1 月增訂 10 版，頁 1～32。

❹ 中國公司之獨立董事能使公司更好之運營，市場秩序業得到良好之發展，各方面利益亦有很好之均衡。參閱 http://www.zwbk.org/zh-tw/Lemma_Show/203275.aspx，拜訪日：2017 年 7 月 11 日。惟由於本文僅探討在我國上市櫃公司獨立董事之獨立性與專業性，有關中國部分，限於篇幅，不另贅述。

　　基此，本章首先擬探討公司治理目的，其次，擬探討獨立董事之設置，包括設置沿革、獨立董事之資格、獨立董事之職權與功能、獨立董事組成審計委員會。再次，擬探討獨立董事獨立性之認定，包括源自美國法、獨立性之要求、董事會及監察人間相互獨立性規定、獨立董事之選任、提名、選舉等。復次，擬探討獨立董事之專業與薪酬，包括獨立董事之專業性、獨立董事制度中存在之問題、薪資報酬委員會、獨立董事責任保險制度等。最後提出結語，以作為本文之結語。

第二節　獨立董事之設置

　　獨立董事 (independent director)，係指外部非關聯董事，即外部且獨立之董事，其須非公司一定持股比例之大股東，亦未在公司內部任職，且非公司營運相關之關係人，而可對公司事務為獨立判斷與提供客觀意見之董事。獨立董事係強調其獨立性與專業性，而有助於監督公司之運作與保護股東之權益。因此，獨立董事是董事之一種，但又不同於一般董事，而具有一般董事所不具備之屬性與特徵，亦即具有一般董事所未具備之「獨立性」與「專業性」❺。

　　換言之，獨立董事與所任職公司間，非但無任何直接與間接利益關係，且必須有其特殊專業背景，例如擁有充分實用技術、豐富知識、應用知識解決現實問題之經驗法則、特定領域通用問題解決技能等，能讓公司提名並選任之。

一、設置沿革

　　我國證券交易法早期並無規範獨立董事制度，嗣為健全公司治理，強化董事之獨立性與功能性，並落實專業人員及經營者之責任，於 2006 年 1 月始修法引進，並自 2007 年 1 月 1 日起施行。

　　2018 年 4 月 24 日，證券交易法第 14 條之 2 第 3 項，又增訂「公司不

---

❺　吳光明，《證券交易法論》，三民書局，2019 年 2 月增訂 14 版，頁 1～2。

得妨礙、拒絕或規避獨立董事執行業務。獨立董事執行業務認有必要時，得要求董事會指派相關人員或自行聘請專家協助辦理，相關必要費用，由公司負擔之。」以健全公司治理，落實獨立董事對公司事務為獨立判斷與提供客觀意見之職責。

上市上櫃公司設立獨立董事，可分二種情形：

㈠強制設立

證券交易法授權主管機關，要求依該法公開發行股票之金融控股公司、銀行、票券、保險、證券投資信託事業、綜合證券商及上市（櫃）期貨商，暨實收資本額達新臺幣一百億元以上非屬金融業之上市（櫃）公司，應於章程規定設置獨立董事，其人數不得少於二人，且不得少於董事席次五分之一。

㈡自願設立

上市上櫃公司得就公司經營發展規模及其主要股東持股情形，衡酌實務運作需要，於章程規定設立獨立董事，並應審慎考慮合理之專業組合及其獨立行使職權之客觀條件。

二、獨立董事之資格

㈠獨立董事資格之法源

一般而言，獨立董事獨立性之要件與衡平要件，包括獨立董事之時間、資訊、知識、經驗、名聲、成本效益、利害算計等之法益衡平均應考慮在內。因此，學者針對獨立董事之資格，提出若干觀念❻，值得注意。

依證券交易法第 14 條之 2 第 1 項規定：「已依本法發行股票之公司，得依章程規定設置獨立董事。但主管機關應視公司規模、股東結構、業務性質及其他必要情況要求其設置獨立董事，人數不得少於二人，且不得少於董事席次五分之一。」同條文第 6 項規定：「獨立董事因故解任，致人數

---

❻ 有關「獨立董事之資格」之進一步討論，請參閱賴英照，〈法制的移植——從公司律到獨立董事〉，《臺北大學法學論叢》，第 84 期，2012 年 12 月，頁 1～70。

不足第一項或章程規定者，應於最近一次股東會補選之。獨立董事均解任時，公司應自事實發生之日起六十日內，召開股東臨時會補選之。」另依證券交易法第 181 條之 2 規定，強制設置獨立董事之時間，得自現任董事或監察人任期屆滿時，始適用之。

1.積極資格

依證券交易法第 14 條之 2 第 2 項規定：「獨立董事應具備專業知識，其持股及兼職應予限制，且於執行業務範圍內應保持獨立性，不得與公司有直接或間接之利害關係。獨立董事之專業資格、持股與兼職限制、獨立性之認定及其他應遵行事項之辦法，由主管機關定之。」

因此，主管機關（現為金融監督管理委員會）依此授權，訂定「公開發行公司獨立董事設置及應遵循事項辦法」 ❼，而依據該辦法第 2 條第 1 項第 1 至 3 款規定，公開發行公司之獨立董事，應取得下列專業資格條件之一，並具備五年以上工作經驗：

(1)商務、法務、財務、會計或公司業務所需相關科系之公私立大專院校講師以上。

(2)法官、檢察官、律師、會計師或其他與公司業務所需之國家考試及格領有證書之專門職業及技術人員。

(3)具有商務、法務、財務、會計或公司業務所需之工作經驗。

2.消極資格

為避免獨立董事有誠信問題，或違反專業資格等情事，證券交易法第 14 條之 2 第 4 項規定，獨立董事如有下列情事之一者，不得充任獨立董事，其已充任者，當然解任：

(1)有公司法第 30 條各款情事之一。

(2)依公司法第 27 條規定以政府、法人或其代表人當選。

(3)違反「公開發行公司獨立董事設置及應遵循事項辦法」所定獨立董事之資格。

---

❼ 按「公開發行公司獨立董事設置及應遵循事項辦法」訂於 2006 年 3 月 28 日，歷經多次修正，最近一次修正於 2017 年 7 月 28 日。

另依據上開「公開發行公司獨立董事設置及應遵循事項辦法」第 3 條第 1 項規定，公開發行公司之獨立董事應於選任前二年及任職期間無下列情事之一（亦即獨立董事如有以下七款所列情事，亦應當然解任）：

(1)公司或其關係企業之受僱人。

(2)公司或其關係企業之董事、監察人。但如為公司或其母公司、子公司依本法或當地國法令設置之獨立董事者，不在此限。

(3)本人及其配偶、未成年子女或以他人名義持有公司已發行股份總額百分之一以上或持股前十名之自然人股東。

(4)前三款所列人員之配偶、二親等以內親屬或三親等以內直系血親親屬。

(5)直接持有公司已發行股份總額百分之五以上法人股東之董事、監察人或受僱人，或持股前五名法人股東之董事、監察人或受僱人。

(6)與公司有財務或業務往來之特定公司或機構之董事（理事）、監察人（監事）、經理人或持股百分之五以上股東。

(7)為公司或關係企業提供商務、法務、財務、會計等服務或諮詢之專業人士、獨資、合夥、公司或機構之企業主、合夥人、董事（理事）、監察人（監事）、經理人及其配偶。但依股票上市或於證券商營業處所買賣公司薪資報酬委員會設置及行使職權辦法第 7 條履行職權之薪資報酬委員會成員，不在此限。

(二)獨立董事之豁免規定

證券交易法第 14 條之 2 除規定獨立董事之積極與消極資格外，於同條文第 5 項則規定：「獨立董事持股轉讓，不適用公司法第一百九十七條第一項後段及第三項之規定。」亦即公司法雖規定董事於任期中轉讓超過選任時之持股二分之一時，當然解任，然此規範一般董事消極資格之規定，獨立董事則予豁免，並不適用。

三、獨立董事之職權與功能

(一)強化董事會行使

依證券交易法第 14 條之 3 規定意旨，已選任獨立董事之公司，除經主管機關核准者外，下列事項應提董事會決議通過；獨立董事如有反對意見或保留意見，應於董事會議事錄載明：

1.審核公司訂定或修正內部控制制度。

2.審核公司訂定或修正取得或處分資產、從事衍生性商品交易、資金貸與他人、為他人背書或提供保證之重大財務業務行為之處理程序。

3.審核涉及董事或監察人自身利害關係之事項。

4.審核重大之資產或衍生性商品交易。

5.審核重大之資金貸與、背書或提供保證。

6.審核募集、發行或私募具有股權性質之有價證券。

7.簽證會計師之委任、解任或報酬。

8.財務、會計或內部稽核主管之任免。

9.其他經主管機關規定之重大事項。

按照前述規定，獨立董事對於公司重大事項之討論，一方面可以參與並表達意見；再方面對於董事會通過之決議，如有反對意見或保留意見，明訂應載明於董事會議事錄中，以透過董事會決議及獨立董事意見之表達，強化董事之職權行使，俾更健全公司治理，此為獨立董事之重要功能。

(二)保護非經營權股東之權益

上市公司非經營股東雖然人數眾多，但因股權分散，且股東專業領域或程度或多不足以對公司之經營深入瞭解，故即使心存關注，對公司亦普遍難以發揮實質之監督功能。

獨立董事由於具有獨立性與專業性，既強調「獨立」行使職權，又特別嚴格要求必須是與企業沒有關聯的外部人，因此得以中立而專業之腳色，積極參與董事會。故如與一般股東相較，顯更有助於監督公司之經營，保護非經營權股東之權益。

三主管機關仍具行政裁量權

由於證券交易法第 14 條之 3 各款所列應提董事會決議之事項，於某些特殊行業未必得以全盤適用，故條文中特別規定「除經主管機關核准外……」，以賦予主管機關「行政裁量」之權力，使其於必要時，得依行政處分核准特定公司排除本條之適用，庶免發生實務上之困難。

又為落實第 14 條之 3 之執行，公司如有違反本條者，依第 178 條第 1 項第 2 款規定處罰。

四、獨立董事組成審計委員會

審計委員會 (Audit Committee) 是英美法系國家董事會與公司治理結構中，甚為重要之制度安排。在臺灣，依證券交易法第 14 條之 4 第 2 項意旨，審計委員會應由全體獨立董事組成。換言之，擔任審計委員，負責公司審計業務，乃獨立董事之職責之一。茲將審計委員會之人數及功能及定位等分述如下：

一人數及專長

依證券交易法第 14 條之 4 第 2 項規定：「審計委員會……，其人數不得少於三人，其中一人為召集人，且至少一人應具備會計或財務專長。」顯見公司之審計委員人數，應在三人以上，且至少一人應具備會計或財務專長。

二審計委員會之定位

依證券交易法第 14 條之 4 第 1 項規定：「已依本法發行股票之公司，應擇一設置審計委員會或監察人。但主管機關得視公司規模、業務性質及其他必要情況，命令設置審計委員會替代監察人；其辦法，由主管機關訂之。」第 3 項並規定：「公司設置審計委員會者，本法、公司法及其他法律對於監察人之規定，於審計委員會準用之。」

三審計委員會之職權

證券交易法第 14 條之 5 第 1 項規定，已發行股票之公司設置審計委員會者，下列事項應經審計委員會全體成員二分之一以上同意，並提董事會

決議，不適用第 14 條之 3 關於獨立董事之反對意見及保留意見之規定：

　　1.審核公司訂定或修正內部控制制度。

　　2.內部控制制度有效性之考核。

　　3.審核公司訂定或修正取得或處分資產、從事衍生性商品交易、資金貸與他人、為他人背書或提供保證之重大財務業務行為之處理程序。

　　4.審核涉及董事或監察人自身利害關係之事項。

　　5.審核重大之資產或衍生性商品交易。

　　6.審核重大之資金貸與、背書或提供保證。

　　7.審核募集、發行或私募具有股權性質之有價證券。

　　8.簽證會計師之委任、解任或報酬。

　　9.財務、會計或內部稽核主管之任免。

　　10.年度財務報告及半年度財務報告。

　　11.其他經主管機關規定之重大事項。

　　又於證券交易法第 14 條之 5 第 2 項規定，「前項各款除第十款外，若未經審計委員會全體成員二分之一同意者，得由全體董事三分之二以上同意行之，不受第一項規定之限制，並應於董事會議事錄載明審計委員會之決議」。此一規定，似乎又將審計委員會之部分功能回收予董事，然以實務觀之，該條文自實施以來，尚未聞審計委員會與董事會發生意見之衝突情形。

四　審計委員會之運作

　　審計委員會運作情形、開會次數、每位獨立董事或監察人出（列）席率，以及其他應記載事項等資訊，均已規範於「公開發行公司年報應行記載事項準則」❽之相關規定中。

---

❽　按「公開發行公司年報應行記載事項準則」係依證券交易法第 36 條第 4 項規定訂定之授權，訂定於 1988 年 6 月 7 日，歷經多次修正，最近一次修正於 2017 年 2 月 9 日。

第三節　獨立董事獨立性之認定

一、源自美國法

　　獨立董事制度源自美國，從萌芽到奠定成為被認同之制度，經歷半個多世紀。早在 20 世紀 30 年代，美國證券交易委員會 (SEC) 開始建議大眾公司設立「非雇員董事」，並於 1934 年在美國證券交易法中規定，上市公司要引進「非雇員董事」，亦即非執行業務之董事。1940 年美國投資公司法則規定，大眾公司至少百分之四十之董事必須是「非利益相關人士」。此後，美國稅收法案首次提到「外部董事」 ❾。

　　至於美國證券交易委員會 (SEC) 對「獨立董事」之界定標準，最主要係將「獨立董事」界定為與公司並無重大關係 (Significant Relationships)，亦即指：(1)非公司以前之執行董事，並且與公司無職業上之關係，如法律顧問、簽證會計師等；(2)並非公司之重要消費者或供應商；(3)非以個人關係為基礎而被推薦，或被任命；(4)與任何執行董事無密切之私人關係。

二、獨立性之要求

　　我國考量獨立董事之獨立性，應不僅止於獨立董事選任之前，故參考美國紐約證交所之規定，要求公司獨立董事於選任前及任職期間，均須符合獨立性之要求，爰於「公開發行公司獨立董事設置及應遵循事項辦法」 ❿ 中，規範公開發行公司之獨立董事本人與特定親屬應於選任前二年及任職期間與該公司並無下列關係，包括：

---

❾　參閱美國 1934 年證券交易法相關規定。

❿　按「公開發行公司獨立董事設置及應遵循事項辦法」係依證券交易法第 14 條之 2 第 2 項規定訂定之授權，訂定於 2006 年 3 月 28 日，歷經多次修正，最近一次修正於 2017 年 7 月 28 日。

(一)**本人與公司之關係**

　　1.公司或其關係企業之受僱人。

　　2.公司或其關係企業之董事、監察人。但如為公司或其母公司、公司直接及間接持有表決權之股份超過百分之五十之子公司之獨立董事者，不在此限。

(二)**親屬與公司之關係**

　　1.本人及其配偶、未成年子女或以他人名義持有公司已發行股份總額百分之一以上或持股前十名之自然人股東。

　　2.前三款所列人員之配偶、二親等以內親屬或五親等以內直系血親親屬。

(三)**法人股東**

　　直接持有公司已發行股份總額百分之五以上法人股東之董事、監察人或受僱人，或持股前五名法人股東之董事、監察人或受僱人。

(四)**特定公司或機構之關係人**

　　與公司有財務或業務往來之特定公司或機構之董事（理事）、監察人（監事）、經理人或持股百分之五以上股東。

(五)**提供公司或關係企業服務之專業人士**

　　為公司或關係企業提供商務、法務、財務、會計等服務或諮詢之專業人士、獨資、合夥、公司或機構之企業主、合夥人、董事（理事）、監察人（監事）、經理人及其配偶。但依股票上市或於證券商營業處所買賣公司薪資報酬委員會設置及行使職權辦法第 7 條履行職權之薪資報酬委員會成員，不在此限。

(六)**曾任下列職務而現已解任者不受限制**

　　依據「公開發行公司獨立董事設置及應遵循事項辦法」第 3 條第 2 項規定，公開發行公司之獨立董事曾任下列職務而現已解任者，不再適用於選任前二年與該公司無下列關係之規定：

　　1.公司或其關係企業之獨立董事。

　　2.與公司有財務或業務往來之特定公司或機構之獨立董事。

㈦前述之特定公司或機構，係指與公司具有下列情形之一者

　　1.持有公司已發行股份總額百分之二十以上，未超過百分之五十。

　　2.他公司及其董事、監察人及持有股份超過股份總額百分之十之股東總計持有該公司已發行股份總額百分之三十以上，且雙方曾有財務或業務上之往來紀錄。前述人員持有之股票，包括其配偶、未成年子女及利用他人名義持有者在內。

　　3.公司之營業收入來自他公司及其聯屬公司達百分之三十以上。

　　4.公司之主要產品原料（指占總進貨金額百分之三十以上者，且為製造產品所不可缺乏關鍵性原料）或主要商品（指占總營業收入百分之三十以上者），其數量或總進貨金額來自他公司及其聯屬公司達百分之五十以上。

　　5.以上所稱母公司及聯屬公司，應依財團法人中華民國會計研究發展基金會發布之財務會計準則公報❶第 5 號及第 7 號之規定認定。

三、董事會及監察人間相互獨立性規定

　　證券交易法第 26 條之 3 第 1 項規定：「已依本法發行股票之公司董事會，設置董事不得少於五人。」第 2 項：「政府或法人為公開發行公司之股東時，除經主管機關核准者外，不得由其代表人同時當選或擔任公司之董事及監察人，不適用公司法第二十七條第二項規定。」第 3 項：「公司除經主管機關核准者外，董事間應有超過半數之席次，不得具有下列關係之一：一、配偶。二、二親等以內之親屬。」第 4 項：「公司除經主管機關核准者外，監察人間或監察人與董事間，應至少一席以上，不得具有前項各款關係之一。」

　　上開規定之原因，係為提升董事會、監察人之獨立性，明定董事會之最低席次及補選規定，且規定董事、監察人間應超過一定比例或人數，彼此間不得具有親屬等關係，並明定公司應訂定董事會議事規範❷。基於上

---

❶　有關「財團法人中華民國會計研究發展基金會發布之財務會計準則公報」參閱 www.ardf.org.tw/ardf.html，拜訪日：2017 年 6 月 8 日。

開證券交易法第 26 條之 3 第 8 項規定之授權，主管機關乃訂定「公開發行公司董事會議事辦法」❸。依前開辦法第 17 條第 2 項規定，董事會之議決事項，如有下列情事之一者，除應於議事錄載明外，並應於董事會之日起二日內於主管機關指定之資訊申報網站辦理公告申報：一、獨立董事有反對或保留意見且有紀錄或書面聲明。二、設置審計委員會之公司，未經審計委員會通過，而經全體董事三分之二以上同意通過。

又為保障獨立董事執行職務之品質，公開發行公司之獨立董事如欲再兼任其他公開發行公司之獨立董事，並無不可，然再兼任獨立董事之公司，不得逾三家。

另外，2018 年 4 月 24 日證券交易法第 14 條之 2 第 3 項增訂「公司不得妨礙、拒絕或規避獨立董事執行業務。獨立董事執行業務認有必要時，得要求董事會指派相關人員或自行聘請專家協助辦理，相關必要費用，由公司負擔之。」以健全公司治理，落實獨立董事對公司事務為獨立判斷與提供客觀意見之職責與功能❹。

四、獨立董事之選任

依公司法第 192 條規定意旨，公司董事由股東會就有行為能力之人選任之。另依「上市上櫃公司治理實務守則」❺第 21 條亦規定，上市上櫃公司應制定公平、公正、公開之董事選任程序，除章程另有規定外，應採用累積投票制度以充分反映股東意見，關於最低席次及獨立董事資格條件、認定標準與最低席次或所占比例等事項，依證券交易所或櫃檯買賣中心規定辦理。

---

❷　參閱證券交易法第 26 條之 3 規定之立法理由。

❸　按「公開發行公司董事會議事辦法」係依證券交易法第 26 條之 3 第 8 項規定訂定之授權，訂定於 2006 年 3 月 28 日，歷經多次修正，最近一次修正於 2017 年 7 月 28 日。

❹　參閱證券交易法第 14 條之 2 第 3 項規定之立法理由，2018 年 4 月 24 日。

❺　按「上市上櫃公司治理實務守則」規定於 2002 年 10 月 4 日，歷經多次修正，最近一次修正於 2018 年 12 月 12 日。

有關獨立董事之提名、審查、選舉與名額等選任相關事項,於公司法第 192 條之 1、同法第 198 條、證券交易法第 14 條之 2,以及公開發行公司獨立董事設置及應遵循事項辦法中均有明文。茲略述如下:

㈠候選人提名

依公司法第 192 條之 1 規定意旨,公開發行股票之公司董事(包括獨立董事)選舉,採候選人提名制度者,應載明於章程,股東應就董事候選人名單中選任之:

1.提名受理期間與公告事項

公開發行公司應於股東會召開前之停止過戶日前,公告受理獨立董事候選人提名之期間、獨立董事應選名額、受理處所、其他必要事項,其中受理期間不得少於十日。

2.提名方式

為確保股東之提名權❶❻,因此規定持有一定股份以上之股東及董事會得提供獨立董事推薦名單,經董事會評估其符合獨立董事所應具備條件後,送請股東會選任,提名方式包括:

⑴持有已發行股份總數百分之一以上股份之股東,得以書面向公司提出獨立董事候選人名單,提名人數不得超過獨立董事應選名額。

⑵由董事會提出獨立董事候選人名單,提名人數不得超過獨立董事應選名額。

⑶其他經主管機關規定之方式。

3.被提名人應檢附之資料

因獨立董事較一般董事有其特定之職權及責任,爰規定股東及董事會提供推薦名單時,應檢附被提名人姓名、學歷、經歷、當選後願任獨立董事之承諾書、無公司法第 30 條規定情事之聲明書及其他相關證明文件。

㈡提名審查

為利選任適任之獨立董事,規範董事會或其他召集權人召集股東會者,

---

❶❻　參閱證券交易法第 14 條之 2 以及公開發行公司獨立董事設置及應遵循事項辦法第 5 條之規定。

對獨立董事被提名人應予審查。惟如有提名股東於公司依公司法第 165 條第 2 項或第 3 項停止股票過戶時,持股未達百分之一,以及未檢附前項規定之相關證明文件……等法定情形者,所提名獨立董事應不列入獨立董事候選人名單。

㈢選舉與名額

依公司法第 198 條規定,股東會選任董事時,除公司章程另有規定外,每一股份有與應選出董事人數相同之選舉權,得集中選舉一人,或分配選舉數人,由所得選票代表選舉權較多者,當選為董事。

獨立董事與非獨立董事應一併進行選舉,依「公開發行公司獨立董事設置及應遵循事項辦法」第 5 條第 7 項之規定,分別計算當選名額。

另依證券交易法第 14 條之 2 規定,經主管機關要求設置獨立董事之公開發行公司,設置獨立董事人數不得少於二人,且不得少於董事席次五分之一;對於自願設置獨立董事之公開發行公司,得依實務運作需要於章程中載明其獨立董事之人數或比例。

再者,董事會設有常務董事者,常務董事中獨立董事人數不得少於一人,且不得少於常務董事席次五分之一(詳見「公開發行公司獨立董事設置及應遵循事項辦法」第 8 條)。

㈣獨立董事任期

依公司法第 195 條第 1 項之規定,董事任期一屆不得逾三年,但得連選連任,而獨立董事仍屬公司董事會成員之一,故其任期亦為一屆不得逾三年,但得連選連任。

㈤指派獨立董事之特殊情形

依「公開發行公司獨立董事設置及應遵循事項辦法」第 7 條規定,金融控股持有發行全部股份之子公司、政府或法人股東一人所組成之公開發行公司,其獨立董事得由金融控股公司、政府或法人股東指派之,不適用該辦法第 5 條規定獨立董事應由選舉方式產生,惟前述所指派之獨立董事仍應符合證券交易法及相關子法規範之獨立董事資格條件。

㈥獨立董事與非獨立董事任職期間職務不得轉換

為維持獨立董事具中立執行職務之特性，避免董事間因身分轉換所衍生之爭議，因此「公開發行公司獨立董事設置及應遵循事項辦法」第六條規定獨立董事及非獨立董事於任職期間不得轉換之限制。

第四節　獨立董事之專業與薪酬

一、獨立董事之專業性

獨立董事之專業性，亦即獨立董事需具備專業知識。此專業知識指擁有充分習得高度實用技術、豐富知識、應用知識解決現實問題之經驗法則、特定領域通用問題解決技能。所謂特定領域專業，即指與公司業務相關領域之專業，例如地質專業之於礦產公司。但專業知識亦包括行銷、資訊科技、財務、及法律專業。

又依證券交易法第 14 條之 4 之規定，設置審計委員會之公開發行公司，獨立董事當選人至少一人應具備會計或財務專長❶。

特定公司專業 (Firm-specific expertise) 係董事任務之中心，無論董事或獨立董事，均必須瞭解公司業務之本質及狀態之資訊，如外部董事並未具備公司所需之專業，且無法於任職期間培養足夠之特定公司專業者，顯難以勝任獨立董事之職。

另外，董事技能專業 (Director-craft expertise) 指作為董事會成員，獨立董事必須熟知董事責任，此為最基本之能力。例如公司治理專業、小群體決策、閱讀提案及財報、知悉商業結構及策略、及人際關係溝通之技巧。

二、獨立董事專業與獨立互斥之克服

獨立董事之專業，非常廣泛，其專業資格條件於「公開發行公司獨立董事設置及應遵循事項辦法」第 2 條第 1 項中已有規範。然為維獨立董事

---

❶　參閱「上市上櫃公司治理實務守則」第 28 條之規定。

之獨立性，某些特定人士雖具備相當之專業，依「股票上市或於證券商營業處所買賣公司薪資報酬委員會設置及行使職權辦法」第 6 條之規定，卻不得擔任公司之獨立董事，例如在委任前二年及任職期間，曾為公司或關係企業提供商務、法務、財務、會計等服務或諮詢之專業人士、獨資、合夥、公司或機構之企業主、合夥人、董事（理事）、監察人（監事）、經理人及其配偶等人，均受限制。但依上開行使職權辦法第 7 條履行職權之薪資報酬委員會成員，則不在此限。

對公司而言，獨立董事舉足輕重，且其專業性與獨立性又屬必要之條件，但獨立性與專業性屢被視為互斥之觀念。一般傳統之看法，專業不能跨領域，跨領域則不專業。以美國金融風暴為例，由於過度強調獨立性，使得獨立董事間缺乏必要之整合與交流，而其個別之專業能力又難以因應廣泛之問題，以致無法在複雜多變之商業環境中，提供或監督董事會制定良好政策。換言之，專業性與獨立性有所互斥，時有不可兼得之取捨問題。

針對前述專業難以跨越之問題，實際上可藉由資訊之提供而改善，例如法律人一時未必能夠深入研究業務報表，但藉由資訊之提供，仍然能夠瞭解並運用其所需之資料，並從其法律專業之角度分析公司之問題，且業務、財務、與法律專業獨立董事之專業亦可互補。因此，董事會成員之多樣性，有助於決策達成預定效果。顯見只要人員選任正確，且資訊提供正確，即可克服獨立董事之獨立性與專業性可能互斥之狀況。有時公司對於獨立性會優先於專業性之考量。

三、獨立董事制度之本土化問題

1997 年亞洲金融危機發生後，「強化公司治理機制」被認為是企業對抗危機之良方。2001 年美國安隆案 (Enron) 後陸續引發之金融危機，促使美國對企業管控問題，採取積極作為[18]。

我國獨立董事制度固然係由英美法系移植而來，但並非一成不變地吸收，而是配合我國之法制與實務現況，加以融合與變革，形成符合臺灣需

[18]　《臺灣公司治理》，證券暨期貨市場發展基金會，2016 年 10 月，頁 1。

求之本土化制度。2002 年 10 月間，相關單位先制訂「上市上櫃公司治理實務守則」❶❾。2006 年，公司法、證券交易法及相關法規之陸續修訂，將公司治理原則具體法制化，使其具有法律之約束力。

㈠公司法之立法

我國依公司法之意旨，股東大會、董事會與監察人，三者係各行其責，一旦角色錯置，上開分權制衡之系統即難免發生混亂，使彼此之權責失去平衡，亦失去必要之制約功能。此種問題，主要表現在股東大會經常流於形式化、監察人形同虛設、內部人控制失控等。

㈡獨立董事之規範及變革

為因應經濟轉型及社會發展需要，建構具國際競爭力之金融環境，並致力於各項金融改革推動，臺灣之證券交易法於 2006 年間修訂時，其主要內容即包括推動公司治理、增進證券商業務、與外國簽訂資訊合作協定，及加強防制證券市場操縱、內線交易不法行為等四大部分。其中就公司治理獨立董事部分，更有不同之規範及變革。

證券交易所為強化上市公司董監酬金資訊揭露，雖已於其公開資訊觀測站之「公司治理專區」項下，公布公司連續二年度稅後虧損，但董事、監察人酬金總額，或平均每位董事、監察人酬金卻增加之上市公司代號、公司名稱、最近二年度稅後虧損金額、董事、監察人酬金總額及平均每位董事、監察人酬金等資訊。不過，前述資訊之公布，雖有一定之效益，但卻無法遏阻公司連續虧損時，董事、監察人酬金總額仍大幅增加之弊端。因此，實應強制公司董事會設置薪資報酬委員會，方得更有效地消除此類弊端。

另外，證券交易法為保障投資人權益，亦規定設置薪資報酬委員會，且薪資報酬委員會所訂定股票已在證券交易所上市或於證券商營業處所買賣之公開發行股票公司董事、監察人及經理人酬金，應包括薪資、股票選擇權與其他具有實質獎勵之措施❷❶。

---

❶❾　按「上市上櫃公司治理實務守則」訂定於 2002 年 10 月 4 日，歷經多次修正，最近一次修正於 2018 年 12 月 12 日。

四、獨立董事兼任薪資報酬委員

在英美法系國家，董事會內部普遍設立薪資報酬委員會 (Compensation Committee)，旨在評價包括 CEO[21]、其他執行董事在內之高級管理人員之工作績效，負責制訂與核定董事會成員與高級人員之補償方案之專門機構，其實務上薪資報酬委員會主要由獨立董事組成，並與審計委員會與提名委員會共同構成出資人、董事會與高級管理階層之內部監督與制衡機制。

茲就獨立董事之激勵機制、獨立董事薪酬之形式與標準等，分述如下：

㈠獨立董事之激勵機制

從經濟學角度言之，對獨立董事之激勵，大約來自三方面：一是榮譽激勵；二是物質激勵；三是人才市場之激勵。

1. 榮譽激勵：對獨立董事發揮間接之激勵作用，是一種抽象之激勵，無法用法律進行規範。

2. 物質激勵：又稱薪酬激勵 (remuneration incentive)，是直接之激勵作用。

3. 人才市場之激勵：以社會現況言，獲聘擔任公司獨立董事，屢被視為專業能力受到肯定的表徵，多少會提升人才之市場價值與競爭力，無疑係另一激勵之方式。

㈡獨立董事之薪酬

在上開激勵方式中，薪酬之給付，乃對於公司獨立董事最直接及具體之激勵方式。董事薪酬制度之設計，需要考量公司之營運狀況、獨立董事之專業，以及其自身利益與獨立性間之平衡。

1.基本規定

為確定獨立董事薪酬之形式與標準，證券交易法於 2010 年 11 月修正

---

[20]　參閱證券交易法增訂第 14 條之 6 有關薪資報酬委員會之設置之立法理由，2010 年 11 月 24 日。

[21]　CEO 亦即「執行長」，英文 "Chief Executive Officer" 之簡稱，亦係指在一個企業集團、財團或行政單位中之最高行政負責人。

時，即增訂第 14 條之 6 第 2 項有關薪資報酬委員會之設置之規定，其條文為：「前項薪資報酬應包括董事、監察人及經理人之薪資、股票選擇權與其他具有實質獎勵之措施❷。」可見獨立董事之薪酬，基本上亦繫於薪資報酬委員會之評估與建議，再憑訂定。

2.薪資報酬委員會之組成與任期

依證券交易法第 14 條之 6 規定意旨，股票上市或於證券商營業處所買賣公司應設置薪資報酬委員會，已如前述。薪資報酬制度為公司治理及風險管理重要之一環。

薪資報酬委員會成員由董事會決議委任之，其人數不得少於三人，其中一人為召集人。但已設置獨立董事之公司應至少由一名獨立董事擔任薪資報酬委員。至其委員之任期與委任之董事會屆期相同。

3.薪資報酬委員會之職權

薪資報酬委員會應以善良管理人之注意，忠實履行職權，並將所提建議提交董事會討論，至於職權範圍，包括：

⑴訂定並定期檢討董事、監察人及經理人績效評估與薪資報酬之政策、制度、標準與結構。

⑵定期評估並訂定董事、監察人及經理人之薪資報酬。

⑶薪資報酬，包括現金報酬、認股權、分紅入股、退休福利或離職給付、各項津貼及其他具有實質獎勵之措施；其範疇應與公開發行公司年報應行記載事項準則中有關董事、監察人及經理人酬金一致。

4.薪資報酬委員履行職權之原則

薪資報酬委員履行職權時，應遵循下列原則：

⑴董事、監察人及經理人之績效評估及薪資報酬應參考同業通常水準支給情形，並考量與個人表現、公司經營績效及未來風險之關連合理性。

⑵不應引導董事及經理人為追求薪資報酬而從事逾越公司風險胃納之行為。

---

❷ 參閱證券交易法第 14 條之 6 規定，2010 年 11 月 24 日公布，該條文迄今未再做修訂。

⑶針對董事及高階經理人短期績效發放紅利之比例及部分變動薪資報酬支付時間應考量行業特性及公司業務性質予以決定。

五、獨立董事責任保險制度

按獨立董事為公司治理之重要制度保障，在解決公司內部人控制失控，維護公司股東權益方面，已日益發揮功效。對公司而言，獨立董事亦成為非常重要之職務，但收益與責任，總是相伴相隨，獨立董事在獲取高薪時，亦承擔重大之責任與風險。

依「上市上櫃公司治理實務守則」第 39 條之規定，上市上櫃公司應於董事任期內，就其執行業務範圍依法應負之賠償責任，為其投保責任保險，以降低並分散董事因錯誤或疏失行為而造成公司及股東重大損害之風險。上市上櫃公司投保董事責任保險或續保後，應將其責任保險之投保金額、承保範圍及保險費率等重要內容，提最近一次董事會報告。

第五節　結　語

我國獨立董事制度係源於英美法系，但在引進以來，經過多年的運作與修正，已然針對既有之法律文化進行制度之設計與創新，進而建立一套本土化系統。目前獨立董事之獨立性、獨立董事與監察人間之關係、獨立董事制度之資訊保障等，相關機制均已頗稱完善。

公司治理之精神，係先建立一套誘因，利用制衡原理，設計有效之監管機制。惟公司治理與外在之市場結構、政府功能與社會環境，彼此具有密切之互動，故實際上並無共通固定之規則，而目前不同之國家地區，亦有不同之公司治理模式。由於各國社會發展與文化背景，多有分歧，以致東、西方世界對於法律體制與商業環境，存有很大之差異。因此，在某一國家或地區深受肯認之完善制度，仍未必全盤適用於另一個國家或地區。

然而，保護投資人權益與增進公司經營效率，乃公司治理之重要價值與目標。在全球化與國際化之共同潮流下，無論任何地區之上市上櫃公司，

公司治理必然均會面臨巨大之挑戰，其中因應之方式固然不勝枚舉，但如何強化董事（包括獨立董事）之功能，使其確實發揮監督、治理之效，又能防範其缺失於未然，自亦為健全公司治理之要務。

為此，建立完備之獨立董事選任條件與選舉機制、明確規範董事之責任，固然為基本前提，而制定董事責任之保險制度，亦已不可欠缺，因為藉由董事責任保險制度之存立與落實，才能在複雜多變之商業環境中，順應企業制度之需要，亦確保全體股東之權益，並保障公司之發展。針對此一領域而言，目前我國「上市上櫃公司治理實務守則」之明確規範為「宜投保」，雖無強制，但仍值肯定。

第三章 證券交易法上之有價證券

第一節 概 說

一、認識有價證券

證券交易法係規範證券交易行為之法律，而有價證券 (Marketable Securities) 之意義為何，則為證券交易法之核心問題，唯有先界定有價證券之概念，才能明瞭證券交易法適用之範圍。同時，隨著我國金融國際化、自由化之逐步發展，無論政府機關或社會大眾，對於有價證券之意義，均有加以認識之必要。以下茲從廣義、狹義以及民商法上之有價證券意義探討之。

㈠廣義之有價證券

廣義之有價證券，係指代表價值可以流通之證券。凡是證券持有人可在資金市場上轉讓之證券，包括政府發行之債券，諸如國庫債務憑證、國庫券、金融債券 (Notes) 及長期債券 (Bonds) 等屬之。此外，票據、保險單、提單、載貨證券及未上市公司股票、公司債券等均可轉讓，但非滿期不得要求贖回本金者，均屬廣義之有價證券。

㈡狹義之有價證券

狹義之有價證券係指得在證券市場流通交易之有價證券。此種有價證券受證券交易法所規範。蓋證券交易法以保護投資大眾為前提，重視有價證券之經濟價值。因此，此種有價證券須具備下列條件：

⑴具有安全性：能為一般投資大眾投資之對象；

⑵具有市場性：發行人將有價證券發行後，能使證券持有人隨時將證券換成現金，或能以現金購買證券，即須具有市場之流通性；

⑶能大量現金交易之資本證券。

至於民商法上之有價證券乃表示財產權之書面證券，即其證券上記載一定之財產權，其權利之內容，純依其記載之文句而定。

二、實務見解

實務上，法院認為，按所謂有價證券，乃表彰具有財產價值之私權的證券，其權利之發生、移轉或行使，須全部或一部依證券為之；另證券交易法第6條第1項、第2項明定：「本法所稱之有價證券，謂政府債券、公司股票、公司債券及經財政部核定之其他有價證券。新股認購權利證書、新股權利證書及前項各種有價證券之價款繳納憑證或表明其權利之證書，視為有價證券。」故界定是否為證券交易法規範之「有價證券」，應參酌上開民法之基本定義，及針對證券交易法之證券特性，即應著重於是否有「表彰一定之價值」，而具有「投資性」與「流通性」❶。

又最高法院認為，證券交易法對於有價證券定義，應不僅限於上市公司股票、已經公開募集、發行之公司股票等種類；並所謂公開募集、發行之公司股票，應指依公司、證券交易法等規定申請公開募集、發行之股票稱之，故其和修正前之有價證券定義應為不同❷。

基此，本章首先擬探討重新認識有價證券，包括廣義之有價證券、狹義之有價證券、實務上觀點；其次擬探討有價證券之理論基礎，包括有價證券理論、與有價證券類似之其他證券、有價證券定義之必要性；並分別論述有價證券概念之檢討，包括證券交易法中之證券概念、有價證券之名詞須謹慎使用、投資憑證、契約等類型納入證券交易法之可行性；再次擬探討有價證券之特殊問題，包括中籤通知書及繳款書、外國股票、外人在

---

❶ 臺灣臺北地方法院96年度訴字第464號判決。

❷ 最高法院100年度臺上字第927號民事判決。

臺募集資金赴外投資所訂立投資契約、股份轉讓證書、「再發行新股者」是否包括發行普通股與特別股。最後，從我國存在之問題，提出建議，以供各界參考。

第二節　有價證券之理論基礎

一、有價證券理論

　　有價證券之產生及發展，與社會經濟活動之發達，具有密切關係，而將財貨予以證券化，以謀求資本之流通，更是現代經濟生活之趨勢。在經濟活動未臻發達的社會中，因商品交易之數量有限，以現貨交易進行，尚不致發生太大困難。但隨著經濟之發達，交易日趨頻繁，所涉商品無論在數量、重量、體積、品質、使用目的、使用時間、使用場所、價格等方面，較諸以往均大為擴增。而在流通運轉過程中，隨著困難性及危險性之增加，費用亦相對增加，為節約費用支出，用來表示商品價值之文書，便被設計產生，藉由表示商品價值之文書的存在，對於商品之請求權，亦可用文書來表示，商品移轉更可透過文書之流通予以代替。隨著文明的提升，此種以文書表示權利，從而促進交易之方式，更因之逐漸發展，而成為近代法制中之「有價證券」。

　　有價證券之理論，主要在探討證券上權利義務發生之時點，學理上可分契約說、單獨行為說、發行說、權利外觀說。就學說上之爭議，德國早期係採契約說，法、英等國亦同；但德國自單獨行為說創立後，更衍生許多爭議。時至今日，雖以權利外觀說為主導，但實際運用上，各說之間之差異，因無實益，已不甚重要❸。

---

❸　王惠光，《論證券交易法上的有價證券》，中興大學碩士論文，1989 年 6 月，頁 6～9。

二、與有價證券類似之其他證券

與有價證券類似之其他證券，可歸類為如下數種：

(一)本身具有價值之證券

例如票據、紙幣、硬幣等是，此種證券通說認為其票券或物體本身，已被擬制為具有法律上特定之價值，因此並非證券交易法所規範之有價證券。

(二)免責證券

免責證券係指債務人因對於證券持有人履行債務，而免除其責任之證券。此種免責證券之債務人，並不負調查該證券持有人是否為真正權利人之義務；而證券持有人則因持有證券，而有請求債務人履行債務之資格，因此，免責證券亦稱為資格證券。

大多數之有價證券為免責證券，但有些免責證券則不被認為是有價證券。原則上，有價證券具有讓與性，而單純之免責證券，如行李交換證、物品託管證等，僅是特定人間之債權債務關係證明，並不預期將該證券讓與或流通，自亦無讓與性可言。因此，讓與性之有無，並非二者區分之唯一標準，其區分標準，應以當事人意思，以及交易習慣為基礎。此外，免責證券具有有價證券之積極性，亦即持有該有價證券者，得行使該證券上之權利，但免責證券卻無有價證券之消極性問題，意即縱然未持有證券，亦未必不得行使權利，因此，即使並無出示免責證券，亦能藉證明自己權利存在之方式，以行使權利❹。

(三)設權證券

設權證券係指權利之是否發生，以其作成之證券為必要條件之證券，例如票據是也。雖然有價證券中之某些證券，亦以證券之作成，作為其權利發生之要件，但有價證券中之證權證券，例如股票，並不以此為要件，蓋有價證券是權利之發行、移轉、行使全部或一部，均以證券為之，此與

---

❹　王仁宏，〈有價證券之基本理論——民商法理論之研究〉，收入《鄭玉波七秩華誕論文集》，1988 年，頁 20。

設權證券，單純僅就權利之發生要求作成證券，而不論權利之行使、移轉是否需以證券為之，此一關鍵之點並不相同。

㈣證據證券

單純供作證據之用之證據證券，例如借據。此種證券僅被用以證明權利之證據方法，其權利之發生、移轉以及行使，並不以證券之占有為必要。

三、闡釋有價證券定義之必要

有價證券之運用或流通，於現代社會中雖然已甚普遍，但於研析有價證券之際，仍有必要特別對於有價證券之定義，加以闡釋，理由如下：

㈠現行法規，就有價證券並無統一之定義

我國現行法中，對有價證券並無統一性規定，僅證券交易法第 6 條係唯一對有價證券下定義之法律。但該條對於有價證券之意義，並未說明，且其效力範圍亦受限制，通說認此並非定義性之條文，而學說上則均認為，有價證券係以表彰具有財產價值之私權證券，其權利之發生、移轉或行使，須全部或一部依證券為之❺。

由上所述，可知欲對證券交易法中之有價證券之意義與範圍有進一步瞭解，必須從各個法律規定中去分別探尋，證券交易法中之有價證券無須受其他法律之限制，而自成一特色。

㈡證券交易法並未規範所有之有價證券

證券交易法第 6 條雖係現行法律中，唯一對有價證券之意義加以規定者，惟該條規定仍非有價證券之統一性定義，茲分述如下：

1.立法目的

證券交易法之目的，在發展國民經濟並保障投資，而非在對任何私法關係，提供法律規範之基礎。因此，凡其性質過於偏離其立法目的之有價證券，例如倉單、載貨證券，均不可能成為證券交易法規範之客體。

2.法律用語

證券交易法第 6 條規定，本法所稱有價證券，謂政府債券、公司股票、

---

❺　史尚寬，《債法各論》，自版，1977 年版，頁 731。

公司債券及經主管機關核定之其他有價證券。而所謂公司股票及公司債券，顯係引用自公司法所規定之意義，因此，自不可能以該引用而來之法律名詞，作為各種有價證券之通則性定義，以免陷入循環論斷之邏輯矛盾中。

3.法律位階

證券交易法為公司法之特別法，而公司法又為民法之特別法，從法律之位階而言，證券交易法已不適合作為某種普遍性之私法關係，尤其是有價證券之總則性規定。

4.條文所指稱之範圍

證券交易法第 6 條既然規定：「本法所稱有價證券，指政府債券、公司股票……」云云，顯示該條文之主要目的，僅係界定有價證券在證券交易法中之涵義，並無規範其他範疇有價證券之立意。

再從證券交易法以保障投資人為目的之觀點言之，我國證券交易法第 1 條開宗明義地揭示：「為發展國民經濟，並保障投資，特制定本法。」可見發展國民經濟與保障投資，同為證券交易法之立法目的，但該二者是否具同等重要地位，抑或該二者在位階上，有不同之重要性，容有爭議。

一般均認為，投資人之保護係證券交易法之主要目的，而發展國民經濟視為保護投資人之目的達成後，當然產生之期待。因為從證券交易法之內容觀之，無論是針對有價證券募集、發行及買賣所定條款，或就證券商、證券商同業公會、證券交易所、外國公司所建立之規範，或有關仲裁與罰則等規定，均未可驟認與國民經濟發展有直接之關聯。如從發展國民經濟觀點出發，實難對各條文之解釋及運用，有所助益；反之，如從投資人之保護觀點出發，才能確實闡釋各條文之意旨，並藉以確定證券交易法上有價證券之範圍。而唯有在不違背投資人保護之直接目的前提下，才能經由證券市場之健全發展，達成發展國民經濟之間接目的。

綜由前述，顯見證券交易法僅在規範資本性證券，其並未規範所有之有價證券。至於證券交易法中有價證券定義之功能，在於：

⑴有價證券之定義為證券交易法之核心概念；

⑵該定義界定證券交易法保護投資人之範圍；

(3)該定義可藉以區分證券業與其他行業，如銀行業與證券業；

(4)該定義更可作為其他相關法規適用之依據。

為此，爰有必要特別加以闡釋。

第三節　證券交易法對有價證券之定義及其特性

一、對有價證券之定義

依證券交易法第 6 條第 1 項規定：「本法所稱有價證券，指政府債券、公司股票、公司債券及經主管機關核定之其他有價證券。」同條第 2 項規定：「新股認購權利證書、新股權利證書及前項各種有價證券之價款繳納憑證或表明其權利之證書，視為有價證券。」同條第 3 項規定：「前二項規定之有價證券，未印製表示其權利之實體有價證券者，亦視為有價證券。」換言之，證券交易法就「有價證券」規範對象，除政府債券、公司股票、公司債券、經主管機關核定之其他有價證券、新股認購權利證書、新股權利證書及前項各種有價證券之價款繳納憑證或表明其權利之證書外，尚有無實體證券等，茲分述如下：

㈠政府債券

依證券金融事業申請兼營自行買賣政府債券業務規定第 2 條：「證券金融事業申請兼營自行買賣政府債券業務，應先檢附下列書件向本會申請核發同意函：㈠自行買賣政府債券業務計畫書，並載明營運資金管理及專業人員資格。㈡董事會會議紀錄。㈢最近期經會計師查核簽證之財務報告，且每股淨值不低於票面金額。」此係政府為財經政策或配合經濟發展，以發行有價證券之方式，向社會大眾所募集之債。此種政府債券不論為中央政府公債或地方政府公債，財政公債或建設公債，長期公債或短期公債，記名債券或無記名債券，均非所問，均為豁免證券，其發行無須依證券交易法所規定之程序辦理。茲再將政府債券之公債、國庫券、中央銀行儲蓄券以及短期票券之意義，說明於後。

1.公　債

公債乃指政府以其本身信用為基礎，運用發行證券之方式，與國民訂立之借貸契約。公債之債務人為國家，債權人則為私人。公債屬於有價證券之一種，其發行之種類，如同商品一樣，儘量多樣化，以滿足不同購買者之需要，並使公債之市場層面擴大❻。

2.國庫券

國庫券係政府為調節國庫收支，穩定金融，依據國庫券發行條例所發行之短期債務憑證。國庫券與公債之區別有二：(1)公債為政府財政收入之一種，編列在預算中；國庫券之功能則在於調節國庫收支，或者穩定金融市場。(2)公債係按所訂定之期限償還本息，但國庫券則可能隨時被買回。

3.中央銀行儲蓄券

依中央銀行法第 27 條規定，中央銀行為調節金融，得發行定期存單、儲蓄券及短期債券。一般而言，中央銀行儲蓄券為調節金融之工具。通常，定期存單及短期債券之期限在一年以下，比儲蓄券之期限還長。

4.短期票券

依票券金融管理法第 4 條第 1 款規定：「本法用詞定義如下：一、短期票券：指期限在一年期以內之下列短期債務憑證：㈠國庫券。㈡可轉讓銀行定期存單。㈢公司及公營事業機構發行之本票或匯票。㈣其他經主管機關核准之短期債務憑證。」❼短期票券之買賣屬於貨幣市場之範圍，而證券交易法上證券之交易則屬於資本市場之範圍，二者並不相同。

依證券交易法第 15 條規定，證券商經營之業務為有價證券之承銷、有價證券之自行買賣、有價證券買賣之行紀、居間、代理；再依證券交易法第 44 條第 1 項後段之規定，非證券商不得經營證券業務。則短期票券交易商並非證券商，自不能經營屬於證券交易法上證券範圍之國庫券、公債等

---

❻　李金桐，《財政學》，五南書局，1993 年 9 月 3 版 4 刷，頁 421～433；劉聰衡，《財務管理》，1980 年初版，頁 380。

❼　按「票券金融管理法」訂於 2001 年 7 月 9 日，歷經多次修正，最近一次修正於 2018 年 12 月 5 日。

證券之買賣業務，學者認為，在這些相衝突之規定間，似乎應該有協調性之例外規定，以資配合❽。

(二)股　票

股票係表彰股東權之要式有價證券；一般而言，證券交易法及公司法所欲規範之股票，具有下列特性：(1)須以書面為之；(2)須為公開發行者；(3)須表彰股東權之證券。依公司法之相關規定，持有公司股票之股東享有盈餘分派請求權及參與股東會之表決權等。因此，證券須視其所表彰之內容是否屬於公司債或其他類型之證券，而決定其有無證券交易法之適用。

(三)公司債券

股份有限公司之資金，原則上係由股東所繳納之股款而來，而為擴展業務，或有其他需要時，公司除發行新股外，亦可對外舉債，以籌措資金，其優點在於利息較低，且能大量吸收游資，積少成多。茲從一般公司債以及銀行之金融債券分述如下：

1.公司債

公司債係公司為籌措長期資金，就其所需資金總額，分割為多數單位金額，依法律規定發行證券之方式，向投資大眾大量負擔之金錢債務❾，此種為籌集資金所發行之債券，即為公司債券。至於證券交易法上所規範之公司債之發行，係著重在是否「公開發行」，而非其發行之主體。有關有價證券之募集、發行及買賣等問題，依證券交易法第 22 條、第 22 條之 1、之 2 等規定為準據，至申報生效之細節，則依該法第 22 條第 4 項授權金融監督管理委員會於 1988 年訂定發布　「發行人募集與發行有價證券處理準則」規範之❿。

---

❽　沈柏齡，〈證券金融未來發展〉，《證券金融》，第 37 期，1993 年 1 月，頁 1。該文曾對我國證券金融業務之基本架構，詳細介紹，可供參考。

❾　柯芳枝，《公司法論》，三民書局，1991 年版，頁 410。

❿　「發行人募集與發行有價證券處理準則」訂於 1988 年 7 月 26 日，歷經多次修正，最近一次之修正日期為 2015 年 11 月 12 日；又財政部證期會已更名為行政院金融監督管理委員會證券期貨局。

2.銀行之金融債券

銀行之金融債券,依銀行法第 11 條規定之意義,原為「銀行依照本法有關規定,為供給中期或長期信用,報經中央主管機關核准發行之債券」;惟自 2015 年 2 月 4 日起,該條文已修正為「謂銀行依本法有關規定,報經主管機關核准發行之債券。」

而依銀行法第 90 條規定,專業銀行以供給中期及長期信用為主要任務者,得準用第 72 條之 1 之規定,發行金融債券。足見金融債券實質上與公司債券相同,然而,由金融機構發行,其信用較一般公司債為佳。因此,只要發行金融債券之銀行係公司法上之股份有限公司,則其所發行之金融債券,便為公司債券之一種,只是其發行程序另有一套銀行金融債券發行辦法加以規範。

㈣視為有價證券之證券

依證券交易法第 6 條第 2 項規定,「新股認購權利證書、新股權利證書及前項各種有價證券之價款繳納憑證或表明其權利之證書,視為有價證券。」由於此等證書或憑證,在民商法上並不認其為有價證券,但依其性質仍可在證券市場流通,故證券交易法將其視為有價證券。茲分述如下:

1.新股認購權利證書、新股權利證書

此兩者並不相同,新股認購權利證書係指據以行使認購新股權利之證書,此乃尚未認購新股前所必要之事,而新股權利證書則係認購新股或者獲得新股分配後,因為公司須變更章程,才能發行新股,為恐時間稽延,損害投資人權益,而事先發行之表彰新股權利之證書,此乃認購新股或受分配新股後之事,增資發行新股,於上市買賣前所先行印製表彰股東權之證書。

2.價款繳納憑證

證券交易法第 6 條第 2 項中之價款繳納憑證範圍甚廣,包括政府債券、公司股票、公司債券以及經財政部核定之其他有價證券之繳納憑證。價款繳納憑證之目的,在於投資人可持該憑證以換發正式之證券,因此,持有繳款憑證以及持有正式之證券,在效果上,兩者相差不多,證券交易法上

將之列為有價證券，洵屬妥當。

3.表明權利證書

在實務上，如能適當擴張解釋此種證券，將使證券之範圍擴大，如此更能達到保護投資人之目的。至於證券之擴張性，一般均認以由主管機關核定之方式較佳，而如果新投資類型和證券交易法第 6 條第 2 項所列舉之證券性質相似，才能以司法解釋方式納入證券交易法規範❶。

4.無實體證券

政府為投資交易之成本、證券遺失風險等問題之考量，乃於 2006 年 1月間修正證券交易法第 6 條，規定未印製表示其權利之實體有價證券者，亦視為有價證券，以資配合無實體交易制度。

所謂「無實體交易」制度，係指公開上市公司發行新股時，其股票可以該次發行總數合併印製成「單張」股票存放於集中保管事業機構，或者「免印製」股票存放於集中保管事業機構，再經由該機構發給應募人有價證券存摺之方式。

我國公司法第 162 條之 1，原訂有「股票之發行」，內容敘及公開發行新股票之印製、保管、背書等規定，然因我國現行上市、上櫃及興櫃公司股票業已全面無實體，證券集中保管事業機構就上市、上櫃及興櫃有價證券，將全面採無實體登錄方式保管，故該條已無適用之可能及存在之必要，因此已於 2018 年 8 月 1 日修正公司法時刪除。

㈤主管機關核定之有價證券

我國證券交易法對證券之定義採列舉規定，另外授權主管機關得視情況需要，隨時將有必要納入規範者核定為證券交易法上之證券。主管機關依法核定者僅受益憑證及外國證券二者，茲分述如下：

1.受益憑證

根據證券交易法第 6 條第 2 項規定意旨，證券投資信託事業為募集證券投資信託基金所發行之受益憑證為證券交易法所稱之有價證券❷。蓋受

---

❶　王惠光，前揭文，頁 120～121。
❷　財政部證期會 77 年 9 月 20 日臺財證㈢字第 09070 號公告。

益憑證不但具有投資性，且係以書面方式發行，性質上符合我證券交易法
上有價證券所具有之特性，實有加以規範保護之必要。

2.外國證券

財政部另曾於 1987 年間，依證券交易法第 6 條規定意旨，核定外國之
股票、公司債、政府債券、受益憑證及其他具有投資性質之有價證券，凡
在我國境內募集、發行、買賣或從事上開有價證券之投資服務，均應受我
國證券管理法令之規範，1992 年時又重申此一核定❸。前後二次公告均將
「其他具有投資性質之有價證券」包括在內，導致證券交易法上外國證券
之種類比本國證券之種類多，學者質疑，可能演變成在國內設計新型態之
投資計畫欺騙投資大眾，比在國外簡單❹，故此等規定是否妥適，值得研
究。

二、有價證券之特性

由於證券交易法第 6 條僅在證券之募集、發行及其管理、監督方面，
指出投資證券之範圍，對於有價證券之真正意涵，並未說明，因此，如要
了解證券交易法有價證券之特性，必須從法律科學之整理方面去探求，茲
就其投資性、書面性、轉讓性以及公開性，分述如下：

㈠投資性

基於證券交易法保護投資大眾之目的，證券交易法所規範之有價證券，
限於資本性證券，而不及於貨幣性證券，亦不及於財貨性證券。至於授權
主管機關所核定之有價證券，係該條文中列舉規定後之概括規定，故與投
資性無關之證券，主管機關自不應核定為證券交易法上之證券。

㈡書面性

證券交易法第 6 條所規定之證券，須為證書、憑證、債券或證券，如
無此等書面，本不可能為證券交易法上之證券。

然由於證券市場交易頻繁，證券之給付交割，已改採證券集中保管劃

---

❸　財政部證期會 81 年 2 月 1 日臺財證㈡字第 50778 號函。

❹　王惠光，前揭文，頁 80。

撥交割制度，1995 年 2 月 4 日起，採用全面款券劃撥交割，投資人買賣證券，僅利用存款存摺及證券存摺即可為交割，甚至可以辦理「免交割」❶；又自 2010 年起，我國上市、上櫃及興櫃公司股票業已全面無實體❶，故以現況言，所謂之書面性實已非有價證券之共同特質。

(三)**轉讓性**

　　為使權利之流通更迅速、便利，民商法上之證券均強調其可轉讓性，如民法第 618 條規定，非由寄託人或倉單持有人於倉單背書，並經倉庫營業人簽名，不生所有權移轉之效力。又如公司法第 163 條規定，公司股份之轉讓，除本法另有規定外，不得以章程禁止或限制之。再如公司法第 164 條規定，股票由股票持有人以背書轉讓之，並應將受讓人之姓名或名稱記載於股票。公司法第 260 條規定，記名式之公司債券，得由持有人以背書轉讓之。另外，新股認購權利證書、新股權利證書、繳款憑證、權利證書等亦均得轉讓。換言之，我國無論在理論上以及實務上，證券交易法上之證券，均有可轉讓性。

(四)**公開性**

　　證券交易法第 6 條第 1 項所規定之政府債券、公司股票、公司債券等證券，均以公開發行者，始認為係證券交易法規範之對象。而該條文第 2 項中之各項憑證，則又係第 1 項各種證券之代替品，亦當然具有公開性。然而，為保護投資人，防止流弊，未公開發行之證券，亦須受證券交易法規範。

---

❶　　參閱本書第十四章〈證券集中保管劃撥制度〉章。

❶　　按 「臺灣集中保管結算所股份有限公司發行人辦理無實體發行有價證券登錄暨帳簿劃撥交付作業配合事項」訂於 2001 年 12 月 11 日，歷經多次修正，最近一次修正於 2018 年 9 月 6 日。

第四節　有價證券概念之檢討

一、證券交易法中之證券概念

　　由於證券交易法各條文中，對於證券所下之定義並不相同，因此對於有價證券之定義，有整體加以檢視之必要。從法律文義解釋言之，現行證券交易法對證券之定義，約可分為五種類型，茲分述如下：

㈠與證券交易法第 6 條同義者

1.第 2 條

　　依證券交易法第 2 條前段規定，有價證券之募集、發行、買賣，其管理、監督依本法之規定。足見該條前段之立法目的，在於界定證券交易法之規範範圍。其後段規定，本法未規定者，適用公司法及其他有關法律之規定。後段之立法目的係在界定法律位階關係。而無論如何，該有價證券之意義，當然儘可能求其廣泛，凡是證券交易法所能規範到之有價證券，均為本法之有價證券。

2.第 5 條

　　依該條規定，本法所稱發行人，謂募集及發行有價證券之公司，或募集有價證券之發起人。此之「有價證券」在意義上與第 6 條相同；然因第 7 條有關「募集」與第 8 條有關「發行」之定義，分別為第 7 條第 1 項規定：「本法所稱募集，謂發起人於公司成立前或發行公司於發行前，對非特定人公開招募有價證券之行為。」以及第 8 條第 1 項規定：「本法所稱發行，謂發行人於募集後製作並交付，或以帳簿劃撥方式交付有價證券之行為。」致容易使人誤為第 5 條之有價證券，僅涵蓋部分之股票及公司債，似有不妥。

3.第 18 條

　　證券交易法第 18 條係有關證券金融相關事業經營之核准與監督規定。依該條規定：「經營證券金融事業、證券集中保管事業或其他證券服務事

業，應經主管機關之核准。前項事業之設立條件、申請核准之程序、財務、業務與管理及其他應遵行事項之規則，由主管機關定之」，由於法律授權明確原則，故此條文所載之證券，其概念亦與證券交易法第 6 條同義。

4. 第 20 條

證券交易法第 20 條所指之有價證券，其範疇亦應力求其廣泛。蓋依該條第 1 項規定，有價證券之募集、發行、私募或買賣，不得有虛偽、詐欺或其他足致他人誤信之行為。本條係證券交易法規範誠實義務及損害賠償責任之基本規定，證券交易法上之民事責任，即以此為規範中心，故為保護投資人，防止證券詐欺，自應將其所指有價證券之意義儘量擴大。

5. 第 43 條

證券交易法第 43 條第 1 項係有關有價證券買賣之給付或交割之規定。按該條項規定，在證券交易所上市或證券商營業處所買賣之有價證券之給付或交割，應以現款、現貨為之。其交割期間及預繳買賣證據金數額，得由主管機關以命令定之。因此，原則上，本條規定之有價證券類型，應該是指證券交易法第 6 條之有價證券。然而從本條之立法討論中，一直均係針對股票問題予以討論[17]，立法者似乎認為，有價證券僅指股票而已。惟由於證券交易法第 43 條第 4 項，已明定證券集中保管事業以混合保管方式保管有價證券所有權之歸屬；另就政府債券及其他有價證券納入集中保管者，在性質上類似股票及公司債之集中保管，並已訂定第 6 項準用規定[18]。足見本條之有價證券與第 6 條所稱之有價證券意義相同。

㈡ 不包括政府債券之有價證券

依證券交易法第 22 條第 1 項規定，有價證券之募集與發行，除政府債券或經主管機關核定之其他有價證券外，非經主管機關核准或向主管機關申報生效後，不得為之。其中政府債券即為所謂豁免證券，固無疑義，而「經主管機關核定之其他有價證券」係指主管機關認為並無必要限制其發行時，一定要經過核准或申報，即可將之列為豁免證券 (exempted

---

[17] 賴英照，《證券交易法逐條釋義（第 2 冊）》，1987 年再版，頁 336～341。

[18] 參閱證券交易法部分條文修正第 43 條第 5 項、第 6 項之說明。

securities)，其範圍與政府債券類似性質者方屬之；因此，本條與第 6 條中之「經主管機關核定之其他有價證券」兩者用語相同，但所指之範圍及目的，差異極大。

又證券交易法第 22 條第 3 項規定，出售所持有第 6 條第 1 項規定之有價證券或其價款繳納憑證、表明其權利之證書或新股認購權利證書、新股權利證書，而公開招募者，準用第 1 項規定。換言之，上述有價證券均須經核准或申報，則依文義解釋，受益憑證似乎無該條規定再次發行之適用。然而，為保護投資人，再次發行之規定所適用之客體，不應僅限於上述證券，初次發行時應核准或申報之證券種類，再次發行時亦應適用同樣程序，故證券交易法第 22 條第 3 項之有價證券範圍，除豁免證券外，應包括受益憑證在內。

又證券交易法中規定公開說明書者，如證券交易法第 13 條、第 30 條有關申請審核應備之文書、第 31 條有關公開說明書之交付、第 32 條有關公開說明書虛偽或隱匿之責任、第 37 條有關會計師查核簽證之管理、第 38 條有關證券發行之保護措施，這些規定中，有些係以公司為主體，則如限制以公司為發行主體之證券方適用公開原則，目前實務上雖尚未發生問題，然將來主管機關如依證券交易法規定，核定俱樂部會員證為證券❶，反而因其非屬公司發行之證券，而無公開原則之適用，此應非立法目的，因此，除豁免證券外，證券之發行均以公開原則之適用較妥。

此外，證券交易法條文中明示以公司為適用主體之有價證券，第 26 條有關公開發行有價證券之公司董事、監察人持有記名股票成數之訂定，第 41 條有關主管機關對於已依本法發行有價證券之公司命提特別盈餘公積之規定。上述規定因加上主體之限制，自然會使各該條文之證券範圍，作

---

❶ 例如高爾夫球會員證之移轉，依所得稅法第 14 條第 1 項第 7 類之規定應計算財產交易所得，併計個人綜合所得稅申報課稅。國稅局可依稅捐稽徵法第 30 條規定要求購買球證人據實填報相關憑證資料；參見 84 年 11 月財政國稅中南資字第 19001 號函。從上開函件可知會員證究竟是否為有價證券，值得研究。

相當程度之限縮。

　　至於證券交易法第 38 條有關主管機關為有價證券募集或發行之核准，而命提報告及檢查書表帳冊權責，第 40 條有關對於有價證券募集核准作為證明、宣傳之禁止。此兩條文均涉及有價證券之核准，故其範圍與第 22 條之有價證券相同。

　　另外，證券交易法第 43 條之 1 規範取得超過公開發行公司已發行股份總額百分之十之申報問題；至其第 2 項規定之客體為「公開發行公司之有價證券」，故其所規範之證券應限於與公司支配權有關之證券，例如股票、可轉換公司債、新股認購權利證書、附認購權公司債等 ❷ 。

㈢上市之有價證券

　　證券交易法第 139 條第 1 項規定，依本法發行之有價證券，得由發行人向證券交易所申請上市。而依第 140 條規定，證券交易所應訂定有價證券上市審查準則及上市契約準則，申請主管機關核定之。證券交易法乃依此授權，於 1989 年修正通過「臺灣證券交易所股份有限公司有價證券上市審查準則」，並於 1990 年公布，嗣經多次修正 ❷ ，按上開準則第 2 條第 1 項規定：「凡依證券交易法規定發行或補辦發行審查程序之有價證券，其發行人於依據證券交易法第一百三十九條之規定向本公司申請上市者，應分別檢具各類有價證券上市申請書，載明其應記載事項，連同應檢附書件，向本公司申請，本公司依據本準則暨本公司審查有價證券上市作業程序之規定審查之。」其第 2 條第 2 項規定：「發行人與其證券承銷商具有下列各款情事之一者，本公司拒絕接受該證券承銷商所出具之評估報告，並不同意其有價證券之上市：一、雙方互為有價證券初次上市或上櫃評估報告之評估。二、有證券商管理規則第二十六條所列情事。三、屬於同一集團企業。」

　　又證券交易法第 150 條有關上市有價證券買賣處所之限制與例外規

---

❷　參閱本書第五章〈公開收購股權〉。

❷　按「臺灣證券交易所股份有限公司有價證券上市審查準則」訂於 1990 年 3 月 2 日，歷經多次修正，最近一次修正於 2018 年 11 月 30 日。

定,以及證券交易法第 155 條有關禁止操縱市場規定,其中「有價證券」
之意義,均是限於已上市之證券。其他如牽涉集中交易市場或證交所之條
文中所指之有價證券,均屬此類。

㈣上市證券以外之其他證券

證券交易法第 142 條規定,發行人公開發行之有價證券於發行人與證
券交易所訂立有價證券上市契約後,始得於證券交易所之有價證券集中交
易市場為買賣。此條文中有價證券意義即專指上市證券以外之其他證券。
又依證券交易法第 62 條規定,證券經紀商或證券自營商,在其營業處所受
託或自行買賣有價證券者,非經主管機關核准不得為之。前項買賣之管理
辦法,由主管機關定之。第 156 條及第 157 條之規定,於第 1 項之買賣準
用之。

1982 年間,證期會依據前揭證券交易法第 62 條第 2 項之授權,訂定
「證券商營業處所買賣有價證券管理辦法」❷,嗣後迭經修正,現行辦法
第 4 條規定,櫃檯買賣之有價證券,以依證券交易法公開發行未在集中交
易市場買賣之股票及其他經本會指定之有價證券為限。如此規定,使未上
市又非上開第 4 條所稱之有價證券,成為無交易市場之證券,投資人僅能
循其他途徑買賣。又條文中所稱「本會」,係指金融監督管理委員會,自不
待言。

㈤仲裁與罰則規定中之有價證券

證券交易法第 166 條第 1 項前段規定,依本法所為有價證券交易所生
之爭議,當事人得依約定進行仲裁。其中依「本法」究為何指,「有價證券
交易」又為何指,容有疑問❸,然而,無論如何,此處所指之有價證券,
則指證券交易法第 6 條所有之有價證券,殆無疑義。

至於證券交易法罰則之規定,大部分條文均直接適用前面各條文之規

---

❷ 按「證券商營業處所買賣有價證券管理辦法」,於 1982 年 8 月 23 日財政部證
券管理委員會訂定,歷經多次修正,最近一次修正於 2017 年 3 月 31 日。

❸ 參閱本書第十九章〈證券爭議之仲裁〉。並請參閱賴英照,前揭書,第 3 冊,
頁 512。

定，因此，其有價證券之意義，當然與各該條文相同意義；而在證券交易法第 174 條中，尤其第 1 項第 2 款規定，「對有價證券之行情或認募核准之重要事項為虛偽之記載而散布於眾」；以及同項第 7 款規定，「就發行人或某種有價證券之交易，依據不實之資料，作投資上之判斷，而以報刊、文書、廣播、電影或其他方法表示之」；此二款均處以有期徒刑，且得併科罰金。前開兩款均有獨立之構成要件，且要件中又有將「有價證券」列入其中，由於第 2 款基本上係針對公開原則之規定，則所謂「有價證券」自應該與證券交易法第 22 條意義相同，亦即均係指豁免證券以外之其他有價證券。另外，第 7 款係屬於反詐欺條款之規定，應與證券交易法第 20 條意義相同，換言之，均適用於證券交易法上所有之有價證券❷。

二、有價證券之名詞須謹慎使用

㈠法令使用有價證券一語者

我國法令上使用有價證券一語者，有民法第 608 條、第 639 條、第 710 條、第 910 條，提存法第 6 條，強制執行法第 59 條，破產法第 92 條、第 107 條以及刑法第 201 條，為數不少。依一般用語構成法條所稱有價證券者，主要係指民法上所稱之提單、倉單、指示證券、無記名證券；公司法上之股票、公司債；海商法上之載貨證券；保險法上之保單；票據法之匯票、本票及支票；以及證券交易法所指之一切投資證券❷。由於證券交易法之立法目的與上述民商法並非完全一致，且證券投資型態不斷翻新，立法者為免妨礙證券概念之演進，故無法在各條文中之證券意義，過度明確化，然而除非證券交易法條文中所規範之證券僅限於特定證券，否則當然應儘量使用「有價證券」用語，而且如法條中必須規定特定證券時，自應非常明確。例如證券交易法第 43 條第 4 項中原係針對「證券集中保管事業保管之股票」，則可看出其僅規範「股票」而已，而不及於其他受益憑證或公司債等，以致適用時發生疑義，此問題在修正後之條文已將之改為「有

---

❷　王惠光，前揭文，頁 113。

❷　王仁宏，前揭文，頁 2。

價證券」。

又如證券交易法單純針對特定證券加以規定,同時亦可在其他法律規範者,自應儘量規定於其他法律,例如證券交易法第 24 條有關公司發行新股、第 25 條有關公開發行股票之公司關係人持股申報、第 25 條之 1 使用委託書、第 26 條董事、監察人持股成數、第 26 條之 1 及之 2 召開股東會、第 27 條股票最低最高金額等問題,事實上應在公司法規定即可,而不必規定於證券交易法。

綜上所述,有價證券之範圍為證券交易法之核心概念,為保障投資人,對有價證券之用語,自須謹慎使用。

(二)證券交易法有價證券判斷基準

證券交易法第 6 條雖僅明文列舉數種有價證券,範圍相當有限,但亦授權主管機關得因實際需要,指定其他有價證券納入本法規定範圍。一般認為,主管機關指定時,主要應考慮下列兩項因素[26]:

1.保護之必要性:

依證券之性質及投資人之狀況,為防止證券詐欺或其他不法情事,有納入證券交易法規範之必要。

2.相關法律未為適當之規範:

如其他法律已有完善之規定,足以保護投資人者,原則上無須再為指定。

三、投資憑證、契約等類型納入證券交易法之可行性

由於證券交易法第 6 條對「有價證券」定義,採列舉規定,其範圍過於狹隘,為保障投資人,自有必要擴張證券之範圍。一方面經由司法之擴張解釋方式,使該條第 2 項之「表明其權利之證書」,擴大範圍;另一方面加強主管機關核定「其他有價證券」之範圍。實務上,下列幾種投資型態,是否可以納入規範,值得研究。

---

[26] 賴英照,《證券交易法解析(簡明版)》,2013 年再版,頁 11。

(一)投資憑證

　　投資憑證係指公司假借名義，利用較高利息吸金，而發給投資人憑證，以證明投資人所繳納之資金憑證之總稱。按此種投資憑證並非法律名詞，其可能以股票形式，或以受益憑證形式，或以借據形式出具，並不一致。而由於該憑證上所使用之文字，曖昧不明，從憑證上根本無法判定其法律性質，只能從其實際交易情形判斷，故引發甚多糾紛。

　　實務上，曾有人先以證券公司籌備處名義，以每股新臺幣十元，對外公開吸收資金，並以該籌備處名義出具認股書，作為繳款憑證，先後共得資金二億餘元。該人未經投資人同意，即擅自將所吸資金悉數挪用，並以渠等私人名義，先後在證券市場大量購買股票，嗣因股票暴跌，終至血本無歸。法務部研究意見認為，該人未經向主管機關申請核准證券公司之籌設，即以該公司籌備處名義，對外公開招募股份，顯違證券交易法第 22 條第 1 項、第 3 項之規定，應依同法第 175 條論處，其所吸收資金私自挪用部分，應論以業務上侵占罪，係另行起意，與上揭違反證券交易法罪責，兩罪併罰❷❼。

　　雖然投資憑證可以主管機關核定方式納入規範，但因其非法律名詞，且各種投資憑證型態不同，何況發行公司之範圍應如何規範，亦不明確，如由主管機關核定，恐不易將投資憑證界線劃分清楚，故仍以司法解釋方式為妥。

(二)投資契約

　　此種投資契約係美國證券法上所規定之一種證券，依美國 1933 年證券法第 2 (1)(1) 條規定，投資契約為證券 (security) 之一種，1934 年證券法第 3 (1)(10) 條亦有相同之規定，投資契約與股票、公司債等同受規範❷❽。

　　在我國現行法制下，可考慮將其納入規範者，有下列幾種投資契約，茲分述如下：

---

❷❼　法務部 80 年 3 月法檢決字第 03259 號函覆法官訓練所。
❷❽　賴英照，《最新證券交易法解析：股市遊戲規則》，元照出版，2009 年 10 月再版，頁 18。

1.委託經營契約

委託經營契約係買受人形式上向出賣人購買具有市場性之商品，而實質上出賣人並不將該商品移轉於買受人，但由買受人分享出賣人經營該商品後所得到之利潤，此即所謂「不動產證券化」問題。

不動產證券化即將不動產之投資改變為證券型態，投資人與投資標的物間之關係，由原來之直接握有物權關係，轉變成持有債權性質之有價證券。臺灣最早運用不動產證券化觀念之個案，即「財神酒店」，是採區分所有權分售方式，之後不動產業者改採共有持分權銷售方式，如「太平洋之花蓮鳳蝶計畫」、「富群世界」、「登豐理財世界」、「臺東世外桃源渡假別墅」、「力霸天母美食廣場」、「歐洲共同仕場」、「三光行吉米鹿王國」等等。

然而，在探討不動產證券化之課題時，主要問題在法律如何促成金融產品之開發及流通、如何管制金融產品之創設以及保障交易安全，並兼顧投資人權益。上述個案中，可能牴觸之法令包括：銀行法第 5 條之 1，第 29 條、第 29 條之 1，民法第 820 條有關「共有物之管理」利益之分配、第 823 條有關「共有物之分割與限制」永續經營問題。而對投資人權益保障方面，有民法第 819 條、土地法第 34 條之 1 等 ❷ 。

應注意者，信託法、信託業法已通過，茲查有實務案例認為，被上訴人與訴外人所訂之系爭合建契約第 11 條約定：「雙方同意於『合建大樓』建造執照取得日一個月內，洽妥受理土地信託及建造起造人信託之受託人及融資銀行，以自益信託方式與受託人簽訂信託契約並辦妥信託登記」，依此規定，負有將系爭土地辦理信託義務者，應為對系爭土地有處分權（所有權）之人即被上訴人 ❸ 。依據此一案例，本文認為，上述之投資契約，在法院判決中，認為投資人之持分係股票，所繳之買賣價金係股款，故應承認投資契約應受證券交易法之規範，方能保護投資人。

---

❷　莊孟翰，《商業不動產證券化問題之研究》，建築投資公會委託研究計畫，1995 年 9 月，頁 130～132。相關法條請參閱六法全書，限於篇幅，茲不贅述。

❸　最高法院 98 年度臺上字第 2314 號判決。

2.金字塔式銷售契約

金字塔式銷售契約即俗稱之老鼠會，係一種販賣推銷權契約，投資人最大之收入來源，係介紹參與者，而非其所推銷販賣之商品。投資人介紹新會員參與時，可收取豐厚之佣金收入。美國實務上承認上述金字塔式銷售契約，而日本則否定之。我國對此種銷售契約，依公平交易法第 23 條規定，僅肯定多層次傳銷行為，並訂定「多層次傳銷管理辦法」，對於上述金字塔式之銷售契約，認為屬於老鼠會，則明文禁止之，如有違反者，除依公平交易法第 30 條、第 31 條負民事損害賠償責任外，並可依公平交易法第 23 條規定，對行為人科以刑罰，同時依該法第 42 條規定，科以行政罰。

3.經銷權契約

經銷權契約係指投資人由經銷權人授與經銷權，使投資人得以經銷該經銷權人所提供之貨品。由於投資人經銷之成功與否，大部分決定於該經銷權人有無致力於品牌之宣傳、商品品質之提升等努力，因此，經銷權契約在美國被認為是投資契約，但在我國經銷權契約與老鼠會之情形，幾乎相同。經銷權契約既不同於公司債券、股票、受益憑證，法律上亦未加以定義，更不一定有書面，因此，無論司法解釋或主管機關核定，均有困難，學者建議，只有另行立法規範❸❶。

(三)高爾夫球會員證

高爾夫球會員證一般係由會員以一定金額參加俱樂部，而會員於使用俱樂部場地、器材或其他服務時，得以折扣優待之證書。在臺灣，此種會員證之發行非常普遍，會員證既有書面，且其證券性亦為學說所肯定，如將之納入證券交易法規範，甚為可行。惟從司法解釋方面言之，會員證絕不同於受益憑證，會員亦未定期自俱樂部領取定額利息，此亦與公司債不同；會員又無盈餘分配請求權，因此，亦非「表示股東權利之證書」❸❷。

---

❸❶　王惠光，前揭文，頁 141。

❸❷　有些高爾夫球會員證之會員所享有的除打球之折扣外，其會員證即係該公司之股份，如長庚球場、第一球場，其權益尚包括該公司之土地持分，故其價值高達數百萬元一張球證，是為例外。

　　高爾夫球會員證，在我國普遍具高額價值，利用於打高爾夫球時可享受會員折扣優待，既有證券性，又有投資性、可轉讓性，轉讓過戶登記時，尚要繳納稅款，故有認為應仿照美國最早期作法由主管機關將之核定為有價證券，較為可行，一方面，更能保障投資人，另一方面，政府亦可增加稅收。

　　然而，在實務上，上開高爾夫球會員證屬「債權憑證」，尚非屬「有價證券」，無法逕以「有價證券」方式建立法定申報登記公示制度而使渠具有公信效果，此部分宜藉「運動產業發展條例」或相關法規之授權，由主管機關訂定配套子法而委託財團法人或球場業者所組成之同業團體，辦理會員球證數量登記案件之審辦及動態公示管理，俾以達到公示效果。

　　另一方面，未來另可由教育部體育署配合消保處訂定「高爾夫球場會員定型化契約應記載及不得記載事項」，以供球場與會員間權利義務之依據，或不失為一種解決之道。

㈣小　結

　　證券交易法第 6 條於第 1 項，明文列舉有價證券，指政府債券、公司股票、公司債券及經主管機關核定之其他有價證券。又於第 2 項規定，新股認購權利證書、新股權利證書及前項各種有價證券之價款繳納憑證或表明其權利之證書，視為有價證券。再於第 3 項規定，前 2 項規定之有價證券，未印製表示其權利之實體有價證券者，亦視為有價證券。在「經主管機關核定之其他有價證券」方面，主管機關得因應實際需要，主要係考量下列 2 種因素，已如前述：

1.保護之必要性

　　依證券之性質及投資人之狀況，為防止證券詐欺或其他不法情事，有納入證券交易法規範之必要。

2.相關法律未為適當之規範

　　如其他法律已有完善之規定足以保護投資人者，則原則上無須由主管機關再為核定。

　　綜上所述，顯見僅以證券交易法而言，其所指涉之有價證券種類頗多，

而該法各條款所稱之有價證券，其意義範圍又有不同，故須依其條文之目的及意旨探求，始得瞭解其真義，是否值得再斟酌，有待進一步檢討。

第五節　有價證券之特殊問題

一、中籤通知書及繳款書

依據最高法院之實務見解，股票中籤通知書及繳款書，並非有價證券；其判決裁判要旨略以：上訴人受讓取得之上開中籤通知書及繳款書，係黃漢卿以偽造姓名、身分證統一編號，利用虛構之人頭參與抽籤，該中籤通知書及繳款書所載之中籤人實際上不存在。本件公開銷售係採抽籤方式，核其性質為買賣。按買賣契約須當事人意思表示一致始能成立，自須有中籤人存在，始能意思表示一致，而成立買賣契約。上訴人所持之中籤通知書，其中籤人既不存在，自不可能由此不存在之人為買受人，是無從成立買賣契約。再查中籤通知書係記載中籤人得繳納股款，以取得股份之書面通知，而繳款書係中籤人得繳納股款之憑據，須俟中籤人據以繳納股款後，取得股款繳納憑證，始具有價證券之性質，是中籤通知書及繳款書並非證券交易法第 6 條、第 33 條、第 34 條所稱之有價證券或視為有價證券之公司股款繳納憑證，受讓中籤通知書及繳款書，自非受讓有價證券❸❸。

二、外國股票

依據財政部之解釋，外國股票屬證券交易法第 6 條第 1 項所稱經財政部核定之其他有價證券。蓋按財政部 76 年 9 月 12 日函依證券交易法第 6 條第 1 項規定核定：「外國之股票、公司債、政府債券、受益憑證及其他具有投資性質之有價證券，凡在我國境內募集、發行、買賣或從事上開有價證券之投資服務，均應受我國證券管理法令之規範。」故外國股票依前函規定已屬證券交易法第 6 條第 1 項所稱經財政部核定之其他有價證券❸❹。

---

❸❸　參閱最高法院 86 年度臺上字第 565 號民事判決。

惟證券交易法第 6 條第 1 項所稱經「財政部」，早已於 2006 年 1 月 11 日修正為「主管機關」，且目前所謂之「主管機關」應為金管會。

三、外人在臺募集資金赴外投資所訂立投資契約

依據財政部之解釋，華僑或外國人在臺募集資金赴外投資所訂立之投資契約，與發行各類有價證券並無二致，投資人皆係給付資金而取得憑證，係屬證券交易法第 6 條之有價證券，其募集、發行應經本會核准始得為之。又其募集資金之行為，如係募集基金投資於外國有價證券，則涉從事證券交易法第 18 條之 2 證券投資信託基金管理辦法所規定之業務範圍，亦應經本會核准❸❺。

四、股份轉讓證書

按「未發行股票之股份有限公司股東，轉讓股份時所出具之『股份轉讓證書』或『股份過戶書』，並非表彰一定價值之權利憑證。受讓該等書證者，僅發生向出讓人請求讓與該等書證所表彰價值之債權請求權，屬債權憑據之一種，核非屬證券交易法第六條第二項及證券交易稅條例第二條第一款規定所稱得視為有價證券之權利證書或憑證，故不發生課徵證券交易稅之問題。但應屬財產交易，其有財產交易所得，應課徵所得稅。」「股份有限公司股東轉讓該公司製發未依公司法第一百六十二條規定簽證之股票，核非證券交易，係轉讓其出資額，應屬證券以外之財產交易所得」亦經財政部函釋在案❸❻。且「未發行公司股票之股份轉讓，並非證券交易，而屬財產交易，其有交易所得者，自應合併當年度所得總額，課徵綜合所得稅❸❼。至行政院規定所停徵者為有價證券之交易所得稅，其未發行股票

---

❸❹ 參閱財政部證期會 76 年 9 月 16 日臺財證㈡字第 00900 號函以及財政部 81 年 2 月 1 日臺財證㈡字第 50778 號函。

❸❺ 參閱財政部證期會 76 年 10 月 30 日臺財證㈡字第 6934 號函。

❸❻ 財政部 80 年 4 月 30 日臺財稅字第 790191196 號函及 84 年 6 月 29 日臺財稅字第 841632176 號函。

之股份有限公司，於成立時縱有製發股單，因非依公司法第一六二條規定發行之股票，僅屬證書之性質，即非有價證券」❸。

五、有價證券無實體發行

㈠有價證券無實體發行之必要性

我國證券集中保管事業管理規則❸，係依證券交易法第 18 條第 2 項規定而訂定。依該規則第 2 條第 1 項規定：「本規則所稱證券集中保管事業，指經營有價證券之保管、帳簿劃撥及無實體有價證券登錄之事業。」蓋現行證券交易法已允許無實體發行有價證券，發行人得不印製實體有價證券及以帳簿劃撥方式交付有價證券。依證券交易法第 6 條及第 8 條規定意旨，帳簿劃撥方式交付有價證券之發行，得不印製實體有價證券。故為順利推動有價證券無實體發行，明定由證券集中保管事業辦理無實體有價證券之登錄作業，並將該作業項目納入該事業業務操作辦法中訂定❹。

㈡有價證券無實體發行之風險

有價證券無實體發行，亦即一般所謂「證券無紙化」。「證券無紙化」有一定風險存在，蓋其證券交易、登記、保管、各種結算等各個環節，均可能引發一定之法律風險。例如登記發生錯誤、交易確定發生失誤等情況，如有上述情事發生，或有爭議，均需有解決之法律手段與依據。因此，主管機關乃訂定「臺灣集中保管結算所股份有限公司發行人辦理無實體發行有價證券登錄暨帳簿劃撥交付作業配合事項」❹等相關規定，以為作業及管理之準據。

---

❸　最高行政法院 93 年度判字第 177 號。

❸　最高行政法院 77 年判字第 1978 號亦著有判例可參閱。

❸　按「證券集中保管事業管理規則」訂於 1989 年 8 月 18 日，歷經多次修正，最近一次修正於 2012 年 8 月 14 日。

❹　參閱財政部證期會 89 年 12 月 27 日臺財字第 35755 號函。

❹　按　「臺灣集中保管結算所股份有限公司發行人辦理無實體發行有價證券登錄暨帳簿劃撥交付作業配合事項」訂於 2001 年 12 月 11 日，歷經多次修正，最近一次修正於 2018 年 9 月 6 日。

⊜有價證券無實體發行與善意取得問題

有價證券無實體發行後，投資人手中已不再持有實物股票，其股份經由中介機構之電子帳戶記錄形式體現。此種電子登記股份是否可善意取得，值得探討。

按法理上，無形動產之「占有」，係一種超過紙媒體之新有價證券法理。此部分依我國證券交易法第43條第2項及證券投資信託及顧問法第34條第4項規定，已授權由主管機關另訂定「有價證券集中保管帳簿劃撥作業辦法」❷處理之。

此外，善意取得制度之本質，是以犧牲財產所有人之「靜的安全」為代價，以保護財產交易之「動的安全」。因此，當受讓人發生善意取得問題之同時，必有真正之權利人失去此部分權利。換言之，實務上僅能發生「權利從無到有」之善意取得，不能發生「權利從有到無」之善意取得。有價證券無實體發行，如因帳戶管理機關之錯誤，則應由其負賠償責任，不應使用善意取得之概念。

㈣小　結

由於電子技術之進步與市場之發展，導致法律制度發生變革。有價證券無實體發行，亦即證券無紙化之模式，使登記結算制度之基礎，從傳統實務證券轉換成無實體電子化之證券，此種重大變革，必然要求證券登記結算制度進行相對應之改革，並要結合無紙化證券之特點與屬性，進行相關之制度更新，以致於各個結算關係之各類主體間之權利義務，亦需進行重估。為此，主管機關乃訂有各種行政規章，例如「臺灣集中保管結算所股份有限公司參加人辦理有價證券轉讓帳簿劃撥作業配合事項」❸等相關規定，以適應無紙化時代證券市場之發展。

---

❷　按「有價證券集中保管帳簿劃撥作業辦法」訂於1989年11月7日，歷經多次修正，最近一次修正於2015年10月7日。

❸　按「臺灣集中保管結算所股份有限公司參加人辦理有價證券轉讓帳簿劃撥作業配合事項」訂於2001年12月11日，歷經多次修正，最近一次修正於2018年12月18日。

六、「再發行新股者」是否包括發行普通股與特別股

針對「再發行新股者」，於證券交易法第 139 條中訂有明文，惟證券交易法第 139 條與第 138 條、第 140 條等規定均有牽連關係，須一體觀察。證券交易法第 139 條係規定具一定條件之公司得向證券交易所申請上市，及已上市公司發行新股具一定條件者，亦得上市買賣。

證券交易法第 139 條第 2 項前段所謂再發行之新股，權利義務應與已上市相同（同種類）之有價證券為限，與公司法廣義之發行新股有別；且因特別股之發行各次權利義務不盡相同，是以公司發行特別股與普通股權利義務不同時，故可選擇不上市，如其擬上市，亦須考量發行流通量等問題，並不當然於交付股東之日起上市，而須另依「臺灣證券交易所股份有限公司有價證券上市審查準則」規定申請上市❹。

第六節　結　語

近代世界金融市場之三大潮流為自由化、國際化與證券化。其中所謂證券化 (Securitization)，廣義上係指企業由過去經由銀行等金融機構借貸資金之間接金融方式，轉以直接向社會投資大眾發行股票或債券之直接金融 (direct financing) 手段。為配合此一趨勢，證券交易法遂因而逐步修正，現行證券交易法第 6 條有關「有價證券」定義之涵蓋面極廣，幾乎所有金融商品或憑證，甚至不印製實體發行均可被視為有價證券。

此外，我國為發展國民經濟，透過證券化提高金融資產之流動性，並保障投資，特於 2002 年 7 月 24 日制定金融資產證券化條例，依該條例第 4 條第 1 項第 3 款所稱證券化，係指創始機構依本條例之規定，將資產信託與受託機構或讓與特殊目的公司，由受託機構或特殊目的公司以該資產為基礎，發行受益證券或資產基礎證券，以獲取資金之行為。換言之，證券代替傳統之貸款，無論是經由證券替代貸款，還是經由貸款轉化為證券，

❹　參閱財政部證期會 91 年 4 月 22 日臺財證㈠字第 114855 號函。

其過程即係證券化。

　　又我國為發展國民經濟，藉由證券化提高不動產之流動性，增加不動產籌資管道，以有效開發利用不動產，提升環境品質，活絡不動產市場，並保障投資，特於 2003 年 7 月 23 日制定不動產證券化條例；依該條例第4 條第 1 項第 4 款所稱證券化，係指受託機構依本條例之規定成立不動產投資信託或不動產資產信託，向不特定人募集發行或向特定人私募交付受益證券，以獲取資金之行為。惟於上開金融資產證券化與不動產證券化之過程中，所發行之證券是否為證券交易法上所稱之有價證券，不無疑問。可見有價證券之界定，仍屬頗值探討之議題。

　　證券交易法上有價證券之定義，既非明確，在實務適用上自亦曾發生爭議，如何使有價證券之定義更為明確，將是未來修法時有必要努力之目標。茲以在未依法發行股票前所發行之股東股權證書，是否屬證券交易法第 6 條第 2 項之「表明其權利之證書」問題為例，依據最高行政法院❹❺裁判意旨，在未依法發行股票前所發行之股東股權證書，非屬證券交易法第6 條第 2 項之「表明其權利之證書」，亦非屬證券交易稅條例第 2 條第 1 款規定之「表明股票權利之證書或憑證」，故轉讓股東股權證書之行為，係屬股東轉讓其出資額，尚非屬證券交易；換言之，未發行公司股票之股份轉讓，並非證券交易，而屬財產交易，此等見解，亦可供有價證券定義及適用之參考。

---

❹❺　最高行政法院 91 年度判字第 1257 號判決。

第四章　財務報告與內部控制之申報

第一節　概　說

　　資訊揭露是證券交易法之靈魂，此種制度始於 1845 年英國之公司法，而後該制度為美國 1933 年證券法與 1934 年證券交易法所採納。1933 年美國在證券法中規定，實行財務公開制度，美國證券交易委員會 (SEC) 於 2000 年 8 月又通過「公平揭露規則」(Regulation Fair Disclosure)，以改善資訊揭露制度為前提，並改革既有之監控體系。在我國，為達到前揭目的，財務報告與內部控制制度之申報，則為重要之政策工具。

　　我國證券交易法規定，財務報告由董事會編造及監察人查核後，應經委任會計師查核簽證，並提出於股東常會請求承認。惟就實際運作情形而言，即使經過會計師查核簽證，並出具無保留意見之查核報告，亦難以確保財務報告之絕對真實，企業財報虛偽隱匿之事件仍層出不窮。證券交易法第 174 條對於財務報告為虛偽記載之罰則，會計師法第 41 條❶對於會計師應盡義務之規範，即希望能達到財報透明，市場公平之目的，以保護投資人。

　　企業財務報告之行為主體，概約可歸責於發行人（公司）、董事及監察人（公司負責人）、會計師、工程師、律師等於財報資料上簽名之專業人

---

❶　參閱會計師法第 41 條規定：「會計師執行業務不得有不正當行為或違反或廢弛其業務上應盡之義務。」按「會計師法」訂於 1945 年 6 月 30 日，歷經多次修正，最近一次修正於 2018 年 1 月 31 日。

士。至所謂財報不實與否，其行為之主觀要件，為公司或負責人編製財務
報表，有無故意、過失或重大過失；行為之客觀要件，須於公開財務報表
之主要內容有無虛偽或隱匿情事，有無重大因果關係，以為投資人、受損
害人得以主張舉證責任之轉換等法令規定。

　　另一方面，企業內部控制制度，可劃分為內部管理控制制度與內部會
計控制制度兩大類。此部分當然涉及內部控制制度之法律規範。一般而言，
內部控制制度設計之原則，可分為確認目標、風險評估、選定業務項目、
設計控制作業、建立檢查機制等項目；而該檢查機制，則又包括例行監督、
自行檢查、稽核評估等項❷。故無論是財務報告或內部控制制度之申報，
均具有揭露資訊、監督企業運作，以及安定證券市場之功能。

　　基此，本章首先擬探討資訊公開制度之意涵，包括資訊公開之目的、
資訊公開之必要性；其次擬探討內部控制制度之意涵；再則探討法令規範
與責任，包括企業財報之規範與責任、內部控制制度之規範與責任；再次
從推動公司治理方面、強化公司財務報告與責任方面……等面項，探討財
務報告與內控制度申報之修正事宜。最後，提出檢討與建議。

第二節　資訊公開制度之意涵

一、資訊公開之目的

㈠基本概念

　　資訊公開係證券交易一項重要基本概念，對於保障證券市場公平、公
正及公開之原則具重大意義。依國內現行公開之基本架構以及公司法、會
計法等規定，公開發行公司除於第一次獲准募資發行之公開財報外，公司
應於每會計年度終了，編製關係企業合併財務報表及關係報告書。又為促

---

❷　上述內部控制制度設計之原則參考 http://wiki.mbalib.com/zh-tw/%E5%
　　86%85%E9%83%A8%E6%8E%A7%E5%88%B6%E5%88%B6%E5%BA%A6，
　　拜訪日：2018 年 12 月 26 日。

進企業發展，更有企業重要資訊之隨時公告。

資訊公開之要旨，在於達成 「充分與公正公開」 (Full and Fair Disclosure)，即充分公開各項公正資訊並防止詐欺、保護投資❸，亦即認為證券市場之管理，在促使影響市場參與者之資訊，作充分及公正的公開，使參與者得依據此等資訊作最佳決策。

(二)資訊公開之意義

資訊公開應用在證券發行制度上，具有三種意義：

第一、使投資人在買賣證券前，有機會取得充分而詳細之資料及消息，以為參考，或據為判斷。

第二、公司資料公開，使政府及社會大眾廣泛了解公司情況，有嚇阻公司經營者違法濫權之作用。

第三、公司公開之資訊，日後若發現虛偽不實事項，得據為實行法律追懲之對證，故強化資訊公開，係證券市場一貫追求之目標。

(三)公司應履行資訊公開之義務

資訊公開係股票公開發行公司之重要責任，公司應確實依照相關法令、公司章程、證交所或櫃買中心之規定，忠實履行其義務，上市上櫃公司亦應建立公開資訊之網路作業系統，指定專人負責公司資訊之蒐集及揭露工作，並建立發言人制度，以確保可能影響股東及利害關係人決策之資訊，能夠及時允當揭露。

二、資訊公開之必要性

(一)從股票價格形成之機制言之

一般而言，股票預期收益之高低與實現該預期收益之可能性，決定股票之價格。而發行公司之經營狀況，則是影響現實市場股票價格之重要因素，故應將公司之「資訊揭露」作為一種法律原則，促使公司提供完整、

---

❸　此一原則係源於美國大法官布蘭迪斯 (Louis Brandeis)，在其 1914 年著作 *Other People's Money* 中之名言 ：「公開是救治現代社會及工業弊病之最佳良藥，陽光是最好之防腐劑，燈光是最有效之警察」。

準確、真實之有關資訊，以保護投資人之知情權。

(二)從誠實信用原則言之

誠實信用原則即要求行為主體在法律行為中維持雙方之利益平衡與誠實信用，以保持社會穩定與和諧發展。

在證券之發行與交易及相關活動中，為維誠實信用原則，故乃有資訊公開之必要，蓋真實、準確、完整地揭露有關資訊，應有利於證券發行人與投資人間之真誠對待，防止虛偽不實或證券詐欺行為。

(三)從公平競爭原則言之

「公平」與「競爭」為市場經濟二大主題，而競爭是證券市場經濟最基本之要素。市場機制係以充分競爭為前提，才能形成合理之價格與價格體系。而資訊揭露是公平競爭原則在證券市場之具體要求。

(四)從安定市場運作言之

基於資訊公開之要求，企業既須將公司之營運、獲利，以及公司財務、業務之內部控制制度等，加以公開或陳報；而投資大眾又得以從各該資訊中，對於企業多所瞭解，此無疑將發揮一定之規範和監督功能，多少可以遏阻部分不法情事之發生，對安定市場運作，自有助益。

三、資訊公開之原則

資訊公開之原則，約有下列六種，茲分述如下❹：

(一)具正確性、完整性及可信賴性

凡足供投資人判斷證券投資價值之有關資料，應正確而完整之記載；其有關之財務業務報表及文件應經獨立會計師或律師之簽證，使投資大眾得以信賴。

(二)具時效性

公開之內容應非僅提供過去之事實，故發行人就影響投資判斷之有關事實，應迅速公開，並且以繼續定期或不定期公開之方式作必要的補充。

---

❹ 張振山、包幸玉，〈我國資訊公開制度之探討〉，《證券暨期貨月刊》，第 22 卷第 4 期，2004 年 4 月 16 日，頁 15～24。

(三)具利用容易性

資訊公開之內容應包括「取得容易性」與「理解容易性」，一方面，必須使投資大眾容易獲取公開之資料，另一方面，要在獲取資料後容易理解公開之內容。

(四)具效益性

資訊公開應在成本與效益間維持一定的平衡，力求以對企業最小的成本，達成對投資人最大之保護效益。

(五)高度資訊性

所公開之資訊，需具有高度資訊性。

(六)個人隱私保護及監理資訊之機密性

所公開之資訊，須事先經過妥當揀選，使無侵害個人隱私。

第三節　內部控制制度之意涵

一、意　義

內部控制制度係指企業營運、管理與監督之動態過程，旨在合理確保企業達成其所訂之目標；簡言之，內部控制著重營運結果之形成過程，而非營運完成後達成之結果。

我國於 1986 年所公布之「推動上市公開發行公司建立內控實施要點」，為重視企業內控之開端。2002 年後，證券交易法第 14 條之 1 又強制規範「公開發行公司、證券交易所、證券商及第十八條所定之事業應建立財務、業務之內部控制制度」，繼則依據該條規定之授權，再訂定「公開發行公司建立內部控制制度處理準則」（下稱「內控準則」），二者相輔相成。

此外，有關「上市上櫃公司治理實務守則」第 3 條，亦闡明並補充前述內部控制準則之適用方式及應考量之面向❺，內部控制之規範，終而較

---

❺　蔡昌憲、陳乃瑜，〈內部控制制度、董事監督義務及薪資報酬委員會〉，《月旦法學雜誌》，第 203 期，2012 年 4 月，頁 209。

稱完整。

二、規範效益

㈠研究理論

內部控制制度之規範效益,固然可由諸多面向加以觀察,惟已有學者從實證研究指出,內部控制制度之有效性與內線交易行為之獲利,二者呈負相關;亦即有效之企業內部控制制度,能減少該企業之內線交易活動,進而降低公司代理成本。

此外,現行法規所建構之內部控制制度,規定董事會應負起建立及維持內部控制有效性之義務,亦即課予董事會建立並維持事前預防機制之責,藉此避免道德風險之產生。如內部控制制度有效運作,除能強化財報可靠性,亦能減少內線交易發生,並間接降低代理成本,故企業建立並維持有效之內控制度,有其本質上之重要性❻。

㈡實務見解

針對某一涉及內控爭議之實務案例,最高法院認為:銀行內部控制及稽核制度實施辦法第 4 條第 1 項前段規定,董理事會應負責核准並定期覆核整體經營策略與重大政策,董理事會對於確保建立並維持適當有效之內部控制制度負有最終之責任。又侵權行為之成立,並不以行為人之行為係侵權結果發生之唯一原因為必要,不同侵權行為人只要是損害發生之共同原因亦可成立共同侵權行為。數人共同為侵權行為致加害於他人時,本各有賠償其損害全部之責。查系爭 A 企銀遭課以罰鍰,應係其內部控制及稽核制度無法有效執行所致。2007 年 9 月 6 日修正前之銀行內部控制及稽核制度實施辦法第 4 條第 1 項前段雖明定,負有確保建立並維持企銀內部適當有效之控制及稽核制度義務者,為合議制之董事會,為原審所認定之事實。然系爭企銀於 2002 年 6 月 26 日第 9 屆第 2 次董事會議,由全體出席董事授權董事長決定董事、監察人酬勞,且董事會無權利能力,不得以董事會為求償對象之情形下,則董事長或任何董事就內部控制及稽核制度無

---

❻　蔡昌憲、陳乃瑜,前揭文,頁 211。

法有效執行得否認其無共同侵權行為而脫免損害賠償之義務等，倘其得以預見，能否以內控制度應由合議制之董事會負責，即謂其個人無故意或過失，而無庸負損害賠償責任，殊值斟酌❼。

第四節　法令規範與責任

一、企業財報之規範與責任

由於上市上櫃企業之資金，許多來自於投資大眾，而財務報告之內容，嚴重影響廣大之投資人，故上市上櫃企業之財報如有不實，所牽扯之人員及法律責任，或許頗為複雜，而其中公司之董事、監察人既執掌公司之管理、營運與監督，自然更責無旁貸。

現行民事體系之相關法令，對於上市上櫃企業董事、監察人之財報責任，規範如下：

㈠公司法

公司法對於上市上櫃企業董事、監察人就財務報告之民事責任所訂規範條文，包括：

1.有關年終查核

公司法第 20 條第 1 項規定：「公司每屆會計年度終了，應將營業報告書、財務報表及盈餘分派或虧損撥補之議案，提請股東同意或股東常會承認。」第 2 項規定：「公司資本額達一定數額以上或未達一定數額而達一定規模者，其財務報表，應先經會計師查核簽證；其一定數額、規模及簽證之規則，由中央主管機關定之。但公開發行股票之公司，證券主管機關另有規定者，不適用之。」

2.有關帳表查核之方法

公司法第 22 條第 1 項規定：「主管機關查核第二十條所定各項書表，或依前條檢查公司業務及財務狀況時，得令公司提出證明文件、單據、表

---

❼　最高法院 98 年度臺上字第 1302 號民事判決。

冊及有關資料，除法律另有規定外，應保守秘密，並於收受後十五日內，查閱發還。」

3.有關負責人應負違反及損害賠償之責

為明確規定公司負責人對於公司應踐行之忠實義務、注意義務及損害賠償之責；又為提升董事監察人功能，健全公司治理，並釐清確定董監事責任，故於公司法第23條第1、2項規定公司負責人責任。

4.有關撤銷核准之規定

公司法第251條第1、2項規定：「公司發行公司債經核准後，如發現其申請事項，有違反法令或虛偽情形時，證券管理機關得撤銷核准。為前項撤銷核准時，未發行者，停止募集；已發行者，即時清償。其因此所發生之損害，公司負責人對公司及應募人負連帶賠償責任。」

(二)證券交易法

上市上櫃企業財報不實之董事、監察人就財務報告之責任，規定於證券交易法者，有如下列：

1.有關公開說明書之規定

證券交易法第13條規定：「本法所稱公開說明書，謂發行人為有價證券之募集或出賣，依本法之規定，向公眾提出之說明文書」。最高法院認為，依此規定，公開說明書之內容，對於所有已發生之「足以影響利害關係人判斷之交易或其他事件」，自應全部揭露❽。

2.有關財務報告之規定

證券交易法第14條規定：「本法所稱財務報告，指發行人及證券商、證券交易所依法令規定，應定期編送主管機關之財務報告（第1項）。前項財務報告之內容、適用範圍、作業程序、編製及其他應遵行事項之財務報告編製準則，由主管機關定之，不適用商業會計法第四章、第六章及第七章之規定（第2項）。第一項財務報告應經董事長、經理人及會計主管簽名或蓋章，並出具財務報告內容無虛偽或隱匿之聲明（第3項）。前項會計主管應具備一定之資格條件，並於任職期間內持續專業進修；其資格條件、

---

❽　最高法院93年度臺上字第4393號刑事判決。

持續專業進修之最低進修時數及辦理進修機構應具備條件等事項之辦法，由主管機關定之（第4項）。股票已在證券交易所上市或於證券櫃檯買賣中心上櫃買賣之公司，依第二項規定編製年度財務報告時，應另依主管機關規定揭露公司全體員工平均薪資及調整情形等相關資訊（第5項）。」

3.有關誠實義務及損害賠償責任之規定

證券交易法第20條規定：「有價證券之募集、發行、私募或買賣，不得有虛偽、詐欺或其他足致他人誤信之行為。發行人依本法規定申報或公告之財務報告及財務業務文件，其內容不得有虛偽或隱匿之情事。違反第一項規定者，對於該有價證券之善意取得人或出賣人因而所受之損害，應負賠償責任。委託證券經紀商以行紀名義買入或賣出之人，視為前項之取得人或出賣人。」

又證券交易法第20條之1規定：「前條第二項之財務報告及財務業務文件或依第三十六條第一項公告申報之財務報告，其主要內容有虛偽或隱匿之情事，下列各款之人，對於發行人所發行有價證券之善意取得人、出賣人或持有人因而所受之損害，應負賠償責任：一、發行人及其負責人。二、發行人之職員，曾在財務報告或財務業務文件上簽名或蓋章者（第1項）。前項各款之人，除發行人外，如能證明已盡相當注意，且有正當理由可合理確信其內容無虛偽或隱匿之情事者，免負賠償責任（第2項）。會計師辦理第一項財務報告或財務業務文件之簽證，有不正當行為或違反或廢弛其業務上應盡之義務，致第一項之損害發生者，負賠償責任（第3項）。前項會計師之賠償責任，有價證券之善意取得人、出賣人或持有人得聲請法院調閱會計師工作底稿並請求閱覽或抄錄，會計師及會計師事務所不得拒絕（第4項）。第一項各款及第三項之人，除發行人外，因其過失致第一項損害之發生者，應依其責任比例，負賠償責任（第5項）。前條第四項規定，於第一項準用之（第6項）。」

4.有關公開說明書虛偽或隱匿之責任規定

證券交易法第32條第1項規定：「前條之公開說明書，其應記載之主要內容有虛偽或隱匿之情事者，左列各款之人，對於善意之相對人，因而

所受之損害，應就其所應負責部分與公司負連帶賠償責任：一、發行人及其負責人。二、發行人之職員，曾在公開說明書上簽章，以證實其所載內容之全部或一部者。三、該有價證券之證券承銷商。四、會計師、律師、工程師或其他專門職業或技術人員，曾在公開說明書上簽章，以證實其所載內容之全部或一部，或陳述意見者。」

5.罰則規定

(1)證券交易法第 171 條第 1 項第 1 款規定，違反第 20 條第 1 項、第 2 項規定，處三年以上十年以下有期徒刑，得併科新臺幣一千萬元以上二億元以下罰金。

(2)證券交易法第 174 條第 1 項規定：「有下列情事之一者，處一年以上七年以下有期徒刑，得併科新臺幣二千萬元以下罰金：

一、於依第三十條、第四十四條第一項至第三項、第九十三條、第一百六十五條之一或第一百六十五條之二準用第三十條規定之申請事項為虛偽之記載。

二、對有價證券之行情或認募核准之重要事項為虛偽之記載而散布於眾。

三、發行人或其負責人、職員有第三十二條第一項之情事，而無同條第二項免責事由。

四、發行人、公開收購人或其關係人、證券商或其委託人、證券商同業公會、證券交易所或第十八條所定之事業，對於主管機關命令提出之帳簿、表冊、文件或其他參考或報告資料之內容有虛偽之記載。

五、發行人、公開收購人、證券商、證券商同業公會、證券交易所或第十八條所定之事業，於依法或主管機關基於法律所發布之命令規定之帳簿、表冊、傳票、財務報告或其他有關業務文件之內容有虛偽之記載。

六、於前款之財務報告上簽章之經理人或會計主管，為財務報告內容虛偽之記載。但經他人檢舉、主管機關或司法機關進行調查前，已提出更正意見並提供證據向主管機關報告者，減輕或免除其刑。

七、就發行人或特定有價證券之交易，依據不實之資料，作投資上之

判斷，而以報刊、文書、廣播、電影或其他方法表示之。

八、發行人之董事、經理人或受僱人違反法令、章程或逾越董事會授權之範圍，將公司資金貸與他人、或為他人以公司資產提供擔保、保證或為票據之背書，致公司遭受重大損害。

九、意圖妨礙主管機關檢查或司法機關調查，偽造、變造、湮滅、隱匿、掩飾工作底稿或有關紀錄、文件。」

(3)證券交易法第 174 條第 2 項規定：「有下列情事之一者，處五年以下有期徒刑，得科或併科新臺幣一千五百萬元以下罰金：

一、律師對公司、外國公司有關證券募集、發行或買賣之契約、報告書或文件，出具虛偽或不實意見書。

二、會計師對公司、外國公司申報或公告之財務報告、文件或資料有重大虛偽不實或錯誤情事，未善盡查核責任而出具虛偽不實報告或意見；或會計師對於內容存有重大虛偽不實或錯誤情事之公司、外國公司之財務報告，未依有關法規規定、一般公認審計準則查核，致未予敘明。」

二、內部控制制度之規範與責任

我國基於證券市場交易之安定，以及投資大眾權益保護之需求，因而明訂有內部控制制度，如有違反，亦訂有一定之罰則。茲略述相關規章如下：

(一)證券交易法

1.內部控制制度之建立與申報

證券交易法對於內部控制制度之建立，主要規定於第 14 條之 1。依該條規定：「公開發行公司、證券交易所、證券商及第十八條所定之事業應建立財務、業務之內部控制制度（第 1 項）。主管機關得訂定前項公司或事業內部控制制度之準則（第 2 項）。第一項之公司或事業，除經主管機關核准者外，應於每會計年度終了後三個月內，向主管機關申報內部控制聲明書（第 3 項）。」

依據證券交易法第 14 條之 1 及第 18 條前述規定意旨，應建立財務、

業務之內部控制制度，並定期向主管機關申報內部控制聲明書。至本條所規範之對象，包括公開發行公司、證券交易所、證券商及證券金融事業、證券集中保管事業或其他證券服務事業。

2.罰則規定

內部控制制度之建立與申報之責任，主要規範於證券交易法第 178 條。依據該條文第 1 項第 2 款意旨，違反第 14 條之 1 第 1 項、第 3 項等規定者，處新臺幣二十四萬元以上兩百四十萬元以下罰鍰。

㈡行政規章

有關規範內部控制制度之行政規章，較重要者，有如下所列：

1.公開發行公司建立內部控制制度處理準則❾。

公開發行公司建立內部控制制度處理準則係以證券交易法第 14 條之 1 為法源所訂定，蓋該條第 2 項規定，「主管機關得訂定前項公司或事業內部控制制度之準則」。

2.證券暨期貨市場各服務事業建立內部控制制度處理準則❿。

證券暨期貨市場各服務事業建立內部控制制度處理準則之法源依據，包括：證券交易法第 14 條之 1 第 2 項、期貨交易法第 97 條之 1 第 2 項及證券投資信託及顧問法第 93 條等規定。

3.臺灣證券交易所股份有限公司對上市公司內部控制制度查核作業程序⓫

臺灣證券交易所股份有限公司為促進上市公司落實其內部控制制度之執行，並瞭解上市公司內部控制制度是否依相關規章執行，爰依據該公司與上市公司簽訂之有價證券上市契約第 2 條之規定，訂定本作業程序。

---

❾　按「公開發行公司建立內部控制制度處理準則」訂於 2002 年 11 月 18 日，歷經多次修正，最近一次修正於 2014 年 9 月 22 日。

❿　按「證券暨期貨市場各服務事業建立內部控制制度處理準則」訂於 2003 年 1 月 20 日，歷經多次修正，最近一次修正於 2018 年 5 月 30 日。

⓫　按「臺灣證券交易所股份有限公司對上市公司內部控制制度查核作業程序」訂於 2003 年 5 月 7 日，歷經多次修正，最近一次修正於 2017 年 4 月 10 日。

第五節　財報與內控申報之改革要項

由於全球經濟金融情勢急遽變化，金融市場結構與運行機制產生重大結構性改變，市場整體環境亦日趨複雜且富挑戰性。我國為因應經濟轉型及發展需要，建構具國際競爭力之金融環境，故持續致力於各項改革。茲析述我國近年財報與內控申報之改革重點如下：

一、推動公司治理方面

溯自 2006 年間，證券交易法第 14 條條文中，即明確規定董事長、經理人及會計主管應於財務報告上簽章及對財務報告內容出具無虛偽隱匿之聲明書，並明確規定會計主管之資格條件及持續專業進修等應辦理事項。

又公開發行公司除經主管機關核准外，應設置獨立董事，並經明定獨立董事之席次、資格條件及補選程序。另由於獨立董事往往持股偏低，甚至得免持有公司股票，為避免因其小額持股轉讓而有公司法第 197 條第 1 項及第 3 項規定「應予解任」之情事，爰於證券交易法第 14 條之 2 規範獨立董事之設置及資格規定，並排除公司法有關持股轉讓超過 2 分之 1 應解任規定之適用。

另為規範獨立董事之職權及其行使方式，證券交易法第 14 條之 3 條文，則逐款列舉規定應提董事會決議通過事項。

再者，公開發行公司應擇一設置審計委員會或監察人，主管機關並得視公司規模、業務性質及其他必要情況，命令設置審計委員會，俾未來視實務狀況以逐步漸進方式推動。審計委員會應由全體獨立董事組成並選任召集人，且達一定人數，2006 年 1 月修正之證券交易法乃增訂條文第 14 條之 4。

至於審計委員會除涵蓋獨立董事之職權外，並增加對內部控制制度有效性之考核及財務報告之承認等職權；行使職權方式除重大事項應經審計委員會全體成員三分之二以上同意，並提董事會決議外，餘為應有審計委

員全體成員二分之一以上之同意；另因公司設置審計委員會則不得設置監察人，故其準用監察人之職權。證券交易法、公司法及其他法律有關監察人之規定準用於審計委員會，其中涉及監察人之行為或為公司代表者，對審計委員會之成員準用之❶❷，2006 年 1 月修正之證券交易法乃增訂條文第 14 條之 4 第 4 項，以及第 14 條之 5，明文規範有關應經審計委員會同意事項。

二、強化公司財務報告與責任方面

為確保公開發行公司財務業務資訊之正確性，以維護證券市場之公正性並保障投資人權益，故特別強化公司財務報告及相關文件製作之管理當局及會計師查核之民事賠償責任。

另鑑於證券交易法有關財務報告及財務業務文件內容虛偽、隱匿情事，相關人員所應負擔之賠償責任，有其特殊性，故就業務文件之範圍、賠償責任之主體、過失責任及其舉證責任之倒置與會計師責任予以明定，俾資明確❶❸，故 2006 年 1 月證券交易法乃修訂第 20 條第 2 項，並增訂第 20 條之 1，俾使相關人員就財務報告及財務業務文件之誠實義務及損害賠償責任，有明確法律條文可據。

三、提升董事會之職能方面

為提升董事會之職能，及強化董事會、監察人之獨立性，明定董事會之最低席次及補選規定，且規定董事、監察人間應超過一定比例或人數，彼此間不得具有親屬等關係，並明定公司應訂定董事會議事規則❶❹，新修

❶❷　證券交易法第 14 條之 4 第 4 項及第 14 條之 5 修正說明，頁 7、8。按該條文迄 2006 年 1 月 11 日增訂以來，並未再做修正。

❶❸　證券交易法第 20 條及第 20 條之 1 修正說明，頁 16。按該第 20 條條文最近一次修正係 2006 年 1 月 11 日；第 20 條之 1 條文最近一次修正係 2015 年 7 月 1 日。

❶❹　證券交易法第 26 條之 3 修正說明，頁 10、11。按該條文迄 2018 年 12 月 5 日並未再做修正。

正證券交易法乃修訂條文第 26 條之 3。

四、公告及申報期限

企業財務報告公告之期限，主要規定於證券交易法第 36 條；至內部控制聲明書之申報期限，主要規定於證券交易法第 14 之 1 條第 3 項。

㈠證券交易法第 36 條

證券交易法於 2012 年 1 月 4 日修正時，將第 36 條第 1 項第 2 款原訂之「於每半會計年度終了後二個月內，公告並申報經會計師查核簽證、董事會通過及監察人承認之財務報告。」修正為「於每會計年度第一季、第二季及第三季終了後四十五日內，公告並申報經會計師核閱及提報董事會之財務報告」，此係因我國採用國際會計準則後，財務報告係以合併報表為主，個體報表為輔，與現行以個體財務報告為主報表之方式不同。經參酌國際作法，期中合併財務報告係經會計師出具核閱意見，且公告及申報期限均以 45 日為主，爰規定期中財務報告須經會計師出具核閱意見，且公告及申報期限均為 45 日。另因財務報告係屬公司重要財務文件，且公司董事對不實財務報告須負民、刑事責任，為提升公司治理，爰規定期中財務報告均應提報董事會❶❺。

㈡證券交易法第 14 條之 1

證券交易法 14 條之 1 規定：「公開發行公司、證券交易所、證券商及第 18 條所定之事業應建立財務、業務之內部控制制度（第 1 項）。主管機關得訂定前項公司或事業內部控制制度之準則（第 2 項）。第一項之公司或事業，除經主管機關核准者外，應於每會計年度終了後三個月內，向主管機關申報內部控制聲明書（第 3 項）。」該條文前曾於 2013 年 6 月 5 日修正。當時僅將該條第 3 項原訂：「……，應於每會計年度終了後『四個月內』，向主管機關申報內部控制聲明書。」，改為現行之「三個月內」，其理由係為使內部控制聲明書配合年度財務報告提前於會計年度終了後 3 個月內公告申報，乃修訂「證券交易法」第 14 條之 1 條文，使內部控制聲明書

---

❶❺　證券交易法第 36 條修正理由，2012 年 1 月 4 日。

申報期限與年度財務報告的申報日期同步❻。換言之，自 2014 年起，上市（櫃）公司及事業內部控制制度聲明書之申報期限即應提前。此一規定，因有助時效之提昇，對落實內部控制制度，當予肯定。

(三)相關實務見解

1.最高行政法院認為，依證券交易法第 36 條第 1 項規定，公告並申報公司之財務報告須經公司董事會通過及監察人承認。故某公司經理人申報財務報告時，表示「公司全體董監事均已辭任，且股東常會因出席人數不足而流會，故財務報表由目前現任之經理人承認通過」，顯然明知所為申報未盡符合規定，但為公司應負之財報申報義務，仍勉力為之；故雖同法第 179 條認公司之經理人僅在執行職務範圍內方可稱「負責人」，故上述情形應認經理人僅係代替負責人行其職務，對負責人之處罰不應由其承受❼。

2.最高法院又認為，公司之負責人因未依證券交易法第 36 條第 1 項第 1 款規定，於每半年會計年度終了後二個月內公告申報該公司上半年度財務報告，而受主管機關依同法第 178 條第 1 項第 3 款及第 179 條規定裁罰，惟其提起再審之訴，以原判決未就證券交易法第 179 條處罰對象究係行為之負責人或者公司行為時負責人詳加調查為由，並有行政訴訟法第 273 條第 1 項第 1 款適用法規顯有錯誤之再審事由請求再審，但其原確定判決所適用法規與現行法規並無違背，亦與解釋判例不相牴觸，取捨證據與得心證理由亦已詳述，自難謂原確定判決有何適用法規顯有錯誤之情形❽，可供參考。

---

❻　參閱 http://lci.ly.gov.tw/LyLCEW/communique1/final/pdf/102/30/LCIDC01_102 3001.pdf，第 10 頁起，拜訪日：2013 年 6 月 27 日。

❼　最高行政法院 99 年度判字第 215 號判決。

❽　最高行政法院 99 年度裁字第 685 號裁定。

第六節　結　語

　　基於證券市場交易之安定，以及投資大眾權益之保護，企業財報與內控制度之建立與申報，有其一定的必要和價值。蓋證券市場價格之波動，與證券市場之資訊揭露及其獲信賴之程度，息息相關。資訊揭露程度不同，獲取資訊之投資人之投資意願與方向亦不同。如僅以公開公司財務資料之方式，呈現公司某一時期靜止狀態之財務或經營狀況價格；或企業內部財務、業務之管理，均由公司率性而為，顯均難達到保護投資人之期待。因此，為維護證券市場健全之運作，並對企業達到監督之效，遂有必要以法律強制規定公司依照一定之規範，負起財務報告與建立並申報內控制度聲明書之責任。

　　資訊揭露之法制化，以及企業之穩定營運，為確保證券交易公平、公正、公開之有效手段，更是保護投資人之重要策略。而證券交易法所規範之財務報告，為保障有關證券交易之資訊充分揭露所不可或缺之方式，然欲期此一方式得以發揮功能，自須以財務報告之內容正確，及企業之內控制度完善妥適為要，如發行人編製不實之公開說明書，或公司內控頗有積弊，將使證券交易法所明揭「保障投資」立法目的落空。

　　我國為因應國家經濟轉型及發展需要，建構具國際競爭力之金融環境，並致力於各項金融改革推動，近年來迭次修正證券交易法及相關規章，現行法令對於公開發行公司之運作，除規範刑事責任、行政責任外，最重要者為民事責任之進一步釐清❶。因此，主管機關所發布涉及公開發行公司各行各業之「財務報告編製準則」之行政規章甚多，規範之行業包括銀行、票券金融、人壽保險、證券商、公司制證券交易所等。

　　在強調資訊揭露之現行法制下，證券交易所自亦有其重要之作用，一為對證券資訊揭露人之資訊揭露行為進行監管。此種監管，即審查、監督

---

❶　尤其為防範證券詐欺，特別就責任之類型、責任之主體、責任之客體，以及公司治理制度加強，以期能減少如博達案再發生弊端之機率。

證券發行人等是否依規定履行資訊揭露義務，對於資訊揭露人之違規行為依主管機關之授權進行處分。二為制定資訊揭露之相關具體規則。例如證券交易所制定「臺灣證券交易所公開資訊觀測站『財務重點專區』資訊揭露處理原則」[20]，一旦上市公司輸入公開資訊觀測站之資料及本公司網站之資訊，揭露資料如有虛偽不實，由各該公司依法律規定負責。

又，由於各個企業之性質以及其組織概況，非可一概而論，故公開發行公司等欲建立並落實有效之內控制度，除遵循既有之法令規章外，實有必要再斟酌公司之規模、架構、屬性……等，建立一套適合該公司之內控制度。而該內控制度應係由公司管理階層設計，並分由董事會、管理階層及各級員工本其權責分別執行之管理過程，始能合理確保目標之達成。

我國證券市場雖已走過漫漫之幾十年，但無論理論與實務，仍待努力。茲有關財務報告、內控制度聲明書申報之現行法制，不但能健全上市公司之公司治理，加強內線交易之法律監控，如同美國通過之「公平揭露規則」(Regulation Fair Disclosure)，期望未來積極落實，創造良好投資環境，提升投資人對證券市場之信心。

---

[20] 例如「臺灣證券交易所公開資訊觀測站『財務重點專區』資訊揭露處理原則」訂於 2007 年 5 月 8 日，歷經多次修正，最近一次修正於 2018 年 4 月 27 日。

第五章　公開收購股權

第一節　概　說

　　公開收購股權，係企業間為追求企業外部成長所採行之股權收購策略，在美國稱為 Tender Offer；在英國稱為 Take-over-Bird，其係企業併購之一環，由於其取得他公司經營控制權所須支付之對價，較採用企業合併之策略為低，且歷時較短、程序較簡，因此常被企業加以利用。此種股權收購策略，於英、美等國早已蔚為風潮；惟於我國因較晚引進該制度，故未為企業所採行。然為導正公開收購股權策略，並汰換不良經營者，促進產業效率，我國早於 1988 年修正證券交易法時即已增訂第 43 條之 1 之規定，並於該條第 3 項明文規定，授權主管機關制定辦法，以使公開收購股權有所遵循之依據。

　　從文義上言之，所謂公開收購股權，係指以取得或強化某公司之支配權為目的，在有價證券市場外，於一定期間內，公開地以特定之價格收購，而大量取得股票之方法[1]。換言之，擬參與或控制他公司經營權之個人或公司，得不經由集中交易市場或證券商營業處所，對非特定人以公告、廣告、廣播、電傳資訊、信函、電話、發表會、說明會或其他方式為要約，而公開購買有價證券[2]。

　　雖然取得公司之經營權方式，可以公司合併或轉讓方式為之，然因依

---

[1]　陳嘉惠，《公開收購股權之研究》，中興大學碩士論文，1988 年 1 月，頁 6。

[2]　劉連煜，〈有價證券之強制公開收購與申報制〉，《月旦法學雜誌》，第 83 期，2002 年 4 月，頁 28。

此種方式尚須股東會決議通過；為排除該等障礙，直接取得公司股票之公開收購股權及徵求委託書，行使議決權以確保公司經營，遂成為最直接亦係最有效之方法。而徵求委託書，實際上雖能控制股東會，然畢竟非直接取得股權，故公開收購股權已漸取代徵求委託書而成為取得經營權之主要工具。

基此，本章首先擬探討公開收購股權之法律性質與要約之特徵；其次擬探討公開收購股權之發展與特質；再次擬探討公開收購股權之利弊、對公開收購股權之規制、公開收購之條文規定、敵意併購。最後提出檢討與建議。

第二節　公開收購股權之法律性質與要約之特徵

一、法律性質

公開收購股權係一種民事法律行為，亦即指發生私法上效果之意思表示為要素之一種法律事實。茲分述如下：

首先，公開收購股權引起股東權益之變更，其表現在證券市場上，即係收購股權人與公司股東間之證券買賣關係。股權由公司股東移轉至收購公司手中，從而變更了原法律關係，引起相應之權利義務之變動，及產生私法效果。

其次，作為實現私法自治之法律手段，表現在證券市場上，乃以意思表示為核心，故公開收購股權為一種法律行為。在公開收購股權中，收購股權行為係收購人意思之直接表示。採用公開要約收購 (Tender offer) 之出價人 (bidder) 經由發出公開收購股權要約，按該要約條件接收股權之行為，向公司之不特定股份持有人為收購之意思表示。雙方當事人就價格數量、協商一致，達成收購協議。

再次，公開收購股權必須嚴格按照證券交易法規定之程序進行，除保障各方面當事人之權利義務，包括其他小股東之合法權益，防止大公司或

股東壟斷市場行為外，更應對此種公開收購股權進行監督管理。

二、要約之特徵

　　鑑於我國證券交易法公開收購股權係仿自美國法，故有關公開收購股權要約之特徵，綜合英美學者之見解❸，包括以下數點：

㈠公開之性質

　　傳統之收購要約皆為公開，所謂公開包括雙重意義，其一為要約須以公開方式為之，通常所採取之方式係於報上或網路上登載收購要約。另一則為該公開收購股權要約之內容，係對所有持有該等證券之人公開，使所有持有人皆有接受該要約之機會，以有別於一般私下之協商交易。

㈡承諾之期限

　　按公開收購股權，要約人必須限定承諾人於一定期限內將簽署好之同意移轉信函及股權證書，寄至要約人指定之提存處所，或銀行提存，或指示其銀行或證券商代其完成該交易。承諾人若於前述承諾期限外，才交出證券，則要約人無須購買。

㈢附條件之法律行為

　　公開收購股權之要約人，通常於其要約中會附加條件，即以僅購買一定數量之證券，或未達一定數額，要約人並不負有購買義務之條件。此項附條件之目的係為避免如因交出之證券數量不足，而仍須支出該等費用時，恐造成其財務上之壓力。且收購此類不足以達到控制之證券後，原要約人可能成為目標公司之少數股東，地位本來即不甚有利，再加上其曾意圖爭奪公司之控制權，更可能引起現任經營者對其之敵視，則其地位更為尷尬，故要約人在其要約中多附有須達一定之數量始予購買之條件。

---

❸　有關美國法請參考賴英照，《證券交易法逐條釋義（第 4 冊）》，1992 年 8 月，頁 292～300；賴英照，《證券交易法解析（簡明版）》，2011 年 2 月，頁 122；涂春金，《股票公開收購制度之研究》，政治大學博士論文，1992 年，頁 140～220。

㈣優厚之對價

要約人為使目標公司股東釋出股票，以便順利完成收購證券之工作，通常其所提購買該等證券之對價皆甚優厚。無論要約人之條件為交換證券或現金，其價值通常較欲收購者之當時市價高，如較低者，則以較高之比例交換之。

㈤占有之喪失

基於公開收購股權要約均附條件之性質，於承諾期間屆滿起算至要約人實際購買時，雖尚有一定期間，惟因受要約人已將該等證券提存而喪失對證券之占有，此與一般協商，須至完畢時才會交出證券者不同。

㈥持有之壓力

綜上所述，受要約之證券持有人甚易感受壓力，並立即決定是否出售。申言之，即因有承諾期限之限制，受要約人須於此段期間內作成決定，否則逾期則時機一去不再，蓋要約人所提之對價通常較市價優厚，若出售人未能於該期限內為出售與否之決定，即無法獲得該利益，且於要約人向他人收購成功時，原證券持有人可能成為少數股東，則其地位即更為不利。故證券持有人會受到此種壓力，此亦為公開收購股權之一大特徵。

㈦公開收購採申報制

公開收購之進行，證券交易法第 43 條之 1 第 2 項原本規定：「不經由有價證券集中交易市場或證券商營業處所，對非特定人公開收購公開發行公司之有價證券者，非經主管機關核准，不得為之。」，當時係為配合我國企業併購法推動企業併購政策❹，並符合外國立法趨勢，並參考美、日立法例，而採申報制。

惟該條文經數度修正，現行第 2 項之規定為「不經由有價證券集中交易市場或證券商營業處所，對非特定人為公開收購公開發行公司之有價證券者，除下列情形外，應提出具有履行支付收購對價能力之證明，向主管機關申報並公告特定事項後，始得為之：……」，亦即除有法定情形外，仍

---

❹　王文宇，〈企業併購法總評〉，《月旦法學雜誌》，第 83 期，2002 年 4 月，頁 70。

須先向主管機關申報。

第三節　公開收購股權之發展與特質

　　企業為求外部成長所採行之擴張方法，可以收購資產或股權方式，即凡欲直接或間接取得對其他公司資產控制之目的，所從事交易均屬收購之範圍，而公開收購股權係實行收購方式之一。

一、公開收購股權之發展

　　公開收購股權最早出現於英國，於二次大戰後逐漸普及於企業間，因其可於短期間內取得股票，而逐漸取代委託書之戰，成為取得公司支配權或強化支配權之手段中運用最為頻繁之一種。由於其以在一定期間內取得必要之股數為停止條件，如其收購未能成功，損失亦較少，就結果而言，比經由市場所取得股票之花費少，且目標公司在事前較不易察知。

　　公開收購股權在美國之發展非常迅速且多變化，與其相關之法令亦非常繁多而且完整，故未來發展無可限量。

　　然而，亦有學者認為，併購之動機僅係為擴張集團勢力，抬高公司在業界之地位，並使董事、監察人酬勞水漲船高，既非為股東利益，亦未必有益於經營績效之提升；非合意併購 (hostile takeover)，亦有稱為敵意併購，更可能導致經營權之動盪，甚至侵害小股東之利益，弊多於利❺。因此，應嚴加管理，以防流弊。有關敵意併購問題，牽涉甚多，茲以下專節敘述之。

二、公開收購股權之特質

　　公開收購股權之特質，應從其形式與實質方面言之。就其形式意義而

---

❺　賴英照，《最新證券交易法解析：股市遊戲規則》，元照出版，2009 年 10 月再版，頁 266；王文宇，〈非合意併購的政策與法制——以強制收購與防禦措施為中心〉，《月旦法學雜誌》，第 125 期，2005 年 9 月，頁 155。

言，所謂公開收購股權，係對不特定之多數人所持有之有價證券，在證券市場外為有償取得之勸誘；然就其實質意義而言，係指為掌握公司支配權，取得所必要之股票，在證券市場外，向公司之全體股東為收購股票之要約。因此，公開收購股權乃具有下列幾點特質：

(一)公開收購股權為企業收買手段之一

公開收購股權，係以掌握目標公司之支配權，並取得目標公司相當之股票為目的；蓋如單純出於投資目的，以公開收購方式取得目標公司股票，就所負擔之風險和成本而言並非合理。故公開收購股權係企業收買之手段之一，且其大多數係以企業中、長期之經營策略來實行。

(二)以取得已發行股票為手段之收買方法

公開收購股權乃藉取得目標公司已發行股票之方法，取得企業支配權，在以取得股票為手段上，此與公司法之吸收合併方式不同，吸收合併組織法上之收買手段，或公司法之營業讓渡之資產收買手段，亦與此種公開收購股權有別。從而，公開收購股權既以股票取得為手段，將影響股票市場之股價。

(三)在股票市場外大量之收購股票

公開收購股票是以公告方式直接向各股東為收買其持有股票之要約，而不經由股票市場。蓋如於市場上大量收買股票，必定造成股票市場嚴重之波動，進而影響市場之安定，甚至使投資人遭受損失。因此，大量收購股票須在市場外行之，然投資人於市場外接受該特別收購要約時，其所生之風險當然亦由自己承擔之。

第四節　公開收購股權之利弊

一、公開收購股權之優點

公開收購股權係以取得公司支配權為目的，其之所以有可能取代以徵求委託書方式爭取經營權，必有其優點存在，茲分述如下：

(一)費用低廉

相較於公司合併及營業轉讓，公開收購股權以較少對價，即能達成支配公司之目的。蓋公司合併及營業轉讓，須支出全部對價。而公開收購股權僅在股東會取得能過半數之決議之股票即可，因此，只須較少之對價。

(二)迅速簡便

要約人為收購要約時，通常會限定有效承諾期間，迫使承諾人及目標公司迅速作決定，不致使目標公司有多餘時間採取對抗行動，且避免拖延日久而增加收購費用。反之，例如徵求委託書，則恐因未達一定數額而須另行徵求，徒增費用。

(三)風險較小

基於公開收購股權之要約，通常附停止條件，即未達收購標準一定數量時不予購買之條件，且若有其他第三者競爭之要約或目標公司自行收回證券要約❻，而該要約較原要約人之價格優厚，要約人收購成功時，原要約人可將已獲得之證券轉售予競爭者，使原要約人本身之損失之風險降至最低。反之，出席股東會委託書之徵求人如未徵得足夠之委託書，依規定亦不能將已徵得之委託書轉售予其他徵求者❼，以彌補其為徵求所支出之費用。

(四)行動隱密

公開收購股權，與公司合併之協商相比較，前者無須得經營者同意；且與委託書徵求方式相比較，前者無須先取得目標公司股東名冊。故利用公開收購要約方式，與前述二種企業收買方式比較時，若保密得宜，可達到出其不意之效果。目標公司經營者因事前無法防範而採取反擊行為，且其收購意圖未事先公開，故目標公司股價不致先行上揚導致增加收購成本。

---

❻ 目標公司對抗公開收購股權行為時，該公司可自行收買、收回自己公司股票，此時可依公司法第 167 條公司股票收回、買回、設質禁止例外之規定處理。

❼ 參閱「公開發行公司出席股東會使用委託書規則」第 10 條第 2 項之規定，按「公開發行公司出席股東會使用委託書規則」規定於 1982 年 6 月 10 日，歷經多次修正，最近一次修正於 2018 年 8 月 16 日。

二、公開收購股權之缺點

有關公開收購股權雖有前述優點，相對地，其亦有某種程度之缺失，茲分述如下：

㈠較難詳確掌握目標公司之資訊

蓋進行公開收購股權時，必有某種程度之隱密性，此時亦生無法將目標公司之財務狀況詳以調查及加以評價之困難，但於公司合併或營業轉讓時，則較易取得目標公司財務狀況之訊息。故就目標公司整體掌握資訊上，公開收購股權則有缺失之處。

㈡取得公司支配權者與少數股東間之利害衝突將增加

公開收購股權，於取得確保公司股東會過半數之股票，而達到取得公司支配權之目的。但於此情形，目標公司之少數股東，並不享有強制收買請求權，因此取得支配權之公司與少數股東間之利益衝突，可能將會增加。

㈢被收購公司大股東享有「控制溢價」

由於「控制權」的存在，一般企業併購時，享有公司控制權之股東所出讓者，並非單純的財產利益，尚包括得依自身利益處理公司事務的權利。故享有控制權股東通常要求在正常股價之基礎上，對由其掌握的股份進行加價，而收購者為取得經營控制權所付給被收購公司超過市場價值之溢價，即稱為「控制股溢價」。是公司進行併購時，收購者從被收購對象之大股東處購買之股份，絕非單純股票本身之價值，尚包括取得對被收購公司之控制力，進而使被收購公司得按符合自己利益方式經營，降低其投資風險，以減少投資成本，從而被收購公司大股東持有之股份因其持股規模享有高於零散股份之「控制溢價」，尚難謂有何不當❽。

㈣公開收購與內線交易之疑慮

1.公開收購股權之實行與內線交易之關聯

公開收購股權之實行，其結果與大量收購有價證券之間，有某種程度之必然性關聯，但是否衍生內線交易問題，則存疑慮。按公開收購以高於

---

❽　臺灣臺北地方法院 96 年度抗字第 167 號民事裁定。

市價之價格、向不特定人提出收購要約，對於該個股之價格及正當投資人之投資決定，具有重大之影響力。因此，為期有效防範證券市場公開收購引發內線交易問題，證券交易法第157條之1第5項乃明定：「第一項所稱有重大影響其股票價格之消息，指涉及公司之財務、業務或該證券之市場供求、公開收購，其具體內容對其股票價格有重大影響，或對正當投資人之投資決定有重要影響之消息；其範圍及公開方式等相關事項之辦法，由主管機關定之。」此係為將內線交易重大消息明確化，俾使司法機關於個案辦理時有所參考，另考量「罪刑法定原則」，而為修訂❾。

此外，鑑於證券交易法第7條將招募之標的修正為有價證券，且實務上公司內部人等於重大消息未公開前，買賣可轉換公司債等具有股權性質之有價證券均可能構成內線交易，遂修正第1項，將股票以外具有股權性質之有價證券納入本條規範，並保留彈性以因應新種有價證券不斷推陳出新❿。

2. 公開收購股權與內線交易構成要件

⑴學者之質疑

就公開收購股權之消息發生與市場上被收購公司之股價影響層面觀之，學者認為，其消息來源可能是外部關係，而非屬於發行公司之內部訊息，且防範內線交易之行為主體，其對象應該是公開收購人及其關係人等為主，而被收購發行公司內部人為次，實不同於證券交易法第157條之1第1項所明文之構成要件⓫。此種見解，值得注意。

⑵本文見解

依證券交易法第157條之1規定：「下列各款之人，實際知悉發行股票公司有重大影響其股票價格之消息時，在該消息明確後，未公開前或公開後十八小時內，不得對該公司之上市或在證券商營業處所買賣之股票或其他具有股權性質之有價證券，自行或以他人名義買入或賣出：一、該公

---

❾　證券交易法第157條之1第4項修法理由，2006年1月11日。

❿　證券交易法第157條之1第1項修法理由，2002年2月6日。

⓫　廖大穎，《證券交易法導論》，三民書局，2011年9月修訂5版，頁329。

司……」主管機關若可直接基於公開收購股權人之身分推定其「實際知悉」內線消息，並證明其活動與內部消息有關，即可認定其構成內線交易。反之，對於與「實際知悉」內線消息者有過聯絡、接觸之人，由於其距離消息較遠，其身分不具有「實際知悉」內線消息之天然優勢，故主管機關在認定其「實際知悉」內線消息時，不但須證明與「實際知悉」內線消息者有過聯絡、接觸之行為，還需證明其交易活動與內線信息有高度吻合。然而，嚴格言之，公開收購股權之行為，並非發行公司內部人之「內線」行為，而係發行公司外部人之「內線」行為，此種公開收購股權之人，是否為我國證券交易法第 157 條之 1「下列各款之人」，該條規定是否能防範公開收購股權人之內線交易行為，有待觀察。

第五節　對公開收購股權之規制

一、規制之必要性

對公開收購股權之非難，主要有兩點：一即是否容許此種壟斷收購股票，以取得公司支配權之行為。另一即係指於公開收購股權被濫用時，對投資人之保護，有無缺失。然因其具有確保公司經營者之競爭能力，加強其對股東之責任，以及使股東將持股以高價賣出之機會，故在經濟界被認為是公司發展中公理且正當之手段而被容許，茲分述如下：

㈠取得公司支配權之容許性

因開設一家公司並非易事，而以公開收購股權方式，於收購妥善後，即能奪取他人公司之行為，在道德上是否受允許，雖值得爭議，但從經濟觀點，為確保公司經營者之競爭能力，對股東加強其經營責任；並使股東有權將其持股以高於市價賣斷方式以獲利之機會等優點，已如前述，則公開收購股權自為一般所容許。英美各國均認公開收購股權非為非倫理性之產物，致未見前揭批判。

㈡公開收購股權之濫用問題

　　按接受收購要約與否，全由股東會之決議而決定；如投資人未獲充分消息，即須面對應否承諾問題，則顯然對其保護有所欠缺。而且一旦有收購情形時，目標公司之經營者是否會利用其地位以取得法律上之不當利益，進而可能侵害投資人之情狀。惟從保護投資人之觀點，最大問題係投資人於決定是否出賣其股票時，未能得到充分之消息。故為避免公開收購股權被濫用，確實保護投資人，則充分公開相關消息，將是最適切之作法。美國之相關法律，皆針對此，已如前述，其目的在謀一定重要事項之公開義務，以保護投資人，此部分足為我國之借鏡。

二、規制之主要內容

　　近年來公開收購股權已取代委託書之爭奪戰，而成為取得公司支配權之主要手段。如無相當規範，勢必違背保護投資人之目的，並引起證券市場之混亂，故有關公開收購股權之規制，是有其必要性。

　　公開收購股權之規範目的，主要係在於保護投資人，故在收購過程中，須將有關收購之一切資料公開地呈現給投資人，使投資人依其自由意志判斷，是否接受。因此，公開收購股權之規制乃相當於公開原則，其主要規制內容係以保護投資人之權利與資料公開為中心，茲分述如下：

㈠收購者負公開申報義務

　　公開收購股權必須申報公開報告書，此規制之內容為提供被收購者投資判斷之資料。由於在以取得公司支配權為目的而施行收購時，往往會發生以書面或口頭之說明，而成為詐欺或反真實性之行為，使投資人發生錯誤之判斷。為保護投資人，必須從證券之募集、發行相同之立場來加以規範，方足以保障投資人。鑑於我國證券交易法第 43 條之 1 有關公開收購股權之規定，係仿自美國威廉斯法案第 13 條及第 14 條規定❶，而於公開收購股權管理辦法未公布施行前，公開報告書之申報內容於我國相關規定闕如情形下，本文擬參酌美國威廉斯法案❸說明之。

---

❶　參閱證券交易法第 43 條之 1 立法理由，賴英照，前揭書，頁 289。

　　威廉斯法案將公開收購股權納入管理，該法案之主要目的就在於保護投資人，因此整個法案就是申報和公開，法案中第 13 條⑷項和第 14 條⑷項為主要義務之來源❹，違反該等義務時，另課以民事、刑事責任，有關公開報告書之申報內容，茲敘述如次❺：

　　1.申報人之背景、身分、國籍及其所有權之性質。

　　2.購買證券對價或基金之來源、金額。如該款項係向銀行機構貸款者，並應說明貸款情形，及列出貸款契約當事人姓名。但貸款之出處依上述美國威廉斯法案第 2 條⑴項⑹目所定義之銀行通常業務程序取得者，申報人得申請，經證期會核准，得僅對證期會申報該銀行名稱而不對外公布。

　　3.如購買或計畫購買證券之目的是取得所購證券發行人之控制權，或發行人與他人合併或改變發行人之事業結構或法人結構者，應說明該計畫

❸　所謂威廉斯法案 (The Williams Act) 係指 1968 年，美國國會就 1934 年證券交易法 (Securities Exchange Act of 1934) 加以修改，增訂第 13 條⑷、⑸項及第 14 條⑷～⑹項，並基於該法而授權證券管理委員會制定之 Regulation 14⑷、14⑸而成。賴源河，《證券管理法規》，2002 年，頁 292。

❹　威廉斯法案第 13 條⑷項主要規定為：任何人直接或間接取得依第 12 條註冊之公司或依投資公司法註冊閉鎖式投資公司百分之五以上股權而成為受益所有權人 (Benefical Ownership) 時，應於十日內向證期會（證券暨期貨管理委員會，亦簡稱 SEC）、發行人或有關交易所提出報告。威廉斯法案第 14 條⑷項之主要規定為：

　⑴任何人經由郵件、證券交易法或其他方法越州以自己名義或他人名義表示要約或要約之引誘，購買依證券交易法第 12 條註冊之證券或依投資公司法註冊之閉鎖式投資公司所發行之證券，且於成交後其持有證券之數量逾該證券百分之五時，應於公布或寄送要約或要約引誘前，將證券交易法第 13 條⑷項所規定之事項，呈報證期會，並將所發布或寄送之要約或要約引誘，一併呈報證期會備查。

　⑵計算前述之百分比時，二人以上組成之合夥、隱名合夥、連鎖企業，均視為同一人。

　⑶於計算某類證券之總數量，僅計算該類發行之數量，……。

❺　有關公開報告書之申報內容，規定於美國威廉斯法案——證券交易法第 78 條 (15 U.S.C.A. 78⑷⑴)。

之內容。

4.交易所有證券之數量，及依權利得取得證券之數量，如證券得由申報人之同夥人取得者，並應公布該同夥人之背景、身分、住址及國籍。

5.申報人曾與他人約定、協定、和解者，描述有關該約定、協定、和解之資料。所謂約定、協定或和解係指移轉股票、合夥、給予或不給予出席委託書等之類的約定。

(二)目標公司經營者之行動規制

目標公司之經營者在公開收購股權中扮演相當重要角色，不論其是否贊同收購，經營者之行動對目標公司、收購者與投資人均有舉足輕重地位。因此，目標公司經營者之行動規制，亦係公開收購股權之主要規制內容。

第六節　公開收購之條文規定

一、2015 年證券交易法第 43 條之 1 修法

證券交易法第 43 條之 1，歷來迭經修正。於 2002 年修正後，其條文內容原為「任何人單獨或與他人共同取得任一公開發行公司已發行股份總額超過百分之十之股份者，應於取得後十日內，向主管機關申報其取得股份之目的、資金來源及主管機關所規定應行申報之事項；申報事項如有變動時，並隨時補正之。不經由有價證券集中交易市場或證券商營業處所，對非特定人為公開收購公開發行公司之有價證券者，除左列情形外，應先向主管機關申報並公告後，始得為之：一、公開收購人預定公開收購數量，加計公開收購人與其關係人已取得公開發行公司有價證券總數，未超過該公開發行公司已發行有表決權股份總數百分之五。二、公開收購人公開收購其持有已發行有表決權股份總數超過百分之五十之公司之有價證券。三、其他符合主管機關所定事項（第 1 項）。任何人單獨或與他人共同預定取得公開發行公司已發行股份總額達一定比例者，除符合一定條件外，應採公開收購方式為之（第 2 項）。依第二項規定收購有價證券之範圍、條件、期

間、關係人及申報公告事項與前項之一定比例及條件，由主管機關定之（第3項）。」嗣為因應實際需要，於2015年7月1日修正第3、4項，並新增第5項，修正後之第3、4、5項為：「任何人單獨或與他人共同預定取得公開發行公司已發行股份總額或不動產證券化條例之不動產投資信託受益證券達一定比例者，除符合一定條件外，應採公開收購方式為之（第3項）。依第二項規定收購有價證券之範圍、條件、期間、關係人及申報公告事項與前項有關取得公開發行公司已發行股份總額達一定比例及條件，由主管機關定之（第4項）。對非特定人為公開收購不動產證券化條例之不動產投資信託受益證券者，應先向主管機關申報並公告後，始得為之，有關收購不動產證券化之受益證券之範圍、條件、期間、關係人及申報公告事項、第三項有關取得不動產投資信託受益證券達一定比例及條件，由主管機關定之（第5項）。」

二、2016年證券交易法第43條之1修法

2016年5月間，百尺竿頭公司公開將收購樂陞公司，其後卻因資金不足等諸多問題而破局，繼而引發重大之「樂陞案」；由於此案深受社會矚目，2016年12月，證券交易法第43條之1針對第2項前段修法，將「不經由有價證券集中交易市場或證券商營業處所，對非特定人為公開收購公開發行公司之有價證券者，除下列情形外，應先向主管機關申報並公告後，始得為之」修正為「不經由有價證券集中交易市場或證券商營業處所，對非特定人為公開收購公開發行公司之有價證券者，除下列情形外，應提出具有履行支付收購對價能力之證明，向主管機關申報並公告特定事項後，始得為之」，以此確保收購人「有履行支付收購對價能力」，避免重蹈「樂陞案」覆轍，迄今未再修正。

第七節　敵意併購

一、意　義

　　所謂敵意併購，係以併購者取得目標公司時，併購者本身並未取得被併購公司暨目標公司經營團隊之同意，而逕自或欲提案併購目標公司者之併購方式。

　　我國證券交易法第43條之1有關資訊揭露部分規定，承襲美國1934年證券交易法第13條d款規定，但因我國「公開收購公開發行公司有價證券管理辦法」遲至1995年始首度頒佈施行，在此之前，股權收購方式可謂五花八門，包括利用人頭帳戶從市場暗中收買、向特定股東私下協議洽購等情況，資訊極不透明，遊戲漫無規則❶❻。

　　然而，即使我國引進公開收購制度以及資訊公開等相關規定後，迄今經由證券市場上收購股份進行敵意併購之案件，仍然不在少數。以2018年9月為例，主管機關金融監督管理委員會公布可進行「非合意（敵意）併購」的金控買家名單，其中，台新金控雖卡在彰銀案卻仍入選，外界認為，台新金要敵意併購，非得增資不可❶❼。

二、強制公開收購制度分析

㈠目標公司股東與敵意併購者間之利害衝突

　　敵意併購中，敵意併購者希望以最低之成本取得目標公司之控制權，假如目標公司中之股東皆能不以低於其所有股份之真實價值之價格，出售其股份予敵意併購者時，能夠接受此一價格之敵意併購者，理論上應該可成為有助於增加目標公司價值與效率之敵意併購者，此即為支持敵意併購

---

❶❻　黃日燦，《法律決勝負──企業併購與技術授權》，天下出版，2004年4月，頁100。

❶❼　田裕斌，〈台新金要敵意併購 非增資不可〉，中央社，2018年9月11日。

所建立之控制權市場論者極力主張，並認為應予鼓勵之有效率之敵意併購行為⓲。

　　然而，絕大多數案例中，於目標公司股權結構越趨分散、散戶股東持股越多之情形下，目標公司股東根本不太可能一起以不低於其股份真實價值之價格出售其股份⓳。

　　此外，實務上，我國大多數公司之股權結構皆屬於少數股東控制之結構，其他則以散戶股東居多，在此情況下，敵意併購者正可以利用股東間之欠缺橫向聯繫之機會，有效壓迫股東以低於其所持有股份之真實價值之價格出售持股，因此蒙受損失，此問題被美國學者稱為扭曲選擇之問題，或是出賣股份壓力問題⓴。

㈡強制收購價格認定與強制收購制度運作之現況

　　正常情況下，敵意併購者以收購方式進行股權收購時，其收購之價格均較市價為高，但必須特別注意者，該併購者所提出之收購價格通常不會高於目標公司股份現在之真實價值，此所謂真實價值亦即指在目標公司現任經營者手中之價值，只要收購價格比股份現在真實價值低，縱使高於股份市價，敵意併購者仍可能會造成目標公司價值減損之效果，以此一情況言之，目標公司之股東本應拒絕應賣，不讓併購者取得公司之經營權，以免造成手中所持股份之價值降低。然而，目標公司股東基於以下幾點理由，仍然有可能會同意以低於股份價值之收購價格，而出售其所持股份：

　　1.首先，股東通常不太可能知悉其手中所持股份之真實價值，因此在收購價格高於市價情況下，絕大多數股東會選擇出脫手中所持之股份予併購者。

⓲　劉彥皇，《公司敵意併購防禦措施之研究》，中原大學碩士論文，2007年。

⓳　王家慶，《論公司法中契約自由與法律干預──以敵意式公開收購為例》，中原大學碩士論文，2006年。

⓴　See Lucian A. Bebchuk, The Pressure to Tender: An Analysis and a Proposed Remedy, 12 DEL. J. CORP. L. 911, 917 (1987). See Lucian A. Bebchuk, supra note 13 at 981.

2.此外，敵意併購者握有發動收購時點決定權，而依站在追求獲利極大和降低收購成本之立場，敵意併購者往往於目標公司股價處於相對低檔時發動收購，此誘因亦大幅增加股東出脫手中持股之意願，前述之現象於美國實務上亦可觀察到。

3.即便某些股東知悉此一收購價格低於股份真實價值，但因股東相互間通常不會具有橫向聯結，故此一訊息未必能夠在股東間充分傳遞，因此亦未必能獲得多數股東支持，且一致地以拒絕應賣之行動，抵制併購者之低價收購。

4.再者，股東間對於股份價值高低或有不同意見，換言之，可預期者，只要收購價格高於市價，總是會有股東選擇出售其股份，亦因此個別股東很難影響併購之結果。

5.在預測其他股東有可能會應賣，導致收購成功情況下，對於知悉收購價格低於股份價值之股東，一方面明知收購價格低於股份價值，不應該出脫；另一方面，該股東會發現，如其選擇不出脫持股而成為收購成功後目標公司之少數股東時，其將處於更為不利之地位，因為成為目標公司之少數股東，其股份價值會少於公開收購前之股份價值，原因之一由於收購者已成功地控制目標公司，故其可以控制進行合併之時點，例如選擇公司股價相對地偏低時進行合併，或是利用盈餘管理❷方式，使得目標公司之股價走低，以及發佈消息如調降財測等等方式使得合併之時點有利於收購者進行合併。

第八節　結　語

併購 (Merger & Acquisition, M&A) 係一種極為複雜之企業行為，牽涉到一系列相關連而又彼此合併之名詞與術語。一個規範有序之公開收購股權活動，有利於充分發揮資本市場功能，優化資源配置，促進產業結構調

---

❷　陳樹，〈我國企業盈餘操縱問題之誘因、影響與因應對策〉，《當代會計》，第 3 卷第 2 期，2002 年，頁 231～242。

整，提高上市公司質量。

理論上，公開收購股權 (take over) 屬於狹義併購之一種，其對象僅限於公開上市或上櫃之股份有限公司，此種併購之目的在於取得上市或上櫃公司之控制權，其手段則以在公開市場購買股份或向該上市或上櫃公司之所有股東以高於市價發出股份收購要約 (tender offer) 以及受讓大宗股份等形式，由收購人直接與股東接觸，達到收購目的。

我國立法政策上，既鼓勵企業併購，便不應放任目標公司董事會任意採行抵制措施，以降低併購案成功之機率；同時，為保障目標公司之股東，亦不應容許董事會為自己之利益，任意採行抵制措施而侵害股東之權益。然而，為防止收購人於完成收購後對目標公司股東採取不利措施，則應允許目標公司董事會為維護股東及公司利益，得採行適當之防衛措施❷。因此，證券交易法第 43 條之 1 第 1 項規定：「任何人單獨或與他人共同取得任一公開發行公司已發行股份總額超過百分之十之股份者，應於取得後十日內，向主管機關申報其取得股份之目的、資金來源及主管機關所規定應行申報之事項；申報事項如有變動時，並隨時補正之。」其規定旨在發揮資訊完全公開原則，期使公司股權重大異動之資訊能即時且充分公開，使主管機關及投資人能了解公司股權重大變動之由來及其去向，並進而了解公司經營權及股價可能發生之變化，以增進公共利益。換言之，證券交易法第 43 條之 1 第 1 項前、後段之規定，係屬取得人不同之作為義務❷，亦即必須符合「取得股份申報事項要點」❷之規定。

總之，我國公開收購股權之要約人，通常於其要約中會附加條件，即以僅購買一定數量之證券，或未達一定數額，要約人並不負有購買義務之條件。足見，我國現行收購監管制度，在參考美國式自願要約收購制度之基礎，與英國式全面要約收購之基礎，並不相同。因此，在要約收購中，

---

❷ 賴英照，《最新證券交易法解析：股市遊戲規則》，自版，2006 年，頁 209。

❷ 最高行政法院 94 年度判字第 1360 號。

❷ 按「證券交易法第四十三條之一第一項取得股份申報事項要點」規定於 1995 年 9 月 5 日，歷經多次修正，最近一次修正於 2010 年 7 月 21 日。

如收購一方如無法按照收購要約之條件完成收購時，通常視為要約收購失敗，此時，是否有必要對要約人在未來特定期間內之再次要約、購買或轉售，進行限定，不無疑問。

第六章　有價證券下市交易

第一節　概　說

公司治理 (Corporate Governance) 機制之形成與企業股權結構，有直接之關係❶。因此，公司因其股票獲准公開上市，而有人數眾多之股東；一旦終止上市，即再成為少數大股東私有。依證券交易法，終止上市之規定，有三種情形，包括公司自願申請，證交所之強制下市，以及主管機關之命令等三者。

實務上，促成公司終止上市之原因，除經營不善導致下市外，往往係為達併購之目的；為達此目的，故有下市交易（或稱現金逐出合併，或可稱為私有化交易），亦即指目標公司與併購者之母公司、或其母公司 100% 持股之子公司合併，而目標公司之少數持股小股東之股份，則轉換為現金或債權證券 (debt securities)。

關於有價證券之收購，依證券交易法第 43 條之 1 第 2 項規定：「不經由有價證券集中交易市場或證券商營業處所，對非特定人為公開收購公開發行公司之有價證券者，除下列情形外，應提出具有履行支付收購對價能力之證明，向主管機關申報並公告特定事項後，始得為之：

一、公開收購人預定公開收購數量，加計公開收購人與其關係人已取得公開發行公司有價證券總數，未超過該公開發行公司已發行有表決權股份總數百分之五。

---

❶　吳光明，第一章〈公司治理與獨立董事〉，《證券交易法論》，2019 年 2 月增訂第 14 版，三民書局，頁 1。

二、公開收購人公開收購其持有已發行有表決權股份總數超過百分之五十之公司之有價證券。

三、其他符合主管機關所定事項。

又依該法第 43 條之 1 第 3 項規定：「任何人單獨或與他人共同預定取得公開發行公司已發行股份總額或不動產證券化條例之不動產投資信託受益證券達一定比例者，除符合一定條件外，應採公開收購方式為之。」

另依該法第 43 條之 1 第 4 項規定：「依第二項規定收購有價證券之範圍、條件、期間、關係人及申報公告事項與前項有關取得公開發行公司已發行股份總額達一定比例及條件，由主管機關定之。」

有價證券之收購，規定於證券交易法，但關於公司之併購，則規定於企業併購法。依企業併購法第 2 條第 1 項規定：「公司之併購，依本法之規定；本法未規定者，依公司法、證券交易法、公平交易法、勞動基準法、外國人投資條例及其他法律之規定。」

上市公司如因「公開收購」而下市交易，則又有「公開收購說明書應行記載事項準則」❷相關規定加以規範。常見「公開收購」而下市交易之方法，有依據合併協議或公開收購後，將少數持股之股東以現金逐出，惟無論如何，最終之目的即在於將公司私有化。此交易型態涉及股東保護以及控制股東權益之拉鋸，向來為法律爭訟最為激烈之型態。

2011 年間，在發生國巨公司併購案件後，於企業併購法❸第 18 條第 3、4 項，第 27 條第 3、4 項，第 29 條第 3、4 項，引入所謂「國巨條款」，簡言之，亦即提高公司「私有化」❹之困難度。然而，以控制股東或是市場派之立場觀之，難免認為對公司既有絕對之控制權，在有意併購公司之

---

❷　按「公開收購說明書應行記載事項準則」訂於 2002 年 8 月 12 日，歷經多次修正，最近一次修正於 2016 年 11 月 21 日。

❸　按「企業併購法」訂於 2002 年 2 月 6 日，歷經多次修正，最近一次修正於 2015 年 7 月 8 日。

❹　本章所敘公司之「私有化」，意指原本有眾多股東之公司，成為少數大股東所有。

考量下，何以不將目標公司下市，且控制權溢價亦應由控制股東享有，小股東無置喙之餘地。

事實上，下市交易涉及兩大利益之拉鋸，一方為控制大股東之經濟利益，一方為小股東之保護。因此，如何在兩者間取得平衡，為下市交易最大之課題。2018 年 11 月 30 日，大法官釋字第 770 號針對企業併購法現金逐出合併暨股東及董事利益迴避案之解釋，亦足彰顯此一議題之重要性。

基此，本章首先擬探討我國公司下市之相關規定；其次，擬探討下市交易之態樣；再次，擬探討公司下市私有化之動機與弊端；復次，擬探討下市交易之經濟分析與案例；另外，擬探討我國法對少數股東之保護；最後，提出檢討與建議，以作為本文之結語。

第二節　我國下市之相關規定

一、下市之基本規範

一般而言，終止上市，係指對特定之上市有價證券，為永久停止交易之行為，一般稱為下市。依我國現行規定，上市公司終止上市（即下市），略可分為公司自願申請下市、證交所強制下市、主管機關命令下市三者，茲分述如下：

㈠公司自願申請下市

依證券交易法第 145 條，及臺灣證券交易所股份有限公司上市公司申請有價證券終止上市處理程序之規定，公司應經董事會、股東會決議通過，且表示同意之董事或股東，其持股需達已發行股份總數三分之二以上，始符申請下市之規定。

依照前開處理程序第 3 條之規定，贊成或同意將終止上市之議案提交股東會討論之董事，應負收購公司股票連帶責任，但不包括獨立董事在內。

又收購公司股票之價格，不得低於董事會或股東會決議前一個月收盤平均價格之簡單算數平均數，以價格高者為準。公司申請終止上市案，應

經證交所董事會核議，並報請主管機關備查❺。

㈡證交所強制下市

依證券交易法第 144 條規定，證券交易所得依法令或上市契約之規定終止有價證券上市。所謂依法令，包括臺灣證券交易所股份有限公司有價證券上市契約準則❻、臺灣證券交易所股份有限公司章程、臺灣證券交易所股份有限公司營業細則第 50 之 1 條第 1 項第 18 款所訂「其他有終止有價證券上市必要之情事者」等規定；所謂依契約則指臺灣證券交易所股份有限公司股票上市契約第 5 條「……得對上市之有價證券予以停止買賣或終止上市，並報請主管機關備查」等。由此可知，證交所對於公司下市，有廣泛裁量權，其彈性亦相當大。

㈢主管機關命令

依 1934 年美國證券交易法之規定，上市公司如有違反該法規定之情形，聯邦證管會得於舉行聽證會後，決定停止上市有價證券十二個月以內之交易，或終止上市❼。

我國參照上述美國法之立意，於證券交易法第 148 條之規定，上市公司有違反本法或依本法發布之命令時，主管機關為保護公眾或投資人利益，得命令證交所終止該有價證券之上市買賣。

二、併購相關之合併方式

由於上市公司私有化浪潮，涉及私有化之法律特徵，以及私有化行為動機之切入。因此，有必要分析上市公司私有化之新發展，當然亦有可能公司私有化後轉換再上市 (Public-Private-Public, PPP) 之模式之操作可能

---

❺ 賴英照，《最新證券交易法解析：股市遊戲規則》，自版，2014 年 2 月第三版，頁 96～98。

❻ 按「臺灣證券交易所股份有限公司股票上市契約」訂於 1986 年 4 月 3 日，歷經多次修正，最近一次修正於 2014 年 8 月 8 日。

❼ Exchange Act of 1934 §12 (j) （1934 年美國證券交易法第 12 條 j 項）。參閱 Larry D. Soderquist, *The Securities Laws*，美國證券法解讀法律出版社，2004 年 6 月，頁 376、377。

性❽。因此，併購相關之合併方式，值得研究。

茲將併購相關之合併方式，分述如下：

㈠簡易合併

茲既討論併購下市，則其收購合併之目標公司，均為上市公司，自不待言。茲依收購公司之不同，分述如下：

1.如收購公司為上市公司

收購公司如已經持有目標公司 70% 上市股票，此時，依證券交易所股份有限公司營業細則❾第 50 條之 1 第 1 項第 15 款之規定，應依證券交易法第 144 條規定終止目標公司上市，但他上市（櫃）公司取得該上市公司股份並進行合併或股份轉換者，適用第四章之一相關終止上市程序規定。

前述終止目標公司上市之情形，並不適用企業併購法第 19 條之規定。

2.如收購公司為非上市公司

依照企業併購法第 19 條採取簡易合併時，可知「消滅公司」為上市公司，存續公司為非上市公司，此時應適用證券交易所股份有限公司營業細則第 53 條之 7 之規定申請終止下市。

㈡一般合併

於一般合併之情況，收購者會以特殊目的公司為收購公司。如欲收購後將目標公司合併下市，則會涉及企業併購法第 19 條之規定，亦即需要經目標公司股東會三分之二以上通過。然而，由於企業併購法第 18 條第 6 項另規定：「公司持有其他參加合併公司之股份，或該公司或其指派代表人當選為其他參加合併公司之董事者，就其他參與合併公司之合併事項為決議時，得行使表決權。」依此規定，遂使收購者要達到收購目標公司之法定門檻，其實甚為容易。

依前述，如收購公司為上市公司，欲使目標公司下市，可適用證券交

---

❽ 汪晨，〈上市公司私有化後轉版再上市之路——私有化新策略 PPP 模式應用與監管〉，《證券法苑》，第 7 卷，2012 年 12 月，頁 800～818。

❾ 按「臺灣證券交易所股份有限公司營業細則」訂於 1992 年 11 月 19 日，歷經多次修正，最近一次修正於 2018 年 12 月 24 日。

易所股份有限公司營業細則第 50 條之 1 第 1 項第 1 款之規定申請終止上市❿。如收購公司為非上市公司，則此時應適用證券交易所股份有限公司營業細則第 53 條之 7 之規定，申請終止下市。

第三節　下市交易之態樣

以收購、合併之方式使標的公司下市，往往有助於存續公司組織之調整，並提升企業經營之效率，理論上言，自有其正面積極之作用。但收購制度因涉及上市公司、公司管理階層、股東、以及利害關係人重大權益之拉鋸，故其立法價值取向與實務面之操作，向多爭議。茲將下市交易各種不同之態樣，諸如管理階層收購、二階段合併、一階段合併等，分述如下：

一、管理階層收購

簡言之，此方式亦即公司管理階層為投資方，買入公司控制股權。此一方式之優點，在於買方對於標的公司之內部資訊清楚瞭解，又不會有機密外洩問題。因此，保密性夠，且所需要之時間較短。管理階層希望以此一方式併購，無非希望保有經營團隊在經營上之最大彈性，以及有良好之操作空間。

惟公司經營階層通常並無足夠資金買入如此大量之股份，均會引入私募股權基金或是銀行為後盾。此交易型態多以將公司下市，嗣成為少數特定之管理階層私有為目標，且此交易往往利用被併購後公司所持有之資產為擔保，大幅向外舉債而獲得併購資金，亦即槓桿收購　（Leveraged Buyout，簡稱 LBO）❶。

---

❿　林進富、盧曉彥，〈台灣 MBO 相關重要規範及實務運作問題分析〉，《月旦財經法雜誌》，第 15 期，2008 年 12 月，頁 58。

❶　槓桿收購是一種收購之方式，其本質即是舉債收購，指收購者僅有少許資金，藉由舉債借入資金，以收購其他資本較大之公司。惟管理階層收購並非下市交易之具體手段，此概念僅為併購型態下所為之描述而已。

二、二階段合併

二階段合併交易方式分成兩階段，第一階段進行公開收購，以取得公司之控制權。第二階段主導公司之股東會，強制以現金支付之方式，將小股東逐出公司。

二階段合併所造成之最大問題，在於股東之壓迫。所謂股東壓迫，即收購者於第一階段收購時，往往會告知小股東：如不接受第一階段之公開收購，則於後續之合併階段，將以更低之價格逐出小股東。此一情況，很可能會造成收購者以低於市價之價格，取得公司控制權，間接造成市場交易制度之崩盤。

此一併購方式，與上述管理階層收購目的相同，均在求公司之私有化；且此併購方式之主要問題，均在於可能形成控制股東與小股東間之衝突。

三、一階段合併

一階段合併，有學者直接稱之為制式合併[12]，此方式之手法相當多元化，例如直接合併或三角合併，比較常見之方式為，由收購團體成立一家新公司，由新公司對目標公司進行洽談、交涉，並以該新公司為合併後之存續公司，並使收購團體為存續公司之唯一股東。一般所稱之三角合併則由公司成立特殊目的公司（Special Purpose Vehicle，簡稱 SPV），並運用相同手法為之。

就比較法學之立場觀之，因對於一階段合併，而逐出小股東並下市，受到美國法律上完全公平標準審查之結果，多採用二階段合併[13]。我國則是因稅制因素，亦多採用二階段合併，蓋依我國主管機關之解釋，於公開

---

[12] 董新義、劉明，〈收購人餘股強制擠出全的保障與制衡〉，《證券法苑》，第 20 卷，上海證交所，2017 年 6 月，頁 152。

[13] 有關「美國下市交易」問題之進一步討論，請參閱蔡昌憲，〈下市交易中利益衝突之淨化機制：從美國 Dell 公司收購案談起〉，2015 年 6 月，《臺灣大學法學論叢》，第 44 卷 2 期，頁 533～597。

收購參與應賣者，所得價金不用繳交所得稅，但因合併而取得之價金，卻要繳交所得稅❹，此等規定之結果，使得股東於「二階段合併」之情況下，不得不在公開收購階段即出售股票。

第四節　公司下市私有化之動機與弊端

隨著對企業融資限制之逐步放寬，槓桿收購在資本市場發揮越來越重要之作用。從實務上❺言之，公司併購所造成的公司下市私有化，有其共通之動機與弊端，茲分析如下❻：

一、下市私有化之動機

有關公司下市私有化，一般而言有如下所列動機❼：

㈠脫離公開市場干擾

當市場經濟持續萎靡不振，以致公司股票價格低落時，倘公司繼續維持公開上市，對規模較小之公司之營運，可能產生不利影響。

倘公司對獲利能力有信心，且預料未來公司可能處於交易量降低，股價低迷之狀態，為脫離公開市場干擾，避免降低市場競爭力，即可能因此產生公司私有化之動機。

㈡免除上市交易相關費用

公司上市交易因所涉較為繁複，其成本費用（例如會計查核，資訊公開，相關法令，律師費等）較高，所費不貲，對部分公司而言，無疑是一大負擔。如將公司下市私有，即可免除或降低上市交易相關費用。

❹　王文杰、方嘉麟、馮震宇，〈台灣管理層收購之法律問題——以復盛與日月光案為例〉，《月旦財經法雜誌》，第 15 期，2008 年 12 月，頁 7～8。

❺　臺灣高等法院 96 年度上易字第 395 號民事判決。

❻　方嘉麟等著，《管理階層收購法律規範理論與實務》，元照出版，2014 年 5 月初版，頁 32。

❼　董新義、劉明，〈收購人餘股強制擠出全的保障與制衡〉，《證券法苑》，第 20 卷，上海證交所，2017 年 6 月，頁 153。

㈢公司長期利益最大化

上市公司之管理階層，為滿足市場上投資人及證券分析師對公司短期收益之預期，往往在壓力下，被迫放棄對公司長期上有利之投資與計畫；如將公司下市，管理階層即可較自由地去做一些有助於公司長期利益之行為，反而有助於公司長期利益最大化。

㈣降低代理成本

依理性經濟人理論，不論是管理階層或是股東，均會為自己追求最大之利益。當公司規模越大，表示其可自由運用之資產越多，此際公司管理階層即有持續擴大企業規模之誘因存在，甚至遠遠超越該企業本身最適當水準。公司如果擁有充沛之自由現金流量，管理階層可能會不分配股息、紅利給股東，卻開始進行一些不具效率之投資，此利益衝突即為「自由現金流量之代理成本」。

如經由附隨於下市交易之「融資計畫」，增加公司資本結構中之負債比例，並以公司未來之自由現金流，作為償還負債之擔保，不僅可提高公司自由現金流之運用效率，且還能減低自由現金流之代理成本，此亦為公司下市私有化之可能動機。

㈤節稅利益

因公司下市交易所需要之資金頗鉅，多需進行融資，而融資所衍生之利息支出，可扣抵公司當期之應納稅額。因此，可為公司帶來龐大之節稅利益，創造出所謂「稅盾」(Tax Shield)❸，此一節稅利益，亦可能成為公司下市私有化之動機。

㈥防禦敵意併購

上市公司如面臨其他企業之敵意併購，於併購完成後，管理階層通常亦會遭到解雇汰換，故管理階層如無其他方式足以防禦其他公司之敵意併購，可能會採取管理階層收購之方式，使公司下市，敵意併購即難得逞。

㈦獨占公司未來獲利

管理階層或控制股東所掌握之公司資訊，相較於少數股東必然較多。

---

❸ 稅盾係指可以產生避免或減少企業稅負作用之工具或方法。

如果管理階層掌握未來公司將有更多獲利之可能時，其可能會希望獨占此等利益，而逐出小股東，將公司下市。

二、下市交易之弊端

㈠資訊不對稱

因控制股東持股比例高，較可直接參與公司之經營管理，以取得重要資訊，以致管理階層與公眾股東間之資訊不對稱。

又因管理階層是執行公司決策之人，較有掌控公司之內部資訊之力；且依照相關法令，公司雖然必須定期公開資訊，但要確實看懂公司相關資訊，畢竟仍需有一定背景，一般股東未必有能力理解相關資訊，形成資訊不透明。

㈡交易價格難期公平

控制股東與管理階層因能掌握公司資訊，其提供給評價專家之資訊可能有不完備與隱匿情況。且資訊評估具高度之主觀性，未必確實客觀。

況且，基於自利心態，管理階層與控制股東亦可能提出低於公司真正價值之報價，少數股東因資訊不對稱，無法判斷，故在交易過程中，被逐出之小股東所獲價格，往往難期公平。

㈢利益衝突

如公司有控制股東存在時，有可能會利用股權優勢，操弄股東會，決定公司之重大議案，形成控制股東與少數股權股東之利益衝突。

如公司股權分散，並無控制股東存在，該公司因而由管理階層掌握，仍可能造成股東與管理階層間之利益衝突。

由於公司下市交易本質上為利益衝突之交易，但因內部人往往可憑藉資訊上及經營上之優勢加以掌控，造成一般市場參與者之損害，動搖投資大眾對於資本市場之信心，因此逐出小股東所需之股票收買價格，往往會較低於實際價值，小股東之權益，頗難獲得確實之保障。

第五節　下市交易之經濟分析與案例探討

一、經濟分析

公司下市交易所涉經濟理論，歷來甚受學者重視，茲針對下市交易（逐出交易），提出如下經濟分析之理論根據[19]，以供參酌：

㈠效率觀點

關於效率之定義，此係採柏雷多 (V. Pareto) 效率，指「資源不管再如何重新分配，皆無法使某人獲得更高利益，而同時卻不損及其他人利益，如已達成此境界，則定義為具有經濟效率」[20]。依據寇斯定理 (Coase theorem)：「在無交易成本情況下，不論法律就財產權如何規範，私人談判將導致資源有效率使用」[21]。

在無「市場失靈」之情況下，私人間之交易行為，由於係屬自願性，交易是雙方共識下之產物，通常多符合經濟效率[22]。本文所論之公司下市之逐出交易，因多涉及非自願性，故如以前述標準，逐出交易多為非效率交易，亦即其中一方（例如控制股東）獲利愈多，必然愈損及另一方之利益（例如被逐出之小股東）。

㈡經濟分析下對於財產權之法律規範法則

依財產權之法律規範法則，對於財產權，除非事前獲得權利人之同意，

[19] 張心悌，〈逐出少數股東——以資訊揭露義務與受託人義務為中心之美國法比較〉，《政大法學評論》，第 123 期，2011 年 10 月，頁 12～14。

[20] 「柏雷多效率」係由 19 世紀義大利福利經濟學家柏雷多所提出；柏雷多所謂之福利，定義為「即使再重新分配財富，亦不會再增加利益」，即一旦增加某人利益時，必會使他人利益受損，此時利益分配即達最大效率。

[21] 寇斯定理，描敘一個經濟體系內部之資源配置與產出，在外部性存在情形下，其經濟效率所可能受到之影響。此理論由諾貝爾經濟學獎得主羅納德·寇斯在 1960 年代之論文中提出。

[22] 簡資修，《經濟推理與法律》，元照出版，2017 年 9 月，頁 1。

否則法律禁止他方當事人侵害此權利。換言之，相對人可與權利人自由談判磋商，議定彼此主觀上能接受之對價，進而侵害此一權利，或改變此權益之歸屬。

如依前述法則，逐出交易須得到「少數股東」個別之同意，始得後續，然此一立論或交易模式，不免又過度箝制公司之下市交易。故修正式之財產權法律法則，係必須經過少數股東過半數同意（majority of minority，簡稱 MOM）。其優點有二：

1.防止逐出少數股東之交易，強加諸於全體少數股東之弊端；

2.在雙方自願同意交易條件的前提上，賦予法院無須就該交易條件公平性進行客觀實質審查之合理化基礎。

(三)經濟分析下對於財產權之補償法則

補償法則，亦即指事後支付一定之對價，俾以彌補對方之損失。依此法則，即使未獲得權利人之同意，仍可侵害財產權，只需要事後給予適當賠償即可。而此金錢賠償之數額，應係由公正之第三者為客觀之核定，非由當事人主觀自由磋商。

二、相關案例探討

(一)遨睿收購國巨案

2011 年 4 月 6 日，國內被動元件大廠國巨股份有限公司之主要股東兼董事長陳○銘，與國際知名私募股權基金 KKR 合資成立之遨睿投資股份有限公司，宣布將以每股新臺幣 16.1 元之現金，公開收購國巨之全部股份❷，並經預告公開收購完畢之日期，完成後將公司下市❷，此舉亦即所謂事前同意原則。

外界對於管理階層收購，最大之疑慮，在於大股東或管理階層之目的為何，是否已經掌握內部資訊，如有事先掌握機會或是利益，是否應該由全體股東共享，是否對其他股東造成不公平等問題，此均值得探討。惟管

---

❷　http://www.mapect.com/others/kkr.html，最後拜訪日：2018 年 8 月 8 日。

❷　黃日燦，《黃日燦看併購》，經濟日報出版，2012 年 9 月初版，頁 62～66。

理階層收購最大之困難，在於其成效往往需俟收購並實質經營後，才可看
出成敗，不管是大股東、管理階層、主管機關、小股東，均難以事先預
測❷。

　　本案在法律上一切合法，而投審會當時亦提出七大原則，要求本案之
參與人遵守。此七大原則分別為：資訊透明、投資價格合理、確保股東權
益、金融市場穩定、對國內產業影響、對國內就業影響，以及是否有稅負
規避。同時，對於是否資本弱化，大股東利益迴避，小股東保護等，亦均
嚴格檢視。

　　然而，本案仍然滋生疑慮及爭議，其主要因素，在於投審會所列出之
上述標準之妥適性，仍令外界質疑。

㈡凱雷收購東森媒體

　　在凱雷收購東森媒體案❷中，凱雷私募股權基金，於臺灣先成立盛澤
公司。

　　2006 年 3 月間，東森媒體❷撤銷公開發行；同年 6～8 月間，盛澤公
司向東森媒體之大股東等人，以每股 32.5 元之價格，購入東森媒體逾 90%
之股份。同年 8 月 2 日，東森媒體與盛澤公司進行簡易合併，以每股 26
元，逐出其餘 10% 之小股東，以致引發小股東之不滿，且向法院聲請裁定
收買，對「控制權溢價」(control premium) 亦產生爭執❷。

㈢勇德併復盛❷

　　本案併購方為國際知名之避險基金——橡樹資本管理，被併購方為復

---

❷　參閱 http://www.mapect.com/others/kkr.html，最後拜訪日：2018 年 8 月 6 日。

❷　黃日燦，《黃日燦看併購》，經濟日報出版，2012 年 9 月初版，頁 147～151；
　　劉連煜，《現代公司法》，2015 年 9 月增訂 11 版，頁 157。

❷　有關東森媒體大事記，請參閱 https://zh.wikipedia.org/zh-tw，東森國際條目，
　　最後拜訪日：2018 年 8 月 8 日。

❷　本案法院巧妙迴避此一問題，並以盛澤公司於第一次公開收購時，亦有包含
　　小股東，並依此認為，於不到一個月間對於小股東之價格竟有 6 元之差距，
　　判決本案聲請人勝訴。

❷　方嘉麟、朱慈蘊、朱德芳、沈朝暉、陳肇鴻、張憲初、楊東、藍璐璐，《管理

盛股份有限公司。復盛公司係為避免受到投資中國之資金限制，故在橡樹資本管理之協助下，以結合管理階層收購與槓桿收購之方式，將公司下市而私有化。

　　自 2007 年 3 月底開始，由持有復盛股權達 46.8% 之經營者李後藤家族引進橡樹資本管理，並合組勇德國際股份有限公司，嗣向臺灣金融機構進行融資。於第一階段，以 15.7% 之溢價公開收購，取得復盛近 95% 之股份。於第二階段，進行勇德國際股份有限公司與復盛現金合併，並順利下市 ❸ 。

㈣國際私募基金 KKR 將買下榮化

　　2018 年 7 月間，國際私募基金 KKR 出面召開記者會，宣布未來將和「李○偉家族特定成員」等共同合資成立 Carlton 公司，以每股 56 元收購榮化公司普通股股票。

　　這項重大決議亦經榮化董事會通過，只要在 2018 年 9 月間召開之股東臨時會中，有逾三分之二之股東同意，榮化即完全私有化並下市 ❸ 。

㈤小　結

　　一般而言，於管理階層收購與私有化收購中，併購方與管理階層常沆瀣一氣（或者常為同一人，如控制股東），且在管理階層收購下，因欠缺競爭收購，更可能加劇小股東之「囚犯困境」 ❸ 。雖然小股東有「異議股東

　　　階層收購法律規範理論與實務》，元照出版，2014 年 5 月初版，頁 312～327。

❸　https://wenku.baidu.com/view/31e0a3160b4e767f5acfceab.html ，最後拜訪日：2018 年 8 月 8 日。

❸　謝金河，私有化與企業購併——看 KKR 收購榮化，https://www.businesstoday.com.tw/article/category/80393/post/201807250016/，最後拜訪日：2018 年 8 月 8 日。

❸　「囚犯困境」係博弈論之非零和博弈中，具代表性之例子，反映個人最佳選擇並非團體最佳選擇。或者說在一個群體中，個人做出理性選擇，卻往往導致集體之非理性。雖然困境本身只屬模型性質，但現實中之價格競爭、環境保護等方面，亦會頻繁出現類似情況，此即賽局理論 (Game Theory) 中「囚犯困境」之概念。

股份收買請求權」，但此一請求權通常需等到進行第二階段合併時才可行使，然小股東通常在第一階段時，即會因收購壓迫而出售股票。因此，在此等併購案件中，小股東遭壓低收購價格股票之情事，亦時有所聞。

綜由上述案例，可知實務上，公司私有化下市交易之結果，往往會損害小股東之利益。尤其，在槓桿收購上，因有許多非自有資金，以致有相當多之風險，必須由主管機關監控❸。

第六節　我國法對少數股東之保護

一、股份收買請求權

公司股東會在採多數決方式而進行提案之決議時，反對該項決議之少數股東，有請求公司以公平價格收買其持股的權利，此是為「異議股東股份收買請求權」。

㈠股份收買請求權之功能

1. 傳統理論

針對「異議股東股份收買請求權」存在之功能，傳統理論各有見解，茲分述如下：

⑴補償反對股東喪失否決權之功能

此說認為，賦予少數股東股份收買請求權，係為換取股東所擁有否決公司合併或其他涉及公司基礎性變動交易之權利。惟因現今已經沒有任何決議需要全部股東同意，且如需經全數股東同意，亦會造成「少數否決」之狀態。故有認為，此說已不合時宜❸。

---

❸　曾斌、韓斯睿，〈上市公司槓桿收購的風險治理和監管〉，《證券法苑》，第 22 卷，2017 年 12 月，頁 321～340。

❸　蔡昌憲，〈下市交易中利益衝突之淨化機制：從美國 Dell 公司收購案談起〉，《國立臺灣大學法學論叢》，第 44 卷 2 期，2015 年 6 月，頁 533～597。

⑵提供變現力之功能

為免股東繼續投資一個基礎關係已經改變之公司，且合併後存續或是新設公司之股票變現力可能不足，股份收買請求權能使股東有依照公平價格退場之機制。

⑶提供合憲性之功能

此說認為，當公司組織有變更時，即為股東與公司間契約上權利之變更，如未取得股東全體一致同意，則有違憲之虞。

然事實上，因為公司依法可於章程中增訂日後可修改章程之規定，故此說並不具實質意義。

⑷提升多數股東控制權之功能

為提升多數股東控制權之功能，避免少數股東向法院聲請禁制令❸，阻擋該交易之進行。惟實務上，法院多不願意准許此等禁制令，故有收買請求權之規定。

2.晚近理論

⑴事前觀點

a.解決協調能力不足問題之功能

於二階段併購中，目標公司之少數股東，多因礙於協調能力不足，使得其於第二階段現金逐出中可能無法獲得合理對價，以致被迫必須於第一階段中即予賣出股票。股份收買請求權，即有於事前解除此一囚犯困境之功能。

b.設定股票基礎底價之功能

由於公司內部人可能會故意發動奪取公司之交易，而損及外部股東，股份收買請求權可以在事前定一個「基礎底價」，使公司內部人不至於提出

---

❸　禁制令（又稱緊急處分）是以法庭判令作出之一種衡平法補救措施，要求當事人停止去開始或停止做某種事宜。任何牽涉的一方無法遵從禁制令，將會被提民事訴訟或刑事起訴刑罰，此時付出賠償金或受到法庭制裁。某些違反禁制令者會被當作嚴重的刑事罪行，犯罪者會因此即被逮捕和入獄。參閱 https://zh.wikipedia.org/zh-tw/，禁制令條目，最後拜訪日：2018 年 8 月 28 日。

低於此一基礎底價之對價，或者至少使少數股東有拒絕交易之權利。

　　⑵事後觀點

a.保護股東邊際價值之能力

　　本說認為，個別股東對股票之預估價值可能高於市場價格，為充分反映個別股東對該股票預估之平均價格，故賦予股東有收買請求權。

b.評斷管理階層表現之功能

　　股東通常透過會計年度之結算，考核管理階層之表現，但於會計年度終了前，如發生合併或是基礎性變動，將使管理階層營業表現晦暗不明。蓋變動後公司之規模、業務，可能已經非原管理階層所擅長，使股東一時無法就公司表現進行正確評價。故股份收買請求權，有提供一個評斷基準點之功能。

c.發現管理階層不法行為

　　由於管理階層可能會隱匿資訊或為不利公司之行為，此時股份收買請求權有發現之功能，蓋因法院於評定股價之程序中，必須就公司各項資訊進行評估，如果評價者取得資訊越詳盡，則管理階層所隱匿之資訊，越容易被公開。足見，股份收買請求權於下市交易中，其扮演之角色為積極之監督角色。

　　另外，值得一提者，實務上認為❸❻：「一般企業併購投資契約，除交易價金外，尚涉及換股比例、投資款支付方式、經營權取得、保證、賠償義務及退出機制等重要事項，攸關買賣雙方權利義務至鉅，程序繁複如標的評價、實地查核，進而就查核發現之重大議題磋商談判等，非一蹴可幾，故交易雙方為精確評估損益、控管風險，非不得以預約方式，先就無爭議事項，如交易價金（認股金額）及經營權控制取得之方式先為擬定，作為將來訂立本約之張本，但非因此即認正式投資契約之本約業已成立」，以杜爭議。

㈡股份收買請求權之步驟

　　依照我國現行法，包含公司法、企業併購法等規定，反對股東行使收

---

❸❻　臺灣高等法院高雄分院 99 年度重上字第 94 號民事判決。

買請求權，有下列步驟：

1.反對股東於股東會前，以書面表示異議，或在股東會中以口頭表示異議並經列入紀錄；

2.在股東會時，放棄表決；此之放棄，包含如不出席股東會之股東，當然不能表決；

3.自決議起二十日內以書面敘明理由，以及個人所持股份種類及數量，向公司提出行使收買請求權之主張；

4.公司應於股東會決議日起六十日內與股東協議價格，如協議達成，公司應於決議日起九十日內支付價金，如協議不成，股東應於該九十日內聲請法院核定價格❸❼。

二、資訊揭露之規範

在公司下市交易之過程中，為保護少數股東，「資訊揭露」之落實，亦至為重要。

依證券交易法第43條之4第1項規定，公開收購人除依第28條之2規定買回本公司股份者外，應於應賣人請求時或應賣人向受委任機構交存有價證券時，交付公開收購說明書。又依同條文第2項規定，前項公開收購說明書，其應記載之事項，由主管機關定之。按此，主管機關金融監督管理委員會早經訂有「公開收購說明書應行記載事項準則」。

上開說明書準則第12條中，已列載公開收購人對被收購公司經營計畫應記載之事項。又，同準則第13條，則詳細規範「公司決議及合理性意見書」。另外，同準則第13條之1，已明訂「特別記載事項應記載下列事項」。再者，上開準則第14條，對於公開收購說明書傳送網站等各相關細節，亦有明文，對於資訊揭露之規範，可謂詳盡。

然而，針對前述資訊揭露等規定，仍有如下問題：

㈠上開法令僅適用於公開收購逐出之情形，然於合併逐出者，並無法

---

❸❼　游啟璋，〈股份收買請求權的股東退場與監控機制〉，《月旦法學雜誌》，第128期，2006年1月，頁12。

適用，未來似應一併修正。

㈡我國現行法僅要求被收購公司必須對反對公開收購之董事說明理由，卻並未要求對股東說明理由，以致股東無法獲得充分資訊。且說明理由之程序，隱含著鼓勵或遊說董事贊成收購之意涵，而說明書準則第 8 條僅規定揭露應賣風險，未要求揭露應買風險，此節亦欠周延。

㈢針對融資收購，因將使公司財務產生重大負擔，需揭露融資計畫書，以及目標公司財務影響評估。針對管理階層收購，因本質上有利害衝突，故應有獨立專家介入，且應揭露並釐清利害衝突之因應機制。針對二階段合併，因為對反對之股東難免形成壓迫，故如第一階段與第二階段之價格差距過大，應說明其主要理由。

三、公司負責人及實質控制者之義務

公司法❸於第 23 條，訂有公司負責人應忠實執行業務並盡善良管理人之注意義務，以及損害賠償責任等。另公司法於第 8 條第 3 項，則有「公司之非董事，而實質上執行董事業務或實質控制公司之人事、財務或業務經營而實質指揮董事執行業務者，與本法董事同負民事、刑事及行政罰之責任」之規定。

㈠須盡善良管理人之注意

依企業併購法第 5 條之規定，「公司進行併購時，董事會應為公司之最大利益行之，並應以善良管理人之注意，處理併購事宜。」，故公司進行併購時，應同時考慮到少數股東之利益❸。

㈡須聘獨立專家協助

依企業併購法第 6 條規定意旨，公司於召開董事會決議併購事項前，應設置特別委員會；就本次併購計畫與交易之公平性、合理性進行審議；

---

❸ 按「公司法」訂於 1929 年 12 月 26 日，歷經多次修正，最近一次修正於 2018 年 8 月 1 日。

❸ 劉連煜，〈敵意併購下目標公司董事的受任人義務——以開發金控敵意併購金鼎證券為例〉，《證券法苑》，第 5 卷，2011 年 11 月，頁 385～394。

於公司依證券交易法設有審計委員會者，由審計委員會行之。特別委員會或審計委員會進行審議時，應委請獨立專家協助提供意見。

　　所謂獨立專家，依照主管機關之解釋為「律師、會計師、證券承銷商」。另依照金管會「上市上櫃公司治理實務守則」第12條規定：「於發生管理階層收購時，宜組成獨立審議委員會審議收購價格及收購計畫之合理性，並注意資訊公開」。至於法律效果問題，則由證券市場之管理機制為之❹。

(三)利益衝突時之迴避義務

　　公司法第178條及第206條，對股東及董事雖分別訂有利益迴避條款，惟企業併購法第18條第6項之規定，則又使「公司持有其他參加合併公司之股份，或該公司或其指派代表人當選為其他參加合併公司之董事」，就其他參與合併公司之合併事項為決議，仍得行使表決權。此項規定，有學者認為減損了保護「少數股東」之功能。

(四)對逐出股東之程序性設計

　　針對公司負責人及實質控制者之義務部分，因逐出交易涉及忠實義務之問題，故對於逐出股東之程序性設計，有如下二種：一為特別委員會，另一為少數股東過半數決議。茲分述如下：

1.特別委員會

　　一般而言，特別委員會應有否決權，較能發揮實效。但按我國企業併購法第6條文義及相關主管機關之解釋，特別委員僅為建議機關，既是建議機關，理論上應無否決權。

　　然而，依企業併購法第6條第2項規定意旨，公司如有審計委員會，則「由審計委員會行之」；且「其辦理本條之審議事項，依證券交易法有關審計委員會決議事項之規定辦理。」按此，審計委員因可依照證券交易法第14條之5準用公司法第218條規定，即會有一定程度之否決權，此一立

---

❹　證券市場之管理機制為，政府監控、業者自律、糾紛解決機制，三合一，缺一不可。吳光明，第一章〈公司治理與獨立董事〉，《證券交易法論》，三民書局，2015年9月增訂第13版，頁1～33。

法方式，值得注意。

2.少數股東過半數決議

公司法第 178 條規定，「股東對於會議之事項，有自身利害關係致有害於公司利益之虞時，不得加入表決，並不得代理他股東行使其表決權。」一般認為，此規定違反股份制度之目的，似應廢除該條規定。

另外，企業併購法第 18 條第 6 項規定：「公司持有其他參加合併公司之股份，或該公司或其指派代表人當選為其他參加合併公司之董事者，就其他參與合併公司之合併事項為決議時，得行使表決權。」，此項規定，有利公司併購之進行，惟如涉及逐出股東等利害衝突之交易時，是否仍堅持適用企業併購法第 18 條第 6 項，使董事仍得行使表決權，甚至因而損及小股東之權益，實不無疑問。

四、小　結

在我國，股份收買請求權、資訊揭露、公司負責人及實質控制者之義務等規範，係在公司下市交易之過程中，政府保護少數股東之主要措施。

以股份收買請求權言，其存立可避免小股東之利益，遭受公司內部人或多數股東侵害；且股份收買之「公平價格」如核定得當，即可減少控制股東進行「無效率」之交易，故成為最常見之措施❹。

除前述外，我國法針對公司合併下市並逐出少數股東之情形，對少數股東另亦明文訂有其他保護規定，例如針對合併後逐出，企業併購法第 4 條、第 22 條，採取對價多元性。另外，依同法第 8 條可知，我國已經明文承認所謂三角併購，針對公開收購後逐出，證券交易法第 43 條之 1 及企業併購法第 19 條之規定，及企業併購法採取對價多元性之情況下，亦可為之。

有趣者，針對上述問題，2018 年 11 月 30 日大法官釋字第 770 號作出解釋，亦認為：

---

❹　游啟璋，〈現金逐出合併時少數股東的收買請求權〉，《政大法學評論》，136 期，2014 年 3 月，頁 31。

　　「一〇四年七月八日修正公布前之企業併購法，未使因以現金作為對價之合併而喪失股權之股東，及時獲取合併對公司利弊影響暨系爭規定二所示之股東及董事有關其利害關係之資訊，亦未就股份購買對價公平性之確保，設置有效之權利救濟機制，系爭規定一及二於此範圍內，與憲法第十五條保障人民財產權之意旨有違。

　　就本件原因案件而言，雖合併當時之企業併購法就未贊同合併之股東及時獲取資訊之確保機制，尚有欠缺，然就此部分，實際上難予個案救濟，惟就確保價格公平性之部分，仍應給予聲請人相當之救濟。如後所述，一〇四年七月八日修正公布之企業併購法（即現行企業併購法）就股東主動請求收買之情形，其公平價格已設有較為完整之保障機制，於個案救濟部分，可參照其部分規範。聲請人得於本解釋送達之日起二個月內，以書面列明其主張之公平價格，向法院聲請為價格之裁定。法院應命新台固公司提出會計師查核簽證之公司財務報表及公平價格評估說明書，相關程序並準用現行企業併購法第十二條第八項至第十二項規定辦理。

　　末按現行企業併購法第五條第三項雖規定：「公司進行併購時，公司董事就併購交易有自身利害關係時，應向董事會及股東會說明其自身利害關係之重要內容及贊成或反對併購決議之理由。」然該條就董事或其所代表之股東利害關係之說明，並未要求於董事會及股東會開會之一定合理期間前，及時使其他股東獲取相關資訊。且於有利害關係之股東及董事所提供之資訊仍有不足時，在現行企業併購法之下，其他股東並無有效之機制，促使其提供完整之資訊。又現行企業併購法第十二條第一項第二款前段規定：「公司於進行併購而有下列情形之一，股東得請求公司按當時公平價格，收買其持有之股份：……二、公司進行第十八條之合併時，存續公司或消滅公司之股東於決議合併之股東會集會前或集會中，以書面表示異議，或以口頭表示異議經記錄，放棄表決權者。」同條第六項前段復規定：「股東與公司間就收買價格自股東會決議日起六十日內未達成協議者，公司應於此期間經過後三十日內，以全體未達成協議之股東為相對人，聲請法院為價格之裁定。」且同條第七項至第十二項並就法院為價格裁定之相關程

序及費用負擔等為規定，以保護未贊同合併之股東。是現行企業併購法就確保公平價格，已設有較為完整之保障機制。惟此法院裁定之機制，僅適用於股東主動請求收買股票之情形，並不適用於未贊同合併之股東不願被逐出，然卻因現金逐出合併而遭剝奪股權之情形。現行企業併購法就此等部分，均未臻妥適，併此指明。」❷可供參考。

第七節　結　語

在經濟市場錯綜複雜的現代社會中，公司下市交易，屢為無可避免之選擇。公司下市雖有不同的原因與態樣，但在下市交易之過程中，小股東由於資訊不對稱、協調能力不足等諸多因素，往往多居於弱勢。提高公司下市下櫃之股東會決議門檻，在一定程度上，可以發揮保護小股東之功能。

然依企業併購法第18條第6項規定意旨，「持有其他參加合併公司之股份，或該公司或其指派代表人當選為其他參加合併公司之董事」者，雖顯有特定之利害關係，於公司下市表決時，並不需要迴避。此與企業併購法刻意提高公司下市議案之表決門檻，與保護小股東之立意，似又相矛盾。

如公司下市之原因，係在於企業併購，則此一事件之決戰場並不在公司之「下市議案」，而在於「併購議案」。依此，企業併購法特別提高公司下市議案之表決門檻，雖有一定之功能，然實未解決真正之關鍵。蓋控制股東既已掌握了公司多數之資源與優勢，其欲掌控「三分之二」之表決門檻並非難事；而小股東往往早在公司併購階段即已居於劣勢，迄公司下市決議階段，以小股東之力，幾乎更難再有迴旋之餘地。然面對前述情形，法律如因而提高到超級多數決，又將引發「少數否決」之問題，顯見企業併購法及相關法令，欲在保護少數股東與增進併購彈性中取得平衡，誠屬不易。

由於上市公司申請有價證券終止上市案，涉及公司資本市場之角色變動，以及股權交易方式調整等，影響股東權益重大，公司董事會及股東會

---

❷　參閱大法官釋字第770號解釋，2018年11月30日。

於進行決議時應取得允當的資訊以為審慎評估。為此，臺灣證券交易所乃於 2018 年 8 月 7 日發布修正「上市公司申請有價證券終止上市處理程序」❹。

依現行程序，申請終止上市須說明申請終止上市之理由與計畫，例如終止上市後是否有至其他交易所掛牌之計畫等，是否符合上市公司及其股東整體利益等事項。又上市公司申請有價證券終止上市，須分別經過董事會及股東會決議通過。再者，參照企業併購法第 6 條規定，上市公司申請終止上市前，應設置特別委員會，且於特別委員會進行審議時，應委請獨立專家表示意見；並協助就董事回購股份價格是否合理，例如參考歷史最高股價、過去一年或半年股價變化等為判斷，俾為股東權益把關。

總之，針對上市公司之下市，目前法令規範尚屬明確，無論其下市之實質原因何在，基本上只要公司董事會或股東會通過，執行上並無窒礙難行之處。惟凡能上市之公司，大多具有相當之規模，甚且是百年老店（例如長榮化工公司），除擁有許多股東外，其存續或合併更攸關眾多員工，甚且其家庭之生計。因此，公司在考量控制權股東之權益外，亦應顧及小股東及公司員工之權益。換言之，公司在評估下市事宜之相關決策時，其重點不應僅在於法律規範及可獲利益，亦應兼顧企業之社會責任問題，此始為社會之福；本文第一節所述大法官釋字第 770 號解釋，適可呼應上述觀點。

---

❹　按「臺灣證券交易所股份有限公司上市公司申請有價證券終止上市處理程序」訂於 1974 年 2 月 27 日，歷經多次修正，最近一次修正於 2018 年 8 月 7 日。

第七章　證券商之管理

第一節　概　說

　　證券市場包括證券發行市場及證券流通市場，發行市場為證券從發行公司分散至投資人之過程；流通市場為證券從投資人移轉至其他投資人之過程。證券發行市場與證券流通市場間，具有相輔相成之關聯性。無論發行市場或流通市場，均需經由證券商之中介角色，才能充分發揮市場之功能。因此，證券商本身是否健全，對證券市場之發展，影響甚鉅，在法律上，證券商之資格，自有採取嚴格審核態度之必要，同時並需要明確規定其業務範圍。

　　所謂證券商，謂經證券主管機關之許可及發給許可證照，而以經營證券業務為目的之股份有限公司。茲分析其要件如下：

一、證券商須為股份有限公司之組織型態

　　依證券交易法第 47 條規定：「證券商須為依法設立登記之公司。但依第四十五條第二項但書規定兼營者，不在此限。」又依證券商設置標準第 3 條規定「第三條證券商須為股份有限公司，……」，故證券商須為依公司法設立登記之股份有限公司。其組織型態限定為股份有限公司之立法目的，在健全證券商之會計財務及內部組織，以減少弊端。蓋股份有限公司內部組織完整，決策過程嚴密，且具公開化性質，為健全證券市場發展，保障投資人權益，故證券商之組織型態以股份有限公司為妥。

　　原則上，證券商不得由他業兼營，但依證券交易法第 45 條第 2 項規

定，金融機構可經主管機關之許可，而兼營證券業務，故由金融機構兼營證券業務者，只要業經主管機關許可，自不受「不得由他業兼營」之限制。

由金融機構兼營之證券商，其組織型態不以股份有限公司為限，如中央信託局、臺灣銀行、合作金庫等屬之。其立法理由為，銀行已受銀行法之規範，且信用良好，縱非股份有限公司組織，亦不致影響投資人之權益。

二、證券商須以經營證券業務為目的

依證券交易法第 15 條規定，依本法經營之證券業務，其種類如下：

1.有價證券之承銷及其他經主管機關核准之相關業務。

2.有價證券之自行買賣及其他經主管機關核准之相關業務。

3.有價證券買賣之行紀、居間、代理及其他經主管機關核准之相關業務。

三、證券商須經主管機關之許可及發給許可證照

㈠仿照日本及美國制度

我國證券交易法對證券商之管理，大致仿照日本及美國制度。日本對證券商原採登記制，而後改為許可制，訂定許可審查基準，同時加強監督管理，並改進外務員制度。至於美國對證券業者之管理，亦曾做若干修正，包括對證券業者之行政處分，由原訂拒絕註冊、撤銷註冊二種，增加警告及十二個月以內之停業等處分。當證券業者符合拒絕註冊、停止註冊要件時，證期會對其合夥人、董事、監察人、從業人員得為警告、禁止或十二個月以內停止營業之處分❶。

㈡我國證券商之營業採許可制

依證券交易法第 44 條第 1 項至第 3 項規定意旨，證券商須經主管機關之許可及發給許可證照，方得營業；證券商分支機構之設立，應經主管機關許可；外國證券商在中華民國境內設立分支機構，應經主管機關許可及

---

❶　有關日本、美國對證券商管理之改進，參閱蘇松欽，《證券交易法修正詳論》，自版，1988 年 5 月，頁 148～151。

發給許可證照。由前開規定觀之，顯見我國對於證券商之營業，係採取許可制。

　　另按證券交易法第 174 條第 1 項意旨，依第 44 條第 1 項至第 3 項規定之申請事項，如為虛偽之記載者，得處一年以上七年以下有期徒刑，得併科二千萬元以下罰金。而違反上述之規定，未經許可而擅自經營業務，或未經主管機關許可而擅設分支機構者，依證券交易法第 175 條規定，處二年以下有期徒刑、拘役或科或併科一百八十萬以下罰金，以收嚇阻之效。

第二節　證券商之業務種類與職能

一、證券商之業務種類

　　我國證券市場中，證券商之分業，在發行市場為證券承銷商，在流通市場分為證券經紀商與證券自營商。依證券交易法第 15 條、第 16 條規定，經營有價證券之承銷者，為證券承銷商；經營有價證券之自行買賣者，為證券自營商；經營有價證券之行紀或居間者，為證券經紀商。因之，我國證券商之業務種類，可分為下列四種：

㈠有價證券之承銷及其他經主管機關核准之相關業務

　　公司如係採公開募集資金之方式而設立，或者以公開發行新股之方式籌措資金時，其發行工作委託證券商處理，由公司依約定給付報酬，此接受委託發行股份，或其他有價證券之事務，即為承銷。換言之，經營有價證券承銷及其他經主管機關核准之相關業務者，為證券承銷商 (Securities Underwriters)。依證券交易法第 10 條規定，本法所稱承銷，謂依約定包銷或代銷發行人發行有價證券之行為。換言之，證券承銷商之主要業務，是以契約方式，包銷或代銷發行人所發行而尚未進入市場買賣之有價證券。

　　一般而言，證券承銷商為承銷業務所應或可辦理之事項為：⑴上市前提出已發行股票承銷之方式；⑵上市前提出現金增資發行新股之承銷方式；⑶上市公司因股權分散不足，辦理現金增資時，提出現金增資股份，辦理

承銷工作❷。

㈡有價證券之自行買賣及其他經主管機關核准之相關業務

自行買賣係指為自己之計算，自行負擔盈虧，直接在證券交易所有價證券集中交易市場從事買賣有價證券，毋須經由證券經紀商，或逕在證券商營業處所自行買賣有價證券而言。自行買賣有價證券，係證券自營商之目的事業之一，屬於流通市場範圍。

依證券交易法第 151 條規定:「於有價證券集中交易市場為買賣者，在會員制證券交易所限於會員;在公司制證券交易所限於訂有使用有價證券集中交易市場契約之證券自營商或證券經紀商。」又證券自營商在其營業處所自行買賣有價證券者，依證券交易法第 62 條規定意旨，須經主管機關之核准，方得為之。

證券自營商除得自行買賣有價證券外，尚得為公司股份之認股人，或為公司債之應募人，但如由證券承銷商兼營者，除應受證券交易法第 71 條有關承銷商包銷有價證券之規範外，依證券交易法第 74 條規定，則不得於承銷期間取得其所承銷之證券。

㈢有價證券買賣之行紀

證券經紀商係接受客戶委託，為他人計算買賣有價證券，收取佣金之許可事業。證券經紀商為受託人，投資人為委託人，證券經紀商接受委託買賣證券，必須與委託人訂立受託契約，亦即投資人至經紀商辦理開戶手續。

依證券交易法第 158 條規定，證券經紀商接受於有價證券集中交易市場為買賣之受託契約，應依證券交易所所訂受託契約準則定之。前項受託契約準則之主要內容，由主管機關以命令定之。換言之，證交所訂定受託契約準則，以為規範，而由金融監督管理委員會證券期貨局基於行政監督之立場，審核該受託契約準則。

又證券經紀商向證券交易所申報買賣有價證券，乃以自己名義為他人計算之交易，屬於民法第 576 條之行紀，故證券經紀商所為之交易，並非

---

❷　參閱賴源河，《證券管理法規》，1991 年 9 月修訂版，頁 134～135。

為自己計算，故由其行為所發生經紀上之利益或虧損，均歸屬於投資人。因此，證券經紀商以高於投資人所指定之價額賣出證券，或以低於投資人所指定之價額買入證券，其所得利益，均歸屬於委託人❸。

前述所謂以「自己」名義為之，係指證券經紀商代客於有價證券集中交易市場從事買賣，均以證券經紀商名義為之，而與該相對人訂立契約即可。換言之，證券經紀商接受委託代投資人買賣證券，均以自己行紀名義，對證券交易所辦理交割，與投資人無涉，證券交易所與投資人間並無權利義務關係。

㈣有價證券買賣之居間、代理及其他經主管機關核准之相關業務

所謂有價證券買賣之居間，指依民法第 565 條規定，證券經紀商與投資人約定，由證券商為投資人報告訂立有價證券買賣契約之機會，或為訂立有價證券買賣契約之媒介，而向投資人收取一定手續費之營業。至於手續費之費率，依證券交易法第 85 條規定，證券經紀商受託於證券集中交易市場，買賣有價證券，其向委託人收取手續費之費率，由證券交易所申報主管機關核定之。又證券經紀商如非於證券集中交易市場，受託買賣有價證券者，其手續費比率，由證券商業同業公會申報主管機關核定之。

對於有價證券買賣之居間，證券商因僅立於媒介之角色，故投資人買賣證券，均係以投資人之名義為之，並自負權利義務關係；至有價證券買賣之代理，證券商則是以代理人之立場，以投資人之名義，代為買賣有價證券，該買賣之權利義務關係，亦是直接歸屬於投資人，自不待言。

二、證券商之職能分離問題

㈠證券商營業之限制

證券商之健全與否，既影響證券市場發展甚鉅，為促其業務依法營運，防止吞併證券等不法行為之發生，證券交易法對於證券商之營業，明文設有許多限制及管理之規定，諸如：

---

❸ 參閱民法第 581 條規定，行紀人以高於委託人所指定之價額賣出，或以低於委託人所指定之價額買入者，其利益均歸屬於委託人。

1.證券商兼營自營商及經紀商者，依證券交易法第 46 條規定，應於每次買賣時，以書面文件區別其為自行買賣或代客買賣。以免證券商與投資人買賣相同證券時，證券商採高價買入或低價賣出者，劃歸投資人，低價買入或高價賣出者歸為證券商自己，而使投資人蒙受損害❹。如證券商違反上述規定者，依證券交易法第 177 條第 1 項規定，處一年以下有期徒刑、拘役或科或併科一百二十萬元以下罰金。

2.證券自營商由證券承銷商兼營者，依證券交易法第 84 條規定，應受第 74 條有關承銷期間內，不得為自己取得所包銷或代銷之有價證券規定之限制；亦即證券承銷商除以包銷方式先行認購後，再行銷售，或於承銷契約訂明保留一部分自行認購外，於承銷期間內，不得為自己取得所包銷或代銷之有價證券，證券商自應將該有價證券列為控管名單❺。

3.證券經紀商依證券交易法第 159 條規定，不得接受對有價證券買賣代為決定種類、數量、價格或買入、賣出之全權委託。蓋如果可以全權委託，證券經紀商之業務，可能實質上轉化為證券投資信託之性質，會逾越證券經紀商之法定業務範圍，而且證券商容易藉著全權委託，以侵害投資人之權，因而，法律上應予以禁止❻。

(二)證券商之業務職能分離

早期我國證券交易法曾規定禁止證券商在證券交易所兼營經紀業務與自營業務，但嗣為配合證券市場之發展，以及健全證券交易市場，加強證券商之功能，並仿照美國與日本立法例，實施綜合證券商制，乃於 1988 年修法時，取消有關證券經紀商及證券自營商不得兼營之限制規定，並刪除有關證券商之股票不得上市之規定，以便於對外吸收更多資金，順利推展

---

❹　賴英照，《證券交易法逐條釋義（第 2 冊）》，1992 年 8 月 6 刷，頁 367。

❺　臺灣證券交易所股份有限公司，台證稽字第 0930033146 號，2004 年 12 月 27 日。

❻　參閱臺灣證券交易所股份有限公司營業細則第 85 條第 1 項規定：「證券經紀商不得接受對有價證券買賣代為決定種類、數量、價格或買入賣出之全權委託。」按臺灣證券交易所股份有限公司營業細則訂定於 1992 年 11 月 19 日，歷經多次修正，最近一次修正於 2018 年 12 月 24 日。

綜合證券商業務。

目前我國證券交易法上證券商之業務，依證券交易法第 15 條規定，主要可分為(1)有價證券之承銷業務；(2)有價證券之自行買賣業務；(3)有價證券之經紀、居間、代理業務等三者。此三種業務，原則上採業務職能分離制，不得由同一證券商兼營，亦即依證券交易法第 45 條第 2 項規定：「證券商不得由他業兼營。但金融機構得經主管機關之許可，兼營證券業務。」

㈢金融機關兼營證券業務

依據上述證券交易法第 45 條第 2 項規定 ， 金融機關雖得兼營證券業務，但依證券商設置標準第 14 條規定，金融機構兼營證券業務，除自行買賣政府債券或設置標準發布前已許可兼營者外，以兼營下列各款之一為限：

(1)有價證券之承銷。

(2)有價證券之自行買賣。

(3)有價證券買賣之行紀或居間。

(4)有價證券之承銷及自行買賣。

(5)有價證券之自行買賣及在其營業處所受託買賣。

據此以觀，金融機構兼營證券業務者，不得經營綜合證券商業務，或兼營承銷及經紀，或在集中交易市場兼營自營及經紀業務，顯示主管當局有意限制銀行兼營證券業務之範圍，使銀行無法兼辦全部之證券業務。

至於我國是否應仿日本證券交易法第 65 條第 1 項但書規定，金融機關以投資為目的者，始得兼營證券業務問題，學者認為，我國證券交易法對此並無明文規定，解釋上似宜採否定見解❼，本文亦贊同。蓋金融機關限於投資為目的者，始得兼營證券業務，將使其認為獲利不多，而裹足不前，何況，是否以投資為目的，在認定上，亦生爭執。因之，基於事實上之考慮，似不應限以投資為目的者，始得兼營證券業務為宜。

㈣證券商不得為募集公司債之受託公司

證券商得否為募集公司債之受託公司問題，雖證券交易法亦無明文規定，但公司法第 248 條第 6 項規定，公司債債權人之受託人，以金融或信

---

❼　賴源河，前揭書，頁 142。

託事業為限，由公司於申請發行時約定之，並負擔其報酬。依此規定顯示，僅限於金融或信託事業，始得為募集公司債之受託人，換言之，證券商不得擔任受託人。

又依公司法第255條第2項規定，受託人為應募人之利益，有查核及監督公司履行公司債發行事項之權。再依公司法第256條第2項規定，受託人對於公司為發行公司債所設定之抵押權或質權或其擔保品，應負責實行或保管之。並依公司法第263條第1項及第264條規定，受託人得為公司債債權人之共同利害關係，召集公司債債權人會議。由於受託人有上述之權限，故為保護投資人，則既為受託人身分，即不得再為承銷人，俾金融機關與證券商之業務職能徹底分離。

第三節　證券商之設立

一、許可主義

㈠法規理論

依證券交易法第44條第1項規定：「證券商須經主管機關之許可及發給許可證照，方得營業；非證券商不得經營證券業務。」換言之，證券商之設立應經主管機關之許可。此係採許可主義，當然，針對證券商之開業許可制度，證券交易法所重視者，為證券商之資產構成基礎與人員構成之適格。關於前者所謂「資產構成」之基礎，例如證券交易法第48條所明文規定之證券商最低資本額，並授權主管機關依證券商之種類，以命令分別定之，主管機關乃依此而訂定「證券商設置標準」，並於該標準第3條明文規定❽。

---

❽　參閱「證券商設置標準」第3條規定：「證券商須為股份有限公司，其最低實收資本額如左：一、證券承銷商：新臺幣四億元。二、證券自營商：新臺幣四億元。三、證券經紀商：新臺幣二億元，僅經營股權性質群眾募資業務者為新臺幣五千萬元。前項最低實收資本額，發起人應於發起時一次認足。」

⑴**實務見解**

　　實務案例上認為，證券交易法第 44 條第 1 項後段、第 20 條第 1 項分別規定，非證券商不得經營證券業務；有價證券之募集、發行、私募或買賣，不得有虛偽、詐欺或其他足致他人誤信之行為。故行為人等其本身未經主管機關核准即經營證券業務，又向客戶為詐欺行為，致客戶誤信為真而購買未上市或上櫃之公司股票，該犯罪所得，自應依同法第 171 條第 6 項規定發還於各該被害人；縱行為人已與各該被害人達成民事賠償和解，亦僅生將來執行扣抵之問題，而不得以此為上訴第三審之理由❾。

二、採行發起設立

　　依證券交易法第 47 條規定：「證券商須為依法設立登記之公司。但依第四十五條第二項但書規定兼營者，不在此限。」證券交易法第 4 條規定：「本法所稱公司，謂依公司法組織之股份有限公司。」以及證券交易法第 50 條規定：「證券商之公司名稱，應標明證券之字樣。但依第四十五條第二項但書之規定為證券商者，不在此限（第 1 項）。非證券商不得使用類似證券商之名稱（第 2 項）。」

　　公司之設立，有發起設立者，有募集設立者。所謂發起，即依證券交易法第 8 條規定：「本法所稱發行，謂發行人於募集後製作並交付，或以帳簿劃撥方式交付有價證券之行為。」至募集，則是依證券交易法第 7 條規定：「本法所稱募集，謂發起人於公司成立前或發行公司於發行前，對非特定人公開招募有價證券之行為。」依證券商設置標準第 3 條第 2 項規定，證券商最低實收資本額，發起人應於發起時一次認足。換言之，證券商之設置，以發起設立為限，不得採行募集設立。

　　按「證券商設置標準」訂定於 1988 年 5 月 17 日，歷經多次修正，最近一次修正於 2015 年 4 月 28 日。

❾　最高法院 99 年度臺上字第 3978 號刑事判決。

三、分支機構之設立

(一)授權主管機關訂定規則

為符合法律授權明確性原則，修正證券交易法第 44 條第 4 項規定：「證券商及其分支機構之設立條件、經營業務種類、申請程序、應檢附書件等事項之設置標準與其財務、業務及其他應遵行事項之規則，由主管機關定之。」換言之，證券商及其分支機構之設立條件、經營業務種類、申請程序、……業經法律授權由主管機關訂定規則加以規範，證券商就其分支機構之設立，自應依據該等規則申請辦理。

(二)強化主管機關之權限

依中央銀行法❿第 35 條第 1 項第 2 款及第 2 項之規定，中央銀行除銀行外，亦得指定其他事業辦理外匯業務，並督導之，各該事業申請辦理外匯業務應具備之條件、審查程序、核准指定、業務範圍、廢止指定及其他應遵行事項之辦法，由中央銀行定之。

為擴大主管機關之規範權限，證券交易法第 44 條第 5 項另又規定：「前項規則有關外匯業務經營之規定，主管機關於訂定或修正時，應洽商中央銀行意見」。

四、興櫃市場的建置

(一)興櫃股票之意義

所謂興櫃股票，係指已經申報上市（櫃）輔導契約之公開發行公司的普通股股票，在還沒有上市（櫃）掛牌之前，依據相關規定核准，先在證券商營業處所議價買賣者。

投資人在進行興櫃股票交易時，可直接與推薦證券商議價交易，或者為推薦證券商先行報價，在投資人參考其報價後，透過證券經紀商與推薦證券商議價交易；此等並無漲跌停幅度限制。

---

❿ 中央銀行法訂於 1935 年 5 月 23 日，歷經多次修正，最近一次修正於 2014 年 1 月 8 日。

　　依據「興櫃股票買賣辦法」❶第 2 條規定，興櫃股票之櫃檯買賣，除法令另有規定外，悉依本辦法之規定辦理。其第 3 條第 1 項規定，本辦法所稱興櫃股票，係指發行人依本中心證券商營業處所買賣興櫃股票審查準則規定申請登錄買賣之普通股票。

　　又依財團法人中華民國證券櫃檯買賣中心證券商營業處所買賣興櫃股票審查準則第 3 條第 1 項規定：「發行人申請其已發行之普通股股票在證券商營業處所登錄買賣者（以下簡稱興櫃股票），應依本準則規定向財團法人中華民國證券櫃檯買賣中心（以下簡稱本中心）申請。」

㈡股票之推薦證券商

　　由於興櫃股票市場之建置，公開發行公司向財團法人中華民國證券櫃檯買賣中心申請其股票登錄為櫃檯買賣後，其股票交易之一方，必須為該股票之推薦證券商，換言之，興櫃股票將來要上櫃時，需經由該證券商推薦。該推薦證券商為發揮造市功能，並須持有一定部位之股票。另為符合興櫃股票市場交易性質，證券交易法第 45 條第 3 項規定：「證券商非經主管機關核准，不得投資於其他證券商」。

㈢違法經營證券投資顧問事業案例

　　實務上認為，證券投資顧問業，僅須為獲取報酬，經營或提供有價證券價值分析、投資建議判斷即足，不以仲介他人買賣為必要，此觀諸證券投資顧問事業管理規則第 2 條第 1 項之規定甚明。被告既未經許可經營證券投資顧問事業，竟提供上開興櫃股票價值分析及投資建議，自屬違反證券交易法之規範。況被告既非專就網站提供股票之行情、漲跌幅排行或整編之已公開資訊提出建議分析，尚且節錄整理其他分析師提供予會員所為之建議資料，提供個別股票之買賣放空點，在盤中提供付費會員知悉，讓付費會員得隨時上網瀏覽、掌握買賣點，實與證券投資顧問業者所經營之內容相符，而應受證券主管機關之規範。被告未經許可經營證券投資顧問事業，已違反證券交易法第 18 條第 1 項之經營證券投資顧問事業，應經主

---

❶　按「財團法人中華民國證券櫃檯買賣中心興櫃股票買賣辦法」訂於 2001 年 9 月 28 日，歷經多次修正，最近一次修正於 2018 年 12 月 28 日。

管機關之核准之規定，自應成立同法第 175 條之罪❷。

第四節　經營證券商之規範

一、證券商人員兼職之限制

　　查銀行法❸第 35 條之 1 規定：「銀行負責人及職員不得兼任其他銀行任何職務。但因投資關係，並經中央主管機關核准者，得兼任被投資銀行之董事或監察人。」而以經營證券商之業務性質言，其人員彼此間之兼任，較諸一般銀行或企業，恐更易產生弊端。因此，參照銀行法之上開意旨，證券交易法第 51 條規定：「證券商之董事、監察人及經理人，不得兼任其他證券商之任何職務。但因投資關係，並經主管機關核准者，得兼任被投資證券商之董事或監察人。」至該修文原有但書：「但兼營證券業務之金融機構，因投資關係，其董事、監察人或經理人，得兼為其他證券商或公開發行公司之董事、監察人或經理人。」之規定，則已刪除。

　　另對於證券商之董事、監察人、經理人因兼任公開發行公司等之職務所可能發生利益衝突之問題，除回歸公司法相關規定處理外，未來亦將於證券商管理規則及證券商負責人與業務人員管理規則中予以規範。

　　立法理由亦考量現行相關管理規定中，對證券商內部人員買賣有價證券已有控管機制，而證券商之股票亦係有價證券之一種，不宜例外排除，故對其不得投資於其他證券商之規定予以刪除❹。

---

❷　臺灣高等法院 94 年度上易字第 681 號刑事判決。

❸　按「銀行法」訂於 1931 年 3 月 28 日，歷經多次修正，最近一次修正於 2018 年 1 月 31 日。

❹　證券交易法第 51 條修正說明，2006 年 1 月 11 日，頁 20。

二、證券商業務人員資格之限制

㈠證券商業務人員資格限制之規定

依據現行證券交易法第 54 條之規定：「證券商僱用對於有價證券營業行為直接有關之業務人員，應年滿二十歲，並具備有關法令所規定之資格條件，且無下列各款情事之一：一、受破產之宣告尚未復權、受監護宣告或受輔助宣告尚未撤銷。二、兼任其他證券商之職務。但因投資關係，並經主管機關核准兼任被投資證券商之董事或監察人者，不在此限。三、（刪除）四、曾犯詐欺、背信罪或違反工商管理法律，受有期徒刑以上刑之宣告，執行完畢、緩刑期滿或赦免後未滿三年。五、有前條第二款至第四款或第六款情事之一。六、違反主管機關依本法所發布之命令（第 1 項）。前項業務人員之職稱，由主管機關定之（第 2 項）。」

據此條文，證券商僱用對於有價證券營業行為直接有關之業務人員，除應已成年，並具備有關法令所規定之資格條件外，且須「並無」該條各款所列情事。

㈡業務人員資格限制之修法重點

證券交易法第 54 條第 1 項，就證券商業務人員資格限制，前曾兩度修正，茲略述其修正重點主要有二：

1.從事證券相關業務之人員，其執行業務須諸多專業判斷能力，並負有相當之業務職責，基於保護交易相對人及投資人權益，爰增訂受監護宣告或受輔助宣告尚未撤銷者，均不得充任證券商之業務人員❶❺。

2.針對業務人員資格之限制中，原本「投資於其他證券商者」，亦在限制範圍。嗣因認「證券商僱用之業務人員並非證券商所有權與經營權之實際主體，若亦禁止其投資其他證券商，恐有矯枉過正之嫌❶❻」，故將該規定（即第 1 項第 3 款）刪除。

至於證券商業務員應具備之資格條件，則已明訂於金管會於 2015 年 8

---

❶❺ 證券交易法第 54 條第 1 項第 1 款修正說明，2010 年 1 月 13 日。
❶❻ 證券交易法第 54 條第 1 項第 3 款刪除理由，2000 年 7 月 19 日。

月 28 日修正之「證券商負責人與業務人員管理規則」中。

三、證券商得辦理之業務

　　證券交易法第 60 條第 1 項規定：「證券商非經主管機關核准，不得為下列之業務：一、有價證券買賣之融資或融券。二、……」。同條文第 2 項：「證券商依前項規定申請核准辦理有關業務應具備之資格條件、人員、業務及風險管理等事項之辦法，由主管機關定之。」

　　換言之，證券商如經主管機關之核准，則得為該條第 1 項所列 5 款業務，包括有價證券買賣之融資或融券、融資融券之代理、有價證券之借貸或為借貸之代理或居間、因證券業務借貸款項或為借貸款項之代理或居間、因證券業務受客戶委託保管及運用其款項。茲舉其要者，以及證券商業務之彈性和全權委託之禁止等，略述如下：

(一)有價證券之借貸或為其代理或居間

　　上列業務中，證券交易法第 60 條原未列載有價證券之借貸或為其代理或居間，然因有價證券之借貸或為其代理或居間，係證券商無可避免需提供之服務，目前實務上證券商已有辦理或代辦客戶信用交易之融券，抑或透過附條件交易方式滿足客戶融券之需要，是以依據各國法令規定，亦均准許證券商從事該等業務，爰增列證券交易法第 60 條第 1 項第 3 款規定：「有價證券之借貸或為有價證券借貸之代理或居間」。

(二)辦理或代辦客戶信用交易融資

　　證券商在經營證券業務之過程中，時有為客戶墊款因應交割之需，亦有辦理或代辦客戶信用交易融資之必要，以滿足客戶投資需求，是以因證券業務借貸款項或為其居間或代理，觀諸各國法令規定，均准許證券商為之**❿**，爰增列證券交易法第 60 條第 1 項第 4 款規定：「因證券業務借貸款項或為借貸款項之代理或居間」。

　　惟本條款所訂之借貸款項或為其居間或代理，係以「因證券業務」為前提，至一般之「收受存款、辦理放款」，係專屬銀行業務，銀行法已規定

---

❿ 　證券交易法第 60 條修正說明，2006 年 1 月 11 日，頁 21、22。

非銀行不得經營之，是以本條文未再重複規定。

(三)受客戶委託保管及運用其款項

鑑於國外法令規定多准許證券商受客戶委託保管其買賣有價證券後剩餘款項，俾轉投資貨幣市場基金或債券型基金，為提升國內證券商競爭力，及符合投資人實際需求，增列證券交易法第 60 條第 1 項第 5 款規定：「因證券業務受客戶委託保管及運用其款項」。

另證券交易法第 60 條第 1 項第 5 款所訂，受客戶委託保管及運用者，僅為因證券業務之「款項」，並未及於其他書件、印章等。有實務案例認為，委託人委託買賣證券注意事項第 11 條規定：「委託人委託買賣證券、應透過證券經紀商經登記合格之營業員代為買賣，並依規定辦妥託辦、成交及交割等手續，不得與他人私相授受，否則，委託人應自負其責」，而證券商負責人與營業人員管理規則第 2 條規定：「所謂業務人員，係指從事 A、有價證券之投資分析或內部稽核，B、有價證券承銷、買賣之接洽或執行，C、辦理有價證券自行買賣、交割或代辦股務，D、辦理有價證券買賣之受託、申報、結算及交割」，其職掌並無保管客戶之股票、印章、及代覓人頭買賣股票等項，可見營業員代委託人 A 保管股票、印章，及代委託人 B 覓人頭買賣股票，均非執行其在富邦公司之職務之行為❸，可供參考。

四、證券商業務彈性與全權委託

(一)證券商業務之彈性

隨著經濟環境之變遷，證券商大型化並逐步發展為投資銀行，漸成為潮流，過去為使證券商專注於本業之經營，對於他種業務之兼營多有相當之限制，惟時至今日，各種型態金融業務之兼營已為趨勢，若自外於此潮流，將難對客戶提供全方位之服務，競爭力亦難提升，故證券交易法第 45 條第 1 項規定：「證券商應依第十六條規定，分別依其種類經營證券業務，不得經營其本身以外之業務。但經主管機關核准者，不在此限。」藉以增加證券商未來業務兼營之彈性，以符合實際需要。

---

❸　最高法院 86 年度臺上字第 1065 號判決。

㈡原則上禁止全權委託

證券交易法第 159 條規定:「證券經紀商不得接受對有價證券買賣代為決定種類、數量、價格或買入、賣出之全權委託。」此即所謂證券經紀商全權委託之禁止規定。

該條規定所規範之對象為證券經紀商,亦即依證券交易法第 16 條規定經營同法第 15 條第 3 款所定之有價證券買賣之行紀、居間、代理及其他經主管機關核准之相關業務者。故若以證券公司之員工,僅係受僱於證券公司,並非證券交易法第 159 條所規範之證券經紀商,自無從違反該條規定。故縱認投資人因虧損而受有損害,其損害與證券公司員工受全權委託代為買賣間,亦難認有相當因果關係❶⑨。

另依證券商負責人與業務人員管理規則第 18 條第 2 項第 3 款規定,證券商之負責人及業務人員,除其他法令另有規定外,不得受理客戶對買賣有價證券之種類、數量、價格及買進或賣出之全權委託。又證券商對其所僱用業務人員不得受理客戶對買賣有價證券之種類、數量、價格及買進或賣出之全權委託,應盡其監察、督導之責,若其對受僱人執行職務顯未盡其監督之責,即無從依民法第 188 條第 1 項但書之規定主張免責❷⓪。

第五節　有價證券之承銷

一、承銷商制度基本內容

在首次公開發行 (IPO) 中,證券承銷商是聯繫發行公司與投資人之證券中介機構,亦係發行股票之銷售者。

有價證券之承銷係指由證券承銷商作為承銷人,證券承銷商依證券交易法第 71 條或第 72 條規定承銷有價證券,其承銷契約應行記載事項除應遵守有關法令規定外,並應依中華民國證券商業同業公會證券商承銷有價

---

⑲ 臺灣臺北地方法院 99 年度金字第 43 號民事判決。

⑳ 臺灣高等法院 99 年度上易字第 868 號民事判決。

證券承銷契約應行記載事項要點❷辦理之。

　　茲就承銷商制度之相關規定，摘要如下：

㈠包銷之方法及效果

　　依證券交易法第 71 條規定。

㈡代　　銷

　　依證券交易法第 72 條規定。

㈢承銷商自己取得之禁止

　　依證券交易法第 74 條規定。

㈣自行認購之有價證券出售處所

　　依證券交易法第 75 條規定。

㈤公開說明書之代理交付

　　依證券交易法第 79 條規定。

㈥包銷總金額之規定

　　依證券交易法第 81 條規定。

㈦包銷之報酬與代銷之手續費標準

　　依證券交易法第 82 條規定。

二、包銷與代銷

　　有價證券之承銷有包銷與代銷兩種方式，茲分述如下：

㈠包　　銷

　　依證券交易法第 71 條第 1 項規定，證券承銷商如約定為包銷時，於承銷契約所訂定之承銷期間屆滿後，對於約定包銷之有價證券未能全數銷售者，其剩餘之有價證券應自行認購之，而依證券交易法第 82 條規定，收取包銷報酬。依證券交易法第 71 條第 3 項規定，具備主管機關所訂條件之證券承銷商，於包銷有價證券時，依第 2 項規定，得先行認購後，再行銷售，

---

❷　「中華民國證券商業同業公會證券商承銷有價證券承銷契約應行記載事項要點」訂定於 1998 年 10 月 13 日，歷經多次修正，最近一次修正於 2015 年 11 月 16 日。

或於承銷契約訂明保留一部分自行認購，其立法意旨在擴大承銷商之功能。又如證券承銷商取得包銷有價證券欲出售時，應依證券交易法第 75 條規定訂定之「證券承銷商取得包銷有價證券出售辦法」❷❷處理。

茲將餘額包銷與確定包銷，分述如下：

1.餘額包銷

所謂餘額包銷方式，係指依證券交易法第 71 條第 1 項規定：「證券承銷商包銷有價證券，於承銷契約所訂定之承銷期間屆滿後，對於約定包銷之有價證券，未能全數銷售者，其賸餘數額之有價證券，應自行認購之。」實務上，證券承銷商承銷股票採用此種餘額包銷方式。

此外，依中華民國證券商業同業公會證券商承銷或再行銷售有價證券處理辦法第 61 條第 1 項規定，公開申購配售之包銷案件，承銷團就申購數量未達銷售數量之差額部分得由承銷團洽特定人認購或承銷團自行認購。故若證券商以包銷方式進行特定公司股票公開承銷暨上市，就申購數量未達銷售數量之差額部分洽詢他人認購，自無不合於上開法律規定❷❸。

2.確定包銷

所謂確定包銷方式，係指依證券交易法第 71 條第 2 項規定：「證券承銷商包銷有價證券，得先行認購後再行銷售或於承銷契約訂明保留一部分自行認購。」此種確定包銷為典型承銷型態。

辦理確定包銷之證券承銷商，應具備主管機關所定「證券商管理規則」之條件。

此外，證券承銷商依證券交易法第 74 條規定：「證券承銷商除依第七十一條規定外，於承銷期間內，不得為自己取得所包銷或代銷之有價證券。」又如證券承銷商出售依第 71 條規定所取得之有價證券，依證券交易法第 75 條規定，應按主管機關所定「證券商管理規則」處理。

至於包銷總金額依證券交易法第 81 條規定：「證券承銷商包銷有價證

---

❷❷　按「證券承銷商取得包銷有價證券出售辦法」訂於 2000 年 12 月 6 日，於 2012 年 7 月 1 日起主管機關改由「金融監督管理委員會」管轄。

❷❸　臺灣高等法院 99 年度金上字第 4 號民事判決。

券者，其包銷之總金額，不得超過其流動資產減流動負債後餘額之一定倍數」，亦即包銷金額須受主管機關所定「證券商管理規則」之限制。此一限制之原因，顯然係因為需要保護善意申購之投資人。

㈡代　銷

證券承銷商如約定為代銷時，則於承銷契約所訂期間屆滿後，對於代銷之有價證券未能全數銷售者，其剩餘數額之有價證券，依證券交易法第72 條規定，得退還發行人，並依證券交易法第 76 條第 1 項第 6 款規定，收取代銷之手續費。依證券交易法第 82 條規定，包銷之報酬或代銷之手續費，其最高標準，由主管機關以命令定之。

嚴格言之，學者有認為「代銷」，並非真正之承銷業務，充其量僅屬於代理人性質之一種分銷方式❷❹，值得注意。

實務上，證券承銷商包銷之報酬或代銷之手續費，由承銷商與發行公司議定之，但包銷之報酬最高不得超過包銷有價證券總金額之百分之五。代銷之手續費最高不得超過代銷有價證券總金額之百分之二。除上述規定之包銷報酬或代銷手續費外，證券承銷商不得另以其他名義收取費用❷❺。

三、證券承銷商之責任

證券承銷商之功能係受發行人委託而向證券市場部特定之投資人公開銷售股票等證券產品。因此在證券交易法第 32 條規定上，就公開說明書應記載之主要內容，不得有虛偽或隱匿之情事，否則對於善意之相對人，因而所受之損害，應就其所應負責部分與公司負連帶賠償責任。

此外，關於委託事務之處理，悉依營業細則、台北市證券商業公會證券商承銷或再行銷售有價證券處理辦法、證券商辦理公開申購配售作業處理程序、有關法令及主管機關函示之規定辦理。

---

❷❹　廖大穎，《證券交易法導論》，三民書局，2011 年 9 月，頁 364。

❷❺　參閱財政部 77 年 12 月 31 日臺財證㈢字第 09690 號函。

第六節　證券違法行為之罰則

一、董事、監察人及受僱人之違法行為

　　證券交易法第 56 條規定：「主管機關發現證券商之董事、監察人及受僱人，有違背本法或其他有關法令之行為，足以影響證券業務之正常執行者，除得隨時命令該證券商停止其一年以下業務之執行或解除其職務外，並得視其情節之輕重，對證券商處以第六十六條所定之處分。」此所謂「違背本法」，係指違背證券交易法之規定。至於所謂「違背其他有關法令」，係指違背證券交易法所發布之命令，包括公司法、銀行法或其他與證券業務有關之法令為限。

　　又行為人是否確有該法第 56 條規定之證券商之董事有違背其他有關法令之行為，足以影響證券業務之正常執行者之情形，而有解除職務之必要，仍應就行為人所涉全部過程加以觀察研求，或審究行為人洗錢行為之犯罪成立與否，是否為本件行政訴訟之先決問題，在刑事案件未獲最終之審判結果，是否有行政訴訟法第 177 條第 2 項停止訴訟適用問題❷❻。

二、證券商之違法行為

㈠違法行為之內容

　　證券交易法第 60 條規定：「證券商非經主管機關核准，不得為下列之業務：一、有價證券買賣之融資或融券。二、有價證券買賣融資融券之代理。三、有價證券之借貸或為有價證券借貸之代理或居間。四、因證券業務借貸款項或為借貸款項之代理或居間。五、因證券業務受客戶委託保管及運用其款項。證券商依前項規定申請核准辦理有關業務應具備之資格條件、人員、業務及風險管理等事項之辦法，由主管機關定之。」

　　上述業務中，因為有價證券買賣融資融券之代理、有價證券之借貸或

---

❷❻　高等行政法院 100 年度判字第 1777 號判決。

為有價證券借貸之代理或居間、因證券業務借貸款項或為借貸款項之代理或居間、因證券業務受客戶委託保管及運用其款項等,因採用全面款券劃撥之規定,故證券商少有因此等業務而致違法者,其實,證券商之違法行為最多者為上述第 1 項第 1 款之行為。

又按證券交易法第 60 條第 1 項乃屬取締規定,並非效力規定,並無民法第 71 條所規定法律行為違反強制或禁止規定者無效之適用;又證券商違反該項規定而收受存款或辦理放款,僅主管機關得依證券交易法第 66 條之規定為警告、停業或撤銷營業特許之行政處分,及行為人應負同法第 175 條所規定之刑事責任,非謂其存款或放款行為概為無效 ❷❼。

(二)丙種墊款

1.丙種墊款之意義

按丙種墊款係指從事證券買賣交易時,由金主提供買賣帳戶及資金予往來客戶,金主提供所購證券市價大部分比例之墊款,而往來客戶提供小部分比例之保證金,藉以從事高槓桿操作之投機買賣證券行為,若於保證金不足或遭遇特殊經濟情勢變動時,金主得自行賣出帳戶內股票以保障其提供墊款並降低虧損之風險。再依股市交易習慣,倘買進之股票下跌至某一程度,經金主通知補足差額,如往來客戶拒不補足差額款項,則金主自可逕將股票以市價賣出,並以往來客戶交付之保證金,逕行抵償所受之損失。是以,金主與往來客戶間之墊款交易結算結果,金主最終受有虧損,得逕以保證金抵償之,堪認往來客戶交付之保證金具有備償性質。亦即客戶因丙種墊款交易債務而交付支票於金主,若雙方間之墊款交易結算結果,金主因此受有虧損,其自有權請求客戶給付票款以保障其墊款 ❷❽。

2.丙種名稱之由來

丙種名稱之由來,是因證券交易法於 1988 年 1 月 29 日修正前,證券市場對於證券經紀商稱為甲種證券商,證券自營商稱為乙種證券商,前述證券商,依法皆不得做融資及融券業務,因此私下提供融資融券之經紀人,

---

❷❼ 臺灣高等法院 97 年度重上字第 343 號民事判決。

❷❽ 臺灣臺北地方法院 102 年度簡上字第 316 號民事判決。

即被稱為丙種經紀人。丙種經紀人，係指未經向主管機關申請核准辦理融資、融券之證券商，或證券商營業員，上市公司負責人或大股東，或一般民間金主，私下提供客戶資金或股票，供從事證券操作並從中獲取利益者而言。此種融資管道因無法律上依據，有如股市之「地下錢莊」。

3.實務見解

實務上認為，未經主管機關核准，擅自經營代客分析、推薦及下單買賣上市股票及丙種墊款之融資，非法從事證券投資顧問事業、證券商之證券業務及證券金融事業，違反上開規定。應依證券交易法第 18 條、第 44 條第 1 項、第 175 條之規定處斷❷。

上訴人係經黃○元個人於職務外之居間介紹，由金主林○信提供資金，在被上訴人公司從事丙種墊款之股票交易。上訴人未舉證證明係經被上訴人同意為之，且該交易方式乃法令所禁止，是黃○元侵占上訴人質押之股票應係其個人行為，非執行職務之行為，與被上訴人無涉❸。

㈢證券商有違規行為之處罰

又依證券交易法第 66 條規定：「證券商違反本法或依本法所發布之命令者，除依本法處罰外，主管機關並得視情節之輕重，為左列處分：一、警告。二、命令該證券商解除其董事、監察人或經理人職務。三、對公司或分支機構就其所營業務之全部或一部為六個月以內之停業。四、對公司或分支機構營業許可之撤銷」。

按上開 4 種處分中，其第 2 款「命令該證券商解除其董事、監察人或經理人職務」係對人之處罰，其餘 3 種係對證券商之處罰。

茲因依據證券交易法第 56 條規定，主管機關亦有權命令證券商解任其董事、監察人或經理人職務，此前已敘明。則證券交易法第 56 條與第 66 條之規定，似有重複規定。惟學者認為，以實際違規之董事、監察人或經理人為對象，而依同法第 66 條解除其董事、監察人或經理人職務時，以證券商有違規行為為已足，不以董事、監察人或經理人自身實際違規為必要，

---

❷　臺灣高等法院高雄分院 81 年度上易字第 1028 號刑事判決。

❸　最高法院 86 年度臺上字第 807 號民事裁判。

是二者不同之處❸。

㈣實務上之爭議

1.第 60 條第 1 項第 1 款乃取締規定

實務上，最高法院認為，證券交易法第 60 條第 1 項第 1 款乃取締規定，非效力規定，無民法第 71 條之適用。證券商違反該項規定而收受存款或辦理放款，僅主管機關得依證券交易法第 66 條為警告、停業或撤銷營業特許之行政處分，及行為人應負同法第 175 條所定刑事責任，非謂其存款或放款行為概為無效❸。

2.非證券商推銷未上市公司之股票

公司負責人及其員工明知證券商須經主管機關許可及發給許可證照，方得營業，且其公司登記之營業項目並不包括證券交易法第 15 條之證券業務，而買入並對外推銷未上市公司之股票，此即違反證券交易法第 22 條第 1 項、第 3 項及同法第 44 條第 1 項等規定，應依同法第 175 條論處❸。

3.一事二罰問題

臺灣證券交易所依其營業細則第 144 條之規定，請大華證券公司對上訴人為暫停執行業務六個月之處置，係基於該公司與證券商間之契約關係所為之處置措施，核與被上訴人依證券交易法令就上訴人違法行為所為之行政處分，性質不同，尚無一事不二罰及不利益變更禁止原則之適用。又行政法上有關新舊法之適用，僅中央法規標準法第 18 條規定之「人民聲請許可案件」適用「從新從優」原則，本件乃行政秩序罰，非屬人民聲請許可案件，則上訴人主張本件應適用從新從優原則乙節，尚乏依據。解除職務處分之標的是否存在，應以行為時為準。依證券交易法第 53 條第 6 款規定，受解除職務處分者，於一定期限內，不得再任同一職務。故解除職務不僅發生解除現職之效力，還發生往後限制從事同性質工作之結果。故縱

---

❸ 賴英照，《最新證券交易法解析：股市遊戲規則》，2006 年 2 月，頁 367。

❸ 最高法院 68 年臺上字第 879 號判例；臺灣高等法院 97 年重上字第 343 號判決。

❸ 臺灣臺北地方法院 99 年度金訴緝字第 1 號刑事判決。

行為人於違規事實發生後退休或離職，主管機關仍得依法予以處分❸❹。

第七節　結　語

　　證券商之設立、經營必須符合公司法與證券交易法之規定，故證券商為一特殊性質之公司，其特殊性包括：1.設立程序之特殊性；2.業務範圍之特殊性；3.設立條件之特殊性；4.管理制度之特殊性。我國證券市場中，證券商之分業，在發行市場為證券承銷商，在流通市場分為證券經紀商與證券自營商，已如前述。

　　在證券承銷商中，其承銷證券僅係一種發行之方式，其所承銷之證券必須經由主管機關核准公開發行之證券。證券承銷商所承銷之證券係向公眾發行，故其所涉之利益不限於發行人與承銷商之間，還涉及證券投資人或其他公眾之利益，故證券交易法第 71 條、第 72 條規定，承銷有包銷與代銷之分，而包銷又有確定包銷與餘額包銷 2 種，證券承銷商必須遵守上開規定外，於承銷期間，依證券交易法第 74 條規定，不得為自己取得所包銷與代銷之有價證券。此外，實務上，主管機關所發布涉及「證券商之管理」之行政規章非常多，其中最重要者為主管機關依證券交易法第 44 條第 4 項規定訂定之「證券商管理規則」❸❺，對於各該法令規章，證券商均必須遵守，如有違反，則有相關之行政罰則加以規範。

　　我國證券交易雖已運作多時，有關證券商管理之法令規章，亦汗牛充棟。惟市場上之弊端猶難避免，例如證券商係採許可制，證券交易法早有明文，亦即未經主管機關許可及發給許可證照，本不得營業，然實際上違法之「盤商」屢見不鮮。早期盤商僅單純從事股票交易之仲介，嗣後部分盤商經營業務除傳統之經紀業務外，亦涉及自營業務，少數甚或經營融資融券等信用交易業務等。

　　總之，為使證券發行市場與交易市場均更趨健全，並能持續穩定運作，

---

❸❹　最高行政法院 92 年度判字第 1309 號判決。

❸❺　財政部證券管理委員會 77 年 11 月 24 日臺財證㈡字第 09467 號令訂定。

對證券商自有加強管理之必要,而管理之落實,又以妥適周延之法規為基礎。惟有積極取締非法、保障並適當管理合法之證券商,才能帶動證券市場之正面發展,保障投資人及證券商之權益。

第八章　有價證券之私募

第一節　概　說

　　近來國際金融發展趨向全球化、自由化，各國於財經領域上所努力之重要課題之一，即在於如何使企業之籌資管道，更靈活、更彈性，亦更多元；證券私募制度之建立，即在此背景下日益受到重視，並以簡化、活絡公司籌資管道為其主要之目的。

　　我國於 2001 年 11 月 12 日修正通過之公司法，增訂第 248 條第 2 項，規定「公司債之私募不受第二百四十九條第二款及第二百五十條第二款之限制，並於發行後十五日內檢附發行相關資料，向證券管理機關報備；私募之發行公司不以上市、上櫃、公開發行股票之公司為限。」此一規定，對我國有價證券之私募制度而言，實具有指標性之意義。其後公司法第 248 條第 2 項雖已再 2 次修正，惟並不影響該條文所規定有價證券之私募，從而公司得以私募普通公司債之方式，進行籌資❶。

　　另由於私募股票制度，的確有其正面效果，除因不必事前向主管機關申報，可加快集資速度外，又由於私募之增資股，並無原股東優先認購問題存在，故有利於營運上出現問題企業，迅速引進新經營者加入，以挽救岌岌可危之生存命脈。

　　因此，主管機關於 2003 年 2 月 6 日公布施行之證券交易法修正條文中，增訂有價證券私募制度方法，使得公開發行公司除得依照公司法規定

---

❶　公司法第 248 條於 2001 年修正後，曾再於 2012 年 8 月 8 日修正，最近一次修正於 2018 年 8 月 1 日。

私募普通公司債籌資外，尚可利用不同之有價證券發行方法，以私募方式籌資，對公司之資金成本，尋求最佳之利益。

實務上，主管機關行政院金融監督管理委員會為利公開發行公司辦理私募有價證券之遵循，並確保原股東權益，於 2005 年即已訂定「公開發行公司辦理私募有價證券應注意事項」❷，對於有價證券之私募事宜，已有更詳細之規範。

基此，本章擬探討私募之意義及其優缺點，包括私募之定義、私募與公開發行之區別；其次擬探討現行證券交易法之私募制度，包括發行人之資格及發行方式、私募之對象及限制、私募之相關程序、禁止為一般性廣告或公開勸誘之行為、再行賣出之限制、2010 年 10 月有關私募新規定；再次擬探討私募制度在證券交易法與公司法之比較，包括法源基礎、公司法與證券交易法所規範之私募制度；復次，擬探討現今資本市場私募情況，包括私募風潮、私募制度之法律漏洞。最後，提出檢討與建議。

第二節　私募之意義及其優缺點

一、私募之定義

㈠私募制度之來源

1933 年美國證券法 (Securities Act of 1933) 有關「豁免交易」規範之第 4 條第 2 項規定：「發行人所為不涉及任何公開發行之交易行為」，即為學說所稱之「私募」(private placement)❸，此係私募制度最早之法律規定。

---

❷　公開發行公司辦理私募有價證券應注意事項，行政院金融監督管理委員會 2005 年 10 月 11 日金管證㈠字第 0940004469 號，《行政院公報》，第 11 卷第 192 期，頁 24737～24740。

❸　按 「私募發行」 在美國證券法規中有兩種表述，"private placement" 或 "private offering"，又可譯為「私募」、「非公開發行」，相對於「公募」、「公開發行」(public offering) 而言。

　　按有價證券之發行，可分為公開發行及未對外銷售之私募；公開發行需經發行註冊，並為廣告宣傳，公眾可經由公開說明書，而獲知發行人之法律、經濟關係、營運概況及借貸條件等。

　　私募相對於公開發行公司而言，亦即係洽由特定人購買公司證券，而不對社會大眾公開招募。私募之目的是避開大眾，僅求諸狹隘之顧客範圍或個別買賣，其主要對象則為大投資家或機構，又稱為「洽特定人應募」或「直接銷售」。

　　由於私募之對象，多為機構法人或具相當資力及經驗者，具有較強之自我保護能力，且必要時，較有能力與公司談判，較無須以公權力介入保護，故各國證券管理制度，對於有價證券之私募事宜，均豁免應事先經證券主管機關審查，而多僅採事後報備，與資訊充分公開之方式管理。

　　依我國證券交易法第 7 條第 2 項規定：「本法所稱私募，謂已依本法發行股票之公司依第四十三條之六第一項及第二項規定，對特定人招募有價證券之行為❹。」

㈡適當之配套

　　證券之私募發行，已是國際上一種經常見到之證券發行方式，相對於公開發行而言，具有節約交易成本、發行時間較短、融資成本可控制、後續監督相對較少等優勢。

　　因此，為保護投資人，在制度之設計上，私募制度應有適當之配套，以防範流弊發生。例如公開發行公司以私募方式發行股票，證券交易法並未規定其定價標準，而僅由股東會決議，惟是否能獲致合理價格，不無疑問。此外，私募之證券即使是由上市、上櫃公司發行，但性質上仍非上市、上櫃證券，不論金額如何龐大，均不在證券交易法規範之範圍內，可能產生疏漏❺，故有適當配套之必要。

---

❹　證券交易法第 7 條第 2 項係於 2002 年 2 月 6 日增訂，迄今未再修正。

❺　賴英照，《最新證券交易法解析：股市遊戲規則》，元照出版，2009 年 10 月再版，頁 77。

二、私募與公開發行之區別

就公開發行而言，不論公司係利用股權（股票）或債權（公司債）籌資，當其所籌資之對象，為一般不特定之社會大眾時，即可稱為公開招募有價證券之行為；而所謂私募，則係向特定之法人或自然人取得資金，相較之下，兩者自有極大之差別。

有價證券之私募與公開發行，其主要差異如下：

㈠從政府之管制程度言之，公開發行受政府管制之程度，較高於私募制度。

㈡從投資人數目言之，公開發行之投資人數，通常較多於私募制度。

㈢從投資人程度言之，公開發行投資人之專業程度，通常較低於私募制度。

㈣從資訊蒐集能力言之，公開發行投資人就蒐集資訊成本之負荷能力，低於私募制度。

㈤從投資人籌資速度言之，公開發行投資人之籌資速度，普遍較私募制度之投資人緩慢。

㈥從籌資手續及流程言之，公開發行投資人籌資手續及流程繁雜，私募制度則較屬便捷。

㈦從股款或價款收足後之程序言之，在私募制度有特殊規定，亦即公開發行公司於股款或價款收足後十五日內，應依證券交易法第 43 條之 6 第 5 項規定，將私募有價證券資訊輸入公開資訊觀測站，以達資訊公開目的 ❻。

❻　參閱「公開發行公司辦理私募有價證券應注意事項」六、資訊公開：㈠之規定，按「公開發行公司辦理私募有價證券應注意事項」訂於 2005 年 10 月 11 日，歷經多次修正，最近一次修正於 2014 年 12 月 30 日。

三、私募之優點與缺點

㈠有價證券私募之優點

1.發行成本降低

基於私募並非對不特定多數人招募之事實，我國證券交易法上將主管機關，定位為事後備查之角色。因此，私募制度有以下特點：

⑴毋庸踐行發行人募集有價證券之繁瑣程序，例如無需準備公開說明書等文件。

⑵毋需負擔承銷商折扣。又因其管銷費用相較為低，故有直接降低資金取得成本之效。

2.發行條件彈性較大

私募制度在銀行之仲介下，由發行公司直接與特定之投資人洽商。因此，私募之發行條件，係由發行公司與特定對象來協商，配合雙方之需求，加以特別設計，故其發行條件彈性較大。甚至可確保資金之來源，降低發行風險❼。

3.私募契約磋商餘地較大

由於私募制度投資人較少，談判能力較強，投資人與發行公司之地位趨於對等。因此，投資人與發行公司得經由磋商談判，將彼此利益適度調整於契約條款中，有助於達成雙贏之境界。

㈡有價證券私募之缺點

1.私募有價證券之流通性差

在私募有價證券之情況下，特定人於買進有價證券後，須持有一定時間，無法自由轉讓。因此，發行公司必須以較優惠之利率或較低之發行價格，彌補投資人短期內不能變現之損失。

2.私募證券之間接成本仍然存在

雖然私募節省大筆註冊以及承銷費用，但特定投資人仍必須對這些發

---

❼　苗致偉，《有價證券私募制度相關法律問題之探析》，臺北大學碩士論文，2003 年 7 月，頁 18。

行公司進行研究及查證工作，以決定是否參與投資，而這些費用及日後雙方洽商發行條件之成本，亦必須由發行公司在利率上給予補償。

3. 違法私募問題

證券交易法第 20 條第 1 項雖規定：「有價證券之募集、發行、私募或買賣，不得有虛偽、詐欺或其他足致他人誤信之行為。」但徒法不足以自行，且證券私募所受政府管制較少，相對之下，較可能發生違法情事。

4. 公司法對私募公司債轉售尚無規定

公司法未進一步規定私募公司債之轉售問題，將造成有公司以私募公司債之名，經由證券市場上之轉讓行為而行公開招募之實，以逃避證券主管機關之監督。

(三)私募之評述

以「補辦公開發行」制度作為我國私募證券法律體系發展過程之產物，是一種比較成功之創新，茲從下列四個不同層面，評述如下：

1. 自立法效果言之

私募制度有效兼顧融資效果與投資人保護之立法政策，搭起私募發行與公募發行間之橋樑，解決私募有價證券之轉售問題。

2. 自主管機關言之

補辦公開發行制度將私募發行與公開發行連接起來，使主管機關「金融監督管理委員會」❽之監管，更為方便，促進有效執法資源之合理分配。

3. 自投資人角度言之

補辦公開發行制度直接解決由於轉售制度所導致之私募有價證券流通性較差等問題，加快私募有價證券投資資本之退出機制。

4. 自中小型投資人言之

補辦公開發行制度直接解決投資人利益之保護問題。

---

❽ 　證券交易法第 3 條規定：「本法所稱主管機關，為金融監督管理委員會」。按「證券交易法」 訂於 1968 年 4 月 30 日， 歷經多次修正， 最近一次修正於 2018 年 12 月 5 日。

第三節　現行證券交易法私募制度

一、發行人之資格及發行方式

㈠發行人之資格

　　依照證券交易法之規定，私募有價證券之發行人，必須是「已依本法發行股票之公司」，且同法第 43 條之 6 第 1 項規定「公開發行股票」公司得以股東會特別決議，對特定人進行私募，故僅公開發行公司得以依證券交易法進行有價證券之私募。

㈡發行方式

　　私募制度發行方式除具備公開發行公司之資格之外，須經過股東會之特別決議，方得為之。依照證券交易法第 43 條之 6 條文規定，特別決議之表決門檻，需有代表已發行股份總數過半數股東之出席，出席股東表決權三分之二以上同意，始得進行有價證券之私募。

　　由上述規定觀之，就股東出席數及表決權之比例限制，均屬寬鬆，顯見立法者係有意放寬私募股東會決議之門檻，此有利於私募方式之採行。

二、私募之對象及限制

㈠私募之對象

　　證券交易法規定得私募之對象，僅限於該法第 43 條之 6 第 1 項所列舉之數款之人。依該條文規定，特定應募人可分為以下 3 類：㈠銀行業、票券業、信託業、保險業、證券業或其他經主管機關核准之法人或組織。㈡符合主管機關所定條件之自然人、法人或基金。㈢公司或其他關係企業之董事、監察人及經理人。

　　前述第 43 條之 6 所列 3 款之特定人中，第 1 款係指專業之投資法人或機構❾；第 2 款則為符合主管機關所定之自然人、法人或基金；第 3 款是

---

❾　證券交易法第 43 條之 6 第 1 項第 1 款所指其他經主管機關核准之法人或機

指發行私募證券公司或其關係企業之決策者，亦即公司之「內部人」。

茲就證券交易法第 43 條之 6 所列 3 款之特定人，詳析如下：

1.銀行業、票券業、信託業、保險業、證券業或其他經主管機關核准之法人或組織

特定之應募人為專業之投資法人或機構，亦即所謂金融機構。因其本身資本額龐大，且具有相當專業之市場分析及判斷能力，承擔風險能力相對較高，相較於一般投資大眾，顯較無資訊不對稱之問題。因此可除外於證券交易法之保護，就該款所規範之應募人總數，證券交易法亦未加以限制。

2.符合主管機關所定條件之自然人、法人或基金

依證期會所為之函釋❿，證券交易法第 43 條之 6 第 1 項第 2 款所謂符合「主管機關所定條件」之自然人、法人或基金，係指符合下列兩類條件之自然人、法人或基金：

⑴對該公司財務業務有充分了解之國內外自然人，且於應募或受讓時符合下列情形之一者：

a.本人淨資產超過新臺幣一千萬元或本人與配偶淨資產合計超過新臺幣一千五百萬元。

b.最近兩年度，本人年度平均所得超過新臺幣一百五十萬元，或本人與配偶之年度平均所得合計超過新臺幣二百萬元。

⑵最近期經會計師查核簽證之財務報表總資產超過新臺幣五千萬元之法人或基金，或依信託業法簽訂信託契約之信託財產超過新臺幣五千萬元者。

一般而言，我國政府四大基金⓫應屬證券交易法第 43 條之 6 第 1 項第 2 款所規範之基金，至共同基金及信託基金，尚須視其資產規模是否符合

構，即係指金融機構。

❿　財政部臺財證(一)字第 0910003455 號函令，2002 年 6 月 13 日。

⓫　此之政府四大基金，即公務人員退休撫卹基金、勞工退休基金、勞工保險基金及郵政儲金基金。

前揭函令規定而定。

　　符合上述條件之自然人、法人或基金，其資格應由該私募有價證券之公司盡合理調查之責任，並向應募人取得合理可信之佐證依據，應募人應配合提供之。但依證券交易法第 43 條之 8 第 1 項第 2 款規定轉讓者，其資格應由轉讓人盡合理調查之責任，並向受讓人取得合理可信之佐證依據，受讓人必須配合提供之。

　　綜觀上述，所謂符合主管機關所定條件，並非易事，由此亦可發現，私募之對象，必須是富而多金者，蓋因私募對象在資力上，必須足以承擔因私募投資行為所產生之經濟上風險。至於該等對象是否具有評估投資風險之專業知識，顯非考量之重點。

　　另外，關於應募人是否具有法令所要求之資格，係由私募證券之公司及轉讓人負責舉證，此種舉證責任之配置，除基於便利性之考量外，主要源於私募制度採取事後核備所致 ⓬。

3.公司或其他關係企業之董事、監察人及經理人

　　公司或其他關係企業之董事、監察人及經理人等內部人，因身負公司決策或重要任務，實乃公司資訊之創造與傳遞者，不僅對公司內部營運狀況，遠較一般人熟悉，且無市場資訊不對稱之弊端，故此款之人，亦得為應募對象。

　　又證券交易法中之經理人，「應依公司法關於經理人之規定辦理」，包括已向經濟部辦理經理人登記，或依章程設置有為公司管理事務，或簽名權利之經理人 ⓭。

(二)應募人洽定後之程序

　　1.股東會開會通知寄發前已洽定應募人者，應載明應募人之選擇方式與目的、及應募人與公司之關係。應募人如屬法人者，應註明法人之股東

⓬　劉連煜，〈私募有價證券之轉售、內線交易與強制執行〉，《實用月刊》，2002年 5 月，頁 90。

⓭　財政部對於證券交易法上「經理人」疑義所為之函釋，財政部 80 年 7 月 27 日臺財證(三)字第 19337 號函。

直接或間接綜合持有股權比例超過百分之十或股權比例占前十名之股東名稱。

　　2.於股東會開會通知寄發後洽定應募人者，應於洽定日起二日內將上開應募人資訊輸入公開資訊觀測站❹。

(三)私募之限制

　　證券交易法第 43 條之 6 第 2 項規定：「前項第二款及第三款之應募人總數，不得超過三十五人。」此規定係參酌美國立法例，限制對上開條文第 1 項第 2 款及第 3 款之人招募者，其應募人數不得超過三十五人。

　　此一限制之用意，在於避免發行公司以私募之名，行公開招募之實，逃避主管機關之監督，故對其應募總人數有上限之限制❺。

　　反面觀之，發行公司如係對第 1 項第 1 款之投資機構或法人為招募時，應募人數並不受三十五人之限制，蓋私募對象既已限於投資機構或法人，則尚無前述「以私募之名，行公開招募之實」之顧慮，故無特別針對機構（或法人）數目，再予以設限之必要。

三、私募之相關程序

(一)股東會或董事會之決議

1.私募有價證券

　　私募有價證券應經股東會之特別決議，即依證券交易法第 43 條之 6 第 1 項規定，公開發行股票之公司，得以有代表已發行股份總數過半數股東之出席，出席股東表決權三分之二以上之同意，進行有價證券之私募。

2.私募普通公司債

　　私募普通公司債，依證券交易法第 43 條之 6 第 3 項規定，得於董事會

---

❹　公開發行公司辦理私募有價證券應注意事項第 4 條第 1 項第 2 款第 4 目，行
　　政院金融監督管理委員會前揭公報，第 11 卷第 192 期，2009 年 5 月 8 日，頁
　　24737〜24740。按該項現已修正為第 4 條第 2 項，2010 年 9 月 1 日。
❺　劉孟哲，《由美日立法例探討我國私募制度》，國立政治大學碩士論文，2003
　　年 6 月，頁 91。

決議之日起 1 年內分次辦理。

3.私募公司債以外之其他有價證券

私募公司債以外之其他有價證券，依證券交易法第 43 條之 6 第 1 項之文義解釋，仍應依股東會之決議辦理。

又依證券交易法第 43 條之 6 第 6 項規定，依第 1 項規定進行有價證券之私募者，應在股東會召集事由中列舉並說明下列事項，不得以臨時動議提出：(1)價格訂定之依據及合理性。(2)特定人選擇之方式。其已洽定應募人者，並說明應募人與公司之關係。(3)辦理私募之必要理由。

此之所以規定不得以臨時動議提出，係因私募事涉股東權益甚大，應讓所有股東於開會前事先知曉此案，以便審慎思考後再行討論並進行表決。

又因考量股東會召開不易，另於證券交易法第 43 條之 6 第 7 項規定：「依第一項規定進行有價證券私募，並依前項各款規定於該次股東會議案中列舉及說明分次私募相關事項者，得於該股東會決議之日起一年內，分次辦理。」俾使發行公司有較充裕之時程，進行相關之作業。

(二)資訊公開

公開發行公司辦理私募有價證券者，在資訊公開方面[16]，可分下列：

1.上市及上櫃公司應依證交所及櫃檯買賣中心規定，將私募有價證券資訊輸入公開資訊觀測站。

2.公開發行公司於股款或價款收足後十五日內，應依證券交易法第 43 條之 6 第 5 項規定將私募有價證券資訊輸入公開資訊觀測站。

3.公開發行公司自股款或價款收足後迄資金運用計畫完成，應於年報中揭露私募有價證券之資金運用情形及計畫執行進度。

(三)事後報備

依證券交易法第 43 條之 6 第 5 項規定，辦理私募之公司應於股款或公司債等有價證券之價款繳納完成日起十五日內，檢附相關書件，報請主管

---

[16] 公開發行公司辦理私募有價證券應注意事項第 6 條第 6 項。行政院金融監督管理委員會前揭公報，第 11 卷第 192 期，2009 年 5 月 8 日，頁 24737～24740。

機關備查。實務上，公司可將申報事項輸入證期局指定之公開資訊觀測站，以完成備查手續❶。

四、禁止為一般性廣告或公開勸誘之行為

根據證券交易法第 43 條之 7 第 1 項規定，「有價證券之私募及再行賣出，不得為一般性廣告或公開勸誘之行為。」

何謂公開，條文本身並未明文定義，主管機關對公開之定義，明確界定一般性廣告或公開勸誘之行為，係以公告、廣告、廣播、電傳視訊、網際網路、信函、電話、拜訪、詢問、發表會、說明會或其他方式，向證券交易法第 43 條之 6 第 1 項以外之非特定人為要約或勸誘之行為❶。

依上述可知，發行人以私募方式招募股份時，不得以一般「一對多」之大眾傳播工具，或「點對點」之聯繫方式，向彼此尚未建立關係之投資大眾進行投資要約及勸誘❶。倘有違反不得公開招募之規定時，依照第 43 條之 7 第 2 項，則將該次私募行為，視為對非特定人公開招募之行為，亦即會受到證券交易法第 22 條主管機關之管制。

五、再行賣出之限制

㈠證券交易法規定之限制

證券交易法第 43 條之 8 有「有價證券私募之應募人及購買人除有左列情形外，不得再行賣出：⋯⋯」之規定。所謂「再行賣出」，即指轉售之意。為避免私募之有價證券，經由轉讓以規避公開招募之程序，證券交易法乃針對私募有價證券之再轉讓，明訂限制之條件。

---

❶ 賴英照，《最新證券交易法解析：股市遊戲規則》，元照出版，2009 年 10 月再版，頁 80。

❶ 參閱「證券交易法施行細則」第 8 條之 1，按「證券交易法施行細則」訂於 1988 年 8 月 6 日，歷經多次修正，最近一次修正於 2012 年 11 月 23 日。

❶ 黃正一，《證券私募及私募證券轉讓制度之研究──以美國證券法為中心比較我國新制》，世新大學碩士論文，2002 年 6 月，頁 35。

我國證券交易法上對於私募有價證券轉售之限制，主要係以持有期間為考量之首要因素，其間亦顧及持有人之身分、轉售數量及受讓對象等，茲分述如下：

1.無持有期間之限制者

根據證券交易法第 43 條之 8 第 1 項第 1、4、5、6 款之規定意旨，私募證券持有人如符合下述 4 款規定者，得隨時轉讓，不受任何限制：

(1)銀行業等轉讓予具相同資格者。

依第 43 條之 8 第 1 項第 1 款意旨，銀行業、票券業、信託業、保險業、證券業或其他經主管機關核准之法人或機構等第 43 條之 6 第 1 項第 1 款所列之人持有私募有價證券，該私募有價證券無同種類之有價證券於證券集中交易市場或證券商營業處所買賣，而轉讓予具相同資格者。

(2)基於法律規定所生效力之移轉。

依第 43 條之 8 第 1 項第 4 款意旨，基於法律規定所生效力之移轉，不受本條轉售之限制。所謂「基於法律規定所生效力之移轉」，係指因繼承、贈與、強制執行等基於法律規定而取得或喪失所有權者[20]。

本款之立法目的，在克服因本條規定所產生之技術問題，故因法律規定而生效力之移轉，不受本條轉售之限制。

(3)私人間之直接讓受，且合乎一定條件。

依證券交易法第 43 條之 8 第 1 項第 5 款規定意旨，不受轉售限制之另一條件，係「私人間之直接讓受，其數量不超過該證券一個交易單位，前後二次之讓受行為，相隔不少於三個月。」其立法目的，係認低數量之轉售，應不致嚴重影響市場秩序及投資人權益，並基於實務需要所設之例外規定[21]。此外，依第 43 條之 6 第 1 項第 5 款所為私人之間讓售者，其受讓人之資格，並不受證券交易法第 43 條之 6 第 1 項規定之限制[22]。

---

[20]　財政部證期會臺財證(一)字第 0910006007 號函釋之說明，2002 年 12 月 3 日。

[21]　劉連煜，〈證券私募之法律問題研究〉，《公司法理論與判決研究(二)》，2000 年 9 月 2 刷，頁 141。

[22]　財政部證期會臺財證(一)字第 0910006007 號函釋之說明，2002 年 12 月 3 日。

⑷其他經主管機關核准者。

依證券交易法第 43 條之 8 第 1 項第 6 款規定意旨，經主管機關核准者，有價證券私募之應募人及購買人亦不受本條轉售之限制。

2.持有期間滿一年但未滿三年者

根據證券交易法第 43 條之 8 第 1 項第 2 款之規定意旨，自該私募有價證券交付日起滿一年以上，且自交付日起第三年期間內，依主管機關所定持有期間及交易數量之限制，轉讓予符合第 43 條之 6 第 1 項第 1 款及第 2 款之人者，亦不受本條轉售之限制。

查上開第 43 條之 8 第 1 項第 2 款所稱之「依主管機關所訂持有期間及交易數量之限制」，指符合下列條件者❷：

⑴該私募有價證券為普通股者，本次擬轉讓之私募普通股數量加計其最近 3 個月內私募普通股轉讓之數量，不得超過下列數量較高者：

a.轉讓時該私募普通股公司依證券交易法第 36 條第 1 項公告申報之最近期財務報表顯示流通在外普通股股數之 0.5%。

b.依轉讓日前二十個營業日該私募普通股公司於臺灣證券交易所或證券商營業處所買賣普通股交易量計算之平均每日交易量之 50%。

⑵私募有價證券為特別股、公司債、附認股權特別股或海外有價證券者，本次擬轉讓之私募有價證券加計其最近三個月內已轉讓之同次私募有價證券數量，不得超過所取得之同次私募有價證券總數量之 15%。

易言之，私募普通股轉讓之限制，以最近三個月內所轉讓之全部私募普通股為併同計算之基準，不再區分轉讓之普通股是否為同次發行之有價證券，並個別予以計算。因而，在外流通而非同次發行之私募證券，不得納入計算以提高轉讓數量之上限。

3.持有期間滿三年者

依證券交易法第 43 條之 8 第 1 項第 3 款之規定，自該私募有價證券交付日起滿三年，持有人得自由轉讓私募證券，不受轉讓數量及對象之限制。

值得一提者，私募轉售限制之條款，並未排除證券交易法第 22 條之 2

❷ 財政部證期會於以臺財證㈠字第 0910003455 號令，2002 年 6 月 13 日。

有關主管機關申請核准或申報生效之規定。故不論是依證券交易法第 43 條
之 8 第 1 項第 1 款、第 2 款或第 3 款之方式轉讓私募證券，如持有人具有
公司內部人身分或持有公司股票超過股份總額百分之十者，仍須按規定向
主管機關申報或申請核准，殊值注意❷。

此外，下列之人亦有前揭向主管機關申請核准或申報生效規定之適用：
⑴內部人之配偶、未成年子女及內部人利用他人名義所持有者；⑵法人董
事、監察人、代表人、代表人之配偶、未成年子女及代表人利用他人名義
所持有者❷。

㈡實務見解

實務上認為，公司債既屬有價證券，其私募之應募人及購買人，自應
受證券交易法第 43 條之 8 之規範。證券交易法上之立法設計既係以管制有
價證券之募集、發行、買賣等事項，在目的上寓有管制之色彩，解釋時應
以合目的性之觀點為優先考量，而本法關於轉售規定之立法目的，乃在防
免發行人利用私募制度籌資後，以人頭之方式迅速將證券再予轉讓，最終
達到與公開發行相同之效果，且可規避公開發行所應負擔之資訊揭露義務
及成本。就法益衡量而言，此制度雖可能因此導致證券持有人對於其財產
權之處分受到限制，但換來的卻是貫徹了「投資人保障」之證券交易法目
的。故法院認證券交易法第 43 條之 8 之轉售限制規範，應為禁止規定中之
效力規定，否則無以貫徹其立法目的❷。

六、外國公司私募與提高私募門檻

㈠增訂外國公司私募規定之理由

我國證券交易法對於外國公司之有價證券於我國募集、發行、買賣及
私募，原無具體明文，2012 年 1 月間，為配合外國公司來臺上市（櫃），
修正外國公司之有價證券於我國募集、發行、買賣及私募者，應受本法規

---

❷　黃正一，前揭文，頁 47。

❷　財政部證期會臺財證㈢字第 0910005587 號函釋之說明，2002 年 11 月 6 日。

❷　臺灣高等法院 97 年度重上字第 191 號民事判決。

範，增訂外國公司之定義。故增訂該法第 4 條第 2 項規定：「本法所稱外國公司，謂以營利為目的，依照外國法律組織登記之公司」。

　　經查前開第 4 條第 2 項之立法理由，蓋為促進資本市場發展、符合國際趨勢，參照企業併購法對於外國公司無須經認許之規定，且基於我國企業於美國或日本為募集發行 ADR 或 GDR 等亦無須經外國政府認許之平等原則，以及考量本法所規範之外國公司於我國境內並無營業之行為，實務上透過主管機關、證券交易所與證券櫃檯買賣中心對募集發行有價證券作實質審核，較形式認許對投資人權益保障更為周全，爰外國公司之有價證券於我國募集、發行、買賣及私募者，該外國公司無須經認許❷❼。

㈡證交所有價證券上市審查準則規定

1.依　據

　　⑴2002 年 2 月間，證券交易法於第 7 條第 2 項增訂：「本法所稱私募，謂已依本法發行股票之公司依第 43 條之 6 第 1 項及第 2 項規定，對特定人招募有價證券之行為。」此為證券交易法首次就私募行為明確加以規範。

　　⑵依照臺灣證券交易所股份有限公司有價證券上市審查準則第 12 條之 1 第 1 項前段規定，在限制轉讓期間內，不得以該私募之有價證券申請初次上市。

2.上開修正規定之影響

　　⑴公司獲利能力之標準趨嚴

　　為強化上市公司私募股票合理性，並同時保障股東權益，臺灣證券交易所認為，今後上市公司要辦理私募時，在不同情形下應符合較為嚴格之獲利能力標準，私募股票才可補辦公開發行與申請上市；此亦即避免產生私募價格與公司市價或淨值偏離過多，或者公司獲利卻採私募等情形。

　　⑵私募門檻提高

　　依臺灣證券交易所股份有限公司有價證券上市審查準則第 12 條之 1 第 1 項前段規定，發行公司私募有價證券者，於證券交易法第 43 條之 8 所定限制轉讓期間內，不得以該私募之有價證券申請初次上市。而限制轉讓

---

❷❼　證券交易法第 4 條第 2 項修正理由，2012 年 1 月 4 日。

期滿後，如擬申請上市買賣，亦應先向主管機關完成補辦發行審核程序後始得提出申請。

至於向證交所申請同意函，依臺灣證券交易所前開審查準則第 12 條之 1 第 3 項第 1 款、第 2 款等規定，須公司最近期及最近一個會計年度財務報告顯示無累積虧損，且淨值為正數；營業利益及稅前純益占年度決算的實收資本額比率最近兩年度均達百分之四以上等，始符條件。

上述條件，與前述證券交易法第 43 條之 6、第 43 條之 7、第 43 條之 8 等各條款，均係公司進行私募所應符合之門檻，但修法之後即提高門檻，改為上市公司股東會決議辦理私募有價證券前一會計年度為稅後純益且無累積虧損者，其最近會計年度之營業利益及稅前盈餘，占年度決算實收資本額比率，應較股東會決議辦理私募前一會計年度為佳。

此外，今後上市公司在不同情形下，應符合上述更為嚴格之獲利能力標準，才會核發補辦公開發行之同意函，申請私募股票上市；在申請同意函時，持有私募股票之非策略性投資人、內部人及關係人，亦應辦理強制股票集中保管。此舉不但能夠避免產生大股東套利、關係人低價認購股票等問題，亦同時達到健全交易市場之功效，對投資人來說，的確是較有保障❷⑧。

第四節　私募制度在證券交易法與公司法之比較

一、法源基礎

㈠證券交易法

私募制度在證券交易法之第 43 條之 6、第 43 條之 7、第 43 條之 8 等相關規定，前已多所闡述，茲不贅言。

㈡公司法

除證券交易法外，我國公司法亦為私募制度之重要法源，例如第 248

---

❷⑧　參閱《法源電子報》，第 578 期，證交所規定，2010 年 10 月 29 日。

條第 2 項及第 3 項之規定，謂普通公司債、轉換公司債或附認股權公司債之私募不受第 249 條第 2 款及第 250 條第 2 款之限制，並於發行後十五日內檢附發行相關資料，向證券管理機關報備。

由公司法之規定可知，不僅是公開發行公司得私募普通公司債，未公開發行公司亦可依此方式進行籌資。惟公司法有關私募制度，係規定於股份有限公司章，亦即僅有股份有限公司可以私募公司債；無限、兩合、有限公司則不可以私募公司債。

就發行之方式而言，公司法並未做任何特別規定，此一疏漏之產生，或由於立法者認為事屬當然，無待明文規定，或由於立法匆促所致。有論者認為，此一情況，在私募可轉換公司債之場合，由於會牽涉到股東權益，因此在解釋上會產生問題❷❾。

就公司法第 246 條第 1 項規定觀之，其謂「公司經董事會決議後，得募集公司債。但須將募集公司債之原因及有關事項報告股東會」，即公司如要募集公司債，僅需董事會決議即可，無須經股東會之同意，而董事會通過私募公司債之議案，其表決門檻為三分之二以上董事出席，出席董事過半數之同意。

私募之發行公司不以上市、上櫃、公開發行股票之公司為限❸⓪。

證券交易法第 43 條之 6 第 1 項明文規定，有價證券之私募對象，必須是該項各款所規定之人，而公司法對此並未明文規定。理論上，宜仿證券交易法之規定，對公司債私募之對象，予以明文界定，使特定人之資格明確，避免產生疑義。

除此之外，對於資訊揭露，公司法亦無對資訊揭露有類似證券交易法

❷❾　劉連煜，《新證券交易法實例研習》，元照出版，2004 年 3 月增訂版，頁 72～73。

❸⓪　參閱公司法第 248 條第 2 項修正理由，按公司法第 356 條之 11 規定，於閉鎖性股份有限公司已放寬私募之標的，除私募普通公司債外，亦得私募轉換公司債及附認股權公司債。因此，本次修法擴大適用範圍，讓非公開發行股票之公司除私募普通公司債外，亦得私募轉換公司債及附認股權公司債，爰修正第 2 項，以利企業運用。

第 43 條之 6 第 4 項，有關資訊揭露之規定❸。本文以為，公司法除應對私募之對象予以明文界定外，更應仿效證券交易法第 43 條之 6 第 4 項有關資訊揭露之規定，方為妥適。

二、公司法與證券交易法所規範之私募制度

我國證券交易法與公司法，雖對「私募制度」均有所規範，然二者之間，仍存有諸多差異，茲析述如下：

㈠私募之主體不同

根據證券交易法之規定，進行私募之發行人必須是「已依本法發行股票之公司」；故僅有公開發行公司，始得依證券交易法進行私募。

反之，公司法第 248 條第 2 項規定私募之公司，則不以上市、上櫃、公開發行股票之公司為限。

由此觀之，依據公司法而運用私募制度，不僅是公開發行股票公司可以私募公司債，未公開發行公司亦可以利用此一方法募集資金。

㈡私募之有價證券種類不同

依公司法對於私募之相關規定，公司僅能募集公司債，而無法募集其他類型之有價證券。

然依證券交易法之相關規定，公開發行公司得私募之有價證券，依同法第 6 條所定之有價證券種類，包括公司股票、公司債券、新股認購權利證書、新股權利證書及前項各種有價證券之價款繳納憑證或表明其權利之證書等。不過，私募有價證券之種類仍應視實際需要才發行。

如針對得私募公司債之種類與發行人資格，再作詳細區分，從公司法第 248 條文義觀之，公司私募之公司債種類，似乎並無限制，惟主管機關目前亦僅准許未公開發行公司發行普通公司債。因而，未公開發行公司依公司法之規定，不得私募普通公司債以外之其他債券❸。

---

❸　證券交易法第 43 條之 6 第 4 項規定，實施私募之公司應符合主管機關所定條件之自然人、法人及基金之合理請求，於私募完成前負有提供與本次有價證券私募有關之公司財務、業務或其他資訊之義務。

又依證券交易法第 43 條之 6 第 3 項意旨，就普通公司債之私募，設有特別規定，即公開發行公司依證券交易法之規定私募普通公司債時，其舉債之上限，可增加至淨值之四倍，且得依董事會之決議，於 1 年內分次辦理；此與公司法規定之普通公司之私募，又有不同。

(三)私募公司債總額上限之不同問題

公司法並未對私募公司債公司總額有特別規定，故私募公司債之發行總額，仍應本於公司法第 247 條第 1 項之規定：「公開發行股票公司之公司債總額，不得逾公司現有全部資產減去全部負債後之餘額」。因此，當公司私募有擔保之公司債時，根據公司法第 247 條第 1 項規定，其總額不得超過公司之現有全部資產減去全部負債後之餘額；而私募無擔保公司債時，則不得逾公司淨資產值之二分之一。

然依照證券交易法第 43 條之 6 第 2 項規定，普通公司債之私募，其發行總額，除經主管機關徵詢目的事業中央主管機關之同意者外，不得逾全部資產減去全部負債餘額之百分之四百，不受公司法第 247 條規定之限制，並得於董事會決議之日起一年內分次辦理。故兩者所能私募之公司債總額上限不同。

(四)私募公司債付息能力限制問題

從付息能力方面言之，公司法第 248 條第 2 項規定：「普通公司債、轉換公司債或附認股權公司債之私募不受第二百四十九條第二款及第二百五十條第二款之限制，並於發行後十五日內檢附發行相關資料，向證券主管機關報備；私募之發行公司不以上市、上櫃、公開發行股票之公司為限。」❸❸ 進一步言，亦即私募公司債之發行公司，其支付利息之能力，不受最近三年之獲利能力，需足以償還所應負擔債券利息之限制❸❹。

至證券交易法第 43 條之 6 第 3 項僅規定：「普通公司債之私募，其發行總額，除經主管機關徵詢目的事業中央主管機關同意者外，不得逾全部

---

❸❷　經濟部經商字第 09102122160 號函，2002 年 6 月 13 日。

❸❸　公司法第 249 條第 2 款規定，2005 年 6 月 22 日。

❸❹　公司法第 250 條第 2 款之規定，2005 年 6 月 22 日。

資產減去全部負債餘額之百分之四百，不受公司法第二百四十七條規定之限制。並得於董事會決議之日起一年內分次辦理。」

換言之，針對公司之付息能力問題，證券交易法並未排除公司法第249 條第 2 款及第 250 條第 2 款之限制，此與前開依公司法私募公司債之付息能力不受限制，二者顯有不同。

按證券交易法與公司法二者適用上之關係，係立於特別法與普通法之地位，基於特別法優於普通法之原則，故於某種情況下，如證券交易法及公司法皆有規定時，自應優先適用證券交易法之規定，必須證券交易法無規範之部分，方以公司法補充適用之。

綜上所述，公開發行公司依證券交易法之規定私募公司債時，關於付息能力限制之問題，學者認為，仍不受最近三年之獲利能力需足以償還所應負擔之債券利息之限制❸❺。但如公開發行公司依公司法之規定私募公司債時，則公司法私募公司債法律規定缺漏之部分，可能成為公開發行公司逃漏法律規範之一個漏洞。

第五節　資本市場私募概況

一、私募風潮

自 2005 年以來，臺灣上市、櫃公司掀起一股私募風潮，希望經由私募之金融工具與財務槓桿操作，挹注公司資金，或使公司體質轉型，或解除股價低落之困境❸❻。而投資者之所以有參與私募之意願，大多係認為進行

---

❸❺　黃正一，前揭文，頁 48。

❸❻　參閱彰銀董事會 http://tw.stock.yahoo.com/d/s/company_2801.html ，拜訪日：2006 年 2 月 13 日。該董事會於 2005 年 6 月 24 日通過辦理 14 億股現金增資，股權比重約 22%，將以私募方式引進單一股東，每股私募價格 17.98 元發行；彰銀董事透露，為達成二次金改，財政部同意此項計畫，等於是將彰銀拱手讓給財團，不僅如此，財政部亦同意新策略投資人底定後，在董監改選前，公股將讓出董事席次給新經營者。並於同年 9 月 23 日股東臨時會通過公司章

私募之公司具有轉機，未來如有機會「麻雀變鳳凰」，營收增加、股價回升，便可獲取資本利得。在利率（利率）不斷下滑、EPS **❸❼** 不易提升之股市，此種私募方式，成為大股東另類之個人財富創造方法。

二、私募規範之缺失

(一)資訊取得人範圍過小

依證券交易法第 43 條之 6 第 4 項之規定意旨，如有符合主管機關所定條件之自然人、法人或基金之合理請求，公司於有價證券之私募完成前，負有提供與本次有價證券私募有關之公司財務、業務或其他資訊之義務。然而，前開資訊請求權之主體，未包括同條項第 1 款所指之金融業者，其理由何在？值得深入探究。關於此點，學者有正反二說，茲分述如下：

1.否定說

學者認為，基於上述理由，同條第 1 項第 1 款之金融業者，雖具有專業知識、經驗、技巧，但若無法取得私募發行公司之資訊，其仍與證券交易法同條第 1 項第 2 款之人相同，無法自我保護。基於貫徹保護投資人之立場，應使其與同條第 1 項第 2 款之人享有同樣之保護，而賦予其證券交易法第 43 條之 6 第 4 項之請求權基礎，使金融業者亦得達到自我保護之實效 **❸❽** 。

程修正以現金增資私募發行 14 億股乙種記名式特別股兩大議案。彰銀國內現金增資私募發行 14 億股乙種記名式特別股案，計畫引進策略投資人之台新金控，台新將以每股 26.12 元價位，全數吃下彰銀 14 億股之乙種記名式特別股。彰銀董事長張伯欣表示，台新入股案定案後，其溢價之資金部分，將用於轉銷彰銀之呆帳之用，藉以改善銀行之財務結構。

❸❼ EPS 是每股盈餘 (Earnings Per Share) 的簡稱，簡言之，等於公司盈餘（扣除特別股股利）除以其發行股數，代表每一普通股所獲得之盈餘，為用來評估公司獲利能力之重要指標之一，每股盈餘越高，代表獲利能力越強。參閱 http://tw.knowledge.yahoo.com/question/question?qid=1005011801556，拜訪日：2012 年 4 月 12 日。

❸❽ 莊永丞，〈我國證券交易私募有價證券之理論基礎與規範缺失〉，《月旦法學雜

2.肯定說

另一學者則認為，只賦予第 1 項第 2 款之人有獲得資訊之權並無違誤，蓋第 1 項第 1 款及第 3 款之應募人，為專業投資機構或公司之內部人，具有一定地位，可與發行公司進行對等協商，已取得所需資訊，或具有一定管道獲取資訊，基於「武器平等原則」，從而自毋須再行規定加以特別保護此兩款人 ❸。

另有學者支持此說，採相同見解，且更主張應修法明定課予發行公司主動告知投資私募相關資訊之義務，方能真正實踐投資正義與資訊透明，以落實對投資人之保護 ❹。

3.評 析

上述肯定說與否定說，皆有其立論基礎，並無對錯。但因即使是銀行業、票券業、信託業、保險業、證券業，其組織規模及專業能力，亦往往頗有不一，故一般「假設金融業者多具有談判能力」之論述，多只是應然而非實然，不能排除有談判能力較不對等之情形，此時如賦予金融業者有資訊請求權，就有其必要和意義，亦能周全保障較無談判能力之金融業者，況如採此等模式，亦不至於造成私募公司太大之負擔。

因此，本文認為，似得針對證券交易法第 43 條之 6 修法，以賦予第 1 款所規範之金融業者有資訊請求權，俾提供更周延之保障。茲試擬就該法條第 4 項修正如下：「該公司應第一項第一款及第二款之人之合理請求，於私募完成前負有提供與本次有價證券私募有關之公司財務、業務或其他資訊之義務。」

㈡該法第 43 條之 6 第 1 項第 3 款加劇代理成本

依證券交易法第 43 條之 6 第 1 項之規定「……對左列之人進行有價證券私募，不受……公司法第二百六十七條第一項至第三項之限制………」

誌》，第 155 期，2008 年 4 月，頁 364～365。

❸ 劉連煜，《新證券交易法實例研習》，元照出版，2012 年 9 月十版，頁 235。

❹ 何曜琛，〈有價證券私募與建業股息——最高法院 100 年度 665 號判決〉，《台灣法學雜誌》，第 193 期，2012 年 2 月 1 日，頁 143。

是以，公司股東對私募發行公司股票並無優先認購權。因此，於私募股票時，原有股東股權遭稀釋之可能性會大增❹。此時，公司經營階層若為鞏固其經營權，維持其於股東會之優勢，勢必以私募之名達增股之實。蓋於此私募之下，公司原有股東不僅不得參與應募，且亦無優先認購權；相對與此，公司內部人雖無優先認購權，但卻有應募資格，相形之下，原有股東之股權即有遭稀釋之風險。因此，允許公司內部人得為應募之規定，將造成加劇代理成本之擴大之風險。

職是之故，學者認為，證券交易法第 43 條之 6 第 1 項第 3 款，關於內部人得為應募之規定，應予刪除，不宜再仿效美國立法之模式，採行公司內部人得為應募之規範。蓋美國之股權結構與我國股權結構截然不同，美國股權結構分散，而我國因家族性企業當道，親友間交叉相互持股情形嚴重，股權結構多至為集中，自然較易形成大股東與小股東失衡之情形。

此外，有學者認為，美國大股東對小股東與公司皆須負忠實義務(Fiduciary Duty)，而按通說見解，我國大股東似無此一義務負擔，且我國對少數股東之代位訴訟制度亦存有許多問題。簡言之，使內部人得為應募人，徒增代理成本❷。

然而，本文認為，我國因依公司法規定，僅有董事、監察人具有一定之忠誠義務，而大股東似無此一義務負擔；且我國對少數股東之代位訴訟制度亦存有許多問題，保障仍嫌不足。況在現今我國股權結構下，交叉持股情形嚴重，家族企業林立之社會情況，使內部人得為應募人，的確有使少數股東股權有因私募而稀釋之虞，有增加代理成本之風險，故可考慮刪除第 43 條之 6 第 1 項第 3 款規定，以防免利用此私募之方式侵害小股東之權利，此外，似可考慮進一步立法禁止內部人應募，茲試擬法條如下：「公開發行股票之公司，得以有代表已發行股份總數過半數股東之出席，出席

---

❹ 雖然於召開股東會時，有特別決議之把關，但在大股東具有多數股權下，實效性如何，值得懷疑。

❷ 莊永丞，〈我國證券交易私募有價證券之理論基礎與規範缺失〉，《月旦法學雜誌》，第 155 期，2008 年 4 月，頁 366。

股東表決權三分之二以上同意，對下列之人進行有價證券之私募，不受第
二十八條之一、第一百三十九條第二項及公司法第二百六十七條第一項至
第三項規定之限制：一、銀行業、票據業、信託業、保險業、證券業或其
他經主管機關核准之法人或機構。二、符合主管機關所定條件之自然人、
法人或基金。」

(三)富人標準之妥適性

依證券交易法第 43 條之 6 第 1 項第 2 款規定，及財政部證券暨期貨管
理委員會之行政函釋[43]，所謂「富人條款」之具體範圍解釋，即指對該公
司財務業務有充分瞭解之國內外自然人，且於應募或受讓時符合下列情形
之一者：1.本人淨資產超過新臺幣一千萬元或本人與配偶淨資產合計超過
新臺幣一千五百萬元。 2.最近兩年度，本人年度平均所得超過新臺幣一百
五十萬元，或本人與配偶之年度平均所得合計超過新臺幣二百萬元。

從前述可以看出，我國就所得限制之規範金額上，難免有過低之疑慮。
蓋此等規範之意旨，係在於認為富人較有資力取得優勢資訊或僱用專業人
士為其效力，俾以保護自身之權益。但如對應募人所得規範，予以適度提
高，較能保護自己。如所得規範範圍過低，就此等收入而言，較無法確保
該等所謂富人有資力僱用專業人士，為其分析私募公司所提供之資訊與已
公開資訊，如此一來，何以具有保護自己之能力，實難理解[44]。本文亦認
為，目前針對私募應募人所規範之資產或所得金額，衡諸現代經濟，已未
必屬於「富人」，故似應參酌現今社會情況，提升私募富人條款之門檻。

(四)該法施行細則第 8 條之 1 牴觸母法之疑慮

依證券交易法第 43 條之 7 規定：「有價證券之私募及再行賣出，不得
為一般性廣告或公開勸誘之行為。違反前項規定者，視為對非特定人公開
招募之行為。」而證券交易法施行細則第 8 條之 1 規定：「本法第四十三條
之七所定一般性廣告或公開勸誘之行為，係指以公告、廣告、廣播、電傳

---

[43] 參閱臺財證(一)字第 0910003455 號函。

[44] 莊永丞，〈我國證券交易私募有價證券之理論基礎與規範缺失〉，《月旦法學雜
誌》，第 155 期，2008 年 4 月，頁 368。

視訊、網際網路、信函、電話、拜訪、詢問、發表會、說明會或其他方式，向本法第四十三條之六第一項以外之非特定人為要約或勸誘之行為。」

查證券交易法第 43 條之 7 規定，係全面禁止為一般性廣告或公開勸誘之行為，且不論對象為何。然證券交易法施行細則第 8 條之 1，則僅係有限度之禁止，即私募有價證券之發行公司或發行人，仍得對證券交易法第 43 條之 6 第 1 項之人為一般性廣告或公開勸誘之行為，為私募者大開方便之門。兩相較之下，即產生衝突與矛盾，甚至屬行政命令牴觸法律之情形，應為無效。學者認為，私募有價證券之發行公司或發行人違反證券交易法第 43 條之 7 之規定時，縱其符合證券交易法施行細則第 8 條之 1，仍應被評價為違反證券交易法第 43 條之 7 規定❹。

本文認為，證券交易法施行細則第 8 條之 1 規定限縮證券交易法第 43 條之 7 之適用，該行政命令牴觸法律，係屬無效。但因為違反證券交易法第 43 條之 7 規定視為對非特定人公開招募，其又未向主關機關申報，將會受到證券交易法第 174 條第 2 項第 3 款規定，處五年以下有期徒刑之刑罰，故在修法刪除前，為法明確性考量，於符合施行細則第 8 條之 1 規定時，應不予處罰，惟應盡速修法刪除證券交易法施行細則第 8 條之 1 的規定，以避免為私募有價證券者大開方便之門。

(五)違反證券交易法第 43 之 8 之法律效果

有價證券之招募方式，主要可分為向非特定人所為之「募集」，以及向特定人所為之「私募」兩大類。私募係針對特定人進行籌資之行為，其招募對象之數目明顯較少。而參與私募之投資人多半具備專業能力且多為財利豐厚之人，應有足夠能力蒐集相關資訊與承擔風險。惟即使符合私募應募人資格之人有能力承擔參與私募有價證券之相關風險，並不代表其他不符合私募應募人資格之後手轉得人，亦有能力自行因應相關風險。

因此，為避免私募有價證券之風險，因轉售而轉讓予符合私募應募人資格但對私募風險之認識有所欠缺者，證券交易法乃於第 43 條之 8 第 1 項

❹　莊永丞，〈我國證券交易私募有價證券之理論基礎與規範缺失〉，《月旦法學雜誌》，第 155 期，2008 年 4 月，頁 370。

規定，私募有價證券除符合法定條件之情形外，不得轉售。而此「不得轉售」究竟屬取締規定或效力規定，亦有不同見解。

1.實務見解

針對「不得轉售」，究竟屬取締規定或效力規定，見解亦有歧異，茲分述如下：

臺北地方法院實務認為：「……證券交易法第四十三條之八對於私募有價證券轉售之限制，應僅為主管機關為管理有價證券市場公平秩序之行政規範，非轉售之法律行為價值本身應受非難。該條項其所著重者為違反行為之事實行為價值，而非違反行為之法律行為價值，亦即該項規定是以禁止其行為為目的，而非否認其法律效力為目的，故其應屬取締規定，而非效力規定，違反者非概為無效，並非民法第七十一條之適用。準此，有價證券私募之應募人及購買人違反該項規定再行賣出者，僅行為人應負同法第一百七十七條所定之刑事責任，非謂其買賣行為概為無效。……」[46]簡言之，係採取「取締規定」之見解。

另臺灣高等法院實務上認為：「……本院認證券交易法第四十三條之八之轉售限制規範，應為禁止規定中之效力規定，否則無以貫徹其立法目的。如採取締規定之解釋將破壞證券交易法之整體立法目的，因違法轉售仍屬有效，僅轉售人負刑事處罰之規定，則當其轉售可獲得之利益大於其受處罰之損失或不利益時，該私募應募人將有進行違法轉售之動機，並將私募有價證券之相關風險輕易的經由轉讓而轉嫁予次轉得人。其次，取締規定之解釋破壞證券交易法第四十三條之六第二項應募總人數之限制，因第一輪之應募人即可能因為多次之違法轉售而使持有私募有價證券之人超過前述法定限制之三十五人，其結果將使上開條文之規定形同具文。再者，取締規定之解釋將使第一輪應募人透過轉售扮演承銷商之角色。……」[47]簡言之，其係採取「效力規定」之見解。

最高法院則認為：「……證券交易法第四十三條之八對於私募有價證券

---

[46]　臺北地方法院 96 年度重訴字 565 號民事判決。

[47]　臺灣高等法院 97 年度重上字第 191 號民事判決。

轉售之限制，乃取締規定，非效力規定，無民法七十一條之適用。私募有價證券之應募人及購買人如違反該項規定再行賣出者，僅行為人應負同法第一百七十七條第一款所定之刑事責任，非謂其買賣行為概為無效。……」❹簡言之，最高法院又採取「取締規定」之見解。

2.學者見解

有學者認為，在現行證券交易法之架構及目的解釋論下，應認為違反第 43 條之 8 第 1 項，違法轉售行為應屬無效，以確保社會一般投資人及整體交易秩序。至於若涉及次轉得人明知該交易為違法轉售而為給付者，則為不得請求不當得利返還之問題❹。

亦有學者認為，自私募證券轉讓限制之規範原理以及貫徹證券交易法之整體立法目的來看，宜立法明定違法轉讓行為無效。其次，為使私募證券應募人與購買人瞭解私募有價證券轉讓之限制，證券交易法第 43 條之 8 第 2 項規定，有關私募有價證券轉讓之限制應於公司「股票❺」以明顯文字註記，並於交付應募人或購買人之相關書面文件中載明❺。

另有學者亦認為，違法轉售者應解為無效，因此等違法轉讓之限制，實為保護一般買受人（投資人），故性質上應認為，屬於效力規定❺。

3.本文見解

綜上所述，本文認為在未修法前，就證券交易法乃於第 43 條之 8 第 1 項「不得轉售」之規定，應目的性解釋為「效力規定」，但為避免爭議，應修法明定違法轉售之效果為無效。此外，同條第 2 項有關「前項有關私募

---

❹ 最高法院 97 年度臺上字第 2729 號民事判決。

❹ 林國彬，〈論有價證券違法轉售之法律效果〉，《台灣法學雜誌》，第 109 期，2008 年 8 月 1 日，頁 35。

❺ 此之「股票」，學者認為遺漏其他有價證券，應予修正。參閱郭大維，〈私募有價證券轉讓之限制——評最高法院九十七年台上字第二七二九號民事判決〉，《月旦裁判時報》，第 9 期，2011 年 6 月，頁 76。

❺ 郭大維，〈私募有價證券轉讓之限制——評最高法院九十七年台上字第二七二九號民事判決〉，《月旦裁判時報》，第 9 期，2011 年 6 月，頁 76。

❺ 劉連煜，《新證券交易法實例研習》，元照出版，2012 年 9 月 10 版，頁 238。

有價證券轉讓之限制，應於公司股票以明顯文字註記，……」所訂之「股票」，應修正為「有價證券」，以避免私募公司債之法律漏洞。茲試擬法條如下：「有價證券私募之應募人及購買人除有下列情形外，不得再行賣出：一、第四十三條之六第一項第一款之人持有私募有價證券，該私募有價證券無同種類之有價證券於證券集中交易市場或證券營業處所買賣，而轉讓予具相同資格者。二、自該私募有價證券交付日起滿一年以上，且自交付日起第三年期間內，依主管機關所定持有期間及交易數量之限制，轉讓予符合第四十三條之六第一項第一款及第二款之人。三、自該私募有價證券交付日起滿三年。四、基於法律規定所生效力之移轉。五、私人間之直接讓受，其數量不超過該證券一個交易單位，前後二次之讓受行為，相隔不少於三個月。六、其他經主管機關核准者。前項有關私募有價證券轉讓之限制，應於公司有價證券以明顯文字註記，並於交付應募人或購買人之相關書面文件中載明。」「違反第一項之轉售行為無效。」

㈥新股私募案之股東會決議門檻

　　公開發行股票之公司；得依證券交易法第 43 條之 6 第 1 項規定，以有代表已發行股份總數過半數股東之出席，出席股東表決權三分之二以上之同意，對特定人進行新股之私募。惟私募案之股東會決議門檻，較諸公司法所規定之股東會特別決議，證券交易法之規範門檻似乎更加嚴格。

　　依公司法 174 條規定，股東會決議除另有規定外，應有代表已發行股份總數過半數股東之出席，以出席股東表決權過半數之同意行之。而所謂另有規定，即指公司法明文特別決議之事項，其規定模式為「應有代表公司已發行股份總數三分之二以上股東出席，出席股東表決權過半數之同意行之；若公開發行股票公司之出席股東不足已發行股份總數三分之二者，得以有代表已發行股份總數過半數股東之出席，出席股東表決權三分之二以上同意行之」（下稱「特別決議之便宜方式」）。

　　換言之，依公司法規定，若是公開發行股票公司之股東對股東會特別決議事項之出席率，已達公司發行股份總數三分之二以上時，則其同意表決權之門檻，只要出席股東表決權過半數同意即可。

　　然而，證券交易法第 43 條之 6 第 1 項，對私募之股東會決議，逕行規定應有以代表已發行股份總數過半數之股東之出席，出席股東表決權三分之二以上之同意，將造成股東出席股東會之股份數只要過半，則不論是否有達到三分之二與否，其同意之表決權均應達到出席股東表決權三分之二以上，而使得有價證券私募案所要求之股東會決議之門檻，甚至有時比公司解散、合併或分割等事項來的嚴格，惟是否有此必要性，頗令人質疑 ❺❸。

　　公司法對公開發行股票公司提供股東會特別決議之便宜方法，係考量其規模通常較大，股權較為分散，須使其對特別議案之股東會易於召開。而證券交易法第 43 條之 6 第 1 項的股東會決議門檻規定，似係有鑑於公開發行股票之公司，其股東會要達到「公司已發行股份總數三分之二以上」之出席率不易，因而逕行以便宜方式之法條用語加以規範，然卻因此造成比公司法之特別決議門檻更高之後果，此規定似有再斟酌之必要。

　　綜上所述，本文認為，證券交易法第 43 條之 6 第 1 項之規定應予修正，茲試擬法條如下：「公開發行股票之公司，得以有代表已發行股份總數三分之二以上股東出席，出席股東表決權過半數之同意，或以有代表已發行股份總數過半數股東之出席，出席股東表決權三分之二以上同意，對下列之人進行有價證券之私募，不受第二十八條之一、第一百三十九條第二項及公司法第二百六十七條第一項至第三項規定之限制：一、銀行業、票據業、信託業、保險業、證券業或其他經主管機關核准之法人或機構。二、符合主管機關所定條件之自然人、法人或基金。三、該公司或其關係企業之董事、監察人及經理人。」

三、私募制度之漏洞

(一)私募制度運作概況

　　私募制度在師法美國制度同時，結合本土證券市場特色，加以創新，在某些方面又體現自身之特點。

---

❺❸　洪秀芬，〈新股私募案之股東會決議門檻〉，《月旦法學教室》，第 102 期，2011 年 4 月，頁 19。

　　然而，2005 年間，上市公司變壓器大廠銳普電子公司在辦理私募後，因傳出遭新經營團隊掏空，造成公司周轉不靈而產生退票事件。因為此一事件，引發各界對於私募制度產生檢討聲浪❺❹。

　　而從歷來已完成之諸多私募案觀之，其中不乏在營運上出現問題之上市、櫃公司，如陞技公司已遭打入全額交割股❺❺，勁永公司同樣因牽涉假帳風波，被列為全額交割股。顯見利用公司營運出現困難之際，透過私募方式取得公司主導權，似乎已經成為應募者之共通想法；歷來辦理私募增資之公司，許多私募價格的訂定，並非按照面額打折、亦非按照股價計算，而是直接用公司淨值打折。因此，遂出現早期陞技公司股票每股僅有 1.5 元之超低私募價，致當時萬海航運公司則僅花 4.33 億元之超低價額，即取得陞技公司約 23% 之股權。

　　茲舉一例，一家資本額 5 億元之公司，如因故急需一筆 2 億元資金，於買方市場之優勢下，私募價格往往會被壓低到每股僅有 2 元，在此情形下，該公司如欲順利取得 2 億元資金，必須發行 1 億股股票進行增資。結果，此家公司資本額因而膨脹到 15 億元，而私募應募人亦即成為握有三分之二股權之大股東，後續將可主導經營團隊之決策，此實非健全之市場所樂見。

　　2018 年 7 月間，金管會公開表示，2018 年上半年度，公開發行公司國內外募資金額合計 3,038 億元，較去年（2017 年）同期大增 11.75%，主要是因上半年度大型募資案件較多所致；其中公募案件件數則有 127 件，成長 6.72%。私募方面，2018 年上半年度公發公司私募金額 429 億元，件數增加但金額減少，主要是因去年上半年度大型私募案件較多所致❺❻。顯見無論公募、私募，迄今仍甚蓬勃，惟近年因主管機關之投入，以及法令規範之強化，此等制度之運作已頗上軌道，亦較少見紛爭。

---

❺❹　吳坤明，〈私募制度的三大漏洞〉，《管理雜誌》，2005 年 9 月，頁 120。

❺❺　參閱 http://tw.stock.yahoo.com/d/s/company_2407.html，拜訪日：2006 年 2 月 13 日。

❺❻　參閱邱金蘭，〈上市櫃募資額 五年新高〉，《經濟日報》，2018 年 7 月 18 日。

㈡私募制度之檢討

儘管私募制度與公司遭經營團隊掏空之間，不一定直接產生關聯，然私募制度亟待檢討之處，至少有以下二點：

1.私募有圖利大股東及特定人之虞

目前辦理私募現金增資的公司，幾乎都是以平均股價再為一定之折扣，相當於以低於市價之價格，來發行新股。然而，私募制度限定公司原股東不得依比例優先認購，亦即公司以低價將股票售予特定人。

茲再舉一例，假設公司目前股價為 10 元，欲以 5 元或 7 元辦理私募，對於大股東而言，想要增加持股，只要再投入 5 元至 7 元之成本即可，甚至可先將手中股票以 10 元價格在市場上售出，再另行以 5 元至 7 元價格認購私募股票，總持股數不變，卻可以獲取雙倍利潤。因現行法規定，發行公司辦理現金增資時，並無證券交易法第 157 條歸入權之適用，如大股東參與私募，等於可以進行無風險套利，可見私募之採行，實有圖利大股東及特定人之虞。

2.低價發行新股嚴重影響股東權益

由於私募價格多遠低於市場價格，而原股東又無法依照持股比例儘先分認。因此，當公司辦理私募時，公司一般之原股東並無法參與，公司一般股東之權益，均會受到嚴重稀釋。此對一般較處於經濟弱勢之小股東，殊不合理。

四、證券刑罰之適用

㈠反詐欺條款之適用

證券交易法第 20 條，原並無私募之規定，為保障投資人之權益，該法於 2002 年 2 月修正時，已將第 20 條第 1 項修正為：「有價證券之募集、發行、私募或買賣，不得有虛偽、詐欺或其他足致他人誤信之行為。」換言之，已將「私募」納入規範，故亦適用反詐欺條款，其修法理由認為，有價證券之私募及再行賣出仍不得為虛偽隱匿不實之情事，爰修正第 1 項；違反者適用第 171 條之罰則。至於私募涉有背信情事，依刑法第 342 條之

規定處罰❺❼。

仁內線交易之適用

　　依最高法院 99 年度判決，略以：證券交易法第 157 條之 1 第 4 項除自行訂定所謂「有重大影響其股票價格之消息」之法律定義外，並授權主管機關制定「重大消息範圍及公開方式等相關事項」之管理辦法（下稱管理辦法），規定第 157 條之 1 第 4 項重大消息範圍及其公開方式管理辦法，以資規範。該管理辦法第 2 條第 2 款明定：「公司辦理重大之募集發行或私募具股權性質之有價證券、減資、合併、收購、分割、股份交換、轉換或受讓、直接或間接進行之投資計畫，或前開事項有重大變更者，均屬本法第一百五十七條之一第四項所稱涉及公司之財務、業務，對其股票價格有重大影響，或對正當投資人之投資決定有重要影響之消息」，是本件全坤興業公司減資及私募消息顯屬此之所謂「有重大影響其股票價格之消息」甚明。且證券交易法第 157 條之 1 第 1 項係屬內部人內線交易之禁止之刑罰，有無損害投資人之意圖、嗣後股票之漲、跌如何，均與犯罪之構成無關❺❽。

第六節　結　語

　　私募制度之原意，係為企業開啟一個更簡便迅速之籌資管道，特別是針對那些營運狀況不佳、有潛在資金需求，卻又無法順利以公開募集方式募集資金之企業，因此，私募制度的確有其存在之必要。惟有疑問者，有關私募制度是否需要二元制規範方式，亦即私募制度有無必要分別於公司法及證券交易法規範，值得研究。

　　目前私募制度之立法，將所有主導權完全賦予公司經營階層，如經營階層有心藉由私募制度改造並強化公司時，公司可能會因此受益；但如只是將私募當成是套利玩弄之工具，便容易衍生弊端，形成管理上之漏洞。

---

❺❼　證券交易法第 20 條第 1 項修法理由，2002 年 2 月 6 日。

❺❽　最高法院 99 年度臺上字第 1153 號刑事判決。又證券交易法第 157 條之 1 第 4 項，於 101 年修法時已移為同條文第 5 項。

因此，私募制度之部分規範，似乎應該做一些調整與修正，例如私募有價證券之價格，不該再完全授權發行公司任意訂定，始可避免發行公司賤賣公司股票，而損及其他股東權益。

另外，公司內部之應募人以高價出售原有持股、低價認購私募新股之套利行為，應考量將其納入證券交易法歸入權之適用範圍內，俾資規範為妥，亦即應募人如有獲利行為，應將其利益歸於公司。

然而，無可否認，制度之設計不管如何完備，有心人士如要刻意尋找漏洞，還是無法完全防止，私募制度亦然；因此，除宜將現行私募制度規範上之缺漏加以修正外，最重要者還是公司必須加強內部控制，而主管機關也應該加強對這些私募公司的管理，相信如此，仍可使私募制度發揮最大之正面效益。

為利公開發行公司辦理私募有價證券之遵循，並確保原股東權益，行政院金融監督管理委員會於 2005 年間訂定「公開發行公司辦理私募有價證券應注意事項」❺⁹，其立意固值稱許，然該注意事項第 8 條規定：「違反本注意事項，本會除依證券交易法第一百七十八條第一項及第一百七十九條規定對公司負責人處以罰鍰外，並得依『發行人募集與發行有價證券處理準則』及『發行人募集與發行海外有價證券處理準則』規定退回或不核准其申報（請）案件；違法情節重大者，另依證券交易法第二十條及第一百七十一條規定處置。」云云，是否有當，值得研究。

公開發行公司辦理私募有價證券應注意事項第 1 條規定，公開發行公司應依本注意事項辦理證券交易法第 43 條之 6 有價證券之私募。然而，依中央法規標準法第 5 條規定：「下列事項應以法律定之：一、……二、關於人民之權利、義務者。」第 6 條規定：「應以法律規定之事項，不得以命令訂之。」另憲法第 23 條規定：「以上各條列舉之自由權利，除為防止妨礙他人自由、避免緊急危難、維持社會秩序，或增進公共利益所必要者外，不得以法律限制之。」再依司法院大法官解釋：「對人民違反行政法上義務之行為予以裁罰性之行政處分，涉及人民權利之限制，其處分之構成要件

---

❺⁹　行政院金融監督管理委員會 94 年 10 月 11 日金管證㈠字第 0940004469 號。

與法律效果，應由法律定之，……，方符憲法第二十三條之意旨。」❻因此，上開注意事項第 8 條，所訂對公司負責人處以「罰鍰」云云，則是項「罰鍰」，是否有違前開「應由法律定之」之原則，似值得主管機關深思。

又有價證券之私募，如有違反證券交易法第 43 條之 6 私募應經股東會決議及對象之規定者，因同法第 175 條已明定相關罰則；且證券交易法第 174 條，則參酌證券投資信託及顧問法等規定，加重違法募集、發行或公開招募有價證券之刑罰，此等罰責之建立和強化，對於有價證券私募之違法行為，或可達警惕遏阻之效。

總之，私募發行制度之健全，並非一蹴可幾，在整個演進歷程中，仍充滿爭論，且亦曾有過失敗之實例，但大體而言，證券交易法對私募制度之規範與調整，使私募制度之構成要件、私募證券轉售限制以及相關法律責任之設置，均有具體之準則可據，為非常正確之立法。

---

❻　司法院釋字第 402 號解釋。

第九章　證券櫃檯買賣中心

第一節　概　說

臺灣證券市場之發展起源於店頭市場，早期有 1949 年政府發行之愛國公債，1953 年以後則發行土地債券。1962 年 2 月臺灣證券交易所成立，當時政府為發展集中交易市場，乃下令關閉店頭市場。1982 年重開債券店頭交易，至於股票店頭市場則於 1989 年 12 月重行開設，稱為證券櫃檯買賣。

所謂店頭市場 (Over-the-Counter Market)，簡稱 OTC 市場。換言之，有價證券不在集中交易市場以競價方式買賣，而在證券商設置之櫃檯，以議價方式進行交易，此在我國證券交易法稱之為「證券商營業處所買賣有價證券」，此種交易場所，即為店頭市場。

惟股票店頭市場復開後，起初交投清淡，無法發揮店頭市場應有之功能，使國內證券市場形成「跛足現象」。為擴大店頭市場規模，提高店頭市場效率，主管機關經多次召集會議，檢討店頭市場之建制，乃決議將原隸屬於臺北市證券商業同業公會之櫃檯買賣服務中心，改以財團法人方式另行組設，開始承作櫃檯買賣業務。

財團法人中華民國櫃檯買賣中心之基金來源，係由臺北市證券商業同業公會、高雄市證券商業同業公會、臺灣證券交易所股份有限公司、以及臺灣證券集中保管股份有限公司等四單位分別捐助❶，屬於一種公益性組織。

基此，本章首先擬探討組織與職掌；其次擬探討櫃檯買賣中心新制度，

---

❶　《財團法人中華民國證券櫃檯買賣中心簡介》，頁 2。

包括櫃買中心之相關規定、櫃買中心之管理權責,並論及其權限之法源不足,及所為之監視及調查等動作有證據能力等;再次擬探討櫃檯買賣制度概況與資訊揭露,包括股票上櫃與興櫃、上櫃與櫃與上市股票交易制度之差異,及上櫃公司之資訊揭露等。最後,提出檢討與建議。

第二節　櫃檯買賣中心之組織與職掌

一、歷史沿革

我國證券櫃檯買賣市場與集中交易市場同為證券流通市場之一環,政府自 1982 年 10 月恢復債券櫃檯買賣市場,1988 年 2 月由臺北市證券商業同業公會之櫃檯買賣服務中心籌辦股票櫃檯買賣業務以來,由於交易制度不健全,市場交投始終未臻活絡。為健全資本市場,提高櫃檯買賣市場之功能,財政部於 1993 年、1994 年初多次召集會議,檢討櫃檯買賣市場之建制、功能及組織型態等相關問題,遂決定規劃設立財團法人中華民國證券櫃檯買賣中心,以公益性的財團法人組織為主體來推動櫃檯買賣市場之發展。

櫃檯買賣中心即為膺此重任,肩負推動櫃檯買賣市場之使命而籌設。1994 年間陸續召開捐助人會議,確定法人名稱為「財團法人中華民國證券櫃檯買賣中心」,訂定捐助章程及業務計畫書;同年 7 月 20 日並由財政部證券管理委員會任命 20 位籌備委員組織籌備委員會,著手推動財團法人中華民國證券櫃檯買賣中心的設立。第一屆董事會於 1994 年 7 月 28 日正式召開,9 月 26 日奉准法人設立登記,並於同年 11 月 1 日正式成立,自臺北市證券商業同業公會接辦證券櫃檯買賣業務❷。

---

❷　參閱 http://www.tpex.org.tw/web/about/introduction/history.php?l=zh-tw ,拜訪日:2018 年 9 月 1 日。

二、組　織

㈠性　質

　　按中華民國證券櫃檯買賣中心為一公益性質之財團法人，所謂財團法人，亦即有財產之配置，不以人之組合而成立，而係為達成捐助人以捐助章程所指定之長期目的，所為之設置，被承認為獨立權利主體者。

㈡組織架構❸

　　依中華民國證券櫃檯買賣中心之捐助章程，董事會為櫃買中心最高之執行機構，櫃買中心董事會由十五名董事組成，由董事長召集，並設監察人五人；又該中心設總經理一人，另設副總經理一至二人、主任秘書一人。

　　董事會為櫃買中心最高之執行機構，由董事長召集並擔任會議主席，董事長對外代表櫃買中心，設總經理一人，秉承董事會決定之業務方針，綜理櫃買中心業務；副總經理一至二人、主任秘書一人輔佐之。

　　在部門方面，櫃買中心設有新創發展部、上櫃審查部、上櫃監理部、交易部、監視部、債券部、資訊部、券商輔導部、管理部、企劃暨國際部等十個部門，並設置內部稽核小組，隸屬董事會；此外，則另設有「上櫃審議委員會」等數個不同之委員會。其組織架構，詳如附圖：

---

❸　參閱 http://www.otc.org.tw/web/about/introduction/organization.php?l=zh-tw，拜訪日：2018 年 9 月 1 日。

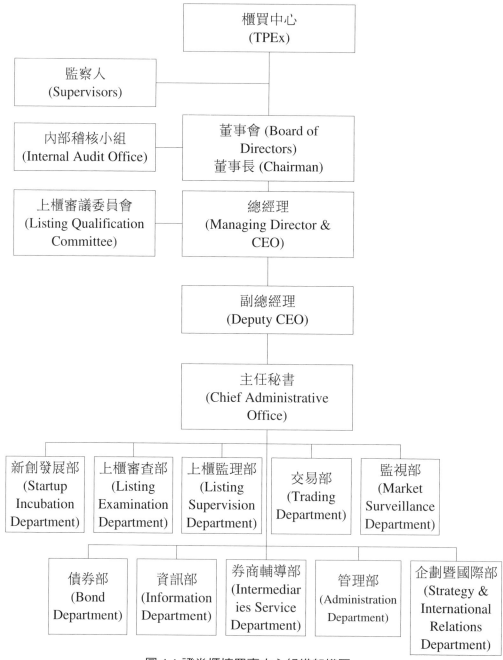

圖 1：證券櫃檯買賣中心組織架構圖

資料來源：證券櫃檯買賣中心網站 http://www.tpex.org.tw/web/about/introduction/
organization.php

三、業務職掌

(一)高階主管之職掌

櫃檯買賣中心依該中心章程規定設董事會，負有決策及執行之權責。董事會為本中心最高之執行機構，由董事長召集並擔任會議主席，董事長對外代表中心，設總經理一人，綜理中心業務，副總經理一至二人及主任秘書一人輔佐之。總經理由董事長提名，經董事會通過後聘任之，總經理秉承董事會之決議，綜理櫃檯買賣中心之一切業務。

(二)部室業務之分工

櫃買中心設有新創發展部等十個部門，另設置內部稽核小組及「上櫃審議委員會」等數個不同之委員會，此前已述及，茲將其業務分工分述如下❹：

1.新創發展部

(1)「創意集資資訊揭露專區」及「創櫃板」相關業務之推動以及其未來市場化規劃等事宜。

(2)相關規章之制定、研究與宣導。

2.上櫃審查部

(1)股票及其衍生性商品之上櫃審查與申請登錄興櫃等事宜。

(2)相關規章之制定、研究與宣導。

3.上櫃監理部

(1)股票發行人之監督管理事宜。

(2)相關規章之制定、研究與宣導。

4.交易部

(1)櫃檯買賣股票及其衍生性商品之交易及給付結算作業。

(2)監視制度之建立、管理及實施。

(3)相關規章之制定、研究及宣導。

❹　有關櫃檯買賣中心組織與執掌，參閱 http://www.otc.org.tw/web/about/introduction/organization.php?l=zh-tw，拜訪日：2018 年 9 月 17 日。

⑷櫃檯買賣證券商之管理。

5.監視部

⑴本中心所有交易商品（包含上興櫃股票、權證、債券及衍生性商品等）監視業務等事宜。

⑵相關規章之制定、研究及宣導。

6.債券部

⑴債券及其衍生性商品之上櫃及其發行人之管理。

⑵債券及其衍生性商品之交易及給付結算作業。

⑶相關規章之制定、研究與宣導。

⑷櫃檯買賣債券自營商之管理。

7.資訊部

⑴櫃檯買賣交易資訊、統計資料之製作。

⑵電腦系統之規劃、程式軟體之開發與設計。

⑶交易資料、檔案與機房管理。

8.券商輔導部

⑴櫃檯買賣證券商財務業務之管理與稽核。

⑵櫃檯買賣證券商及人員之服務與管理等事宜。

9.管理部

⑴議事、文書、檔案管理及印信典守。

⑵營繕工程及財物之採購、保管與維護。

⑶各項契約、業務規章之審閱及出具法律意見。

⑷人事、會計管理事項。

10.企劃暨國際部

⑴市場宣導、研究發展及專案規劃事項。

⑵國際證券相關機構之聯繫與交流。

⑶國際性會議之主辦、協辦及參與。

⑷公共關係及媒體聯繫等事宜。

除前述各部外，另有內部稽核小組；至櫃買中心所設「上櫃審議委員

會」負責上櫃申請之審查，權責影響至屬重大；而策略規劃委員會、研究發展委員會、人才培育委員會、風險管理委員會，則是因應櫃買中心業務運作與發展需要之任務性組織。

第三節　櫃檯買賣中心之規範

一、櫃買中心之相關規定

㈠證券交易法之規定

證券市場關於店頭市場規定於證券交易法第 62 條，依該條規定：「證券經紀商或證券自營商，在其營業處所受託或自行買賣有價證券者，非經主管機關核准不得為之。前項買賣之管理辦法，由主管機關定之。第一百五十六條及第一百五十七條之規定，於第一項之買賣準用之」。

第 62 條第 1 項前段所稱「證券經紀商或證券自營商，在其營業處所受託或自行買賣有價證券」即係指「有價證券不在集中交易市場以競價方式買賣，而在證券經紀商專設櫃檯進行交易之行為」，亦即一般所稱之店頭市場，包括上櫃與興櫃在內。

㈡管理辦法及行政命令

依證券交易法第 62 條規定，有關店頭市場之管理辦法均授權主管機關訂定。主管機關乃據此訂定「證券商營業處所買賣有價證券管理辦法」❺，櫃檯買賣中心則依據上開辦法，辦理店頭市場之運作及管理事宜。

此外，為因應櫃檯買賣業務而訂定之行政命令，為數亦頗多，例如：為規範審查上櫃申請之「財團法人中華民國證券櫃檯買賣中心證券商營業處所買賣有價證券審查準則」❻；為規範上櫃公司之管理之「財團法人中

---

❺ 按「證券商營業處所買賣有價證券管理辦法」訂定於 1982 年 8 月 23 日，歷經多次修正，最近一次修正於 2017 年 3 月 31 日。

❻ 按「財團法人中華民國證券櫃檯買賣中心證券商營業處所買賣有價證券審查準則」訂定於 1994 年 10 月 20 日，歷經多次修正，最近一次修正於 2018 年

華民國證券櫃檯買賣中心對有價證券上櫃公司『財務重點專區』資訊揭露處理原則」 ❼；以及為規範證券商之管理之「財團法人中華民國證券櫃檯買賣中心證券商營業處所買賣有價證券業務規則」 ❽及相關規定均屬之。

二、櫃買中心之管理權責

櫃檯買賣中心依據主管機關所定之管理辦法，負責上櫃及興櫃市場之經營，其交易之證券包括股票、債券及衍生性金融商品等。依上開辦法授權櫃檯買賣中心之管理權限與證券交易所，十分類似，其管理權限主要有下列 ❾：

㈠上櫃申請之審查

「證券商營業處所買賣有價證券管理辦法」 ❿第 8 條規定：「證券櫃檯買賣中心應訂定證券商營業處所買賣有價證券審查準則 ， 報請本會核定之。」櫃檯買賣中心依此授權，訂有「財團法人中華民國證券櫃檯買賣中心證券商營業處所買賣有價證券審查準則」 ⓫、「財團法人中華民國證券櫃檯買賣中心證券商營業處所買賣興櫃股票審查準則」 ⓬及相關規則，作為

11 月 9 日。

❼　按 「財團法人中華民國證券櫃檯買賣中心對有價證券上櫃公司 『財務重點專區』 資訊揭露處理原則」 訂定於 2007 年 5 月 8 日，歷經多次修正，最近一次修正於 2018 年 4 月 23 日。

❽　按 「財團法人中華民國證券櫃檯買賣中心證券商營業處所買賣有價證券業務規則」 訂定於 1994 年 10 月 21 日，歷經多次修正，最近一次修正於 2018 年 11 月 30 日。

❾　賴英照，《最新證券交易法解析：股市遊戲規則》，元照出版，2009 年 10 月再版，頁 114。

❿　按 「證券商營業處所買賣有價證券管理辦法」 訂定於 1982 年 8 月 23 日，歷經多次修正，最近一次修正於 2017 年 3 月 31 日。

⓫　按 「財團法人中華民國證券櫃檯買賣中心證券商營業處所買賣有價證券審查準則」 訂定於 1994 年 10 月 20 日，歷經多次修正，最近一次修正於 2018 年 11 月 9 日。

⓬　按 「財團法人中華民國證券櫃檯買賣中心證券商營業處所買賣興櫃股票審查

審查公司股票上櫃之依據。

㈡櫃檯買賣交易之撮合

投資人買賣上櫃公司股票時，櫃檯買賣中心依規定撮合櫃檯買賣交易、處理給付結算，以及電腦作業與資訊管理。

㈢上櫃公司之管理

櫃檯買賣中心除負責審查公司股票之上櫃以及該等公司之年度、半年度與季財務報告及公司申報之財務預測外，尚應進行上櫃公司平時之查核，並對公司發生財務、業務重大事件時之專案檢查。

又為協助上市上櫃公司建立良好之公司治理制度，並促進證券市場健全發展，櫃檯買賣中心與證券交易所共同制定有「上市上櫃公司治理實務守則」，並力促上市上櫃公司參照該守則相關規定，訂定公司本身之公司治理守則，以資遵循。

㈣證券商之管理

櫃檯買賣中心訂有「財團法人中華民國證券櫃檯買賣中心證券商營業處所買賣有價證券業務規則」，對證券商之財務及業務做實質之規範；對證券商作內部控制及內部稽核之標準。此外，並評比證券商之經營風險。櫃檯買賣中心亦執行例行及專案之檢查工作。

㈤訂定市場規範

櫃檯買賣中心仿照證券交易所，依據證券商營業處所買賣有價證券管理辦法第 7 條授權訂立「財團法人中華民國證券櫃檯買賣中心證券商營業處所買賣有價證券業務規則」，全文共 102 條。

於此應注意，上開買賣有價證券業務規則之第九章為「罰則」（含第 93 條至第 101 條之 1）之規定，例如規則第 93 條規定，證券商有違反第 22 條、第 23 條、第 24 條第 1 項、第 2 項、第 24 條之 1 等情事之一者，櫃檯買賣中心得通知其限期補正或改善，或併處新臺幣十萬元以下違約金；第 94 條規定，證券商有違反第 45 條之 2 第 2 項、第 46 條之 5 等情事之一

準則」訂定於 2001 年 10 月 12 日，歷經多次修正，最近一次修正於 2018 年 12 月 26 日。

者，櫃檯買賣中心得予以警告，或處新臺幣三十萬元以下違約金，並通知其限期補正或改善。茲以一行政規則而規範前述各該罰則，其法律基礎甚為薄弱。櫃檯買賣中心對興櫃股票市場之規範，亦同。

三、櫃買中心權限之法源不足

目前為櫃買中心業務運作之需而訂定之行政規章，不勝枚舉。實務上認為，法律授權主管機關依一定程序訂定法規命令以補充法律規定不足者，該機關即應予以遵守，不得捨法規命令不用，而發布規範行政體系內部事項之行政規則為之替代。倘法律並無轉委任之授權，該機關即不得委由其所屬機關逕行發布相關規章[13]。

因此，學者據此認為，上開「證券商營業處所買賣有價證券管理辦法」授權櫃檯買賣中心負責店頭市場之管理，與證券交易法之管理架構並不相符[14]。

本文認為，為健全證券市場之管理，維持櫃檯買賣中心業務管理之獨立性，並保護投資人，證券交易法應增訂條文，賦予櫃檯買賣中心之適當地位及規範店頭市場之必要權限。

四、櫃檯買賣所為之監視及調查等動作有證據能力

依櫃檯買賣有價證券監視制度辦法規定意旨，在管理櫃檯買賣市場情況下，櫃檯買賣中心得以就櫃檯買賣業務進行監視或調查，故實務上認為：依照櫃檯買賣中心所授權訂定之櫃檯買賣有價證券監視制度辦法所為之監視及調查等動作，並對此為股票交易分析意見書及監視報告，此屬法定之業務，應可認有其客觀之情況和經統計分析後所為之業務文書，非僅係個人之主觀意見或推測，若製作過程無顯不可信之情況時，自可有刑事訴訟法第 159 條之 4 第 2 款之情況適用，即其屬有證據能力[15]。

---

[13]　司法院釋字第 524 號解釋。

[14]　賴英照，《最新證券交易法解析：股市遊戲規則》，元照出版，2009 年 10 月再版，頁 116。

第四節　櫃檯買賣制度概況與資訊揭露

一、股票上櫃與興櫃

㈠上櫃股票

　　證券交易法將證券交易市場分為集中市場與店頭市場，在集中市場交易之股票為上市股票，在店頭市場交易之股票主要為上櫃股票與興櫃股票。

　　企業發行股票之主要目的，在於向投資人募集資金，公司股票如能通過法定之審查機制而上市，進入集中交易市場，自能吸收到最多的資金，如因未能符合上市資格，則亦可於符合一定規範下，以「上櫃」方式，在櫃檯買賣中心交易。故一般而言，公司所發行的股票，皆以上櫃為最初之目標，其後則進一步爭取上市。但有些公司因為資金充裕，或為保障家族企業等因素，即使合乎條件，亦未必願意上市或上櫃。

　　在我國，上市股票都在集中交易市場買賣，其業務由臺灣證券交易所負責；而上櫃、興櫃之股票則由證券櫃檯買賣中心負責，上櫃股票之制度及運作，雖尚不及集中市場健全，但因較易買到低股價、高潛力之股票，故對投資者而言亦有一定之吸引力。

㈡興櫃股票

1.盤商仲介交易

　　許多未上市、未上櫃之股票，早期係透過盤商仲介交易，不但缺乏效率，且發行公司之財務、業務資料也無法確實公開，因而各種資訊不明，以致弊端叢生，仲介盤商操縱股價之情事，更時有所聞。嗣政府為將未上市（櫃）股票納入管理，並提供未上市（櫃）股票一個合法、透明之交易市場，以保護眾多的投資人，主管機關遂指定由證券櫃檯買賣中心研擬未上市（櫃）股票交易制度方案，提經行政院會議決議通過後，於 2002 年 1 月開始交易，而此等股票即定名為「興櫃股票」。

---

⑮　臺灣高等法院 99 年度重上更㈢字第 14 號刑事判決。

　　興櫃股票之交易，係以議價方式進行，惟櫃檯買賣中心與證券商間建置有「興櫃股票電腦議價點選系統」，故證券商可在每日交易時間開始前以專屬網路或網際網路之方式，與櫃檯買賣中心的興櫃股票交易主機連線，透過連線的終端機輸入推薦證券商報價資料或投資人委託資料。系統接收到委託資料後，立即自動傳送至各該興櫃股票之全體推薦證券商端，進行議價點選成交；同時，系統並即時對市場揭示報價、委託及成交資訊。透過此種電腦自動化議價方式，取代系統上線前透過電話人工議價方式，大幅提升交易效率，降低交易成本。

2.盤商提供興櫃股票價值分析及投資建議

　　實務上認為，某案之被告既未經許可經營證券投資顧問事業，竟提供上開興櫃股票價值分析及投資建議，自屬違反證券交易法之規範。況被告既非專就網站提供股票之行情、漲跌幅排行或整編之已公開資訊提出建議分析，尚且節錄整理其他分析師提供予會員所為之建議資料，提供個別股票之買賣放空點，在盤中提供付費會員知悉，讓付費會員得隨時上網瀏覽、掌握買賣點，實與證券投資顧問業者所經營之內容相符，而應受證券主管機關之規範。被告未經許可經營證券投資顧問事業，已違反證券交易法第18條第1項之經營證券投資顧問事業，應經主管機關之核准之規定，自應成立同法第175條之罪❶❻。

二、上櫃、興櫃與上市股票交易制度之差異

　　上櫃、興櫃股票與上市股票之交易，在我國雖已營運多時，且均已分別建立一套交易制度，惟其運作仍有許多不同之處，茲略述如下：

　　㈠交易機構：上櫃、興櫃股票係透過櫃檯買賣中心交易；上市股票則透過證券交易所交易。

　　㈡交易時間：上市股票與上櫃股票之交易時間，同為上班日之上午9:00至下午13:30；興櫃股票之交易時間為上午9:00至下午15:00

　　㈢交易型態：上市股票一律採取電腦輔助交易，上櫃股票之等價系統

---

❶❻　臺灣高等法院94年度上易字第681號刑事判決。

採電腦輔助交易,或於自營商營業處所議價;興櫃股票則與上櫃股票相同。

㈣成交方式:上市股票採「競價」方式;上櫃股票之交易,原則上採「競價」方式,巨額交易始採「議價」;至興櫃股票之交易,則採「議價」方式。

㈤漲跌幅度:上市、上櫃股票每日漲跌幅度均為股價之 7%;興櫃股票則無漲跌幅度之限制。

㈥手續費之計算:上市、上櫃股票交易之手續費,其上限為成交價的 1.425‰(證券經紀商自行訂定);興櫃股票之交易,手續費上限為 5%,未滿 50 元按 50 元計收。

㈦交割日程:一般上市、上櫃股票交易,證券商係在成交日之次一營業日的交易時間內,收取買進股票之價款或賣出之股票❶,投資人在次二個營業日才可取得買進的股票或賣出的價款。至於興櫃股票,則買進款項應在成交當日存(匯)入投資人在劃撥銀行所開立之銀行帳戶,以供辦理交割;而買進的股票,在成交日次一營業日上午就會撥入投資人集保帳戶。

三、資訊揭露

㈠提升資訊透明度

上市、上櫃公司之資金,許多既來自於投資大眾,保障股東權益自為主管機關之重要任務,而在保障股東權益之策略中,提昇資訊透明度自為其重要之基礎。以櫃檯買賣中心言,該中心為加強資訊公開,訂有「對上櫃公司應公開完整式財務預測之認定標準」及「對有價證券上櫃公司重大訊息之查證暨公開處理程序」,增加上櫃公司應公開之資訊,以供投資人參考。

此外,櫃檯買賣中心並依有價證券櫃檯買賣契約第 2 條、管理股票櫃檯買賣契約第 2 條規定,訂定「財團法人中華民國證券櫃檯買賣中心對有價證券上櫃公司資訊申報作業辦法」,以提昇資訊透明度。

---

❶　如為「全額交割」之股票,則證券經紀商於接受委託買賣時,應先收足款券,始得申報。

(二)上櫃公司資訊申報作業

依「財團法人中華民國證券櫃檯買賣中心對有價證券上櫃公司資訊申報作業辦法」**⑱**第 2 條規定，上櫃公司及發行股票或臺灣存託憑證之第二上櫃公司以網際網路資訊系統方式向本中心申報資訊者，悉依本作業辦法辦理之。

至於股票上櫃公司應向櫃買中心申報之定期公開資訊及其申報之時限，參閱上開「申報作業辦法」。

第五節　結　語

在現代社會中，證券交易是經濟社會之重要一環，尤其在股票買賣幾乎成為「全民運動」的臺灣，證券市場之穩定、活絡與否，甚至直接影響執政團隊之威望，以及民心之向背。因此，證券交易制度之建立和運作，向為各界共同關注之重要課題。

負責店頭市場交易業務之櫃檯買賣中心，在證券交易市場之運作與發展中，與負責集中市場交易之證券交易所一樣，扮演著不可或缺之重要地位，而提升上櫃公司之資訊透明度、促進興櫃市場之活絡、健全我國債券市場發展、規劃適合在店頭市場交易之新金融商品、推動不動產受益證券掛牌上櫃，並加強與國際市場之互動，均為其業務發展之方向。

櫃檯買賣中心為配合政府政策及業務之需，成立以來，訂定有諸多法令章則，由於規劃及推動多屬周延，故長久以來，鮮少聽聞該中心運作有所扞格，或業務衍生之弊端或缺失，確已為投資大眾建立一個極具公信力之交易平臺，而此一平臺之所以普受信賴，除了相關管理制度之落實、各項法令規章俱足而明確，且能依法行政外，「資訊揭露」之重視，應亦功不可沒，蓋惟有在政府及公司之資訊均能充分揭露的環境下，證券交易才能

---

⑱　按 「財團法人中華民國證券櫃檯買賣中心對有價證券上櫃公司資訊申報作業辦法」訂定於 1999 年 6 月 7 日，歷經多次修正，最近一次修正於 2018 年 12 月 27 日。

公開、透明，並使投資者有基本的信心。

　　儘管櫃買中心就其功能角色上，其制度與運作，整體而言頗值肯定，然而，迄目前為止，證券交易法卻仍未明定櫃檯買賣中心之權限，則主管機關有何法律依據授權櫃檯買賣中心訂定店頭市場之管理規範，是否違反司法院解釋「不得再授權原則」❶，頗值探討，故本文認為宜就證券交易法再增訂條文，以法律條文具體賦予櫃檯買賣中心適當之地位，以及規範店頭市場之必要權限，以除疑慮。

---

❶　司法院釋字第 524 號解釋。該解釋內容已如前述。

第十章　證券交易所

第一節　概　說

　　依證券交易法第 11 條規定：「證券交易所，謂依本法之規定，設置場所及設備，以供給有價證券集中交易市場為目的之法人。」依此規定，證券交易所係一法人組織，其目的在於設置一定之設備及場所，以作為有價證券集中交易之場所。而此之「有價證券集中交易市場」，依證券交易法第 12 條規定，係指證券交易所為供有價證券之競價買賣所開設之市場。集中交易市場係證券交易市場之核心，其功能之發揮，與證券市場之發展有密切之關係。

　　按發行公司將有價證券發行後，為使投資人隨時能將有價證券轉讓變現，必須要有交易市場之設置。交易市場主要由證券交易所之集中交易市場，以及證券商之店頭市場所構成❶。證券交易法第 11 條所定之證券交易所，即係供給集中交易市場之設備及場所之法人。集中交易市場係交易市場之核心，故證交所以提供交易場所為目的，本身不參與證券交易。證交所以卓越之效率，採用電腦輔助交易，執行公眾之買賣委託。證券交易所之組織與經營之良窳，對於證券市場之健全發展影響至鉅，故證券交易法第五章中，從第 93 條至第 165 條，對證券交易所之組織與管理，設有詳細規定。

---

❶　我國店頭市場於 1982 年正式成立，直至 1989 年 8 月證期會正式核准「建弘投信」上櫃申請案，我國店頭市場即邁入一新領域，參閱證券暨期貨發展基金會，《中華民國證券市場》，1992 年版，頁 86～97。

此外，20 世紀末期，因電子化之發展，以及網路之崛起，使證券之交易方式，從根本上起了變化，並創造新型之證券市場，宣告傳統證券交易所商業模式衰微。

證券交易電子化、網路化，使投資人擺脫對中介機構之依賴，導致出現所謂脫媒現象 (disintermediation)，亦即投資人可不再經由證券經紀商進入證券交易所，而直接進入市場。

電子化與互聯網在證券市場之運用與推廣，不但將延長交易系統之交易時間，還可將全球眾多之證券市場系統連接起來，克服時差障礙，使全球證券市場 24 小時營業實現。

有關證券市場網路化，我國目前有臺灣證券交易所股份有限公司證券經紀商辦理電子式專屬線路下單 (Direct Market Access) 作業要點❷以及財團法人中華民國證券櫃檯買賣中心證券經紀商辦理電子式專屬線路下單 (Direct Market Access) 作業要點❸。

臺灣證券交易所為提供投資人即時之交易資訊，經參考國外主要交易所作業方式，自 2012 年 2 月 20 日起即實施收盤前資訊揭露及配套措施❹，以更進一步保護投資人，值得稱許。

基此，本章首先擬探討證交所之功能與現況，其次擬探討證交所之組織，包括組織型態、組織功能、公司制證券交易所之組織、公司制證券交

---

❷ 臺灣證券交易所股份有限公司證券經紀商辦理電子式專屬線路下單 (Direct Market Access) 作業要點於 2006 年 5 月 29 日臺灣證券交易所股份有限公司臺證交字第 0950010646 號公告；並自 2006 年 6 月 1 日起實施，最近一次修正於 2009 年 9 月 23 日。

❸ 財團法人中華民國證券櫃檯買賣中心 2006 年 7 月 11 日證櫃交字第 0950017252 號公告訂定發布全文 3 點；並自公告日起實施，最近一次修正於 2009 年 11 月 16 日。

❹ 收盤前資訊揭露及配套措施之實行方式，其適用標的：除處置證券或變更交易證券採分盤集合競價，因盤中撮合時間較 5 分鐘為長，不適用收盤前資訊揭露之措施外，其餘有價證券均適用收盤資訊揭露。參閱 http://www.twse.com.tw/ch/trading/information/information.php，拜訪日：2012 年 3 月 11 日。

易所與證券商間之契約、證券交易所營業細則之規範。復次擬探討證券交易之安全網，包括安全網之意義、種類，例如證交所之交割結算基金及其動用程序、賠償準備金、營業保證金、投資人保護基金等。再次擬探討證券交易所與證券商之法律關係，包括公法或私法、行政私法或受委託行使公權力、證券商與證交所間之交易契約問題、履行交割義務問題等。此外，擬探討交易資訊公開化、主管機關之監督。最後，提出檢討與建議。

第二節　證交所之功能與現況

一、證交所之功能

　　現代國家之證券交易所已經集中演變成「公開發行公司進行資本籌集之場所」。此種證交所之「融資功能」，不斷被強化；而證交所之「權利交易功能」，則在不同程度地被淡化，茲析述如下：

㈠證交所之融資功能

　　證交所與資本市場在某種意義上，具有對等且密不可分之關係。在現實生活中，證交所的確主要承擔「資本籌措」之功能。證券交易法以及證券主管機關之主要任務，在於如何安全並有效地實現資本籌集之目的，而上市公司藉助於證交所主要亦為進行資金籌集。歷來興櫃或未上市公司大股東，往往熱衷於將公司股票「掛牌上市」。此種「掛牌上市」被簡化理解為「上市融資」，似乎證交所係為企業「上市融資」而存在。

㈡證交所之權利交易功能

　　一般人僅觀察到證交所在一級市場上述之特別角色，而忽略證交所在交易、既存權利之轉讓、市場三者之間所扮演之特殊功能。事實上，「權利交易」——尤其是既存權利之交易，乃是證交所最核心之功能。從歷史的角度觀之，最初之證交所並非用來為發行公司進行籌資，而係幫助已發行股票公司之股東轉讓其權益。因此，證交所是證券交易發展到一定程度之產物，其存在之核心功能，已從早期的證券轉讓，演變而為目前證券發行

之目的。

㈢證交所之自律功能

由於證交所公私混合之主體屬性，遂形成其適用正當程序原則之特殊性。履行公共職能之證交所，應受到正當程序原則之拘束，此不僅是理論推演之結果，亦為證交所功能角色上之現實需要。

證交所之自律管理，具有一定之內部性與專業性之特徵，外部力量亦給予相當之信賴和尊重，故不用與政府機關接受同樣之法律規範約束，而擁有較大之自主與彈性。自律組織可以對成員提出比政府更高之要求，可以創造出超越法律之道德標準，此係證券市場非常重要之優點。

又在法律層面上，證交所之自律管理有特別注重正當程序之必要性，此節有證券交易法授權制定證交所管理規則❺、證交所營業細則等相關自律管理規範內容，以確保相關程序之正當性。

另一方面，證交所又適用替代性糾紛解決機制 (ADR) 以及證券爭議仲裁之專門立法❻。因此，就證交所而言，在法律上不能排除使用仲裁機制，以解決證交所自律規則及其爭議問題。

二、證交所之發展歷史與現況

從證交所之發展歷史與存在實況觀察，證交所可基於下列需求而存在，茲分述如下：

㈠國家發展之需要

證交所之設立如取決於「國家需要」，則證交所之功能，亦取決於國家需要證交所實現何種目標。依我國證券交易法第 1 條規定：「為發展國民經濟，並保障投資，特制定本法。」亦即係為保障投資人所訂定之相關強制

---

❺　按「證券交易所管理規則」訂於 1969 年 2 月 14 日，歷經多次修正，最近一次修正於 2012 年 7 月 11 日。

❻　例如證券交易法第 166 條至第 170 條之規定，以及證券交易所管理規則第 36 條規定：「會員間或證券商間因有價證券集中交易所生之爭議，證券交易所得請證券商同業公會為仲裁前之和解。」

規定，應可認屬效力規定之一種，如有違反之行為，為使投資人之保障充足，依照民法第 71 條規定，應可認屬無效❼。

(二)企業之需要

如證交所之核心功能之一是融資，則毫無疑問地，最渴求融通資金之企業最需要證交所。因此，在全球證券市場上，企業是證券交易市場中最活絡之主體。如無企業之參與，即不會有今日活絡之證券市場。基於此因，證券交易法中乃專門有「發行人」及「上市公司」之概念。

按英美法系之分類，公司分為公開發行公司 (public company) 與封閉公司 (closed held company)。此種劃分，大體上相當於我國分為上市公司❽與未上市公司❾。

(三)投資人之需要

證交所為投資人提供投資商品，應考慮到現實生活上投資人有不同背景，故除在投資功能強化上，證券市場應致力於為長期投資人提供多元化投資管道，建立市場內部風險規避機制，在投資商品之設計以及制度建構方面，亦應為短期投機者提供套利機會。因此，在法律制度之設計方面，亦應考慮投資人之需求。

第三節　證交所之組織

一、組織型態

證券交易所之組織型態及設置標準，主要係以證券交易法為據，茲依

---

❼　臺灣臺北地方法院 100 年度重訴字第 8 號。

❽　參閱「臺灣證券交易所股份有限公司上市公司申請有價證券終止上市處理程序」，按上開「處理程序」訂於 1974 年 2 月 27 日，歷經多次修正，最近一次修正於 2018 年 8 月 7 日。

❾　對於未上市公司而有將來欲上市之相關規定，參閱「財團法人中華民國證券櫃檯買賣中心對興櫃公司財務業務管理處理程序」，按上開「處理程序」訂於 2004 年 9 月 14 日，歷經多次修正，最近一次修正於 2018 年 4 月 30 日。

該法條文規定，略述如下。

㈠第 94 條規定

依證券交易法第 94 條規定，證券交易所之組織，分會員制及公司制兩種。證券交易法自第 103 條至第 123 條係規範會員制證券交易所，自第 124 條至第 137 條係規範公司制證券交易所。依其規定，會員制與公司制之主要區別，乃在於會員制係以證券商為證交所會員，由會員組織設立之，並負責經營管理證券交易所；至於公司制，原則上係由非證券商之股東組成，雖證券商得投資證券交易所，而成為股東，然依證券交易法第 126 條之規定，不得擔任證交所之董事、監察人或經理人，而參與證交所之經營。

㈡第 95 條規定

依證券交易法第 95 條規定，證券交易所之設置標準，由主管機關定之。每一證券交易所，以開設一個有價證券集中交易市場為限。我國現行證交所組織型態為公司制，成立臺灣證券交易所股份有限公司，其係一民營之公司組織，股東大會為最高決策機構，股東大會下設董事會，由董事十五人組成，另設監察人三人。

㈢第 126 條規定

按證券交易法第 126 條第 1 項規定，證券商及其股東或經理人不得為公司制證券交易所之董事、監察人或經理人。但金融機構兼營證券業務者，因投資關係，並經主管機關核准者，除經理人職位外，不在此限。

至於董事及監察人人選，依證券交易法第 126 條第 2 項規定，至少應有三分之一由主管機關指派非股東之有關專家擔任之，不適用公司法第 192 條第 1 項及第 216 條第 1 項之規定。本項規定之目的，係為增加證交所之公益性，並提升證交所之功能。

㈣第 128 條規定

依證券交易法第 128 條規定：「公司制證券交易所不得發行無記名股票；其股份轉讓之對象，以依本法許可設立之證券商為限（第 1 項）。每一證券商得持有證券交易所股份之比率，由主管機關定之（第 2 項）。」

經查，早年係為過渡公司制證券交易所成為會員制之需要，故明定證

券交易所股票轉讓之對象以證券商為限；另為避免壟斷，故規定每一證券商之持有證券交易所股份之比率由主管機關定之。

二、組織功能

臺灣證券交易所股份有限公司所遵循之法令規章或行政規則甚多，惟主要則係依證券交易法、有價證券上市審查準則、上市契約準則、證券經紀商受託契約準則等規定而組織並運作，其主要有下列功能：

㈠設置有價證券集中交易市場，提供交易資訊，維護交易秩序，以形成公正價格

此又可分下列數點：

1.電腦輔助撮合交易

依證券交易法第 11 條及第 12 條規定，證券交易所以設置場所及設備，供給有價證券集中交易競價買賣為目的，1988 年起，對股票全面改採電腦輔助撮合交易方法，使交易過程及價格揭示，更臻公平、客觀、迅速，並使股市成交量大幅增長。

2.實施股市監視制度

證券交易所訂定「實施股市監視制度辦法」❿，對於有異常交易之證券，經由監視制度予以追蹤，同時對投資人公告，必要時，變更其交易方式。目前證交所對股市採事後監視制，將漸次改為當市監視及預警制。

3.提供證券交易資訊

證券交易所之資訊，包括買賣委託價、成交價、委託張數及筆數、成交張數及筆數等，悉由證券交易所產生，並銷售予資訊廠商及證券商。此外，依公開發行股票公司股務處理準則規定，對於掛失股票、違約帳戶各項有礙於交易之資訊，每日傳輸予各證券商，並公告予投資人。

㈡審查證券上市

證券交易所對發行公司申請證券上市有形式上及實質上之審查權，且

---

❿　按「臺灣證券交易所股份有限公司實施股市監視制度辦法」訂於 1992 年 9 月 29 日，歷經多次修正，最近一次修正於 2011 年 5 月 18 日。

依證交所與上市公司簽訂之「有價證券上市契約」❶之規定，有調取上市公司相關資料權利，證交所亦得報經主管機關核准後，停止上市證券之買賣，終止上市、限制或變更其交易方法。

(三)公開資訊

已依證券交易法發行有價證券之公司，依證券交易法第 36 條規定應編送各種財務報告向主管機關申報，證交所應予以公開。證交所並訂定「有關上市公司重大訊息之查證暨公開處理程序」，以規範上市公司於發生對股東權益或證券價格有重大影響之事項，或對於大眾媒體之報導與投資人所提供之訊息，有足以影響該公司之有價證券行情者，應即填具「上市公司重大訊息公開說明表」報送交易所，轉知各證券經紀商張貼於營業處所，供投資大眾參考，以利資訊之即時公開❷。

(四)證券商管理

依證券交易所與各證券商簽訂之使用有價證券集中交易市場契約中，明白約定證交所各項章則，以及證交所函件內容，均為契約之一部分。此外，依證券交易所營業細則第 135 條至第 145 條之 1 之規定，證交所對證券商及其人員不當行為有處分權限，此即證交所在法律上對證券商管理之依據，此部分容後詳述。

(五)對投資人教育宣導與研究發展

證券交易所編列預算，印製各種教育宣傳資料，分別公告或分贈給投資人，並與證券發展基金會合辦講座，有時於大眾傳播媒體宣導證券投資事宜。同時，證交所更設有研究部門，出版股市統計資料，報導各國證券市場，並發表有關證券理論與實務之論文。

---

❶ 按「臺灣證券交易所股份有限公司有價證券上市契約準則」訂於 1990 年 3 月 12 日，歷經多次修正，最近一次修正於 2018 年 9 月 10 日。

❷ 有關上市公司重大訊息之查證暨公開處理程序，參閱證券暨期貨發展基金會，前揭書，頁 152。

三、公司制證券交易所之組織

依證券交易法第 124 條規定，公司制證券交易所之組織，以股份有限公司為限。除依公司法第 129 條、第 130 條之規定，分別將絕對必要記載事項，以及相對必要記載事項，載明於章程外，依證券交易法第 125 條規定，並應記載(1)在交易所集中交易之經紀商或自營商之名額及資格；(2)存續期間。此存續期間，不得逾十年，但得視當地證券交易發展情形，於期滿三個月前，呈請主管機關核准延長之。

依證券交易法第 137 條準用第 58 條、第 59 條之規定，公司制證券交易所於開始營業時，應向主管機關申報備查，如於受領證券業務特許證照後三個月內，未開始營業，或雖已開業，而自行停止營業連續三個月以上時，主管機關得撤銷其特許，但如有正當理由，得申報主管機關核准延展之。再依證券交易法第 137 條準用第 48 條規定，公司制證券交易所之最低資本額，由主管機關以命令定之。因此，依證券交易所管理規則❸第 12 條規定，公司制證券交易所之最低實收資本額，為新臺幣 5 億元。

再依證券交易法第 128 條規定，公司制證券交易所不得發行無記名股票；其股份轉讓之對象，以依本法許可設立之證券商為限。每一證券商得持有證券交易所股份之比率，由主管機關定之。不過應注意，證券交易法之條文中，並無針對第 128 條之刑罰規定。

依證券交易法第 127 條規定，公司制證券交易所發行之股票，不得於自己或他人開設之有價證券集中交易市場上市交易。此係為避免證交所之客觀地位受到懷疑，影響投資人信心。

至於公司制證券交易所之董事、監察人或經理人之選任係依證券交易法第 137 條準用第 53 條以及第 115 條之規定，其解任則依證券交易法第 137 條準用第 117 條之規定。

---

❸ 按「證券交易所管理規則」公布於 1969 年 2 月 14 日，歷經多次修正，最近一次修正於 2012 年 7 月 11 日。

四、公司制證券交易所與證券商間之契約

㈠供給使用有價證券集中交易市場契約

　　依證券交易法第 129 條規定，在公司制證券交易所交易之證券經紀商或證券自營商，應由交易所與其訂立供給使用有價證券集中交易市場之契約，並檢同有關資料，申報主管機關核備。依此規定，使用集中交易市場設備之證券經紀商與自營商，應與證交所訂立契約，以界定雙方間之權利義務關係，而此契約所根據者，為證券交易所所定之「供給使用有價證券集中交易市場契約」❶❹，此項契約並經證期會核定在案。

　　再依證券交易法第 130 條規定，公司制證券交易所與證券自營商或經紀商間，所訂立之使用有價證券集中交易市場之契約，除因契約所訂事項終止外，因契約當事人一方之解散或證券自營商、證券經紀商業務特許之撤銷或歇業而終止。此之契約所訂事由發生，例如依供給使用有價證券集中交易市場契約第 7 條規定。

㈡證券商違反法令之效果

　　證券商有(1)違反法令或本於法令之行政處分者；(2)違反證券交易所之章程、營業細則、受託契約準則或其他章則者；(3)交易行為違背誠實信用，足致他人受損害者，均可終止契約。

　　此外，使用集中交易市場之證券商，除應遵守法令章程之義務外，依證券交易法第 135 條規定，尚有代他證券商依約履行買賣之義務，以及依第 136 條規定終止契約或停止買賣時了結義務，以及依第 132 條繳存交割結算基金及繳納交易經手費之義務，此部分牽涉較多，將另專節討論之。

五、證券交易所營業細則之規範

㈠證券交易法相關規定

　　證券交易法第 124 條至第 137 條係對公司制證券交易所規範之主要依

---

❶❹　　按「臺灣證券交易所股份有限公司供給使用有價證券集中交易市場契約」訂於 1968 年 8 月 27 日，歷經多次修正，最近一次修正於 2003 年 4 月 1 日。

據，其中第 125 條規範證券交易所章程；第 126 條係證券商及其董事、監察人、股東或受僱人禁為公司制交易所之經理人；第 127 條係公司制交易所股票上市交易之禁止；第 128 條係公司制交易所股票之發行、轉讓、出質之限制；第 129 條係使用交易所契約之訂定與報備；第 130 條係使用契約之終止事由；第 131 條原係交易單一與會員資格單一之限制，嗣已於 2000 年 7 月 19 日刪除；第 132 條係交割結算基金與交易經手費用之繳交與訂定標準；第 133 條係違反第 110 條之效果；第 134 條係終止契約之除名與撤銷特許處分；第 135 條係被指定了結他證券商買賣之義務；第 136 條係被終止契約、停止買賣證券商之了結義務；第 137 條則為本法相關條文之準用。細節部分，則以證券交易所管理規則加以規定。

㈡營業細則

證券集中交易市場操作之最基礎規範，即為「臺灣證券交易所股份有限公司營業細則」❺，其法源係證券交易法第 138 條及證券交易所章程第 42 條。

該營業細則內容大致包括：1.有價證券集中交易市場之使用規定；2.上市；3.場內交易；4.競價制度；5.證券經紀商之受託買賣等。2018 年 8 月間，該細則第 25 條甫新修正，主要係證券商應將所用帳簿及有關交易憑證、單據、表冊、契約，置於營業處所。證交所得派員檢查或查詢前項帳簿、交易憑證、單據、表冊、契約，證券商不得規避或拒絕；證券商並同意本公司得向財團法人金融聯合徵信中心查詢證券商於金融機構之授信資料。另外，證券商規避、拒絕檢查之認定標準及其處理程序，由證交所另訂之。

---

❺　按「臺灣證券交易所股份有限公司營業細則」訂於 1992 年 11 月 19 日，歷經多次修正，最近一次修正於 2018 年 12 月 24 日。

第四節　證券交易之安全網

一、安全網之意義

　　證券交易法為保障投資人之權益，避免衝擊股市之交易秩序，乃規定證券商因受託或自行買賣證券發生違約不履行交割時，必須由證券交易及證券商設置各項準備金或基金，強化償付能力，以維持市場之穩定，此即一般所稱之「安全網」。

二、安全網之種類

㈠證交所之交割結算基金

1.意　義

　　為防範證券商在證券交易所買賣證券後，不履行交付義務，並維護集中交易市場之信用，以及保障投資人權益之目的，由證券經紀商、證券自營商或會員向證券交易所繳付一定之金額，由證券交易所保管運用之基金，即為交割結算基金。

　　依證券交易法第 108 條，會員應依章程之規定，向證券交易所繳存交割結算基金，及繳付證券交易經手費。我國之臺灣證券交易所開始營業即採公司制，故適用證券交易法第 132 條之規定，即公司制證券交易所於其供給使用有價證券集中交易市場之契約內，應訂立由證券自營商或證券經紀商繳存交割結算基金。又依證交所營業細則第 15 條規定，證券商應俟證交所簽還使用市場契約，並繳存交割結算基金後，方得參加證交所集中交易市場買賣。至於證券經紀商奉准設置分支機構者，依證交所營業細則第 22 條規定，於奉頒許可證，並依同細則第 118 條規定，增繳交割結算基金後，始准開業。

2.動用程序

　　依證券交易法第 153 條規定，證券交易所之會員或證券經紀商、證券

自營商在證券交易所市場買賣證券，買賣一方不履行交付義務時，證券交易所應指定其他會員或證券經紀商或證券自營商代為交付，其因此所生價金差額及一切費用，證券交易所應先動用交割結算基金代償之；如有不足，再由證券交易所代為支付，均向不履行交割之一方追償之。

由於證券自營商係為自己買賣證券，自行享受權利，並自行負擔義務，故交易相對人亦為自營商時，雙方當事人均為買賣之證券自營商，惟實務上，此種情形甚少。

證券集中交易市場之買賣，大部分均係投資人經由證券經紀商進行交易，此時，如因投資人買賣證券後，不履行其交割義務時，即應由該證券經紀商，依民法第579條規定，負直接履行契約之義務，亦即向證券交易所履行交割，則不發生本條問題。惟如買賣當事人之證券商不履行時，證券交易所即得依本條規定，指定證券商代為履行。被指定之證券商依證券交易法第112條及第135條規定，自有代為履行交付之義務，其代為履行後，因而所生之價金差額及一切費用，應由證券交易所動用交割結算基金代償；如有不足，再由證券交易所代為支付，並由證交所負責向不履行交割之一方追償之。

3.交割結算基金之運用限制

為確保交割結算基金不被濫用，證券交易法第119條對於交割結算基金之運用設有限制，亦即除非經證期會之核准，交割結算基金之運用限於購買政府債券、作為銀行存款或郵政儲蓄等。換言之，為增加基金之收益及運用之彈性，本條授權證期會針對實際情況之需要，妥為運用。

4.交割結算基金有優先受償權之順位

再依證券交易法第154條後段規定，因有價證券集中交易市場買賣所生之債權，就該法第108條及第132條之交割結算基金有優先受償之權，其順位如下：

(1)證券交易所：亦即證交所對於交割結算基金享有第一順位之優先權。

(2)委託人：即投資人委託證券商買賣證券，如遇證券經紀商未履行交付時，證券交易所應先指定其他證券商代為交付，如此則委託人不至於遭

受損害，惟其交付時間可能因而遲延並產生損害，此時即可對交割結算基金行使其優先受償之權。

(3)證券經紀商、證券自營商：此二者對交割結算基金同享有第三順位優先權❶。

至於應由違背交割義務證券商負擔之款項，證交所即依證交所營業細則第 114 條規定，將其交割結算基金及其他債權相互抵銷，抵銷後如尚有不足，則向違約證券商追繳。如果證券商終止使用市場契約時，依證交所營業細則第 119 條規定，須了結在證交所市場所為之交易，並將一切帳目結清以後，始可向證交所申請發還交割結算基金❷。

㈡賠償準備金

1.賠償準備金之規定

依證券交易法第 154 條第 1 項規定，證券交易所得就其證券交易經手費提存賠償準備金，備供前條規定之支付；其攤提方法、攤提比率、停止提存之條件及其保管、運用之方法，由主管機關以命令定之。

此外，主管機關認為，依「證券交易所管理規則」第 19 條及證券暨期貨管理委員會規定提列之賠償準備金，其提列金額於所得稅結算申報時，可列為提列年度之費用❸。

2.優先受償權

依證券交易法第 154 條第 2 項規定，因有價證券集中交易市場買賣所生之債權，就第 108 條及第 132 條之交割結算基金有優先受償之權，其順序如下：一、證券交易所。二、委託人。三、證券經紀商、證券自營商。交割結算基金不敷清償時，其未受清償部分，得依本法第 55 條第 2 項之規定受償之。

---

❶　參閱賴英照，前揭書，頁 371。

❷　參閱李金桐主持，研究員吳光明等有關「雷伯龍鉅額違約案對我國證券市場之影響與未來因應之道」專題研究報告，1993 年 10 月，頁 19～20。

❸　財政部台財稅字第 0890450293 號，2000 年 2 月 11 日。

(三)營業保證金

1.證交所之營業保證金

依證券交易法第 99 條規定，證券交易所應向國庫繳存營業保證金，其金額由主管機關以命令定之。因此，證券交易所管理規則❶第 18 條規定，證券交易所經本會許可並依法登記後，應向國庫繳存營業保證金。前項營業保證金之金額為其會員出資額總額或公司實收資本額 5%。

2.證券商之營業保證金

(1)規定內容

依證券交易法第 55 條規定，證券商於辦理公司設立登記後，應依主管機關規定，提存營業保證金。因證券商特許業務所生債務之債權人，對於前項營業保證金，有優先受清償之權。

此證券商之營業保證金之規定，目的在於增強證券商之資力及信用，以強化投資人之保護。

(2)實務見解

最高法院認為，此債權人既係依前開規定，取得具有特殊效力即有優先受清償之權之債權，債權人若將該債權讓與他債權之性質不應有所變更，依民法第 295 條第 1 項前段規定，從屬於該債權之優先權，應隨同移轉於受讓人❷。

(四)投資人保護基金

除證券交易法外，依「證券投資人及期貨交易人保護法」❸之規定，應成立保護基金。依該法第 18 條第 1 項規定，保護機構為利業務之推動，應設置保護基金；保護基金除第 7 條第 2 項之捐助財產外，其來源如下：

　　1.各證券商應於每月 10 日前按其前月份受託買賣有價證券成交金額

---

❶　按「證券交易所管理規則」訂於 1969 年 2 月 14 日，歷經多次修正，最近一次修正於 2012 年 7 月 11 日。

❷　最高法院 86 年度臺上字第 2729 號民事判決。

❸　按「證券投資人及期貨交易人保護法」訂於 2002 年 7 月 17 日，歷經多次修正，最近一次修正於 2015 年 2 月 4 日。

之萬分之 0.0285 提撥之款項。

2.各期貨商應於每月 10 日前按其前月份受託買賣成交契約數各提撥新臺幣 1.88 元之款項。

3.證券交易所、期貨交易所及櫃檯買賣中心應於每月 10 日前按其前月份經手費收入之 5% 提撥之款項。

4.保護基金之孳息及運用收益。

5.國內外公司機關（構）、團體或個人捐贈之財產。

三、小　結

　　證券交易法與證券投資人及期貨交易人保護法雖有各種基金之設置，但其規模頗為有限，遇有鉅額違約交割時，仍會發生不足問題，尤其依證券交易法第 60 條第 1 項第 5 款規定，證券商經主管機關核准，即可為「因證券業務受客戶委託保管及運用其款項」業務。在開放此業務之下，以往嚴格禁止證券商代客保管款券業務等之限制已放寬，投資人風險增加，則上述安全網之相關規定，有必要重新檢討。

第五節　證交所與證券商之法律關係

一、公法或私法

　　臺灣證券交易所與證券商之法律關係究為公法或私法之關係，值得研究。蓋如認為證交所與證券商間之關係，為純粹之私法關係，則於證券交易所之章則、公告及相關之營業細則，均應視為雙方當事人契約之一部；次查委託人並非證券商與交易所訂立供給使用有價證券集中交易市場契約之相對人，故自不受該「營業細則」之約束。

　　又由於現行制度，臺灣證交所為純粹之私法團體（公司制），則其與證券商間之契約與一般之私法契約無異。故有認為證交所之營業細則，係契約之一部。然而，從證券交易法第 138 條第 1 項前段：「證券交易所除分別

訂定各項準則外，應於其業務規則或營業細則中，將有關左列各款事項詳細訂定之。」之規定言之，其又非契約之一部，故有詳加探討之必要。

反之，如將證交所和證券商間之關係，解為公法上之法律關係，揆諸證券交易法第170條「證券商同業公會及證券交易所應於章程或規則內，訂明有關仲裁之事項。但不得牴觸本法及仲裁法。」之規定，該營業細則中有關「應」提付仲裁之規定，則可能又會有學者認為有違反法律保留原則之嫌。

二、行政私法或受委託行使公權力

按所謂行政私法，係指以私法之形式，直接履行公行政之目的、任務之行為。換言之，為直接達成行政上之任務，所採取私法型態之行為。證券交易法第1條規定：「為發展國民經濟，並保障投資，特制定本法。」足見，在於該法之規定下，保障投資係屬公行政之目的。

惟一般學者所定義之行政私法行為，係以國家機關和人民為其當事人，但於此情形中，卻由一公司型態之證交所作為契約當事人之一方，與證券商訂立契約，似已不符合行政私法之定義。

次查，所謂之受委託行使公權力者，係謂私人受國家機關之委託或授權，以自己名義，獨立行使公權力，而完成一定國家任務之意。證交所對證券商依據證券交易法第133條所得為之行為包括：課以違約金、停止或限制其買賣或終止契約，均係經由私法之方式行之，故非行使公權力之行為甚明。

又依同法第134條準用第111條之規定，對證券商予以終止契約者，應報主管機關核准，顯而易見地，證交所對於是否終止契約一事，毫無裁量之權限可言，再者，行政處分不因其用語、形式以及是否有後續行為、或記載「不得聲明不服」之文字而有異，則似又有將終止契約解為類同行政處分之空間，似又類同行政助手之概念；惟實務上，證交所之終止契約係以自己名義為之，與行政助手之概念並不相同，故其亦非行政助手。

綜上所述，雖然其性質可說是相當地趨近公法上之法律關係，且證交

所與證券商二者在本質上幾無不同，但其二者仍有一段距離，故似有將公法之法律關係「巧妙地」遁入私法之範疇加以解決之嫌，如此勢必遭另外一種批評。

三、證券商與證交所間之交易契約問題

至於證券商與證交所間所簽訂之交易契約，是否屬於公法契約或私法契約，關於此問題，更是顯得耐人尋味。按所謂公法契約，係指兩個以上之當事人，就公法上權利義務之設定，變更或廢止所訂立之契約。雙方當事人原則上須有一方為行政主體，例外時，除法律有明文規定外，或是屬於私人間有處分權之公法關係之情形，始得允許在雙方當事人均為私人[22]。

我國現制，證券交易所之組織型態係屬公司型態，而且又無上開兩種例外之情況，故是否能視該交易契約為公法契約，尚有疑義。

惟立法者於證券商和證交所以及證券商相互間因交易所生之爭議，以強制仲裁之方式作為解決爭議之方式，而於其他因證券交易所生之爭議，亦得以任意仲裁之方式解決紛爭[23]。然而，以仲裁作為解決紛爭之方式，乃民商事件之特性，一般公法上之法律關係並無法使用該制度，或許亦可以解讀成立法者對證券交易之爭議事件，已做出歸入私法之領域中之結論。

但如從仲裁之適格性觀點言之，公法契約是否一概地否定其仲裁之適格性，學者間仍有爭議[24]，且證券商與證交所間之法律關係，雖然依嚴格之公法理論而言，非屬公法關係，但依本文認為，不應使證交所成為政府行使公權力之「白手套」，應將之解為公法關係為宜。

此外，有學者認為：在發行公司以證券交易所不當終止其股票上市，請求確認雙方間之有價證券上市法律關係存在及賠償損失爭議事件之仲裁

---

[22] 吳庚，《行政法之理論與實用》，2001 年 1 月增訂 7 版，頁 378；錢建榮，〈論私人相互間之行政契約〉，《軍法專刊》，第 42 卷第 12 期，頁 17 以下。

[23] 有關證券交易爭議之仲裁問題，參閱本書第十九章〈證券爭議之仲裁〉，限於篇幅，茲不贅述。

[24] 陳煥文，《國際仲裁法專論》，1994 年 4 月初版，頁 303。

案中，有爭執關於有價證券之上市、停止買賣或中止上市，具政府公權力行使之性質，並非證券交易法第 166 條規定得依仲裁解決之「有價證券交易所生之爭議」，故不應准當事人提付仲裁解決該等爭議❷。此一見解似為最高法院所支持❷，事實上，於過去另有一案❷係以「命當事人為法律上所不許之行為」為由，法院裁定該仲裁判斷不得為執行。

四、證交所之自律管理行為

隨著證交所職能之擴展與深化，一些機構與證交所間之矛盾或糾紛，已有所增加。相應地，司法機關開始更多地介入證交所自律管理活動所引發之訴訟，惟該等訴訟究竟屬於民事訴訟或行政訴訟，一般有不同之認知。投資人或證券商對於證交所之管理行為所提出之救濟程序，主管機關金管會是否應予受理，亦成問題。證交所之自律管理行為所衍生之爭議，是否屬於民事訴訟或行政救濟審查範圍，見解不一，凡此情形，均凸顯證交所之法律地位、其自律管理活動之法律性質，以及證交所與金管會及上市公司主體間不同之法律關係，均有待實證研究。

五、履行交割義務問題

依現行證券交易制度之設計，係由有與證券交易所訂有使用契約或經營櫃檯買賣有價證券契約之證券自營商及經紀商，在集中或店頭市場報價、媒合，俾達交易證券之目的。買賣契約之雙方是證券經紀商，履行交割義務者亦為經紀商，但以現行之交割制度而言，難以想像有不履行交割之可能❷，蓋現行證券交易法第 153 條規定：「證券交易所之會員或證券經紀商、證券自營商在證券交易所市場買賣證券，買賣一方不履行交付義務時，

---

❷　朱麗容，〈談證券交易相關糾紛之仲裁〉，《商務仲裁》，第 37 期，頁 10。

❷　最高法院 87 年度臺上字第 299 號判決。

❷　臺灣高等法院 83 年度抗字第 1737 號裁定。

❷　曾宛如，《證券交易法原理》，曾與陳同道堂法學文集，商法類二，2001 年 12 月 2 版，頁 142。

證券交易所應指定其他會員或證券經紀商或證券自營商代為交付。其因此所生價金差額及一切費用，證券交易所應先動用交割結算基金代償之；如有不足，再由證券交易所代為支付，均向不履行交割之一方追償之。」

如此，在證券交易法上，證券商相互間，因有價證券交易所生之爭議，並無任何債務不履行之可能。換言之，違約不交割，因均由證交所代為履行，故所生之爭議理論上不會存於證券商間，僅會存於證券商和證交所間，然而，實務上，曾發生投資人惡性巨額違約交割，導致證券商被牽連，因而證券商亦發生巨額違約交割，故關於證券商因有價證券交易所生之其他交割爭議，仍然會存在。

六、小　結

根據上開分析，不但證券交易所與證券商之法律關係究為公法或私法？證券交易所之行為究屬行政私法或受委託行使公權力？以及證券商與證交所間之交易契約問題，證券交易爭議仲裁之適法性問題，條文本身規定之合理性，既受諸多學者質疑，甚至連證券交易本身之仲裁容許性，亦多爭論，由此可知，我國有參考外國立法例，重新對證券交易所之制度做全面檢討之必要❷⁹。

第六節　交易資訊公開化

一、規劃交易資訊系統

為使證券交易公平合理及效率化，證券交易所除發展電腦交易外，並積極規劃各種交易資訊系統，使投資大眾能獲得充分且即時之資訊。例如證交所早於 1987 年 11 月 11 日即開發完成「基本市況報導」，投資人可於證券商營業處所即時獲得該系統所傳輸之個股以及整個市場的交易資訊，

---

❷⁹　以上諸問題為筆者在臺北大學法研所開授之「仲裁法專題研究」課程中，研究生紀鈞涵律師特別提出討論者，值得參考。

其內容包括個別股之買進價、賣出價、成交價、累積成交量以及市場公告等。1992 年 2 月 1 日實施「臺灣證券交易所股份有限公司對上市公司重大訊息說明記者會作業程序」，公布由上市公司主動提供或臺灣證券交易所股份有限公司所主動查證之重大訊息。另「股市觀測站」則於 1993 年 2 月 22 日正式上線，上市公司可將各項財務、業務及重大資訊輸入該系統，供投資人查詢。投資人亦可自證交所網際網路之網頁上查詢市場相關資訊。此外，為配合證券市場國際化，公告證券交易所英文版股市觀測站，自 2002 年 7 月 1 日起正式上線運作❸⓿。

　　前述資訊系統雖已沿用多時，然隨著科技之進步，其功能及速度及相關之作業規範，多能與時俱進，使證券交易所在證券交易資訊公開化方面，獲有相當之肯定。

二、提供證券統計資料

　　基於證券市場國際化及交易資訊公開化之考量，證交所依據「交易資訊使用管理辦法」，與多家國內、外資訊機構簽訂契約，期使世界各地可透過資訊網路，獲得證交所之交易資訊。

　　除上述各種線上即時資訊外，證交所並於每天收盤後印製「證券行情單」，同時透過證券營業處所之列表機，列印「證券行情快報」和「漲跌停板幅度表」，以供投資大眾參考。

　　為宣導證券投資知識，提供有關之證券統計資料，證交所亦編印或建置各種定期、不定期之刊物和網頁：包括一、上市證券概況；二、證交資料；三、證券統計資料；四、年報；五、上市證券統計輯要；六、臺灣證券交易所簡介；七、Fact Book；八、彩色指數圖等等。

　　證交所另編印一系列之證券投資教育宣導小冊數十餘種，投資人可前往證交所公關室或各證券商之營業場所自行取閱。同時，證交所公關室陳列各上市公司之公開說明書、股東會會議紀錄、重大訊息之公告以及每一季之財務報告。此外，亦有各證券商每月和每半年之財務資料提供參考。

---

❸⓿　臺灣證券交易所股份有限公司 91 年 6 月 28 日臺證上字第 101803–1 號。

第七節　主管機關之監督

　　為維護運作之健全，保障證券交易之穩定，證券交易法針對其監督與管理，訂有詳細規範。依證券交易法第102條規定，證券交易所業務之指導、監督及其負責人與業務人員管理事項，由主管機關以命令定之。按此，主管機關乃依證券交易法第93條、第95條、第99條、第102條、第137條及第154條規定訂定「證券交易所管理規則」，對於證交所之設立、財務、業務、組織、人事等項，設有嚴謹之管理規則。

一、變更章程、決議或處分

　　依證券交易法第161條規定，主管機關為保護公益或投資人利益，得以命令通知證券交易所變更其章程、業務規則、營業細則、受託契約準則及其他章則或停止、禁止、變更、撤銷其決議案或處分。

　　基此，證交所之各項營運，均受主管機關之嚴密監督❸❶。

二、命令解散、停業

　　依證券交易法第163條規定：「證券交易所之行為，有違反法令或本於法令之行政處分，或妨害公益或擾亂社會秩序時，主管機關得為左列之處分：一、解散證券交易所。二、停止或禁止證券交易所之全部或一部業務。但停止期間，不得逾三個月。三、以命令解任其董事、監事、監察人或經理人。四、糾正（第1項）。主管機關為前項第一款或第二款之處分時，應先報經行政院核准（第2項）。」

　　本條第2項所稱之「處分」，影響重大，應先報經行政院核准。

　　又依證券交易法第3條規定，本法所稱主管機關，為行政院金融監督管理委員會，該委員會組織法❸❷第10條則明訂，「本會金融監理業務依法

---

❸❶　賴英照，《最新證券交易法解析：股市遊戲規則》，元照出版，2009年10月再版，頁349。

獨立行使職權。」惟遇有前述重大事項,依上開規定,仍受行政院之節制。

三、上市、下市之核准

㈠訂定受託契約準則

　　依證券交易法第 140 條規定,證券交易所應訂定有價證券上市審查準則及上市契約準則,申請主管機關核定之。證券交易法第 158 條規定,證券經紀商接受於有價證券集中交易市場為買賣之受託契約,應依證券交易所所訂受託契約準則訂定之。前項受託契約準則之主要內容,由主管機關以命令定之。

　　此外,依證券交易法第 129 條規定,在公司制證券交易所交易之證券經紀商或證券自營商,應由交易所與其訂立供給使用有價證券集中交易市場之契約,並檢同有關資料,申報主管機關核備。再依證券交易法第 134 條規定,公司制證券交易所依前條之規定,終止證券自營商或證券經紀商之契約者,準用第 111 條之規定。

㈡停止有價證券之買賣或終止上市

　　證交所與上市公司簽訂之上市契約、上市費用之費率、下市、停止或回復買賣等,依證券交易法如下之規定:

1.上市契約內容

　　證券交易法第 141 條規定:「證券交易所與上市有價證券之公司訂立之有價證券上市契約,其內容不得牴觸上市契約準則之規定,並應報請主管機關備查。」蓋目前發行人申請其有價證券上市,係由證券交易所實質審核,故規定證券交易所應與上市有價證券之公司訂立有價證券上市契約,並報請主管機關「備查」,而非報請「核准」,以符合實際狀況。

　　又主管機關對於證券交易所通過之上市決議案,基於保護公益或投資人利益之必要,仍得依本法第 161 條規定,停止、禁止、變更或撤銷其決

---

❷　按　「行政院金融監督管理委員會組織法」　訂於 2003 年 7 月 23 日,嗣已於 2011 年 6 月 29 日修正公布,更名為「金融監督管理委員會組織法」,全文 18 條,並另由行政院以命令訂自 2012 年 7 月 1 日施行。

議案。

因此，依證券交易法第 142 條規定：「發行人公開發行之有價證券於發行人與證券交易所訂立有價證券上市契約後，始得於證券交易所之有價證券集中交易市場為買賣。」蓋為配合證券交易所與上市有價證券之公司訂立之有價證券上市契約修正為報請主管機關備查，爰將本條修正為發行人公開發行之有價證券於發行人與證券交易所訂立有價證券上市契約後，方得於證券交易所之有價證券集中交易市場為買賣❸。

2.終止有價證券上市

鑑於證券交易所同意有價證券上市，屬其私權行使之範疇，故證券交易所終止有價證券上市，亦應回歸其私權行使，加以現行實務作法，係證券交易所依其所訂有價證券上市契約、營業細則及相關處理程序之規定，實質審核有價證券之終止上市，故證券交易法第 144 條規定：「證券交易所得依法令或上市契約之規定終止有價證券上市，並應報請主管機關備查。」亦非「報請主管機關核准」。

3.依上市契約申請終止上市

依證券交易法第 145 條規定：「於證券交易所上市之有價證券，其發行人得依上市契約申請終止上市（第 1 項）。證券交易所應擬訂申請終止上市之處理程序，報請主管機關核定；修正時，亦同（第 2 項）。」蓋第 2 項規定證券交易所應擬訂上市有價證券發行人申請有價證券終止上市之處理程序，報請主管機關核定，以茲明確❹。

4.上市有價證券停止或回復買賣

依證券交易法第 147 條規定：「證券交易所依法令或上市契約之規定，或為保護公眾之利益，就上市有價證券停止或回復其買賣時，應報請主管機關備查。」鑑於證券交易所同意或終止有價證券上市，乃屬其私權行使之範疇，故證券交易所停止或回復上市有價證券之買賣，亦應回歸其私權行使。且實務作法即由證券交易所依其營業細則進行實質審查❺，故規定

❸ 證券交易法第 142 條規定之修法理由，2012 年 1 月 4 日。
❹ 證券交易法第 145 條第 2 項規定之修法理由，2012 年 1 月 4 日。

證券交易所就上市有價證券停止或回復其買賣時，應報請主管機關「備查」，而非申報主管機關「核准」。

至於主管機關亦得依證券交易法第 148 條至第 156 條之規定，命令證交所停止特定有價證券之買賣或終止上市。

5.停牌制度

由於 2015 年 6 月中旬以來，中國股市暴跌，導致許多企業申請停牌，現在台股交易亦將推出停牌制度，從 2016 年 1 月 15 日開始，只要上市公司要發布之訊息，對股東權益或股價有重大影響，就必須向證交所申請暫停交易一～三天，而此亦即我國股市創立五十三年來最大之變革制度 ❸ ！

四、停止集會及回復集會

㈠規定內容

依證券交易法第 152 條規定，證券交易所於有價證券集中交易市場，因不可抗拒之偶發事故，臨時停止集會，應向主管機關申報；回復集會時亦同。此所指之「臨時停止集會」係就關閉集中市場所為之規定。

㈡程　序

第 152 條所規定之程序，係由證券交易所發動，其原因限於「不可抗拒之偶發事故」，例如地震、颱風等天災不可抗力之情事，適用範圍較小。不過，其程序仍應由證券交易所向主管機關申報，亦不宜擴大其適用範圍。

五、組織與人事之管理

㈠指派董事、監察人

依證券交易法第 126 條第 2 項規定：「公司制證券交易所之董事、監察

---

❸　證券交易法第 147 條規定之修法理由，2012 年 1 月 4 日。

❸　據報導，中國股市爆跌，企業紛紛申請停牌自救，上海與深圳股市一度有多達 1/3 檔股票停牌避難，而我國亦將從 2016 年 1 月 15 日開始，實施停牌制度。參閱〈台股大變革！停牌制度 2016 年 1 月 15 日上路〉，民視新聞，2015 年 7 月 13 日。

人至少應有三分之一，由主管機關指派非股東之有關專家任之；不適用公司法第一百九十二條第一項及第二百十六條第一項之規定。」實務上主管機關指派董事、監察人三分之一名額，由專家學者出任臺灣證券交易所股份有限公司之董事、監察人。

證券交易法第 126 條第 2 項，早經明訂應由主管機關指派非股東之有關專家擔任董事、監察人。另又規定「前項之非股東董事、監察人之選任標準及辦法，由主管機關定之。」蓋因證券交易所為證券集中交易市場之核心，其功能為建立集中交易市場之運作及交易秩序之維護，具有公益性質，應由社會公正專業人士參與或監督交易所業務之執行。但為求公正、客觀、超然，避免政治酬庸致生流弊，主管機關應訂立公益董監事之選任標準及辦法，以昭公信❸❼。

㈡解任董事、監事與經理人

依證券交易法第 117 條規定：「主管機關發現證券交易所之董事、監事之當選有不正當之情事者，或董事、監事、經理人有違反法令、章程或本於法令之行政處分時，得通知該證券交易所令其解任。」另依證券交易法第 137 條規定：「第四十一條、第四十八條、第五十三條第一款至第四款及第六款、第五十八條、第五十九條、第一百十五條、第一百十七條、第一百十九條至第一百二十一條及第一百二十三條之規定，於公司制證券交易所準用之。」至於有無怠於執行職務，則由證交所管理規則規範之。

再依證券交易法第 163 條第 1 項第 3 款規定意旨，證券交易所之行為，有違反法令或本於法令之行政處分，或妨害公益或擾亂社會秩序時，主管機關得以命令解任其董事、監事、監察人或經理人。

㈢人員、組織與待遇

有關證券交易所業務人員應具備之一定資格條件，依證券交易法第 123 條、第 137 條規定準用第 54 條及第 56 條之規定。

至於業務人員之組織、待遇、其他禁止規定、財務、業務之管理等等，

---

❸❼ 證券交易法第 126 條規定之修法理由，2001 年 11 月 14 日，按該條迄今（2018 年）並未再度修正。

亦由證券交易法所配合證交所管理規則之相關規定處理。

第八節　結　語

　　證券市場是現代社會經濟之重要櫥窗，而證券交易所則是維繫、服務並整合整個櫥窗的關鍵角色。2007 年 10 月間，行政院會通過證券暨期貨周邊單位整合（四合一）方案，將證券交易所、證券櫃檯買賣中心、期貨交易所、集保公司分兩階段整合，2008 年底先成立臺灣交易所控股公司，使臺灣證券市場之運作，更趨便利而穩定。

　　如能完成修法，配合證券周邊單位四合一，新證券交易法第 128 條、第 177 條刪除證券交易所股份僅能轉讓證券商等規定修正草案，以利證交所、期交所、集保公司、櫃買公司以股份轉換成為臺灣交易所控股公司的子公司。新設立之臺灣交易所控股公司，未來將找外資相互投資，但為避免控制權落入外人手中，主管機關更將另訂整體外資投資上限，以資配合。然應注意，該項配合證券周邊單位四合一之議案，迄未完成修法。

　　至於投資人保護中心不在整合方案中，而係以現有模式繼續運作。其實投資人保護中心針對涉嫌操縱股票價格、內線交易、虛偽記載等違反證券交易法之情事，受理善意投資人委任求償登記，辦理民事求償公益訴訟事宜，不但可遏止不法之徒，且對投資人保護，非常重要。儘管如此，此次證交所周邊單位四合一之整合與投資人保護中心是否納入無關。

　　然而，20 世紀末期，因電子化之發展，以及網路之崛起，使證券之交易方式，從根本上起了變化，並創造新型之證券市場，宣告傳統證券交易所商業模式衰微。證券市場網路化之衝擊乃浮上臺面。

　　由於證券交易電子化、網路化之影響，使投資人大幅擺脫對中介機構之依賴，導致出現所謂脫媒現象 (disintermediation)，亦即投資人可不再經由證券經紀商進入證券交易所，而直接進入市場。

　　電子化與互聯網在證券市場之運用與推廣，不但將延長交易系統之交易時間，還可將全球眾多之證券市場系統連接起來，克服時差障礙，使全

球證券市場 24 小時營業的想法，得以實現。

　　在現代科技促成的變革中，網路證券交易固然提供了空前的便利和極佳的效率，也對傳統證券交易方式造成極大的挑戰，包括對上述發行市場之影響、網路證券交易之國際性所引起之法律問題、網路證券委託交易之法律制度、監管制度，尤其是網路證券交易投資人之保護等等，多已非傳統的交易制度和思維所能因應，因此，如何針對證券交易的電子化、網路化，建立完善的配套措施，顯然已成為政府主管機關及證券交易所必須共同面對的問題，吾人期待主管機關及證券交易所能夠與時俱進，在提昇網路功能之際，也能從立法、修法之角度保護投資人，而不只是以行政命令位階保護投資人，使網路證券交易，成為投資人心目中既便捷又值得信賴之交易。

第十一章 有價證券之上市、上櫃

第一節 概 說

　　證券交易法將證券交易市場分為集中市場與店頭市場，並分別予以規範（第 62 條、第 85 條）。證券在集中市場買賣稱為上市，在店頭市場買賣稱為上櫃。此種分類係沿襲美國而來❶。

　　就法律規範而言，集中市場與店頭市場之分類，為證券交易法之基本設計。立法之初，證券交易法將集中市場定位為拍賣之競價市場，而與店頭市場之議價型態相區別（1988 年修正前證券交易法第 9 條），且依證券交易法第 96 條前段規定：「非依本法不得經營類似有價證券集中交易市場之業務。」惟前開證券交易法第 9 條規定已於 1988 年修正時刪除；其後實務上集中市場與店頭市場之交易方式，均為委託單導向 (order-driven market)，亦即以各投資人透過證券商向市場報價而直接競價撮合成交❷。

　　有價證券之上市，是指發行公司與證券交易所間，訂立上市契約，使發行公司能將其發行之有價證券，在證券交易所之集中交易市場買賣，而證券交易所得向發行公司收取上市費用之法律行為。一般對上市公司而言，上市一方面可提高公司聲譽及知名度，加強證券之流通性，便於公司籌措資金；另一方面，因公司有價證券之上市，使該公司變成大眾公司，亦使該公司及相關人士之責任加重，故為建立公正證券市場，需對上市之證券

---

❶　賴英照，《最新證券交易法解析：股市遊戲規則》，2006 年 2 月，頁 63。

❷　賴英照，前揭書，頁 66。

品質加以管理，此有賴於證券主管機關對於公司上市，訂定各種嚴格之規範，並以公權力介入私法契約，以達到監督之效果。

證券交易法第 139 條第 1 項規定：「依本法發行之有價證券，得由發行人向證券交易所申請上市。」足見我國是採自由上市之制度；至於上市之標準，依證券交易法第 140 條規定，證券交易所應訂定「有價證券上市審查準則」❸及「上市契約準則」❹，申請主管機關核定之。依該準則之規定，申請股票上市之公司按其資本額、獲利能力、資本結構、股權分散情形，而將其股票分為第一類、第二類上市股票；或者按該準則之特別規定，將屬於創業投資之科技事業，可列為第三類上市股票。有關此部分，可參閱證券交易所訂定之「有價證券上市作業程序」，該規定就能否審核上市之標準，予以詳細說明。

基此，本章首先擬探討有價證券上市與規範，包括證券上市之原則與程序、公司上市申請與審查、有價證券影響市場秩序或損害公益之處置、終止上市、停止買賣、停牌制度；其次擬探討有價證券上市之法律性質，包括學說理論、實務見解；此外，擬探討有價證券上櫃諸問題。最後，提出檢討與建議。

第二節　有價證券上市與規範

一、證券上市之原則與程序

㈠任意上市之原則

有價證券之上市，有「任意上市」與「當然上市」二者，所謂任意上市，指由發行人自行決定向證券交易所申請上市與否；所謂當然上市，則

---

❸　按「臺灣證券交易所股份有限公司有價證券上市審查準則」訂定於 1990 年 3 月 2 日，歷經多次修正，最近一次修正於 2018 年 11 月 30 日。

❹　按「臺灣證券交易所股份有限公司有價證券上市契約準則」訂定於 1990 年 3 月 12 日，歷經多次修正，最近一次修正於 2018 年 9 月 10 日。

指由法律特別規定，達到某一種標準之公司當然可以在證券市場上市。

證券交易法第 139 條第 1 項之規定：「依本法發行之有價證券，得由發行人向證券交易所申請上市。」換言之，我國證券交易法對於有價證券之上市，係採任意申請之原則，尊重公司之自由意思。然如再發行新股時，依該法第 139 條第 2 項之規定：「股票已上市之公司，再發行新股者，其新股股票於向股東交付之日起上市買賣。但公司有第一百五十六條第一項各款情事之一時，主管機關得限制其上市買賣」。

(二)任意上市之程序

1.公司提出申請

證券交易法第 42 條第 1 項之規定：「公司對於未依本法發行之股票，擬在證券交易所上市或於證券商營業處所買賣者，應先向主管機關申請補辦本法規定之有關發行審核程序。」至於已依本法相關規定發行之股票，如欲上市，則仍應循序提出申請。股票上市之申請人為發行人，受理申請者為證券交易所。

2.訂立上市契約

發行公司之股票合於上市標準時，應與證券交易所訂立上市契約，以作為二者彼此間權利義務之依據，並保障投資人。「臺灣證券交易所股份有限公司有價證券上市契約準則」主要係規範發行公司應負擔之義務，法令規範有不足時，均得以上市契約約束發行公司。

依證券交易法第 143 條規定，有價證券上市費用，應於上市契約中訂定，其費率由證券交易所報請主管機關核定之。故發行公司應依「有價證券上市費費率表」❺繳付上市費，設置過戶機構，此外，證券應經簽證，召開股東會應事前通知、公告，會後文件須送交易所供眾閱覽等必要之作業程序，於「臺灣證券交易所股份有限公司有價證券上市契約準則」內，均有明確規定。

---

❺ 按「臺灣證券交易所股份有限公司有價證券上市費費率表」訂定於 1997 年 6 月 30 日，歷經多次修正，最近一次修正於 2018 年 9 月 10 日。

3.證交所審查

證券交易法第 140 條規定:「證券交易所應訂定有價證券上市審查準則及上市契約準則,申請主管機關核定之」。

4.主管機關核准上市契約

證券交易法第 141 條規定:「證券交易所應與上市有價證券之公司訂立之有價證券上市契約,其內容不得牴觸上市契約準則之規定,並應報請主管機關備查。」且依證券交易法第 142 條規定:「發行人公開發行之有價證券於發行人與證券交易所訂立有價證券上市契約後,始得於證券交易所之有價證券集中交易市場為買賣」。

二、公司上市之申請與審查

㈠法源依據

證券交易法第 140 條規定:「證券交易所應訂定有價證券上市審查準則及上市契約準則,申請主管機關核定之。」

據此規定,證券交易所乃訂有「臺灣證券交易所股份有限公司有價證券上市審查準則」❻,而依該準則第 3 條規定:「依本準則規定同意其上市之有價證券,本公司應依證券交易法第 141 條規定,與發行有價證券之機構,訂立有價證券上市契約,並應報請主管機關備查。」

另依據上開審查準則第 29 條第 1 項規定意旨,又訂有「臺灣證券交易所股份有限公司有價證券上市審查準則補充規定」。

㈡規範內容

依據前述上市審查準則第 2 條第 1 項之規定:「凡依證券交易法規定發行或補辦發行審查程序之有價證券,其發行人於依據證券交易法第一百三十九條之規定向本公司申請上市者,應分別檢具各類有價證券上市申請書,載明其應記載事項,連同應檢附書件,向本公司申請,本公司依據本準則暨本公司審查有價證券上市作業程序之規定審查之。」

---

❻ 按「臺灣證券交易所股份有限公司有價證券上市審查準則」訂於 1990 年 3 月 2 日,歷經多次修正,最近一次修正於 2018 年 11 月 30 日。

上開上市審查準則中，於總則之外，對於我國有價證券之上市、外國有價證券之上市之申請與審查等，均有詳細之規範。另「臺灣證券交易所股份有限公司有價證券上市審查準則補充規定」，主要則係針對其中所述「資訊軟體業」、「關係人」、「母公司」及「子公司」、「集團企業」等名詞，逐一加以定義，其目的應在減少適用上之疑問與爭議。

㈢實務資訊

由於臺灣證券交易所股份有限公司有價證券上市審查準則及其補充辦法，規定詳實但內容龐雜，僅憑該等條文規章，一般人實仍難以明瞭有價證券上市審查之準則要項，故臺灣證券交易所於其所屬網站中，有諸多將公司上市申請與審查等各細項條列化或圖表化之資訊，可供參酌，茲不贅述。

三、有價證券影響市場秩序或損害公益之處置

證券交易法第 156 條規定：「主管機關對於已在證券交易所上市之有價證券，發生下列各款情事之一，而有影響市場秩序或損害公益之虞者，得命令停止其一部或全部之買賣，或對證券自營商、證券經紀商之買賣數量加以限制：

一、發行該有價證券之公司遇有訴訟事件或非訟事件，其結果足使公司解散或變動其組織、資本、業務計畫、財務狀況或停頓生產。

二、發行該有價證券之公司，遇有重大災害，簽訂重要契約，發生特殊事故，改變業務計畫之重要內容或退票，其結果足使公司之財務狀況有顯著重大之變更。

三、發行該有價證券公司之行為，有虛偽不實或違法情事，足以影響其證券價格。

四、該有價證券之市場價格，發生連續暴漲或暴跌情事，並使他種有價證券隨同為非正常之漲跌。

五、發行該有價證券之公司發生重大公害或食品藥物安全事件。

六、其他重大情事。」

換言之，已經上市之有價證券，如有證券交易法第 156 條各款所列情事，且「有影響市場秩序或損害公益之虞」，主管機關即可依本條文加以處置。對穩定市場秩序及維護公益，自有一定之效果。

特別值得一提者，證券交易法第 156 條第 5 款，係 2015 年修法時始新增（其他重大情事，則移為第 6 款）。新增該款之立法理由如下❼：

㈠企業的營運方式達到或超越道德、法律及公眾要求的標準，而進行商業活動時亦考慮到對各相關利益者造成的影響，企業社會責任的概念是基於商業運作必須符合可持續發展的想法，企業除了考慮自身的財政和經營狀況外，也要加入其對社會和自然環境所造成的影響的考量。

㈡以味全食品股份有限公司為例，其為黑心油風暴主角頂新國際集團旗下上市公司，而頂新製油涉嫌以低價添購大統黑心原料油，摻入替味全代工的二十一款油品中，再重新包裝成味全產品販售，2013 年 10 月 16 日，大統黑心油事件爆發後，頂新味全隱瞞十九天才下架。

㈢目前金管會正研議強制推動，上市（櫃）食品業、金融業、化學工業及實收資本額一百億元以上的公司明年應編製企業社會責任報告書，金管會主委表示，為強化對食品類股的監管，強制食品類股的 CSR 報告書要經過會計師第三方認證查核後才能公布。

㈣為強化上述企業責任報告書之約束力，修法針對發生重大公害或食安事件之上市公司應停止其有價證券一部或全部之買賣。

四、終止上市

證券交易法第 144 條規定：「證券交易所得依法令或上市契約之規定終止有價證券上市，並應報請主管機關備查。」第 145 條規定：「於證券交易所上市之有價證券，其發行人得依上市契約申請終止上市（第 1 項）。證券交易所應擬訂申請終止上市之處理程序，報請主管機關核定；修正時，亦同（第 2 項）。」可見公司發行之有價證券上市後，如有一定之事由，得經法定之程序，停止買賣或終止上市。

❼　參閱法源法律網 2015 年 7 月 1 日證券交易法第 156 條規定立法理由。

㈠終止上市之程序

終止證券上市之程序，依證券交易法第 145 條第 2 項規定：「證券交易所應擬訂申請終止上市之處理程序，報請主管機關核定；修正時，亦同。」故依「臺灣證券交易所股份有限公司上市公司申請有價證券終止上市處理程序」❽第 1 條規定，凡依證券交易法第 145 條及證交所有價證券上市契約準則第 3 條之規定，上市公司提出終止其有價證券上市之申請及本公司之處理，除依本公司營業細則第 4 章之 1 規定進行併購者外，應依本程序辦理。

㈡終止上市之申請人

依證券交易法第 144 條意旨，申請終止上市之申請人為證券交易所；另依同法第 145 條規定意旨，申請終止上市之申請人為發行人。惟由證券交易所提出申請者，僅需經主管機關備查；由證券發行人提出申請者，則須經主管機關核准，始符規定。

五、停止買賣

已上市之證券除前述「終止上市」外，亦有「停止買賣」者，依證券交易法第 147 條規定，證券交易所依法令或上市契約之規定，或為保護公眾之利益，就上市有價證券停止或回復其買賣時，應報請主管機關備查。至於「停止買賣」則依「臺灣證券交易所股份有限公司融資融券有價證券停止買賣或暫停交易後相關配合作業」辦理。

足見終止上市之事由，純係為保護公益或投資人利益，除主管機關有權命令交易所終止上市外，證交所如欲終止上市，須經主管機關之備查。

六、停牌制度

2015 年 6 月中旬以來，中國股市暴跌，導致許多企業申請停牌，現在臺股交易亦將推出停牌制度，從 2016 年 1 月 15 日開始，只要上市公司要

---

❽　按「臺灣證券交易所股份有限公司上市公司申請有價證券終止上市處理程序」訂於 1974 年 2 月 27 日，歷經多次修正，最近一次修正於 2018 年 8 月 7 日。

發布之訊息，對股東權益或股價有重大影響，就必須向證交所申請暫停交易一～三天，而此亦即我國股市創立五十三年來最大之變革制度❾。

第三節　有價證券上市之法律性質

一、學說理論

有價證券之上市，在法律上之性質如何，涉及證券交易所之法律定位，學者認為，臺灣證券交易所係股份有限公司組織，依法為民營企業，惟從實際運作情形及功能權責觀察，其並非單純之民營企業❿。

除此之外，有關有價證券之上市之法律性質，學說上討論者尚不多見⓫。蓋證券交易所既係以公司型態運作，在組織上並非行政機關；證券交易所之特殊性，源自於其發布章則以及其做成各項決定之權力。目前之行政規則，均是由證券交易所所訂定；又有價證券之上市公司須依據同法第 141 條之規定，與臺灣證券交易所為股份有限公司訂定之「有價證券上市契約」。

---

❾ 中國股市上週爆跌，企業紛紛申請停牌自救，上海和深圳股市一度有多達 1/3 檔股票停牌避難，而國內也將從 2016 年 1 月 15 日開始，實施停牌制度。按證交所研擬之停牌制度，規定上市公司嚴重減產、全部停工，已經向法院申請破產或重整，或者違反公司法第 185 條等等，只要會嚴重影響股東權益或股價，公司最晚都必須要在當天早上七點半之前申請停牌，否則將被罰十～五百萬，此亦即臺灣證券交易開創五十三年來，最重大之變革。參閱：〈台股大變革！停牌制度 2016 年 1 月 15 日上路〉，民視新聞，2015 年 7 月 13 日。

❿ 賴英照，《最新證券交易法解析：股市遊戲規則》，元照出版，2009 年 10 月再版，頁 92。

⓫ 吳光明，〈上市契約仲裁適格性之探討──兼論台灣高等法院九十二年度上更㈡字第九號判決〉，《仲裁法理論與判決研究》，2004 年 11 月，頁 378～417。

二、實務見解

就有價證券之上市及終止上市等事項之見解，實務上以下列二判決最具代表性，茲分述如下：

㈠有價證券之上市應由主管機關以公權力介入

實務上認為，按有價證券之上市及終止上市，不僅涉及發行有價證券之公司之權益而已，尚且與社會大眾之公共利益相關，證券交易法第 141 條規定證券交易所應與上市有價證券之公司訂立有價證券上市契約，其內容不得牴觸上市契約準則之規定，並應申報主管機關核准；第 142 條規定發行人發行之有價證券，非於其上市契約經前條之核准，不得於證券交易所之有價證券集中交易市場為買賣；第 144 條規定證券交易所得依法令或上市契約之規定，報經主管機關核准，終止有價證券上市；第 145 條第 1 項規定於證券交易所上市之有價證券，其發行人得依上市契約申請終止上市，可見有價證券之上市及終止上市，依法應由有價證券之主管機關以公權力介入[12]。

實務上又認為，經公權力介入並使發生效力時，該行為即難謂係單純之商業交易有關之法律關係，及由該法律關係所生之爭議行為，此與商務仲裁條例（已改為仲裁法，以下同）第 1 條、第 2 條規定之有關商務上關於一定之法律關係，及由該法律關係所生之爭議，自屬有別，否則無異以私法仲裁判斷行政主管之行政處分之效力[13]。

㈡因上市契約所生之終止股票上市之決定發生爭議不得以仲裁解決

有價證券之上市及終止上市，不僅涉及發行有價證券之公司之權益而已，尚且與社會大眾之公共利益相關。又依證券交易法第 141 條規定意旨，證券交易所與上市有價證券之公司訂立之有價證券上市契約，其內容不得牴觸上市契約準則之規定，從而行政法院認為，上市公司對主管機關終止

---

[12] 最高法院 87 年度臺上字第 299 號民事判決。

[13] 最高法院 91 年度臺上字第 2367 號民事判決。

其股票上市之決定不服，已非「因上市契約所生之爭議」，自不得以仲裁方式解決，而應循行政爭訟程序為之❶。依此見解，則主管機關如決定終止發行公司之股票上市，因該等決定性質上非屬「上市契約所生之爭議」，故發行公司對其決定，僅能循行政爭訟程序救濟之，而無法以仲裁方式謀求解決。

三、小　結

我國證券交易法賦予主管機關對證交所處罰上市公司之章則，予以備查，同理，證券交易所依據有關法令、證券交易所章則規定，認為有必要時，得對上市之有價證券變更原有交易方法，並應於執行後 1 個月內報請主管機關備查；或於報請主管機關備查後，得對上市之有價證券予以停止買賣或終止上市。

然而，此部分有關「有價證券之上市」問題，證交所雖報經主管機關備查，而實際上並未接受司法審查。另一方面，該被處分之公司亦未享有行政救濟之權利，本文認為，基於保障人權之目的，實應進一步研究處理，以免證交所權力過鉅。

第四節　有價證券上櫃

一、證券交易法之規定

有價證券如不在集中市場上市，以競價方式買賣交易，而在證券商營業處所之營業櫃檯上，以議價方式，所進行之交易，稱為櫃檯買賣；因此，由店頭櫃檯買賣所形成之市場，稱為櫃檯買賣市場。在櫃檯買賣市場交易之證券稱為上櫃股票。

證券交易法對於店頭市場規定於第 62 條，按該條規定：「證券經紀商或證券自營商，在其營業處所受託或自行買賣有價證券者，非經主管機關

---

❶　最高行政法院 93 年度判字第 510 號判決。

核准不得為之（第 1 項）。前項買賣之管理辦法，由主管機關定之（第 2 項）。第一百五十六條及第一百五十七條之規定，於第一項之買賣準用之（第 3 項）。」

　　前述第 62 條第 1 項所謂「證券經紀商或證券自營商，在其營業處所受託或自行買賣有價證券」，依「證券商營業處所買賣有價證券管理辦法」⓯第 2 條之規定，係指「有價證券不在集中交易市場以競價方式買賣，而在證券經紀商專設櫃檯進行交易之行為」，此簡稱櫃檯買賣，亦即一般所稱之店頭市場，包括上櫃與興櫃在內。

　　前述第 62 條第 3 項規定：「第一百五十六條及第一百五十七條之規定，於第一項之買賣準用之。」係指證券經紀商或證券自營商，在其營業處所受託或自行買賣有價證券，如發生證券交易法第 156 條各款所定情事，而有「影響市場秩序或損害公益之虞」時；或公司董事、監察人、經理人等因第 157 條所訂短線交易，而有歸入權產生時，主管機關或發行公司得分別依同法第 156 條、第 157 條之規定加以處置。

　　又證券交易法第 155 條第 2 項規定：「前項規定，於證券商營業處所買賣有價證券準用之。」係指禁止操縱市場之規定，準用於店頭市場；再如第 157 條之 1 第 1 項規定意旨，內部人不得對該公司之上市或「在證券商營業處所買賣」之股票或其他具有股權性質之有價證券，自行或以他人名義買入或賣出，係指禁止內線交易之規定，亦準用於店頭市場。

二、興櫃股票市場

㈠制度緣起

　　由於未上市、未上櫃股票在地下盤商之交易未曾中斷，因該等股票缺乏管理，公司之財務、業務並無公開揭露機制，且該地下盤商均未取得證券商執照，未能納入主管機關之管理，投資人交易風險甚高，且糾紛時起。早年政府為提供未上市、未上櫃股票之合法交易市場，故由行政院財經小

⓯　按「證券商營業處所買賣有價證券管理辦法」訂定於 1982 年 8 月 23 日，歷經多次修正，最近一次修正於 2017 年 3 月 31 日。

組於 2000 年間會商決議，責成主管機關限期完成興櫃股票市場之建置，興櫃市場嗣於 2002 年 1 月 2 日開業，亦由櫃買中心主辦❶。

㈡制度特色

1.議價市場，無漲跌幅度

興櫃股票之政策使命，係為提供未上市（櫃）公開發行公司之股票一個合法、安全、透明之交易市場，以替代現行不合法之盤商市場。基於替代性效果，必須比照盤商市場之議價精神，且無漲跌幅度之限制，讓股票僅有談不攏之價格，並無買不到或賣不出去之股票。

興櫃股票因市場行情變化大，投資人必須審慎評估投資的報酬與風險，覺得有把握，才可下單買賣，所以投資人在證券商開戶時，會被要求簽署風險預告書，確認已知悉該市場之特性及投資所存在之風險。

2.入寶山，未必滿載而歸

目前在盤商有登錄流通之未上市（櫃）公開發行股票公司之營運狀況，實際上良莠不齊，在眾多掛牌公司中，哪些是值得投資之標的，如何選股，才是一門大學問。

由於投資與風險無法預知，投資者縱入寶山，亦未必能滿載而歸，故有風險預告書之簽署，強調風險自負，對此投資人應有認知。

3.黑馬股之搖籃

多年來，櫃檯買賣中心積極建置未上市、未上櫃股票交易制度相關規範及配套措施，將該等股票納入管理，所有輔導滿二年之公司強制必須在興櫃股票市場掛牌，所有遞件申請上市（櫃）掛牌之公司均必須先在興櫃股票市場掛牌滿三個月，始得正式上市。亦即未來可能的明星股、黑馬股，全部都須先在興櫃掛牌。故興櫃股票雖然投資風險較高，卻往往也是「黑馬股」蓄勢待發前之搖籃。

學者認為選股可朝以下方向：(1)明星產業具業績爆發力；(2)專業技術在產業中居龍頭地位；(3)股本小、高獲利、高權值；(4)股權集中、籌碼安

---

❶ 賴英照，《最新證券交易法解析：股市遊戲規則》，元照出版，2009 年 10 月再版，頁 92。

定；⑸優質形象佳的推薦證券商等 **⑰**，可供參考。

三、櫃檯買賣中心之法律定位

　　櫃檯買賣中心在證券交易市場中，扮演著經紀、承銷之平台與店頭市場管理等重要角色，而櫃檯買賣中心之權限，理論上來自於證券主管機關之授權，但我國證券交易法並未明訂得授權櫃檯買賣中心，亦未明訂該中心之權限，則主管機關有何法律依據，授權櫃檯買賣中心訂立店頭市場之管理規範，有無違反不得再授權原則、櫃檯買賣中心是否為受委託執行公權力之機構等問題，屢受質疑。

　　學者認為，證券交易法應增訂條文，賦予櫃檯買賣中心適當之地位，以及規範店頭市場之必要權限 **⑱**。本文亦認為，基於健全證券市場之管理，以保護投資人之目的，贊同增訂條文，以釐清櫃檯買賣中心之法律定位。

四、多層次資本市場上櫃轉上市機制

　　證券市場是資本市場中重要之一環，在資本市場上，不同之投資者與融資者對資本市場金融服務有不同之需求，由於多樣化之需求，促使資本市場成為一個多層次之市場體系。亦因為這種多層次資本市場之存在，才能夠對不同風險特徵之籌資者與不同風險偏好之投資者，進行分層分類管理，以滿足不同性質之投資者與融資者之金融需求，並最大限度地提高市場效率與風險控制能力 **⑲**。

　　為提升整個社會資源配置效率，有利充分發揮多層次市場對企業之市場化篩選機制。 我國臺灣證券交易所股份有限公司 (TSEC) 股票市場以及

---

⑰　柯宗輝，《證券市場～興櫃股票交易制度實務》，空大學訊補充教材，第 299 期，頁 3。

⑱　賴英照，《最新證券交易法解析：股市遊戲規則》，元照出版，2009 年 10 月再版，頁 116。

⑲　參閱 http://www.hudong.com/wiki/%E5%A4%9A%E5%B1%82%E6%AC%A1% E8%B5%84%E6%9C%AC%E5%B8%82%E5%9C%BA，拜訪日：2012 年 4 月 20 日。

財團法人中華民國證券櫃檯買賣中心 (GTSM) 設有一般類股 (Gerenal Board) 與興櫃買賣 (Emerging Stock) 兩個子市場。

櫃檯買賣中心 (GTSM) 自南帝化工於 1992 年間，從股票上櫃公司申請股票上市以來，每年陸續有上櫃公司轉申請上市。1999 年起，主管機關乃訂定若干上櫃公司轉申請上市之審查準則與作業程序❷。此種上櫃公司轉申請上市之審查準則與作業程序，大致是簡化上櫃公司轉申請上市之相關規則，並降低轉申請上市之成本，其主要表現在下列：

1.放寬股權分散方式。

2.豁免上櫃公司轉申請上市後之集中保管義務。

3.簡化審查書件程序，除財務、業務有異常情況外，原則上採書面審查，並免提交有價證券上市審議委員會審議，再提報證交所董事會及主管機關通過。

具體而言，一般公司營運之目的，自以獲利為重要之依歸，而投資人的投資或公司就資金之籌措，自亦以選取本身最可行、最有利之市場為市場，因此，在多層次資本市場中，遂有相互流通、遞補之層次性關係。而建構妥適之上櫃、上市條件，簡化相關準則，使資訊充分揭露，並落實政府監控，則是維持多層次市場活絡與安定的必要條件。

第五節　結　語

從市場經濟之發展規律言之，經濟發展是需求，證券市場是供給，需求越大，供給亦應該越大，兩者具有密切之關聯。證券市場之多層次化、證券種類之擴大化、交易方式之多樣化、融資管道之多元化，才能使證券市場之發展更擴大、更健全。而證券市場之運作與發展，當然有賴於有價證券之上市、上櫃。

---

❷　例如「財團法人中華民國證券櫃檯買賣中心上櫃信用交易股票終止櫃檯買賣契約轉上市後之作業程序」，按該「作業程序」公（發）布於 1999 年 4 月 21 日。

　　發行公司申請股票上市時，由證交所「有價證券上市審議委員會」審議，通過後提報董事會核議，經董事會決議同意上市者，證交所將上市契約報請主管機關核准。發行公司上市後應繳交上市費，並應於規定時間內檢送經會計師簽證之年度、半年度及核閱後之第一、三季財務報告及財務預測報告，送證交所審閱。證交所並對其財務、業務狀況作平時及例外管理，另亦針對上市公司之重大訊息予以查證、公開，以監督其正常營運。

　　在上櫃之管理方面，主管機關依證券交易法第 62 條第 2 項之規定訂定「證券商營業處所買賣有價證券管理辦法」，以為監督管理之準據。故無論證券之上櫃、上市，或者投資人、融資者、發行公司在上櫃、上市不同市場間之流通轉換，在我國均已建立頗稱成熟的運作模式與管理機制。

　　無論證券市場之管理機制健全與否，在證券交易中，難免發生爭議。茲以公司股票上市時，因上市契約所生之爭議為例，歷來行政法院 2004 年判決與最高法院 2002 年之判決，均認為有價證券上市之法律性質係應由主管機關以公權力介入，故其間如有爭議，不得以仲裁方式解決，而應循行政爭訟程序為之。本文亦非常贊同。

　　惟查商務仲裁條例已於 1998 年廢止，並另訂仲裁法，然而最高行政法院之前開判決，係於 2004 年作成，已無再適用商務仲裁條例之餘地，倘涉及仲裁，亦應適用 1998 年通過之仲裁法，詎料該判決中，仍引用商務仲裁條例之相關規定，此種引用法規錯誤之情形，除顯見承審之行政法院法官有欠周延外，恐係當年「仲裁法」未能受到主管單位之重視，亦未能認真推廣「證券仲裁」所致[21]。

　　晚近我國證券市場之管理與法制，日趨周延，而有價證券上市、上櫃

---

[21]　「仲裁法」於 1998 年修正，此後「證券交易法」歷經多次修正，迄今（2012年 1 月），證券交易法有關「證券仲裁」5 個條文，從該法第 166 條至 170 條，僅配合修改第 166 條第 2 項，第 169 條、第 170 條將「商務仲裁條例」修改為「仲裁法」。另 2 個條文雖有疑義，但並未修正。詳本書第十九章〈證券爭議之仲裁〉。

之運作機制，亦頗屬健全。惟證券市場瞬息萬變，故法令雖已汗牛充棟，證券相關之爭議，仍在所難免，此實需主管機關、業者、及投資大眾知法守法，持續努力。

第十二章 有價證券之買賣

第一節 概 說

　　證券交易複雜多變，而其中以證券買賣契約為證券市場主要法律關係，最為複雜。證券買賣關係，以證券經紀商與證券自營商之交易為主，一般投資人必須委託證券經紀商從事證券交易，一般投資人與證券經紀商間之法律關係，係屬於行紀或委任契約關係。

　　因此，在程序方面，投資人買賣有價證券，大體上經過五個過程：

　1.選擇證券商；

　2.在證券商開戶，亦即簽訂「證券經紀商受託契約」；

　3.證券投資之委託指令；

　4.證券之交割與結算；

　5.買賣證券之過戶。

　　證券交易法有關買賣有價證券之規定，有證券交易法第 62 條之自行買賣有價證券之限制，第 85 條之手續費費率之核定，第 86 條之報告書及對帳，以及第 116 條圖利之禁止等規定。

　　基此，本章首先擬探討證券買賣契約之要件，包括一般成立要件及特別成立要件；其次擬探討投資人與證券商間行紀之法律關係，包括行紀問題之法律關係、行紀契約之效力、行紀契約之消滅、有價證券買賣之章則；再次擬探討有價證券買賣之給付與交割，包括交割之意義、交割期間與種類、不履行交割之法律效果；此外擬探討有價證券買賣之實務問題，包括營業員提供人頭戶給客戶買賣有價證券而生損害，應負賠償責任、不具備

受僱人執行職務之外觀，僱用人不負賠償責任、應對委任人負賠償責任之行為、信用帳戶擔保不足應即時追繳差額等。最後提出檢討與建議。

第二節　證券買賣契約之要件

按證券之買賣方式，可分為在證券交易所集中買賣、在證券商營業處所買賣兩種。在證券交易所集中買賣者，係在證券交易所開設之集中交易市場，由投資人以競價方式進行交易，經電腦撮合而成交，此即一般所稱上市股票買賣。在證券商營業處所買賣者，係於證券商營業處所，以議價方式從事交易，此即公開發行而未上市股票之買賣，一般稱為店頭買賣或櫃檯買賣。1994 年，證券商公會成立財團法人櫃檯買賣中心，負責上櫃股票買賣業務。

茲就證券買賣契約之一般成立要件及特別成立要件加以說明，以分析證券買賣之特殊性。

一、一般成立要件

㈠證券買賣契約之當事人

1.證券買賣契約之當事人為投資人

證券買賣契約之當事人，係指在證券市場上從事有價證券買賣行為之投資人，包括買受人與出賣人，亦即得有效訂立證券買賣契約並得依該契約享受權利負擔義務之資格或地位者，即為證券買賣契約之當事人。

2.對證券買賣契約當事人之限制

由於證券買賣與投資人有關，並涉及證券市場交易秩序、交易安全，故法律上有對當事人資格加以限制之必要。

證券交易法對於在有價證券集中交易市場及店頭市場買賣之當事人，均有明文限制，在集中交易市場為買賣者，依證券交易法第 151 條規定，「於有價證券集中交易市場為買賣者，在會員制證券交易所限於會員，在公司制證券交易所限於訂有使用有價證券集中交易市場契約之證券自營商

或證券經紀商。」在店頭市場買賣者，依證券交易法第 62 條第 1 項，「證券經紀商或證券自營商，在其營業處所受託或自行買賣有價證券者，非經主管機關核准不得為之。」此即係對於證券買賣契約當事人之限制。

3.投資人須與證券商訂立行紀契約

一般投資人必須於證券經紀商開戶並訂立行紀契約，書面委託證券經紀商以行紀名義遞送集中交易市場買賣其指定之某種有價證券，故一般未至券商開戶訂定委託契約之投資人不可能為集中交易市場買賣之當事人。

證券經紀商或證券自營商，於集中市場進行買賣時，其要約之對象，並不特定，要約受領人乃至買賣相對人為何，亦不在考慮之列❶。此種情形與一般買賣不同，可謂有相對人不特定之特殊性。

4.投資人證券買賣法律適用問題

所謂法理，乃指為維持法秩序之和平，事物所本然或應然之原理；法理之補充功能，在適用上包括制定法內之法律續造，例如基於平等原則所作之類推適用，以及制定法外之法律續造，亦即超越法律計畫外所創設之法律規範等。因此，有關證券買賣法律適用問題，值得探討。

實務上認為，證券交易法第 2 條既規定：「有價證券之募集、發行、買賣，其管理、監督依本法之規定；本法未規定者，適用公司法及其他有關法律之規定」，則有關因證券交易所生之損害賠償事件，在事實發生時縱無實定法可資適用或比附援引（類推適用），倘其後就規範該項事實所增訂之法律，斟酌立法政策、社會價值及法律整體精神，認為合乎事物本質及公平原則時，亦可本於制定法外法之續造機能（司法自由造法之權限），以該增訂之條文作為法理而填補之，俾法院對同一事件所作之價值判斷得以一貫，以維事理之平❷，值得參考。

(二)證券買賣契約之標的

買賣契約之標的，乃指證券交易法所規範之有價證券，亦即依公司法

---

❶　邱聰智，〈證券買賣之法律關係──以證券交易法之規定為中心〉，發表於北京舉辦之兩岸法學會議，1993 年，頁 3。

❷　最高法院 101 年度臺上字第 1695 號民事判決。

及證券交易法有關規定發行，得在證券市場交易買賣之證券而言。換言之，得在證券交易所開設之有價證券集中交易市場或證券商營業處所交易買賣，表彰股東權或資本權利之資本證券，均屬之，故並不包括支票、本票或匯票等貨幣證券，或倉單、提單等財物證券，故證券買賣標的之範圍比民商法上所規範者狹隘❸。

依證券交易法第 156 條規定意旨，主管機關在一定情形下，得對證券自營商、證券經紀商之買賣標的數量加以限制。買賣契約之標的乃有價證券，即權利買賣之一種。其權利之行使及持有須占有證券本身，依民法第 348 條第 2 項後段意旨，出賣人負交付該證券之義務。因此，證券之買賣，買受人須同時取得證券本身之所有權，方得主張證券所表彰之財產權，於此角度上堪稱物之買賣，其在權利移轉上，學者認為具有兩者併存之意義❹，本文亦贊同。

㈢證券買賣契約之意思表示

證券買賣契約之意思表示，其係指表意人將其意圖發生在一定私法上效果之意思，尤其是意圖發生證券買賣關係之效果意思，表示於外部之行為。一般言之，投資人買賣透過電腦輔助交易之股票時，先填妥委託書，受託之證券經紀商先在委託書上編上號碼，然後按照委託書之內容依序由營業臺之終端機輸入，向交易所電腦主機申報，電腦並協助決定成交價格，再自動配對成交。

至於電腦故障而導致不能撮合時，依民法債編之規定，並無所謂要約合致問題，則既未成交，原要約即失其拘束力，當然可以撤回其要約。

二、特別成立要件

㈠證券買賣契約之方式

證券出賣人或證券應買人之意思表示，經由證券經紀商向交易所主機申報，電腦主機立即將買賣申報按照價格優先與時間優先之原則排好優先

---

❸ 參閱證券交易法第 6 條之規定。

❹ 邱聰智，前揭文，頁 4。

順序，並將每一個價位上的買賣申報總數顯示在交易所撮合室之終端機螢幕上。買賣申報已能成交時，即由撮合人員按照規定決定成交價格，通知電腦按照該價格及原先排定之優先順序，自動配對成交，即價格相當，一經電腦撮合，買賣即告成立❺。該電腦撮合程序僅係輔助意思表示儘速發生效力，並獲得一致之手段，一般而言，其對於買賣契約之成立與否，就法理而言，並無實質影響力。

(二)證券買賣契約物之交付

證券交易方式，有現款現貨交割與例行交割。現款現貨之交易，即於成交當日買賣雙方相互給付證券與價金者，亦可於成交後次一營業日為之者。所謂例行交割，指證券與價金之給付，於交易後數日為之，而於交易時，依規定繳付一定數額之證據金。此種例行交割方式，實質上係買賣雙方在一定期間內相互給予信用，因此為廣義之信用交易之一種。有關買賣有價證券交割問題，容後專節詳述。

第三節　投資人與證券商間行紀之法律關係

證券買賣之當事人必須符合下列兩個要件，其一須為證券自營商或證券經紀商，其二須與臺灣證券交易所訂有集中市場使用契約者。

一般投資人不符合以上兩個要件，故僅能委託證券經紀商進場買賣，此部分法律關係，即屬於民法上之行紀。因此，一般投資人雖口頭上常稱之買賣股票，但從法律構成上，則實際上並未成為買賣股票之當事人，其亦未成立證券買賣行為❻。茲就行紀相關問題，分述如下：

---

❺　證券暨期貨發展基金會，《中華民國證券市場》，1992 年版，頁 153～154，其中有關「股票投資買賣流程圖」可供參考。

❻　邱聰智，前揭文，頁 2～3。

一、行紀問題之法律關係

㈠內部關係方面，即指行紀人與委託人之關係

行紀人即指證券經紀商，委託人即指一般證券投資人，行紀人與委託人之關係，依民法第 577 條規定，屬於委任之性質，行紀人居於受任人之地位，而委託人居於委任人之地位。民法有關行紀之規定，主要係就行紀人與委託人之關係而為規定，如無規定之事項，適用委任之規定。

㈡外部關係方面，即指行紀人與相對人之關係

行紀人與相對人之關係，即其所為商業上交易行為之關係，亦即證券買賣關係。此等關係與行紀契約，雖為個別關係，但應分別適用其該當之法規，但實質上與行紀契約非無關聯，故民法第 578 條規定，行紀人為委託人之計算所為之交易，對於交易之相對人，自得權利，並自負義務。因此證券經紀商所為之交易，其相對人知悉其係為委託人為之與否，對於該交易行為不生影響。易言之，相對人不得以證券經紀商與投資人間之法律關係之存否，或瑕疵之有無，而影響該交易行為之效力。

㈢委託人與證券買賣契約之相對人之關係

一般投資人與買賣契約相對人之關係，並不直接發生，亦即在形式上委託人與該相對人無直接之法律關係，此點與民法第 103 條第 1 項代理人與相對人所為之行為，直接對本人發生效力者，有所不同。

二、行紀契約之效力

㈠行紀人之義務

1.直接履行義務

在有價證券買賣關係中，證券投資人為委託人，證券經紀商為行紀人，此前已述及。依民法第 578 條規定，行紀人為委託人之計算所為之交易，對於交易相對人，自得權利，並自負義務。若該項交易行為，亦即買賣契約之相對人不履行債務時，則依民法第 579 條規定，行紀人為委託人之計算所訂立之契約，其契約之他方當事人不履行債務時，對於委託人應由行

紀人負直接履行契約之義務；但契約另有訂定或另有習慣者，不在此限。因此，證券經紀商於買賣一方不履行交付義務時，依證券交易法第 153 條規定，由交易所指定時，有代為交付之義務。

2.遵照價格義務

(1)民法之規定

行紀人為委託人為交易時，依民法第 577 條、第 535 條應依照委託人之指示，因之投資人對於證券經紀商，若指定一定之價格者，券商自應遵照，若竟以低於投資人所指定之價格賣出，或以高於投資人所指定之價格買入者，是乃違反委託人之指示，委託人本可不承認該項買賣之效力，但行紀人如願依民法第 580 條擔任補償其差額，其賣出或買入，對於委託人發生效力。

(2)證券交易法之相關規定

證券商均應受證券交易法及主管機關所發布行政命令之拘束，而依「臺灣證券交易所營業細則」❼第 58 條之 2 之規定辦理。

換言之，撮合依價格優先及時間優先原則成交，買賣申報之優先順序依下列原則決定：

　a.價格優先原則

價格優先原則亦即較高買進申報優先於較低買進申報，較低賣出申報優先於較高賣出申報。同價位之申報，依時間優先原則決定優先順序。

　b.時間優先原則

開市前輸入之申報，依電腦隨機排列方式決定優先順序；開市後輸入之申報，依輸入時序決定優先順序。

因此，證券商接受其客戶之委託，均按限價或市價委託方式進行處理，以免涉及違法問題，而遭主管機關之處罰。

3.保管義務

依據民法第 583 條第 1 項規定，證券經紀商為委託人之計算所買入或

---

❼　按「臺灣證券交易所股份有限公司營業細則」訂定於 1992 年 11 月 19 日，歷經多次修正，最近一次修正於 2018 年 12 月 24 日。

賣出之有價證券，為其占有時，適用寄託之規定。

㈡行紀人之權利

1.報酬費用請求權

證券經紀商依民法第 582 條規定，得依約定或習慣請求報酬、寄存費或運送費，並得請求償還其為委託人之利益而支出之費用及其利息。惟目前實務上，證券經紀商均已係依據臺灣證券交易所股份有限公司營業細則第 14 條之規定，逐依每筆證券交易總額 1.425‰ 計算，收取手續費，而不再逐予計算其所實際支出之費用及其利息。

2.拍賣提存權

委託人拒絕受領證券經紀商依其指示所買入之物時，券商得依民法第 585 條規定，定相當期限，催告委託人受領，逾期不受領者，券商得拍賣其物，並得就其對於委託人因委託關係所生債權之數額，於拍賣價金中取償之，如有賸餘並得提存。惟目前之證券買賣，因多為集中保管，且為款券劃撥形式進行❽，委託人並無須再有「受領」之程序。

3.介入權

證券經紀商依民法第 587 條第 1 項規定，既然受委託出賣或買入有價證券之市場定有市價之物者，除有反對之約定外，券商得自為買受人或出賣人，其價值以依委託人指示而為出賣或買入時市場之市價定之，此是謂經紀商之介入權。

介入權一經行使，則券商與委託人之間即直接發生買賣關係。換言之，在委託出賣者，委託人即居出賣人之地位，而券商則居於買受人之地位。在委託買入者，則委託人居於買受人之地位，而券商居於出賣人之地位。當券商得自為買受人或出賣人時，依民法第 588 條之規定，如僅將訂立契約之情事，通知委託人而不以他方當事人之姓名告知者，視為自己負擔該方當事人之義務，是乃介入之擬制。

---

❽ 按「有價證券集中交易市場實施全面款券劃撥制度注意事項」訂定於 1995 年 1 月 6 日，歷經多次修正，最近一次修正於 2015 年 6 月 4 日。

三、行紀契約之消滅

　　有關行紀關係之消滅之原因，民法無特別規定，應依民法第 577 條之規定，適用委任人之規定，如契約之終止、當事人之死亡、破產或喪失行為能力均是。此外行紀契約既為契約之一種，則一般契約關係消滅之原因，如存續期限屆滿等，亦均有適用。

四、有價證券買賣之章則

㈠證券交易法

　　依證券交易法第 138 條規定，證券交易所除分別訂定各項準則外，應於其業務規則或營業細則中將有關下列各款事項詳細訂定之：(1)有價證券之上市。(2)有價證券集中交易市場之使用。(3)證券經紀商或證券自營商之買賣受託。(4)市場集會之開閉與停止。(5)買賣種類。(6)證券自營商或證券經紀商間進行買賣有價證券之程序，及買賣契約成立之方法。(7)買賣單位。(8)價格升降單位及幅度。(9)結算及交割日期與方法。(10)買賣有價證券之委託數量、價格、撮合成交情形等交易資訊之即時揭露。(11)其他有關買賣之事項。前項各款之訂定，不得違反法令之規定；其有關證券商利益事項，並應先徵詢證券商業同業公會之意見。

　　此外，有關證券買賣之法律規定，除證券交易法第 15 條之行紀或居間規定以外，上述第 138 條之規定即為特別法，應優先適用 ❾。另有證券交易法第 60 條之「有價證券買賣之融資或融券」規定、證券交易法第 61 條之「有價證券買賣融資融券之成數」規定、證券交易法第 91 條之「保障有價證券買賣之公正」規定、證券交易法第 159 條之「有價證券買賣全權委託之禁止」規定、證券交易法第 160 條之「有價證券買賣委託場所之限定」規定等。

㈡行政規章

　　涉及有價證券買賣之各項準則，包括有價證券上市審查準則、上市契

---

❾　參閱證券交易法第 8 條之規定。

約準則、供給使用有價證券集中交易市場契約準則、受託契約準則。

除此之外，臺灣證券交易所股份有限公司依證券交易法第 138 條及該公司章程第 44 條之規定，而訂定「臺灣證券交易所股份有限公司營業細則」，其中有關於證券經紀商受託買賣問題規定於第六章，條文自第 75 條至 94 條（95 條已刪除），內容非常詳盡，此部分即為證券經紀商經營證券業務之準繩，其內容包括：1.開戶；2.受託買賣之作業及程序；3.委託人以網際網路委託者，其委託紀錄之內容；4.委託之方法；5.撤銷委託問題。

在實務上，證券買賣常有所謂「人頭戶」問題，涉及之法律問題甚為複雜，主管機關為避免人頭戶之泛濫，已於營業細則第 75 條第 1 項第 5 款規定「委託人或其法定代理人或被授權人於簽訂受託契約時，應留存本人或其法定代理人或被授權人印鑑卡或簽名樣式卡，憑同式印鑑或簽名當面委託買賣、申購有價證券或辦理交割相關手續。但委託人取消委任授權時，得採足以確認申請人為本人及其意思表示之通信或電子化方式為之；境外華僑及外國人在臺代理人及保管機構為同一人者，得以該保管機構之代理開戶暨交割專用章為其留存印鑑。」以資配合。

本文認為，要徹底消滅「人頭戶」問題，尚待投資人、主管機關以及其他法令之規範各方面，全面檢討，畢竟冰凍三尺，非一日之寒，如僅以某一法規之修正，期待導正長久之積弊，實非易事。

(三)電子式交易

「臺灣證券交易所股份有限公司營業細則」自訂定以來，為配合業務之須，尤其是證券交易之電子化等，故不斷檢討修正。例如上開營業細則第 75 條第 1 項第 8 款，原訂有「委託人以 IC 卡、網際網路等電子式交易型態委託者，證券經紀商得免製作、代填委託書，但應依時序別即時列印買賣委託紀錄，並於收市後由經辦人員及部門主管簽章」之規定。

2006 年 5 月間修法時，明列電子式交易之種類外，因電子式交易均規定使用電子簽章簽署，其資料內容不易被竄改，故亦將「即時」二字刪除。

2009 年 1 月，因證券商接受以網際網路及語音委託者，皆可記錄其網路位址及電子簽章，已符合得免列印買賣委託紀錄之規定，故就前開營業

細則第 75 條再作文字修正，以符實務作業。

　　2010 年 5 月，上開條文修正之理由，係因實務上已開放證券商對於非電子式交易型態委託人之成交回報得採電子郵件、電話、傳真、簡訊、語音或網頁程式等方式辦理❿。

　　2017 年 5 月，因發現證券經紀商有受理委託人於開收盤前大量委託並取消之情形，為維護市場交易秩序，避免任意取消委託之現象，爰增訂第 11 款，規定證券經紀商申報委託人之委託至本公司（指證券交易所）後，如有大量撤銷或變更申報之情形，本公司得通知證券經紀商採取預收款券之措施⓫。

㈣場外交易

1.原則禁止

⑴禁止場外交易

　　依證券交易法第 150 條規定，上市有價證券之買賣，應於證券交易所開設之有價證券集中交易市場為之。如有違反者，依證券交易法第 177 條第 1 項第一款規定：「處一年以下有期徒刑、拘役或科或併科新臺幣一百二十萬元以下罰金」，此規定即為禁止場外交易。

⑵違反之效果

　　學者認為，證券交易法第 150 條前段及同法第 177 條第 1 項規定之立法目的，係在禁止上市公司有價證券之場外交易，以維證券經紀商及證券交易所之利益，從而證券交易法第 150 條前段僅屬取締規定，而非效力規定，違反該條規定所為之買賣，尚非無效⓬，本文亦贊同，而實務上亦不乏採如此之見解⓭。

---

❿　「臺灣證券交易所股份有限公司營業細則」第 75 條第 1 項第 8 款修正理由，2010 年 5 月 14 日。

⓫　「臺灣證券交易所股份有限公司營業細則」第 75 條第 11 款修正理由，2017 年 5 月 8 日。

⓬　賴英照，《證券交易法逐條釋義（第 3 冊）》，自版，1992 年，頁 314；廖大穎，《證券交易法導論》，三民書局，2011 年 9 月增訂 5 版，頁 225。

⓭　參閱最高法院 65 年度臺上字第 2979 號、66 年度臺上字第 1726 號、68 年度

2.例外允許

依證券交易法第 150 條但書規定，上市有價證券之買賣設有四種得為場外交易之情形如下：

(1)政府所發行債券之買賣

依證券交易法第 150 條第 1 款意旨及同法第 149 條規定，政府發行之債券，其上市由主管機關以命令行之，不適用本法有關上市之規定。此即為政府債券之命令規定。

(2)法律規定所生之效力

依證券交易法第 150 條第 2 款規定，基於法律規定所生之效力，不能經由有價證券集中交易市場之買賣而取得或喪失證券所有權者。蓋此款非屬常業性之私人間讓受行為，可以例外允許場外交易。

實務上，例如證券商於其營業處所辦理議約型認購權證商品交易，因採實物交割履約，而以證券商避險專戶之上市有價證券交付者，得不受證券交易法第 150 條規定上市有價證券買賣應於證券交易所開設之有價證券集中交易市場為之之限制❶。

(3)私人間之直接讓受

依證券交易法第 150 條第 3 款規定，私人間之直接讓受，其數量限於不超過該證券一個成交單位；前後兩次之讓受行為，相隔不少於三個月者。

實務上，最高法院對該條第 3 款認定標準，依同法施行細則第 10 條規定為：私人間之直接出讓與受讓行為，應各算一次。讓受行為之起算，應以讓受行為之日為準，無法證明時，以受讓人向公司申請變更股東名簿記載之日為準。違反前條規定者，依證券交易法第 177 條規定處罰❶。

(4)其他符合主管機關所定事項者

證券交易法第 150 條但書，原僅訂有 3 款，然因非屬常業性之私人間讓受行為，各有不同情況，原條文之規定已不足以涵蓋，如上市公司股東，

臺上字第 879 號判決、86 年度抗更㈠字第 24 號民事判決。

❶ 行政院金融監督管理委員會金管證 3 字第 0940003372 號，2005 年 7 月 27 日。

❶ 臺灣臺北地方法院 87 年度易字第 620 號刑事判決。

基於公司法第 317 條等有關規定，請求公司收購其所持有之股份，其收購價格與收購日市場價格如有差異時，暨華僑或外國人奉核准投資於股票上市公司，其股票經經濟部投審會依外國人投資條例第 11 條第 2 項核准讓售他人等，是否屬第 2 款之範圍等，常有爭議。為因應市場不同情況，爰增訂證券交易法第 150 條第 4 款授權主管機關得衡酌規定，以具彈性❶。

第四節　有價證券買賣之給付與交割

一、交割之意義

㈠有價證券之交割

證券成交後（或是期貨到期後），買賣雙方依約相互交付貨物（憑證）及貨款，至此，方完成所有交易行為，此即所謂「交割」。

一般買賣契約之履行，依民法第 345 條之規定，乃一方移轉財產權於他方，他方支付價金。而有價證券買賣契約之履行，最主要在於交割，交割係指交付購買證券之現款或出售之證券而言。

依證券交易法第 43 條第 1 項前段規定，「有價證券之給付或交割，應以現款、現貨為之」。所謂現款現貨交割係指，任何人買賣公開發行未上市證券，或合乎規定之私人間轉讓證券，均應實際交付其買進證券之價款或賣出之證券而進行交易，誠信履行交付義務。蓋任何人買賣上市證券，應提供買進價款或賣出證券，經由證券經紀商，向證券交易所辦理交割，不得無現款或現貨進行交易。

㈡現貨交割類型

就現貨交割類型言之，依證券交易法第 43 條第 1 項前段之規定，既然有價證券之給付或交割，應以現款、現貨為之，並須儘速完成，頗具現實買賣之意義。就現實買賣言之，因其於時間、空間緊密結合而作成債權行為與物權行為時，可將其視為一體，效力互相依存。就此制度意義下，證

---

❶　證券交易法第 150 條但書修法理由，1988 年 1 月 29 日。

券買賣契約可謂將現款現貨之交付當作其成立要件。但是證券交易法第153條乃對當事人不履行交付義務時所做規定，因此現款現貨未交付時仍未影響證券買賣契約之效力，故將證券買賣契約解釋成現實買賣，殊有疑問。

至於證券交易法第43條採現款現貨交割之立法理由，在於證券交易屬於高度信用之交易，必須確保於法令之規範及紀律之維持，否則，證券市場將因交易秩序之混亂而產生難以估計之損害及不良後果。

二、交割期間與種類

依臺灣證券交易所股份有限公司營業細則第57條規定，集中交易市場內有價證券買賣之交割制度，如依交割日期可分為「普通交割之買賣」、「成交日交割之買賣」和「特約日交割之買賣」，交割時除法令另有規定者外，以現款現貨交易為之。普通交割之買賣於成交日後第二營業日辦理交割。成交日交割之買賣，應經買賣雙方以書面表示，於當日辦理交割。特約日交割之買賣，其辦法由證券交易所擬訂，報請主管機關核定後實施。

如依交割對象區分，則可分為委託人對證券經紀商之交割與證券商對臺灣證券交易所之交割。

至於認購（售）權證之相關履約事宜，應委由與證券交易所訂立使用市場契約之證券商辦理，但持有人、發行人已與證券交易所訂立前開契約者可自行辦理。此部分均可參閱前開營業細則第57條之1以及以下規定，茲不贅述。

三、不履行交割之法律效果

㈠證券買賣之特性

證券買賣為種類之債，其給付物本身有如貨幣，僅有數額而無品質之分，尚無適用給付不能、不完全給付之餘地。加以證券買賣之成立，其證券與價款之交付，應即時為之，亦無不為給付可言。

因此，證券買賣之債務不履行，就民法規定之類型而言，僅給付遲延

類型有其適用而已。證券買賣之出賣人若不履行券款交付義務者，法律上即構成可歸責之給付遲延，應依法負給付遲延之法律責任。從而，買賣交易人包括投資人或證券商不履行提供價款或證券辦理交割，即不依約履行交割或其應付交割代價屆期未獲兌現者，即為違約。

由於證券交易所對交付義務負擔保之責，故委託買賣之人或證券商依給付遲延，對違反義務之人求償，理論上雖非不可能，但現實上似難適用。不過，依證券交易法第 153 條規定之意旨，「……，買賣一方不履行交付義務時，證券交易所應指定其他會員或證券經紀商或證券自營商代為交付。其因此所生價金差額及一切費用，證券交易所應先動用交割結算基金代償之；如有不足再由證券交易所代為支付」，而於交易所代償後，依同條文後段規定意旨，可對不履行交割之債務人得追償之，此時，交易所自得對違反交割義務人主張給付遲延之遲延利息及其他損害賠償。蓋集中交易市場，必須力求持續穩定，且交易所又擔保交付義務之履行，因此，解釋上似應認證券買賣之債權人，尚不得因他方違反交割義務而主張解除契約。

㈡不履行交割之特別規定

在不履行交割之法律效果上，依證券交易法之特別規定，可分為幾方面。

1.投資人違約不履行交割義務方面

證券買賣交易人包括投資人或證券商於成交後不履行提供價款或證券辦理交割，即不依約履行交割或其應付交割代價屆期未獲兌現者，依證券交易所營業細則之規定，即為違約。

按「投資人違約不履行交割義務」，指業經成交而不履行交割，足以影響市場秩序者而言。倘行為人主觀上明知自身並無資力或有價證券，仍對於證券交易所上市之有價證券，在集中交易市場委託買賣或申報買賣，致於成交後無法履行交割，足以影響市場秩序者，有違約不交割之故意。無論行為人目的，係意在賺取股票漲跌價差，或為拉抬特定股票之股價而買賣，或意圖拉抬、壓低股價而連續以高、低價買賣股票，均不影響行為人對於違約交割罪之犯罪故意。此部分仍適用證券交易法第 155 條第 1 項第

1 款之規定。

　　至於投資人鉅額違約交割問題。涉及層面甚廣，其對證券市場造成之影響尤鉅，因此，除上述所發生之法律效果均應適用外，刑事責任部分尚觸犯證券交易法第 155 條第 1 項第 1 款之罪名 **❼**。

2. 委託人違約不履行交割證券商義務方面

　　在臺灣證券交易所股份有限公司營業細則中，就證券經紀商之交割事宜，早有明文規範。依上開營業細則第 112 條規定：「券商不得因下列各款情事而不履行交割義務：一、委託人違約。二、委託人遲延交割。三、全權委託投資帳戶之受任人不如期履行其因越權交易所應負之履行責任。四、辦理轉融通之融資融券不足。」換言之，委託人即使違約不履行交割，券商仍有代為履行交割之義務。

第五節　有價證券買賣之實務問題

一、營業員提供人頭戶給客戶買賣有價證券而生損害，應負賠償責任

　　依最高法院 93 年間之判決，略以證券交易法第 155 條第 1 項第 6 款（2006 年 1 月已改為第 7 款）規定，對於在證券交易所上市之有價證券，不得直接或間接從事其他影響集中交易市場某種有價證券交易價格之操縱行為，係為維護證券交易秩序及保障證券投資人利益所設，而依同法第 54 條第 2 項及第 70 條訂定之證券商負責人與業務人員管理規則第 18 條第 2 項第 8 款又規定證券商負責人及業務人員不得以他人或親屬名義供客戶申購、買賣有價證券，故前揭規定應屬保護他人之法律，證券商負責人及業務人員若以他人或親屬名義供客戶申購、買賣有價證券，致生損害於他人，

---

❼　參閱證券暨期貨發展基金會委託 「雷伯龍鉅額違約案對我國證券市場之影響與未來因應之道」專題研究報告，主持人李金桐，研究員吳光明等，1993 年 10 月，頁 4～9。

依民法第 184 條第 2 項前段規定，即應負賠償責任**⓲**。

　　據此以觀，營業員如提供人頭戶給客戶買賣有價證券，而致生損害於他人者，該營業員即應負賠償責任。

二、不具備受僱人執行職務之外觀，僱用人不負賠償責任

　　自 1995 年 2 月 4 日實施「全面款券劃撥交易制度」以來，有價證券交易行為之流程：首需委託人（投資人）與證券經紀商簽立委託買賣有價證券契約書，於辦理開戶手續之同時，開設有價證券集中保管帳戶及在證券經紀商指定之金融機構開立存款帳戶，由證券商、銀行分別核發「證券存摺」、「存款存摺」予投資人後，投資人始得委託證券經紀商買賣特定公司於特定價格之特定數量股票，再由該經紀商之受僱人（即營業員）依其指示下單購買（或出售）。股票買賣契約一旦成立，則以臺灣證券交易所為結算機構，由臺灣集保結算所股份有限公司、中央銀行為交割機構，分別從事有價證券（股權）之移轉及股款之交付（受領）。換言之有價證券買賣契約成立後，股權與股款之移轉，均只透過款券劃撥程序處理，證券經紀商所屬營業員依證券交易正規程序，並無任何機會持有該買賣標的之有價證券或股款。因此，若於客觀上並不具備受僱人執行職務之外觀，或係受僱人個人之犯罪行為而與執行職務無關，自無命僱用人負賠償責任之理**⓳**。

三、應對委任人負賠償責任之行為

㈠逾越權限之行為

　　證券金融事業辦理有價證券買賣融資融券之對象，以在證券商開戶買賣證券之委託人為限，於委託人與證券金融事業職員間，則成立民法第 528 條規定之委任關係。倘受任人因未盡民法第 535 條規定之善良管理人注意義務，致處理委任事務有過失，或因逾越權限之行為，對委任人所生之損害，依據民法第 544 條規定，受任人應對委任人負賠償責任**⓴**。

⓲　最高法院 93 年度臺上字第 1445 號民事判決。

⓳　最高法院 98 年度臺上字第 763 號民事判決。

(二)代為決定買賣之全權委託

按證券交易法第 159 條規定，證券經紀商不得接受對有價證券買賣代為決定種類、數量、價格或買入、賣出之全權委託。另依證券商負責人與業務人員管理規則第 18 條第 2 項第 3 款規定，證券商之負責人及業務人員，除其他法令另有規定外，不得受理客戶對買賣有價證券之種類、數量、價格及買進或賣出之全權委託。又證券商對其所僱用業務人員不得受理客戶對買賣有價證券之種類、數量、價格及買進或賣出之全權委託，應盡其監察、督導之責，若對其受僱人執行職務顯未盡其監督之責，即無從依民法第 188 條第 1 項但書之規定主張免責[21]。

四、信用帳戶擔保不足應即時追繳差額

依「證券金融事業管理規則」[22]第 10 條、第 11 條、第 13 條規定，證券金融事業辦理有價證券買賣融資融券，對委託人融資應依證期會規定之比率收取融資自備價款，並以融資買進之全部證券作為擔保品，且應逐日計算每一信用帳戶內之擔保品價值與委託人債務之比率，其低於規定之比率時，應即通知委託人於限期內補繳差額。融資人未能依規定補繳差額，或逾約定日期未能清結時，證券金融事業應即處分其擔保品。是以上訴人於訴外人等 6 人名義之信用帳戶擔保比率不足時，自應即時追繳差額及處分系爭股票以避免損害之擴大。倘該公司斯時能追繳差額及處分系爭股票，卻怠於處理，以防止損害之擴大，能否謂無過失，即非無疑[23]。

---

[20]　最高法院 99 年度臺上字第 1646 號民事判決。

[21]　臺灣高等法院 99 年度上易字第 868 號民事判決。

[22]　按「證券金融事業管理規則」訂定於 1979 年 7 月 18 日，歷經多次修正，最近一次修正於 2018 年 2 月 12 日。

[23]　最高法院 98 年度臺上字第 2401 號民事判決。

第六節　結　語

　　證交所開業以來，集中交易市場證券之買賣，即採公開競價方式，然為因應證券市場的環境與發展，其競價方式亦迭次變更。開業初期採取分盤競價、口頭唱報、配合專櫃申報方式，嗣自 1972 年 9 月起，全部改採專櫃申報方式。復自 1985 年 8 月初，開始採用「電腦輔助交易」作業，人工交易大廳不復存在；1993 年 5 月 3 日起，分階段實施「電腦自動交易」作業，並於同年 11 月將全部上市有價證券納入該系統作業。

　　實施電腦交易作業後，證交所交易撮合作業之處理能量增加，效率提高，拓展了證券市場的交易發展空間。證交所並於 1997 年 11 月 1 日起配合實施新制有價證券公開申購配售制度，辦理公開申購配售承銷案件之申購、電腦公開抽籤等相關作業。1999 年以後，證券經紀商受託買賣有價證券辦法❷❹第 23 條，針對電腦作業有更詳細規定，值得參考。

　　實務上，證券集中交易市場每營業日交易時間，星期一至星期五係自上午 9 時至下午 1 時 30 分。盤後定價交易時間，為星期一至星期五下午 2 時至 2 時 30 分。投資人買賣有價證券均向證券商提出買賣委託書，依序逐筆輸入證交所電腦系統進行撮合交易，上市有價證券如有特殊情形者，其交易方法得以議價、拍賣、標購或其他方式為之。

　　此外應注意，主管機關行政院金融監督管理委員會認為，銀行辦理臺股股權衍生性金融商品交易時，得不受證券交易法第 150 條規定上市有價證券買賣應於證券交易所開設之有價證券集中交易市場為之限制❷❺。

---

❷❹　按「證券經紀商受託買賣有價證券辦法」訂定於 1999 年，該辦法第 23 條迄今未修正。

❷❺　行政院金融監督管理委員會 97 年 5 月 30 日金管證㈢字第 0970019279 號，2008 年 5 月 30 日。

第十三章　證券信用交易之規範

第一節　概　說

　　隨著國民所得增加，以及眾多證券商之設立，再加上金融業蓬勃發展，我國證券市場長期穩定成長，對內擔負企業與投資人間資金流通重任，對外則展現國家整體經濟規模與實力，故證券市場可謂現代國家經濟櫥窗之表徵。

　　證券金融事業則為證券市場之主體，隨著上市公司及投資人數之增加，市場規模逐漸擴大，證券金融事業之重要資本市場，係促進國內資金形成之最重要管道，因此，證券金融事業之發展，對證券市場影響，至深且鉅。

　　證券交易法第 18 條規定：「經營證券金融事業、證券集中保管事業或其他證券服務事業，應經主管機關之核准。前項事業之設立條件、申請核准之程序、財務、業務與管理及其他應遵行事項之規則，由主管機關定之。」

　　證券金融不僅可提供各項證券商品，亦引導資金進入市場，擴大證券市場規模，而且可調節證券與資金之供需，活絡市場之交易，如此愈能加強各項證券金融業務活動。一方面，證券發行公司藉金融體系資金之注入而籌措資金，另一方面，投資人則因市場活絡，易於變現獲利，增加發行與投資雙方參與證券市場活動之意願，使證券市場更加健全活絡，並發揮市場之積極功能。

　　此外，證券金融事業對於證券之發行與交易，證券投資人投資理財之

資券融通與變現避險，以及證券商之經營等各項活動，可提供多元性之金融服務，進而發揮市場創造、款券供需調節以及活絡交易與穩定行情各種功能，對於證券市場之健全發展，實具關鍵性作用。

基此，本章首先擬探討證券金融事業發展史；其次擬探討法律依據，包括我國證券交易法有關有價證券信用交易之規定條文；再則探討法律關係，包括融資融券契約、擔保品之性質、擔保品之處分；再次擬探討投資人之保護與券商丙種墊款；最後提出檢討與建議。

第二節　我國證券金融事業發展史

證券信用交易制度設置目的，主要在於活絡交易市場，同時利用信用之放寬及收縮，調整市場之供給與需求，減少證券市場之波動。

我國證券信用交易制度之發展過程，大致可分為六個階段，依序分別為例行交易時代、銀行代辦時代、復華證券金融公司單獨辦理時代、復華證券金融公司與證券商共同辦理之雙軌制時代、資券相抵餘額交割時代、信用交易規章時代等，茲分述如下：

一、例行交易時代（1962 年至 1973 年）

1962 年，臺灣證券交易所開業，成立證券集中交易市場，對於股票之交割，採行當日交割及例行交割等方式，而例行交割之股票交易，類似定期清算交易，即買賣雙方各繳相當數額之保證金，其交割可延後在某一固定期日辦理，惟在交割期限未屆之際，買賣雙方尚可利用反向買賣以結清帳目。政府主管機關得以調整保證金比率之方法，以控制信用擴張，此種交易方式具有信用授與之意義，亦可視為廣義之信用交易。但由於國人從事例行交易，喜好中途沖銷，故對證券市場之資本形成功能，並無實質上之貢獻；而定期交割又造成股價週期性暴漲暴跌，投機氣氛太濃，以致此種交易屢遭輿論詬病❶。

───────

❶　桂先農，〈我國證券信用交易制度（上）〉，《證券管理》，第 8 卷第 12 期，

二、銀行代辦時代 (1974 年至 1980 年)

鑑於例行交易發生弊端，1964 年及 1969 年間，經合會及證期會分別提出設立證券金融公司之議案，1970 年，經濟部報經行政院核准設立證券金融公司。惟 1971 年初國際金融公司 (International Financial Corporation) 來華研究資本市場問題，其認為有設置證券金融公司之必要，但以當時上市公司僅四十九家，每日交易額不足二億元之情況，專設機構經營，成本過高，建議先由銀行代辦。

1974 年財政部頒布「授信機構辦理融資融券暫行辦法」，指定交通銀行、土地銀行及臺灣銀行三家銀行開始辦理融資融券業務。1979 年行政院頒布「證券金融事業管理規則」，至此專業之證券金融公司遂有明確之法律規範，1980 年 4 月間復華證券金融公司成立，接手上開三家銀行之融資業務，三家銀行代辦時代至此結束❷。

三、復華證券金融公司單獨辦理時代 (1980 年 4 月至 1990 年)

1980 年 4 月間復華證券金融公司成立，接辦融資業務，同年 7 月開辦融券業務，基本上，此係由證券金融公司跨越證券商，直接對投資人授信之方式，但證券信用交易之融資及融券，仍須在交易過程中完成，至於投資人之開戶與有關授信手續，則均經由證券經紀商辦理，經檢討該制度結果認為有如下缺失：

⑴證券金融公司並無證券商投資人之紀錄，無法直接充分了解其信用，卻須負擔直接風險。

⑵證券經紀商受託辦理信用交易授信手續，純屬服務性，無手續費收入及承擔任何責任，對證券金融公司委託處理事項，難於積極配合，致遲滯信用交易之運作。

1990 年，頁 12～13；蘇松欽，《證券交易法修正詳論》，1988 年，頁 222；余雪明，《證券交易法》，1990 年，頁 239～240。

❷ 證券暨期貨發展基金會，《中華民國證券市場》，1992 年版，頁 191。

⑶證券金融公司自有資金有限，證券融資資金來源，大部分仰賴各行庫融通，且集中辦理授信資金如過鉅，其所承擔風險亦過大，故由其專責辦理，勢必難以因應市場之成長與需求。

⑷證券經紀商如不能辦理融資融券業務，業務無法擴大，僅靠代客買賣佣金收入，無法提高服務品質，且自有資金無適當出路，易導致用於操作股票或與私下墊股勾結，有損市場形象，影響市場之管理❸。

針對上述缺失，為健全證券市場，並配合證券商多角化之發展，1988年修正證券交易法第 60 條規定，證券商經主管機關核准後，得為有價證券買賣之融資或融券，以及融資融券之代理。至於其管理辦法，依同條第 2項規定，由財政部擬訂報請行政院核定之。至 1990 年行政院核定「證券商辦理有價證券買賣融資融券管理辦法」❹，同年證期會公布「有價證券得為融資融券標準」❺。從此，我國准許證券商辦理融資融券之信用交易制度，其法規架構就此建立。

四、復華證券金融公司與證券商共同辦理之雙軌制時代

（1990 年 10 月起）

1988、1989 年間，復華公司及臺灣證券交易所派員赴日、韓考察相關信用交易制度，在幾經研究後，決定採行「雙軌混合制」，即經證期會核准辦理股票信用交易之證券商可直接對客戶授信，款券不足時，得向復華公司申請轉融通，而復華公司除辦理對證券商之轉融通業務外，並得繼續委託未辦理融資融券之證券商代理其證券授信業務。此種證券信用之一段式

❸　賴源河，《證券管理法規》，1991 年 9 月修訂版，頁 172～173；桂先農，前揭文，頁 14。

❹　證券商辦理有價證券買賣融資融券管理辦法，1990 年行政院核定，1992 年修正，證期會，前揭書，頁 743～748。另查該辦法最近一次修正係 2015 年 11月 26 日。

❺　有價證券得為融資融券標準，1974 年證期會發布，1985、1990、1992 年修正，證期會，前揭書，頁 749～752。另查該標準最近一次修正係 2014 年 4 月25 日。

與兩段式借貸關係併存，為我國制度結構之最大特色，而有別於美國、日本、韓國。

自 1990 年底，政府核准證券商辦理信用交易，並准由復華公司辦理對證券商轉融通業務，至 1995 年 12 月止，計有五十四家證券商辦理信用交易，其中十七家為銀行兼營證券商辦理融資融券業務。

五、資券相抵餘額交割時代（1994 年起）

1993 年，臺灣證券交易所邀集證期會、復華公司、自辦融資融券交易之證券商，召開會議，針對當時信用交易制度架構，研究開放資券相抵之當日沖銷，進行實務上之意見交換，而後於 1994 年 1 月 5 日開始實施。

所謂信用交易資券相抵餘額交割，即當投資人在其信用交易帳戶內，同日融資買進與融券賣出同種有價證券，就相同數額部分，於成交之次一營業日，以現金償還融資及以現券償還融券方式，將應收、應付之證券及款項相互沖抵後，以餘額辦理交割。例如某甲於 1 月 5 日融資買進臺泥股票十張，價金七十萬元，同日又融券賣出八張，價金五十六萬元，資券相抵後，尚餘融資買進二張，價金十四萬元，如果臺泥融資六成，則不包括手續費及證交稅，某甲僅需繳交五萬六千元辦理交割。

在此，投資人如果要做資券相抵，手續上必須先開立信用交易帳戶，然後再與證券商簽訂資券相抵概括授權同意書。

至於證券主管機關證期會為規範信用交易，更於 1995 年先後核定修正復華證券金融公司融資融券業務操作辦法、復華公司信用交易帳戶開立條件修正條文、證券商辦理有價證券業務信用交易帳戶開立條件修正條文、證券融資比率及融券保證金成數調整參考指標、復華公司融資融券分配預警及處理原則、證交所證券商辦理有價證券融資融券業務操作辦法，以及復華證券金融公司對證券商轉融通業務操作辦法部分修正條文等❻，由於其內容屬細節部分，限於篇幅，茲不贅述。

除前述上市股票得資券相抵當日沖銷外，上櫃股票則自 1995 年 11 月

❻　證期會，《證券管理》，第 13 卷第 10 期，1995 年 10 月，頁 79～95。

14 日起，投資人開立信用交易帳戶時，得與證券商書面約定，當日融資買進與融券賣出同種有價證券，就相同數額部分，得自動沖銷，僅就餘額交割。

另一方面，由於信用交易資券相抵制度實施後，並無負面影響，且對市場成交量有所助益，乃進一步研議，擴大當日沖銷之實施範圍，期以因應市場需求，其方案有二：⑴擴大開放投資人以信用交易戶為當日沖銷之交易，包含融資買進、當日融資賣出相抵交割及融券賣出、當日融券買進相抵交割。⑵開放普通交易當日先買進後賣出及擴大信用交易融券賣出、當日融資買進相抵交割之交易❼，此方案業經呈報證期會核定並實施。

六、信用交易規章時代（2006 年起）

為配合證券投資信託及顧問法之施行❽，依據該法第 121 條規定意旨，自該法施行之日起，證券交易法第 18 條及第 18 條之 1 所定證券投資信託事業及證券投資顧問事業之規定，及第 18 條之 2 與第 18 條之 3 規定，不再適用，2006 年爰修正證券交易法第 18 條第 1 項規定：「經營證券金融事業、證券集中保管事業或其他證券服務事業，應經主管機關之核准。」又為符合法律授權明確原則，同法第 18 條第 2 項規定：「前項事業之設立條件、申請核准之程序、財務、業務與管理及其他應遵行事項之規則，由主管機關定之。」換言之，明定對證券金融事業、證券集中保管事業或其他證券服務事業，其設立條件、申請程序及其財務、業務與其他應遵行事項之管理規則，由主管機關定之❾。

實務上，主管機關所發布涉及「融資融券」之行政規章非常多，其中最重要者，為主管機關依證券交易法第 61 條規定訂定之「有價證券得為融

---

❼ 按「上櫃股票信用交易資券相抵交割之交易作業要點」訂定於 2005 年 11 月 2 日，歷經多次修正，而於 2007 年 3 月 8 日廢止。

❽ 按「證券投資信託及顧問法」訂於 2004 年 6 月 30 日，歷經多次修正，最近一次修正於 2018 年 1 月 31 日。

❾ 證券交易法第 18 條修正說明，2006 年 1 月 11 日，頁 9。

資融券標準」❿。另外，為配合放寬股市漲跌幅度至 10%，爰修正適度調整漲跌幅連動項目、強化風險控管項目及維持市場穩定項目，信用交易整戶擔保維持率自 2015 年 5 月 4 日起實施，放寬漲跌幅度至 10% 及其餘措施均自 2015 年 6 月 1 日起實施❶，可供參考。

第三節　法律依據

我國證券交易法有關有價證券信用交易之規定，主要有下列各條：

一、證券交易法第 18 條

按證券交易法第 18 條規定：「經營證券金融事業、證券集中保管事業或其他證券服務事業，應經主管機關之核准。前項事業之設立條件、申請核准之程序、財務、業務與管理及其他應遵行事項之規則，由主管機關定之。」

二、證券交易法第 60 條

按證券交易法第 60 條規定：「證券商非經主管機關核准，不得為下列之業務：一、有價證券買賣之融資或融券。二、有價證券買賣融資融券之代理。三、有價證券之借貸或為有價證券借貸之代理或居間。四、因證券業務借貸款項或為借貸款項之代理或居間。五、因證券業務受客戶委託保管及運用其款項。證券商依前項規定申請核准辦理有關業務應具備之資格條件、人員、業務及風險管理等事項之辦法，由主管機關定之。」

---

❿　按「有價證券得為融資融券標準」訂定於 1974 年 4 月 6 日，歷經多次修正，最近一次在 2014 年 4 月 25 日。

❶　財團法人中華民國證券櫃檯買賣中心證櫃交字第 400080401 號，2015 年 4 月 10 日。

三、證券交易法第 61 條

按證券交易法第 61 條規定：「有價證券買賣融資融券之額度、期限及融資比率、融券保證金成數，由主管機關商經中央銀行同意後定之；有價證券得為融資融券標準，由主管機關定之。」

四、證券交易法第 175 條

證券交易法第 175 條，係違反證券交易法有關核准經營、股份買回、有價證券買賣之給付或交割等規範時之罰則，其內容迭經修正，2012 年 1 月修正公布之現行條文第 1 項規定：「違反第十八條第一項、第二十八條之二第一項、第四十三條第一項、第四十三條之一第三項、第四十三條之五第二項、第三項、第四十三條之六第一項、第四十四條第一項至第三項、第六十條第一項、第六十二條第一項、第九十三條、第九十六條至第九十八條、第一百十六條、第一百二十條或第一百六十條之規定者，處二年以下有期徒刑、拘役或科或併科新臺幣一百八十萬元以下罰金。」

五、證券交易法第 177 條

㈠條文內容

證券交易法第 177 條，則係違反證券交易法有關股票或公司債券之交付、藉核准為宣傳之禁止、私募有價證券再轉讓之條件等規範時之罰則，其內容迭經修正。2012 年 1 月新修正公布之現行條文規定：「違反第三十四條、第四十條、第四十三條之八第一項、第四十五條、第四十六條、第五十條第二項、第一百十九條、第一百五十條或第一百六十五條規定者，處一年以下有期徒刑、拘役或科或併科新臺幣一百二十萬元以下罰金（第 1 項）。違反第一百六十五條之一或第一百六十五條之二準用第四十條、第一百五十條規定，或違反第一百六十五條之一準用第四十三條之八第一項規定者，依前項規定處罰（第 2 項）。」

㈡修法理由

　　證券交易法第 177 條於 2012 年 1 月修正之理由，摘要如下：

　　1.第 128 條修正條文將證券交易所其股份轉讓限於證券商之規定予以刪除，僅其單一股東及全體外國人持有證券交易所之股份比率、總額等予以規定，故參考期貨交易法對違反同法第 34 條規定而持有期貨交易所股份超過法定比率者，並無刑責之規定，爰刪除違反第 128 條之刑罰規定。

　　2.配合法制用語，酌作文字修正❷。

六、證券金融事業管理規則與融資融券管理辦法

　　主管機關依證券交易法第 18 條第 2 項規定訂定「證券金融事業管理規則」❸，以及依證券交易法第 60 條第 2 項規定訂定「證券商辦理有價證券買賣融資融券管理辦法」❹。

　　上開行政命令中，對於「有價證券信用交易」相關事項，則有較為細節之規定。限於篇幅，茲不贅述。

第四節　法律關係

一、融資融券契約

㈠相關理論

　1.意　義

　　所謂融資融券契約，係指投資人與證券股份有限公司間，為辦理融資融券事宜，依規定簽訂書面條款，嗣基於有價證券買賣融資融券所生權利

---

❷　新證券交易法第 177 條修法理由，2012 年 1 月 4 日。

❸　按「證券金融事業管理規則」訂定於 1979 年 7 月 18 日，歷經多次修正，最近一次修正於 2018 年 2 月 12 日。

❹　按「證券商辦理有價證券買賣融資融券管理辦法」訂定於 1990 年 9 月 27 日，歷經多次修正，最近一次修正於 2015 年 11 月 26 日。

義務，悉以此等書面條款所敘為準據。

「證券商辦理有價證券買賣融資融券契約書」之範本，於 1996 年間即由財政部證券管理委員會核定，其後經過多次修正。現行內容係經行政院金融監督管理委員會核定修正後，由臺灣證券交易所股份有限公司於 2018 年 8 月 9 日公告實施。

2. 內容概述

融資融券交易是證券信用交易，在此等交易中，如何落實對證券金融公司及投資人雙方之保護，係該制度成功之關鍵。不過現行契約條款多以債權人（證券金融公司）為保護之考量。

前述「證券商辦理有價證券買賣融資融券契約書」全部共 17 條，其第 1 條規定：「甲乙雙方間基於有價證券買賣融資融券所生權利義務，悉依證券交易法令、證券商辦理有價證券買賣融資融券業務操作辦法（以下簡稱操作辦法）、相關章則公告、函示、本契約及買賣有價證券受託契約之規定辦理；上開規定嗣經修訂變更者，亦同（第 1 項）。甲方同意臺灣證券交易所股份有限公司（以下簡稱證券交易所）、財團法人中華民國證券櫃檯買賣中心（以下簡稱櫃檯買賣中心）及證券主管機關所指定之機構依相關法令規定蒐集、處理、利用及國際傳遞甲方個人資料，並由乙方將甲方個人資料傳送至證券交易所及櫃檯買賣中心（第 2 項）。甲方及其連帶保證人同意乙方於符合其營業登記項目或章程所定業務之需要，得向財團法人金融聯合徵信中心取得甲方及其連帶保證人之信用資料（第 3 項）。」

此外，針對簽約投資人信用帳戶內之賣出價款及融券保證金、有價證券之管理，擔保品之轉撥及處分，差額之補繳，違約金之收取，契約終止之原因，通知之義務……等，亦均逐條明訂，茲不贅言。

3. 性　質

按融資融券契約與民法消費借貸契約性質相近，惟仍有差異，其性質為何，學者見解不一：

第一說，認為融資融券契約應以書面為之，具有要式性、諾成性及繼續性等特質，非民法消費借貸盡可解釋，其性質係依證券交易法而成立，

為具有消費借貸特性之獨立有名契約❶。

第二說，認為融資融券契約係屬證券交易法上之融資融券契約，具有消費借貸之性質，得類推適用民法消費借貸之規定❻。

第三說，認為融資融券契約係諾成之消費借貸契約❼。

對於融資融券契約之性質本文採第三說，認為融資融券契約係諾成之消費借貸契約，而非證券交易法之有名契約。

(二)實務見解

有關融資融券之相關爭議，歷來實務上之見解，可供參採，舉其要者如下：

1.最高法院 92 年度之實務判決，認為：證券交易法並未就融資融券契約相關當事人之權利義務關係為明確規定。再者，證券商受理客戶開立信用帳戶應辦理徵信，僅係行政命令課予證券商之義務，並非契約之成立要件，且上訴人亦於存證信函中承認開戶，被上訴人並接受其委託融資買進系爭股票，是系爭融資融券契約堪認已成立生效。從而，被上訴人本於消費借貸之法律關係，請求上訴人給付款項及法定遲延利息，於法有據，應予准許❽。

2.按所謂「融資」，在現行集中交易市場之信用交易中，係指投資人自備部分資金（自備款），另搭配授信機構（如被上訴人）之融資資金於公開市場買進股票，並由投資人以其買進之股票交由授信機構，用供擔保該筆借貸（融資）債務，爾後投資人將股票賣出時，授信機構即將賣出所得價款，於融資之本息範圍內抵充債權。投資人與授信機構間之資金融資關係，於法律性質上應屬金錢之消費借貸關係❾。

---

❶ 沈伯齡、邱聰智，〈有價證券信用交易擔保制度之研究〉，《證券市場發展季刊》，第 22 期，1994 年 3 月，頁 163。

❻ 邱秋芳，〈證券信用交易之法律問題研究〉，《經社法制論叢》，第 11 期，1993 年 1 月，頁 309。

❼ 賴英照，《證券交易法逐條釋義（第一冊）》，1984 年 10 月，頁 202～207。

❽ 最高法院 92 年度臺上字第 2308 號民事判決。

❾ 臺灣高等法院 96 年度金上更㈠字第 10 號判決。

3.又證券金融公司辦理融資、融券業務者，對融資人融資買進之證券作為擔保品者，該擔保品證券金融公司得予運用作為辦理融券之券源。又管理規則（此指證券金融事業管理規則）第 7 條對被上訴人之運用能力賦予「取得資金或證券，以供調度周轉之用」，惟兩造簽訂之融資融券契約並未約定被上訴人有「調度證券」或借券，因應為融資人登載股東名簿之義務❷。

二、擔保品之性質

在融資融券之契約關係中，提供融資資金或融券證券給投資人之證券公司，稱授信機構；授信機構依相關規定以及融資融券契約，所收取之「融資買入之有價證券」或「融券賣出所保管之價款」，則為此等契約之擔保品。至前述擔保品之法律性質如何，值得探討。

㈠融資買入之有價證券

投資人向授信機構辦理融資時，得以用融資款項所買入之股票設定權利質權，以擔保債務之履行，故該融資買入之有價證券，為權利質權之標的物，亦即融資契約之擔保。

實務上亦認為，股票質押融資，其性質為權利質權之設定，雖股票原所有權人即持有人依融資契約之約定，以股份權利作為質權之標的物，並將股票交由債權人之金融機構占有，惟其股份所有權人並不因此有所更動。從而，質押權人之金融機構於融資債權已屆清償期，而未受清償，得拍賣質押之股份，就其賣得價金受償❸。

㈡融券賣出所保管之價款

投資人向授信機構辦理融券時，融券賣出所獲價款仍撥入約定之信用帳戶內；而該等因融券賣出所保管之價款，為融券保證金，亦即融券契約之擔保品。

實務上認為，融券賣出所保管之價款即為融券保證金，其目的在擔保

---

❷ 　臺灣臺北地方法院 85 年度簡上字第 438 號民事判決。

❸ 　最高行政法院 93 年度判字第 1593 號判決。

融券債務之履行。依照證券經紀商申報委託人違約案件處理作業要點之規定判斷是否違約交割，在信用交易情況下，以成交日後二日判斷，則被告事後未繳交全數融券保證金即屬違約。此時，證券經紀商應即代辦交割手續，其因代辦交割所受之證券或代價，應於委託人違約之次一營業日開始在臺灣證券交易所市場委託他證券經紀商予以處理❷。足見，此擔保品之提供，係保證金契約之性質。

三、擔保品之處分

㈠證券市場上之「斷頭」

按證券交易法第 15 條第 3 款規定意旨，依本法經營之證券業務種類，包括「有價證券買賣之行紀、居間、代理及其他經主管機關核准之相關業務」；而依證券商辦理有價證券買賣融資融券契約書❷第 6 條約定：「乙方逐日計算甲方信用帳戶內之擔保品價值與融資融券債務之比率，其低於乙方所定比率時，甲方應即依乙方之通知於期限內補繳差額」觀之，在融資融券契約關係中，證券業者不僅代客買賣，且尚須為投資人計算，並非僅係媒介股票交易而已，故其法律關係顯然亦為行紀，至屬明確。

又依民法第 578 條規定，行紀人為委託人之計算所為之交易，對於交易之相對人，自得權利並自負義務。委託人並不須先預付費用，是證券業者於代投資人還券回補時，雖係以自有資金，並以證券業者之「融資融券違約處理專戶」名義，委託○○證券股份有限公司買進聯○公司股票代為回補，與前述兩造間行紀之權利義務並無違背❷。

在證券信用交易中，融資之投資人於股票下跌，或融券之投資人於股票上漲，而達一定之比例額度時，投資人本應依契約約定繳交保證金。此際，倘投資人不願意補繳保證金，證券業者自得出售該投資人信用帳戶內

---

❷　臺灣基隆地方法院 85 年度基簡字第 62 號判決。

❷　按「證券商辦理有價證券買賣融資融券契約書」訂定於 1996 年 8 月 22 日，歷經多次修正，最近一次修正於 2018 年 8 月 9 日。

❷　最高法院 88 年度臺上字第 1461 號民事判決。

之股票，或買進股票以便代投資人還券回補，並憑扣款，此種擔保品之處分，亦即一般證券市場上俗稱之「斷頭」。

又依據證券交易法第 61 條規定，有價證券買賣融資融券之額度、期限及融資比率、融券保證金成數，由主管機關商經中央銀行同意後定之；有價證券得為融資融券標準，由主管機關定之。

(二)追繳差額及處分擔保品之時機

1.法令規章

依「證券商辦理有價證券買賣融資融券契約書」之規定意旨，融資人融資帳戶內之擔保品價值與債務之比率，如低於一定比率，又未能依規定補繳差額或清結時，授信機關應得處分其擔保品；至追繳差額及處分擔保品之時機，一般認為得「即時」處理，亦即授信機關或融資人均不應藉詞要求展延，以避免雙方損害更形擴大。

2.實務上

實務上，最高法院認為，證券金融事業辦理有價證券買賣融資融券，對委託人融資應依證期會規定之比率收取融資自備價款，並以融資買進之全部證券作為擔保品，且應逐日計算每一信用帳戶內之擔保品價值與委託人債務之比率，其低於規定之比率時，應即通知委託人於限期內補繳差額。融資人未能依規定補繳差額，或逾約定日期未能清結時，證券金融事業應即處分其擔保品。是以上訴人於訴外人等六人名義之信用帳戶擔保比率不足時，自應即時追繳差額及處分系爭股票以避免損害之擴大。倘該公司斯時能追繳差額及處分系爭股票，卻怠於處理，以防止損害之擴大，能否謂無過失，即非無疑[25]。

此外，依證券商辦理有價證券買賣融資融券業務操作辦法[26]第 23、24、25、31 條，有關信用交易融資融券業務操作之相關更細膩之規定，值得注意。

---

[25]　最高法院 98 年度臺上字第 2401 號民事判決。

[26]　按「證券商辦理有價證券買賣融資融券業務操作辦法」訂定於 1992 年 10 月 9 日，歷經多次修正，最近一次修正於 2018 年 12 月 24 日。

第五節　投資人之保護與券商丙種墊款

一、投資人之保護

㈠現行法律規範之不足

　　由於證券市場之特殊性與複雜性，市場各種交易行為尚無法一一納入民法債編所規定之 27 種有名契約中，故學者認為，信用交易制度即其適例；而證券交易法並未規定融資融券契約，更遑論相關當事人之權利義務關係，融資融券契約雖經主管機關核定，惟其內容尚未完備。證券交易法應就信用交易相關法律問題為明確之規範，如有排除民法或相關法律規定者，亦應明文規定❷❼。

㈡融資擔保品及融券保證金之性質

　　為就證券市場之信用交易建立更完備之規範，證券交易法及其相關規定，自仍有待持續強化修正。然而，在修法之前，此種融資融券契約之解釋與適用，不應忽視投資人權益之保護。

　　學者曾有將融資擔保品及融券保證金定位為「讓與擔保」，使授信機構取得證券所有權。此種見解似乎誤解「讓與擔保」之意義❷❽，何況，我國物權法中並無讓與擔保制度，導致無法依讓與擔保模式設定融資融券擔保制度，從而缺乏上位法律之支持，並且與現有法律構成衝突，陷入法律困境；甚且，如證券商或證金公司爆發財務危機而無法清償債務時，投資人如何取回其證券或資金，不無疑問；此外，如放任授信機構完全不受處分擔保品期限之約制，如何兼顧投資人權益之保障，亦生疑慮。

---

❷❼　賴英照，《最新證券交易法解析：股市遊戲規則》，2006 年 2 月初版，頁 101。

❷❽　有關「讓與擔保」之意義，請參閱吳光明，〈動產讓與擔保〉，載於《物權法新論》，新學林出版，2006 年 8 月，頁 557～578。另請參閱共同主持人吳光明，《德國讓與擔保晚近發展之借鏡與省思》，行政院國家科學委員會計畫成果報告，NSC98-2410-H-030-040，2010 年 10 月 25 日。

　　因此，主管機關於訂定相關規則，以及核定融資融券契約內容時，應考慮其他保護投資人之配套措施，兼顧相關業者之意見，以平衡雙方之權益，保護投資人。

二、券商丙種墊款

㈠丙種墊款之意義

　　證券信用交易之運作，於現行法中已有一定之規範可資遵循，惟歷來仍有違法運作之情事，一般而言，證券商或營業員違法借貸款券給投資人，亦即市場上所謂券商丙種墊款。由於券商丙種墊款常配合一般所謂之人頭戶之利用，亦即藉由人頭帳戶融資融券買賣股票，掌控投資人之款券，不僅造成違法之信用交易問題，且其間一旦發生糾紛，此等建立於違法關係之投資人自更難獲保障，因而危害證券市場甚鉅，故有必要加以防範並杜絕。

　　證券交易法第 60 條規定，證券商非經主管機關核准，不得為有價證券買賣之融資或融券、買賣融資融券之代理、借貸或借貸之代理或居間、因證券業務借貸款項或為借貸款項之代理或居間等。違反者，其所為融資或融券、買賣融資融券之代理、借貸或借貸之代理或居間等，是否有效問題，值得探討。

㈡實務見解

　　歷來基於券商丙種墊款所生之爭訟，時有所聞，故實務上有諸多判例或判決，其見解可供參採：

　　最高法院 68 年判例認為，證券交易法第 60 條第 1 項第 1 款乃取締規定，非效力規定，無民法第 71 條之適用。證券商違反該項規定而收受存款或辦理放款，僅主管機關得依證券交易法第 66 條為警告，停業或撤銷營業特許之行政處分，及行為人應負同法第 175 條所定刑事責任，非謂其存款或放款行為概為無效❷❾。

　　近年，實務上見解亦未變更，認為證券交易法第 60 條第 1 項第 1 款乃

---

❷❾　最高法院 68 年臺上字第 879 號判例；臺灣高等法院 97 年度重上字第 343 號民事判決。

取締規定，非效力規定，無民法第 71 條之適用。證券商違反該項規定而收受存款或辦理放款，僅主管機關得依證券交易法第 66 條為警告、停業或撤銷營業特許之行政處分，及行為人應負同法第 175 條所定刑事責任，非謂其存款或放款行為概為無效❸⓿。

此外，有關「丙種墊款」問題，雖有最高法院實務判決認為，上訴人係經黃○元個人於職務外之居間介紹，由金主林○信提供資金，在被上訴人公司從事丙種墊款之股票交易。上訴人未舉證證明係經被上訴人同意為之，且該交易方式乃法令所禁止，是黃○元侵占上訴人質押之股票應係其個人行為，非執行職務之行為，與被上訴人無涉云云❸①。

但本文認為，該案所指黃○元既任職於被上訴人公司，且此種提供資金，從事丙種墊款之股票交易，均透過該公司之證券交易作業而進行，況在交易過程中，該公司亦收取一定之手續費，以現實之交割程序而言，公司不能只知賺取手續費，卻對於其營業員之丙種墊款行為謂不知情，並不合常理。因此，該判決認為應由投資人負舉證責任，並非妥適。

第六節　結　語

有關證券信用交易問題，涉及不同之法律文化，尤其我國屬大陸法系國家，如要移植英美法系之證券信用交易，當然必須考慮法律移植之適應性問題。

蓋大陸法與普通法之區別，主要有二方面：一、普通法系國家以「法官造法」為基礎，並實行遵循先例之原則；大陸法系國家之判決僅對案件當事人有拘束力；其所依據之法律則源自主權國家或立法機關頒布之法律。普通法系國家之法官被認為有責任經由對個案分析與解釋來宣示法律，而大陸法系國家之法官則機械地適用立法者制訂之法律。二、在實務上採取不同之組織原則。

---

❸⓿　最高法院 93 年度臺上字第 2107 號民事判決。

❸①　最高法院 86 年度臺上字第 807 號民事判決。

　　我國證券信用交易制度沿襲美國制度，證券金融事業或證券商（信用貸款人）授與客戶（投資人）信用，即一般證券市場所謂融資、融券；以融資、融券方式買賣股票，即為證券市場所謂的證券信用交易。而為期證券信用交易之健全發展，自需在便利交易與保護權利之間，取得平衡，使證券商及投資大眾一方面擁有相當之擔保效力，一方面在必要時可獲優先受償，才能安心參與投資，並維證券市場之安定。因此，周延之法律規範，自亦影響至鉅。

　　任何法律規範之建置，如全盤援引國外既有之章則，恐怕難符實際之需求，故必須考慮傳統之法律體系，並參酌實務概況與學界理論，融合而成，始為務實之做法。茲觀乎我國證券信用交易之法源，主要為證券交易法第 18 條、第 60 條、第 61 條。另有經法律授權而訂定的許多行政命令，包括：

　　1.依證券交易法第 18 條以及銀行法[32]第 139 條第 2 項規定之：「前項其他金融機構之管理辦法，由行政院定之」而訂定之「證券金融事業管理規則」。

　　2.依證券交易法第 60 條訂定之「證券商辦理有價證券融資融券業務管理辦法」。

　　3.臺灣證券交易所證券商辦理有價證券買賣融資融券操作辦法等。

　　綜合而言，由於證券交易法、上述行政規則，以及融資融券契約之規範，使證券金融事業或證券商及投資人，在證券信用交易中，有具體之準則可據。在證券金融事業或證券商方面，因可處分擔保品，而獲有一定之擔保效力，並得優先受償。在投資人方面，則於融資融券債務清償範圍內，所得款項抵充後，如有剩餘應返還投資人，以避免證券金融事業或證券商（信用貸款人）非法取得暴利，並保護投資人。惟證券市場瞬息萬變，前揭法令自宜配合實務之需，持續研酌，俾為我國證券市場，維持健全之管理及運作規範。

---

[32]　按「銀行法」訂定於 1931 年 3 月 28 日，歷經多次修正，最近一次修正於 2018 年 1 月 31 日。

第十四章　證券集中保管劃撥制度

第一節　概　說

　　證券集中保管劃撥制度，是一種為促進有價證券發行與流通方法之合理化與現代化而設計之制度。其運作之基礎，係由專責之證券集中保管機構為保管於市場流通之證券，而為各參加人設立帳戶，運用帳戶間之劃撥轉帳方式，以處理有價證券買賣或設質之手續；經由證券集中保管劃撥制度之實施，日常大量證券實體之移動可減少，甚至可以全面採取無實體證券，甚有利於簡化結算交割作業。

　　按目前證券交易之實務，係由投資人向證券經紀商申請開戶，簽訂契約、領取證券存摺，委託辦理買賣證券之帳簿劃撥、證券送存及領回手續，投資人將股票寄託於證券經紀商，而證券經紀商則以自己之名義，在證券集中保管公司開戶為參加人，將投資人之股票寄託於集中保管公司。實務上認為，依兩造間集保契約前言及第 20 條規定，有價證券集中保管帳簿劃撥作業辦法、臺灣集中保管結算所股份有限公司業務操作辦法之規定，亦構成兩造間契約之一部分。依上開作業辦法第 17 條、第 18 條、第 22 條、第 23 條、第 24 條之規定，保管事業於收受有價證券集中保管後，雖無以原有價證券返還予參加人之義務，惟參加人於辦理將客戶之有價證券送交集中保管、或自保管事業領回保管之股票時，僅係以自己名義收受轉寄及代領發還，不得自行以同一種類、數量之有價證券從中替換，是本件集保契約之性質應係委任契約，而非消費寄託契約❶。

　　基此，本章首先擬探討證券集中保管劃撥之背景與優點；其次，擬探討證券集中保管劃撥制度之沿革；再次，擬探討我國證券集中保管劃撥制度之實務問題；此外，擬探討全面實施款券劃撥制度與其特殊問題。最後，提出檢討與建議。

第二節　證券集中保管劃撥之背景與優點

一、背　景

㈠有價證券之特質

　　有價證券之特質，在於其權利之發生、移轉、或行使，須全部或一部以證券為依憑。其權利之發生，以取得證券為前提，權利之移轉，須將證券交付，權利之行使，須提示證券。學者稱此種「權利與證券結合」之現象，為有價證券之一大特色，亦成為公司法與證券交易法之立法基本原則❷。

㈡有價證券之功能

　　有價證券之功能，繫於其流通性。如無流通性，則無從建立股票市場。依公司法第 163 條第 1 項前段規定，公司股份之轉讓，除本法另有規定外，不得以章程禁止或限制之，以避免多數股東藉由訂立或修正章程之方式，禁止或限制股份轉讓。該規定即在於確保股份轉讓之充分自由，以維其流通性。事實上，股票交易之高周轉率，亦為臺灣股票市場上之一大特色。

　　惟實務上認為，股東間私自以書面契約合理禁止或限制股份轉讓者，與以章程強行規定者，尚屬有別，則本於當事人意思自主原則，契約當事人之合意自屬有效❸。是據此足證上開公司法之規定，僅就公司章程之禁

---

❶　臺灣高等法院 89 年度重上字第 121 號民事判決。

❷　賴英照，《最新證券交易法解析：股市遊戲規則》，元照出版，2009 年 10 月再版，頁 136。

❸　臺灣高等法院 97 年度重上字第 61 號民事判決。

止或限制為之，並不及於股東間書面契約之禁止或限制。換言之，股東與股東之間，或股東與公司之間，如經雙方合意，而以書面契約禁止或限制股份轉讓，並無不可，自不受公司法第 163 條第 1 項前段規定之限制。

二、優　點

茲從下列各種角度，探討證券集中保管劃撥制度之優點：

㈠投資人方面

證券採集中保管劃撥制度，投資人可減少因買賣證券或設質所造成股票移動可能引起之毀損或遺失之風險。同時，股票之買賣或設質，亦因而更為簡單、迅速、安全，且股票即使在辦理過戶期間，依然可以進行買賣、設質；而發行公司於除權、除息時，投資人無須自行前往發行公司或其股務代理單位辦理過戶，以節省時間。此外，集保公司利用電腦條碼，即能過濾出偽造、變造之股票，使善良投資人之權益得以確保❹。

㈡證券商方面

證券商無論是自行買賣或受投資人委託代為經手買賣證券，均可免除許多收取證券、發交證券，以及重複點數現券或抄錄號碼等手續，將有效地減輕人力及事務費用，降低成本，並提升營運效率。

㈢發行公司方面

由於集中保管可減少股票之毀損，自能節省發行公司印製股票及印花稅等相關費用。又由於股票市場之效率提高，可擴大運作規模，有助於公司上市籌措資金。此外，亦可減輕發行公司股務部門之作業負擔。

㈣金融機構方面

股票在集中保管劃撥制度之保管下，亦可設定質押，辦理借貸事宜，金融機構可利用本制度為金融擔保交易，一方面可達成證券擔保金融事務之合理化，另一方面，亦可降低金融機構之人事費用成本❺。

---

❹ 黃慶華，《我國證券集中保管劃撥制度之研究》，中興大學碩士論文，1990 年6 月，頁 10～11。

❺ 陳錦旋，〈有價證券集中保管劃撥制度下當事人之法律關係〉，《證券管理》，

㈤證券市場方面

　　實施集中保管劃撥制度，可使股票之流通更加迅速與正確，因而提高交易效率，對證券市場之發展裨益良多；且因實施集中保管劃撥制度，使證券市場更邁向現代化，為日後與他國證券市場連線後，辦理跨國交易之清算交割作業，奠定穩固之基礎。

　　就實務現況觀之，我國證券市場與其他先進國家之證券市場相較，仍具有下列幾項特色：

　　⑴我國證券市場投資人之結構，以自然人占多數，不像其他國家多以機構投資人為主，故我國證券市場內散戶較多，造成短線交易橫行，行情波動劇烈。

　　⑵我國股票市場內人頭戶甚多，對於維持交易秩序以及租稅公平危害甚大。

　　⑶我國證券市場內大戶炒作股票之情況嚴重。

　　⑷國內有為數不少之證券商或證券商之大股東兼營丙種墊款墊股，若干信託投資公司與信用合作社等周邊金融機構亦扮演金主角色，由於投資人、金主與金融機構彼此間關係錯綜複雜，一旦股市連續重挫，極可能演變成金融風暴。

　　⑸國內不少證券投資人習慣上仍喜歡將實體股票存放於身邊，以期能隨時掌握，如此可能會阻礙集中保管劃撥制度之進行。

第三節　證券集中保管劃撥制度之沿革

一、復華證券金融公司❻開辦集保業務

　　早年尚未開辦證券集中保管工作之前，屢次發生證券商營業員盜賣客

　　　　第 7 卷第 7 期，1989 年 7 月，頁 11。

❻　按「原復華金融控股公司」是臺灣第一家以證券業務為發展主體的金控公司，
　　初期由復華證券金融、復華綜合證券所組成，之後再合併誠洲集團旗下的亞

戶股票情事。為此，證期會在擬定設立證券金融公司之方案中，即建議將有價證券之集中保管作業，列為證券金融公司之營業項目之一，並將「集中保管」明訂於 1979 年 7 月 18 日訂頒之「證券金融事業管理規則」第 5 條中，且該「集中保管」之規定，迄今仍然沿用。1980 年 4 月復華證券金融公司開業之初，即研擬保管有價證券辦法。1981 年 9 月主管機關核定復華證券金融公司試辦有價證券保管業務，並於 1982 年 6 月正式實施❼。此一方式與過去相較，自亦有其效益，但每當發行公司辦理除權、除息時，投資人均需領回其所委託復華公司保管股票，然後自行至發行公司辦理過戶，造成投資人、發行公司以及證券商、復華公司之工作負擔。

嗣證期會又於 1982 年 9 月核准，復華證券金融公司開辦代辦證券過戶業務。至此，復華公司業務受委託保管之證券數量直線上升，至 1984 年底，投資人交付集中保管之股票計 26 萬張，占當時上市股份總數 1.37%，惟就整體而言，其比例與成效並不顯著。據當時之討論，此種集中保管制度之作業型態，受到下列二點限制：

⑴買賣證券後交割時，投資人仍須交付保管憑證，此種作業等於僅以憑證代替現券而流通，並無法有效簡化交割手續。

⑵股票之交割與保管，分別由證券交易所與復華公司兩單位辦理，因此，導致證券商必須兩頭兼顧，作業繁瑣❽。

太商業銀行並更名為復華商業銀行（現元大商業銀行），目前復華證金市占率為 15%，居臺灣業界第一名，而另一個子公司復華證券之市占率約 3% 多，暫居臺灣證券業界第十大，並藉由復華證券持續向外合併，或是透過營業讓予方式擴大營運規模，而今已併購士農證券、發財證券、富山證券、永欣證券、協和證券、大東證券等，以及鞏固金融及證券市場占有率。復華金融控股公司於 2007 年 4 月與元大京華證券合併後，於 2007 年 9 月正式改名元大金融控股公司。參閱 http://zh.wikipedia.org/zh-tw/，拜訪日：2012 年 5 月 6 日。

❼ 熊自怡，〈股票集中保管作業說明〉，《證券金融》，第 6 期，1984 年 5 月，頁 22。

❽ 陳裕璋，〈證券集中保管劃撥制度規劃推動始末（上）〉，《證券管理》，第 8 卷第 1 期，1990 年 1 月，頁 3〜7。

二、相關法規之修訂

基於上述實施證券集中保管制度所受之限制，1984年底，證期會成立一專案小組，研究國內實施集中保管劃撥制度之基本作業型態。1985年8月，國內證券集中市場開始逐步實施電腦交易。1986年起股市逐漸復甦，市場交易量不斷擴增。1988年元月證券交易法大幅修正通過，同年3月即規劃整個證券集中保管劃撥制度之推動工作，其要點列述如下：

㈠籌組保管事業

證券集中保管事業之籌組，以當時而言是一項龐大的工程，此項工作至少包括公司設立、庫房安裝、電腦資訊系統之建立等。

㈡訂定法令

1.在1988年1月所修正之證券交易法，其第18條規定：「經營證券投資信託事業、證券金融事業、證券投資顧問事業、證券集中保管事業或其他證券服務事業，應經主管機關之核准（第1項）。前項事業之管理、監督事項，由行政院以命令定之（第2項）。」依此規定，主管機關初次訂定「證券集中保管事業管理規則」，於1989年8月公布實施，作為證券集中保管事業之設立及管理依據。2006年1月修正證券交易法時，上開第18條亦再修正，明文授權由金管會就集保事業之設立條件、申請核准之程序、財務、業務與管理及其他應遵行事項，訂定規則。

2.證券交易法第43條第2項規定：「證券集中保管事業保管之有價證券，其買賣之交割，得以帳簿劃撥方式為之；其作業辦法，由主管機關定之。」依此規定，財政部證券管理委員會乃1989年11月訂定「有價證券集中保管帳簿劃撥作業辦法」，作為日後證券集中劃撥交割制度運作之準則及依據。

3.證券交易法第43條第4項規定：「證券集中保管事業以混合保管方式保管之有價證券，由所有人按其送存之種類數量分別共有；領回時，並得以同種類、同數量之有價證券返還之。」同條文第5項規定，「證券集中保管事業為處理保管業務，得就保管之股票、公司債以該證券集中保管事

業之名義登載於股票發行公司股東名簿或公司債存根簿。證券集中保管事業於股票、公司債發行公司召開股東會、債權人會議，或決定分派股息及紅利或其他利益，或還本付息前，將所保管股票及公司債所有人之本名或名稱、住所或居所及所持有數額通知該股票及公司債之發行公司時，視為已記載於公司股東名簿、公司債存根簿或已將股票、公司債交存公司，不適用公司法第一六五條第一項、第一七六條、第二六○條及第二六三條第三項之規定。」依此規定，修訂「公開發行股票公司股務處理準則」❾，以解決集中保管股票於除權除息時之過戶問題。

4.其他相關規定，包括證券交易所營業細則、證券商管理規則等章則之配合修訂。1995 年 1 月間，證期會為「全面實施款券劃撥制度」，乃公布修正「證券商管理規則」❿第 37 條及第 38 條，並訂定「有價證券集中交易市場實施全面款券劃撥制度注意事項」⓫。

三、有價證券集中保管帳簿劃撥作業辦法

財政部證券管理委員會依證券交易法第 43 條第 2 項規定，於 1989 年訂定「有價證券集中保管帳簿劃撥作業辦法」⓬，已如前述，至該辦法之主要包括下列內容：

㈠得為集中保管帳簿劃撥之有價證券

㈡混合保管制度

㈢帳戶之開設與管理

㈣有價證券之送存

❾ 按「公開發行股票公司股務處理準則」訂定於 1988 年 11 月 24 日，歷經多次修正，最近一次修正於 2015 年 12 月 21 日。

❿ 按「證券商管理規則」訂定於 1988 年 11 月 24 日，歷經多次修正，最近一次修正於 2017 年 12 月 5 日。

⓫ 按「有價證券集中交易市場實施全面款券劃撥制度注意事項」訂定於 1995 年 1 月 6 日，歷經多次修正，最近一次修正於 2015 年 6 月 4 日。

⓬ 按「有價證券集中保管帳簿劃撥作業辦法」訂定於 1989 年 11 月 7 日，歷經多次修正，最近一次修正於 2015 年 10 月 7 日。

㈤有價證券之領回

㈥有價證券之帳簿劃撥

㈦集中保管股票之股權行使

四、有價證券全面無實體化

2010 年間，因應有價證券全面無實體化發行，臺灣集中保管結算所股份有限公司公告新增「股票全面無實體之舊票代收作業程序及注意事項」及相關電腦連線交易功能，自 2010 年 3 月 29 日起實施❸。

第四節　我國證券集中保管劃撥制度之實務問題

一、一段式保管方式與兩段式保管方式之問題

「一段式保管方式」即投資人將證券直接委託集中保管事業保管，其送存及領回皆經由證券商代辦；此種保管方式，無法簡化集中保管事業作業效率，失去集中保管制度原先設計之良法美意。因此，採行「兩段式保管方式」，亦即集保事業之保管僅針對參加人，投資人僅能經由證券商，將證券轉存於集中保管事業。茲將兩段式之保管架構，分述如下：

1.投資人將股票寄託於證券商，此時投資人與證券商之間成立民法寄託關係，投資人仍保有股票所有權。實務上，係由投資人向證券商申請開戶、簽訂契約、領取存摺、委託辦理買賣證券之帳簿劃撥、證券送存及領回等手續。

2.證券商以自己名義在集中保管事業開戶，並將投資人股票寄託於集中保管事業。證券商與集中保管事業間成立寄託關係，證券商並非股票所有人，惟依民法規定，寄託人不以物之所有人為限，證券商與集中保管事業間，仍可成立寄託關係。實務上，係由證券商向集保公司申請開戶，辦

---

❸　臺灣集中保管結算所股份有限公司保結業字第 0990021789 號，2010 年 3 月 3 日。

理代客買賣證券之劃撥交割，再將投資人委託保管之證券辦理轉存、匯撥及領回等手續❹。

在此架構下，證券商分別與投資人及集中保管事業成立寄託契約。相對於投資人而言，證券商為保管人；相對於集中保管事業而言，證券商為寄託人。證券商與投資人間之保管行為，係整體集中保管架構中之一個環節，因此，凡在整體集中保管架構下之股票，均可認為係集中保管事業保管之股票，自得依證券交易法第 43 條規定，以帳簿劃撥方式辦理交割。此外，一般證券交易係向證券交易所辦理，證券信用交易則經由復華證券金融公司，而兩者所產生有關交割事項，則均委由集保公司以劃撥方式辦理。

二、證券集中保管事業之組織型態問題

有關證券集中保管事業之組織型態，究宜採財團法人型態或股份有限公司型態，觀諸先進各國，各有不同作法，茲分述其理由如下：

㈠主張採財團法人型態之理由

1.財團法人之成立是以公益為目的，此與集中保管事業之成立不以營利為目的之宗旨，較為接近。

2.參加人為財團法人當然之捐助人，其捐助額以其營業額之比例決定。關於董事、監察人之規範，可以規則明定之；另由主管機關、證券交易所、參加人、投資人依一定比例，選出代表擔任董事、監察人，以負責該集中保管事業之運作。當集保事業之業務規章有違公平原則時，可由主管機關要求該事業財團法人限期改正，以收監督之效❺。

3.證券集中保管事業如由證券交易所成立子公司，則在外觀上係屬於營利法人之型態，不但形式與理念不合，而且將增加證券交易所之負擔。而且集中保管之股票僅以在該交易所交易之股票為限 ， 一旦我國成立第 2個證交所，則不同證交所內交易之股票，分別由不同之集保公司辦理集保，

---

❹　賴英照，《證券交易法逐條釋義（第 4 冊）》，1992 年 8 月 2 刷，頁 274〜275。

❺　賴源河，〈有價證券集中保管劃撥交割制度之研究〉，《財政部證期會委託研究計畫》，1986 年 3 月，頁 174〜175。

勢必對投資人產生極大之不便。

㈡主張採股份有限公司型態之理由

　　1.證券集中保管事業如以證券交易所子公司型態出現，成立股份有限公司，股票可由證券交易所全部或大部分持有，則證期會可派員常駐該公司指導與監督，使其經營較能上軌道，且可要求該公司提供必要之資料，以遂行其任務❶❻。

　　2.有關適用法令方面，以日本為例，其採用財團法人型態時，針對該事業之組織，另立「關於股票等之保管暨劃撥之法律」加以規範，且明定申請者為依據日本民法設立之法人，其法律基礎完備❶❼。反觀我國證券交易法對於集中保管事業之組織並未規定，如採取財團法人之組織型態，僅能適用民法之規定，其法律基礎，反而不如以公司法規範之股份有限公司組織一般完備。

　　3.如採財團法人型態籌組集中保管事業，則僅能由捐助人依捐助章程捐贈，日後事業結束，原有出資無法收回，如該事業有盈餘，亦無法分配，故籌集資金可能較為困難。但如採用股份有限公司組織，則較無此一顧慮，且如有不同意見股東加入，對於公司之經營可發揮監督之效果。

　　目前我國證券集中保管事業之設立，依「證券集中保管事業管理規則」❶❽第4條規定，以股份有限公司之組織為限，其實收資本不得少於新臺幣5億元，發起人並應於發起時一次認足之。共同出資設立證券集中保管事業之單位，為證券交易所、證券金融公司及證券商。

---

❶❻　賴源河，前揭書，頁173～174。

❶❼　參閱日本學者河本一郎、大武泰南著，鄭如蘭譯，〈「關於股票等之保管暨劃撥之法律」　第三條有關保管劃撥機構之規定〉，《昭和五十九年法律第三十號》；〈日本民法〉，《明治二十九年法律第八十九號》，證期會編印，1985年7月。

❶❽　按「證券集中保管事業管理規則」訂定於1989年8月18日，歷經多次修正，最近一次修正於2012年8月14日。

三、投資人、證券商、集保公司及發行公司實際運作時所遭遇之問題

(一)就投資人而言

1.股票領回之作業時間較久

在未實施集中保管劃撥制度前，送存復華證券金融公司之股票，如欲辦理領回，當天下午即可拿到現股。然在集保制度之運作下，須花 3 天才能完成領回手續，借調股票非常不便，影響市場大戶參加集保意願。

2.未領回之股票必須強制送存

依證券商管理規則第 37 條第 18 款規定，證券商不得保管客戶之有價證券、款項、印鑑或存摺。因此，在實施集保制度後按照規定，投資人在第 4 天未領取股票時，須將該股票強制送存，此時如投資人欲領回股票，則必須再開設一個集保帳戶，才能將股票領回，如領回後又不欲參加集保，則又得將該帳戶註銷，如此不僅勞民傷財，且欠缺效率。

(二)就證券商而言

集中保管劃撥制度對證券商而言，利多於弊，多數證券商均願配合，然在實施過程中，仍遭遇下列問題：

1.現行投資人自行將股票送存時，證券存摺上則以「現券送存」列印，此與投資人在買賣成交後第四天未領取股票之強迫送存，同樣在存摺上列印「現券送存」，常引起投資人誤解，徒增作業困擾。

2.雖然投資人認為有必要時，可以申請存券匯撥，即填具存券匯撥申請書，加蓋原留印鑑，連同證券存摺，向原送存或委託買進之證券商申請轉撥至該投資人開立之另一證券商之保管劃撥帳戶，然後再持證券存摺辦理登錄，或作其他交易處理該筆匯入之存券。然而，此種作業上之不便，仍為目前集保制度證券存摺之缺點，故在作業上宜改進，做到「通儲」方式，便利投資人。

(三)就臺灣證券集保公司而言

1.在日本與韓國，其有關集中保管股票，均以法令明訂「擬制人名義」

方式，而將其過戶於保管機構名下❶，我國則未有如日本與韓國一樣的規定。然而，由於股票並未以擬制人名義過戶在集保公司名下，僅表示註記已交存於集中保管，如果投資人將印鑑及證券存摺存放營業員處而被盜賣，法律上即無法要求集保公司負責。

2.我國有價證券之集中保管，原僅依臺灣證券集中保管股份有限公司業務操作辦法規定處理，其後為提升發行人保管劃撥帳戶之「一般保管帳戶」帳簿劃撥功能，乃修正臺灣集中保管結算所股份有限公司辦理有價證券信託帳簿劃撥作業配合事項，並公告相關配合作業事宜，並修訂臺灣集中保管結算所股份有限公司「辦理有價證券信託帳簿劃撥作業配合事項」，暨發行人「一般保管帳戶」有價證券轉換、贖回、賣回及信託作業上線事宜，自 2008 年 7 月 28 日起實施。

㈣就發行公司而言

1.依有價證券集中保管帳簿劃撥作業辦法第 31 條第 1 項規定：「參加人應於發行公司為召開股東會、債權人會議或分派股息、紅利或其他利益或還本付息前所公告停止過戶期間開始日起二日內，將截至停止過戶日前一營業日送存保管事業之有價證券所有人之本名或名稱、身分證統一編號或營利事業或扣繳單位統一編號、住所或居所、所持有數額及信託登載之相關資料編製成冊，送交保管事業。」同辦法第 32 條第 1 項又規定：「保管事業應彙總各參加人所編前條表冊，於發行公司為召開股東會、債權人會議或分派股息、紅利或其他利益或還本付息前所公告停止過戶期間開始日起三日內，將所保管有價證券號碼、有價證券所有人之本名或名稱、身分證統一編號或營利事業或扣繳單位統一編號、住所或居所、所持有數額及信託登載之相關資料通知該有價證券之發行公司」。

2.然而，發行公司並無法於停止過戶期間前先行疏解股務作業壓力，而且依公司法第 165 條第 2 項規定，停止過戶期間為股東常會開會前 30 日內，此外發行公司又必須在股東常會開會前二十日完成龐大之過戶作業後

---

❶　臺灣集中保管結算所股份有限公司保結股字第 0970061848 號，2008 年 7 月 21 日。

寄發開會通知，因此，其作業期間僅剩十日，再扣除集保公司送達股票所有人名冊所需之三日，實際作業僅剩七日，實在頗為急迫。

第五節　全面實施款券劃撥制度與其特殊問題

一、全面實施款券劃撥制度

㈠推動經過

　　我國之證券交易在證期會主任委員主導下，於 1995 年 1 月推動「全面實施款券劃撥制度」，並於同年 2 月 4 日開始實施。據統計，在此之前，採「集保帳簿」之投資人大約在九成以上，但採「款券劃撥」之投資人，除中南部之比例高達九成以上外，臺北市之投資人僅占五成左右。換言之，許多投資人雖有集保帳簿，卻未開設款券劃撥，其中以這些市場主力、中實戶所占金額比例最大，大約占總成交值之四成左右[20]。

　　然而，將強制全面實施款券集中劃撥事宜公布後，1995 年 1 月 10 日即爆發緯成、億豐違約交割，顯示款券集中劃撥對於大戶炒作及丙種墊款，確有其抑制力量。而推動證券集中保管劃撥制度一向為金融發展先進國家證券市場之潮流，隨著證券市場邁向國際化同時，甚至可與各國之清算組織連線，建立跨國交割制度，從事外國證券交易。

　　財政部證券管理委員會為配合「全面實施款券劃撥制度」，乃於 1995 年 1 月修正「證券商管理規則」[21]第 37 條及第 38 條。其中，第 38 條修正條文為：「證券商受託買賣有價證券，應於銀行設立專用之活期存款帳戶辦理對客戶交割款項之收付，該帳戶款項不得流用」，以資配合全面實施款券劃撥制度。

---

[20]　《自由新聞報》，1995 年 1 月 7 日。

[21]　按「證券商管理規則」訂定於 1988 年 11 月 24 日，歷經多次修正，最近一次修正於 2017 年 12 月 5 日。

㈡實務見解

　　最高法院認為，實施「全面款券劃撥交易制度」以來，有價證券交易行為之流程：首需委託人（投資人）與證券經紀商簽立委託買賣有價證券契約書，於辦理開戶手續之同時開設有價證券集中保管帳戶及在證券經紀商指定之金融機構開立存款帳戶，由證券商、銀行分別核發「證券存摺」、「存款存摺」予投資人後，投資人始得委託證券經紀商買賣特定公司於特定價格之特定數量股票，再由該經紀商之受僱人即營業員依其指示下單購買（或出售）。股票買賣契約一旦成立，則以臺灣證券交易所為結算機構，由臺灣集保結算所股份有限公司、中央銀行為交割機構，分別從事有價證券（股權）之移轉及股款之交付（受領）。換言之，有價證券買賣契約成立後，股權與股款之移轉，均祇透過款券劃撥程序處理，證券經紀商所屬營業員依證券交易正規程序，並無任何機會持有該買賣標的之有價證券或股款❷❷。

　　換言之法院認定在本案例中，營業員不可能有機會持有投資人買賣標的之有價證券或股款，故於客觀上並不具備受僱人執行職務之外觀，或係受僱人個人之犯罪行為而與執行職務無關，自無命僱用人負賠償責任之理。

二、劃撥制度特殊問題

㈠受益憑證得不印製實體而採帳簿劃撥方式交付

　　按證券投資信託事業募集證券投資信託基金發行受益憑證，依證券交易法第 8 條第 2 項及證券投資信託事業管理規則規定，得不印製實體，而採帳簿劃撥方式交付，證券投資信託事業如擬採用帳簿劃撥方式，可與臺灣證券集中保管股份有限公司洽商辦理；並請證券投資信託公會研提證券投資信託契約範本應配合增修之相關條文供業者參採❷❸。

㈡私募附認股權公司債等可轉換特別股問題

　　按私募附認股權公司債、附認股權特別股、可轉換公司債、可轉換特

---

❷❷　最高法院 98 年度臺上字第 763 號民事判決。

❷❸　參閱證期會臺財證㈣字第 001301 號函，2002 年 2 月 21 日。

別股或認股權憑證之發行，不得以買回本公司股份作為股權轉換之用。

　　蓋依據證券交易法第28條之2第1項第2款意旨，股票已在證券交易所上市或於證券商營業處所買賣之公司，得為配合附認股權公司債、附認股權特別股、可轉換公司債、可轉換特別股或認股權憑證之發行，作為股權轉換之用而買回本公司股份，至其所稱「發行」，依同法第8條之規定，係指發行人於募集後製作並交付，或以帳簿劃撥方式交付有價證券之行為。故私募前揭有價證券者，不得以買回本公司股份作為股權轉換之用❷❹。

㈢保險業從事證券投資之帳簿劃撥作業方式

　　由於證券保管機構因受託保管保險業款券，當保險業從事有價證券投資時，其辦理有價證券交割，得比照證券投資信託基金、外國專業投資機構及全權委託投資資金之帳簿劃撥作業方式辦理，惟應與證券商簽訂委託買賣證券開戶之契約，明確規範證券商對保險公司之下單內容得隨時要求保管機構確認，保管機構不得拒絕，且保險公司不得以之作為免責之抗辯❷❺。

㈣帳簿劃撥電腦連線作業之實施

　　隨著時代之進步，集中保管公司早經配合新種業務開辦及實務作業需要，修訂集中保管股份有限公司業務操作辦法及相關作業配合事項部分條文，並增修相關帳簿劃撥電腦連線作業。

　　另為因應證券交易法第43條之6及第43條之8引進有價證券私募制度，集中保管公司配合提供私募有價證券集中保管暨帳簿劃撥作業❷❻。

㈤信託專戶之開戶作業

　　有關信託專戶之開戶作業事宜，依財團法人中華民國證券櫃檯買賣中心「證券商營業處所買賣有價證券業務規則」❷❼第45條之3規定，「證券

---

❷❹　參閱證期會臺財證㈢字第001298號函，2002年2月21日。

❷❺　參閱證期會臺財證㈣字第112754號函，2002年3月29日。

❷❻　新種業務開辦及實務作業需要，增修之相關規定，請參閱臺灣證券集中保管股份有限公司91年11月21日證保業字第0910035862號。

❷❼　按「財團法人中華民國證券櫃檯買賣中心證券商營業處所買賣有價證券業務

商受理信託財產之受託人申請開戶時，其帳戶名稱應以能表彰為信託專戶，並檢具下列規定之文件辦理：一、受託人為信託業者：……」；又同法第82條第7項規定「信託業具有集保參加人身分者，其所管理之集合性質信託資金專戶，得以匯撥（匯款）方式收受或交付價金。」亦即證券經紀商受理信託財產受託人申請開立信託專戶之開戶作業，以及受託人所應檢附之必要文件，於上開規則第45條之3中已有明文。又針對信託業擔任受託人且具有集保參加人身分，為其所管理之集合性質信託資金專戶，亦已於同法第82條第6項中明訂得以匯撥（匯款）方式辦理收受或交付價金❷❽。

㈥透過款券劃撥之程序被業務員侵占，屬業務員個人行為

依證券商負責人與業務人員管理規則第18條第1項、第2項第11款規定，證券商之業務人員執行業務應本誠實及信用原則，不得有挪用或代客戶保管有價證券、款項、印鑑或存摺之行為。

因此，實務上認為，委託買賣有價證券，須先在主管機關核准之金融機構或外匯指定銀行開立及設置銀行帳戶，作為買賣有價證券之手續費及費用之支付及其帳戶下證券交易之應付、應收款項之劃撥且僅於下單購買時將款項劃撥至證券商之交割專戶，透過款券劃撥之程序處理，無需將辦理交割之款項交付予業務人員。又若已知悉委託業務人員保管欲買進有價證券之股款，乃非屬業務人員執行業務之範圍，而交付、委託，致業務人員有機會侵占，應屬業務人員個人之不法行為，難認具有客觀上執行職務之外觀。民法第188條第1項規定，受僱人因執行職務，不法侵害他人之權利者，由僱用人與行為人連帶負損害賠償責任。但選任受僱人及監督其職務之執行，已盡相當之注意或縱加以相當之注意而仍不免發生損害者，僱用人不負賠償責任。又僱用人之連帶賠償責任，以受僱人因執行職務不法侵害他人之權利，始有其適用❷❾，可供參考。

規則」訂定於1994年10月21日，歷經多次修正，最近一次修正於2018年11月30日。

❷❽　財團法人中華民國證券櫃檯買賣中心證櫃交字第18513號，2004年7月5日。

❷❾　臺灣高等法院99年度上易字第1131號民事判決。

第六節　結　語

　　證券集中保管事業，指經營有價證券之保管、帳簿劃撥及無實體有價證券登錄之事業。實務上，主管機關所發布涉及「集中保管」之行政規章將近有一百種之多，其中最重要者為主管機關依證券交易法第 18 條第 2 項規定訂定之「證券集中保管事業管理規則」以及依證券交易法第 43 條第 2 項及證券投資信託及顧問法第 34 條第 4 項規定訂定之「有價證券集中保管帳簿劃撥作業辦法」❸ 。

　　依前揭作業辦法之規定意旨，「集中保管」所保管之有價證券得為帳簿劃撥者，包括在證券集中交易市場上市之有價證券、在證券商營業處所買賣之有價證券、其他經主管機關核定之有價證券。證券交易所、證券櫃檯買賣中心、證券商及證券金融事業辦理前條有價證券買賣之集中交割，應以帳簿劃撥方式為之。而為辦理前開帳簿劃撥事宜，證券交易所、櫃檯買賣中心、證券商及證券金融事業，應於保管事業開設保管劃撥帳戶，成為參加人。參加人辦理有價證券為設質標的之設質交付，得以帳簿劃撥方式為之。至於證券發行人以帳簿劃撥方式交付無實體有價證券，亦應於保管事業開設保管劃撥帳戶，成為參加人。

　　此外，有關營業員侵占證券或股款之情事，歷來時有所聞，惟在實務上，最高法院認為，有價證券買賣契約成立後，股權與股款之移轉，均只透過款券劃撥程序處理，證券經紀商所屬營業員依證券交易正規程序，並無任何機會持有該買賣標的之有價證券或股款，故又若已知悉委託業務人員保管股款，乃非屬業務人員執行業務之範圍，而仍為交付、委託，致業務人員有機會侵占，應屬業務人員個人之不法行為。該判決結果，應有助於類似侵占事實之認定，並使證券公司不必為此背負責任之情況下，營業員與投資人較不敢再心存僥倖，反而有助於證券犯罪之遏阻。

---

❸　按「有價證券集中保管帳簿劃撥作業辦法」訂定於 1989 年 11 月 7 日，歷經多次修正，最近一次修正於 2015 年 10 月 7 日。

　　總之，證券集中保管劃撥制度，對擴大證券市場，提升運作效率，顯然頗有績效，可謂為一項順應實際需求之務實措施。尤其臺灣集中保管結算所於 2011 年 7 月 29 日完成有價證券全面無實體化之後，除更增作業之經濟與效率外，亦因而杜絕許多證券遺失、偽造、侵占……等糾紛，紓減許多訟源，實為證券制度之一大進步。惟證券市場錯綜複雜，科技之變革又日新月異，故主管機關宜配合實際之需，持續落實、檢討相關規章之執行，並檢視作業程序，使此一制度在穩定推動之中，仍可與時俱進。

第十五章　不法操縱行為之類型

第一節　概　說

　　證券市場價格是許多因素綜合作用之結果，其因素包括公司基本面、公司揭露之資訊、證券供需情況等。一般而言，投資人僅能依據其所收集之資訊進行投資判斷，並期望從證券投資中獲取利益。然而，即使在資訊揭露健全之國家，仍不免有操縱市場 (market manipulation) 行為。此種操縱行為往往在短期內可獲取鉅額利潤，致違法者甘願冒險進行操縱市場行為。因此，如何從法律之角度判斷操縱市場行為是否成立，便成為一重要課題。

　　各國立法例大多明文禁止操縱市場之行為，我國證券交易法第 155 條，即一般所稱之反操縱條款，其所規範者，為證券交易上各種不法之操縱行為。然而，操縱行為所指為何，我國證券交易法上對操縱行為有哪些規定，證券交易法第 155 條在操縱行為之防制上所扮演角色為何，均值得分析與探討。

　　一般而言，欲探究證券交易法上操縱行為之責任，即應先對操縱行為加以定義，因我證券交易法有關操縱行為之規定，係仿自美日立法例，而美日相關法律就操縱行為之規定，均尚非完整。再者，操縱行為本身即為各種類型規定之集合名詞，實難以一概括定義加以涵蓋，但至少可以認定，凡是以人為方式影響證券市場價格之形成者均屬之。依此，學者就操縱行為，定義為「出於影響證券價格之意思決定與意思活動所支配之影響證券價格之行為」❶，可供參考。

在此，首應探討者，操縱行為是否以詐欺為要素，換言之，即非詐欺性之操縱行為，是否為反操縱條款所規範之對象，學說間迭有爭議。

採肯定說者認為證券交易法第 20 條規定，實已包括證券市場所有之操縱行為❷。採否定說者以美國學說為主，此說已逐漸擺脫操縱行為包含於詐欺條款內，而認為操縱與詐欺雖相牽連，但操縱行為非詐欺之一部分，故認為詐欺非操縱行為之要素❸。

另有區分說，認為操縱行為是否包含詐欺在內，應區分民事或刑事責任，而為不同之認定。在刑事與行政責任中，非詐欺性操縱行為應屬證券交易法上反操縱條款規範之對象，而在民事責任中，因過失之誤導行為縱使造成市場不穩定性，但受害人由此所生之損害在現行民法以及證券交易法之民事責任規定中，尚缺乏請求之法律依據，故操縱行為仍須以詐欺為要素❹。

事實上，此一問題如從保障人權之觀點言之，以採肯定說對行為人較為有利，因在肯定說須以詐欺為要素之前提下，操縱行為責任之成立，在要件上更為嚴格，而證券交易法第 155 條本已有刑事責任之規定，對行為人人身自由所造成侵害之範圍將更為限縮。然而，證券交易法操縱條款之功能，尚具有規範整個證券交易秩序之目的，故除行為人本身外，對一般投資大眾之利益更應加以考慮，如忽略此點，則根本喪失上開條文設立之宗旨，故不法操縱行為之成立，嚴格言之，不應考量其是否另具備詐欺之要件，如此才能達規範證券交易市場之功能。

立法例方面，有關「反操縱條款」部分，證券交易法於 2000 年 7 月

❶　梁宏哲，《證券集中交易市場操縱行為刑事責任之研究》，中興大學碩士論文，1993 年 6 月，頁 22。

❷　余雪明，《證券管理》，國立編譯館，1983 年 9 月，頁 565；林國全，〈證券交易法第 155 條反操縱條款之檢討與建議〉；林光祥，《證券市場操縱證券價格之法律防制》，臺灣大學碩士論文，1988 年 6 月，頁 26～27。

❸　包國祥，《論股票集中交易市場不法操縱行為之民事責任》，中興大學碩士論文，1991 年 6 月，頁 39～49。

❹　包國祥，前揭文，頁 59。

19 日修正時,即已將該法第 155 條第 1 項第 2 款「不移轉證券所有權而偽作買賣」之規定,即所謂「沖洗買賣」(wash sale) 刪除;其餘「反操縱條款」嗣又因應實務之需陸續修正。

基此,本章除先略述操縱市場行為之定義與特徵外,擬探討違約不交割;其次擬探討相對委託;次則擬探討連續交易;再次擬探討造成交易活絡之表象、散布流言或不實資料;此外,擬探討操縱行為之概括規定。最後,就本文提出結論。

第二節　操縱市場行為之定義與特徵

一、操縱市場行為之定義

㈠操縱市場行為之理論

操縱市場行為,係指以獲取不正當利益或者轉嫁風險為目的,運用不正當之手段,控制證券交易價格,或者製造證券交易之虛擬價格,或者虛擬交易量之行為。

一般而言,操縱市場行為均係運用不正當之手段,影響證券市場交易量與交易價格,最後使證券之價格朝著操縱者預期之方向發展,操縱者再經由買賣證券獲利。

㈡操縱市場行為之實務見解

實務上認為,所謂「反操縱條款」,旨在規範證券交易所上市之有價證券,在交易上之各種非法操縱行為。其立法目的在健全證券交易市場之機能、維持證券交易之秩序,並保護投資人。就其立法文義而言,證券交易法第 155 條第 1 項第 1、3、4、5 款之規定,係列示不同類型之非法操縱行為,而同條項第 6 款之規定,則為非法操縱行為之概括類型,但文義上仍應視為非法操縱行為之另一種類型,此應係證券交易市場之非法操縱行為,屬智慧型之經濟犯罪,其犯罪態樣複雜,立法上無法一一列舉所致。申言之,行為人之行為縱已該當該條項第 1、3、4、5 款中其中一或數款之非法

操縱行為類型之構成要件，如另有該當同條項第 6 款之非法操縱行為類型之構成要件時，自非可置而不論，始符該法條為「反操縱條款」之立法目的。從而如行為人係基於包括之認識，單一之目的，就某一種集中交易市場之有價證券，或同時就多數集中市場交易之有價證券，接續有該當證券交易法第 155 條第 1 項各款所示之非法操縱該等相關有價證券之行為者，應僅成立一罪，不能以連續犯論。於此情形，應就所犯不同之非法操縱行為之類型中，擇一重論處。至行為人並非基於包括之認識，單一之目的，同時就多種集中交易市場之有價證券，而係基於概括犯意，先後就集中市場個別不同之一種或多種有價證券，分別有該當上開法條各款所示非法操縱行為者，如在刑事法之評價上，各自獨立性，就個別不同之有價證券之非法操縱行為，非不可以連續犯論擬❺。

二、操縱市場行為之特徵

操縱市場行為之特徵，是該行為在法律上之表現，亦即指操縱市場行為在法律上之構成要件。茲分述如下：

㈠目的特徵

目的是行為人實施某種行為時，主觀上所要達到之目標或者結果。一般而言，所有投資人無論投資型或投機型之投資人，投資於證券市場均係以獲利為目的。如以合法之手段獲取正當之利益，係受法律保護與鼓勵之行為。反之，投資人投資於證券市場，如以不正當或非法之手段獲取不正當之利益，或者轉嫁風險等，則該行為人為操縱市場。因此，手段之不正當性及非法性決定其獲取利益及轉嫁風險之非法性。

由於操縱市場行為可在短期內獲取暴利，許多人才甘冒坐監之風險，以及市場漲跌之風險，而從事該類行為。以「坐收暴利」或「減少損失」作為操縱市場行為之動機，將「意圖影響交易價格或意圖造成交易活絡之表象」看成操縱市場行為之目的。

---

❺　最高法院 95 年度臺上字第 1221 號刑事判決。

(二)行為特徵

操縱市場之行為特徵,可概括為運用不正當之手段,亦即非法手段。我國證券交易法第 155 條第 1 項各款之規定,即為對證券市場不正當手段之概括性描述。足見行為特徵亦係操縱市場之行為之要件,亦即行為要件。

(三)結果特徵

操縱市場之結果,係指行為人實施不正當手段後,所出現之結果,是操縱市場行為構成要件之一。唯有實施法律禁止之不正當手段,並且造成法律規定之結果,亦即「操縱證券交易價格,或者製造證券交易之虛擬價格,或者虛擬交易量之行為」才構成操縱市場行為。換言之,操縱市場行為是「結果犯」。結果特徵是構成操縱市場之結果要件。

因此,當行為人實施證券交易法所禁止之不正當手段,達到預期之結果,即「操縱證券交易價格,或者製造證券交易之虛擬價格,或者虛擬交易量之行為」即可推定其目的係獲取不正當利益與轉嫁風險。至於該目的到達與否,並不影響其操縱行為之成立。

第三節 違約不交割

一、證券交易法第 155 條第 1 項第 1 款規定內容

(一)現行規定

證券交易法第 155 條,係規範「對上市有價證券之禁止行為」,其中第 1 項第 1 款規定:「在集中交易市場委託買賣或申報買賣,業經成交而不履行交割,足以影響市場秩序。」構成違約不交割罪。

由於實務上常忽略「足以影響市場秩序者」之要件,使本款之適用過於浮濫,加上投資人買賣證券性質上屬於行紀關係適用之疑慮,致使本款之適用,無論在規範目的或實務上,均充滿爭議。

(二)修正理由

現行證券交易法第 155 條第 1 項第 1 款,係於 2006 年間所修正。經查

其修正理由，係因實務運作上委託買賣雙方一經撮合即為成交，並無不實際成交之情形發生，爰刪除原「不實際成交」之規定，並配合實務情形修正「報價」、「業經有人承諾接受」等用語。

另考量交易市場係採兩階段交易，包括投資人委託證券商買賣及證券商申報買賣，故不履行交割包括投資人對證券商不履行交割，以及證券商對市場不履行交割等兩種態樣，爰將原訂「在集中交易市場報價」，修正為「在集中交易市場委託買賣或申報買賣」，以資明確。本款之立意係為防範惡意投資人不履行交割義務，影響市場交易秩序，至於一般投資人若非屬惡意違約，其違約金額應不致足以影響市場交易秩序，不會有本款之該當，自不會受本法相關刑責之處罰❻。

二、要　件

茲從規範主體、客觀行為、主觀不法要件，說明證券交易法第 155 條第 1 項第 1 款如後。

㈠規範主體

1.委託買進或賣出證券之投資人

司法機關實務上認為，本款之犯罪主體，為與證券經紀商訂立受託契約，委託買進或賣出證券之投資人。蓋在證券集中交易市場報價者，雖為證券經紀商，但實際委託報價者則為投資人，證券經紀商不過為使用之工具而已。至於報價後，業經有人承諾接受，則應實際辦理成交而不實際成交，或不履行交割者，亦應為投資人；而證券交易法刑罰之處罰對象，應為實際犯罪之人，故依證券交易法第 171 條規定，應處罰之對象，為證券投資人，而非證券經紀商。至於證券經紀商如與投資人有犯意聯絡時，自應成立共犯，乃係另一問題。證期會與證券交易所亦採相同見解，認為證券交易法第 155 條第 1 項第 1 款之「不履行交割」，係指投資人不依行紀契約向證券經紀商交付價款或證券而言。

---

❻　參閱證券交易法第 155 條第 1 項第 1 款條文修正說明，2006 年 1 月 11 日。

2.人頭戶

如利用人頭戶買賣證券，而後不履行交割，如該人頭戶不知情，則處罰行為人，如該人頭戶與行為人有犯意聯絡或行為分擔時，則依刑法上之法理，二者應成立共犯❼。實務上亦認為，借用人頭帳戶使用，或因營業員為增加業績，或因投資人為增加融資額度、或為節稅，不一而足，要難以帳戶出借，即認有共同炒作股票之情❽，可供參考。

㈡客觀行為

違約不交割之行為有「不實際成交」及「不履行交割」兩種。先就不履行交割而言，於此暫不考慮前述行紀關係問題，就現行證券集中交易市場證券交易之作業流程加以說明。一般言之，除以有價證券為帳簿劃撥辦理交割適用「有價證券集中保管帳簿劃撥作業辦法」❾辦理交割外，集中交易市場有價證券之買賣，於成交日後第 2 營業日辦理交割。依臺灣證券交易所股份有限公司營業細則第 91 條及證券經紀商申報委託人違約案件處理作業要點規定，委託人不如期履行交割，或其應付交割代價屆期未獲兌現者，即為違約。此時證券經紀商除應於委託人違約當日下午 6 時前向臺灣證券交易所申報違約外，並應立即代辦交割手續。故證券交易法第 155 條第 1 項第 1 款條文所謂不實際成交，殊難理解。蓋在實務上採行紀關係架構下，證券經紀商為買賣契約之主體，證券經紀商將委託單輸入電腦，送至集中交易市場等待撮合，其委託單之申報性質上係「要約」。在等待撮合中，證券經紀商得向證券交易所撤回其買賣申報，如未經撤回，而經證券交易所撮合，其買賣契約即成立於雙方受託買賣之證券經紀商間，亦即「成交」❿，證券經紀商即負交割義務，如證券經紀商事後不辦理交

---

❼　吳光明，《證券交易法論》，三民書局，2000 年增訂 3 版，頁 239。

❽　最高法院 92 年度臺上字第 623 號刑事判決。

❾　按「有價證券集中保管帳簿劃撥作業辦法」訂定於 1989 年 11 月 7 日，歷經多次修正，最近一次修正於 2015 年 10 月 7 日。

❿　學者認為證券買賣之契約成立係要約交錯，參閱邱聰智，《民法債編通則》，輔大法學論叢，1983 年增訂 6 版，頁 16。

割，乃「不履行交割」問題，從而「不實際成交」之情形，似令人難以想像其存在。按證期會於答覆最高法院函詢證券交易法規定適用疑義時表示，所謂「實際成交」係指有價證券之買賣契約經要約與承諾，意思表示合致，並完成交易之程序，包括有價證券及款項之給付、交割等。惟證期會如做此種解釋，則「不實際成交」一語，將與「不履行交割」範圍重複，而成為贅語。

證券交易法第 155 條第 1 項第 1 款之「違約不交割行為」，尚須達到足以影響市場秩序之程度，所謂足以影響市場秩序者，係指市場秩序有因此受到影響之危險，即可構成，至於市場秩序是否確實受到損害或影響，並非所問。實務上，法院對於足以影響市場秩序之認定，相當寬鬆，其認為只要不履行交割之行為，似乎均認定足以影響市場秩序。因此，使本款之適用過於浮濫。

㈢主觀不法要件

證券交易法有關刑事責任之規定，並無排除刑法總則規定之適用，故如對於客觀犯罪構成要件該當事實之全部或一部並無認識，則即使其所實施之行為符合犯罪構成要件，仍不能認為其成立犯罪[11]。以本款違約不交割言，對於「在集中交易市場報價，業經有人承諾接受而不實際成交或不履行交割，足以影響市場秩序」之客觀構成要件該當事實，自應全部認識，方能成立。因此行為人向證券商買賣報價，成交後一直到完成交割，在整個集中交易市場證券交易流程中，均須有犯罪之故意存在。

三、實務見解

1.修法前實務見解

實務上，最高法院（2005 年）認為，按違反證券交易法第 155 條第 1 項第 1 款規定，所謂在集中交易市場報價，業經有人承諾接受而不實際成交或不履行交割，須足以影響市場秩序者，始依同法第 171 條第 1 項處罰。

---

[11]　蔡墩銘，《中國刑法精義》，漢林公司，1994 年 9 月 9 版，頁 65（註：該書於1999 年 9 月改為《刑法精義》，並由翰蘆出版社發行）。

而所謂「足以影響市場秩序」，應依實際報價數量、金額之多寡，視其具體個案情形，並參酌證券主管機關之意見，以為認定，並非所有違約交割均應負該條刑責。又證券交易法第 155 條立法意旨，乃在禁止投資人「空報價格」而不實際或不履行交割，故違約金額之大小並非構成證券交易法第 155 條第 1 項第 1 款之必要條件，從而是否影響市場交易秩序，亦不能以行為人違約交割金額與代墊之證券商每日營業額之比例觀之❷。

2.修法後實務見解

實務上，最高法院（2010 年）認為，「足以影響市場秩序」既為犯罪構成要件，原審即應具體說明行為人等行為對市場秩序究竟造成如何影響❸。

四、檢　討

按證券交易法第 155 條第 1 項第 1 款所定違約交割罪，其立法意旨係為防範惡意投資人不履行交割義務，影響市場交易秩序，倘非屬惡意不履行交割義務，自不該當該款之罪❹。按所謂「惡意投資人不履行交割」，從禁止操縱之立法目的觀察，應以投資人是否以不履行交割之方法，遂行操縱市場之目的為判斷之標準。法理上不履行交割之行為，如僅係單純之債務不履行，則不構成該法第 155 條第 1 項第 1 款「違約不交割罪」。

因此，2010 年 10 月 21 日，行政院即曾擬定草案，有意將該款改為：「對於在證券集中交易市場交易之有價證券，不得意圖影響其交易價格或意圖造成其交易活絡之表象，而有下列各款之行為：一、在集中交易市場委託買賣或申報買賣，業經成交而不履行交割」，惟該草案迄今仍未獲立法院通過，此部分未來應尚有討論之空間。

---

❷　最高法院 94 年度臺上字第 227 號刑事判決。

❸　最高法院 99 年度臺上字第 811 號刑事判決。

❹　最高法院 95 年度臺上字第 3401 號刑事判決。

第四節　相對委託

一、第 155 條第 1 項第 3 款規定內容

　　證券交易法第 155 條第 1 項第 3 款規定:「意圖抬高或壓低集中交易市場某種有價證券之交易價格,與他人通謀,以約定價格於自己出售,或購買有價證券時,使約定人同時為購買或出售之相對行為者。」此種行為一般稱為「相對委託」(matched orders) 或「對敲行為」,在證券操作技術上此行為係由兩人通謀為相對行為,以完成虛假之交易。

二、要　件

　　茲從規範主體、客觀行為、主觀不法要件說明如後。

㈠規範主體

　　本款之規範主體須相對委託之買方與賣方兩人通謀,故為必要共犯。然投資人以行紀關係委託證券經紀商買賣有價證券,買賣主體仍為證券經紀商,故在「相對委託」仍須採取「實質所有權」之概念下❶,甚難證明雙方之通謀。

　　學者認為,「相對委託」係由二人(或二人以上)分別在二家(或二家以上)經紀商開戶,「鎖定」特定種類之有價證券,一方買進,另一方賣出,藉此拉抬或壓低證券交易價格,或使之波動,製造交易熱絡之假象,以誘使他人跟進❶。

---

❶ 有關「實質所有權」之概念,例如證券交易法第 22 條之 2 第 3 款之精神;至於利用他人名義持有股票者,如證券交易法施行細則第 2 條所規定之各種情況是也。

❶ 賴英照,《最新證券交易法解析:股市遊戲規則》,元照出版,2009 年 10 月再版,頁 657。

㈡客觀行為

以證券交易法規定言之,「相對委託」僅規定時間、價格之同一性,就時間上言,實務上以同一交易日為認定標準,如此認定較為容易。價格同一問題,除同一價格外,如一方為市價委託,另一方為限價委託,亦無不可,只要在成交可能範圍內,即無問題。至於數量問題,則在買進或賣出相合致範圍內成立本款之行為。

㈢主觀不法要件

證券交易法第 155 條第 1 項第 3 款規定,「相對委託」須具有「抬高或壓低集中交易市場某種有價證券之交易價格」之意圖,方可成立[17],此亦可由條文中「通謀」與「相對行為」等情況推出。換言之,其主要針對「某種有價證券之交易價格」為拉抬或壓低而已,並無必要針對整體市場價格。至於價格之高低,應指市場價格機能供需產生之合理價位,而並非指該有價證券公司之淨值價位。條文雖謂意圖「抬高或壓低」,但在概念上,意圖「鎖定」有價證券之交易價格,或使之波動等,使價格有人為控制之變動或不變動,皆符合本款之主觀目的要件[18]。

實務上認為,所謂「相對委託」之交易行為,此種行為亦製造市場交易活絡之假象,影響市場行情,實有必要予以禁止;再者,本款「意圖」須與其刻意之炒作行為結合才有構成犯罪之可能[19]。

至於如有投資人因相互轉讓之必要,而又不能違反證券交易法第 150 條之所謂「場內交易」之規定,乃經由「盤中轉帳」方式,即由證券集中交易市場分別申報買賣證券,因無意圖影響市價主觀目的,故不成立本罪。

---

[17] 學者認為 1988 年修正後之規定,使構成要件明確化,此乃仿效美國證券交易法第 9 條之規定。參閱陳春山,《證券交易法論》,五南書局,1996 年 3 版,頁 265。

[18] 林國全,〈從日本之規定檢視我國證券交易法第一五五條反操縱條款〉,《政大法學評論》,第 49 期,1993 年 12 月,頁 130。

[19] 最高法院 95 年度臺上字第 5487 號刑事判決。

三、小　結

　　證券交易法第 155 條，即一般所稱之反操縱條款，其中第 1 項第 2 款原有「沖洗買賣」之規定，與第 3 款「相對委託」可謂係同類違法行為之二種態樣，此二種類型之操作行為極為類似。然而，該二種類型亦有其不同之處，蓋「沖洗買賣」通常是由一人在二家（或二家以上）經紀商開戶，並非別為買賣之委託。至於「相對委託」則係由二人通謀而為相對買賣。

　　2000 年間修法時，即已把上開第 1 項第 2 款「沖洗買賣」刪除，在解釋上變成放任「沖洗買賣」，以致使「相對委託」之規定，增加執法之困難度。2006 年之修法增訂該條第 1 項第 5 款「意圖造成集中交易市場某種有價證券交易活絡之表象，自行或以他人名義，連續委託買賣或申報買賣而相對成交。」，實質上言之，是恢復禁止「沖洗買賣」之規定，非常明確。2009 年最高法院之判決乃有所本，已如前述。

第五節　連續交易

一、第 155 條第 1 項第 4 款規定內容

　　證券交易法第 155 條第 1 項第 4 款規定：「意圖抬高或壓低集中交易市場某種有價證券之交易價格，自行或以他人名義，對該有價證券，連續以高價買入或以低價賣出，而有影響市場價格或市場秩序之虞[20]。」即為「連續交易之操縱行為」，又稱「誘使他人買賣之操縱行為」，此種行為目的在於製造人為交易假象，使投資大眾誤信此種股票交易價格將會產生波動，乃競相搶高或殺低，結果產生股價發生巨大波動，操縱行為人於是趁機逢高出脫或逢低買進，從中獲取暴利。

---

[20]　參閱 2015 年 7 月 1 日證券交易法第 155 條第 1 項第 4 款新修正條文。

二、要 件

茲從規範主體、客觀行為、主觀不法要件說明如後。

(一)規範主體

經查第 155 條第 1 項第 4 款，係於 1988 年修正時明列「自行或以他人名義」之規範主體要件，亦即投資人或買方抬高有價證券之交易價格、或為賣方壓低有價證券之交易價格、或為其買方或賣方所委託之證券商、或利用他人名義而買賣者，如有犯意之聯絡或行為之分擔，即構成本款犯罪主體。

換言之，本款規範主體，並不發生因行紀關係所衍生之法律適用上問題，故一般均認為，此種立法方向，堪稱正確[21]。

(二)客觀行為

證券交易法第 155 條第 1 項第 4 款構成要件之客觀行為，必須是「連續」以高價買入或以低價賣出有價證券之行為。其中，所謂「連續」之意義，實務上認為，只要基於概括故意，為二次以上之行為即為「連續」[22]，此種觀點與刑法上「連續犯」對「連續」之概念為相同之解釋[23]。然而，本款之構成要件既然係以「連續以高價買入或以低價賣出」為其犯罪之構成要件，其犯罪行為本身即具有「連續」之性質，故最高法院認為，本款「連續」之意義與刑法第 56 條連續數行為而犯同一罪名之「連續犯」有別[24]。又最高法院認為，本款構成要件之所謂「以高價買入或以低價賣出」，係指某特定時間內，逐日以高於平均買價，接近最高買價之價格，或以最低之價格賣出而言[25]。

---

[21] 張秉生，《證券市場操縱行為規範之研究》，東吳大學碩士論文，1996 年 6 月，頁 97。

[22] 參閱臺北地院檢察署 71 年度偵字第 11912 號有關「鴻運案」不起訴處分書。

[23] 溫耀源，《證券交易民刑法律問題之研究》，證券暨期貨市場發展基金會，1991 年 7 月，頁 128。

[24] 參閱最高法院 75 年度臺上字第 6315 號刑事判決。

[25] 最高法院 75 年度臺上字第 6315 號及最高法院 74 年度臺上字第 5861 號刑事

理論上，本款規定之重點並非在於如何認定「高價」或「低價」，其關鍵反而在於是否　「意圖抬高或壓低集中交易市場某種有價證券之交易價格」，以誘使他人買賣❷。況且，在法律適用上，「高價」或「低價」之用語，無法明確表達操縱行為之涵義。

學者認為，主觀不法要素之存在，勢必須由行為人之買賣交易事實及涉案時之市場客觀情況，憑以個人化之認定，很難單從行為人內部之「主觀意欲」獲得證實。惟如果行為人以其買進股票，係取得該公司經營權為目的，並藉此以證明絕無炒作意圖云云，此一抗辯並不一定能夠於法院判決時成立。蓋炒作股票之行為與經營權之介入，並非不能同時存在。現行法下之「高價」或「低價」之認定，應繫於「特定時點」，股價之相對高或低而言。本質上，犯罪行為乃危險罪而並非結果犯，非以產生行為人所期望之高價或低價結果為要件。有更積極之證據得以證明被告，有減少市場上該股票之流動供應或其下單後價格確有產生鉅幅變動等情形，應可判斷其犯罪之事實❷。

(三)主觀不法要件

1.立法問題

證券交易法第 155 條第 1 項第 4 款犯罪構成要件之成立，須行為人具備一定主觀目的要件，此種主觀目的要件，係指行為人之犯罪意圖。本款意圖之內容為「抬高或壓低集中交易市場某種有價證券之交易價格」，亦即不以連續買賣行為影響集中交易市場行情變動之大小為本款犯罪構成要件，而係以行為人有無抬高或壓低集中交易市場某種有價證券之交易價格之主觀不法意圖為其認定標準。然如此適用雖符合法條規定，但有可能使

判決。

❷　賴英照，《證券交易法論（第 4 冊）》，1992 年 8 月 2 刷，頁 503。為實務查稽技術上多採事後調查方法，因此，本文認為，在推論意圖要件時，必須已有多次買賣之行為，方足以證明行為人之意圖。

❷　劉連煜，〈連續交易與炒股〉，《月旦法學雜誌》，第 69 期，2001 年 2 月，頁24、25。

合法之證券交易與違法之連續交易操縱行為界限發生混淆。故學者認為，「連續交易之操縱行為」之主觀不法要件，應同時具備影響集中交易市場行情及抬高或壓低集中交易市場某種有價證券之交易價格等主觀不法意圖，再加上犯罪行為人主觀上具有「誘使他人買賣」之意圖❷，始有本款之適用。當然，行為人之主觀不法意圖，須由其買賣之交易事實以及整個集中交易市場之客觀情況加以判斷。

2.實務見解

按證券交易法第 155 條第 1 項第 4 款中，何種價格係「高價」或「低價」，實務上常是爭議之焦點。

實務上，按證券交易法第 155 條第 1 項第 4 款規定，禁止「意圖抬高或壓低集中市場某種有價證券之交易價格，自行或以他人名義，對該有價證券連續以高價買入或以低價賣出者」之行為；違反該項禁止規定者，應依同法第 171 條第 1 款之規定論科。其目的係在使有價證券之價格能在自由市場正常供需競價下產生，避免遭受特定人操控，以維持證券價格之自由化，而維護投資大眾之利益。故必行為人主觀上有影響或操縱股票市場行情之意圖，客觀上有對於某種有價證券連續以高價買入或低價賣出之行為，始克成立。所謂「連續以高價買入」，固指於特定期間內，逐日以高於平均買價、接近最高買價之價格，或以最高之價格買入而言。惟影響股票市場價格之因素甚眾，舉凡股票發行公司之產值、業績、發展潛力、經營者之能力、形象、配發股利之多寡、整體經濟景氣，及其他各種非經濟性之因素等，均足以影響股票之價格。且我國關於證券交易之法令，除每日有法定漲、跌停板限制及部分特殊規定外，並未限制每人每日買賣各類股票之數量及價格，亦無禁止投資人連續買賣股票之規定。而投資人買賣股票之目的，本在謀取利潤，是其於交易市場中逢低買進，逢高賣出，應屬正常現象；縱有連續多日以高價買入或低價賣出之異常交易情形，亦未必絕對係出於故意炒作所致。況股票價格係受供給與需求平衡與否之影響，

---

❷　賴英照，前揭書，第 3 冊，頁 383；余雪明，《證券交易法》，1990 年 7 月，頁 182；賴源河，《證券管理法規》，1996 年 2 月增訂版，頁 382。

若需求大於供給或需求小於供給，必然造成價格之變動。若行為人純係基於上開經濟性因素之判斷，自認有利可圖，而有連續高價買入股票之行為，縱因而獲有利益，或造成股票價格上漲之情形，若無積極證據證明行為人主觀上有故意操縱或炒作股票價格之意圖者，仍不能遽依上述規定論科❷⓿。

又若以行為人等為將特定公司股票之股價拉抬至其等預定較高之價位，而有連續買進賣出該公司股票之操作，並意圖使股價維持於預定之股票交易價格，乃於股價未達預定價格時，連續以大量高價買進，及股價已達預定價格時低價賣出，或以沖洗買賣方式，交易該公司股票，而其委託買賣股票之數量、比例甚高，此似與證券交易法第 155 條第 1 項第 4 款之「意圖抬高或壓低」之構成要件，並無不符❸⓿。

晚近，實務上（2016 年）認為，按行為人於一定期間內，就特定之有價證券連續以高價買進或以低價賣出之行為，致集中交易市場行情有發生異常變動而影響市場秩序之危險者，復無其他合理之投資、經濟上目的，即得據以認定其主觀上有證券交易法第 155 條第 1 項第 4 款規定所謂拉抬或壓抑交易市場上特定有價證券之意圖。又行為人高買、低賣行為之目的不一，縱非誘使投資大眾跟進買賣以圖謀不法利益，而係為順利取得銀行資金奧援，而維持特定有價證券於一定價格之護盤行為等目的，然同係以人為操縱方式維持價格於不墜，具有抬高價格之實質效果，致集中交易市場行情有發生異常變動而影響市場秩序之危險。此雖與「拉高倒貨」、「殺低進貨」之炒作目的有異，行為人在主觀上不一定有「坑殺」其他投資人之意圖，但破壞決定價格之市場自由機制，則無二致，亦屬上開規定所禁止之高買證券違法炒作行為❸⓵。

最高法院實務見解（2016 年）認為，違法炒作股票罪之成立，對於行為人連續以高價買入或低價賣出特定有價證券行為，客觀上是否有致使該特定有價證券之價格，不能在自由市場供需競價下產生之情形，一併考量。

---

❷⓿　最高法院 94 年度臺上字第 1043 號刑事判決。

❸⓿　最高法院 100 年度臺上字第 416 號刑事判決。

❸⓵　最高法院 105 年度臺上字第 2173 號刑事判決。

因此，行為人是否違法炒作股票，應就其連續以高價買入或低價賣出特定股票行為，如何導致該股票在市場買賣競價上產生異常及影響股價異常，就其判斷標準，予以說明❸。

另外，最高法院實務見解（2016 年）更認為，以高價買入不限於以漲停價買入，不論其買入價格是否高於平均買價，既足使特定有價證券價格維持於一定價位，以誘使他人買賣該特定有價證券，使價格維持不墜，具抬高價格之實質效果，即該當高買證券違法炒作行為❸，值供參考。

第六節　造成交易活絡之表象

一、規定內容

㈠證券交易法第 155 條第 1 項第 5 款

證券交易法第 155 條第 1 項第 5 款規定意旨，對於在證券交易所上市之有價證券，不得有「意圖造成集中交易市場某種有價證券交易活絡之表象，自行或以他人名義，連續委託買賣或申報買賣而相對成交」之行為。

本款之修正理由，係基於操縱股價者經常以製造某種有價證券交易活絡之表象，藉以誘使他人參與買賣，屬操縱手法之一，經參考美、日等國立法例，爰增訂第 5 款，將該等操縱行為之態樣予以明定，以資明確❸。

㈡理論上

證券交易法第 155 條原訂有不得沖洗買賣之規定，然於 2000 年修正條文時予以刪除，惟鑑於刪除沖洗買賣之規定，有可能另造成處罰上之漏洞，故立法院於 2006 年修正證券交易法時，又將本款恢復置於新增訂之第 5 款，條文內容雖有變動，惟其規範目的仍在於禁止沖洗買賣。現行證券交易法第 155 條第 1 項第 5 款規定:「意圖造成集中交易市場某種有價證券交

---

❸　最高法院 105 年度臺上字第 2304 號刑事判決。

❸　最高法院 105 年度臺上字第 2674 號刑事判決。

❸　證券交易法第 155 條第 1 項第 5 款條文修正說明，2006 年 1 月 11 日。

易活絡之表象，自行或以他人名義，連續委託買賣或申報買賣而相對成交」，其立法理由為「基於操縱股價者經常以製造某種有價證券交易活絡之表象，藉以誘使他人參與買賣，屬操縱手法之一，經參考美、日等國立法例，爰增訂本款，將該等操縱行為之態樣予以明定，以資明確」，亦即再度明文規定禁止「沖洗買賣」之行為，故此類型操縱行為之處罰，已有明確法源依據。

　　換言之，第 155 條第 1 項第 5 款「意圖造成集中交易市場某種有價證券交易活絡之表象」之規定目的，係為禁止沖洗買賣 (wash sale) 之行為，亦即由一人分別在二家以上之證券經紀商開戶，並委託經紀商針對某種特定股票為相反方向之買賣，以影響該股票之價格，並製造該種股票交易活絡之表象，誘使不知情之投資人跟進。由於委託買賣者常同屬 1 人，且其目的在於操縱股價而非取得股票之所有權，因而過去有「不移轉所有權而偽作買賣」之條文用語❸❺。

二、與相對委託之異同

㈠相同點

　　證券交易法第 155 條第 1 項第 3 款所規範之「相對委託」，與「沖洗買賣」（即現行第 5 款之「造成活絡假象」）❸❻之相同點，在於二者均係操縱行為人對某一種特定有價證券從事製造行情之欺騙性交易，引誘投資人盲目跟從，以釀造有利於自己之股票趨勢。

㈡相異點

　　「相對委託」，與「沖洗買賣」二者相異之處，係「沖洗買賣」乃是以同一投資人在同一證券商同時分別利用兩個以上帳戶，以大致相同之數量、價格、買賣時間點，對某一種有價證券為「雙向委託」買賣，因而買賣雙

---

❸❺　賴英照，《最新證券交易法解析：股市遊戲規則》，元照出版，2009 年 10 月再版，頁 651。

❸❻　2006 年修正前所稱之沖洗買賣係指 2000 年 7 月 19 日修正前同條項第 2 款之規定。

方當事人均屬「同一委託人」，僅對同一證券商辦理交割手續，惟實質上並未移轉證券所有權。至「相對委託」係由兩個投資人通謀共同對某一種特定有價證券為一個或數個買賣之相對委託，該行為以有通謀為要件，必有兩個或兩個以上之行為人共同為之，為一必要共犯之性質**㊲**。

三、實務案例與本文見解

實務上，最高法院判決（2017 年）認為，按行為人主觀上有拉抬或壓抑交易市場上特定有價證券之意圖，且客觀上，於一定期間內，就該特定之有價證券有連續以高價買進或以低價賣出之行為，而有影響市場價格或秩序之危險及可能，不論是否已致使交易市場之該特定有價證券價格發生異常變化之結果，亦不論行為人是否因而獲得炒作股價之利益，均構成高買或低賣證券違法炒作罪。又證券交易法第 155 條第 1 項第 5 款規定意圖造成集中交易市場某種有價證券交易活絡之表象，自行或以他人名義，連續委託買賣或申報買賣而「相對成交」之行為，如有違反即依同法第 177 條第 1 項第 1 款之相關規定處罰，即所謂之「沖洗買賣」或「相對成交」條款，係禁止行為人以製造交易活絡假象之操縱手法操縱股價，與其買賣之價格未必有絕對關係。次按行為人透過市場供需來決定交易價格之制度，凡參與買賣股票之投資人，以「高於委託當時之揭示價」、「接近前一日收盤漲停參考價」之價格，於「開盤前大量委託買進」，將影響股票之開盤價及當日股票之走勢，當開盤前委買之數量大於委賣之數量時，將使開盤價呈現漲停，縱使委買之數量並未成交，仍可能因委買之數量大於委賣之數量，影響股票開盤時或交易之價格，即難遽謂無影響交易市場股價及秩序，或造成證券市場交易活絡之表象之情形**㊳**。

本文認為，如主張須「雙向委託」買賣之數量、價格、買賣時間點一致，始能成立所謂之「沖洗買賣」或「意圖造成活絡假象」，則其成立機會

㊲ 邵慶平，〈論相對委託之規範與強化——從證券操縱禁止之理論基礎出發〉，《月旦民商法雜誌》，第 19 期，2008 年 3 月，頁 47。

㊳ 最高法院 106 年度臺上字第 325 號刑事判決。

微乎其微，規範不免過於寬鬆；惟如僅以同一行為人有「雙向委託」買賣之情形，即認定其違反證券交易法第 155 條第 1 項第 5 款之規定，似又過於嚴苛，二者實際運作時恐均窒礙難行。

解釋上，由於「沖洗買賣」本質上並未移轉證券所有權，亦即實質上未改變持有證券的數量或比例，而僅製造出紀錄上之交易。故「沖洗買賣」或「意圖造成活絡假象」之成立，於時間及價格之一致性方面，應容許有些許之差距存在。至於數量上，則須在完全相同之範圍內始足該當，方符沖洗買賣規範之目的，以及其未移轉證券所有權的本質。當然，如沖洗買賣行為人所為之雙向買賣數量不一致時，應僅於該雙向買賣數量相符之範圍內，該當於本款之犯罪。否則即應於其併有違約交割或其他違法情事時，再依據其他條文規範之。

第七節　散布流言或不實資料

一、規定內容

證券交易法第 155 條第 1 項第 6 款規定：「意圖影響集中交易市場有價證券交易價格，而散布流言或不實資料者」為散布流言或不實資料罪。在主觀構成要件要素方面，除「故意」之外，另有「意圖」要素。在客觀構成要件要素方面，除「有散布行為」之外，另有「意圖」要素。其散布之客體為流言或不實資料，至於發行股票公司之股票價格是否引起變動之結果，又行為人之資格有無身分之限制，雖該罪之構成要件未予以明示，但仍有予以檢討之必要。

二、要　件

(一)意圖要素

散布流言罪係以影響集中交易市場有價證券交易價格之變動為意圖要素。證券價格雖不應由人為因素予以操縱，然何謂操縱行為，其認定標準

實不易確立。至於主觀意圖之有無更難以證明❸。

㈡故意要素

行為人對於散布流言或不實資料必須出於故意，如係因過失而為，則欠缺此項故意要素，例如對某項信息不加求證或調查，由於誤信其為真實而透露於媒體，雖違反向媒體發布消息之前應先求證或調查之注意義務，但此屬於過失問題，故不應認為有散布之故意。

㈢行為要素

散布行為係對於不特定人而為，而所謂散布乃指散發傳布之意，但交付於特定之人，使其為散布，亦應成立散布行為，例如將不實信息交付於媒體記者，使其發布或刊登於媒體，仍可認為散布行為。至其方法為言語、圖表或文字，在所不問。

㈣客體要素

1.理論上

對於集中交易市場有價證券之交易價格而為散布流言或不實資料。所謂流言，乃指無稽之言，亦即毫無根據之傳言，不問其係出於本人之虛構，或得之於坊間謠傳，皆無不同。所謂不實資料，乃指該資料含有虛偽或不真實，此不限於積極提供不實資料，尚包括消極隱匿真實之資料，亦即僅提供部分真實資料卻隱匿或不透露相關重要資料，亦可認為不實資料。

2.實務見解

實務上最高法院亦認為，對於在證券交易所上市之有價證券，不得有意圖影響集中交易市場有價證券交易價格，而散布流言或不實資料之行為。又科刑之判決書其宣示之主文，與所載之事實及理由必須互相適合，否則屬理由矛盾，其判決當然為違背法令。本案上訴人是否可能一方面利用傳播媒體散布公司誇大不實資訊，另一方面卻由公司經常在重大訊息站提醒投資人，澄清媒體所述係未經公司證實發布之訊息，攸關上訴人涉嫌共犯前揭規定之以間接從事其他影響證券價格操縱行為犯行部分，原判決未加

---

❸ 參閱〈證券市場操縱行為之法律問題研討座談會記錄〉，載於《月旦法學雜誌》，第 26 期，1997 年 6 月 15 日，頁 114 以下。

究明，復未說明不採其有利證據理由，同有查證未盡及理由不備之違失⓴。

如多數行為人共同基於意圖影響集中交易市場有價證券交易價格之故意，而散布不實資料，自構成證券交易法第 155 條第 1 項第 6 款之行為⓵。

三、小　結

證券交易法之散布流言罪是否為身分犯?此一疑問涉及主體要素問題。又其是否為結果犯？即其犯罪之成立是否以發生結果為必要，此一疑問涉及結果要素問題，均有予以分別檢討之必要。

㈠主體要素

散布流言罪對於行為主體未予以限制，故在解釋上此非身分犯，因此任何人皆可實施，但從散布流言之情形以觀，可能包括二種不同的行為人，即其一為證券市場之投資人，另一為非證券市場之投資人；前者所以散布流言或不實資料，在於謀取自己之證券利益，因其有持股，但後者因未持股，故不在於謀取自己之證券利益。唯所謂證券市場之投資人應從廣義解釋，即一切持股者，均包括在內，故即使未進入證券市場從事股票交易，但其為發行股票公司之董監事或總經理等主要負責人，如有散布流言或不實資料，仍應認為係證券市場投資人之散布流言行為。

㈡結果要素

與刑法上之其他散布罪同（刑法第 235 條、第 313 條），證券交易法上之散布流言罪均屬於舉動犯，而非結果犯。依此一有散布行為之舉動，犯罪即告成立，而不以證券市場之證券價格因而發生異常之變動為必要。因之無論以引起證券市場之某一種股票價格之變動為意圖而散布流言，或以引起整個證券市場股票價格之上揚或下降而散布流言，即使最後均未引起所意圖之結果，仍可論以散布流言罪，並不以未發生所意圖之結果而論以該罪或只成立法所不處罰之該罪未遂犯。蓋散布流言罪本質上為舉動犯，故不以引起犯罪結果為必要。

⓴　最高法院 100 年度臺上字第 456 號刑事判決。

⓵　最高法院 100 年度臺上字第 988 號刑事判決。

第八節　操縱行為之概括規定

一、規定內容

原證券交易法第 155 條第 1 項第 7 款規定：「直接或間接從事其他影響集中交易市場某種有價證券交易價格之操縱行為者」，此可謂操縱行為之概括條款。立法目的在用以彌補前四個條款所規定行為之不足，以避免掛一漏萬 ❷。然而，此一概括條款僅屬於補充性，即對於所發生之操縱行為不能適用其他五個條款處罰時，始有本條款之適用。如有其他條款可以適用時，應優先依其他條款處罰。雖屬如此，但在刑事司法實務上，其仍有被適用之可能，因此，對於本條款之規定，亦值得檢討 ❸。蓋概括條款所規定之犯罪構成要件要素，並非與其他條款所規定之犯罪構成要件要素有異，亦即皆不出其他條款所規定之犯罪構成要件要素。茲分別列舉如次：

二、要　件

㈠「意圖」要素

按操縱行為並非以「意圖」為不可或缺之構成要件要素，不過在其他五個條款中，卻有四個要求應有「意圖」，而另一個並不要求應有「意圖」。然而，在四個要求應有「意圖」之操縱行為，其所要求之意圖，有三個限於影響某種有價證券之交易價格，而此對於概括條款而言，雖未要求須有「意圖」，但其行為必須在於影響某種有價證券之交易價格，果真如此，概括條款在解釋上亦應有此「意圖」存在，始可以論處。從而，概括條款所以未列舉「意圖」，可認為係被省略之構成要件要素 ❹。

---

❷　賴英照，前揭書，第 3 冊，頁 387。

❸　蔡墩銘、吳光明、陳春山，前揭文，頁 90。

❹　林國全，前揭文，頁 138～139。

(二)故意要素

　　行為人必須故意為操縱行為，因此不能無操縱行為之故意，此與其他四個條款均應出於故意，以實施其行為者，並無不同。

(三)行為要素

　　行為人須為影響集中交易市場某種有價證券交易價格，而直接或間接從事其他操縱行為。依此，行為人所從事者，必須為操縱行為，唯何謂概括條款所指之操縱行為雖不限於直接者，亦包括間接者，但必須對於某種特定股票為之，實務上，例如，詐騙投資大眾進入公開市場，購買某一公司已上市股票，使股票價格因需求增加而上漲，即係涉嫌炒作股票❹❺。

(四)客體要素

　　操縱行為之對象為集中交易市場某種有價證券之交易價格，亦即必須針對某種特定股票為之，否則即不構成本條款之犯罪。實務上，例如，每日委託買賣該股票之股數均占當日成交量 90% 至 100%，其交易價格因之受其操縱，致使該股票之價格節節上升即是❹❻。

　　實務上，最高法院認為，證券交易法第 155 條第 1 項第 6 款規定，對於在證券交易所上市之有價證券，不得直接或間接從事其他影響集中交易市場某種有價證券交易價格之操縱行為，係為維護證券交易秩序及保障證券投資人利益所設，而依同法第 54 條第 2 項及第 70 條訂定之證券商負責人與業務人員管理規則第 18 條第 2 項第 8 款又規定證券商負責人及業務人員不得以他人或親屬名義供客戶申購、買賣有價證券，故前揭規定應屬保護他人之法律，證券商負責人及業務人員若以他人或親屬名義供客戶申購、買賣有價證券，致生損害於他人，依民法第 184 條第 2 項前段規定，即應負賠償責任❹❼。

---

❹❺　最高法院 83 年度臺上字第 4931 號刑事判決。
❹❻　最高法院 84 年度臺上字第 1596 號刑事判決。
❹❼　最高法院 93 年度臺上字第 1445 號刑事判決。

三、證券交易法第 155 條第 1 項第 7 款

(一)規定內容

現行證券交易法第 155 條第 1 項第 7 款規定:「直接或間接從事其他影響集中交易市場有價證券交易價格之操縱行為。」

上開規定係於 2006 年間修法時,將原條文第 6 款移列為第 7 款。又該款原條文為「直接或間接從事其他影響集中交易市場某種有價證券交易價格之操縱行為者。」,然因鑑於操縱行為者對有價證券交易價格之操縱,應不只限於個股,尚包括同時影響多種股票、類股或整體市場之行為,修法當時爰刪除原條文之「某種」二字[48]。

(二)實務上

實務上認為,證券交易法第 155 條第 1 項第 7 款立法目的在防止證券價格受人為操縱,進而誘使或誤導他人為交易,使某種證券之市場價格以異於正常供需方式而變動者而言。故該條款以行為人有直接或間接從事其他影響集中交易市場某種有價證券交易價格之操縱行為者,即該當各該條款之犯罪行為,並不以客觀上「發生影響股價之結果」為構成要件,且不以操縱者藉其行為而有實際獲益為必要,只要操縱者之行為足以破壞證券交易價格透過供需機制自由形成即屬之[49]。

此外,證券交易法第 155 條第 1 項第 7 款之規定,則為非法操縱行為之概括類型,文義上仍應視為非法操縱行為之另一種類型,其所禁止直接或間接從事其他影響集中交易市場某種有價證券交易價格之操縱行為,乃指:意圖以人為方式影響證券市場價格,誘使或誤導他人為交易,使某種證券之市場價格以異於正常供需方式而變動者而言。本罪之構成,需有以人為方式影響證券市場價格之意圖,結合其誘使或誤導他人為交易之積極行為,致生集中交易市場某種有價證券之市場價格以異於正常供需方式而為變動之結果,其間並具有因果關聯,始足當之[50],可供參考。

---

[48]　證券交易法第 155 條第 1 項第 7 款條文修正說明,2006 年 1 月 11 日。

[49]　最高法院 96 年度臺上字第 260 號刑事判決。

第九節　結　語

　　證券價格如非由供需關係，而係由於人為因素之操縱後引起變動，不僅影響證券市場之交易秩序，亦可能使無知之一般投資大眾在不知有人操縱股價之情況下，蒙受莫大之損失，以致人人視投資證券為畏途，於是相繼退出證券市場，使企業家無法經由其所發行之股票，籌募資金，影響對企業之經營。因之，為防止操縱行為，訂定概括條款，予以徹底取締，實為不得已之舉措。

　　證券交易法為禁止操縱行為，而規定反操縱條款，大部分屬於列舉方式，即分別列舉各種操縱行為之構成要件，但除列舉方式外，另採概括方式，以便涵蓋更多。此種處罰犯罪之概括條款不存在於普通刑法，卻存在於行政刑法之證券交易法，可能主管機關認為為徹底防止操縱行為，必須使用此種方式予以處罰，其他別無他法。然而，行政犯雖異於刑事犯，但不能因其為行政犯，即可制訂異於處罰刑事犯之概括條款，否則仍有違反刑法基本原則之罪刑法定主義之虞。

　　因此，實務上，最高法院亦認為，關於證券交易法第 155 條第 1 項第1、3 至 6 款規定，為學理上所謂反操縱條款，旨在規範證券交易所上市之有價證券，在交易上之各種不法操縱行為。其中第 1、3、4、5 款之規定，係列示不同之非法操縱行為類型，而第 6 款規定，則為非法操縱行為之概括類型。倘行為人係基於概括犯意，先後就集中交易市場，個別不同之多種有價證券，分別有該當上開法條所示之非法操縱行為者，如在刑事法評價上，各具獨立性，就個別不同之有價證券之非法操縱行為，自可依刑法修正前之連續犯規定論處❺①。

　　總之，證券交易在交易性質上，本就有高度之不確定性，混雜著主觀之期待、現狀之評估、未來變化等不確定因素，使得反詐欺或反操縱之認

❺⓪　最高法院 97 年度臺上字第 2012 號刑事判決。

❺①　最高法院 100 年度臺上字第 1616 號刑事判決。

定，相當不易。甚至在本質上，此種交易中，理論上即存在詐術本質，均未可知。

因此，為應付日新月異之市場實務與交易模式，容許寬鬆構成要件或有其必要，同時，寬鬆之構成要件於滿足抑制不法同時，是否產生違反罪刑法定主義之危險，或變相侵奪人民一般交易權限與市場合理經濟活動，以及因而必然伴隨而生之風險與投機問題，均值得探討。蓋反操縱行為規定所擔保之「交易行為單純性」，實際上與私法自治、經濟自由、行為自我之憲法基本價值，有著一定程度之對立關係。所幸，從我國證券交易法第155條之修正沿革及施行概況觀之，我國早期，法院實務上著重在法條文字上之解釋，晚近在面對相關爭議時，則已可顧及條文之立法目的及其所欲保護之法益本質，而作適當之解釋，不再全然拘限於條文之文義，此一進展，值得肯定。

另外，我國證券交易法將詐欺與市場操縱行為分別立法，獨立觀察，與美國以整體評價觀察之方式，使兩者相當密切而難以切離，有著相當不一樣之效果。實務上，時而背離刑法基本原則之判斷，亦使本條究竟是否須以詐欺為要素之爭議不斷，以避免「以刑逼民」而混亂國家公權力介入之界線與民刑間之區別。

從保護國家經濟秩序與國家經濟結構之安全以及參與經濟活動者個人之財產法益，確保證券市場融通資本發展經濟功能之公益需求，本文肯定本法對操縱市場行為規範之立法目的。然而，鑑於刑事立法之本質在於實現法益之保護，學者認為，操縱行為之入罪化，其保護之法益是否為市場法益，此將是法政策上規範人為操縱市場與課予刑事責任之核心課題之一[52]。

---

[52] 廖大穎，〈人為操縱市場爭議與鑑識會計的訴訟支援〉，《月旦法學雜誌》，第202期，2012年3月，頁43。

第十六章　股價操縱之法理探討

第一節　概　說

　　證券市場之證券價格，是許多因素綜合作用之結果，其因素包括公司基本面、公司揭露之資訊、證券供需情況等。一般而言，投資人僅能依據其所蒐集之資訊進行投資判斷，並期望從證券投資中獲取利益。然而，即使在資訊揭露健全之國家，仍不免有操縱市場 (market manipulation) 行為❶。

　　我國證券交易法之立法宗旨，明文規定於第一條，即「發展國民經濟，並保障投資」。從經濟學理論之角度言，證券市場係一個完全競爭之市場，任何人均可隨時自由進出，並且市場上每種有價證券交易價格之形成，完全由市場「供給需求」決定，形成所謂「公平價格」，並使每一位投資人均能立於「公平地位上」進行交易，而此「公平性」亦係證券市場健全發展之重要因素。

　　相反言之，任何人如意圖操縱有價證券交易價格，扭曲市場價格機能，均應被禁止，以避免行為人藉由製造交易活絡表象，吸引投資大眾買賣致受有損害，再從中獲利❷。

　　基此，本章首先擬探討「反操縱條款」之制定與監視，包括反操縱行

---

❶　吳光明，《證券交易法論》，三民書局，2019 年 2 月增訂 14 版，頁 321。

❷　蔡墩銘、吳光明、陳春山，《證券交易法第一百五十五條規定之檢討與建議》，臺北市證券商同業公會，1997 年 11 月，頁 1〜2。

為之法理基礎、反操縱條款之立法；其次，擬探討股價操縱認定之難處與改善，包括操縱認定之難處、操縱認定之改善途徑、小結；再次，擬探討股價操縱行為之類型，包括基本類型、股價操縱之態樣、小結；復次，擬探討操縱行為之法律探討，包括操縱行為類型中之「意圖」、主觀目的要件、客觀行為要件。最後，提出檢討與建議，以作為本章之結語。

第二節　「反操縱條款」之制定與監視

一、反操縱行為之法理基礎

證券市場反操縱行為之法理基礎有三：

㈠保護投資大眾

在自由市場中，有價證券之交易，係基於投資人對於證券價值之體認，形成一定之供需關係。而操縱市場行情之行為，將扭曲市場之價格機能。因此，必須加以禁止，以避免由於人為操縱，創造虛偽交易狀況與價格假象，引人入甕，使投資大眾受到損害。

㈡讓供需決定價格

從經濟學理論角度言之，證券集中交易市場應該是一個「完全競爭」之市場，基於「完全競爭市場」理論，任何一位想要進出這個市場之投資人，應隨時可以進出。

此外，依據「完全競爭市場」之原則，市場上每一種有價證券交易價格之形成，應該完全由市場之「供需」來決定。因此，任何一個投資人都是「價格之接受者」而非「價格之制定者」，如此才能使每一位投資人均能處在公平之地位進行交易。

㈢實踐公平原則

「公平」之交易地位，正是證券集中交易市場所賴以生存之重要因素，任何人如欲以個人或少數人集團之力量，意圖操縱任一種有價證券之價格，從中獲取利益，均應被禁止或限制之。蓋其行為已經違反公平之原則❸。

畢竟在證券集中交易市場交易之投資人，每當有人獲利時，往往有人產生虧損，惟有在所有投資人均處於公平之地位進行交易之前提下，發生虧損者才會甘於「認賠」，否則必將導致其心生憤懣，終於退出市場，最後甚至危及證券集中交易市場之規模、穩定甚或存續。

二、反操縱條款之立法

在經濟全球化，金融市場快速發展的現代，如何吸取證券金融市場發達國家之法治經驗，是吾人必須思考之問題。因此，我國證券交易法第155條，即是針對操縱市場行為所訂定之禁止規範，通稱為「反操縱條款」，而反操縱條款之立法，主要係參考美國1934年證券交易法❹。茲分述如下：

㈠法規制定

為維持證券集中交易市場之公平性，世界各先進國家，幾乎都在與證券交易有關的相關法規中，訂定有任何人不得操縱證券集中交易市場任一有價證券交易價格之規定，此規定被通稱為「反操縱條款」。我國證券交易法於1968年訂定時，即明定第155條之「反操縱條款」，該條立法目的在於維護證券市場機能之健全，以維持證券交易秩序並保護投資人。不過由於「操縱行為」之構成要件複雜，股價操縱之認定又屬不易，故該條文歷經1988年、2000年、2006年、2015年數度修訂，而成為現今之條文。

㈡監視制度

為促「反操縱條款」之確實執行，我國證券集中交易市場依據上述證券交易法第155條之「反操縱條款」規定，設有「股市監視制度」，由專責之監視部門負責執行。例如臺灣證券交易所即設有「市場監視部」，專責集中交易市場各項監視業務的執行及股價操縱、內線交易之查核❺。另外，

---

❸　廖大穎，《證券交易法導論》，三民書局，2011年9月修訂5版，頁261。

❹　See Exchange Act of 1934, Section 10: Regulation of the Use of Manipulative and Deceptive Devices.

❺　按「臺灣證券交易所股份有限公司實施股市監視制度辦法」訂於1992年9月

櫃檯買賣中心亦設有監視部，並訂有「櫃檯買賣有價證券監視制度辦法」❻，可供參考。

第三節　股價操縱認定之難處與改善

一、操縱認定之難處

股價操縱常見於我國金融經濟犯罪中，不僅影響投資人權益與公共利益，擾亂市場交易秩序，降低市場效率，不利長期金融資本市場的運作，更衍生諸多如偵查、起訴、審訊之社會成本。

然而，股價操縱屬智慧型之經濟犯罪，牽涉證券、資訊、市場管理與資金運作融通等多種層面，既專業又複雜，致使股票操縱行為難以確切地定義及偵查。

更令人遺憾者，認定股價操縱，無論在學理或技術層次上，均有相當之困難。在司法實務上，股價操縱案件之偵查、起訴、審理、判刑運作過程中，如稍有不慎，即易使股價操縱之經濟罪犯逍遙法外，以致疑似股價操縱之案件雖時有所聞，但因證據認定問題，最終定刑率不高。

二、操縱認定之改善途徑

在金融經濟犯罪中，欲認定「股價操縱」之事實，實務上有一定之難處。故建議儘量藉由下列途徑，加以改善：

(一)利用財務金融學理

對司法正義之維護與對社會之教育而言，司法上「判決之一致性」意義非常重大。但實務上，同樣是違反證券交易法第 155 條之案例，歷來卻常常出現不一致之判決。深究其中原因之一，係法院對法律條文所包含之

29 日，歷經多次修正，最近一次修正於 2011 年 5 月 18 日。

❻　按「櫃檯買賣有價證券監視制度辦法」訂於 1996 年 5 月 25 日，歷經多次修正，最近一次修正於 2010 年 11 月 30 日。

意義及其所衍生之範圍，見解不一；再者，則為法官易受被告所提出似是而非之投資抗辯理由矇蔽所致。

然而，財務金融學理可有效地協助司法究明似是而非之抗辯理由。例如，在審理財金犯罪中，經常須面對之共同癥結議題，是如何認定合理之股價。財務經濟學中有諸多理論在探討合理之股價為何❼，其中基礎共同之想法，係效率市場假說❽，亦即財金市場在多、空方之理性預期與運作效率性下，應使「過去、現在、乃至未來事件之訊息皆反應在目前之市場價格上」。

理論上，「效率市場假說」❾，隱含金融資產價格之動態，應遵循加倍賭注 (martingale) 過程或隨機漫步，任何訊息集合對未來股價變動應不具可預測性❿。因此，將「效率市場假說」用於司法實務，可釐清不少爭議，而協助司法因應似是而非之抗辯理由。

(二)師法歐美利用經濟計量模型

一般而言，科學辦案靠方法，經濟計量學中亦有諸多之模型、方法，有助發掘、分析出財務市場資料可能反映之事實，該事實更可提供系統性之認定或檢測，以進行科學性論述，依此，作為以事實進行辯論之基礎。

至於科學性論述對於法條之立法原意如何，與事實之觀察及認定推論相契合，提供很大之助益。歐美國家在法院審理案件、辯論事實與法條規範等實務中，長久以來已經不乏經濟計量之推論應用或計量專家列席⓫。

---

❼ 鄭惠宜，〈不法炒作與合理投資之分際——證券交易法第 155 條第 1 項第 4 款之立法觀察與司法省思〉，《證券交易法律風險探測》，五南書局，2018 年 1 月初版，頁 181～204。

❽ 賴英照，《最新證券交易法解析：股市遊戲規則》，元照出版，2009 年 10 月再版，頁 803～805。

❾ 「效率市場假說」（Efficient-market hypothesis，縮寫為 EMH），又譯為有效市場假說。

❿ 此「效率市場假說」觀念，日後歷經學者 Samuelson (1965) 與學者 Fama (1970) 等諾貝爾經濟學獎得主之推廣與應用，成為財務理論重要基礎之一，亦為實證財務金融研究之主流。

以美國為例，美國之法院與檢察官對偵辦華爾街相關企業犯罪，相當倚賴財務、計量學者與實證研究上之見解，加上美國公司法、證券法中，有所謂「公司民主」(corporate democracy) 之說，亦即允許並鼓勵「狗咬狗」⓬。同時，上述見解對改善金融市場之秩序或制度變革貢獻卓著。

因此，歐美國家對於如何利用經濟計量模型以從資料中萃取訊息，並據此推論案件之背景，進而協助判決之做法，值得國內司法界參考。

三、小　結

為維持證券市場之秩序，防治股價操縱，至屬重要。然「股價操縱」之認定既有難處，而有必要加以改善，除政府監控居於關鍵外，業者自律亦需強化。此外，加強社會大眾對於操縱股價行為之認識，或可降低投資大眾之盲從，而成為操縱股價行為之幫兇或被害人。

再者，藉由政府與民間之合作，以廣泛之宣導、呼籲與教育途徑，加強一般社會大眾認知操縱股價行為之可能手法，及其違法性和嚴重性，雖可能無法達到立竿見影之效，但長期而言，亦不失為杜絕股價操縱行為之可行方法。

第四節　股價操縱行為之類型

一、基本類型

證券交易法第 155 條係有關禁止操縱市場行為之規定，依據本條第 1 項規定，所謂操縱市場行為，共有 6 類操縱行為態樣（第 6 類為概括條款）。第 1 類，違約不交割（第 155 條第 1 項第 1 款）；第 2 類，相對委託⓭

⓫　參閱：股市趨勢技術分析學習體會交流與實戰運用，第 8 版 http://mypaper.pchome.com.tw/tony168324/post/1322047138，拜訪日：2017 年 8 月 18 日。

⓬　朱偉一，《美國證券法判例解析》，中國法制出版社，2002 年 7 月，頁 117。

⓭　按證券交易法已刪除之第 155 條第 1 項第 2 款之「相對委託」與「沖洗買賣」

（第 155 條第 1 項第 3 款）；第 3 類，連續交易（第 155 條第 1 項第 4 款）；第 4 類，相對成交（第 155 條第 1 項第 5 款）；第 5 類，不實表示（第 155 條第 1 項第 6 款）；第 6 類，最後一款則為概括條款（第 155 條第 1 項第 7 款）。

前述第 155 條之規定，為證券交易法最重要條文之一，肩負有維持證券交易市場秩序之重要功能。至於違反禁止操縱市場之刑事責任，則規定於證券交易法第 171 條。

二、股價操縱之態樣

一般而言，我國證券集中交易市場經常出現之基本股價操縱手法，或者一個完整之股價操縱案件，通常應該會有如下幾個步驟：

㈠吸　貨

要操縱股價，通常必須使市場上流通籌碼減少，炒作之初，必須先「吸貨」，即大量買進股票，將籌碼集中。吸貨過程通常低調進行，並不能引起市場投資人及證交所市場監視部之注意。

至於使用之方法，通常會分散於數家證券商，利用大量人頭戶買進，如果是屬於得信用交易之股票，大部分炒作者並會使用證金公司或自辦信用交易證券商所提供之融資進行。因此，該股票每日信用交易之融資餘額，會有逐步增加之現象。

另由於現行交易制度之設計，需先有融資餘額，證金公司或自辦證券商才能提供投資人融券放空❹，且每家證金公司或自辦證券商，每日融券

均同屬虛偽之買賣，「相對委託」係由二個以上當事人共謀預先約定，對某一種特定股票作一個或數個買賣相對委託之行為，在實務操作上，通常係由二個以上之自然人投資人或法人投資人，在同一個或二個以上證券經紀商開戶，約定於大致相同時間、數量、價格，對某一種特定股票為相對買賣委託行為，以拉鋸方式，一進一出，相互作價，進而與證券商相互勾結對作，其目的在藉由此虛偽之交易行為，製造交投活絡之假象，誘使投資大眾盲目跟進或殺出，製造有利於操縱者之股價趨勢，趁股市高檔出現後，以高價出脫，或拋空摜壓，於股市低檔時，逢低承接。

餘額不得超過融資餘額，否則必須從市場上標借補足差額。因此，融資餘額增加，提供了融券放空之籌碼，卻亦為未來之軋空作準備。在這一階段，炒作者使用之人頭戶集團，會有大量買超之情形。

㈡製造活絡假象

當炒作者已經鎖定市場上大部分籌碼後，此時公司派會配合發布利多消息，炒作者則一面開始從事沖洗性買賣❶，增加該股票成交量，以製造市場活絡之假象，一面配合緩慢拉高股價，以吸引一般散戶投資人進入。

此種行為，其一者，可引誘市場上多頭散戶共襄盛舉買進，減少市場上流通籌碼，以增加推高股價之力；另一者，由於在進行沖洗性買賣之同時，一部分股票會由市場散戶買走，可以藉機逢高調節，少量賣出低價時買進之持股獲利，以培植更雄厚之資金實力。此一動作，主要根植於市場上之散戶習慣，一般散戶觀念，當一股票成交量放大，且股價逐漸上升，表示有市場主力介入，股價容易上漲，散戶投資人通常願意買進、追高。因此，為吸引散戶投資人，炒作者必須藉沖洗性買賣製造活絡現象❶。

所謂沖洗性買賣，需在一天之短時間內，密集且大量地高價委託買進，又低價委託賣出，此種委託方式，在現行「價格優先、時間優先」之電腦撮合原則下，容易產生「相對成交」❶之情形，而在相對成交之下，如以當天該筆交易來計算，不但沒有獲利，反而需繳納手續費及證交稅，顯不合常理。由於這一階段旨在吸收散戶買進，故可稱之為「養多」階段。

---

❶ 此種「融券放空」之概念，亦即先借股票賣出，以後再趁股價下跌時，伺機回補。

❶ 此種「沖洗性買賣」之概念，亦即在股票市場掛單時，同時買進又賣出之偽作買賣行為。

❶ 此種從事沖洗性買賣製造活絡假象之行為，在證券交易法早年（2000 年 6 月以前）修訂前應屬觸犯該法第 155 條第 1 項第 2 款之行為，可惜該款已經被刪除，但其實此種行為似可作為操縱股價「意圖」之間接證據。

❶ 此所謂「相對成交」之概念，亦即指買進自己或同集團成員委託賣出之股票之情形。

(三)製造股價震盪

　　經歷上一階段後，一般空手之散戶投資人會因追高而大量進場，炒作者則持續進行沖洗性買賣，但會製造股價大幅震盪之情形，此時炒作者通常會先開始拉高股價，出現連續數日盤中達到漲停價或以漲停價收盤，使股價達到市場認為不合理價位。然後，又有一至數日出現盤中跌停價或以跌停價收盤之情形，讓市場產生股價無法繼續衝高之錯覺，在此種情況下，少數信心不足之多頭散戶會賣出持股出場，此亦即俗稱清洗浮額，但同時也會吸引空頭投資人開始大量融券「放空」。此一階段，炒作者使用之人頭戶集團，買進及賣出之數量及比率會有偏高現象❶，融券餘額也會大量增加。因此，此一階段亦可稱之為「養空」期。

　　又在此一階段之操作手法中，當炒作者拉高股價後，同樣會有趁機逢高賣出部分股票以獲利了結，但當股價因其賣出而略有下跌時，則又再度進場買進將股價拉高。通常發現之手法是，在連續二至三日將股價連續拉高至漲停價收盤之後，在次營業日一開盤即大量委託賣出，在市場空頭無意中配合下，此一營業日中，股價通常處於低檔徘徊，甚至以跌停價收盤，此種情形，亦可能連續出現數日。然後，等股價下跌一定程度之後，再度進場拉抬。此即造成前述股價數日盤中達到漲停價或以漲停價收盤，之後又有一至數日出現盤中跌停價或以跌停價收盤現象的原因；但亦有時同一營業日，在盤中將股價拉高後即開始賣出，等到價格因其賣出而下跌到一定程度之後，再度進場買進，如此反覆操作。

　　又由於散戶投資人不清楚炒作者之手法，亦有可能在股價連續數日漲停之後，受到誤導而蜂擁買入。因此，即使炒作者僅賣出持股而無買入情形下，股價仍會有大漲甚至漲停價之情形❷。在此一階段，可發現每數日收盤價或每日盤中之股價變化震盪之頻率非常高，而炒作者所使用之人頭

---

❶　此種「偏高現象」之概念，亦即在同一營業日不一定同時皆有大量買、賣之情形，可能只有大量買進，亦可能僅大量賣出。

❷　過去發生並已被檢察署起訴之案例中，被告曾以此種股價不正常上漲，明顯與其未必然有關係之情形，作為無炒作之抗辯理由。

集團，其買進及賣出交易量或比率都非常大，但由於散戶已經進入市場，故人頭戶集團成員彼此相對成交數量反而較少。一旦在股價操縱案件偵辦中，發現有上述現象，應該亦可作為「意圖」操縱股價之證據之一。

(四)「軋空」階段

　　經過前述三個階段之後，市場籌碼大致已經被主力控制，炒作者開始大力拉抬股價，部分空頭會認輸，以致於「高價」回補，部分則堅不認輸，此時公司派會配合舉行臨時股東會、除權或除息。由於過去之信用交易制度規定，凡是遇到公司舉行股東常會、股東臨時會、除權或除息時，融券放空投資人必須強制回補❷⓪。因此，一旦公司宣布舉行股東會、除權或除息，空頭唯有認輸回補一途。

　　但炒作者在強制回補日到期前，每日僅會先釋出少量股票，利用空頭回補之需求推升股價，使股價衝得更高，炒作者則於盤中再趁機作部分獲利，尤其是以融資買進部分，通常會先獲利了結，但在融資獲利了結情形下，會出現融資餘額低於融券餘額現象，此時證金公司或自辦證券商只有在市場「標借」股票❷⓵，補足差額，此種情形，主力不但可賺股價之價差，還可以出借股票賺取標借費用。

　　反之，空頭不但負擔價差，不及回補者還要負擔標借費，故此一階段，市場又稱之為「軋空」❷⓶。又在這一階段之操作手法上，通常會發現主力在開盤後前數分鐘甚至前半小時中，故意將股價壓在離漲停價數檔內，以使空頭投資人有機會回補，如果空頭不回補，未幾即將股價拉抬至漲停價並鎖住直到收盤，此時空頭即使想回補，亦已無機會，只有等待次日，故如發現有此種情形，同樣亦可以作為「意圖」操縱股價之證據。

---

❷⓪　此一規定已經於 1997 年修訂，僅在股東常會、除權息時，才有強制回補之適用。

❷⓵　按「證券商辦理有價證券借貸管理辦法」訂於 2006 年 8 月 11 日，歷經多次修正，最近一次修正於 2015 年 11 月 2 日。

❷⓶　參閱：股市主力慣用炒股三絕招，散戶的錢全部一掃光 http://pchome. megatime.com.tw/column/sto20/20140325/139573965305.html，拜訪日：2017 年 8 月 18 日。

三、小　結

　　一般而言，股價操縱，均不外主力配合公司派，媒體發布利多或利空資訊，在市場上進行「養」、「套」、「殺」程序。當軋空結束，炒作者已經獲利，手中剩下之股票無論如何賣均係獲利，故開始大量低價賣出。此時，只見股價幾乎每日都會出現跌停，那些未追隨炒作者在軋空期賣出之多頭散戶，只有眼睜睜地看著股價下滑而賣不出去，此一階段，市場稱之為「殺多」階段。

　　上述乃是操縱者成功之股價操縱案例，至於意圖操縱股價但未能成功者，在任一階段均有可能發生。操縱股價若未成功，最壞之情形，係操縱者「違約不交割」；例如早年厚生、華國、億豐及順大裕等案，皆為典型之案例。

　　通常股價如處於市場認為不合理之價位，而受託買賣之證券商又集中於少數幾家時，市場散戶可能會產生警覺心不願跟進，操縱者在出脫無門情形下，遂產生「違約不交割」問題。

　　實務上，股價操縱案件除上述過程外，通常會發現有以下幾種特有現象：

(一)大量使用人頭戶

　　股價操縱案主謀者，為規避臺灣證券交易所市場監視部之查核，通常有大量使用人頭戶之現象，視案件規模之大小，人頭戶從數十位甚至數百位都曾經出現過。而人頭戶的來源，包括主謀者自己所擁有、證券商提供、營業員提供及金主提供等 4 種，其中有些人頭戶知悉自己被用於股價操縱案之人頭戶，但大部分均為不知情之人頭戶[23]。

(二)金主參與

　　股價操縱案件通常需要大量資金，以炒作主謀者個人之財力，通常不

---

[23]　通常，這些人頭戶對於如何下單，以何種價位及數量委託、以大量少次或少量多次委託、在何時委託、受託證券商或營業人員為何人、現場委託或電話委託等等情況，大概都不甚瞭解。

容易供應所需，因此市場中一直有所謂的「丙種金主」存在，專門提供合法管道之外的資金來源。當然，一個非股價操縱案的市場主力在市場買賣股票，除了自有資金外，通常也會找「丙種金主」做短期資金的融通。因此，有「丙種金主」存在，不一定代表就是股價操縱案，但由於股價操縱案所需資金甚為龐大，如果同時有多位金主，在一段期間中重複提供資金給同一人或同一批人買賣同一種股票，則其涉及股價操縱的可能性就明顯提高。至於金主之來源，除主謀者自己尋找之外，根據過去案例，證券商或營業員通常有居間媒介情形。

(三)公司派涉入

由於上市公司資本額日漸擴充，一個股價操縱案如果無公司派之配合，即難以成功。蓋公司派擁有最多股票籌碼，一旦股價被拉高後，公司派極少不會趁機賣出股票獲利或調節持股之情形，只有公司派配合將籌碼鎖住，股價操縱才有成功的可能。

從實務案例發現，股價操縱案通常是公司派自己所為或有公司派的參與，最少亦需獲得公司派之默許。而在公司派之配合中，除配合鎖籌碼，不在股價高檔時賣出股票外，通常出現者，即係趁機放出利多消息，以配合股價抬高之合理性。因此，過去發生之股價操縱案例中，幾乎會有經常性之利多消息，在報紙媒體巧合地出現。

(四)證券商或營業員之配合

依據過去案例，證券商或營業員未必參與股價操縱案，但最少是知悉實情。因此，檢警調單位在偵辦過程中，適時傳訊其等作證，通常會有突破性之發現。

第五節　操縱行為之法律探討

證券市場之操縱行為，向有所聞，法院判決案例亦非鮮見。其中所涉法律爭議，各有立論。茲以歷來實務案件為例，析述並探討證券交易法第155條第1項所涉之重要法律見解。

一、操縱行為類型中之「意圖」

操縱市場行為之基本類型，已如前述，茲以證券交易法第 155 條第 1 項第 4 款所定之操縱行為類型而言，「意圖抬高或壓低集中交易市場某種有價證券之交易價格，自行或以他人名義，對該有價證券，連續以高價買入或以低價賣出，而有影響市場價格或市場秩序之虞。」學說上稱為「連續買賣」或「連續交易」❷❹。

本款所定行為乃典型之操縱市場行情手法之一，案例甚多。例如實務上認為，按行為人於一定期間內，就特定之有價證券連續以高價買進或以低價賣出之行為，致集中交易市場行情有發生異常變動而影響市場秩序之危險者，復無其他合理之投資、經濟上目的，即得據以認定其主觀上有證券交易法第 155 條第 1 項第 4 款規定所謂拉抬或壓抑交易市場上特定有價證券之意圖❷❺。可資參考。

二、主觀目的要件

㈠主觀目的之內容

1.正當合理之投資目的，不構成本款犯罪行為

本款所定犯罪行為之主觀目的為「抬高或壓低集中交易市場某種有價證券之交易價格」，故如行為人雖有連續高價買進或低價賣出有價證券之行為，但其目的不在抬高或壓低該有價證券之價格，而有其他正當合理之投資目的，則不構成本款犯罪行為。

針對操縱行為之案例，實務上認為，採為判決基礎之證據資料，必須經過調查程序，以顯出於審判庭者，始與直接審理主義相符，否則其踐行之訴訟程序，即有違背法令。因此，受損害投資人因受行為人操縱股票行

---

❷❹　莊永丞，〈以內線交易和不法操縱行為為中心──探討證券詐欺之主觀要件／最高院 91 台上 3037 及 94 台上 1433 判決〉，《台灣法學雜誌》，第 286 期，2015 年 12 月，頁 159～163。

❷❺　最高法院 105 年度臺上字第 2173 號刑事判決。

為之誘而為買賣，致受有損害之部分證據，並未踐行調查程序予以提示、宣讀或告以要旨，使其等有辯解之機會，而逕採為認定犯罪之部分論據，不但與直接審理法則有違，且有應於審判期日調查之證據未予調查之違誤❷⑥。

2.應包括維持價格或使價格波動

證券交易法第 155 條第 1 項第 4 款所定犯罪行為之主觀目的，現行條文文字為「抬高或壓低集中交易市場某種有價證券之交易價格」。此段文字之文義，係指違反以供需關係為基礎之有價證券市場價格形成法則，而以不當人為操作介入，使該有價證券價格為不正常之變動而言。而此所謂價格之不正常變動，意涵上應包括使原應變動之價格不變動，而維持在一定之價格。蓋使原應變高之價格，不變動而維持於一定價格，其實質意義，即係壓低價格。反之，亦然。

又實務上認為，行為人高買、低賣行為之目的不一，縱非誘使投資大眾跟進買賣以圖謀不法利益，而係為順利取得銀行資金奧援，而維持特定有價證券於一定價格之護盤行為等目的，然同係以人為操縱方式維持價格於不墜，具有抬高價格之實質效果，致集中交易市場行情有發生異常變動而影響市場秩序之危險。此雖與「拉高倒貨」、「殺低進貨」之炒作目的有異，行為人在主觀上不一定有「坑殺」其他投資人之意圖，但破壞決定價格之市場自由機制，則無二致，亦屬上開規定所禁止之高買證券違法炒作行為❷⑦。

基於同一概念，此所謂「抬高或壓低集中交易市場某種有價證券之交易價格」，亦不以使價格朝單一方向變動之情形為限，而應包括使證券價格在一定時期內，為高低震盪之波動情形。進而，此所謂「抬高或壓低有價證券價格」，只要行為人有使股價朝其所期待之方向變動或不變動之意圖即為已足，行為人所欲抬高或壓低之幅度如何，應非所問❷⑧。

---

❷⑥ 最高法院 104 年度臺上字第 2619 號刑事判決。
❷⑦ 最高法院 105 年度臺上字第 2173 號刑事判決。
❷⑧ 戴銘昇，〈最高法院對證券市場操縱行為刑事構成要件之認定〉，《華岡法粹》，

3.抬高或壓低有價證券價格意圖之終極目的為何？與本款犯罪行為之成立與否無涉

一般而言，抬高或壓低有價證券價格之意圖背後，必有其更深層之目的。對此，我國學說及實務見解多以「誘使他人買賣」論之。惟本款既未如日本法例明文以「引誘他人從事有價證券之買賣交易」為連續買賣操縱價格行為之主觀目的要件，則本款所定「抬高或壓低有價證券價格意圖」背後之深層目的，並無必要，亦不應以誘使他人買賣為限。

其他例如行為人維持股價之意圖，係為避免質押之股票因跌破擔保維持率而遭質權人期前處分❷，或行為人抬高股價之意圖，係為提高以所持股票質押時能獲得較高之融資額度等情形，其終極目的皆非在誘使他人從事該有價證券之買賣，但仍應構成本款犯罪行為。

㈡意圖之認定

實務上認為，當事人已明示同意作為證據之傳聞證據，經法院審查其具備適當性要件後，若已就該證據踐行法定之調查程序，即無許當事人再行撤回同意，以維訴訟程序安定性、確實性之要求。此外，判斷行為人是否有影響或操縱市場以抬高或壓低某種有價證券價格之主觀意圖，除考量行為人之屬性、交易動機、交易前後之狀況、交易型態、交易占有率以及是否違反投資效率等客觀情形因素外，行為人之高買、低賣行為，是否意在創造錯誤或使人誤信之交易熱絡表象、誘使投資大眾跟進買賣或圖謀不法利益，固亦為重要之判斷因素，但究非成罪與否之主觀構成要件要素❸。

依實務上判決所示，據以認定行為人有「抬高或壓低某種有價證券價格意圖」之客觀事實，包括如下可能之行為：

1.行為人有無拉尾盤之行為

在股市臨收盤前（即尾盤）以漲停價大量委託買進，即俗稱「拉尾盤」

第 52 期，2012 年 3 月，頁 101～140。

❷　行為人維持股價之意圖，係為避免質押之股票因跌破擔保維持率而遭質權人期前處分，即股票市場所謂「斷頭」。

❸　最高法院 103 年度臺上字第 3799 號刑事判決。

之行為。依一般證券市場交易習慣，其目的即在於「作價」，亦即通常具有墊高次一營業日漲停參考價及開盤價之功能，因此一般均認「拉尾盤」係操作股價行為之一種，從而得為操作抬高股價意圖之明顯證據。

2.行為人是否於短期內，甚至於同一交易日內，有買進賣出之相對交易行為

蓋行為人若於最後買入後，尚等待相當時間始予出售，則作為其無操縱股價意圖之反證。反之，若行為人連續買入後，旋即以高價賣出獲利，則除非行為人提出合理之投資目的證明，否則應可推定其不法意圖。

3.行為人是否利用大量人頭帳戶，從事買賣

蓋利用大量人頭帳戶從事買賣，往往係為突破每一交易帳戶之交易限額，而以巨幅價量影響股價變動，並製造市場交易活絡假象，誘使投資人進行買賣。

4.行為人之交易量占市場交易量之比例是否足以影響股票價格變動

需注意者，認定行為人有無抬高或壓低股票價格之意圖，應就上述客觀事實綜合判斷，而不應僅就單一因素，即遽認定行為人操縱股價之主觀意圖。

三、客觀行為要件

證券交易法第 155 條第 1 項第 4 款所定犯罪行為之客觀行為要件，為「自行或以他人名義，對該有價證券連續以高價買進或以低價賣出」。茲分析如下：

㈠行為主體

1.不排除共同正犯

本款所定「自行或以他人名義」所為之操縱股價行為，行為主體不以 1 人為限。若數人基於犯意聯絡，而共同為本款所定行為，則構成本罪之共同正犯，同負刑責**❸❶**。

---

❸❶ 林國全，證券交易法第一七一條犯罪所得系列：證券市場整體操縱行為規範之研究學術研討會，《台灣法學雜誌》，第 165 期，2010 年 12 月，頁 81～94。

　　實務上認為，如行為人為解除融資套牢危機，與他人共謀炒作股票之交易價格，推由該他人集資，或利用聯誼會會員集資，先後購買股票，並在電視節目中，以近乎市場叫賣方式，鼓吹投資大眾買進該股票，連續為操縱行為，影響該股票在集中交易市場之交易價格，顯係基於概括犯意為之，應依行為時連續犯之規定，以一罪論，且彼此間就該犯行有犯意聯絡、行為分擔，應負共同責任❷。

2. 名義被利用之人非本款犯罪行為主體

　　本款所定客觀行為，除行為人以自己名義，即「自行」外，尚包括行為人「以他人名義」所為之情形。至該名義被利用之人（即所謂「人頭」），在本款所定犯罪行為之地位為何，則值探討。對此，實務上雖認為，「上訴人等共同意圖影響上櫃洪○英公司股票市場交易價格，而自行或以人頭戶連續以預設之交易價格買入及賣出該公司股票，而操縱該公司股票交易價格，係違反證券交易法第155條第1項第7款規定，應依同法第171條第1項第1款論處等語。上訴人等買進、賣出股票之行為，究係觸犯證券交易法第155條第1項第4款規定之護盤行為，或係同法第155條第1項第7款規定之操縱行為，事實未臻明確，致本院無從為適用法律當否之判斷，有再加以究明及辨明之必要❸」。然而，最高法院對此並無具體說法，值得後續實務再予以補充。

　　惟如能證明該提供名義供他人使用之人，其事前參與本款犯罪行為之謀議，自應以共謀共同正犯論處。至若該提供名義供他人使用之人，雖事先知悉其借出之帳戶將被用以從事本款所定犯罪行為，但並未參與本款犯罪行為之謀議，則僅能以幫助犯論處，該提供名義供他人使用之人，仍非本款犯罪行為主體。

3. 以不知情之他人名義為本款犯罪行為者並非間接正犯

　　實務上，就假冒不知情之人頭名義，違法買賣股票之人，曾有以間接正犯論處者。惟此一見解已經被最高法院以「刑法上所謂間接正犯，係指

---

❷　最高法院101年度臺上字第3566號刑事判決。

❸　最高法院97年度臺上字第5036號刑事判決。

犯罪行為人不親自實施犯罪，而利用無責任能力人或無犯罪意思之人實施犯罪而言；如犯罪行為人雖假冒他人名義，但親自實施犯罪者，即係以自己之行為犯罪，並非利用無責任能力人或無犯罪意思之人實施犯罪，無所謂間接正犯之可言。原判決認定上訴人假冒如原判決附件所示不知情之人頭名義，違法買賣股票，如果無訛，即係上訴人以自己之行為實施犯罪，非利用他人之行為犯罪。關於假冒他人名義部分，無所謂間接正犯之可言，原判決依間接正犯論處，亦有適用法則不當之違誤。」❸，予以導正。

另值得注意者，實務上認為，按契約聲明書已載明客戶不應交由證券公司雇員進行場外交易，否則因此所生之糾葛或損害，應自行負責，則堪認雇員並不得為公司之客戶進行有價證券之場外交易。客戶對於雇員為其進行有價證券之場外交易，非屬雇員之職務上行為，要難諉為不知。則客戶明知其不得將款項私下交付雇員，卻仍將款項匯至雇員之人頭帳戶，作有價證券之場外交易，因而遭到詐騙而受有損害，尚無依民法第 188 條規定，請求證券公司連帶負損害賠償責任之餘地❸。

㈡行為客體

本款所定犯罪行為，係「意圖抬高或壓低集中交易市場『某種』有價證券之交易價格，自行或以他人名義，對『該』有價證券連續以高價買入或以低價賣出，而有影響市場價格或市場秩序之虞。」。故本款犯罪行為之客體，自以某種「特定」之有價證券為限。

需注意者為，實務上認為，如行為人基於概括犯意，意圖抬高或壓低集中交易市場「數種」有價證券之交易價格，自行或以他人名義，而於同一時期，分別對「各該數種」有價證券連續以高價買入或以低價賣出，而有影響市場價格或市場秩序之虞，則應構成數個違反本款之犯罪行為，因其犯罪構成要件相同，且係基於概括犯意為之，應各依連續犯規定論以一罪，並加重其刑❸。

---

❸　最高法院 87 年度臺上字第 2678 號刑事判決。

❸　最高法院 104 年度臺上字第 821 號民事判決。

❸　臺灣高等法院 92 年度上更(2)字第 575 號刑事判決。

㈢行為態樣

1.連　續

本款所定犯罪行為之態樣為，行為人自行或以他人名義，對該有價證券「連續」以高價買進或以低價賣出。此所謂連續，實務上向來認為凡行為人主觀之犯意上，有抬高或壓低某種有價證券之意圖，基於此概括之犯意，為 2 次以上之買進或賣出，即屬之。

實務上，曾有就證券交易法第 155 條第 1 項第 4 款所定犯罪行為，以連續犯論處者。惟此不當見解，早經最高法院判決，以本款規定，「原以意圖影響市場行情，對於某種有價證券『連續』以高價買入或以低價賣出為其犯罪之構成要件，自與刑法第 56 條連續數行為而犯同一罪名之連續犯有別」予以導正❸❼。

實務上亦認為，本款規定原即以「連續」行為，為其犯罪構成要件，從而對於「同一種」有價證券，犯罪行為人必須符合上開要件而有「連續」行為時，始與該罪之構成要件相當，並僅成立單純一罪，不能再依刑法第 56 條規定論以連續犯。原判決認定上訴人多次以上開方法買賣同一種股票部分，認為亦成立連續犯，自有適用法則不當之違誤❸❽。

2.以高價買入或以低價賣出

本款所定犯罪行為，尚以行為人自行或以他人名義，對該有價證券連續以「高價買進或以低價賣出」為必要。

此所謂「高價」、「低價」，早期實務見解，雖有以「漲跌停價」為標準者，然最高法院判決揭櫫「所謂『連續以高價買入』，係指於特定期間內，逐日以高於平均買價，接近最高買價之價格或以最高之價格買入（或於特定期間，以低於平均賣價，接近最低賣出之價格或以最低之價格賣出）而言」，而為其後多數實務判決所引用❸❾。

以「高價」買進，「低價」賣出為連續買賣操縱股價行為之客觀行為構

---

❸❼　最高法院 75 年度臺上字第 6315 號刑事判決。

❸❽　最高法院 87 年度臺上字第 2678 號刑事判決。

❸❾　最高法院 74 年度臺上字第 5861 號刑事判決。

成要件之立法，實為我國所獨有。對此，雖仍有實務見解以「我國股票證券集中交易市場交易制度固採價格優先、時間優先之電腦撮合原則，即同一時間內，申報買進價格最高者（或賣出價格最低者）優先成交；同一價格申報者，申報時間最早者優先成交，以形成公平價格，此公平價格之形成，在於市場之自由運作，在自由市場中，有價證券之交易，係基於投資人對有價證券之評估，形成一定供需關係，並由供需決定其價格。

至於我國股票交易市場，對股價漲跌幅雖設有上限，在此限度內固為合法容許之價格，然如連續以漲停價或接近漲停價，買進股票，使該股票價量齊揚，致他人誤認該有價證券之買賣熱絡而買賣該有價證券之行為，造成該有價證券市場價格抬高之情形，此時市場價格之形成，顯係一定成員之刻意拉高，此價格非本於供需而形成之價格，而係人為扭曲價格，此種扭曲市場價格機能之行為，影響正常市場運作，自為前揭法條所禁止之市場操縱行為，此與單純為取得經營權而買進股票之情形，亦屬有間。是法院憑行為人在短期內利用旗下帳戶，連續大量以高於下單時前檔揭示成交價格或漲停價格買入，買進佔特定公司股票市場總成交量 6 成以上，賣出亦佔 6 成，致特定公司股票之成交價、量明顯異常等，認定行為人確有抬高該公司股價之不法意圖及行為，其採證認事職權之行使，亦未違反經驗法則與論理法則者，自無適用法則不當、理由不備或理由矛盾之情形❹。

另外，實務見解又認為，以高價買入不限於以漲停價買入，不論其買入價格是否高於平均買價，既足使特定有價證券價格維持於一定價位，以誘使他人買賣該特定有價證券，使價格維持不墜，具抬高價格之實質效果，即該當高買證券違法炒作行為❹，可供參考。

㈣行為結果

證券交易法第 155 條第 1 項第 4 款所定犯罪行為，原為「意圖抬高或壓低集中交易市場某種有價證券之交易價格，自行或以他人名義，對該有價證券，連續以高價買入或以低價賣出」。2015 年 7 月修正時，則將該條

❹　最高法院 104 年度臺上字第 36 號刑事判決。
❹　最高法院 105 年度臺上字第 2674 號刑事判決。

款修正為「……，連續以高價買入或以低價賣出，而有影響市場價格或市場秩序之虞。」，亦即自 2015 年 7 月修正公布之後，始規範該等行為必須「有影響市場價格或市場秩序之虞」，始為證券交易法所禁止。

至於所謂「有影響市場價格之虞」，實務上認為，按我國證券交易關於上市或上櫃股票之交易係採電腦撮合原則，在此交易制度下，大量之相對高價委託買進及相對低價委託賣出，對該股票成交價皆會造成立即且直接之影響，即使成交時未以委託之相對高低價成交，但價格之漲跌仍將依委託者之預期方向逐檔移動，而達成影響股價之可能。是操縱股價者連續委託下單買賣公司股票之行為，既經電腦撮合，即生影響市場價格之虞，其犯罪行為即屬既遂，至於事後協助匯款之人，純係完成交割股款行為，自非屬證券交易法第 155 條第 1 項第 4 款之構成要件行為❷。

四、「資訊型」操縱行為

證券交易法第 155 條第 1 項第 4 款規定所涉法律疑義及實務見解，前已詳述。此外，同條文第 1 項第 6 款規定，亦值探討。

依第 155 條第 1 項第 6 款，「意圖影響集中交易市場有價證券交易價格，而散布流言或不實資料。」為散布流言或不實資料罪❸。在主觀構成要件要素方面，與前述同條文第 1 項第 4 款規定一樣，除「故意」外，另需有「意圖」要素。在客觀構成要件要素方面，除「散布行為」外，另亦需有「意圖」要素❹。

為防範前述「資訊型」操縱行為，除訂有證券交易法第 155 條第 1 項第 6 款之規定外，另為協助證券商建立良好之整體風險管理制度，並促進資本市場健全發展，主管機關行政院金融監督管理委員會曾函頒有「證券商風險管理實務守則」❺，俾供證券商參考遵循。在該守則第 4.4.14 條中

---

❷　臺灣高等法院 105 年度金上訴字第 58 號刑事判決。

❸　戴銘昇，〈證券市場操縱行為：散布流言或不實資料（訊）〉，《台灣法學雜誌》，第 316 期，2017 年 3 月，頁 79～85。

❹　吳光明，《證券交易法論》，三民書局，2019 年 2 月增訂 14 版，頁 340。

規定:「為辨識高風險之交易對手,證券商可依歷史違約個案特性、信用評等資訊、市場交易資訊,篩選出高受託風險的股票,並依證券商風險容忍度,作適當之分級處置。」以供遵循參考。

實務上亦認為,前開第6款規範之行為,為「非交易型」之操縱證券交易方式,最典型即為「資訊型」操縱行為,藉由資訊之發布,影響證券價格而遂行操縱之目的。是行為人將不實之新聞稿資料,公告在公開資訊觀測站上,並經由報紙登載報導,致公司股票收盤價格因利多消息之揭露而大幅上漲,即構成上開規定之散布不實資訊,影響證券市場行為。

次按行為人之交易犯罪所得,應為「實際獲利金額」與「擬制性獲利金額」之總和;至於犯罪所得時點之計算,則應以犯罪行為既遂或結果發生時該股票之市場交易價格,或當時該公司資產之市值為準❻。

第六節　結　語

藉由證券交易之結果獲取最大之利益,乃絕大多數證券投資人投資之主要目的,但從合理投資理財之視角言之,究竟何時、何價買進或賣出,才是最佳時機,並無放諸四海而皆準之章法。而在證券市場,因有價證券集中交易市場係採價格優先、時間優先之電腦撮合原則,故為達到成交之目的,以高價買進或低價賣出,往往係為參與市場交易之人,不得不然之選擇。

從法律技巧上言之,證券法中之證券操縱行為,似是而非,有時被解釋為是「動機不良之交易」,有時被解釋為是「證券詐欺」,有時被解釋為是「證券法中之壟斷」,有時「操縱」還包括「移轉風險之行為」等。因此,如以之作為犯罪行為之構成要件,實非妥當,最好是依具體個案問題,具體分析。

---

❺　按「證券商風險管理實務守則」訂於2004年10月12日,歷經多次修正,最近一次修正於2009年11月20日。

❻　最高法院105年度臺上字第1596號刑事判決。

　　就實務上觀之，意圖操縱市場行情者，未必均係以高於平均買價，接近最高買價之價格或以最高之價格買入之方式進行，有時會以反覆洗盤之方式，先拉高後再殺低出貨，一段時間後再拉高價格，方有創新高之可能，完全視當時市場情形及投資人心態而定。 故以 「連續高價買進或低價賣出」，為本款犯罪行為之構成要件，亦未盡妥適。故學者多有刪除此「高價買進或低價賣出」要件之議。

　　另一方面，所謂「高價」或「低價」，究應如何認定，在實務運作上迭有爭議，已如前述。故過去實務上，甚至曾有認為，證券市場之交易深具變動性、複雜性與不確定性，其變化萬端，非僅憑簡單之交易法則即可窺其端倪。故最高法院曾認為某一實務案例之原判決理由謂得以「憑前幾日之交易情形」或「買進股票之張數及委買價格與以往市場交易法則相較」，即可輕易推知掛進之股票價格是否為高價，或購進之數量占有多少百分比，而決定買進之價、量，因而為不利於上訴人之認定。此項理由論敘未免失之臆測，衡諸證券交易市場之特性，似與論理法則及經驗法則不無違背。是上訴意旨，執以指摘原判決違背法令，尚非全無理由，因而認原判決仍有撤銷發回更審之原因❹❼。

　　惟證券交易法第 155 條雖迭經修正，但其中第 1 項第 4 款所規範操縱行為以「連續以高價買入或以低價賣出」之要件，則延續迄今，以致不但證券操縱行為之學理與實務間有相當大之落差，且在實務爭訟上，又有「高價」或「低價」之認定爭議，以及其他不確定法律概念問題，益見該法條「連續以高價買入或以低價賣出」之規定，實已不合時宜。未來修法時，實有待針對現行第 155 條第 1 項第 4 款之規定重新檢討，訂定一更周延且完善之條文，俾其符合理論與實務界之需，方能更有利於證券市場之良善管理。

---

❹❼　最高法院 93 年度臺上字第 5098 號刑事判決。

第十七章　內線交易

第一節　概　說

從資訊揭露之觀點言之，企業必須充分對於投資大眾、股東公開企業之所有資訊，以達資訊透明之目的，進而充分保護投資者與股東之權益。但資訊揭露制度仍有本質上之缺陷，亦即公司之董事、監察人、經理人或大股東等所謂內部關係人（亦即居於創造或是經手公司資訊地位之人），並無須經由資訊揭露制度來取得相關資訊。如這些處於資訊優勢地位之內部關係人，於取得資訊後並未公開，在投資者不知之情形下，與其一同在市場上交易，自然形成「資訊不對等」之狀況，亦即破壞投資者對於市場公正性之信賴。

另一方面，因為公司內部關係人易取得相關之優位資訊，投資者自然會注意其持股變化，間接造成不當影響市場機制之結果，有必要對於該內部關係人之持股特別加以規範，以充分減少投資者之疑慮。因此，依據此等關係人交易類型之不同，對於投資者、股東之影響狀況，而分別在法律上禁止與限制之規範，自屬必要。

此外，內線交易禁止之立法理由有：

一、公平交易；

二、杜絕股價操縱行為；

三、促進證券市場資訊迅速透明化；

四、公司資產之正當利用；

五、增進公司經營決策之健全與時效❶。

　　1988 年以前，我國對於上市公司內部人員利用內線交易，僅依證券交易法第 157 條規定，將其利益歸入公司，如符合詐欺等要件，則負第 20 條及第 171 條民刑事責任，對於利用內線消息之人員，並未明定禁止，有礙證券市場之健全發展。

　　然而，實務上，傳遞型內線交易，係近年內線交易查處之一大難題，隨著現代化社會訊息流通方式之多元化，流動速度之加快，以及社交網路之不斷擴張，而逐步演化出「多向傳遞」與「多元傳遞」之趨勢，更值得注意。

　　基此，本章首先擬探討我國證券交易法內線交易之規定；其次擬探討適用範圍，包括內線交易行為之構成要件、內線交易之特殊行為；再次擬探討規範主體；復次擬探討規範客體。此外，擬探討法律責任，包括民事責任、刑事責任、行政責任、法條是否合宜增訂行政和解制度、增訂內線交易免責之積極抗辯權問題；再者，探討犯罪所得之計算；最後，提出檢討與建議。

第二節　我國證券交易法內線交易之規定

一、內線消息之意義

㈠證券交易法與施行細則之規定

　　依證券交易法第 157 條之 1 第 5 項之規定：「第一項所稱有重大影響其股票價格之消息，指涉及公司之財務、業務或該證券之市場供求、公開收購，對其股票價格有重大影響，或對正當投資人之投資決定有重要影響之消息；其範圍及公開方式等相關事項之辦法，由主管機關定之。」

　　按此可知，重大影響股票價格之消息，包括涉及公司之財務、業務或該證券之市場供求之消息、公開收購之消息，對公司股票價格有重大影響之消息，或對正當投資人之投資決定有重要影響之消息。除將「公開收購」

❶　黃川口，《證券交易法要論》，1993 年 8 月修訂 4 版，頁 415～417。

消息明確地納入內線消息範圍外，其餘條文仍僅是一個概括性之規定。

　　證券交易法第 36 條第 3 項第 2 款規定有「發生對股東權益或證券價格有重大影響之事項」，又於證券交易法施行細則❷第 7 條規定：「本法第三十六條第二項第二款所定發生對股東權益或證券價格有重大影響之事項，指下列情形之一：

　　一、存款不足之退票、拒絕往來或其他喪失債信情事者。

　　二、因訴訟、非訟、行政處分、行政爭訟、保全程序或強制執行事件，對公司財務或業務有重大影響者。

　　三、嚴重減產或全部或部分停工、公司廠房或主要設備出租、全部或主要部分資產質押，對公司營業有影響者。

　　四、有公司法第一百八十五條第一項所定各款情事之一者。

　　五、經法院依公司法第二百八十七條第一項第五款規定其股票為禁止轉讓之裁定者。

　　六、董事長、總經理或三分之一以上董事發生變動者。

　　七、變更簽證會計師者。但變更事由係會計師事務所內部調整者，不包括在內。

　　八、重要備忘錄、策略聯盟或其他業務合作計畫或重要契約之簽訂、變更、終止或解除、改變業務計畫之重要內容、完成新產品開發、試驗之產品已開發成功且正式進入量產階段、收購他人企業、取得或出讓專利權、商標專用權、著作權或其他智慧財產權之交易，對公司財務或業務有重大影響者。

　　九、其他足以影響公司繼續營運之重大情事者。」

　　上述各款似可作為解釋部分條文之參考，然仍不足以解釋有重大影響其股票價格之消息，定義之重大影響股票價格之消息，並不以前述 9 款事項為限，舉凡符合該條規定要件者，均可能構成重大影響股票價格之消息❸。至於「涉及該證券市場供求之消息」部分，證券交易法暨其施行細

---

❷　按「證券交易法施行細則」訂於 1988 年 8 月 6 日，歷經多次修正，最近一次修正於 2012 年 11 月 23 日。

則均無明文規定，惟經衡酌國內市場實務，包括上市、櫃公司股票被公開收購、公司或所從屬控制公司股權有重大異動者，以及標購、拍賣、重大違約交割等情事，均會影響該有價證券價格或正當投資人之投資決定。實務上，須由法院於具體事例中，就消息是否有重大影響股票價值或影響投資人之投資決定予以認定。

㈡重大性之判斷

證券交易法第 157 條之 1 對於「消息重大性」之判斷，僅規定「重大影響其股票價格」或「對正當投資人之投資決定有重要影響」，此規定亦見於證券交易法施行細則第 7 條規定，足見對重大性之判斷係採抽象規定。主管機關乃依證券交易法第 157 條之 1 第 5 項及第 6 項規定訂定「證券交易法第一百五十七條之一第五項及第六項重大消息範圍及其公開方式管理辦法」❹。該辦法第 2 條並規定，所稱涉及公司之財務、業務，對其股票價格有重大影響，或對正當投資人之投資決定有重要影響之消息，指其所列共計 18 款消息之一。可惜該辦法亦未就上述「重大性」概念加以具體化。至於實際個案之認定，則由法院按該個別案例情況判斷之。

本文認為，重大性係指對公司證券之市場價格會有重大影響者。至於某一消息是否對證券之市場價格會有重大影響，應以一般投資人之合理判斷為假設基礎，而非視實際效果而定。

㈢消息「明確後」用語

證券交易法第 157 條之 1 第 1 項所謂消息「明確後」，係指此消息必須具體，而客觀上有堅強之事證，且能合理預期消息將來會發生，並非謠言

---

❸　　「臺灣證券交易所股份有限公司對有價證券上市公司重大訊息之查證暨公開處理程序」第 4 條，「財團法人中華民國證券櫃檯買賣中心對有價證券上櫃公司重大訊息之查證暨公開處理程序」第 4 條，對於「重大訊息」均有詳細規定，可作為證券交易法第 157 條之 1 第 5 項所指「涉及公司之財務業務消息」之參考。

❹　　按「證券交易法第一五七條之一第五項及第六項重大消息範圍及其公開方式管理辦法」訂於 2006 年 5 月 30 日，2010 年 12 月 22 日修正發布名稱及全文 7 條。

或單純之預測,以致於只要該消息一旦被公開即可能影響投資大眾之投資決定。可參考「證券交易法第一百五十七條之一第五項及第六項重大消息範圍及其公開方式管理辦法」第 5 條規定:「前三條所定消息之成立時點,為事實發生日、協議日、簽約日、付款日、委託日、成交日、過戶日、審計委員會或董事會決議日或其他依具體事證可得明確之日,以日期在前者為準。」

至於「重大消息是否已明確」問題,實務上認為,內線交易重大消息之形成,一般而言,於達到最後依法應公開或適合公開階段前,往往須經一連串處理程序或時間上之發展,之後該消息所涵蓋之內容或所指之事件才成為事實,其發展及經過情形因具體個案不同而異。以公司與他人業務合作之策略聯盟而言,可能有雙方之磋商、訂約、董事會通過、實際變更合作內容或停止合作、對外公布合作或停止合作等多種事實發生之時點。為促進資料取得平等,以維護市場交易公平,應以消息最早成立之時點為準。故認定重大消息發生之時點,及內部人何時獲悉此消息,自應綜合相關事件之發生經過及其結果為客觀上判斷。倘就客觀上觀察,重大消息所指內涵於一定期間必然發生之情形已明確,或有事實足資認定事實已發生,而內部人已實際上知悉此消息,自不能因公司或其內部人主觀上不願意成為事實,即謂消息尚不明確,或事實尚未發生,否則內部人即可能蓄意拖延應進行之法定程序,或利用該消息先行買賣股票,導致資訊流通受影響,阻礙證券市場公平競爭,而與資訊平等取得原則之立法意旨相違❺。

㈣消息之公開

實務上對於消息「公開」之認定,並無一定標準。可參考「證券交易法第一百五十七條之一第五項及第六項重大消息範圍及其公開方式管理辦法」第 6 條規定:「第二條及第四條消息之公開方式,係指經公司輸入公開資訊觀測站。第三條消息之公開,係指透過下列方式之一公開:一、公司輸入公開資訊觀測站。二、臺灣證券交易所股份有限公司基本市況報導網站中公告。三、財團法人中華民國證券櫃檯買賣中心基本市況報導網站中

---

❺　最高法院 100 年度臺上字第 3800 號刑事判決。

公告。四、兩家以上每日於全國發行報紙之非地方性版面、全國性電視新聞或前開媒體所發行之電子報報導。消息透過前項第四款之方式公開者，本法第一百五十七條之一第一項十八小時之計算係以派報或電視新聞首次播出或輸入電子網站時點在後者起算。前項派報時間早報以上午六時起算，晚報以下午三時起算。」

二、繼受美國法

㈠美國內線交易理論體系之建構❻

1.誠信義務 (fiduciary duty)

美國是世界上最早禁止內線交易之國家，其基本立場為禁止證券詐欺 (securities fraud)，制定法依據為證券交易法 (Securities Exchange Act of 1934) 第 10(b) 條及證券交易委員會 (SEC) 根據該條授權制定之 10b–5 規則。此亦即誠信義務理論 (fiduciary duty theory)。

此外，另有作為補充誠信義務理論之私取理論 (misappropriation theory)，亦即美國首席大法官 Burger 認為，任何人私自取得之未公開重要消息，即應負有與內部人相同之揭露義務，否則不得利用此等消息進行交易。

2.市場公平

為確保證券市場之健全以及增進投資人對市場之信心，任何非法利用內線消息之行為，均應受到懲處。

㈡美國司法實務界見解

1.早　期

早期（1933 年之前）美國知悉內線消息者與相對人進行交易時，無須揭露自己知悉內線消息之情況，除非交易相對人負有普通法上之忠實義務 (fiduciary relationship theory)。藉此，「傳統內部人」（包括管理人與大股

---

❻　有關內線交易理論之進一步討論，請參閱張心悌，〈從法律經濟學與資訊財產權探討內線交易理論：兼論內線交易內部人之範圍〉，《國立臺灣大學法學論叢》，第 37 卷第 3 期，2008 年 9 月，頁 97～128。

東）與「臨時內部人」（例如公司委託中介）受到內線交易制度之拘束，但依此理論，卻無法將外部人（例如收購人委託之律師）納入內線交易制度之管制範圍。

2.後　期

後期（1983 年）美國司法實務界發展出「消息源忠實理論」(fiduciary duty owned to source of information)，用以擴大內線交易制度之輻射範圍。依據「忠實義務」與「消息源忠實理論」，受領人僅在其知悉義務人違反忠實義務之情況下才承擔內線交易之責任 (chain of fiduciary duty)❼。

㈢我國證券交易法所繼受之美國法

1.從美國 1934 年證券法 10(b) 之規定觀察

任何直接或是間接利用商務工具、郵件或是全國性證券交易設備之人，從事買賣上市或非上市證券，或進行其他有關之活動時，不得違反主管機關訂定禁止詐欺或操縱之行為❽，以及 1942 年美國證券管理委員會依上述

---

❼　See Dirks v. SEC, 463 U.S. 646, 655 (1983).

❽　See Section 10 of Securities Exchange Act of 1934－Manipulative and Deceptive Devices (Section 17 of Securities Act of 1933 － Fraudulent Interstate Transactions): "Use of interstate commerce for purpose of fraud or deceit it shall be unlawful for any person in the offer or sale of any securities or any security-based swap agreement (as defined in section 206B of the Gramm-Leach-Bliley Act [15 USCS §78c note]) by the use of any means or instruments of transportation or communication in interstate commerce or by use of the mails, directly or indirectly －to employ any device, scheme, or artifice to defraud, orto obtain money or property by means of any untrue statement of a material fact or any omission to state a material fact necessary in order to make the statements made, in light of the circumstances under which they were made, not misleading; orto engage in any transaction, practice, or course of business which operates or would operate as a fraud or deceit upon the purchaser. Use of interstate commerce for purpose of offering for sale. It shall be unlawful for any person, by the use of any means or instruments of transportation or communication in interstate commerce or by the use of the mails, to publish, give publicity to, or circulate any notice, circular,

法律授權發布之 Rule 10b-5 之內容規定任何直接或是間接利用商務工具
或是郵件或是全國性證券交易設備之人，從事買賣上市或非上市證券，或
進行其他有關之活動時，不得利用任何方法、活動從事詐欺行為，或利用
不實陳述、隱瞞等方式誤導他人，或是從事任何行為、業務或商業活動，
而對人產生詐欺或是欺騙等情事，到底係採取以市場理論抑或關係理論為
基礎，值得探討。

2.美國內線交易理論演進情形

美國內線交易理論演進情形，從早期之市場理論「任何人均有公布消
息否則禁止買賣 (disclose or abstain rule)」法則，到後來採取關係理論，將
對象侷限在對公司或公司股東負有信賴之人，晚近之發展又以私取理論加
以擴大，適用對象，對於從消息來源私自取用消息買賣證券之人亦納入規
範範圍❾。

3.在內線交易案中，要求揭露訊息或不交易義務

首先，此要求揭露訊息或不交易義務訊息必須是具有「重大性」；其
次，在不實陳述或遺漏案中，亦須是對重大事實之不實陳述或遺漏。因此，
在 Rule 10b-5 訴訟之客觀要件中所謂「重大性」標準並非取決於說明或陳
述之字面真實，而係取決於合理投資人被明確告知訊息之能力。

三、我國證券交易法之規定

我國證券交易法於 1988 年即增訂第 157 條之 1 有關內線交易行為之
規範規定，2002 年首次修正。嗣 2006 年 1 月 11 日修正時，進行較大幅之

---

advertisement, newspaper, article, letter, investment service, or communication
which, though not purporting to offer a security for sale, describes such security for
a consideration received or to be received, directly or indirectly, from an issuer,
underwriter, or dealer, without fully disclosing the receipt, whether past or
prospective, of such consideration and the amount thereof."

❾ See Carl W. Mills, Breach of Fiduciary Duty as Securities Fraud: Sec V.
Chancellor Corp. Fordham Journal of Corporate & Financial Law, 10 Fordham J.
Corp. & Fin. L. 439 (2005).

變革，其重點為：

1.保留一段合理之期間

該條文第 1 項前段最初係規定：「左列各款之人，獲悉發行股票公司有重大影響其股票價格之消息時，在該消息未公開前，不得對該公司之上市或在證券商營業處所買賣之股票或其他具有股權性質之有價證券，買入或賣出」，於該次修正時，將「在該消息未公開前」修正為「在該消息未公開或公開後十二小時內」。

2.法人董監納入規範

於該條文第 1 項第 1 款後段，增訂「依公司法第二十七條第一項規定受指定代表行使職務之自然人」，將法人董監納入規範。

3.當日善意從事相反買賣之人

將第 2 項原訂「善意從事相反買賣之人」修正為「當日善意從事相反買賣之人」，以資明確。

4.將內線交易重大消息明確化

修正該條文第 4 項，授權主管機關訂定重大消息之範圍。

四、證券交易法（2010 年）第 157 條之 1 修正

證券交易法第 157 條之 1 於 2010 年 6 月 2 日修正後即沿用迄今，未再修正。茲敘述該次修正內容及理由：

㈠新修正內容

2010 年修正後之證券交易法第 157 條之 1 規定：「下列各款之人，實際知悉發行股票公司有重大影響其股票價格之消息時，在該消息明確後，未公開前或公開後十八小時內，不得對該公司之上市或在證券商營業處所買賣之股票或其他具有股權性質之有價證券，自行或以他人名義買入或賣出：

一、該公司之董事、監察人、經理人及依公司法第二十七條第一項規定受指定代表行使職務之自然人。

二、持有該公司之股份超過百分之十之股東。

三、基於職業或控制關係獲悉消息之人。

四、喪失前三款身分後，未滿六個月者。

五、從前四款所列之人獲悉消息之人。

前項各款所定之人，實際知悉發行股票公司有重大影響其支付本息能力之消息時，在該消息明確後，未公開前或公開後十八小時內，不得對該公司之上市或在證券商營業處所買賣之非股權性質之公司債，自行或以他人名義賣出。

違反第一項或前項規定者，對於當日善意從事相反買賣之人買入或賣出該證券之價格，與消息公開後十個營業日收盤平均價格之差額，負損害賠償責任；其情節重大者，法院得依善意從事相反買賣之人之請求，將賠償額提高至三倍；其情節輕微者，法院得減輕賠償金額。

第一項第五款之人，對於前項損害賠償，應與第一項第一款至第四款提供消息之人，負連帶賠償責任。但第一項第一款至第四款提供消息之人有正當理由相信消息已公開者，不負賠償責任。

第一項所稱有重大影響其股票價格之消息，指涉及公司之財務、業務或該證券之市場供求、公開收購，其具體內容對其股票價格有重大影響，或對正當投資人之投資決定有重要影響之消息；其範圍及公開方式等相關事項之辦法，由主管機關定之。

第二項所定有重大影響其支付本息能力之消息，其範圍及公開方式等相關事項之辦法，由主管機關定之。

第二十二條之二第三項規定，於第一項第一款、第二款，準用之；其於身分喪失後未滿六個月者，亦同。第二十條第四項規定，於第三項從事相反買賣之人準用之。」

㈡修正重點

證券交易法第 157 條之 1 於 2010 年間修正之重點如下：

1.將主觀要件「獲悉」修改為「實際知悉」。

2.認定消息之時點為「消息明確後」。

3.將不得買賣股票之時間，再擴大至在該消息未公開或公開後 18 小時

內。

　　4.增訂禁止自行或以他人名義買入或賣出。

　　5.將規範客體範圍擴大包含「非股權性質之公司債」。

　　6.重大消息包含「有重大影響發行公司支付本息能力之消息」。

第三節　適用範圍

一、內線交易行為之構成要件

(一)構成要件

　　證券交易法（2010 年）第 157 條之 1 之內容，已如前述，依其規定，則內線交易之構成要件包括：

　　1.具有內部人或消息受領人之身分；

　　2.獲悉影響股價之重大消息；

　　3.消息未公開前買賣上市、上櫃股票或其他具有股權性質之有價證券；

　　4.行為人有犯內線交易罪之故意。

(二)修法影響

　　證券交易法第 157 條之 1 第 1 款，原訂「下列各款之人，獲悉發行股票公司有重大影響其股票價格之消息時，在該消息未公開或公開後十二小時內，……」，修法後之現行條文改為「下列各款之人，實際知悉發行股票公司有重大影響其股票價格之消息時，在該消息明確後，……」，亦即使內線交易行為之構成要件之一，從原來之「獲悉」，改為現行之「實際知悉」，進而以「明確消息」為要件，則其構成要件之該當，非僅「在特定時間內必成之事實」，且係應符合更嚴謹之「消息明確成立」。

　　證券交易法第 157 條之 1 第 5 項則授權主管機關訂定「證券交易法第一百五十七條之一第五項及第六項重大消息範圍及其公開方式管理辦法」❿。

---

　❿　按「證券交易法第一百五十七條之一第五項及第六項重大消息範圍及其公開

二、內線交易之特殊行為

㈠形態分析

　　證券交易法第 157 條之 1 之規定，僅關注內線交易一般行為形態，而對複雜之傳遞形態，例如多層次傳遞，以及複雜之傳遞交易形態，例如正反向混合操作❶，影子交易❷等，均無暇顧及。

　　多層次傳遞之特殊形態衍生出複雜之法律問題，包括對於連續傳遞消息之內線交易，是否應追究傳遞鏈上之所有主體、多層次傳遞之內線消息最後結果可能使事實失真，是否影響相關消息受領者責任之認定、深度調查追究並復原多層次傳遞之所有鏈條所需耗費大量人力與物力，是否能在追究違法者與執法之間取得合理之平衡等問題，均值得深思。

　　此外，多層次傳遞過程中消息因有些因素而「失真」，例如內線消息本身不夠明確、內線消息被干擾、內線消息傳遞環節過多等問題。此種多層次傳遞過程中發生消息失真，能否作為當事人之免責事由，需依具體情況作出個案之處理。

㈡內線交易之主體要件之存疑

　　證券交易法保護投資人之立法宗旨以及證券市場之公平、公正、公開原則，反映立法者強調投資人保護與市場公平。對於不同「實際知悉」內線消息之人，由於其身分、地位不同，「實際知悉」內線消息之途徑、手段亦不同。相應地，要證明不同之人「實際知悉」、利用內線消息之難度亦不

　　　方式管理辦法」訂於 2010 年 12 月 22 日；其原名稱為「證券交易法第一百五十七條之一第四項重大消息範圍及其公開方式管理辦法」。

❶　此所謂「正反向混合操作」，係指行為人從事內線交易分數次進行，在內線消息產生之前即持有相關證券，在整個交易進行過程中，其交易是雙向，既有買入行為，亦有賣出行為。此時，從傳統認定內線消息之模式來判斷此種特殊之內線交易，將會出現邏輯上難以自圓其說之問題。

❷　此所謂「影子化內線交易」，係一種結合概念炒作與內線交易之隱蔽交易方式，亦即行為人不直接交易相關上市公司證券，而交易與該上市公司同屬一種概念範疇之其他上市公司之股票。

相同。因此，有必要作進一步之細分。例如，對公司內部人等核心規制對象，應設置較低之證明標準；對內線消息傳遞鏈條端之人群應設置較高之證明標準，以資因應。

(三)市場流言是否構成內線消息

市場流言往往會對某種證券之價格構成影響，則利用這些流言進行交易，是否構成內線消息，值得探討。蓋一旦發生影響價格變動之市場流言，在該公司予以澄清之前，該「市場流言是否真實」，即構成內線消息。知情人士不得在公開前利用該消息從事交易。

此外，公司生產經營之外部條件發生重大變化，包括調整利率、徵收證券交易所得稅等國家法律、政策變化等之消息，政府相關公務人員在影響股市或行業整體政策變化公布之前，利用該消息進出股票，是否構成內線消息，此在目前仍是一個未定論之問題，有待修法或主管機關進一步明確規定。

第四節　規範主體

一、內部人

證券交易法第 157 條之 1 有關內線交易行為之規範主體，泛稱為「內部人」，包括下列之人：

(一)該公司之董事、監察人、經理人及依公司法第 27 條第 1 項規定受指定代表行使職務之自然人

本款規定之人，係屬公司負責人之概念，依 2012 年 1 月修正前之公司法第 8 條之規定：「本法所稱公司負責人：在無限公司、兩合公司為執行業務或代表公司之股東；在有限公司、股份有限公司為董事。公司之經理人或清算人，股份有限公司之發起人、監察人、檢查人、重整人或重整監督人，在執行職務範圍內，亦為公司負責人」。按此，公司法上之負責人，可分為：

1.當然負責人

所謂當然負責人，係指公司法定必備之業務執行機關或代表機關。在無限公司、兩合公司為執行業務或代表公司之股東；在有限公司、股份有限公司為董事。所謂執行業務，係指處理有關公司所營事業之所有事宜。不過執行業務者不一定代表公司，而執行業務所涉及者，係有關特定行為應如何為之之問題，屬於公司內部事項。所謂代表，則係處理於公司外部與第三人間之權利義務關係。因此，同一行為對內為執行業務行為，對外為代表公司之行為。擁有代表公司權限，常以具有業務執行為前提，但業務執行者卻未必兼代表之職❸。

前述所稱經理人，2003 年主管機關曾認為，係包含下列之人❹：「總經理及相當等級者」、「副總經理及相當等級者」、「協理及相當等級者」、「財務部門主管」、「會計部門主管」、「其他有為公司管理事務及簽名權利之人」。然而，僅以此等職稱，自形式上認定其是否為公司經理人，應非妥適。尤其是「財務部門主管」、「會計部門主管」僅有內部管理權限，並不兼具對外簽名權限，如認定為公司經理人，適用證券交易法條文，此與公司法經理人概念，未能吻合❺。因此，應以工作實質內容去認定是否居於公司之行政、管理事務及簽名權利之人，而非以形式職稱判斷之。

實務上認為，某案之行為人係股票上市公司總經理，其職務範圍包括綜理公司之工務、會計、管理、財務、發展等部門業務，自屬證券交易法第 157 條之 1 第 1 項所稱內部人，並同時兼任數家具實質控制關係公司股票交易受任人，竟於得知擔任總經理之公司減資消息後，連續委託他人於集中市場大量賣出上述公司所持有之股票，縱使行為人辯稱，該消息並非「重大且未公開消息」，惟以「證券交易法第一百五十七條之一第五項及第

---

❸　王文宇，《公司法論》，元照出版，2005 年 8 月，頁 118。

❹　財政部證券暨期貨管理委員會 2003 年 3 月 27 日臺財證㈢字第 0920001301 號函。

❺　林國全，〈公司經理人概念〉，《台灣本土法學雜誌》，第 48 期，2003 年 7 月，頁 135。

六項重大消息範圍及其公開方式管理辦法」❶第 2 條規定對其定義,應認減資亦屬對其股票價格有重大影響,或對正當投資人之投資決定有重要影響之消息,故行為人所為,自應認有違證券交易法第 157 條之 1 第 1 項規定❶。

2.職務負責人

股份有限公司之發起人、監察人、檢查人、重整人或重整監督人,在執行職務範圍內,亦為公司負責人。另外,依公司法第 208 條之 1 與第 108 條第 4 項之規定,股份有限公司或有限公司選任之臨時管理人,亦屬公司負責人。

應注意者,依法條用語「董事」、「監察人」應指具「董事」、「監察人」頭銜,而不論有無執行職務者,均應包括在內。至於未具「董事」、「監察人」頭銜,但具有行政、經營或監督地位,而實際知悉一般投資人無法獲得之資訊,仍應納入規範。當然,何種情形可認為「具有行政、經營或監督地位」,應由法院以實質職務內容作個案認定,而非單以形式職稱作為判斷。

3.非董事但實質執行業務或控制公司相關業務之人

2012 年 1 月間,公司法修正時,第 8 條增列第 3 項,其內容為「公開發行股票之公司之非董事,而實質上執行董事業務或實質控制公司之人事、財務或業務經營而實質指揮董事執行業務者,與本法董事同負民事、刑事及行政罰之責任。但政府為發展經濟、促進社會安定或其他增進公共利益等情形,對政府指派之董事所為之指揮,不適用之。」

依此意旨,公司之非董事,但實質上執行董事業務或實質控制公司之人事、財務或業務經營而實質指揮董事執行業務者,應與董事同樣受有關內線交易行為之規範。

---

❶ 按 「證券交易法第一百五十七條之一第五項及第六項重大消息範圍及其公開方式管理辦法」訂於 2006 年 5 月 30 日,2010 年 12 月 22 日修正發布名稱及全文七條。

❶ 最高法院 99 年度臺上字第 1153 號刑事判決。

又該條文於 2018 年 8 月 1 日修正時，為強化公司治理並保障股東權益，實質董事之規定，不再限公開發行股票之公司始有適用，已刪除「公開發行股票之」之文字。

4.依公司法第 27 條第 1 項規定受指定代表行使職務之人

公司法第 27 條第 1 項規定：「政府或法人為股東時，得當選為董事或監察人。但須指定自然人代表行使職務。」此項增訂係考量該人代表董事或監察人行使職務時，經常有機會接觸公司重大內線訊息，若該法人有內線交易之情形，當然構成證券交易法第 157 條之 1 第 1 項第 1 款前段之規定。

至於公司法第 27 條第 2 項規定：「政府或法人為股東時，亦得由其代表人當選為董事或監察人，代表人有數人時，得分別當選，但不得同時當選或擔任董事及監察人。」則公司法第 1 項受指定代表行使職務之自然人，並無法包含上述之法人股東，但實際上確有可能發生以該法人名義為內線交易之情形。

㈡持有該公司之股份超過百分之十之股東

此等人士因持有股份過多，具有相當影響力，並且常有機會接觸公司內部消息。所稱「持有該公司股份超過百分之十股東」，其旨意以股東控制權之有無為認定標準，故應以實際受讓股份，連同以往持有股份合計超過百分之十者，即適用該款規定，並不以實際過戶完成為認定標準❶❽。計算持股數量時，應並記股東配偶、未成年子女以及利用他人名義所持有之股票。

另需注意者，信託投資公司如以自有資金持股當選為公開發行股票公司之董事、監察人或持股超過公開發行股票公司股份總額百分之十，及信託資金持股超過公開發行股票公司股份總額百分之十時，其以自有資金或信託資金持有同種股票，亦有本條之適用❶❾，蓋其立法意旨，乃在促使公開發行股票公司之董事、監察人、經理人及持有公司超過股份總額百分之

---

❶❽　參閱財政部證券管理委員會臺財證㈡字第 14860 號函，1989 年 10 月 30 日。

❶❾　參閱財政部證券管理委員會臺財證㈡字第 00518 號函，1989 年 3 月 20 日。

十之股東，持有股份及轉讓資訊之公開，並防止有短期買賣或利用公開發行股票公司未公開有重大影響其股票價格之消息買賣公司股票圖利。則對信託投資公司以信託資金所持有之公開發行股票公司股票，因係信託投資公司所控制，故如符合本條要件，當有適用。

(三)基於職業或控制關係獲悉消息之人

1.職業或控制關係之內涵

解釋上，舉凡基於工作之便利獲得發行公司足以影響股價變動之資料或消息而為該公司股票之買賣者，均為該款所規範之對象[20]。

另本文將基於職業或控制關係獲悉消息之人稱為「準內部人[21]」，係基於與公司之直接或間接關係而獲取內部消息，因而可能利用該內部消息買賣圖利之人。「準內部人」可分為：

(1)基於法令權限因而知悉公司內部消息者：例如上述之公務員、受政府委託之行使調查權、檢查權之公務員或檢查人、母公司對子公司之監察人等。

(2)因契約關係之締結或履行而知悉該消息之人：係指公司之特約律師、簽證會計師、證券承銷商、公司原料供應商等。

再次強調者，無論上述之人係直接或是間接「實際知悉」該內部消息者，均構成該款之規定。

2.該款是否包括「公務員」

(1)早期見解

財政部曾認為，在當時法律體系下對公務員違反保密義務，已有規範，且其所規範之刑責較證券交易法為重，而否定該款包括「公務員」在內[22]。

(2)實務上見解

2005 年發生之勁永公司不法放空案（媒體稱勁永禿鷹案），被告金檢

---

[20] 參閱財政部證券管理委員會臺財證㈡字第 14860 號函，1989 年 10 月 30 日。

[21] 參閱吳光明，《證券交易法論》，三民書局，2005 年 9 月增訂 7 版，頁 240。

[22] 參閱財政部致立法院函，《立法院公報》，第 89 卷第 39 期，1997 年 12 月 23日，頁 244。

局長基於職務關係知悉檢調單位即將對勁永公司進行搜索，而於消息未公開前，將此不利消息洩漏給其友人，而後該判決認為，公務員亦屬於「基於職業或控制關係獲悉消息」之人❷。學者亦從現行內線交易之刑度已大幅提昇，認為以內線交易處罰公務員未必無實益❷。

　　因此，證券交易法第 157 條之 1 第 1 項第 3 款所謂「基於職業或控制關係獲悉消息之人」，並不以律師、會計師、管理顧問等傳統職業執業人員為限，公務員、證券交易所、櫃檯買賣中心等機構之相關人員，亦屬之。

㈣喪失前 3 款身分後，未滿 6 個月者

　　前 3 款身分部分，前已論述，茲不贅述。依證券交易法第 157 條之 1 第 1 項第 4 款規定：「喪失前三款身分後，未滿六個月者。」係 2006 年增訂。該款主要係考量第 1 款至第 3 款之人於喪失身分後一定期間內，通常仍對公司之財務、業務有熟悉度或影響力，且實務上上開人等常有先辭去現職後，再買進或賣出發行公司之股票以規避本條規範之情形，爰參酌日本證券取引法第 166 條第 1 項後段之規定以及我國之國情而訂定❷。

㈤從前 4 款所列之人獲悉消息之人

　　從文義解釋，必須從前 4 款所列之人獲悉消息者，則消息告知人必須限於前 4 款之人，立法論上並未限定如文義解釋上之結果，因此刻意安排間接受領人接受該內線消息，進而買賣股票亦在規範之內，但依文義解釋則為其規範之漏洞，在此出現立法目的「維護市場健全」與文義規定之差距，又本條規定係為刑事規定，是否能夠存有解釋空間，本文採取否定之見解。因此適用上間接受領人不符合上述之要件，應在內線交易之規範外，此乃一漏洞，須加以修法填補。

---

❷　在涉嫌做假帳之勁永案中，目前唯一曝光之空方勢力僅林明達夫婦，他們放空勁永股票約兩千張，占勁永融券餘額高峰時之十分之一，林明達是臺灣證券史上第一個被查黑中心追查之股市禿鷹。 http://www.ettoday.com/2005/07/06/11086-1813468.htm，拜訪日：2010 年 5 月 27 日。

❷　賴英照，〈公務員是不是內部人？〉，《法學論叢》，第 3 卷第 1 期，2007 年 12 月，頁 150。

❷　增訂證券交易法第 157 條之 1 第 1 項第 4 款立法理由，2006 年 1 月 11 日。

又公司董事長、或其他內部人，因業務上正當理由將重大機密消息供給特定之人，例如律師、銀行、會計師、承銷商或是政府官員，嗣後該等受領消息之人私自利用買賣股票，此時提供消息之內部人，並未違反信賴義務，同方面，受領消息之人屬臨時內部人，本身即為內部人，亦無適用消息受領人之規定，我國應與美國採取同樣之解釋❷❻。

㈥配偶、未成年子女及利用他人名義持有者

本條第 7 項規定：「第二十二條之二第三項規定，於第一項第一款、第二款，準用之；其於身分喪失後未滿六個月者，亦同。第二十條第四項規定，於第二項從事相反買賣之人準用之。」

學者認為，條文規定準用到底何所指，有敘明之必要，若係內部人利用其配偶、未成年子女及利用他人名義持有股票並從事內線交易者，該內部人違反本條之規定，而配偶等人是否基於共同正犯或幫助犯之情形，則須分開認定，若係屬不知情，應無本條刑事追訴之問題❷❼。若配偶等人持有該股票，但其關係人獲悉該內線消息後並未買賣股票亦未透露給配偶等人，而配偶等人從事買賣股票之情況，形式上似乎具備本條之處罰要件，但是實質上配偶等人買賣股票與該內線消息無關，因此在舉證責任分配上，本文認為，應由檢察官負舉證責任為妥，不應由從事買賣股票之配偶等人或是未洩漏內線消息之關係人負舉證責任。

然而，有學者認為內部人知悉內線消息未公開前，配偶或未成年子女有買賣股票之行為，內部人當然應負違反內線交易之民刑事責任，但建議立法上改採推定之規定，允許內部人及其配偶、未成年子女可舉反證推翻而免責❷❽。

然而，本文認為，從刑事責任三段論要件上，充其量此等行為僅有客觀要件之構成，行為人之主觀要件是否有從事內線交易之故意，仍須由檢

---

❷❻　參閱賴英照，前揭書，頁 494。

❷❼　臺灣高等法院臺南分院 89 年度上易字第 345 號刑事判決。

❷❽　林國全，〈證券交易法第一五七條之一內部人交易禁止規定之探討〉，《政大法學評論》，第 45 期，頁 278～280。

察官加以舉證證明之，怎可由法律規定先為推定，而由相對人舉證證明未有故意，從舉證責任之實質內涵上，舉證自己無罪較諸證明有罪甚為困難，況且該建議明顯違反無罪推定原則，或許在民事舉證責任上之分配尚可，但在刑事責任之認定上，未免過嫌草率。

㈦發行公司

1.理論上

在內線交易方面，證券交易法禁止內線交易之對象包括公司董事、監察人、經理人、大股東及其他相關人員，依證券交易法第 157 條之 1，並未包括公司本身。因此，如公司本身在內線消息未公開前買賣股票者，就事理言之，可構成內線交易，但就「罪刑法定主義」之法理言，則不能處罰。

為杜爭議，應修法將公司納入內線交易之適用對象，並依證券交易法第 179 條第 1 項「法人違反本法之規定者，依本章各條之規定處罰其為行為之負責人」之規定，處罰其為行為之公司負責人。

2.實務上

實務上認為，身為公司法第 27 條第 1 項規定所指定之代表行使職務之自然人，若得知該企業將與其他企業進行合併，而該合併事項依照證券交易法第 157 條之 1 第 5 項、第 6 項重大消息範圍及其公開方式管理辦法第 2 條第 2 款規定，係屬證券交易法第 157 條之 1 第 1 項所指之重大影響其股票價格之消息，其身為公司之內部人員，自不得於該消息明確後至未公開前，購買企業之股票，否則即涉有構成內線交易罪❷。

此外，又認為證券交易法第 157 條之 1 之禁止內線交易罪，乃為使買賣雙方平等取得資訊，以維護證券市場公平交易。故公司內部人在知悉公司之內部消息後，若於該內部消息公開前，即在證券市場與不知該消息之一般投資人為對等交易，該行為本身已破壞證券市場交易制度之公平性，足以影響一般投資人對證券市場之公正性、健全性之信賴，而應予非難❸，

---

❷　臺灣臺北地方法院 97 年度金訴字第 2 號刑事判決。

❸　最高法院 100 年度臺上字第 1449 號刑事判決。

值得參考。

二、評 析

證券交易法第 157 條之 1 第 1 款，將內線交易之主體分為三類：亦即傳統內部人、臨時性內部人以及消息受領人 (tippee) 等三類。即傳統內部人主要包括董事、監察人、經理與大股東，亦即指消息傳遞人 (tipper)；臨時性內部人指因職務或職業關係獲悉內線消息之人；消息受領人係指從傳統及臨時性內部人處獲悉內線消息之人。至於實務上，不將「後手之後手」納入內線交易制度管制範圍，主要是考慮到，後手不具有公司內部人之特殊身分，從後手處得知消息而買賣證券，大多是基於投資人之自主判斷，此種交易危害證券市場之程度較低，不必進行規範。

在多層次傳遞型交易中，我國證券交易法就境外直接對傳遞之層次，作出劃一之限制規定，係為便於執法，但此種規定方式，有其缺陷。蓋如果在有確定利益輸送情況下，傳統內部人、臨時內部人與一級消息受領人及其他多層次受領人完全可形成更為緊密之通謀交易關係，上述「僅追究一級消息受領人」之僵化規定，似乎是一種規避法律。

第五節　規範客體

一、舊證券交易法第 157 條之 1 之爭議

證券交易法於 2006 年修正後，本條之適用客體仍係「其他具有股權性質之有價證券」，並無變更。又本條並無如同證券交易法施行細則第 11 條針對本法第 157 條之補充規定：「本法第一百五十七條第六項及第一百五十七條之一第一項所稱具有股權性質之其他有價證券，指可轉換公司債、附認股權公司債、認股權憑證、認購（售）權證、股款繳納憑證、新股認購權利證書、新股權利證書、債券換股權利證書、臺灣存託憑證及其他具有股權性質之有價證券」。因此內線交易之規範客體為何，仍是一大疑問。

依學者理論，在認購權證與認售權證是否構成內線交易之規範上，亦以是否具有股權之性質作為判斷依據。故認購權證持有人有依一定條件購買股票之權利，若獲悉內線消息，則可依股價暴升或暴跌獲取暴利，因此有規範之必要。然而，在認售權證之情況中，持有人僅有依特定條件出售股票之權利，無轉換為股票之機會，不符合可轉換為股權之性質，故排除在內線交易之範圍外。但若將二者等同觀之，應有以內線交易規範之必要。

二、2010年修正之證券交易法第157條之1所增規定

㈠增訂內容

證券交易法第157條之1於2010年修正之後，增列第2項規定：「前項各款所定之人，實際知悉發行股票公司有重大影響其支付本息能力之消息時，在該消息明確後，未公開前或公開後十八小時內，不得對該公司之上市或在證券商營業處所買賣之非股權性質之公司債，自行或以他人名義賣出。」

㈡條文「實際知悉」之內涵

由上開規定可知，該修正除將「獲悉」改為「實際知悉」，以及「未公開前或公開後十二小時」改為「未公開前或公開後十八小時內」。

從大多數資本市場法域言之，「實際知悉」包括兩個層次：

1.第一個層次

第一個層次是，當事人「知道」、「擁有」、「掌握」或「獲取」某種消息是內部消息。例如某甲為上市公司主管研發之經理，知道公司研發某種新產品即將推出。

2.第二個層次

第二個層次是，當事人「清楚」、「瞭解」、其所「掌握」之某種消息。例如某甲瞭解公司研發之新產品推出後，會對投資人判斷與股票價格產生影響，而此消息是公司尚未對外公開之消息。

第一個層次之內容，可以稱之為「知」，第二個層次之內容，可以稱之為「悉」。因此，第157條之1新修正條文2010年修正後，於（2010年修

正後）所採「實際知悉」比較能確切地涵蓋本文所涉及待證事實之內涵。

㈢新增列第 2 項規定說明

1.上市或在證券商營業處所買賣

所謂「上市」亦即依證券交易法第 140 條以下規定，申請在證券交易所為買賣者。故依此規定，關於內線交易規範客體，限於證券交易市場之上市、上櫃、興櫃之證券，而不及於發行市場。

事實上，公開發行公司於上市、上櫃之前，交易頻繁，極具內線交易之誘因，故不應將其排除在外，造成法律漏洞。另外，公開發行公司有價證券私募制度，亦有內線消息問題，但因該等股票非屬上市、上櫃股票，如未將發行市場之交易納入規範，亦將造成法律漏洞。

2.股票或其他股權性質之有價證券

證券交易法施行細則第 11 條第 1 項規定：「本法第一百五十七條第六項及第一百五十七條之一第一項所稱具有股權性質之其他有價證券，指可轉換公司債、附認股權公司債、認股權憑證、認購（售）權證、股款繳納憑證、新股認購權利證書、新股權利證書、債券換股權利證書、臺灣存託憑證及其他具有股權性質之有價證券。」另鑑於臺灣存託憑證亦屬具有股權性質之有價證券，爰將臺灣存託憑證納入本法第 157 條第 6 項及第 157 條之 1 第 1 項所稱具有股權性質之其他有價證券之範圍❸。

3.非股權性質之公司債

如公司發行債券後，財務惡化，無法正常支付公司債本息，在消息未公開前，仍有內線交易問題，認為仍有納入內線交易規範之必要❷。

---

❸ 參閱證券交易法施行細則第 11 條第 1 項立法說明。

❷ 參閱證券交易法 2010 年第 157 條之 1 第 2 項立法說明。

第六節　法律責任

一、民事責任

㈠條文規定內容依據

現行證券交易法第 157 條之 1 第 3 項規定：「違反第一項或前項規定者，對於當日善意從事相反買賣之人買入或賣出該證券之價格，與消息公開後十個營業日收盤平均價格之差額，負損害賠償責任；其情節重大者，法院得依善意從事相反買賣之人之請求，將賠償額提高至三倍；其情節輕微者，法院得減輕賠償金額。」同條第 4 項規定：「第一項第五款之人，對於前項損害賠償，應與第一項第一款至第四款提供消息之人，負連帶賠償責任。但第一項第一款至第四款提供消息之人有正當理由相信消息已公開者，不負賠償責任。」

㈡賠償義務人

違反禁止內線交易之規定而需負賠償責任之人，其範圍包括：

一、該公司之董事、監察人、經理人及依公司法第 27 條第 1 項規定受指定代表行使職務之自然人。

二、持有該公司之股份超過百分之十之股東。

三、基於職業或控制關係獲悉消息之人。

四、喪失前三款身分後，未滿六個月者。

五、從前四款所列之人獲悉消息之人。

㈢免責事由

證券交易法第 157 條之 1 第 4 項但書規定：「但第一項第一款至第四款提供消息之人有正當理由相信消息已公開者，不負賠償責任。」事實上，除提供消息之人有正當理由相信消息已公開者外，還應包括有正當理由而告知者，不負連帶賠償責任。

(四)請求權人

1.當日善意從事相反買賣之人

證券交易法第 157 條之 1 第 3 項規定：「違反第一項或前項規定者，對於當日善意從事相反買賣之人買入或賣出該證券之價格，與消息公開後十個營業日收盤平均價格之差額，負損害賠償責任；其情節重大者，法院得依善意從事相反買賣之人之請求，將賠償額提高至三倍；其情節輕微者，法院得減輕賠償金額。」換言之，得請求賠償之人，必須符合下列要件：

(1)同一天進行買賣。

(2)出於善意之買賣，亦即買賣當時，不知有內線消息。

(3)為相反之買賣，亦即內部人買進時，適逢受害人賣出，或相反地，內部人賣出時，適逢受害人買進。

2.證券商

證券商得否向內線交易之行為人請求賠償問題。實務上認為，證券經紀商為市場交易之當事人，即其仍為善意從事相反買賣之人、證券經紀商與委託之請求權為競合，而非互相排斥❸❸。不過，學者認為，證券經紀商如同投資人手足之延伸，其本身並未受到內線交易之詐害，自不能為內線交易之請求權人❸❹。

實務上認為，證券經紀商受投資人委託於證券集中交易市場以行紀方式買賣有價證券者，雖係以自己名義為買賣，而為買賣之當事人，惟實係本其與投資人間之行紀關係，依投資人之指示而為交易，本身不負買賣有價證券盈虧之利益或損失，自不因他人違反證券交易法第 157 條之 1 第 1 項規定買賣有價證券而受損害，實質上受有損害之人為委託買賣之投資人，自必該投資人為善意時，始有保護之必要。故證券交易法第 157 條之 1 第 2 項所稱「善意從事相反買賣之人」，於買賣之人係以行紀方式受託買賣有價證券之證券經紀商時，應係指受善意投資人委託從事相反買賣者而言，

---

❸❸　最高法院 95 年度臺上字第 2825 號民事判決。

❸❹　劉連煜，〈證券商是內線交易請求權人？〉，《台灣本土法學雜誌》，第 95 期，2007 年 6 月，頁 244。

於委託之投資人非屬善意之情形，證券經紀商即難謂係善意從事相反買賣之人，自不得本於該項規定請求賠償❸❺。

此外，最高法院認為，所謂「善意從事相反買賣之人」於證券集中交易市場，乃指證券經紀商與證券自營商而言，至於一般投資人，則適用前開證券交易法第 157 條之 1 第 5 項後段「第二十條第四項之規定，於第二項從事相反買賣之人準用之」之規定❸❻，值得參考。

㈤賠償金計算方式

1.法律擬制

內線交易關於賠償金計算方式依證券交易法第 157 條之 1 第 3 項前段規定即：「買入或賣出該證券之價格，與消息公開後十個營業日收盤平均價格之差額」，為負損害賠償責任之計算基準❸❼。不過亦有學者認為，採取以「重大影響股價之消息公開後實際影響股價之期間」作為計算基礎❸❽。本文認為，從事實上因果關係觀察，以「十個營業日收盤平均價格之差額」，似較合理。

2.情節重大或輕微之計算

⑴情節重大

內線交易情節重大者，依證券交易法第 157 條之 1 第 3 項後段規定即：「法院得依善意從事相反買賣之人之請求，將賠償額提高至三倍。」

⑵情節輕微

內線交易情節輕微者，依同法第 157 條之 1 第 3 項後段規定即：「法院得減輕賠償金額。」

---

❸❺　最高法院 97 年度臺上字第 1999 號民事判決。

❸❻　最高法院 99 年度臺非字第 342 號刑事判決。又證券交易法第 157 條之 1 第 7 項後段，已於 2010 年 6 月修正為「第二十條第四項規定，於第三項從事相反買賣之人準用之。」

❸❼　臺灣高等法院 99 年度重訴字第 38 號民事判決。

❸❽　王志誠，〈證券交易法第 171 條「犯罪所得」之計算爭議〉，《台灣法學雜誌》，第 196 期，2012 年 3 月，頁 27。

㈥人頭戶之民事責任

依照證券交易法第 171 條之 1 第 2 項規定違反第 1 項規定之行為人如利用他人名義持有之情形，即符合證券交易法施行細則第 2 條規定之「利用他人名義持有股票」，該利用人當然須負民事賠償責任。惟提供帳戶供行為人之「人頭戶」是否須負民事賠償責任問題❸，由於我國實務上認為，證券交易法第 171 條之 1 保護法益，除保護社會法益外，尚兼有保護個人法益❹，故基於民法第 185 條規定之共同侵權行為，該提供帳戶之人頭戶極可能與利用人共負共同侵權行為之連帶賠償責任。

二、刑事責任

㈠罰　　則

依證券交易法第 171 條第 1 項第 1 款規定可知，違反第 157 條之 1 第 1 項規定者，處三年以上十年以下有期徒刑，得併科新臺幣一千萬元以上二億元以下罰金。

㈡犯罪所得金額之計算

依證券交易法第 171 條第 2 項規定：「犯前項之罪，其犯罪獲取之財物或財產上利益金額達新臺幣一億元以上者，處七年以上有期徒刑，得併科新臺幣二千五百萬元以上五億元以下罰金。」

然而，實務上發生，如有共犯數人同時買進股數，但於不同時點以不同價格賣出其犯罪所得是否相同，所得應如何計算，如不予規定，實有違罪刑法定原則❹。學者認為，如數行為人自始即共同決定買賣價格、時點，再共同分配犯罪所得，主觀上有與他人分享犯罪所得之意圖，其所以分配在數行為人分別買賣，只為規避證券主管機關之查緝時，此時才認為應合

---

❸　吳光明，〈人頭戶與證券仲裁〉，《商務仲裁》，第 44 期，1996 年 12 月，頁 32～36。

❹　最高法院 85 年度臺上字第 216 號刑事判決。

❹　顧立雄、陳一銘，〈論內線交易犯罪所得之相關問題〉，《萬國法律》，第 161 期，2008 年 10 月，頁 61。

併計算犯罪所得❷。

又依 2010 年修正證券交易法第 171 條第 2 項之立法理由可知,犯罪所得應扣除交易成本,但該犯罪所得之時點究應如何認定,該條項並未規定,將造成金額計算上之爭議,建議將來修法明定之。

三、行政責任

㈠行政責任規範之對象

1.主要規範對象為證券商

內線交易之行政責任主要規範之對象為證券商,依證券交易法第 66 條規定:「證券商違反本法或依本法所發布之命令者,除依本法處罰外,主管機關並得視情節之輕重,為左列處分:一、警告。二、命令該證券商解除其董事、監察人或經理人職務。三、對公司或分支機構就其所營業務之全部或一部為六個月以內之停業。四、對公司或分支機構營業許可之撤銷。」

2.本文見解

本文認為,內線交易之行政責任亦應可擴及證券商以外之人,蓋行政執法在建構禁止內線交易法律制度方面,具有其他手段不可比擬之功能;行政處罰係目前在現實中,對內線交易者最重要之打擊手段。同時,專業監管機關在行政處罰中,對法律之解釋與適用,在某種程度上亦將獲得司法機關之尊重。如此,將能使我國禁止內線交易法律制度更加完善。

㈡應將行政處罰納入內線交易之立法

我國對內線交易僅有刑事處罰與民事賠償,缺乏證明標準居中之行政執法程序,不利於打擊日益猖獗之內線交易行為。蓋證券行政執法與刑事司法具有不同之目的與功能,兩者在事實證據上之呼應,法律程序上之協調與銜接、懲戒程序上之梯次與過渡均有所不同,其構成要件、證明標準與舉證責任等方面亦有所區別。因此,應將行政處罰納入內線交易之立法當中。

---

❷ 林孟皇,〈內線交易實務問題之研究──我國刑事責任規定的解釋適用取向為中心〉,《法學叢刊》,第 210 期,2008 年 4 月,頁 69。

四、增訂行政和解制度是否合宜

㈠緣　由

　　針對內線交易問題，如增訂行政和解制度，有助於加速法律之執行，以及實務問題解決。蓋證券市場監理機構，由已發生之市場交易資訊篩選涉嫌案源，向證券商營業員調閱資料時，交易人很容易察覺，經輾轉程序移送檢調查辦往往超過二、三年，進行或正行使搜索權過程中曝光，造成股價嚴重下跌，等於處分所有投資人，確有不公，若在移送法辦前涉案交易人願意和解賠償，似有加速法律之執行，維護市場正常交易之功能❸。

㈡美國法之借鏡

　　美國證券爭議解決制度展開分析，指出美國證券違法而產生的糾紛通常使用行政和解方式結案，即由美國證券交易委員會 (SEC) 作為一方當事人，與提議和解之涉案當事人進行談判，達成和解，作為 SEC 同意和解之對價，提議和解的當事人將支付高額之賠償金或者處罰金。此係為行政和解在解決證券糾紛方面有著訴訟裁判制度所無法取代之價值，充分體現司法自治之原則和精神，不僅可以避免進行訴訟程序，而且可以簡化行政執法程序，降低行政處罰成本。

㈢在我國實施可適用之情形

　　行政和解制度如在我國施行，可適用之情形，包括：

　　1.涉嫌違法行為事實難以查清或者調查成本需費過鉅。

　　2.涉嫌違法行為查處依據不明確者。

　　3.涉嫌違法行為事實清楚、查處依據充分，但情節較輕者（如初犯、過失犯法等）。

　　4.涉嫌違法行為人積極配合主管機構調查或者主動賠償投資人損失等情形。

---

❸　內線交易修法座談會──「企業重要法規改造」系列論壇，公司治理協會主辦，2009 年 9 月 16 日，《工商時報 2009 年 9 月 17 日論壇》。

㈣行政和解程序之設計

1.行政和解契約處理原則

和解契約規定於行政程序法第 136 條：「行政機關對於行政處分所依據之事實或法律關係，經依職權調查仍不能確定者，為有效達成行政目的，並解決爭執，得與人民和解，締結行政契約，以代替行政處分。」

實務上，主管機關訂有「行政院金融監督管理委員會締結行政和解契約處理原則」 ❹，以供遵循。

由以上條文可知，行政和解係以解決事實或法律關係之不能確定為目的，而其適用之條件，亦以行政機關經職權調查仍不能確定行政處分所依據之事實或法律關係為限。至於其法律效果，則有約束契約雙方當事人之效力 ❺。

2.嘗試和解制度

如某一些內線交易案件當事人在調查過程中，主張將違法所得「歸入」於上市公司，以求寬大處理，或者當事人流露出主動要求和解之意向，為節約執法資源，提高執法效率，主管機關即可嘗試進行和解制度。

五、增訂內線交易免責之積極抗辯權問題

㈠美國法之借鏡

在 2000 年時，美國證管會即提出所謂的 Rule 10b5-1 計畫。根據該規定，行為人必須在獲悉消息前，已預定證券交易的數量、價格及交易日期，才可免責抗辯 (affirmative defenses) 其並非根據 (on the basis of) 重大非公開消息而交易。

按對所謂「預定之交易計畫」（有稱自動交易計畫）存有疑慮者，每謂：「預定之交易計畫」之可操作空間，非常之大。蓋公司主管可任意啟

---

❹　按「行政院金融監督管理委員會締結行政和解契約處理原則」訂於 2005 年 3 月 16 日，同年 8 月 22 日曾作修正，迄今未再修正。

❺　公司治理協會主辦，內線交易修法座談會——「企業重要法規改造」系列論壇，2009 年 9 月 16 日，吳光明發言。

動、終止、重啟與修訂該計畫，甚至同時進行好幾項計畫。

(二)應否引進預定之交易計畫

我國應否引進預定之交易計畫，以緩和內線交易民刑責任之嚴厲性問題，實屬見仁見智。因為引進此制後會牽涉執法者證據認定之問題，如執法人員不察而認定浮濫，恐內線交易氾濫，影響市場信心。

本文認為，如不明文引進預定之交易計畫，司法審判仍可視個案案情予以運用。尤有進者，如仍擔心美制實施之弊端，則我國法或可進一步要求事前更強之揭露（如該計畫之策略或始期、末日等），或必須等待計畫後六個月之經過才可合法實施該計畫，或規定提前終止計畫或修正計畫者，可能導致失去免責抗辯權。

我國證券交易法似可明文引進預定之交易計畫，惟應嚴格規定其適用要件，否則內線交易可能更氾濫，損害資本市場之健全❹。

第七節　犯罪所得之計算

一、犯罪所得之認定

按證券交易法第 171 條第 1 項，訂有違反內線交易等行為之刑事責任，同條第 2 項原本規定「犯前項之罪，其犯罪所得金額達新臺幣一億元以上者，處七年以上有期徒刑，……」另第 7 項原規定「犯第一項至第三項之罪者，其因犯罪所得財物或財產上利益，除應發還被害人、……」。

惟該條文於 2018 年 1 月 31 日修正後，已修正為「犯罪者因犯罪獲取之財物或財產上利益金額達新臺幣一億元以上」，以及內線交易之行為，如有損及證券市場穩定者，訂有加重刑罰之規定，其中所述「犯罪獲取之財物或財產上利益」，究應如何認定，法規並無進一步明文。由於立法未臻明確，亦即與所謂法律明確性原則有違，致使司法機關於適用上，亦莫衷一

---

❹　全國工業總會產業白皮書——賦稅與金融政策之處理意見及新增建議說明，
2010 年 4 月 21 日，吳光明發言。

是，故有必要加以探討。

二、所得相關之爭議

內線交易所得之認定，所涉主要爭議問題，包括：1.內線交易所得之計算，是否須扣除交易成本；2.內線交易犯罪獲取之財物或財產上利益之計算方式；3.共犯數人之犯罪獲取之財物或財產上利益是否應合併計算；4.證券交易法第 171 條第 2 項「犯罪獲取之財物或財產上利益」之性質。茲就前開所列，分述如下：

㈠獲取之財物或財產上利益之計算是否須扣除交易成本

1. 2018 年 1 月修法前

按 2012 年證券交易法第 171 條立法理由謂，第 2 項所稱犯罪所得，其確定金額之認定，宜有明確之標準，俾法院適用時不致產生疑義，故對其計算犯罪所得時點，依照刑法理論，應以犯罪行為既遂或結果發生時該股票之市場交易價格，或當時該公司資產之市值為準❼。至於計算方法，可依據相關交易情形或帳戶資金進出情形或其他證據資料加以計算。

例如對於內線交易可以行為人買賣之股數與消息公開後價格漲跌之變化幅度計算之，不法炒作亦可以炒作行為期間股價與同性質同類股或大盤漲跌幅度比較乘以操縱股數，計算其差額。

學者認為，參德國立法例，德國內線交易所獲得之犯罪所得之沒收亦採毛利總額原則，並不扣除使用費用和成本。犯罪所得之沒收與加重刑度之犯罪所得計算，想法雖不完全相同，但就同為「犯罪所得」法理參考而言，仍有適用空間❽。

2. 2018 年 1 月修法後

至於證券交易法第 171 條在 2018 年 1 月 31 日修法後，已將前述「犯

---

❼　參閱證券交易法第 171 條之立法理由，2012 年 1 月 4 日，不過應注意，該條第 2 項並未修正。

❽　陳彥良，〈內線交易犯罪所得計算爭議研析——最高法院 98 年度台上字第 4800 號判決〉，《月旦法學雜誌》，188 期，2011 年 1 月，頁 217。

罪所得」修正為「因犯罪獲取之財物或財產上利益」。

㈡犯罪所得之計算方法

以證券交易之犯罪行為而言，其犯罪獲取之財物或財產上利益之計算方法，略可分為擬制所得與實際所得。

1.擬制所得

依證券交易法第157條之1第3項之公式計算，亦即以「內部人買進股票之價格」與「內線消息公開後10個營業日收盤平均價格」之差額計算❹。

2.實際所得

依內部人買賣股票的實際獲利金額計算❺，即以被告實際買進及賣出的股數與金額，扣除購買成本、證券交易稅以及交易手續費後，計算被告犯罪獲取之財物或財產上利益。

㈢共犯數人之犯罪所得是否應合併計算

在共犯有數人時，各共犯因犯罪所獲取之財物或財產上利益，是否應合併計算，學者見解不一。

1.分別計算

有論者認為，現行刑法上，對於共同正犯間因犯罪所獲取之財物或財產上利益，並無必須連帶沒收之規定，而實務上援用之司法院第2024號解釋，僅係為便利之考量，若據此推定犯罪所得應加總計算，實為倒因為果。由文義上可得知，犯罪所得應限於行為人實際取自犯罪之財產，若加總計算時有失所得之意義❺。

---

❹ 賴英照，《最新證券交易法解析：股市遊戲規則》，2011年2月再版二刷，頁558。

❺ 賴英照，《最新證券交易法解析：股市遊戲規則》，2011年2月再版二刷，頁559。

❺ 顧立雄、陳一銘，〈論內線交易犯罪所得之相關問題〉，《萬國法律》，161期，2008年10月，頁160。

2.合併計算

另有學者認為，因共同正犯間具有共同的行為決意，且主觀上亦有犯罪意圖，而該重大消息僅係補充共同正犯間構成內線交易之關鍵。故為基於市場交易秩序之安定以及維持法秩序之安定，共同正犯間應加總計算，使該共同正犯間無法心存僥倖❺❷。

㈣證券交易法第 171 條第 2 項 「犯罪獲取之財物或財產上利益」 之性質

證券交易法第 171 條第 2 項，「犯前項之罪，其犯罪獲取之財物或財產上利益金額達新臺幣一億元以上者，處……。」故其罪責是否成立，係先以犯罪所獲金額之多寡來判斷，其前提須「犯罪獲取之財物或財產上利益金額達新臺幣一億元以上」。

實務上，最高法院判決認為，因內線交易罪係以犯罪所得之金額為刑度加重之要件，亦即以發生一定結果（即所得達一億元以上）為加重條件❺❸。惟加重條件是何種性質，可能也會產生不同之認定標準，特別是有無要求故意、過失等主觀要件問題，必須加以檢討。

綜由第 171 條觀之，「犯罪獲取之財物或財產上利益」並非單純量刑之判斷條件，其犯罪行為是否「損及證券市場穩定」，亦為重要之準據。然而，證券交易法第 171 條第 2 項「犯罪獲取之財物或財產上利益」之性質，仍有下列學說：

1.構成要件說

有論者認為，有關犯罪所得之要件係以保障企業之經營即維護經濟秩序之社會法益為要件，故其性質應以構成要件較為妥當❺❹；甚至認為應廢

---

❺❷　陳彥良，〈內線交易犯罪所得計算爭議研析——最高法院 98 年度台上字第 4800 號判決〉，《月旦法學雜誌》，188 期，2011 年 1 月，頁 216；劉連煜，《新證券交易法實例演習》，2013 年 9 月增訂十一版，頁 562。

❺❸　最高法院 98 年度臺上字第 4800 號判決。

❺❹　顧立雄、陳一銘，〈論內線交易犯罪所得之相關問題〉，《萬國法律》，161 期，2008 年 10 月，頁 161。

除此一構成要件，僅把「犯罪所得」當成量刑之因素，依刑法第 57 條規定當成科刑輕重之考量即可 ❺❺。

2. 處罰條件說

採前述構成要件說，與立法政策與目的有所不符，蓋由證券交易法第 171 條之立法理由中，可知悉立法者擬以提高刑度之方式，以防止金融犯罪，姑且不論該規範之效果如何，然立法之初，應無意僅將犯罪所得當成量刑之唯一因素，而是以超過一定額度之違法金額，作為加重刑責之條件，此係「金融七法」❺❻立法政策之共同選擇。

三、評 析

我國證券交易法關於內線交易犯罪刑事責任方面，於證券交易法第 171 條第 1 項、第 2 項有相關規定，顯係採空白構成要件之立法方式，而其中許多要件，仍須依同法第 157 條之 1 之規定加以補充。惟同法第 171 條第 2 項之「犯罪獲取之財物或財產上利益達新臺幣一億元以上」之文字，於實務上仍有許多爭議。

然而，實務上縱使對於前述爭議存有一致見解，或者學說上存有一定之共識，但基於罪刑法定之原則，有關前開違法行為加重刑責之說，仍應予以明文訂定，以達對於金融犯罪加重處罰之立法目的。

至於犯罪所得（2018 年 1 月 31 日修法後改為「犯罪獲取之財物或財產上利益」）是否要扣除犯罪人所支出之成本爭議，雖然外國立法例有免扣除成本之主張，惟證券交易法立法理由中，皆已清楚說明應採差額說，已如前述。因立法理由之解釋，為法學方法論上之重要指標。茲查我國證券交易法立法者當初之真意，仍應以必須扣除犯罪人所支出之成本為宜。

在如何計算犯罪所得方面，一般認為，應區分為「已實現」或「未實

---

❺❺ 陳彥良，〈內線交易犯罪所得計算爭議研析——最高法院 98 年度台上字第 4800 號判決〉，《月旦法學雜誌》，188 期，2011 年 1 月，頁 215。

❺❻ 金融七法，包括銀行法、金融控股公司法、票券金融管理法、信託業法、信用合作社法、保險法及證券交易法等修正案，均大幅提高金融犯罪刑責。

現」利益，而分別適用實際所得或擬制所得之見解。若參考實務上，大多數見解所採之「實際所得」計算方式，則可能使法院對於未賣出之股票不列入計算獲利❺，如此一來，將使犯罪人易於逃脫第 171 條第 2 項加重處罰之可能。再者，如何計算「實際所得」，於實務上又為一大困難。

最後，本文認為，為加重證券交易法之刑罰，保護資本市場，嚇阻金融犯罪，對於共犯之犯罪所得，應採合併計算。因為採取此一計算方式，方可避免有心人士以集合諸多「人頭」分攤之方式，規避犯罪獲取之財物或財產上利益達「新臺幣一億元以上」之加重門檻。反之，若採分別計算，於日後極有可能發生被告事先規劃有數個共同正犯，以分攤犯罪所得，而讓其等逃脫加重處罰規定之可能。

第八節　結　語

在公開事項、時機與方式上言之，證券交易法第 157 條之 1 第 1 項規定：「下列各款之人，實際知悉發行股票公司有重大影響其股票價格之消息時，在該消息明確後，未公開前或公開後十八小時內，不得對該公司之上市或在證券商營業處所買賣之股票或其他具有股權性質之有價證券，自行或以他人名義買入或賣出……」亦即我國採取市場理論之觀點，側重於保護投資大眾。

因此，即使消息公開後，仍須經過十八小時，內部人始能從事買賣該股票。又依同條第 4 項之規定，第 1 項所稱有重大影響其股票價格之消息，指涉及公司之財務、業務或該證券之市場供求、公開收購，對其股票價格有重大影響，或對正當投資人之投資決定有重要影響之消息；其範圍及公開方式等相關事項之辦法，由主管機關定之。

又由於禁止內線交易之理由，即在資訊公開原則下，所有市場參與者，應同時、平等取得相同之資訊，任何人先行利用，將違反公平原則；故公司內部人於知悉公司內部之利多或利空訊息後，於未公開該內部訊息前，

---

❺　臺灣高等法院 97 年度矚上重更㈠字第 4 號判決。

一般投資人無從知悉該內部訊息，若事先知悉該內部訊息之人在證券市場與不知該消息之一般投資人為交易，則該行為本身破壞證券市場交易制度之公平性及健全性，足以影響一般投資人之權益，應予以禁止。而此內線交易之禁止，僅須內部人具備「獲悉發行股票公司有重大影響其股票價格之消息」及「在該消息未公開前，對該公司之上市或在證券商營業處所買賣之股票，買入或賣出」此二形式要件即成，並未規定行為人主觀目的之要件，亦不以該公司之股價因內部人之買入或賣出股票而影響股價為必要❺❽。

　　總之，主管機關應加強宣導證券交易法相關條文中，應注意公司財務預測調降之時點有無被刻意隱匿及延遲更新之情事，及公司內部人有無利用此內線交易獲利情事。

　　此外，根據證券交易法第 157 條之 1 規定，內線交易係公司內部人等，基於職業、控制關係獲悉消息者，知悉發行股票公司有重大影響其股票價格消息時，於其消息未公布前，不得在上市或證券商營業處所買賣股票或其他股權性質之有價證券、非股權性質之公司債。

　　最後，美國是目前世界上證券立法最發達、最完善之國家，在證券法上之民事責任與民事訴訟方面更累積豐富之立法與實務經驗。然而，涉及我國法律文化、政治制度、經濟環境之差異，一味移植美國之規定，效果如何，有待觀察。當然，主管機關除應宣導企業之社會責任外，一方面，通盤考量證券市場之發展，對內線交易加強取締，尤其對內線交易之特殊行為形態，予以規制，但亦應注意不宜濫訴，騷擾正當企業之經營。

---

❺❽　最高法院 96 年度臺上字第 2587 號判決。

第十八章　歸入權之探討

第一節　概　說

所謂短線交易 (Short Swing Transaction)，或稱內部短線交易，依我國證券交易法第 157 條第 1 項規定：「發行股票公司董事、監察人、經理人或持有公司股份超過百分之十之股東，對公司之上市股票，於取得後六個月內再行賣出，或於賣出後六個月內再行買進，因而獲得利益者，公司應請求將其利益歸於公司。」

自 1968 年 4 月 30 日證券交易法公布施行以來，即有關於歸入權之規定，惟該條文初期並未受到重視。近年來，由於國內股票市場投資人口大量增加，投資人權利意識日漸抬頭，內部人交易歸入權之案例亦逐漸增多，使第 157 條規定逐漸受重視。

然而，證券交易法第 157 條規定，仍被認為較為簡略，在實務上，仍有許多技術性問題尚待解決。例如短線交易歸入權制度，最令人詬病或反對之處，在於不問內部人是否確有濫用公司內部消息，一概機械性地適用，有「濫殺無辜」之嫌。

證券交易法第 157 條規定，係仿自美國 1934 年證券交易法 (Securities Exchange Act of 1934) 第 16 條第 2 項。美國法院在這半個多世紀以來，經歷許多歸入權案例，在適用第 16 條第 2 項時，逐漸發展許多法律原則，以處理有關歸入權行使之實際問題。此外美國聯邦證券管理委員會 (Securities and Exchange Commission of the United States) 亦陸續發布行政規則，補充第 16 條第 2 項之不足，務使歸入權之案件，獲得妥善處理。美

國上開證券交易法第 16 條第 2 項既為我國證券交易法所師法,而美國法院及證期會在適用該條之過程中所發展之法律原則,亦當有足供我國參考借鏡之處❶。

基此,本章首先擬探討歸入權之意義、立法目的、沿革及性質;其次擬探討現行證券交易法第 157 條規定之分析;再次擬探討歸入權之特殊問題;此外,擬探討證券交易法第 157 條之檢討與修正建議。最後,提出檢討與建議。

第二節　歸入權之意義、立法目的、沿革及性質

一、歸入權之意義

㈠條文內容

證券交易法第 157 條第 1 項規定:「發行股票公司董事、監察人、經理人或持有公司股份超過百分之十之股東,對公司之上市股票,於取得後六個月內再行賣出,或於賣出後六個月內再行買進,因而獲得利益者,公司應請求將其利益歸於公司。」此種公司得將董事、監察人、經理人或持有公司股份超過百分之十之股東之短線交易行為之利得歸於公司所得之特殊權利,即為一般所謂之「歸入權」。因其係將公司董事、監察人、經理人或持有公司股份超過百分之十之股東所為內部人短線交易利得歸於公司所得,以補償公司因此所受損害,亦即自違反義務之內部人奪取其基於違反義務行為所生之經濟效果。故學者亦有稱其為「奪取權」❷。

歸入權係以公司一方之意思表示,使違反內部人短線交易禁止之內部人之行為,將其行為所得經濟上效果歸屬於公司之特殊權利❸。其目的即

---

❶　參閱賴英照,〈內部人交易的歸入權美國法的規定 (上)〉,《證券管理》,第 6 卷第 1 期,頁 4。

❷　參閱黃川口,《公司法論》,自版,1993 年 4 月 7 版,頁 322~323。

❸　參閱柯芳枝,《公司法論》,三民書局,1988 年 3 月修訂版,頁 330。

在防止公司董事、監察人、經理人與持股超過百分之十之大股東，憑藉其特殊地位，利用內部消息，買賣股票以短線交易之方式圖利，影響投資人信心，乃科其等須將所得經濟上效果歸屬於公司，故只須在買進、出售所屬公司股票之際，均具有該公司前述內部人身分，且股票交易行為係在六個月之範圍內者，即足當之，並不以其係先行買進再行出售，或先行出售再行買進而有區別（蓋每一筆買或賣，均為追求利益之行為），亦無論買賣之股數為何，股票編號是否相同，或實際交割者為何一批股票，皆應受該條之規範❹。

(二)防止利用資訊落差而獲利

證券交易法中，對於內部人利用資訊落差而為交易獲利之行為，分以下二層次規範：

1.第一層次

其第一層次係以事後對不法利用未公開資訊者加以處罰，即本法第157 條之 1 之內線交易禁止規定❺。

2.第二層次

第二層次則為基於嚇阻與防止觀點，對於具特殊地位而有獲取內部消息極大可能之內部人，以最簡便之方式 (crude rule of thumb)，於符合一定要件時，課予其民事責任，以收嚇阻之效，此即為本法第 157 條短線交易 (short swing trading) 禁止之規定。

二、歸入權之立法目的及其沿革

(一)歸入權之立法目的

1.立法意旨

按證券交易法第 157 條之立法意旨與目的，係因發行股票公司之董監事、經理人與大股東等公司內部人，因其職務或地位，對於公司尚未對外公開揭露致一般投資人無法獲悉之重要資訊的取得，與一般投資人處於本

---

❹　臺灣高等法院 90 年度上字第 1377 號民事判決，2002 年 10 月 22 日。

❺　曾宛如，《證券交易法原理》，元照出版，2005 年 3 版，頁 247～248。

質上不平等之地位,若任此等公司內部人在市場上與一般投資人進行交易,將損害投資人對證券市場公平性之信賴,進而扼殺合理投資人參與證券市場之意願,故為求資本市場發揮功能,健全交易秩序及加強投資人信心,嚴格地剝奪公司內部人短線交易之所有利得,遏阻內部人短線交易,而有歸入權之規定。

2.解決舉證困難問題

對於內部人短線交易之實際獲利情形與金額,如須逐予舉證,實際作業上顯屬不易,為求上述機制能發揮其作用,亦即利用此制度機械性適用之原則,解決舉證困難的問題,而收事前防止內線交易之效果。因此,於計算證券交易法第 157 條歸入權額度時,應當然適用證券交易法施行細則第 11 條之規定,亦即在計算公司內部人員從事短線交易之買賣差價所得之利益時,係以最高賣價減最低買價法,嚴格計算方式以獲取短線交易差價之最大差額❻。

3.不以內部人主觀上有可歸責為必要性

歸入權之立法意旨,與其適用之特性,並不以短線交易之內部人主觀上有可歸責事由為必要,即行為人主觀之理由,不可作為排除適用短線交易規範之依據,否則即有違本條機械適用之本質,故此一規定係一機械性之適用,僅問內部人是否有短期間內之反覆買賣股票行為,而不以行為人是否知悉,乃至公司是否有未揭露之內部消息為要件。從而內部人若於六個月內在集中交易市場或證券商營業處所取得股票以後賣出,或賣出股票以後買進之行為,無論買賣之股數為何,即有該條之適用;至於內部人從事短線交易行為,主觀上是否有故意或過失,抑或是否有不法之意圖,均在所不問❼,以減輕舉證責任之要求。

4.不以利用公司內部資訊為必要

證券交易法第 157 條第 1 項之規定,乃運用一種客觀實際之立法技術,使股票上市公司董事、監察人、經理人或大股東等公司內部人,將其在短

---

❻　臺灣臺北地方法院 90 年度訴字第 674 號民事判決。

❼　臺灣臺北地方法院 90 年度訴字第 785 號民事判決。

期間內反覆買賣公司股票所得之利益歸還，藉以防杜公司內部人之短線交易行為，俾維護證券市場之公正性及公平性，自不以公司內部人確有利用公司內部資訊或從事不當交易為必要❽。

㈡實務見解

實務上認為，禁止內線交易之理由，學理上固有所謂資訊平等理論、信賴關係理論或私取理論之區別，惟實際上均係基於「公布消息否則禁止買賣」之原則所發展出來之理論，即具特定身分之公司內部人於知悉公司之內部消息後，若於未公開該消息前，即在證券市場與不知該消息之一般投資人為對等交易，該行為本身即已破壞證券市場交易制度之公平性，足以影響一般投資人對證券市場之公正性、健全性之信賴，故內線交易之可非難性，並不在於該內部人是否利用該內線消息進行交易而獲取利益或避免損害，而是根本腐蝕證券市場之正常機制，影響正當投資人之投資決定甚或進入證券市場意願，故各國莫不超脫理論爭議，而以法律明定禁止內線交易，對違反者課以民、刑責任❾。

㈢歸入權之沿革

早於證券交易法研擬之初，即有第 157 條關於歸入權之規定，查行政院在提出證券交易法第一次草案時，曾說明第 157 條立法目的為：「公司董監經理人及持有十分之一以上股權之股東極易利用所知公司秘密，於市場買賣股票以獲得利益，本法規定其買入與賣出之行為相隔不超過六個月，因而獲利者，其利益得請求歸屬於公司。」❿，足見當時之立法目的，主要在於防止內部人憑其特殊地位，利用內部消息，買賣股票圖利影響投資人信心。惟證明內部人確有利用內部消息買賣股票，常非易事，立法上乃以最簡便之方法，課內部人以民事責任⓫。

---

❽　最高法院 99 年度臺上字第 1838 號民事判決。

❾　最高法院 99 年度臺上字第 2015 號民事判決。

❿　《行政院有關證券交易法草案（上冊）》，1968 年，頁 43。

⓫　賴英照，《證券交易法逐條釋義（第 3 冊）》，1990 年 3 月 4 版，頁 438。

三、歸入權之性質

㈠歸入權行使之方式

歸入權之行使，係以公司單方意思表示為之，而一經行使即發生內部人短線交易所得歸於公司之法律效果。

至於證券交易法第 157 條第 4 項規定：「第一項之請求權，自獲得利益之日起二年間不行使而消滅。」此所謂「獲得利益」，係指先買後賣或先賣後買，經電腦撮合成交而獲有利益之情形；此時應以在後之交易時點為起算之基準，至於在後之交易為買或賣，則非所問。

㈡性　　質

國內學者對於歸入權之性質，意見不一：

1.形成權

此說認為，為使法律關係早日確定，歸入權應屬形成權，相關法律規定之期間，為除斥期間，時間經過後，權利即行消滅，無中斷事由適用之餘地。

2.請求權

此說認為，歸入權為請求權，因此，相關法律規定之期限為消滅時效，民法第 125 條至第 148 條有關消滅時效之規定，均應適用❷。

㈢區別實益

歸入權之性質區別實益，除涉及適用消滅時效或除斥期間之不同外，尚涉及其請求權基礎，由於上開二說均有其不足之處，且歸入權之性質，兼具有形成權與請求權之特質，蓋若僅有形成權之性質而不具有請求權之性質，則歸入權之規定，於執行上如遭拒絕時，必窒礙難行，則上開規定形同具文。故如認其兼具形成權及請求權之性質，在實際之效用上將更方便，蓋權利人一行使歸入權，既可使義務人獲得之利益歸於權利人，同時亦可請求義務人為一定之給付，以降低爭議之發生。

---

❷　沈慧雅，《歸入權法律性質之研究》，中興大學碩士論文，1994 年 6 月，頁
　　18～27。

第三節　現行證券交易法第 157 條規定之分析

一、歸入權行使之要件

㈠歸入權行使之對象——公司內部人

　　依證券交易法第 157 條第 1 項文義以觀，歸入權行使之對象為發行股票公司之董事、監察人、經理人或持有公司股份超過百分之十之股東。由於我國證券交易法對於股權申報與歸入權之相關規定，分別訂於證券交易法第 25 條及第 157 條，但解釋上宜以其對象一致較妥❸，茲分述如下：

1.董事、監察人

　　發行股票公司之董事、監察人，應指股東大會選舉而當選之董事、監察人而言。然如掛名董事而實際不參與公司事務者，或不掛名董事、監察人，而實際有董事、監察人職權之人，又應如何處理問題，值得探討。

　　一般而言，基於嚴格形式主義之要求，如具有董監名銜，但實際上並未執行董監職務者，應可認屬本條範圍之內；而未具有名銜但卻實際執行董監職務者，亦即利用人頭戶引發之問題，可能有相當爭議。學者認為從本條立法目的在於防止不當利用內部消息之角度而言，如認此種情形不屬本條範圍，可能減損本條之功能❹。惟根本解決之道，仍在於人頭戶之防制。

　　短線交易之董事或監察人是否於買進或賣出時，均須擔任董監職務問題，我國實務上尚未有討論此類之案例，至於美國實務之見解傾向於以「利用內部消息可能性」為判斷基準。故法理解釋上，買賣二端之間，具有董監身分者，雖買、賣當時未具董監身分，仍應受歸入權之適用❺。

---

❸　郭土木，〈證券商、公開發行股票公司、上市公司董事、監察人大股東股權之管理〉，《證券管理》，第 7 卷第 9 期，1989 年 9 月 14 日，頁 148～149。

❹　賴英照，前揭書，第 3 冊，頁 444～445。

❺　賴英照，前揭書，第 3 冊，頁 446～447。

又「法人董事」所派任之自然人如有歸入權之發生，究應由其自行負責，或其代表之法人亦應負連帶責任問題，在董監名義上為法人之情形，其所派任之代表人因實際上不具董監身分，且依代表之法理，該代表人之行為為其所代表之法人所吸收，故一般認為代表人本身買賣股票之行為，似無歸入權之適用可言。惟本文認為從本條立法意旨觀察，解釋上代表行使董、監職務之自然人，應與法人董監同為歸入權行使之對象。

至於董事、監察人如為法人代表，其持股之法人亦應為歸入權之行使對象。蓋法人為實際持股人，且對其代表人有控制權，代表人對其所投資公司之內部消息，接觸機會甚多，因而從立法目的觀察，法人本身買賣股票時，應與其代表同受本條規範❶⑥。

2.發行股票公司之經理人

(1)理論上

一般而言，經理人包括總經理、副總經理、經理、協理及副經理；此等人均係證券交易法第 157 條所定之經理人。

如形式上為經理人，而實質並無經理人權利者，就現行法文義而言，亦應負第 157 條之責。反之，若無名銜，而實際上執行經理人職務者，此亦涉及人頭問題，故如有積極證據，亦應為歸入權行使之對象。

(2)實務見解

行為人自一特定公司之經理人處獲知重大影響該公司股票價格之消息，並借用身旁友人之證件與銀行帳戶，陸續購買該公司股票，之後再行交割；參照 2002 年 2 月 6 日修正公布證券交易法第 157 條之 1 第 1 項第 1 款、第 4 款等規定，自該公司之董事、監察人及經理人獲悉發行股票公司有重大影響其股票價格之消息者，在該消息未公開前，不得對該公司之上市或在證券商營業處所買賣之股票或其他具有股權性質之有價證券，買入或賣出，否則即屬同法第 171 條處罰之對象❶⑦。此案例行為人既係「自一特定公司之經理人處」獲知消息，且用他人名義買賣股票，則有「內線交

---

⑯　賴英照，前揭書，第 3 冊，頁 444～445。

⑰　臺灣士林地方法院 98 年度審金訴字第 15 號刑事判決。

易」與「歸入權」等問題。

3.持有股份超過百分之十以上股東

⑴股東範圍

依證券交易法第 157 條第 5 項規定,第 22 條之 2 第 3 項於第 1 項準用之。而第 22 條之 2 第 3 項為「第一項之人持有之股票,包括其配偶、未成年子女及利用他人名義持有者。」亦即酌採美國 "Beneficial Owner"(即自己受益)之意旨,而將股票持有人範圍,擴大至「發行股票公司之董事、監察人、經理人或持有公司股份超過百分之十之股東」的配偶、未成年子女及利用他人名義[18]持有者,該等人持有股份亦應算入。

⑵計算時期

我國證券交易法第 157 條,對於適用歸入權之股東,未如美國法明定必須買入與賣出時均具有持有公司股份超過百分之十股東身分,解釋上,自亦不應與美國法相同。因此如股東於買入時或賣出時具有此項身分者,即應有歸入權之適用[19]。

㈡歸入權行使之對象——證券

「證券」係指內部人短線交易之客體。我國因證券交易法第 62 條第 1 項規定「證券經紀商或證券自營商,在其營業處所受託或自行買賣有價證券者,非經主管機關核准不得為之。」同條文第 3 項又規定「第一百五十六條及第一百五十七條之規定,於第一項之買賣準用之。」故於店頭市場、興櫃股票[20],以及「公司發行具有股權性質之其他有價證券」(證券交易法第 157 條第 6 項)亦有適用。此外,應注意者,上市、上櫃或興櫃之股票,縱其事後公司下市或下櫃,亦無損於歸入權之行使[21]。

另外,依證券交易法第 157 條,歸入權之行使,必須是內部人在 6 個月內,對於「公司上市股票有買賣行為」,所謂上市股票,有法院及學者認

---

[18] 參閱證券交易法施行細則第 2 條。

[19] 賴英照,前揭書,第 3 冊,頁 450。

[20] 賴英照,《證券交易法解析(簡明版)》,2011 年 2 月,頁 234。

[21] 臺灣臺北地方法院 94 年度金字第 31 號民事判決。

為不限於同一種股票，而認為同質性之股票可以用短線交易之規範，而不問是否為同一種類❷。本文亦認為，特別股基本上是可以轉換成普通股，而且特別股與普通股之性質基本上相似，只是特別股有一些特別之處，例如表決權之特殊性等等。因此在買入普通股，賣出特別股或買入特別股，賣出普通股之案例，亦應該要能夠列入歸入權之利益計算當中較妥。

又證券交易法施行細則第 11 條第 1 項規定：「本法第一五七條第六項及第一五七條之一第一項所稱具有股權性質之其他有價證券，指可轉換公司債、附認股權公司債、認股權憑證、認購（售）權證、股款繳納憑證、新股認購權利證書、新股權利證書、債券換股權利證書、臺灣存託憑證及其他具有股權性質之有價證券。」是以，股票之認購或認售權證，依施行細則之規範，亦同為短線交易規範之客體對象。

前述施行細則第 11 條第 1 項之修法理由認為，本法第 157 條之 1 第 1 項所稱其他具有股權性質之有價證券，其範圍應與本法第 157 條第 6 項所稱具有股權性質之其他有價證券相同，爰修正第 1 項增列「第一百五十七條之一第一項」規定，以資明確。另鑑於臺灣存託憑證亦屬具有股權性質之有價證券，爰將臺灣存託憑證納入本法第 157 條第 6 項及第 157 條之 1 第 1 項所稱具有股權性質之其他有價證券之範圍❸。

惟本文認為，上述縱認證券交易法施行細則第 11 條第 1 項之「具有股權性質之有價證券」有實際上之需要，惟較為妥適之處理方式，亦應經由修法程序後再加以明文規範，否則易生逾越母法規定之情形，而有違憲之虞。

2000 年證券交易法修法時，已於第 157 條增列第 6 項規定：「關於公司發行具有股權性質之其他有價證券，準用本條規定」，可惜該項文義尚欠明瞭。解釋上不論認購（售）權證本身是否上市（櫃），如其發行基礎之股

---

❷ 劉連煜，《新證券交易法實例研習》，元照出版，2011 年 9 月，頁 394～395。

❸ 參閱證券交易法施行細則第 11 條第 1 項修法理由，2008 年 1 月 8 日。按「證券交易法施行細則」訂於 1988 年 8 月 6 日，歷經多次修正，最近一次修正於 2012 年 11 月 23 日。

票為上市（櫃）者，應即為歸入權之適用範圍，始能貫徹立法目的❷。

應注意者，證券交易法施行細則第 11 條第 1 項將「認購（售）權證」納入規範範圍，恐有逾越母法之嫌。蓋依「發行人申請發行認購（售）權證處理準則」❷第 2 條第 2 項規定：「本準則所稱認購（售）權證，係指標的證券發行公司以外之第三者所發行表彰認購（售）權證持有人於履約期間內或特定到期日，有權按約定履約價格向發行人購入或售出標的證券，或以現金結算方式收取差價之有價證券。」而證券交易法第 157 條第 6 項之規定，為「關於公司發行具有股權性質之其他有價證券，準用本條規定。」顯見該條項所稱之有價證券，係明訂由公司發行者，此與該法施行細則第 11 條第 1 項二者，情形顯有不同。

㈢買進、賣出之意義

歸入權之行使另一要件為「取得」後六個月內再行「賣出」，或賣出後六個月內再行「買進」。

按證券交易法第 157 條歸入權之行使，係以買賣上市股票為前提。在集中交易市場之買賣，屬於本條規範，當無疑義，惟如非在集中交易市場之買賣，適用上則有若干問題。

我國原來歸入權適用之對象僅限於上市公司股票，依證券交易法第 150 條規定，上市股票之買賣應於集中交易市場為之。依上述規定第 157 條之行為原來限於在集中交易市場對上市股票之買賣。因此，同法第 150 條之例外規定為場外交易似均無第 157 條之適用。至於違法對上市股票為場外交易而獲有利益者，雖非此所謂買賣，惟學者認為解釋上應將其包括在內❷，本文亦贊同。

㈣未逾六個月期間之計算

依證券交易法第 157 條意旨，須有「對公司之上市股票，於取得後六

---

❷　賴英照，《證券交易法解析（簡明版）》，自版，2011 年 2 月，頁 235。

❷　按「發行人發行認購（售）權證處理準則」訂於 2000 年 11 月 3 日，歷經多次修正，最近一次修正於 2016 年 7 月 8 日。

❷　賴英照，《證券交易法逐條釋義（第 3 冊）》，頁 454。

個月內再行賣出，或於賣出後六個月內再行買進」之短線交易發生，始歸入權之成立，意即先後兩次買與賣之間，其間隔未逾六個月。至未逾六個月期間之計算，證券交易法未特別規定者，應依民法規定。民法第 121 條規定，以月定期間者，以期間末日之終止為期間之終止。期間不以月之始日起算者，以最後之月與起算日相當日之前一日，為期間之末日，如無相當日者，以其月之末日為期間之末日❷。舉例而言，如於同年 4 月 20 日、10 月 20 日各為一次買、賣之交易，則有歸入權之問題，如於同年 4 月 20 日、10 月 21 日分別交易，因非在「六個月內」，自無歸入權之適用。

二、歸入權之行使範圍

㈠短線交易利益之計算

有關短線交易利益之計算，理論上有不同之算法❷：

1.股票編號法 (the identity of certificates rule)

股票編號法亦即以買賣時所交割之股票編號配對計算其利益。

2.先進先出法 (the first-in first-out rule)

先進先出法亦即以先買進之股票與先賣出之股票配對計算其利益。

3.平均成本法 (the average cost rule)

平均成本法亦即以賣出股票所得總金額，減去買進成本總金額，計算其利益。

4.最高賣價減最低買價法 (the lowest-in highest-out rule)

最高賣價減最低買價法亦即內部人只要在六個月內有任何交易行為，即以其中最高賣價與最低買價相配，然後取次高賣價與次低買價相配，依序計算所得之差價，但虧損部分，不予計入。

---

❷ 施啟揚，《民法總則》，1983 年 3 月，頁 336～337。

❷ 陳春山，《證券交易法論》，五南書局，2000 年 9 月 5 版 1 刷，頁 353；賴英照，《最新證券交易法解析：股市遊戲規則》，元照出版，2009 年 10 月再版，頁 606。

㈡我國現行規定之計算方式

依證券交易法施行細則第 11 條第 2 項規定,本法第 157 條第 1 項所定獲得利益,其計算方式如下:

1.取得及賣出之有價證券,其種類均相同者,以最高賣價與最低買價相配,次取次高賣價與次低買價相配,依序計算所得之差價,虧損部分不予計入。

2.取得及賣出之有價證券,其種類不同者,除普通股以交易價格及股數核計外,其餘有價證券,以各該證券取得或賣出當日普通股收盤價格為買價或賣價,並以得行使或轉換普通股之股數為計算標準;其配對計算方式,準用前款規定。

3.列入前 2 款計算差價利益之交易股票所獲配之股息。

4.列入第 1 款、第 2 款計算差價利益之最後一筆交易日起或前款獲配現金股利之日起,至交付公司時,應依民法第 203 條所規定年利率百分之五,計算法定利息。

列入前項第 1 款、第 2 款計算差價利益之買賣所支付證券商之手續費及證券交易稅,得自利益中扣除。

㈢歸入權計算之說明

證券交易法施行細則第 11 條第 2 項第 1 款特予規定,取得及賣出之有價證券,其種類均相同者,以最高賣價與最低買價相配,次取次高賣價與次低買價相配,依序計算所得之差價,虧損部分不予計入。顯見我國有意採行「最高賣價減最低買價」說,其計算結果,對內部人較為不利,目的在於達成嚇阻內部人短線交易的目的。茲再分別說明如下:

1.股　息

依我國證券交易法施行細則第 11 條第 2 項第 3 款規定,歸入權之對象列入同條項前 2 款差價計算利益之交易股票所獲配之股息。

2.利　息

依證券交易法施行細則第 11 條第 2 項第 4 款,認歸入權行使之利益範圍包括列入第 1 款、第 2 款計算差價利益之最後一筆交易日起或前款獲配

現金股利之日起，至交付公司時，應依民法第 203 條所規定年利率 5%，計算法定利息。

3.費用之扣除

證券交易法施行細則第 11 條第 3 項規定，列入前項第 1 款、第 2 款計算差價利益之買賣所支付證券商之手續費及證券交易稅，得自利益中扣除。

㈣歸入權行使之例外問題

實務上，我國證券交易法並未授權行政機關頒布行政規則而豁免歸入權之規定。蓋依證券交易法第 157 條，並無豁免之授權，故並無例外規定之適用。

若上訴最高法院之意旨，僅係指摘原審針對損害金額之計算方式所為之取捨證據、認定事實等職權內之綜合考量後所定出的金額和所求逾越範圍而為敗訴判決者，因無裁判突襲之問題並於法無違背，故就該部分請求廢棄者，應屬無理由❷⁹。

三、歸入權行使之程序

㈠原告之適格問題

1.發行公司

依證券交易法第 157 條第 1 項規定：「……於取得後六個月內再行賣出，或於賣出後六個月內再行買進，因而獲得利益者，『公司』應請求將其利益歸於公司。」因此，證券交易上有關發行公司即為歸入權訴訟案件之適格原告。

2.發行公司之股東

依證券交易法第 157 條第 2 項規定，發行股票董事會或監察人不為公司行使前項請求權時，股東得以三十日之期限，請求董事或監察人行使之；逾期不行使時，請求之股東得為公司行使前項請求權。因此，依本條規定，股東立於補充性之地位，代表公司積極請求涉案被告將其因進行短線交易所得利益歸入公司。

---

❷⁹　最高法院 100 年度臺上字第 640 號民事判決。

3.投資人保護機構

我國對於證券投資人之保護，原係由證基會處理，直至 2003 年有關投資人保護機構「財團法人證券投資人及期貨交易人保護中心」成立，才由該保護機構接手。投資人保護機構為配合政策，依規定買入每一上市、上櫃公司股票各一張，俾於各發行公司有歸入權等爭議事件發生時，得以股東身分提出代位訴訟。實務上，係由證券交易所辦理查核，並將相關資料送交證基會，再由證券投資人保護中心提起團體訴訟，使歸入權之案例因而明顯增加。

(二)歸入權行使之時效

依證券交易法第 157 條第 4 項，歸入權之請求權，自獲得利益之日起二年不行使而消滅。此所謂「獲得利益」在通常情形應解為買入或賣出生效之時。至於二年期間之性質如何，依學者通說認為係「除斥期間」[30]，惟本文認為其係「消滅時效」已如前述，但為求明確適用，宜修法明定之。

第四節　歸入權之特殊問題

一、歸入權之「取得」範圍問題

(一)屬於「取得」之範圍

按有關證券交易法第 157 條有關歸入權，有「對公司之上市股票，於取得後 6 個月內再行賣出」之規定，就該條文所定「取得」範圍問題，見解不一，茲分述如下：

實務上，主管機關從員工及公司內部人參與公開承銷認購可轉換公司債方面，認為[31]：

1.員工認股權憑證依規定不得轉讓，且未開放上市買賣，故公司內部人取得公司發給之員工認股權憑證，尚非證券交易法第 157 條之適用範圍。

---

[30]　賴英照，《證券交易法逐條釋義（第 3 冊）》，頁 468。

[31]　財政部證期會臺財證(三)字第 1724779 號函，91 年 3 月 7 日。

惟該內部人如行使員工認股權，取得公司股票或股款繳納憑證，則屬證券交易法第 157 條第 1 項所定「取得」範圍，應有歸入權之適用。

2.承銷商因信託關係受託持股，當選上市公司董事、監察人後，依證券交易法第 71 條包銷認購上市股票者，亦屬證券交易法第 157 條第 1 項所定「取得」範圍。

(二)不屬於「取得」之範圍

1.以行使員工認股權取得之股款繳納憑證換取股票，則非該條文所定「取得」範圍。

2.公司內部人參與公開承銷認購可轉換公司債或附認股權公司債、行使可轉換公司債或附認股權公司債之轉換權或認股權取得股票、債券換股權利證書或股款繳納憑證、及以債券換股權利證書或股款繳納憑證換取股票，均非證券交易法第 157 條第 1 項所定「取得」範圍。

(三)員工認股權取得股票之時點

1.有關公司內部人行使員工認股權，屬買進而取得股票，應有證券交易法第 157 條第 1 項歸入權之適用，並以「股票交付日」為內部人行使員工認股權取得股票之時點，當日所屬公司普通股之收盤價為買進成本❸❷。

2.依證券交易法第 157 條規定，「發行股票公司董事、監察人、經理人或持有公司股份超過百分之十之股東」者，不得從事該公司股票及具股權性質之衍生性商品交易。惟接受委託之投資業務專責部門主管與投資經理人及其關係人，因繼承、盈餘轉增資、受讓庫藏股或行使員工認股權憑證而取得股票，不受不得從事該公司股票及具股權性質之衍生性商品交易之限制❸❸。

二、公司內部人因公司盈餘轉增資等不列入歸入利益計算

有關公司內部人因公司盈餘轉增資、受讓公司之庫藏股或行使可轉換公司債之轉換權取得公司股票，如何不列入歸入利益之計算，實務上之處

---

❸❷　金管證三字第 0940147822 號令，2006 年 1 月 12 日。

❸❸　金管證三字第 0980052636 號令，2009 年 11 月 12 日。

理見解不一，主管機關認為❸，證券交易法第 157 條第 1 項規定發行股票公司董事、監察人、經理人或持有公司股份超過百分之十之股東，對公司之上市股票，於取得後六個月內再行賣出，或於賣出後六個月內再行買進，因而獲得利益者，公司應請求將其利益歸於公司。公司內部人因公司盈餘轉增資（含員工紅利）、受讓公司之庫藏股或行使可轉換公司債之轉換權取得公司股票，尚非前揭法條所定「取得」之範圍，不列入歸入利益之計算。

　　然公司內部人另有買進與賣出（或賣出與買進）公司股票之行為相隔不超過六個月者，應有歸入權之適用，不得以所賣出之股票係公司盈餘轉增資（含員工紅利）、受讓公司之庫藏股或行使可轉換公司債之轉換權所取得之股票，主張豁免適用。

三、投資人保護中心組織成立

　　主管機關於 2003 年成立財團法人證券投資人及期貨交易人保護中心，有關督促公司歸入權之行使方面業務，由該保護中心之法律服務處受理。

　　依財團法人證券投資人及期貨交易人保護中心組織規程第 4 條規定❸，本中心依業務性質，設法律服務處及管理處，其職掌如次：

㈠法律服務處

　　法律服務處受理證券或期貨爭議之調處、辦理團體訴訟或團體仲裁、對發行人或證券暨期貨相關機構之財務業務查詢、提供相關法令諮詢服務、督促公司歸入權之行使、處理主管機關委託辦理事項及其他有助於達成證券投資人及期貨交易人保護法目的之業務等事項。

㈡管理處

　　管理處辦理保護基金之收取、保管、運用及動用、償付。辦理本中心人事、庶務、文書、財務、會計等事項。

　　因此，該財團法人證券投資人及期貨交易人保護中心依證券投資人及

---

❸　財政部證期會臺財證㈢字第 177669 號函，91 年 2 月 18 日。

❸　2003 年 2 月 24 日公（發）布財團法人證券投資人及期貨交易人保護中心組織規程，最近更新日期 2009 年 8 月 31 日。

期貨交易人保護法第 28 條第 1 項前段規定，保護機構為維護公益，於其章程所定目的範圍內，對於造成多數證券投資人或期貨交易人受損害之同一證券、期貨事件，得由二十人以上證券投資人或期貨交易人授與訴訟或仲裁實施權後，以自己之名義，起訴或提付仲裁。

該財團法人則依其中心辦理團體訴訟或仲裁事件處理辦法❸❻，進行起訴或提付仲裁。換言之，該中心可以自己名義提起團體訴訟，亦得以股東身分提起歸入權訴訟❸❼。然而，如要提付上述之仲裁仍需要雙方有仲裁協議，故上開「提付仲裁」之成效如何，有待觀察。

四、內部人依信託關係移轉或取得該公開發行公司股份之申報

按公開發行公司董事、監察人、經理人及持有公司股份超過股份總額百分之十之股東，依信託關係移轉或取得該公開發行公司股份時，主管機關證期會認為❸❽應依下列規定辦理股權申報：

㈠內部人為委託人

1.內部人將其所持有公司股份交付信託時，依信託法第 1 條規定，信託財產之權利義務須移轉予受託人，故內部人即應依證券交易法第 22 條之 2 規定辦理股票轉讓事前申報。

2.內部人於轉讓之次月 5 日依證券交易法第 25 條規定向所屬公開發行公司申報上月份持股異動時，經向該發行公司提示信託契約證明係屬受託人對信託財產具有運用決定權之信託，得僅申報為自有持股減少，對於內部人仍保留運用決定權之信託，內部人應於申報自有持股減少時，同時申報該信託移轉股份為「保留運用決定權之交付信託股份」。

---

❸❻ 2003 年 4 月 8 日公（發）布財團法人證券投資人及期貨交易人保護中心辦理團體訴訟或仲裁事件處理辦法，最近一次修正於 2017 年 11 月 2 日。

❸❼ 林仁光，〈公司治理之理論與實踐經營者支配或股東支配之衝突與調整〉，《臺灣法學新課題》，元照出版，2003 年 9 月，頁 162。

❸❽ 財政部證期會臺財證㈢字第 0920000969 號函，92 年 3 月 11 日。

　　3.內部人「保留運用決定權之交付信託股份」，因係由內部人（含本人或委任第三人）為運用指示，再由受託人依該運用指示為信託財產之管理或處分，故該等交付信託股份之嗣後變動，仍續由內部人依證券交易法第22條之2及第25條規定辦理股權申報。

　　4.公開發行公司之董事、監察人之「保留運用決定權之交付信託股份」，於依證券交易法第26條規定計算全體董事或監察人所持有記名股票之最低持股數時，得予以計入。

　　5.持有公司股份超過股份總額百分之十之股東，將所持公司股份交付信託，並將信託財產運用決定權一併移轉予受託人者，該股權異動如達證券交易法第43條之1規定變動標準，即應依規定辦理變動申報。

㈡內部人為受託人

1.受託之內部人為信託業者

　　⑴內部人取得信託股數時，係屬其信託財產，而非自有財產，故毋須於取得之次月依證券交易法第25條規定向所屬公開發行公司辦理該信託持股異動申報，亦毋須併計自有持股辦理證券交易法第43條之1之申報。

　　⑵信託業者原因自有持股而成為公開發行公司之董事或監察人者，嗣後所取得之信託持股股數，不得計入證券交易法第26條規定全體董事或監察人法定最低持股數之計算。

2.受託之內部人為非信託業者

　　⑴非信託業者受託之信託財產，其對外係以信託財產名義表彰者，其股權申報及證券交易法第26條之適用，與前揭對信託業者之規定相同。

　　⑵非信託業者受託之信託財產，其對外未以信託財產名義表彰者：

　　I.因受託之內部人對外未區分其自有財產與信託財產，故採自有財產與信託財產合併申報原則，不論取得股份為自有財產或信託財產，內部人均應於取得之次月5日前依證券交易法第25條規定，向所屬公開發行公司申報取得後之持股變動情形。

　　II.前述內部人依信託法第4條第2項規定為所取得股份向所屬發行公司辦理信託過戶或信託登記時，發行公司應於依證券交易法第25條規定彙

總申報內部人持股異動時，註記該等股份為信託持股。

　　III.內部人如為公司之董事、監察人，其受託之信託持股無論對外是否以信託財產名義表彰，均不得計入證券交易法第 26 條規定全體董事或監察人法定最低持股數之計算。

(三)不具運用決定權之信託

　　依信託業法施行細則第 7 條第 2 款所定，信託業者對信託財產不具運用決定權之信託，係依委託人之運用指示為信託財產之管理或處分，故毋須由信託業者辦理股權申報；至於信託業者管理之「具運用決定權」之信託財產（所有具運用決定權之信託專戶合併計算）部分，如取得任一公開發行公司股份超過其已發行股份總額百分之十時，其為信託財產之管理或處分，信託業者即應依證券交易法第 43 條之 1 及第 22 條之 2、第 25 條規定為其信託財產辦理股權申報。

(四)以信託財產名義表彰

　　非信託業者受託之信託財產，其對外係以信託財產名義表彰者，比照前揭(三)對信託業者之規定辦理。

(五)未以信託財產名義表彰

　　非信託業者之信託財產，其對外未以信託財產名義表彰者，採自有財產與信託財產合併申報原則，故併計其信託財產後，取得任一公開發行公司股份超過其已發行股份總額百分之十時，即應依證券交易法第 43 條之 1 及第 22 條之 2、第 25 條辦理股權申報。

五、公司內部人買賣以所屬公司股票為基礎證券之認售權證

　　對於公司內部人買賣以所屬公司股票為基礎證券之認售權證，而有否證券交易法第 157 條之適用問題，實務上，主管機關證期會認為[39]上市（櫃）公司董事、監察人、經理人或持有公司股份超過百分之十之股東買賣以所屬公司股票為基礎證券之認售權證，而有證券交易法第 157 條之適

---

[39]　財團法人中華民國證券櫃檯買賣中心證櫃交字第 04704 號函，92 年 3 月 13 日。

用者，其買進認售權證之交易，係屬「與賣出相當之地位」，應與買進所屬公司股票或其他以該股票為基礎證券之具有股權性質有價證券之交易相配；其賣出認售權證之交易，係屬「與買進相當之地位」，應與賣出所屬公司股票或其他以該股票為基礎證券之具有股權性質有價證券之交易相配，並依證券交易法施行細則第 11 條第 2 項所定計算方式計算所獲利益。

六、員工認股權取得公司股票之買進時點及買進成本認定

　　主管機關曾認為，公司內部人行使員工認股權，取得公司股票，係屬證券交易法第 157 條第 1 項所定「取得」之範圍，應有歸入權之適用。其買進時點及買進成本之認定，應以內部人行使員工認股權取得股票之時點，以及內部人行使員工認股權取得股票當日所屬公司普通股之收盤價為準，並依證券交易法施行細則第 11 條第 2 項所定計算方式計算所獲利益❹，應注意者，該規定已因「行政命令變更」不再援引適用。

第五節　證券交易法第 157 條之檢討與修正建議

一、第 157 條之檢討

　　證券交易法第 157 條所為規定，尚未能具體展現規範之內部人員利用內部消息從事短線交易之立法目的，由於該條文完全捨棄「內部人利用未公開之內部消息」問題，並不問是否本於未公開之內部消息而為買賣股票，似有失立法本意。

　　依現行規定，若內部人員利害關係一致，則甚難期待董事會或監察人會行使歸入權；而股東可能礙於勞力、時間、費用等因素，且行使歸入權結果，股東並無所得，故亦甚少行使，因此，亦有學者認為似乎可援引美

---

❹　財政部證期會臺財證㈢字第 0930002333 號函，93 年 5 月 28 日；不過應注意，依據行政院金融監督管理委員會金管證三字第 940147822 號令不再援引適用，參閱《行政院公報》，第 12 卷第 9 期，2006 年 1 月 12 日，頁 1793。

國之例，列入刑責，以收嚇阻之效❹，不過，此種作法是否妥適，值得研究❷。

又對於在六個月內僅有買入或賣出，或買入賣出相隔逾六個月者，或雖在六個月內買入與賣出但並未獲得利益者，本條規定仍無適用之餘地，此種立法有待補強。

至於在請求歸入程序方面，有關規定應力求嚴密周延。蓋股東代位行使請求時，是否在任何情形下均應履行本條第 2 項所訂「股東得以三十日之限期，請求董事或監察人行使之」之程序，而不問是否將因此而逾同條文第 4 項所訂之二年期限；股東代位訴訟是否準用公司法第 214 條及第 215 條代表訴訟之規定；又如內部人未依本法第 25 條向主管機關申報買賣時，二年期限是否仍照常進行等問題，均有明確規定之必要，以利實務上之適用❸。

證券交易法第 157 條第 1 項，最初係規範「發行股票公司董事、監察人、經理人或持有公司百分之五以上股權之股東，……」，嗣雖將原來所訂「百分之五」股東，修訂為「百分之十」股東，但是否有助於證券投資信託公司投資活動，不無疑問，蓋僅提高上限，則持有公司股份超過百分之十之股東，仍有可能適用第 157 條之問題。

二、修正建議

由於歸入權之制度，對證券市場投資人信心具有相當正面之意義，故在立法上，為避免歸入權制度機械運作，產生不公平現象，立法上似應改從「利用內部消息可能性」之觀點，以決定歸入權是否適用，避免運作上

❹ 林瓊輝，〈內部人短線交易之責任〉，《證券管理》，第 1 卷第 2 期，1983 年 2 月，頁 33。

❷ 德國法有關內部人短線交易問題，並不採刑事規範，其認為除非另有涉及詐欺或違反公司法刑事問題外，純係道德規範問題，應由業者以自律方式行之。參閱吳光明，〈德國法上內線交易規則之研究〉，《中正學報》，第 5 期，1994 年 5 月，頁 1～3。

❸ 賴英照，《證券交易法逐條釋義（第 3 冊）》，頁 474。

絕無例外，更無豁免之情形。如在證券交易法施行細則中，參酌公司法第
27 條第 1 項、第 2 項意旨，納入政府或法人股東，對於代表人及本身為內
部人時之持股併入計算之規定，如此規範，才能達到公平之效。

　　此外，要能確實發生嚇阻之功能，則必須賴執法機關有效之執法。一
方面突破舉證上及資訊上之困難，另一方面，法院應設置證券專業法庭，
使法院得以支持主管機關之看法，尤其歸入權並非行政權利，而屬因一方
當事人之不法或不當行為，所衍生之他方或主管機關民事上之一種權利，
行政機關及法院實務必須能夠有共同之理念與配合，才能使法律規範發揮
功能，徹底嚇阻內部人員以從事短線交易獲利之不公平交易。

　　實務執行上，發行公司如有內部人短線交易之情事時，證期會將通知
該公司行使歸入權，迫使內部人將其短線交易之利益歸入於公司。另一方
面，由證券暨期貨交易市場發展基金會以股東身分，依證券交易法第 157
條第 2 項規定行使歸入權。同時法務部更函釋，歸入權之規定，屬公益性
質，如股東會決議不行使歸入權並免除董事、監察人應負之連帶賠償責任，
應屬無效❹，因此，此種案例，則以透過司法途徑由法院判決予以解決，
為最佳途徑。惟歷來主管機關為了便於執行歸入權之規定，往往利用該公
司在申請增資或其他事項時，以此事項予以把關，使之就範，然此終非正
途。

　　此外，我證券交易法雖於第 157 條第 2 項明文規定：「發行股票公司董
事會或監察人不為公司行使前項請求權時，股東得以三十日之限期，請求
董事或監察人行使之；逾期不行使時，請求之股東得為公司行使前項請求
權。」另又規定董事或監察人怠於請求致公司受損害時應負賠償之責，但
為能及時行使歸入權，應賦予股東逕行訴訟行使請求權，較為妥適。

第六節　結　語

　　按為避免公司內部人利用其職務之便，從事不利公司經營或證券公平

---

❹　法務部 80 年 7 月 13 日法律字第 10430 號函釋。

交易之行為，影響投資大眾之權益，故證券交易法對於公司董事、監察人等具特定身分者，訂有特別之規範。以證券商為例，證券交易法第 51 條前段、第 53 條第 5 款規定，證券商之董事、監察人或經理人不得投資於其他證券商，或兼為其他證券商或公開發行公司之董事、監察人或經理人，違反此一規定而兼任證券商之監察人者，應予解任，並由經濟部撤銷其監察人登記。此與同法第 157 條歸入權之規定，均有防範董事、監察人利用其身分營取個人利益，而損及公司利益之目的。

因此，如必以第 157 條之適用對象，以不違反第 51 條前段、第 53 條第 5 款所訂「證券商之董事、監察人及經理人，不得兼任其他證券商之任何職務」之董事、監察人為前提，將使上開條文之立法目的不能兼顧，同時造成同為監察人，未違反第 51 條規定者，所獲取上述不當利益，應予歸入，違反第 51 條規定者，反而不必歸入之不公平結果。茲以公司監察人為例，如於外觀上已具備監察人委任契約之成立要件，且公司亦賦予監察人執行職務之機會者，不問是否違反第 51 條前段之規定，自該委任契約成立之時起，至外觀上有足以彰顯其不能參與公司業務之明確事實❹❺止，均為歸入權適用之期間，方符立法本意及公平原則。

證券交易法第 157 條歸入權之規定，其目的即在防止公司董事、監察人、經理人與持股超過百分之十之大股東憑其特殊地位，利用內部消息，買賣股票以短線交易之方式圖利，影響投資人信心，乃科其等需將所得經濟上效果歸屬於公司，故只須買進、出售股票之際，均具有該公司前述內部人身分，且股票交易行為係在六個月之範圍內者，即足當之。

總之，歸入權係短線交易 (Short Swing Transaction) 之禁止規定，即內部人等利用內部消息買賣股票，其買進與賣出行為相隔不超過六個月者，其利益應被請求歸屬於公司，學理上即稱歸入權 (Disgorgement)。性質上，歸入權係民事責任，就歸入權之主張，原告為公司本身或其股東，被告則為內部人、準內部人，或依證券交易法第 157 條第 5 項意旨所指準用之「配偶、未成年子女及利用他人名義持有者」，均包括在內。

---

❹❺　此之所謂明確事實，例如辭職或解任等事實。

　　本文認為，基於內部人利用內部消息而獲利之行為難以證明；內部人與一般投資人對於公司內部資訊之落差，極端之結果將形成證券交易市場之崩壞等理由，為使資訊不對等所產生之不利益降至最低，在財產權具社會公益面向之前提下，短線交易歸入權仍有其存在必要。展望未來，歸入權制度仍將對證券市場產生相當程度之影響；其未來動向值得關心證券市場人士之注意。

第十九章　證券爭議之仲裁

第一節　概　說

　　股市是現代社會經濟之櫥窗，經濟不景氣或公司獲利欠佳，股票即下跌，如前景看好，股票即上漲。歷來無論股市漲跌，因丙種墊款斷頭、投資人股票股款被營業員侵占等爭議，似皆在所難免，甚或演變成投資人與證券商之糾紛。

　　因證券事務而發生爭議時，一般人所能想到者大概都是向主管機關證期會或交易所提出檢舉，希望主管機關用「停業」或其他處分，逼迫證券商就範，以達獲得賠償之目的；或者由投資人直接向司法機關提出告訴，於涉案之營業員或相關人被提起公訴移送刑事庭後，利用刑事附帶民事之訴訟程序，以獲得賠償。

　　然而，前者大部分因主管機關追查證券商違規之證據不易，往往以「查無實據」了事，而後者從刑事訴訟到民事判決勝訴確定，訴訟程序有時一拖即 3、4 年，緩不濟急，最後即使獲得賠償，投資人早已心力交瘁，甚至經濟陷入困境。

　　事實上，解決股票買賣之糾紛，除了上述檢舉或訴訟外，研議中的證券商公會又有所謂「證券調解制度」；另外，還有一種非常值得採行之制度，亦即所謂「商務仲裁制度」。所謂「商務仲裁」，即在商務糾紛中，由當事人遴選公正之第三人為仲裁人，當事人並須服從仲裁人所下之判斷而終局之解決爭端方法。

　　依仲裁法（原名稱：商務仲裁條例）第 1 條第 1 項規定：「有關現在或

將來之爭議，當事人得訂立仲裁協議，約定由仲裁人一人或單數之數人成立仲裁庭仲裁之。」按投資人買賣股票之前，先到證券公司開戶，簽訂「委託買賣證券受託契約」，其中必定會約定，委託人與證券經紀商因本契約所生之爭議，得依證券交易法之規定辦理，本契約並作為商務仲裁契約；此部分即為仲裁法所規定之「仲裁契約，應以書面為之」之問題。

至於所謂「仲裁」，係爭議之當事人將爭議事件交由其所選任之仲裁人，包括二位仲裁人再推舉之第三位仲裁人，依雙方所約定之程序或法律進行，而判定雙方權利義務。在仲裁判斷案中，其仲裁人所為之判斷，可拘束雙方當事人。仲裁判斷結果於當事人間乃終局確定，拘束雙方當事人，倘一方不遵守，他方可訴請法院強制執行；此為雙方解決紛爭之一種手段。

仲裁制度之適用範圍，依仲裁法第 1 條第 2 項規定：「前項爭議，以依法得和解者為限。」即限於「依法得和解者」之爭議，當事人始得約定仲裁；然我國立法例採民商合一，原則上當事人間之紛爭，除與公共秩序以及強行禁止法令限制及特別法明文禁止外，均可仲裁解決，而不僅限於商事事件。

實務上，證券仲裁本質上屬商務爭議，自得適用仲裁制度。除證券交易法另設仲裁之特別規定外，原則與一般仲裁制度無異。

基此，本章首先擬探討證券爭議仲裁之意義與其法律基礎、法律性質；其次擬探討證券仲裁制度之設計，包括現行制度、立法沿革、目的、未依法進行證券仲裁之法律效果；次則擬探討證券仲裁適用仲裁法，包括仲裁程序之開始、進行與終結、仲裁判斷之效力與法院判決效力之比較、仲裁判斷之撤銷問題；再次擬探討證券仲裁制度之特殊規定，包括仲裁人之指定、證券商違反仲裁判斷之制裁、證交所章程、營業細則與公會章程之仲裁規定；復次，擬探討現行證券法規相關規定之檢討，包括證券交易法第 166 條及其爭議、證券交易法第 167 條及其爭議、證券交易法第 168 條及其爭議、證券交易法第 169 條及其爭議、證券交易法第 170 條及相關規範、現行仲裁法；此外，擬探討證券「強制仲裁」效力問題之探討，包括證券「強制仲裁」之意義、證券「強制仲裁」之規定有無合憲性問題。最後，

提出檢討與建議。

第二節　證券爭議仲裁之意義與其法律基礎

一、意　義

㈠證券爭議仲裁之意義

　　一般而言，商務爭議仲裁係依當事人合意，將其爭議交由仲裁人判斷，且事先表示願意承諾及接受此項仲裁判斷之拘束力。證券爭議之仲裁係證券爭議當事人基於雙方當事人之合意，由當事人自行選任仲裁人，再經由仲裁人之判斷，以解決證券爭議之方法。

1.特　色

　　一般而言，證券交易爭議之仲裁，具有下列特色：

　　⑴仲裁乃解決爭議之方式；

　　⑵爭議由當事人選任之仲裁人決定之；

　　⑶仲裁人之權限，源自當事人仲裁契約之授權；

　　⑷當事人雙方均可公平陳述案件事實，提出證據，而由仲裁人不限於嚴格之司法方式，解決爭議；

　　⑸仲裁人之權利與責任，由爭議當事人所授權，而非受國家所控制；

　　⑹仲裁人所作之判斷，與終局確定判決，具同一之效力；

　　⑺當事人於合意訂立仲裁契約時，即默示承認仲裁人具有拘束力；

　　⑻仲裁程序與判斷完全獨立於國家之外，法院僅能藉仲裁作成地法之規定，如規範仲裁契約之效力、仲裁程序，或當事人不自願履行判斷時，賦予判斷執行力等方式，以干涉或監督仲裁❶。

2.特　徵

　　證券交易爭議之仲裁，除上述特色之外，更具如下特徵：

---

❶　羅雪梅，《論仲裁在海事爭議上之運用》，臺灣大學碩士論文，1983 年 1 月，頁 1～2。

　　⑴證券糾紛之仲裁係基於雙方當事人之合意，由當事人自行選任仲裁人，再經由仲裁人之判斷，以解決紛爭之方法。蓋在證券交易關係上，其有獨特交易規則習慣，且有特殊契約術語，當事人間對證券交易之合理公平之期待如何，僅有該行業專家，知之最稔，足見證券交易不但與一般民事糾紛不同，且不同於一般商業行為。而由於法官無法洞悉證券交易上特殊習慣，且法官受到嚴格法律原則之束縛，對證券交易糾紛難期為妥適之裁判；但在仲裁程序中，由於所選任之仲裁人係有關證券交易仲裁方面之專家，不但精通證券交易之習慣與專業知識，對於證券交易上之一般公平標準更會加以重視，由其作仲裁判斷，較易獲得妥適而實際之解決。

　　⑵證券交易爭議之仲裁程序，不須對外人公開，故在隱密與較法庭友好氣氛下進行仲裁程序，比較不會損及當事人之利益，且事業之內幕與營業秘密，亦不致有洩漏之虞。故利用仲裁程序，解決爭端，對於當事人及業者，非常有利。

㈡一般民事訴訟與證券爭議仲裁之比較

1.民事訴訟

　　在一般民事訴訟中，法院在訴訟經濟原則下，對於各種訴訟程序上之法則與技術，非常重視❷，欠缺彈性，不但當事人要繳納鉅額訴訟費用❸，且從起訴至判決確定，因敗訴當事人往往濫用上訴，致訴訟常常費時曠日，不足因應商人講求迅速之要求。

2.證券爭議之仲裁

　　證券爭議之仲裁則不注重技術與程序上之法則，富於彈性，且依商務仲裁費用規則之規定，其仲裁費用亦較訴訟低廉❹。

---

❷　駱永家，《民事訴訟法》，1992 年修訂 5 版，頁 13。有關民事訴訟採行辯論主義係基於經驗上合目的性、技術性之考慮，參閱駱永家，《既判力之研究》，1989 年 5 版，頁 208。

❸　有關裁判費之規定，民事訴訟費用法於 2003 年廢止後，改適用民事訴訟須知第 7 點有關訴訟費用之規定，按「民事訴訟須知」訂於 1980 年 10 月 9 日，歷經多次修正，最近一次修正於 2015 年 7 月 3 日。

❹　參閱商務仲裁協會組織及仲裁費用規則第 4 章，有關仲裁費用之規定。按該

　　由於我國證券交易法第 166 條規定「依本法所為有價證券交易所生之爭議，當事人得依約定進行仲裁。但證券商與證券交易所或證券商相互間，不論當事人間有無訂立仲裁契約，均應進行仲裁。」按此，證券商與證券交易所或證券商相互間，不論當事人間有無訂立仲裁契約，均應強制仲裁。至於其他有價證券交易所生之爭議，則屬於任意仲裁之性質。

　　另依同法第 170 條規定「證券商同業公會及證券交易所應於章程或規則內，訂明有關仲裁之事項。但不得牴觸本法及仲裁法。」故凡「依本法所為有價證券交易所生之爭議」衍生之仲裁，自應優先受證券商同業公會及證券交易所定章程或規則之規範。惟前開所稱「依本法所為有價證券交易所生之爭議」，其意義為何，並不明確，究應從廣義解釋，或嚴格依本條文義解釋，尚欠明確，學者亦均認為有待進一步澄清[5]。

　　本文認為，適用上開條文時，需再參酌證交所營業細則[6]第 122 條有關仲裁之規定：「證券經紀商與委託人間因有價證券交易所生之爭議，得依約定進行仲裁，其因受託契約所生之其他爭議亦同。前項仲裁約定，得由證券經紀商與委託人訂入受託契約，並作為仲裁法所規定之仲裁協議。」以及投資人與證券商間所簽訂之受託契約書之規定，而從廣義解釋，較為妥善。

二、法律基礎

　　依證券交易法第 166 條第 1 項規定，依本法所為有價證券交易所生之爭議，當事人得依約定進行仲裁。但證券商與證券交易所或證券商相互間，不論當事人間有無訂立仲裁契約，均應進行仲裁。

　　再依臺灣證券交易所股份有限公司證券經紀商受託契約準則相關規

　　規則已於仲裁法第 54 條第 2 項規定之授權訂定「仲裁機構組織與調解程序及費用規則」，而於 1999 年 3 月 3 日廢止。

[5]　賴英照，《證券交易法逐條釋義（第三冊）》，1992 年 8 月 5 刷，頁 511～512。

[6]　按「臺灣證券交易所股份有限公司營業細則」訂於 1992 年 11 月 19 日，歷經多次修正，最近一次修正於 2018 年 12 月 24 日。

定，投資人買賣證券除填寫委託書外，應先簽訂「委託買賣證券受託契約」，該契約約定，投資人與證券經紀商因本契約所生之爭議，應依證券交易法關於仲裁規定辦理，本契約並為商務仲裁契約。

依上所述，仲裁無論為商務仲裁，或證券爭議之仲裁，均具有契約之性質，為不爭之論。惟此種見解並無法就「仲裁判斷於當事人間與法院之確定判決，有同一之效力」之性質，加以說明。

三、法律性質

證券爭議仲裁之法律基礎性質，學說不一，一般言之，有下列見解：

(一)契約性

19 世紀期間，多數法國學者認為仲裁既然係基於當事人之約定，而主張仲裁有「契約性」，至本世紀 30 年代，法國還有判例採此見解。法國名學者 Niboyet 於 50 年代時，在其名著《法國國際私法論》，仍採此見解，以說明仲裁判斷之性質❼。

(二)裁判性

19 世紀間，亦有少數學者主張仲裁係因當事人之約定，指定仲裁人，充任私人司法者以解決爭議，既然仲裁人之判斷與法院之判決有同等之效力，則仲裁約定與一般契約性質不同，故認為仲裁具有「裁判性」。贊同此說者有法國名學者 Lainé，德國學者 Baumbach, Schwab, Nikisch, Boumgeld 等。其等強調仲裁問題係訴訟之範圍，仲裁約定係程序之約定，因此，其判斷具有既判力，此即目前盛行於德國之「訴訟之法律性質論」(Propesuale Rechtsnatur)。

(三)折衷說

此說認為仲裁因當事人之約定才能進行，則其性質不能擺脫契約論，惟其本身已形成一種制度，而須有一定之程序之適用，在此混合論下，仲裁實具有契約法，即實體法與程序法之雙重性質。採此說者有瑞士學者

---

❼　藍瀛芳，〈談商務仲裁之意義及其法律基礎〉，《商務仲裁論著彙編（第一冊）》，1989 年，頁 225～226。

Sauser-Hall，法國學者 Motulsky, Robert, Mezger 等，德國學者 Bruns, Kisch, Habschied 等。本文亦贊同此說，蓋仲裁具有二種法律基礎，即在主觀上須有指定仲裁人為仲裁之約定，而在客觀上有特定事件之爭議存在。換言之，當事人就其爭議問題，合意交由仲裁解決之，同時，並授權仲裁人為其解決爭議。

㈣小　結

至於證券交易法第 166 條第 1 項但書之規定，證券商與證券交易所或證券商相互間，不論當事人間有無訂立仲裁契約，均應進行仲裁，其立法意旨，認為其間平素業務往來密切，遇有爭議事項，應先以協調之方式解決，而仍維持強制仲裁，此種特別規定亦與上述「商務」仲裁不同，依同條第 2 項規定，自應優先適用，此不但為證券糾紛仲裁之另一特色，且以上述之法律基礎而言，顯然另成一體，值得注意。

第三節　證券仲裁制度之設計

一、現行制度

㈠證券仲裁之種類

依證券交易法第 166 條第 1 項規定：「依本法所為有價證券交易所生之爭議，當事人得依約定進行仲裁。但證券商與證券交易所或證券商相互間，不論當事人間有無訂立仲裁契約，均應進行仲裁。」換言之，即將證券仲裁制度分為二者，即：

1.強制仲裁

其適用範圍為「證券商與證券交易所」或「證券商相互間」，「應」進行仲裁，以仲裁解決紛爭。

2.任意仲裁

其適用範圍為強制仲裁以外之情形，即於非證券商之間，如證券商與投資人之間、交易所與投資人之間，當事人「得」依約定進行仲裁。且該

約定仲裁之方式，須符合商務仲裁條例之約定仲裁之要式要件：即須以書面為之。換言之，亦即投資人在證券商辦理開戶時，須簽訂委託買賣證券受託契約書❽。

㈡「有價證券交易所生之爭議」含義

所謂「依本法所為有價證券交易所生之爭議」，原則上，在證券集中交易市場或店頭市場所為之有價證券買賣所生之爭議固屬之。然倘非「依本法」所為有價證券交易是否亦有本條之適用問題，例如投資人或證券商之一方，違約未履行交割而生之爭議；或如證券交易法規定以外之有價證券所為買賣之爭議，均屬之。

本文認為，解決當事人間因合法證券交易所引起之爭議，必較違法之證券交易之爭議為少，故對前兩例均應包括在內；至於證券交易法規定以外之有價證券，如非公開發行之公司股票，則不應包括，蓋其實際上，已與證券交易法無甚關聯。

又如委託人與證券商間之行紀契約所生之爭議；或發行人、投資人與承銷商之間，因承銷契約所生之爭議；或如投資人與證券商之間，因買賣證券佣金之爭議等❾，是否均屬條文之「依本法所為有價證券交易所生之爭議」範圍，有學者認為，上述所舉者，嚴格而論，均非證券交易法第166條所稱「依本法所為有價證券交易所生之爭議」。因本條範圍欠明確，以證券商與證券交易所之間，使用有價證券集中交易市場契約所生之爭議而言，其並非於證券交易市場或店頭市場所為之有價證券交易❿。

然而本文以為，解釋上應可採廣義解釋，將其內容泛指因證券交易而產生直接、間接之一切爭議。此由於現行證券仲裁將強制仲裁範圍僅限於證券商之間或證券商與證券交易所之間，而任意仲裁之程序幾完全適用一般商務仲裁之程序，故擴大解釋本條適用範圍並無不妥，得提供當事人間

---

❽　參閱證券商於投資人開戶時，投資人所簽訂之「受託買賣證券受託契約」以及「證券商客戶開設有價證券集中保管帳戶契約書」。

❾　參閱賴英照，前揭書，頁 512；賴源河，《證券管理法規》，頁 391～392。

❿　賴英照，前揭書，頁 513。

多一項解決糾紛之途徑，反可更有效解決因有價證券交易所生爭議。另一方面，亦可使仲裁案之相對人不必一直再對此問題，提出抗辯，拖延程序之進行。

二、立法沿革、目的

㈠立法沿革

　　證券交易法舊法第 166 條，原係規定：「依本法所為有價證券交易所生爭議，不論當事人間有無訂立仲裁契約，均應進行仲裁。」而將有關證券交易之爭議，均採強制仲裁。

　　1988 年證券交易法修正後，第 166 條第 1 項始更改為：「依本法所為有價證券交易所生之爭議，當事人得依約定進行仲裁。但證券商與證券交易所或證券商相互間，不論當事人間有無訂立仲裁契約，均應進行仲裁。」

㈡立法目的

　　1988 年之前，之所以採強制仲裁制度理由為：「本條立法原意乃是強行規定證券交易糾紛，概須先經仲裁程序。如仲裁不成，仍須經過訴訟。因為證券交易不同於一般商業行為，故其糾紛亦異，如證券交易糾紛不先經仲裁而逕向法院提起訴訟，可能因法官不太了解證券交易各種技術問題，反會增加法院許多負擔。如證券交易糾紛先經過仲裁程序，可使許多複雜問題趨於簡單，也可使許多糾紛因仲裁而獲得解決，無須再經訴訟，故本法仲裁，實無異於替訴訟先作資料批判工作，對公平合理有很大的幫助。」❶

三、未依法進行證券仲裁之法律效果

㈠證券交易法與原商務仲裁條例法律效果比較

　　依證券交易法第 167 條規定：「爭議當事人之一造違反前條規定，另行提起訴訟時，他造得據以請求法院駁回其訴。」此即妨訴抗辯。即在爭議當事人之一造，違反證券交易法第 166 條，而不依法仲裁，逕予訴訟時，

❶　參閱證期會於本條修正時於立法院之說明。

他造得據以請求駁回其訴**⓬**。

此種規定於仲裁法第 4 條第 1 項：「仲裁協議，如一方不遵守，另行提起訴訟時，法院應依他方聲請裁定停止訴訟程序，並命原告於一定期間內提付仲裁。但被告已為本案之言詞辯論者，不在此限。」亦有同樣規定。此亦即所謂「停止訴訟說」。

㈡解釋上

強制仲裁或已約定仲裁而未依法進行證交仲裁，他造固得據以請求法院駁回其訴。然其僅為訴訟程序上之抗辯，倘一造未依法進行仲裁，而他造亦未提出妨訴抗辯時，則法院應否依職權審酌「應仲裁」而駁回其訴，換言之，其時應依訴訟或仲裁程序解決紛爭，此間顯然值得研究。

妨訴抗辯，既僅為訴訟程序上之抗辯，屬抗辯權之一，故他造倘未主張，依民事訴訟採當事人進行主義，該紛爭自仍應依訴訟解決。倘當事人未主張妨訴抗辯，法院不得依職權審酌而駁回其訴。

但亦有學說認為，此於任意仲裁，可視為雙方合意解除仲裁，殆無疑義；然於強制仲裁，未依法進行仲裁，而提起訴訟，倘他造未據以請求法院駁回其訴，即依訴訟解決紛爭，如雙方仍得合意規避「強制仲裁」，則證券交易法強制仲裁制度之規定將失其立法之目的**⓭**，本文同意此種見解。

第四節　證券仲裁適用仲裁法

依證券交易法第 166 條第 2 項規定意旨，證券仲裁，除本法規定外，依仲裁法之規定。故除證券交易法第 166 條至第 170 條之規定外，證券仲裁制度，原則上仍依一般仲裁法所定程序進行之。故證券仲裁制度無法完全脫離一般仲裁制度。茲分述如下：

⓬　參閱臺灣高等法院 83 年度抗更㈠字第 9 號有關天弘證券與台育證券間之糾紛所為裁定。

⓭　參閱范光群，〈大陸與臺灣商務調解及仲裁制度之比較〉，《中興法學》，第 34 期，1992 年 11 月。

一、仲裁程序之開始、進行與終結

(一)仲裁程序之開始：選定仲裁人

仲裁法第 10 條、第 11 條、第 12 條規定，由當事人以文書通知仲裁契約所約明之仲裁人或其所選定之仲裁人進行仲裁；或仲裁人自接獲通知時起，通知兩造當事人，而於六個月內作成仲裁判斷，必已選定仲裁人之一造，得催告他造於受催告之日起，十四日內選定之；倘逾期仍不選定，催告人得聲請法院為之選定仲裁人。如仲裁人因死亡或其他原因出缺，或拒絕仲裁任務之擔任或履行者，則依仲裁法第 13 條之規定，聲請法院為之選定，並依同法第 21 條，仲裁進行程序應於接獲爭議發生之通知日起，十日內決定仲裁處所及詢問期日，通知當事人兩造。而其仲裁費用，依仲裁機構組織與調解程序及費用規則第 25 條第 1 項之規定，因財產權而聲請仲裁，逐級累加繳納仲裁費，其逐級標準參照該條文規定。

(二)仲裁程序之進行

1.仲裁之詢問陳述

依仲裁法第 23 條規定：「仲裁庭應予當事人充分陳述機會，並就當事人所提主張為必要之調查。仲裁程序，不公開之。但當事人另有約定者，不在此限。」

2.仲裁程序之異議

依仲裁法第 29 條規定「當事人知悉或可得而知仲裁程序違反本法或仲裁協議，而仍進行仲裁程序者，不得異議。異議，由仲裁庭決定之，當事人不得聲明不服。異議，無停止仲裁程序之效力。」即否定當事人之異議權，此與民事訴訟法第 197 條允許當事人就訴訟程序之違背，得提出異議之規定不同。

(三)仲裁程序之終結

原則上，依仲裁法第 33 條規定，仲裁庭認仲裁達於可為判斷之程度者，應宣告詢問終結，依當事人聲明之事項，於十日內作成仲裁判斷書。該判斷書應附理由，並由仲裁人簽名。而仲裁判斷，由仲裁人過半數意見

定之，倘不能過半數，除當事人另有約定外，則仲裁程序視為終結，並應將其事由通知當事人。

仲裁判斷之作成時期，依仲裁法第 21 條之規定，原則上，若契約有訂明，依其約定；若無約定，自接獲為仲裁人或接獲爭議發生之通知日起，六個月內作成判斷，必要時得延長三個月。

仲裁人逾越作成時期而未作成判斷書者，除強制仲裁事件外，當事人得逕行起訴或聲請續行訴訟；一經起訴或聲請續行訴訟者，仲裁程序視為終結。

二、仲裁判斷之效力與法院判決效力之比較

依仲裁法第 37 條前段：「仲裁人之判斷，於當事人間，與法院之確定判決，有同一效力。」而法院判決效力有三：(1)確定力：當事人不得對同一事件加以爭執不服；(2)執行力：可聲請法院強制執行債務人之財產；(3)形成力：形成新權利義務關係。仲裁判斷是否亦有分別如下之效力：

(一)確定力

1.形式確定力

仲裁判斷一經送達即確定。因仲裁無上訴制度，當事人不得聲明不服，亦不得另行起訴；仲裁判斷，一經作成亦有拘束力，即不可撤回、變更或另再作成判斷，推翻前之判斷。

2.實質確定力

即在仲裁解決之爭議範圍內，有拘束當事人、法院、仲裁人之效力。

(二)執行力

依仲裁法第 37 條第 2 項前段規定，仲裁判斷，須聲請法院為執行裁定後，方得為強制執行。即仲裁判斷既係合法有效作成，則法院對就仲裁判斷而聲請強制執行之審查，僅就仲裁判斷之形式與外觀審查其是否係合法有效作成，倘符合，即以「裁定」准予強制執行，對其作成內容是否妥當，則不再審查。

㈢形成力

仲裁判斷與法院就形成之訴所為之判決不同，其不具形成力。蓋法律並無賦予仲裁判斷形成權行使之權力。

三、仲裁判斷之撤銷問題

各國立法例中，仲裁判斷有瑕疵之救濟方法有三：

(1)得提起上訴救濟，亦即仲裁程序有二審級；

(2)以得提起再審之訴救濟者；

(3)以得提起撤銷仲裁判斷之訴者，如我國即採此方式救濟。限於篇幅，本文僅討論第 3 種。

㈠撤銷仲裁判斷之事由

提起撤銷仲裁判斷之訴，除應符合民事訴訟一般訴訟要件之規定❶外，尚須符合仲裁法第 40 條各款情形之一。

㈡撤銷仲裁判斷之時期

撤銷仲裁判斷之訴，係屬形成之訴；換言之，法院之判決，將使法律關係因之發生變更。故於撤銷仲裁判斷之前，當事人間權利義務係不安定之狀態，故為求法律安定性，提起撤銷仲裁判斷之訴須有一定期間，倘逾該期間，則不得再行使。

依仲裁法第 41 條，提起撤銷仲裁判斷之訴之起算有二，即判斷書交付或送達之日起算；而如知悉原因在後，自知悉時起算。自起算時起三十日不變期間內提起，因係不變期間，故當事人不得任意加長或縮短。另自仲裁判斷書作成日起，逾五年者，當事人亦不得再基於任何理由請求撤銷仲裁判斷。

㈢撤銷仲裁判斷之效果

1.撤銷仲裁判斷之訴，因係形成權之行使，屬形成之訴；其判決倘認撤銷有理由，則使仲裁判斷效力溯及至自始消滅。因各撤銷事由均為一獨立事由，故可分別提起撤銷之訴，其各訴間既判力不生影響，倘其一撤銷

---

❶　參閱民事訴訟法第 244 條之規定。

原因遭法院駁回，當事人仍得以其他撤銷原因為理由，另行提起撤銷之訴。

2.法院於撤銷仲裁判斷之訴時，僅可審酌該撤銷事由之有無，而為仲裁判斷應否撤銷之認定；就仲裁判斷之實質內容，法院不可變更。故仲裁判斷一旦被法院撤銷時，依仲裁法第 43 條，當事人原則上得就該爭議事項提起訴訟，此時，他方當事人不能再以仲裁契約存在為理由而提起妨訴抗辯。

又依該法條規定，於仲裁判斷經撤銷後，係「得」就該爭議事項之解決，提起訴訟；故當事人倘合意另提仲裁，應無不可。然倘當事人間未另有合意，可否另開仲裁程序問題，見解不一，有學者認為原則上不可再開仲裁程序，其所持理由無非仲裁契約已因形式上仲裁判斷之作成而歸消滅云云❺。

然本文持不同見解，蓋於強制仲裁情形，倘經撤銷仲裁判斷成立，則依訴訟解決當事人紛爭，因當事人間自始未曾合意以仲裁方式解決爭議；然於任意仲裁情形，當初仲裁契約之合意，不應受形式上仲裁判斷之作成而消滅，因該仲裁判斷既經撤銷而不存在，當事人間之仲裁合意不受影響。於此情形，不妨允許當事人得任意提起訴訟和聲請仲裁，以解決其紛爭，然在實務處理上，如一方提起訴訟，他造不得主張妨訴抗辯；如一方提出聲請仲裁，他造亦不得拒絕，似較妥適。

3.仲裁判斷倘已經法院為執行裁定後始被撤銷，此時執行裁定既已失存在基礎，故依仲裁法第 42 條第 2 項，法院應一併撤銷執行裁定。

第五節　證券仲裁制度之特殊規定

一、仲裁人之指定

依仲裁法第 9 條第 1 項前段：「仲裁協議，未約定仲裁人及其選定方法

---

❺　參閱林俊益，〈撤銷仲裁判斷之訴〉，《商務仲裁》，第 52 期，1999 年 2 月 28 日，頁 27。

者，應由雙方當事人各選一仲裁人，再由雙方選定之仲裁人共推第三仲裁人為主任仲裁人，並由仲裁庭以書面通知當事人。」倘兩造不能共推時，依仲裁法第 9 條第 2 項後段：「當事人得聲請法院為之選定。」

然依證券交易法第 168 條特規定於此情形時，「由主管機關依申請或以職權指定之」而排除仲裁法之適用。其理由係認為證券仲裁涉及證券實務，而主管機關證期會對此類爭議案件之仲裁人之選擇較為熟稔，故賦予指定之權❶。遺憾的是，中華民國商務仲裁協會曾因不了解證券交易法第 168 條規定，發出錯誤函件給當事人，令人無所適從❶。

二、證券商違反仲裁判斷之制裁

一般商務爭議仲裁，與證券爭議仲裁並非完全相同。依證券交易法第 169 條規定，特別加重證券商履行仲裁判斷或仲裁上和解結果之責任，故除有仲裁法第 40 條提起撤銷仲裁判斷之訴外，倘其未履行，主管機關得以命令停止其業務；縱其依仲裁法第 40 條提起撤銷仲裁判斷之訴，倘該訴敗訴，則仍應依仲裁判斷履行其責任，倘未履行，仍有證券交易法第 169 條之適用，主管機關得以命令停止其業務，以防證券商之濫訴。

三、證交所章程、營業細則與公會章程之仲裁規定

為貫徹強制仲裁制度之執行，證券交易法第 170 條規定，證券商業同業公會及證券交易所應於章程或規則內，訂明有關仲裁之事項。此等規定之目的，在於使相關當事人遵行，惟該規定，均不得牴觸證券交易法及仲裁法之規定。茲將臺灣證券交易所章程、營業細則及臺北市證券商業同業公會之章程，分述如下：

㈠臺灣證券交易所股份有限公司章程

依該章程第 39 條規定，在證券交易所集中交易市場為買賣之證券經紀

---

❶　賴英照，前揭書，頁 516。

❶　參閱中華民國商務仲裁協會商仲麟聲字第 219 號函，1994 年 8 月 17 日。按此種處理方式，牴觸證券交易法第 166 條第 2 項與第 168 條之規定。

商與證券自營商，因證券交易所生之爭議，應依證券交易法第六章規定，進行仲裁。

㈡臺灣證券交易所營業細則第十章

即第 122 條至第 124 條，第 132 條之 1 至第 133 條，其中第 125 條至第 132 條以及第 134 條，已刪除❸。

依細則第 122 條規定，證券經紀商與委託人間因有價證券交易所生之爭議，得依約定進行仲裁，其因受託契約所生之其他爭議亦同。前項仲裁約定，得由證券經紀商與委託人訂立受託契約，並作為商務仲裁條例所規定之仲裁契約。同細則第 123 條規定，證券經紀商或委託人依約定進行之仲裁，得向仲裁協會申請，由仲裁庭辦理之。第 124 條規定，爭議當事人不遵守本章規定申請仲裁，而逕向法院提起訴訟時，他造得依證券交易法第 167 條之規定，請求法院駁回其訴。此三條文之規定，使投資人與證券商所簽訂之委託買賣證券受託契約，成為仲裁契約，當事人之一造得向仲裁協會提出申請仲裁，並與證券交易法有關仲裁規定，前後呼應。

至於營業細則第 125 條至第 132 條有關仲裁人選定方式及作成之判斷，因仲裁法中已另有規定，為避免法律適用上之困擾，故證交所營業細則有關此部分均予刪除。

又營業細則第 132 條之 1 規定，證券商與證券商間，因有價證券交易所生之爭議，應進行仲裁，但本公司得商請證券商業同業公會為仲裁前之調解。如此規定，目的亦在維持同業間之和諧。同細則第 132 條之 2 規定，證券商為本章所定之仲裁當事人者，應將仲裁程序之進行通知本公司，並檢送有關書面文件影本。第 132 條之 3 規定，本章所定之仲裁，其申請程序，仲裁人之產生及其他程序進行事項，依證券交易法及仲裁法之規定辦理之。第 132 條之 4 規定，爭議當事人依本章規定進行仲裁時，如需證交所提供有關資料，得由其仲裁人向本公司洽取。其第 133 條規定，證券商與證交所之間，因所訂使用市場契約發生之爭議，應進行仲裁，並準用本

---

❸　參閱臺灣證券交易所股份有限公司營業細則第十章之規定，財政部，《證券暨期貨管理法令摘錄》，1995 年 3 月，頁 665～666。

章之規定。

㈢中華民國證券商業同業公會章程

中華民國證券商業同業公會章程中，並未訂明有關仲裁之事項，其雖或有其事實上之原因，惟證券交易法第 170 條既已明文規定，應於章程內，訂明有關仲裁之事項，則其已不符合證券交易法第 170 條規定，至為明顯，本文認為應由主管機關命令其改善，以符法制。

第六節　現行證券法規相關規定之檢討

按我國證券仲裁規定於證券交易法第六章，從該法第 166 條至第 170 條，為有關證券仲裁之規定，依第 166 條第 2 項規定：「前項仲裁，除本法規定外，依仲裁法之規定。」換言之，證券交易法未規定之仲裁事項，適用仲裁法之規定。

茲就證券交易法第六章有關仲裁之規定，分述如下：

一、證券交易法第 166 條及其爭議

證券交易法第 166 條第 1 項規定：「依本法所為有價證券交易所生之爭議，當事人得依約定進行仲裁。但證券商與證券交易所或證券商相互間，不論當事人間有無訂立仲裁契約，均應進行仲裁。」同條文第 2 項規定：「前項仲裁，除本法規定外，依仲裁法之規定。」在一般投資人與證券商或證券交易所之間所發生之糾紛，均改採任意仲裁，須當事人間有合意，才能進行仲裁。於證券商與證券交易所間或證券商相互間發生糾紛時，則採取強制仲裁。

㈠適用範圍

證券交易法第 166 條第 1 項，係說明證券仲裁之適用範圍。由條文觀之，其適用範圍似乎非常明確，實則不然。

所謂「依本法所為有價證券交易所生之爭議」，其意涵如何，並不明確。如作文義解釋，係指依證券交易法所為有價證券交易所生之爭議，始

有本條之適用。因此，如非依證券交易法所為有價證券交易所生之爭議，則無本條之適用，如此解釋，無異是限縮證券仲裁制度之適用範圍。因此，所謂「依本法所為有價證券交易所生之爭議」之範圍，究應採廣義解釋或嚴格之文義解釋，仍有爭議。

　　為解決此一爭議，似宜從證券交易法之立法意旨著眼，以為適當之解釋。證券交易法第 1 條規定：「為發展國民經濟，並保障投資，特制定本法。」可見證券交易法之立法目的為發展經濟及保護投資人，二者相輔相成，密不可分，甚至有認本法即為「證券投資人保護法」❶⑨。

　　本法所保障投資人之利益範圍，僅係在投資前有獲得正確決策資訊，市場免於操縱、詐欺之權利，內部人不能謀取其個人不當利益，以及取得法律救濟之權利。而不在本條保障之列者係證券之「價值」或「價格」，即保障投資並非保證投資人能獲得一定之利益。因此，發展經濟及保障投資為證券交易之立法目的，宜以之貫穿全法，故在其他條文之解釋時，必須考慮是否顧及投資人正當利益之保護，以及市場之有效率、健全之運作，而為體系、合理之解釋❷⓪。

　　茲所謂「依本法所為有價證券交易所生之爭議」，原則上，在證券集中交易市場及櫃檯買賣中心所為有價證券之交易，均屬之。惟其他有價證券之交易如何認定，則有爭議。

　　依證券交易法第 6 條規定：「本法所稱有價證券，指政府債券、公司股票、公司債券及經主管機關核定之其他有價證券（第 1 項）。新股認購權利證書、新股權利證書及前項各種有價證券之價款繳納憑證或表明其權利之證書，視為有價證券（第 2 項）。前二項規定之有價證券，未印製表示其權利之實體有價證券者，亦視為有價證券（第 3 項）。」在規範範圍上，本條所定之有價證券種類頗為有限。政府債券雖為有價證券，但為豁免之證

⑲　　因此，宜適當界定投資人應受保護之利益範圍，以免漫無節制加以保護，使投資人成為「長不大之孩子」。

⑳　　余雪明，〈證券交易法的立法意旨〉，《月旦法學雜誌》，第 15 期，1996 年 8 月，頁 86～88。

券❷，其發行無須依本法之程序辦理。而政府核准之其他有價證券，目前主要是證券投資信託公司發行之受益憑證，數量有限。因此，本條所稱之有價證券，主要為股票及公司債❷。至於本條規定以外之有價證券，如非公開發行之公司股票，因其實際上與證券交易法無關，則不應包括在內。

惟所謂「依本法所為有價證券交易所生之爭議」，其交易行為及所生爭議之範疇，至今仍不明確。本文認為宜從證券交易法第 1 條之立法精神解釋之，蓋從發展經濟及保障投資人之立場出發，則對其應採廣義解釋，將其內容泛指所有因證券交易所生直接、間接之一切爭議，且針對個案具體事實而為彈性之解釋運用，以達保護投資人之目的。

(二)具體實踐

雖然證券交易法設有證券仲裁制度，惟目前證券交易相關糾紛經由仲裁解決之案例仍屬有限，以仲裁解決之糾紛類型大致如下：

1.投資人因業務員之不正行為（盜款、盜券），向證券商請求損害賠償之爭議。

2.證券商以證券交易所因其未遵期履行交割義務，所為暫停買賣之處分不當而請求恢復買賣及賠償損害之爭議。

3.因違約不履行交割義務，證券商向投資人請求賠償損害之爭議。

4.因證券商違約不履行交割義務，證券交易所向證券商請求償還違約交割墊款之爭議。

5.證券金融公司與投資人間關於清償股票借券費用之爭議。

6.發行公司因證券交易所終止其股票上市，請求繼續上市契約及賠償損害之爭議等❷。

且在所有聲請仲裁之案件中，約有一半係以和解方式終結爭議，最常見之情形，是由臺灣證券交易所邀集兩造當事人勸導達成和解。因證券交

---

❷　參閱證券交易法第 22 條及第 149 條。

❷　賴英照，《證券交易法逐條釋義（第 1 冊）》，1992 年 8 月 6 版，頁 89。

❷　朱麗容，〈談證券交易相關糾紛之仲裁〉，《商務仲裁》，第 37 期，1994 年 8 月 25 日，頁 10。

易之爭議多以私下和解方式解決，故無論司法解釋或仲裁判斷均付諸闕如❷，這對證券交易法之成長與發展，均有妨礙，頗值得研究者注意。

二、證券交易法第 167 條及其爭議

㈠概　說

　　證券交易法第 167 條規定：「爭議當事人之一造違反前條規定，另行提起訴訟時，他造得據以請求法院駁回其訴。」此為妨訴抗辯。即在爭議當事人之一造，違反證券交易法第 166 條，不依法仲裁，而逕予訴訟時，他造得據以請求法院駁回其訴❷。惟本條規定之妨訴抗辯如何適用，在學者間則有爭議。

　　另外，現行仲裁法對違反仲裁約定者，採取「訴訟停止說」而非「駁回說」，如此將使證券交易法之規定與仲裁法相異，惟以何者為宜，容後專章論述之。

㈡妨訴抗辯之適用

　　有學者謂妨訴抗辯乃任意仲裁下之產物，而認為證券交易法第 167 條若僅適用於任意仲裁，則有以下幾個矛盾：

　　1.第 167 條之規定將形同具文，無規定之必要，因依第 166 條第 2 項，自得適用原商務仲裁條例第 3 條妨訴抗辯之規定。

　　2.與立法意旨不符。證券交易法於 1968 年制定時，僅有強制仲裁之規定，於 1988 年修正時，始有任意仲裁之制度。因此，如認為第 167 條僅適用於任意仲裁，顯然違背立法者之意思。

　　3.第 167 條如僅適用於任意仲裁，等於未對強制仲裁作任何規定，則法院於面對強制仲裁事項，而當事人又向法院起訴時，應如何處理，則有

---

❷　蕭富山，〈美國證券交易仲裁契約之發展兼論我國證券交易仲裁制度〉，《法學叢刊》，第 147 期，1992 年 7 月，頁 112〜113。所幸司法院已於 1997 年編印《商務仲裁判決彙編》，以供查閱。

❷　參閱臺灣高等法院 83 年度抗更㈠字第 9 號有關天弘證券與台育證券間之糾紛所為裁定。

矛盾❷。

　　且其基於上述之矛盾點，不能遽認證券交易法第 167 條僅適用於任意仲裁，惟若認於強制仲裁亦有其適用，則可能因當事人未主張妨訴抗辯或遽為陳述，使訴訟程序遂行，而規避強制仲裁制度，使得證券交易法設立強制仲裁制度之意旨盡失。惟此種論點是否正確仍有爭議❷。

㈢駁回說與停止訴訟說

1.駁回說

　　駁回說係指當事人違反規定時，則由法院依法駁回。1995 年 3 月商務仲裁條例修正草案協會版，商務仲裁協會將原條文第 3 條修正為：「仲裁契約，如一方不遵守，另行提起訴訟時，法院應依他方之聲請以裁定停止訴訟，並命原告提付仲裁。但被告未聲請而為本案之言詞辯論者，不在此限。」且現行仲裁法亦作相同之修正，採訴訟停止說而非駁回說，其理由為依民法第 131 條規定：「時效因起訴而中斷者，若撤回其訴，或因不合法而受駁回之裁判，其裁判確定，視為不中斷。」因此，訴訟因不合法而受駁回確定時，原告之請求權時效視為不中斷，此時，如其為短期時效，極可能時效完成，產生時效抗辯權，致使當事人縱另行提出仲裁並無實益，因而，可見駁回說對當事人權利之保護似不周延❷。

2.訴訟停止說

　　訴訟停止說係指當事人違反規定時，則由法院依他造當事人之請求，而裁定停止訴訟。採行訴訟停止說者，以裁定停止訴訟程序，並命原告將爭議提付仲裁解決，其目的係為保護原告之權利，因在仲裁未能作成判斷時，原告仍須經由法院訴訟解決爭議，且採行訴訟停止說之結果，縱為短

---

❷　高玉泉，〈證券交易法中仲裁規定之檢討〉，《證券管理》，第 9 卷第 7 期，1991 年 7 月，頁 6。

❷　其實，根本問題在於證券交易法第 166 條既然修正僅剩「但書」部分為強制仲裁，則該法第 167 條自應配合修正為：「違反前條『但書』規定……」，本書提出建言十多年，迄今（2018 年）仍未見修正，令人遺憾。

❷　《商務仲裁條例修正草案彙整初稿》，1995 年 3 月，頁 12。仲裁法修正通過後，亦採相同規定。

期時效，消滅時效亦因訴訟繫屬而中斷，故不致產生時效抗辯權，對原告權利之保護較為周延。惟若採訴訟停止說，則可能會產生拖延訴訟之情事，不符仲裁迅速性之要求。

3. 小　結

駁回說或訴訟停止說，各有其利弊，採行何說較為適宜，仍具爭議。惟商務仲裁有關妨訴抗辯之修正，本與證券交易爭議仲裁無關，證券交易法仍優先適用，然而，為避免仲裁人適用仲裁規定，發生割裂現象，甚至，因選任之仲裁人並非均為法律專家，而有錯誤引用發生，反而非解決爭端之道。因此，為求仲裁制度之完整性，實不宜讓證券仲裁與商務仲裁規定，相互牴觸❷⑨。

三、證券交易法第 168 條及其爭議

㈠規定內容

證券交易法第 168 條規定：「爭議當事人之仲裁人不能依協議推定另一仲裁人時，由主管機關依申請或以職權指定之。」就規定內容而言，本條係針對第三位仲裁人或主任仲裁人之選定而作規範。於應由當事人選任之仲裁人之場合，證券交易法並未作任何規定，是以依第 166 條第 2 項規定之結果依仲裁法之規定解決。

㈡簡　評

當事人選任之仲裁人拒絕仲裁任務之擔任，或當事人不能選定仲裁人時，依仲裁法第 13 條規定，解釋上應先由法院為當事人選任仲裁人，經選任之仲裁人如不能依協議選定另一仲裁人時，依本條規定，由主管機關指定之，此種程序是否過於迂迴，不無疑問。且本條制定之理由在於認為證期會對證券交易相關糾紛案件之仲裁人之選擇較具專業性，而賦予指定權，因此，何不直接明確規定於當事人不能或拒絕選任仲裁人時，均委由主管

---

❷⑨　蓋同樣之仲裁，如違反規定提出訴訟時，在證券仲裁會被駁回，在其他仲裁又變成「停止訴訟」，不要說當事人不懂，有些律師亦不一定清楚此種區別以及其實益。

機關為之選任。

另外，證券交易法第 168 條使用「推定」用語，不甚妥當，因「推定」乃具免除舉證責任之訴訟法上之概念，故宜參照仲裁法第 9 條之規定，修正為「共推」之用語較妥❸⓪。

四、證券交易法第 169 條及其爭議

㈠規定內容

原證券交易法第 169 條規定：「證券商對於仲裁之判斷，或依商務仲裁條例第二十八條成立之和解，延不履行時，除有商務仲裁條例第二十三條情形，經提起撤銷判斷之訴者外，在其未履行前，主管機關得以命令停止其業務。」本條規定證券商對於商務仲裁判斷，應切實履行，未履行者，除有本條之情形外，證期會得命令其停止業務，以強制其履行❸①。有學者謂本條規定之結果，將使仲裁判斷或和解之效力大於法院之確定判決，認為仲裁制度此項設計，勢將凌駕於傳統之訴訟制度，惟此項設計是否妥當，值得探討。

㈡簡　評

有學者謂仲裁本係以私之方式解決爭議，仲裁判斷或和解之不履行亦非對於法令之違反，以行政處分之方式間接強制當事人履行義務，似乎失之過嚴❸②，且認為法律已賦予當事人聲請法院強制執行之權利，對投資人權利之保障已足，似無再賦予行政機關此項權限之必要，縱欲賦予其權限，亦不宜於仲裁章內規定之。

然本文認為，基於證券交易法第一條保障投資人之立法精神觀之，此等條文之規定似無不妥之處，投資大眾多為經濟力較弱之一方，證券商則為經濟強勢團體，因此藉由主管機關之介入，使投資人早日獲得賠償，應

---

❸⓪　按新修正仲裁法第 9 條第 1 項亦規定為「共推」第三仲裁人字眼，而不應用「推定」第三仲裁人。

❸①　賴英照，《證券交易法逐條釋義（第 3 冊）》，1992 年 8 月，頁 518。

❸②　參閱高玉泉，前揭文，頁 7。

可贊同。

五、證券交易法第 170 條之規定及相關規範

　　證券交易法第 170 條規定:「證券商業同業公會及證券交易所應於章程或規則內,訂明有關仲裁之事項。但不得牴觸本法及仲裁法。」為貫徹強制仲裁制度之執行,本條明定證券商業同業公會及證券交易所應於章程或規則內,訂明有關仲裁之事項,以利有關當事人遵行,惟該等規定不得牴觸本法及仲裁法之規定。目前實務上,臺灣證券交易所股份有限公司及中華民國證券商業同業公會之章程、細則,均有相關規定 ❸,茲分述如下:

(一)臺灣證券交易所股份有限公司章程

　　該章程第 37 條規定:「本公司與證券經紀商或證券自營商間因依證券交易法所為有價證券交易所生之爭議,應依證券交易法規定進行仲裁;必要時,本公司得請證券商業同業公會為仲裁前之和解。」即在證券交易集中市場為買賣之證券經紀商與證券自營商,因證券交易所生之爭議,應依證券交易法第六章規定,進行仲裁解決之。

(二)臺灣證券交易所股份有限公司營業細則

　　按臺灣證券交易所股份有限公司營業細則就證券交易所生之爭議設有專章,即第十章,用以規範證券交易相關爭議之仲裁。茲分述如下:

　　1.依細則第 122 條規定:「證券經紀商與委託人間因有價證券交易所生之爭議,得依約定進行仲裁,其因受託契約所生之其他爭議亦同。前項仲裁約定,得由證券經紀商與委託人訂立受託契約,並作為仲裁法所規定之仲裁協議。」其次,同細則第 132 條之 1 規定:「證券商與證券商間因有價證券交易所生之爭議,應進行仲裁,但本公司得商請證券商業同業公會為仲裁前之調解。」其次,同細則第 133 條規定:「證券商與本公司之間,因所訂使用市場契約發生之爭議,應進行仲裁,並準用本章之規定。」由此觀之,證券交易所之營業細則規定,適用強制仲裁之對象,顯然比證券交

---

❸　按「臺灣證券交易所股份有限公司章程」訂於 1961 年 10 月 23 日,歷經多次修正,最近一次修正於 2017 年 6 月 26 日。

易法規定仲裁解決爭議之範圍大❸。現行營業細則第 132 條之 2 至 4 則又有如下規定：

第 132 條之 2 規定：「證券商為本章所定之仲裁當事人者，應將仲裁程序之進行通知本公司，並檢送有關書面文件影本。」

第 132 條之 3 規定：「本章所定之仲裁，其申請程序、仲裁人之產生及其他程序進行事項，依證券交易法及仲裁法之規定辦理之。」

第 132 條之 4 規定：「爭議當事人依本章規定進行仲裁時，如需本公司提供有關資料，應聲請仲裁庭向本公司洽取。」以符作業程序。

2. 又由於現行仲裁法中已另有規定，主管機關為避免適用上之困擾，故已於 1994 年刪除原臺灣證券交易所股份有限公司營業細則第 125 條至第 132 條條文。

㈢中華民國證券商業同業公會章程

中華民國證券商業同業公會章程中，僅於其第 5 條第 12 款明定「關於會員間或會員與投資人間紛爭之調處或仲裁事項」為該公會之任務之一，但並未訂明有關仲裁之事項。惟證券交易法第 170 條既已明文規定，證券商業同業公會應於章程內，訂明有關仲裁之事項，屬強制規定，主管機關應督促證券商業同業公會於其章程內，訂明有關仲裁之事項，以符法制。

六、現行仲裁法

㈠規定內容

按我國「商務仲裁條例」自 1968 年公布施行，其間曾於 1981 年、1986 年二度修正，而為使本條例能符合國際立法趨勢，以及我國未來社會經濟發展之需要，法務部爰於 1993 年間，決定參考聯合國國際貿易法委員會國際商會仲裁模範法，以及英、美、德、日、法等先進國家立法例，將

---

❸　由於證券商參與證券交易所市場買賣，雙方訂有供給使用有價證券集中交易市場契約，證券商已同意遵守所有證券交易所之章則、公告及相關營業細則等，應可認其對於證券交易所之營業細則所規定之仲裁事項已有合意，依此進行仲裁，仲裁人判斷之權源應無可議。

本條例修正為「仲裁法」❸❺，依該法第 53 條規定，依其他法律規定應提付仲裁者，除該法律有特別規定外，準用本法之規定。因此，除上述證券交易法第 166 條至第 170 條仲裁專章外，有必要認識與證券仲裁相關之「仲裁法」❸❻。

㈡簡　評

現行仲裁法係以「國際化與自由化」為主要指導原則，並加強仲裁當事人權益之保障，尊重當事人自治，確保仲裁人以及仲裁程序之公正性、確立仲裁程序不公開，以及增進仲裁效率等，使期能符合我國現代化之需要；詳細修正條文總共五十六條❸❼。

另外，有關證券仲裁部分特別規定，仍回歸證券交易法第 6 章從第 166 條至第 170 條有關仲裁規定，故如小額證券爭議之仲裁，仍可依仲裁法第 36 條規定，由仲裁機構指定獨任仲裁人，以簡易仲裁程序仲裁之。不過，證券爭議之仲裁較受投資人抱怨者，係證券仲裁審查程序，通常有利於有充分紀錄資料之證券商，而非紀錄不全，甚至無保存紀錄之投資人。再者，證券商可聘請精通業務之法律顧問，而投資人僅能聘請缺乏證券業務之律師，甚至並無律師。此種問題在美國或中國大陸亦同樣會發生。所幸我國證券投資人及期貨交易人保護法❸❽，已於 2002 年 7 月 17 日公布施行，其中更有「團體仲裁」之規劃，可資彌補此項缺憾。

在此之前，1999 年 2 月 3 日又公（發）布「投資人爭議調處要點」，其設立宗旨，為「為保護證券投資人及期貨交易人之權益，增進投資交易之安全，落實本中心服務與保護投資人之目的，解決投資交易所生之糾紛，

---

❸❺　參閱法務部呈報行政院《「商務仲裁條例」修正草案總說明》，法務部，1998年 7 月，頁 17。同年立法院三讀通過，6 月 27 日總統公布，並自公布日後 6個月施行。

❸❻　按「仲裁法」原名為「商務仲裁條例」，訂於 1961 年 1 月 20 日，1998 年 6 月24 日改名，歷經多次修正，最近一次修正於 2015 年 12 月 2 日。

❸❼　參閱法務部，前揭書，頁 1～15。

❸❽　按「證券投資人及期貨交易人保護法」訂於 2002 年 7 月 17 日，歷經多次修正，最近一次修正於 2015 年 2 月 4 日。

特制定本投資人爭議調處要點。」然而其成效如何，有待觀察。

第七節　證券「強制仲裁」效力問題之探討

有關證券「強制仲裁」效力問題，應可分兩方面敘述之，即何謂證券「強制仲裁」，證券「強制仲裁」之規定有無合憲性，此問題有學者質疑，茲分述如下：

一、證券「強制仲裁」之意義

依證券交易法第 166 條第 1 項前段規定：「依本法所為有價證券交易所生之爭議，當事人得依約定進行仲裁。」從條文之文義觀之，既謂「得」依約定進行仲裁，即表示當事人有權選擇「仲裁」或「訴訟」，此並非強制仲裁，而係「任意仲裁」❸❾，非常明顯。惟亦有認為此部分之規定亦為強制仲裁，且進一步認為「投資人與證券商之爭議，往往因證券商所擬定之附合契約內附仲裁條款，投資人僅得選擇仲裁方式解決爭議」云云❹⓪，值得商權。

蓋臺灣證券交易所股份有限公司於該公司證券經紀商受託契約準則第 1 條規定：「本準則依據證券交易法第一百五十八條及主管機關頒行之『證券經紀商受託契約準則』主要內容之規定訂定。」而該準則第 21 條規定：「委託人與證券經紀商間因委託買賣證券所生之爭議，得依證券交易法關於仲裁之規定辦理或向同業公會申請調處。前項有關仲裁或調處之規定，應於委託契約中訂明。」等，且依該準則第 25 條第 1 項規定：「本準則報請主管機關核定後實施。」換言之，既經報請主管機關核定，則不生不公平之「附合契約」問題。

---

❸❾　參閱賴源河，《證券管理法規》，1997 年增訂版 2 刷，頁 372；余雪明，《證券交易法》，證期會，2000 年，頁 570。

❹⓪　參閱黃正一，〈論證券交易法之強制仲裁〉，《法令月刊》，第 51 卷第 12 期，2000 年，其中註 10 所述內容，頁 26。

　　至於該法第 166 條第 1 項但書規定：「但證券商與證券交易所或證券商相互間，不論當事人間有無訂立仲裁契約，均應進行仲裁。」從條文之文義觀之，既謂均「應」進行仲裁，即表示當事人無權選擇「訴訟」，而必須「強制仲裁」，從而有所謂「妨訴抗辯」問題。故學者有主張「妨訴抗辯」乃任意仲裁制度下之產物云云❹，似有誤會。蓋在任意仲裁，當事人既「得」依約定進行仲裁，亦得進行訴訟，本有權擇一行使，當然不會違背約定。

二、證券「強制仲裁」之規定有無合憲性問題

㈠不同意見

　　上述〈論證券交易法之強制仲裁〉❷一文，從仲裁協議之契約理論、強制仲裁之定義、法令強制仲裁之合憲性、附合契約約定強制仲裁之合法性，論及強化「強制仲裁」程序，以保障投資大眾，固有其學術與理論上之貢獻，且從該文之敘述、文辭表達上，均值得肯定。

㈡證券交易法係特別法

　　眾所周知，證券交易爭議之仲裁對「仲裁法」而言，係特別法，已如前述。因此，從證券交易爭議仲裁之特色觀察，更可突顯證券交易法之強制仲裁與一般之仲裁，並不相同。

　　又依證券交易法第 166 條第 1 項規定為：「依本法所為有價證券交易所生之爭議，當事人得依約定進行仲裁。但證券商與證券交易所或證券商相互間，不論當事人間有無訂立仲裁契約，均應進行仲裁。」在一般投資人與證券商之間所發生之糾紛，均改採任意仲裁，須當事人間有合意，才能進行仲裁，此部分由條文觀之，其適用範圍似乎非常明確，再配合「臺灣證券交易所股份有限公司營業細則」中有關證券仲裁之規定，更可肯定之。

　　至於證券商與證券交易所間或證券商相互間發生糾紛時，則採取強制

---

❹　參閱高玉泉，〈證券交易法中仲裁規定之檢討〉，《證券管理》，第 9 卷第 7 期，1991 年 7 月 16 日，頁 7。

❷　參閱黃正一，前揭文，頁 25～35。

仲裁，係因為證券商與證券交易所之間，類似主管或下屬關係，或證券商相互間，均為同業關係，其間發生糾紛時，為求同業間之和諧，不願對簿公堂，故以仲裁方式解決爭議，依憲法第 23 條規定之反面解釋言之，既有證券交易法第 166 條第 1 項但書之明文規定，且該規定與投資人並無直接關聯，即無所謂「法令強制仲裁之合憲性」問題❸。針對此節，有學者認為，「證券交易法第 166 條第 1 項前段就文意而言 (on its face) 似有違憲之嫌」❹，此見解筆者不敢贊同。蓋該條前段係指「當事人得依約定進行仲裁」，並無「強制」之意思，證券交易法之強制仲裁，僅指該條後段而已，且與投資人無關。何況依中央法規標準法第 5 條：「左列事項應以法律定之：一、憲法或法律有明文規定，應以法律定之者。二、關於人民之權利、義務者。三、關於國家各機關之組織者。四、其他重要事項之應以法律定之者。」之規定，已有證券交易法第 166 條，即不會產生該文認定之「似有違憲之嫌」問題。之所以被誤解，純係 1988 年修法第 167 條時，未將前條「但書」一句放入所致。2012 年之修法，亦對此問題置之不顧，甚為可惜！

至於〈證券交易法中仲裁規定之檢討〉一文，認為「任何強制」排除法院審判之權限，等於剝奪人民之訴訟權，該文提出美國聯邦最高法院就證券爭議是否得以仲裁解決，從否定到肯定等判決，而主張「任何強制仲裁之法律均將被認為係違反美國憲法修正案第 14 條所揭櫫之正當法律程序 (due process of law) 而無效」❺云云，值得研究。

事實上，證券「強制仲裁」程序純係為同業間或交易所與證券商間之協調，雙方不願意「對簿公堂」而設之規定，已如前述，故並無所謂違反憲法問題。何況，美國是普通法系之國家，普通法以「法官造法」為基礎，並實行遵循先例之原則，普通法之法官被認為有責任經由對個案分析與解釋來宣示法律，故美國聯邦最高法院就證券爭議是否得以仲裁解決，僅供

❸　參閱黃正一，前揭文，頁 29～30。

❹　參閱黃正一，前揭文，頁 29～30。

❺　參閱高玉泉，前揭文，頁 4。

我國參考，似並不足以推翻我國證券交易法第 166 條第 1 項但書之明文規定。再者，英美法系國家之仲裁法，通常賦予法院以較大之監督權與干預權；而大陸法系國家之仲裁相對地較少受法院干預，故仲裁文化❹之不同，不可混為一談。

此外，該〈論證券交易法之強制仲裁〉一文認為，應強化「強制仲裁」程序，以保障投資大眾，包括強化仲裁庭之組成、增加保全程序、公開仲裁判斷書等，固非無見。然而，在其中〈增加保全程序〉乙節中，該文認定向法院撰狀聲請，緩不濟急❼，似有誤會，蓋法院對於保全程序案，均非常迅速處理，如有急迫情事，經執行法官許可者，更可依強制執行法第 55 條第 1 項但書規定處理。此外，公開仲裁判斷書問題，反而違反仲裁之本意，應慎重考慮。

第八節　結　語

按證券交易法所為有價證券交易所生之爭議，以仲裁方式解決爭議，係因證券交易糾紛，有其特殊性，故由此方面之學者專家介入仲裁，較能保護當事人權益。1988 年修正前之仲裁規定，一律為「強制」仲裁，修正後，業經改為「任意仲裁」與「強制仲裁」。因此，在任意仲裁，當事人可就訴訟或仲裁，擇一行使。至於在「強制仲裁」時，則有妨訴抗辯問題，此規定在證券交易法或仲裁法規定均同。

至於仲裁法第 4 條第 1 項規定：「仲裁協議，如一方不遵守，另行提起訴訟時，法院應依他方聲請裁定停止訴訟程序，並命原告於一定期間內提付仲裁。但被告已為本案之言詞辯論者，不在此限。」足見證券交易法所為有價證券交易所生之爭議，與商務仲裁顯然不同。

證券交易之爭議，本非單純，而民事訴訟本有高度之技巧性❽，為訴

---

❹　有關仲裁文化，參閱張晏慈、吳光明，〈仲裁人如何減低內國規範對國際仲裁之影響〉，《律師雜誌》，第 261 期，2001 年 6 月，頁 19～35。

❼　參閱黃正一，前揭文，頁 34、35。

訟經濟，當事人於聘請律師為訴訟代理人時，自會對仲裁或訴訟多加研究，如依仲裁法之條文，反而會產生拖延訴訟情事，而不符合「仲裁迅速性」之要求，因此，為仲裁之制度之完整性，實不宜讓「證券仲裁」與「仲裁法」規定，相互牴觸。

由於「證券交易仲裁」議題甚為重要，筆者曾提出若干相關文章：包括〈證券交易爭議之仲裁〉❹、〈證券交易仲裁之妨訴抗辯──兼論最高法院八十八年度臺上字第一五四四號判決〉❺、〈證券交易爭議之仲裁〉❺¹，另於專書內更有文章論及〈再論證券爭議之仲裁──兼論最高法院八十八年度臺上字第一五四四號判決〉❺²，〈上市契約仲裁適格性之探討──兼論臺灣高等法院九十二年度上更㈡字第九號判決〉；並於 2008 年指導碩士論文《證券仲裁制度之研究──兼論美國證券仲裁制度》❺³等，均對本議題著墨甚深，而學者對此亦屢有論著與創見。顯見證券交易法、仲裁法及相關法規雖已迭經修正，但為因應快速變遷之證券事宜，證券交易之仲裁，實尚有許多研議與改進之空間。

---

❹⁸ 民事訴訟有高度技巧性，如訴之變更追加規定，參閱楊建華，《民事訴訟法㈠》，1992 年，頁 374。民事訴訟採當事人進行主義及辯論主義，參閱吳明軒，《中國民事訴訟法》，1993 年，頁 8；駱永家，《民事訴訟法》，1992 年修訂 5 版，頁 116。

❹ 吳光明，〈證券交易爭議之仲裁〉，《證券暨期貨管理》，第 20 卷第 12 期，2002 年 12 月，頁 1～15。

❺ 吳光明，〈證券交易仲裁之妨訴抗辯──兼論最高法院八十八年度臺上字第一五四四號判決〉，《仲裁》，第 68 期，2003 年 5 月，頁 13～38。

❺¹ 吳光明，〈證券交易爭議之仲裁〉，《月旦法學雜誌》，第 89 期，2002 年 10 月，頁 199～214。

❺² 吳光明，〈再論證券爭議之仲裁──兼論九十一年度臺上字第二三六七號判決及相關問題〉，《仲裁法理論與判決研究》，2004 年 11 月，頁 339～375。

❺³ 吳珮韶，《證券仲裁制度之研究──兼論美國證券仲裁制度》，指導教授吳光明教授，中原大學財法所碩士論文，2008 年 7 月。

第二十章　反詐欺條款

第一節　概　說

公司對社會公開發行有價證券時，經由公開說明書以及其他相關文書等之資訊公開制度，讓投資人在充分了解發行公司或其他證券之信息情況下，決定自己是否要投資之依據。因此，為保護投資人權益，避免在發行市場發生證券詐欺行為，我國於證券交易法訂有資訊公開制度、違反資訊公開之規範，則又有相關之民、刑事責任，以及行政責任予以處罰。

在過去，主管機關多迷信刑事責任或行政責任，對違法者始具嚇阻效力，而忽視民事責任效力之發揮。然理論上，因他人違法或嚴重失職行為，而遭受損失之投資人，應享有向該違法或嚴重失職行為人提起民事訴訟，獲得賠償之權利。故如投資人均能匯集力量，對違法者提起民事訴訟求償，因該等賠償責任鉅大，亦應能藉此發揮監督之功能，使公司及其相關人員不敢以身試法，而民事訴訟之提起，亦能添補被害人之損害❶。

此外，在證券投資人及期貨交易人保護法方面，我國設有調處制度，以及團體訴訟及仲裁制度❷，使投資人能有效追訴證券詐欺行為人之民事責任。惟由於上開規範對於責任主體、構成要件、請求權人、舉證責任分配、以及損害賠償認定等規定，並非完全相同，究應如何正確適用，均值得研究。

---

❶　溫耀源，《證券交易民刑事責任問題之研究》，證基會，1991 年 7 月，頁 207。

❷　吳光明，〈證券交易爭議之仲裁〉，《仲裁法理論與判決研究》，2004 年 11 月，頁 338。

　　又證券交易法第 20 條第 1 項規定：「有價證券之募集、發行、私募或買賣，不得有虛偽、詐欺或其他足致他人誤信之行為。」即「一般反詐欺條款」。公司所申報或公告之財務報告及其他業務文件內容，如有虛偽或隱匿情事，亦可能違反該項規定。惟為適用明確、並保障善意之有價證券取得人或出賣人之利益，該條第 2 項規定「發行人依本法規定申報或公告之財務報告及財務業務文件，其內容不得有虛偽或隱匿之情事」，故發行人以外之人，對於公司所申報或公告之財務報告及其他業務文件內容，因故意或重大過失而有虛偽或隱匿之情事，亦應構成證券交易法第 20 條第 1 項所定之「虛偽、詐欺或其他足致他人誤信之行為」。換言之，公司以外之行為人意圖誘使善意相對人為有價證券之交易，故意虛偽或隱匿財務報告及其他有關業務文件，致使善意相對人交易有價證券受有損害，應負損害賠償責任，已如前述；倘依法律或契約具有作為義務之人，因故意或重大過失而「不作為」，以致公司所申報或公告之財務報告及其他業務文件內容有虛偽或隱匿者，是否亦應對於善意相對人所受損害，負賠償責任，亦值得探討。

　　至於同法第 32 條關於公開說明書虛偽、隱匿情事，公司負責人應與公司對於善意相對人所受損害負連帶賠償責任之規定，係採取「結果責任」主義❸。惟為減輕發行人以外之人之責任，並促進其善盡調查及注意義務，該條第 2 項更有免責事由之規定。然而，在具體訴訟上，公司負責人是否應舉證證明其對於公開說明書未經會計師或律師簽證之主要內容，已盡相當之注意義務，並有正當理由確信其主要內容無虛偽、隱匿情事；或對於經會計師或律師簽證之意見有正當理由確信其為真實者，始得免除賠償之責，亦有探討必要。

　　基此，本章首先擬探討證券詐欺之行為責任，包括基本規定、實務見解、小結；其次探討「我國內線交易與證券詐欺分離之獨立設計」；再則擬

---

❸　參閱 1988 年證券交易法修正立法理由所載，意即公開說明書記載之主要內容如有虛偽或欠缺之情事，該條各款所列之人應與公司負連帶賠償責任，並無免責之餘地。

探討證券詐欺之競合責任，包括責任性質、責任主體、歸責要件；再次擬探討美國證券法上之經驗，包括訂定證券法與證券交易法、美國實務上之運作等。最後提出檢討與建議。

第二節　證券詐欺之行為責任

我國證券交易法對於證券詐欺行為，訂有許多規範與罰則，茲就各相關條款之規定及實務見解分述之。

一、基本規定

(一)第 20 條

證券交易法於第 20 條規定，有價證券之募集、發行、私募或買賣，不得有虛偽、詐欺或其他足致他人誤信之行為。發行人依本法規定申報或公告之財務報告及財務業務文件，其內容不得有虛偽或隱匿之情事。違反第 1 項規定者，對於該有價證券之善意取得人或出賣人因而所受之損害，應負賠償責任。委託證券經紀商以行紀名義買入或賣出之人，視為前項之取得人或出賣人。

本條文即所謂證券詐欺之一般性規範，不僅用於發行市場❹，其亦適用於交易市場。

(二)第 30 條

又為防止發行市場之證券詐欺行為，我國證券交易法於第 30 條規定，公司募集、發行有價證券，於申請審核時，除依公司法所規定記載事項外，應另行加具公開說明書。前項公開說明書，其應記載之事項，由主管機關以命令定之。公司申請其有價證券在證券交易所上市或於證券商營業處所買賣者，準用第 1 項之規定；其公開說明書應記載事項之準則，分別由證券交易所與證券櫃檯買賣中心擬訂，報請主管機關核定。

---

❹　有關「證券民事訴訟制度」之進一步討論，參閱本書第二十六章〈證券投資損害民事訴權〉。

證券交易法為保護投資人，防止公司藉由虛偽或不完整之財務資料，誤導投資人認股，因而遭受損失，故其第 30 條第 1 項、第 2 項雖曾予修正，但在修正前、後，均規定公司募集、發行有價證券，於申請審核時，除依公司法所規定記載事項外，應另行加具公開說明書。

㈢第 31 條

證券交易法於第 31 條規定，募集有價證券，應先向認股人或應募人交付公開說明書。違反前項之規定者，對於善意之相對人因而所受之損害，應負賠償責任。

㈣第 32 條第 1 項

證券交易法於第 32 條第 1 項規定，前條之公開說明書，其應記載之主要內容有虛偽或隱匿之情事者，下列各款之人，對於善意之相對人，因而所受之損害，應就其所應負責部分與公司負連帶賠償責任：一、發行人及其負責人。二、發行人之職員，曾在公開說明書上簽章，以證實其所載內容之全部或一部者。三、該有價證券之證券承銷商。四、會計師、律師、工程師或其他專門職業或技術人員，曾在公開說明書上簽章，以證實其所載內容之全部或一部，或陳述意見者。

為加強發行人及其負責人、職員、證券承銷商、會計師、律師、工程師等之責任，如公開說明書所載內容之全部或一部，有虛偽或隱匿之情事者，則上開各款所列之人，應向不知情之認股人或應募人就其所應負責部分與公司負連帶賠償責任。

㈤第 32 條第 2 項免責事由

於適用證券交易法第 32 條時，要注意該法第 32 條第 2 項規定之免責事由，即「前項第一款至第三款之人，除發行人外，對於未經前項第四款之人簽證部分，如能證明已盡相當之注意，並有正當理由確信其主要內容無虛偽、隱匿情事或對於簽證之意見有正當理由確信其為真實者，免負賠償責任；前項第四款之人，如能證明已經合理調查，並有正當理由確信其簽證或意見為真實者，亦同。」

二、實務見解

㈠第 20 條所指之「虛偽、詐欺」與第 32 條之「虛偽、隱匿、詐欺」

就證券交易法第 20 條所指之「虛偽、詐欺」，與第 32 條之「虛偽、隱匿、詐欺」之異同與認知，依臺灣高等法院民事判決，略以：證券交易法第 20 條第 1、2、3 項規定，所指之虛偽、詐欺、隱匿之行為，從條文之文義加以解釋，應係指故意之行為而言。此參之同法第 174 條有關刑事責任之規定並未處罰過失犯自明。再者，依證券交易法第 32 條之立法理由觀之，1988 年證券交易法第 32 條修正理由，乃係將原條文「虛偽或欠缺」改為「虛偽或隱匿」，此因「欠缺」屬公司業務上之疏忽，並非故意隱瞞，如公開說明書有欠缺情事時，可以通知發行人補正，不宜遽予處罰。因此將「欠缺」改為「隱匿」，以示處罰故意行為之意。系爭更新財測非證券交易法第 32 條所定公開說明書之主要內容，已如前述，惟因同法第 20 條所規定之虛偽、隱匿之用語，與證券交易法第 32 條所規定者相同，自應作相同之解釋，而依前述證券交易法第 32 條修正之立法理由觀之，可認虛偽、隱匿、詐欺及其他足致他人誤信之行為，均限於故意，不包括過失行為在內❺。

此外，依據證券交易法第 20 條立法意旨觀之，因單從證券記載內容並無法判斷其價值，故該方面詐欺常出現於證券市場，而對於是否有虛偽、詐欺或其他足致他人誤信行為者，應以客觀上一般人所認識擁有之知識及行為人主觀所認定事實為準，並參考客觀經驗及觀念或公認之因果法則為判斷依據❻。

㈡公開說明書之內容之揭露

實務上認為，所謂公開說明書，依同法第 13 條之規定，係指「發行人為有價證券之募集或出賣，依本法之規定，向公眾提出之說明文書」而言。

---

❺　臺灣高等法院 96 年度金上字第 5 號民事判決。
❻　最高法院 100 年度臺上字第 995 號民事判決。

主管機關財政部證券暨期貨管理委員會依該法第 30 條第 2 項訂定「公司募集發行有價證券公開說明書應行記載事項準則」，以為公司募集、發行有價證券時，製作公開說明書之準據。而依該準則第 2 條明定：「公開說明書編製之基本原則如下：(1)公開說明書所記載之內容，必須詳實明確，文字敘述應簡明易懂，不得有虛偽或欠缺之情事。(2)公開說明書所記載之內容，必須具有時效性。公開說明書刊印前，發生足以影響利害關係人判斷之交易或其他事件，均應一併揭露」。依此規定，公開說明書之內容，對於所有已發生之「足以影響利害關係人判斷之交易或其他事件」自應全部揭露 ❼。

(三)簽證會計師責任

實務上認為，我國證券交易法第 32 條就公開說明書中關於簽證會計師責任之規定，僅限於會計師就其所「應負責部分」與公司負連帶賠償責任，且會計師得舉證證明已經「合理調查，並有正當理由確信其簽證或意見為真實」免除賠償責任。惟同法第 20 條並無「部分責任」及免責事由之規定，對於僅執行核閱財務報告之會計師而言，令其負擔無法預測之民事賠償責任，顯失公平。且違反核閱及查核準則之會計師，均應負擔相同之賠償責任，法理上亦有未合 ❽。

此外，證券交易法第 20 條之 1 第 3 項規定：「會計師辦理第 1 項財務報告或財務業務文件之簽證，有不正當行為或違反或廢弛其業務上應盡之義務，致第 1 項之損害發生者，負賠償責任。」又依該條項規定主張受有損害之有價證券持有人應先舉證證明會計師辦理財務報告或財務業務文件之簽證有不正當行為或違反或廢弛其業務上應盡之義務之行為；另應舉證證明其所受損害與會計師違反義務之行為間有相當因果關係，始足當之 ❾。

(四)更新財務預測之編製

最高法院 97 年度民事判決認為，本件上訴人係主張就系爭更新財務預

---

❼　最高法院 93 年度臺上字第 4393 號刑事判決。

❽　有關「簽證會計師責任」之進一步討論，參閱本書第二十一章〈證券會計師、律師之法律責任〉。

❾　臺灣高等法院 93 年度金上字第 7 號民事判決。

測之編製，所引用之資料有不實、不完整及未更新資料之情形，其等就系爭更新財務預測之編製及公布有虛偽、隱匿，故所謂上訴人知有得受賠償之原因時，應係指上訴人之授權人知悉系爭更新財務預測之內容有問題、涉嫌有不實或引用資料不完整、未更新資料之時，於該時起算時效。至於被上訴人上開之行為，在法律上是否被評價、認定構成虛偽、隱匿，法院判決是否認定其構成虛偽、隱匿，與上訴人上開知悉時點之認定，無直接關係。本件計算上訴人請求權時效起算點，係指系爭更新財務預測有涉嫌虛偽、隱匿之相關原因事實，不以系爭更新財務預測確經法律評價或經法院判決認定構成虛偽、隱匿為必要。又所謂知悉，為一種主觀心理狀態，第三人欲判斷某人是否知悉時，除某人承認其知悉外，第三人無法直接從某人心理狀態確定某人是否已知悉，僅能從某人之客觀行為以及相關具體事證加以綜合觀察，並依經驗法則及論理法則加以認定❿。

(五)違反證券交易法等罪

　　證券交易法第 174 條第 1 項第 4 款規定，發行人、公開收購人或其關係人、證券商或其委託人、證券商同業公會、證券交易所或第 18 條所定之事業，對於主管機關命令提出之帳簿、表冊、文件或其他參考或報告資料之內容有虛偽之記載者；而第 5 款規定，發行人、公開收購人、證券商、證券商同業公會、證券交易所或第 18 條所定之事業，於依法或主管機關基於法律所發布之命令規定之帳簿、表冊、傳票、財務報告或其他有關業務文件之內容有虛偽之記載者，均有對財務報告及相關業務文件為虛偽記載之刑罰規定。故若行為人其違反證券交易法之行為同時符合該法上述 2 款之構成要件，於該條款修正公布後，自應針對法律修正之差異，予以比較適用⓫。

(六)違反非證券商經營證券商業務罪不得上訴第三審

　　最高法院 99 年度刑事判決認為，本件行為人製作虛偽資料向受害人詐稱一檔股票將會大漲，令被害人陷於錯誤而交付金錢，嗣後造成被害人財

---

❿　最高法院 97 年度臺上字第 432 號民事判決。

⓫　最高法院 99 年度臺上字第 4772 號刑事判決。

產損失，則行為人之行為確屬違犯該條規定，而應依同法第 171 條第 1 款之詐欺買賣有價證券罪處斷。而本件行為人違反證券交易法第 44 條第 1 項之罪部分，因核屬刑事訴訟法第 376 條第 1 款之案件，而不得上訴第三審❷。

三、小　結

學者認為，證券交易法於第 20 條性質應屬於廣泛之反詐欺條款，解釋上亦可包括證券市場所有之詐欺行為或操縱行為，其規範對象涵蓋發行人、證券商及其他關係人之行為❸，且其規範行為並包括在發行市場有價證券之募集、發行、私募，以及在交易市場為有價證券之買賣❹。

又法院認為，證券交易法第 20 條第 1 項規定條文中，「其他足致他人誤信行為」態樣包括隱匿在內，如事實審法院依其職權，就相關證據之取捨及法律條文之解釋與適用均無違誤，即不能任意指為違法❺。本文亦贊同。

第三節　我國內線交易與證券詐欺分離之獨立設計

一、美國法內線交易與證券詐欺連結

我國證券交易法於第 157 條之 1 明文禁止內線交易行為，違反者除有民事賠償責任外，亦有三年以上十年以下有期徒刑的刑事責任，其立法理由提及「參考美國立法例」所制訂。由於美國法就內線交易行為之規範，

---

❷　最高法院 99 年度臺上字第 652 號刑事判決。

❸　參閱余雪明，《證券交易法》，證基會，2000 年 11 月，頁 527、528。

❹　王志誠，〈發行市場證券詐欺規範之解釋及適用〉，《律師雜誌》，第 297 期，2004 年 6 月，頁 17。

❺　最高法院 101 年度臺上字第 862 號刑事判決。

係與證券詐欺相連結，故似意味著我國法下對內線交易禁止之想法，亦應與美國法般與詐欺做一連結。美國法上內線交易之所以有忠實或信賴義務，則存有疑問。若答案為否定，則對證券交易法第 157 條之 1 規範範圍，將大股東納入之設計，即可解為不全然採取信賴關係理論❶❻。

　　惟我國於上開第 157 條之 1 第 1 項第 3 款中，就「基於職業或控制關係獲悉消息之人」，另特別予以規範，亦與詐欺做一連結，主要理由為對內線交易之禁止，並沒有一單獨之法規範條文，而是借用一般反詐欺條款，自然推論上內線交易之禁止與詐欺之概念，脫離不了關係。然而，如此考量在我國法下並不存在。

　　我國證券交易法除對內線交易以第 157 條之 1 加以禁止外，對於證券詐欺行為，亦同時於第 20 條設有禁止規定。從體系觀察，若論內線交易是詐欺行為之一種，而應加以處罰，則法規中應以第 20 條規定即為已足，何須另訂第 157 條之 1 專門禁止條款？足見我國對證券交易法第 157 條之 1，應賦予不同於詐欺之解釋，方能使該條文有獨立存在的意義。

　　另外，就第 157 條之 1 條文本身觀察，除文字上並未使用欺瞞、詐術、使他人陷於錯誤，或其他相類似之字眼外，其立法目的亦僅論及「內線交易對於證券市場之健全發展構成妨礙」，而「為健全證券市場」始增訂本條❶❼。足見，我國法下內線交易之禁止，未必與詐欺劃上等號，而能有不同於美國法之思維與發展空間。

二、證券交易法第 157 條之 1 之理論抉擇

㈠理論基礎

　　我國證券交易法第 157 條之 1，究竟應採取何種理論基礎，實有探究必要。又由於我國之證券交易法係移植自美國，因此相關論述上亦以詐欺為主軸❶❽，並以美國實務上所發展出之各種理論作為檢視之依據。

---

❶❻　劉連煜，《新證券交易法實例研習》，元照出版，2007 年 2 月增訂五版，頁 337。

❶❼　立法院公報，第 76 卷第 96 期，頁 75～76。

從上開條文文字觀之，主要禁止之內部人為公司之董事、監察人、經理人、依公司法第 27 條第 1 項規定受指定代表行使職務之自然人，以及「大股東」[19]似乎意味著僅有具備與發行公司間具有特殊關係並因而對公司或股東產生信賴義務之人，較為內線交易禁止所強調。此一立論，帶有信賴關係理論之色彩。

因為大股東往往可利用影響力控制公司的經營決策，故依美國法院見解，應對公司及其他股東負忠實、信賴義務，有如董事一般。是以大股東之責任，須以忠實或信賴義務為基礎，較無疑問。但我國公司法對此未有明文，亦未有司法實務加以創造。不過，依證券交易法，大股東則亦負有禁止內線交易之義務[20]，範圍上已較傳統內部人為廣而擴及公司外部人獲悉消息之情形，對應到美國實務則較與私取理論類似，無怪乎學說上有認為我國條文文義亦足以涵蓋私取理論，而未逾越文義可能之射程，進而指出我國法的安排是受任人義務與私取理論相互輝映者[21]。

(二)實務見解

至於實務見解部分，最高法院於東隆五金案中，指出「禁止內線交易之理由，學理上有所謂『平等取得資訊理論』，即在資訊公開原則下，所有市場參與者，應同時取得相同之資訊，任何人先行利用，將違反公平原則。故公司內部人於知悉公司之內部消息後，若於未公開該內部消息前，即在證券市場與不知該消息之一般投資人為對等交易，則該行為本身即已破壞證券市場交易制度之公平性，足以影響一般投資人對證券市場之公正性、健全性之信賴，而應予以非難。」[22]從該判決觀之，是以「平等取得資訊理論」，架構內線交易禁止之概念，雖該案所指涉的對象是公司內部人，然

---

[18] 曾宛如，〈內線交易之保護法益〉，刊載於臺灣大學法律學院，《余雪明榮退學術研討會——證券交易之民刑事責任》，2008 年 1 月 5 日，頁 8。

[19] 參閱證券交易法第 157 條之 1 第 1 項第 1 款、第 2 款。

[20] 參閱證券交易法第 157 條之 1 第 1 項第 2 款。

[21] 劉連煜，《新證券交易法實例研習》，元照出版，2007 年 2 月增訂五版，頁 336～337。

[22] 最高法院 91 年度臺上字第 3037 號刑事判決。

既言及平等取得資訊理論，則「任何人」都應受到內線交易禁止之規範。

早期甚受矚目之台鳳案中，高等法院亦表示，「基於平等取得資訊理論，即在資訊公開原則下所有市場參與者，應同時取得相同之資訊，任何人先行利用，將違反公平原則。公司內部人於知悉公司之內部消息後，若於未公開該內部消息前，即在證券市場與不知該消息之一般投資人為對等交易，破壞證券市場交易制度之公平性，足以影響一般投資人對證券市場之公正性、健全性之信賴。」可見該判決亦延續平等取得資訊之想法❷❸。

又，於矽統公司案中，法院則是援引「訊息傳遞理論」，認定被告並非利用內部消息買賣股票，因而判決被告無罪確定❷❹；另勁永股市禿鷹案中，臺北地方法院則是認為：「由該法（第一百五十七條之一）第二款將『持有該公司股份超過百分之十之股東』、第三款『基於職務關係或控制關係知悉內線消息者』、第四款『喪失前三款身分後，未滿六個月者』及第五款『自前四款之人知悉內線消息者』納入規範，而該等人員對公司無須負善良管理人之義務，但亦不得在知悉影響公司股票價格之重大消息時買賣股票，足徵我國法非單採關係理論。然而，我國證券交易法既對內部人董事、監查人或經理人予以規範，顯然亦非只採取『私取理論』，而係兼採『信賴關係理論』及『私取理論』。」❷❺此種觀點，是將信賴關係理論與私取理論並列。

另最近最高法院於東榮公司案之判決中，提及「上開內部人所獲悉之消息，必於股價有重大影響者，基於違反資訊公開及資訊平等取得原則始予以禁制❷❻，如非屬於股價有重大影響之消息，既與股價無所影響，即與『內線交易』之規定有別」，則似乎又回到以「平等取得資訊理論」為評斷的基礎。

---

❷❸　臺灣高等法院 92 年金上重訴字第 5 號刑事判決。

❷❹　臺灣臺北地方法院 88 年度易字第 958 號判決、臺灣高等法院 89 年度上易字第 17 號判決。

❷❺　臺灣臺北地方法院 94 年度矚訴字第 1 號刑事判決。

❷❻　最高法院 98 年度臺上字第 1606 號刑事判決。

綜上，內線交易禁止之理由，我國實務發展之脈絡，大致上與美國實務雷同，亦即始則涵蓋較廣之平等取得資訊理論，再逐漸限縮，改以信賴關係理論為框架。然由於傳統信賴關係理論有範圍過狹、不足因應所有情況之窘境，故再出現「消息傳遞者理論」與「私取理論」，而最近又因特別重視整體證券市場之保護，故有回歸資訊平等取得之趨勢。

第四節　證券詐欺之競合責任

一、責任性質

㈠民事責任類型

證券交易法於第 20 條及第 32 條規範之民事責任類型有三： 1.契約責任說。 2.侵權責任說。 3.獨立責任說。

如就證券交易法於第 20 條責任性質言，最高法院實務上曾認為，證券交易法第 20 條第 1 項規定買賣有價證券者，不得有虛偽詐欺或其他足致他人誤信之行為，係對於正常之證券交易所加之規範。原判決認定上訴人係出售自己竊取之股票，如果非虛，純係處分贓物行為，並非正常之證券交易，上訴人除觸犯刑法有關竊盜偽造私文書罪責外，自不涉及違反證券交易法問題[27]。

最高法院另認為，按證券交易法第 20 條第 3 項損害賠償請求權之成立，以請求權人為有價證券之善意取得人為要件，而上訴人所持有之繳款書，其上之股東戶名為鄭○○、黃○群等人，並非上訴人。而繳款書上均明確註明「本繳款書不得轉讓」，上訴人亦承認本件之中籤通知書、繳款書均係受讓自黃○卿，上訴人自非善意取得人，縱有損害，亦不得依證券交易法第 20 條第 3 項向被上訴人請求交付股票[28]。

由上述兩件實務案例，足見以證券交易法之規範觀之，請求權人與賠

---

[27]　最高法院 79 年度臺上字第 3241 號判決。

[28]　最高法院 84 年度臺上字第 858 號判決。

償義務人間，縱然並無契約關係存在，亦能依證券交易法第 20 條請求損害賠償，故其民事責任，係採侵權責任說。

㈡民事責任之基本功能

證券交易法第 1 條明文規定，為發展國民經濟並保障投資，特制定本法。故證券交易法立法目的，即在維護健全之證券市場，幫助企業籌措資金，並保障投資人的權益。又為達此立法目的，其基本規範方法有五：貫徹公開原則、禁止欺騙、處理利害衝突問題、管理證券相關事業、賠償與懲罰❷。

證券交易法民事責任規定，主要有三項基本功能❸：

1.填補損害

任何投資人因不法行為而受有投資損失時，最期待者即為損失得獲得填補。

2.預防、嚇阻不法行為

當違反證券交易法之人必須負起民事賠償責任時，有助於促使行為人注意是否遵守本法之規定，特別是證券交易法為保護投資人避免受到詐欺而制定的公開原則，必須課予民事責任，才能落實。

3.協助管理市場

當受害人得主張民事責任規定，糾舉不法行為，可以產生協助主管機關穩定證券市場之監管。此等功能兼具公益與私利，若能充分發揮，當有助於達成發展國民經濟，並保障投資的立法目的。

㈢法院實務運作

1.行為人故意之虛偽、詐欺行為

依最高法院 83 年度刑事判決，略以：按證券交易法第 171 條因違反同

---

❷　賴英照，《最新證券交易法解析：股市遊戲規則》，2011 年 2 月再版二刷，頁 10～13。

❸　賴英照，《最新證券交易法解析：股市遊戲規則》，2011 年 2 月再版二刷，頁 781；黃雅玲，《論一般反詐欺條款之損害賠償責任——以證券交易法第 20 條第 1 項為中心》，成大碩士論文，2008 年 6 月，頁 11～12。

法第 20 條第 1 項成立之罪，須有價證券之募集，行為人有虛偽、詐欺、或其他足致他人誤信之行為。所謂虛偽，係指陳述之內容與客觀之事實不符；所謂詐欺，係指以欺罔之方法騙取他人財物；所謂其他足致他人誤信之行為，係指陳述內容有缺漏，或其他原因，產生誤導相對人對事實之了解發生偏差之效果。無論虛偽、詐欺或其他使人誤信等行為，均須出於行為人之故意，否則尚不為罪❸。

另依最高法院 100 年度刑事判決，敘及因證券詐欺通常發生在證券市場，投資人無從自證券紙張本身判斷證券之價值，而須以公司之財務、業務狀況及其他有關因素為衡酌，如有藉虛偽不實之資訊募集或買賣證券者，極易遂行其詐財之目的，被害人動輒萬千，妨礙證券市場健全發展，故為維護公益並促進市場發展，證券交易法第 20 條參考美國反詐欺條款之精神，乃於該條第 1 項明定上開規定❸。

2. 第 171 條項之罪包含詐欺取財罪質

實務上認為，上訴人等如係相互勾結，共謀犯罪而推由胡○○利用上述票據交換之交割制度在股款收取時之交割間隙，以詐騙前世○證券公司簽發抵付股款之前述系爭支票兌現花用屬實，此種犯行，當屬違反證券交易法第 20 條第 1 項之規定，應依同法第 171 條論處罪刑，始為合法，且該條項之罪，已包含詐欺取財罪質，自為刑法第 339 條第 1 項之特別規定，毋庸再論以刑法第 339 條第 1 項之詐欺取財罪名，原審未論證券交易法第 20 條第 1 項罪名，而論上訴人等牽連觸犯證券交易法第 155 條第 1 項第 1 款及刑法第 339 條第 1 項之罪名，非無可議❸。

---

❸ 最高法院 83 年度臺上字第 4931 號刑事判決。

❸ 最高法院 100 年度臺上字第 2611 號刑事判決。

❸ 最高法院 84 年度臺上字第 1127 號刑事判決。

二、責任主體

㈠法規理論

1.第 32 條第 1 項規定

證券交易法於第 32 條第 1 項規定，應對公開說明書之不實記載負連帶賠償責任之人，主要包括下列四種人： 1.發行人及其負責人。 2.發行人之職員，曾在公開說明書上簽章，以證實其所載內容之全部或一部者。 3.該有價證券之證券承銷商。 4.會計師、律師、工程師或其他專門職業或技術人員，曾在公開說明書上簽章，以證實其所載內容之全部或一部，或陳述意見者。

前述所謂發行人，依證券交易法第 5 條規定，謂募集及發行有價證券之公司，或募集有價證券之發起人。所謂負責人，在無限公司、兩合公司為執行業務或代表公司之股東；在有限公司、股份有限公司為董事。公司之經理人或清算人，股份有限公司之發起人、監察人、檢查人、重整人或重整監督人，在執行職務範圍內，亦為公司負責人。

惟由於證券交易法第五條所規定之發起人，除包括發行公司外，尚包括公司募集設立之發起人。因此，公司募集設立之發起人，應為證券交易法於第 32 條第 1 項第 1 款所規定之發行人。而證券交易法於第 32 條第 1 項第 2 款所規定之負責人，解釋上則不包括公司募集設立之發起人。另該款所稱發行人之職員，應指發行公司之受僱職員，而在公開說明書上簽章而言，其責任則限於簽章證實其所載內容部分。

2.第 20 條

證券交易法於第 20 條並未明定證券詐害行為之責任主體，然一般認為，為貫徹證券交易法之立法意旨，應採廣義說，除應指募集、發行有價證券或申報或公告業務財務報告之發行人，以及同意發行有價證券或申報或公告業務財務報告之負責人外，尚可包括募集、發行或買賣有價證券之人，如律師、會計師或其他專門職業或技術人員。

(二)實務見解

最高法院認為，股份有限公司之負責人不以董事為限，經理人在執行其職務範圍內，亦為公司負責人，公司法第 8 條定有明文，高某為丸〇公司會計部經理，原判決竟謂高某並非丸〇公司負責人，難謂允洽❸。

此外，新竹地方法院民事裁判則認為，證券交易法於第 20 條之責任主體，雖並未如同法第 32 條加以列舉，然依公司法之規定，公司並非行為主體，需由代表機關代表之，在股份有限公司之情形，係由董事長為公司之代表人，代表公司對外實際為行為，如造成他人損害，並應與公司連帶負損害賠償責任，此觀之公司法第 23 條之規定即明。又證券交易法於第 20 條第 1 項、第 3 項係就一般證券詐欺行為所為之規定，同條第 2 項、第 3 項則旨在貫徹證券市場之公開原則，而對不實財務報告及不實業務文件之製作者，課以民事賠償責任❸。

(三)第 20 條之 1

證券交易法第 20 條之 1，與第 20 條一樣，係規範證券交易之誠實義務及損害賠償責任，且該條文對於證券詐欺之責任主體，亦多載明。茲說明該條文內容、修正理由及相關見解如下：

1.條文原規定內容

證券交易法第 20 條之 1 規定：「前條第二項之財務報告及財務業務文件或依第三十六條第一項公告申報之財務報告，其主要內容有虛偽或隱匿之情事，下列各款之人，對於發行人所發行有價證券之善意取得人、出賣人或持有人因而所受之損害，應負賠償責任：一、發行人及其負責人。二、發行人之職員，曾在財務報告或財務業務文件上簽名或蓋章者（第 1 項）。前項各款之人，除發行人、發行人之董事長、總經理外，如能證明已盡相當注意，且有正當理由可合理確信其內容無虛偽或隱匿之情事者，免負賠償責任（第 2 項）。會計師辦理第一項財務報告或財務業務文件之簽證，有不正當行為或違反或廢弛其業務上應盡之義務，致第一項之損害發生者，

---

❸ 最高法院 74 年度臺上字第 7198 號判決。

❸ 參閱新竹地方法院 90 年度重訴字第 162 號民事判決。

負賠償責任（第 3 項）。前項會計師之賠償責任，有價證券之善意取得人、出賣人或持有人得聲請法院調閱會計師工作底稿並請求閱覽或抄錄，會計師及會計師事務所不得拒絕（第 4 項）。第一項各款及第三項之人，除發行人、發行人之董事長、總經理外，因其過失致第一項損害之發生者，應依其責任比例，負賠償責任（第 5 項）。前條第四項規定，於第一項準用之（第 6 項）。」

2. 2015 年 7 月 1 日修正內容

該條文第 2 項及第 5 項之「發行人之董事長、總經理」均刪除，其餘未變更。故修正後第 2 項內容為「前項各款之人，除發行人外，如能證明已盡相當注意，且有正當理由可合理確信其內容無虛偽或隱匿之情事者，免負賠償責任。」第 5 項內容為「第一項各款及第三項之人，除發行人外，因其過失致第一項損害之發生者，應依其責任比例，負賠償責任。」

3. 2015 年 7 月 1 日修正理由

(1)刪除原條文第 2 項及第 5 項中之「發行人之董事長、總經理」。

(2)美國證券交易法第 18 條與日本證券交易法第 24 條之 4 及第 24 條之 5 對於財務報告之虛偽或隱匿係規定，發行人之董事長與總經理僅負推定過失責任，而非絕對賠償責任。顯見我國證券交易法第 20 條之 1 有關財報不實之規定，對於董事長與總經理之責任顯然過重，而有礙企業之用才。

(3)為避免過苛之賠償責任降低優秀人才出任董事長及總經理等高階職位之意願而有礙國家經濟發展，爰提案將董事長與總經理之絕對賠償責任修正為推定過失責任。

4.規定分析

在證券交易法新增訂第 20 條之 1 中,已將損害賠償請求權人擴及到原來就已持有該有價證券之投資人。惟將持有人納入求償主體，尚未出現於各國立法例上，以其作為請求權基礎，適用上滋生眾多疑義。

惟如前述，以持有人作為請求權主體，將衍生許多問題，對於訴訟策略及投資人權益等均影響甚鉅。歷來，在投資人保護中心並召開多次諮詢會議，學者大致認為符合證交所第 20 條之 1 所稱持有人之要件，僅需不法

行為人於 2006 年 1 月 13 日後公告不實財報，而投資人於事件爆發時仍持有不法行為所屬公司之證券，即符合本條所稱之持有人。

又本條之立法意旨，在於使投資人之保護更形周延，且凡於 2006 年 1 月 13 日之後公告不實財報之行為人，對行為時之持有人因已具有預見可能性，應負損害賠償責任，尚無法律不溯及既往之問題❸❻。

5.小　結

本文認為，證券交易法增訂第 20 條之 1 後，使「持有人」得為求償主體，雖立意良善，惟衍生諸多疑義，於相關配套措施、制度未建立前，理論上應有解釋空間。

但在理論上，如擴張至十年、二十年之「持有人」均得求償，因果關係相當遙遠，甚難證明，且由於「持有人」既未因他人證券詐欺而買進亦未賣出證券，卻主張遭受到「失去買賣證券機會」之無形經濟損失時，顯然是一種帶有投機性之索賠，故該條文將來恐需再予修法。

三、歸責要件

對於證券交易法所規定之證券詐欺行為，如欲就行為人訴追相關之責任，應能舉證可歸責於行為人；而行為人自得主張免責事由等，以免除相關責任。以下分述其主、客觀之歸責要件：

㈠主觀要件

證券交易法於第 32 條規定之公開說明書，為發行人所編製，其應記載之主要內容，如有虛偽或隱匿之情事者，發行人自應負絕對責任，而無免責事由。至於就發行人以外之關係人，則僅負相對責任，但該法第 32 條第 2 項規定之免責事由，規定對於未經會計師、律師、工程師或其他專門職業或技術人員簽證部分，如能證明已盡相當之注意，並有正當理由確信其主要內容無虛偽、隱匿情事或對於簽證之意見有正當理由確信其為真實者，

---

❸❻　參閱陳春山教授、莊永丞教授在投資人之保護諮詢會議之發言，2007 年 2 月 15 日；在該次會議中，劉連煜教授亦認為持有人是可以溯及，但並無法證明因果關係。

免負賠償責任；會計師、律師、工程師或其他專門職業或技術人員，如能證明已經合理調查，並有正當理由確信其簽證或意見為真實者，亦免負賠償責任。

證券交易法於第 20 條所規定之證券詐欺行為，其性質上為獨立之侵權行為類型，適用民法所規定之侵權行為法理，亦即應由請求權人舉證，證明行為人有故意或過失。

(二)客觀要件

就民事責任之客觀歸責要件言之，證券交易法於第 32 條規定公開說明書之主要內容，有虛偽、隱匿情事，則應負民事責任。反之，如非公開說明書之主要內容或應記載之事項，則不適用之。而證券交易法於第 20 條第 1 項所規定民事責任之客觀歸責要件，則必須對有價證券之募集、發行、私募或買賣，有虛偽、詐欺或其他足致他人誤信之行為；證券交易法於第 20 條第 2 項所規定民事責任之客觀歸責要件，則必須發行人申報或公告之財務報告及其他有關業務文件，其內容有虛偽或隱匿之情事。

茲將證券詐欺之相關書類以及虛偽或隱匿之認定，分述如下。

1.證券詐欺之相關書類

證券交易法第 32 條所規定之公開說明書，係指依該法第 13 條規定，發行人為有價證券之募集或出賣，依本法之規定，向公眾提出之說明文書。其主要包括：㈠發行新股；㈡發行公司債；㈢募集設立；㈣其他。

從文義解釋，如非屬於募集有價證券而編製之公開說明書，即非證券交易法第 32 條第 1 項所稱之「前條規定之公開說明書」❸❼，故如非屬於募集有價證券而編製之公開說明書，縱使其主要內容，有虛偽、隱匿情事，仍無法依證券交易法第 32 條規定追究發行人及其關係人之民事責任。換言之，如欲使有價證券持有人成為證券交易法第 32 條規定，申請再次發行新編製之公開招募說明書之追究對象，必須再經由修法程序明定之。

再者，就證券交易法第 20 條第 2 項所規定之相關書類而言，則限於「發行人依本法規定申報或公告之財務報告及財務業務文件」，例如其中之

---

❸❼　王志誠，前揭文，頁 25。

財務報告，即係同法第 36 條第 1 項規定應公告並向主管機關申報之文件。又如財務業務文件，則為同法第 36 條之 1 規定之財務預測等文件。

此外，發行人為募集有價證券時，亦應編製財務預測，且必須將其納入公開說明書中，故如該財務預測有虛偽不實時，則亦違反證券交易法第 20 條、第 32 條證券詐欺之規定。

2.虛偽或隱匿之定義

證券交易法第 20 條之違法行為態樣，必須有虛偽、詐欺、或其他足致他人誤信之行為。而同法第 32 條之違法行為態樣，必須有虛偽、隱匿情事，證券詐欺之規定。茲分述如下：

⑴虛　偽

理論上，所謂虛偽，係指陳述人所陳述之內容與客觀之事實不符，而為陳述人所明知者。

⑵隱　匿

所謂隱匿，係指陳述人針對重要事實故意遺漏，致使陳述不完整，在概念上，其尚包括引人誤導之陳述在內，亦即對事實之陳述有所偏倚，使投資人未能獲得正確完整之認識，而產生誤導之效果❸。

⑶詐　欺

所謂詐欺，實務上認為，係指以欺罔之方法騙取他人財物；所謂其他足致他人誤信之行為，係指陳述內容有缺漏，或其他原因，產生誤導相對人對事實之了解發生偏差之效果，已如前述。因此，就刑事責任而言，虛偽、隱匿、詐欺、或其他足致他人誤信之行為，均限於故意之行為。但民事責任部分，有學者認為，即使僅為過失，亦應負責❸，本文亦贊同。

---

❸　劉連煜，《新證券交易法實例研習》，2002 年 8 月，頁 157。

❸　就證券交易法第 20 條、第 32 條所規定之民事責任而言，其主觀責任之判定，並不以行為人有故意為虛偽、遺漏或其他足致他人誤信之行為為限。參閱王志誠，前揭文，頁 27。

3.因果關係

(1)規定內容

a.證券交易法第 32 條第 1 項規定：「前條之公開說明書，其應記載之主要內容有虛偽或隱匿之情事者，左列各款之人，對於善意之相對人，因而所受之損害，應就其所應負責部分與公司負連帶賠償責任：一、發行人及其負責人。二、發行人之職員，曾在公開說明書上簽章，以證實其所載內容之全部或一部者。三、該有價證券之證券承銷商。四、會計師、律師、工程師或其他專門職業或技術人員，曾在公開說明書上簽章，以證實其所載內容之全部或一部，或陳述意見者。」

b.證券交易法第 20 條第 1 項規定：「有價證券之募集、發行、私募或買賣，不得有虛偽、詐欺或其他足致他人誤信之行為。」

顯然，第 32 條第 1 項各款之人有虛偽或隱匿之情形，其保護之對象為「募集及發行有價證券之認股人或應募人」，而第 20 條係發行市場與交易市場之證券詐欺規範，其保護之對象為不限「募集及發行有價證券之認股人或應募人」，尚包括其他買賣有價證券之人。

(2)有因果關係存在

證券詐欺之民事損害賠償，必須行為人使善意之「相對人」，因而所受之損害，其加害與損害二者之間，有相當因果關係❹。

換言之，為使資本市場能正常發展，避免過度擴張請求權人之範圍，投資人如欲主張證券詐欺之民事損害賠償，仍必須證明其係基於信賴該不實市場資訊而為有價證券之買賣，且其所受損害與證券詐欺行為間有因果關係存在。

又公開說明書或財務報告之內容，往往有相當多之專業術語，並非一般未具專業會計、財經或法律知識之投資人所能了解，投資人以公開說明書或財務報告之內容作為投資依據或重要資料者鮮為可見，是以從未閱讀公開說明書或財務報告之投資人，基於上述「因果關係理論」，自不得請求

---

❹　最高法院 48 年臺上字第 481 號民事判例、最高法院 30 年上字第 18 號民事判例。

損害賠償。

4.舉證責任

⑴理論見解

理論上言之，在證券公開交易市場參與交易者，非僅限於非專業投資人參與而已，專業投資者參與股票買賣，更為股票交易之主要對象，而各該專業投資者均聘僱有相關專業人員從事各項財經資訊等影響股票行情因素之分析、研判，並提出投資意見以供是否進場交易之參考，而此類專業投資者，對各該上市、上櫃公司之財務報告，既可且定會本其專業知識為研判分析，藉以決定是否交易買賣，並使一般非專業之投資大眾因此而跟進或為參與交易之決定，則在整體交易市場之運作下，任何以不實資訊公開於股票交易市場之行為，均可視為對參與股票交易之不特定對象為詐欺，並進而推定任何參與股票交易之善意取得人或出賣人，均有信賴該資訊之真實性，而不須舉證證明其有如何信賴財務報告之事證，亦即因果關係被推定，此亦為美國就有關股票交易訴訟時所發展出之「詐欺市場理論」所採用。

⑵實務見解

實務上，如將舉證責任責由原告為之，勢將產生舉證其信賴財務報告而交易上之重大困難，且亦違反公開資訊者應確保其資訊真實性之原則，故法院認依民事訴訟法第 277 條但書規定，上開因果關係推定之見解，應可適用於本件爭議，原告僅須舉證證明財務報告內容不實，即可受推定已就因果關係部分盡其舉證責任。就此而言，原告所受之損害，與立〇公司之不實財務報告間，即有相當因果關係存在 ❹。

實務上，亦有認為損害賠償之債，以有損害之發生及有責任原因之事實，並二者之間，有相當因果關係為成立要件，是以侵權行為之被害人除應就其所受之損害予以證明外，對於加害人之故意過失，及對損害之發生有因果關係，亦負舉證之責任 ❷。

❹　臺灣臺北地方法院 91 年度重訴字第 447 號民事判決。

❷　最高法院 92 年度上易字第 109 號民事判決；臺灣新竹地方法院 92 年度小上

第五節　美國證券法上之運作

一、訂定證券法與證券交易法

㈠ 1933 年證券法

　　美國是現今世界上證券立法最發達，並最完善之國家，其在證券交易法上之民事責任與民事訴訟制度方面，已累積非常豐富之立法與實戰經驗。美國「1933 年證券法」(Securities Act of 1933)，為追究證券發行人以及參與人在註冊文件，包括招股說明書中，或者在銷售新證券之公開說明書中，對提供不實之民事責任中第五章規定，違反州際商業與郵遞禁令之民事責任；在第十一章規定，註冊文件瑕疵之民事責任；在第十二章規定，因招股說明書與通訊引起之民事責任；在第十五章規定，控制人之民事責任；在第 17 章規定，詐欺性州際交易之民事責任等。

㈡ 1934 年證券交易法

　　「1934 年證券交易法」(Securities Exchange Act of 1934) 為強化證券流通市場之安全性，提高投資大眾對流通市場之信心，亦規定比較完善之民事法律責任，其亦分別在第九章、第十四章、第十六章、第十八章、第二十章規定操縱價格、徵集委託書、董事等高級人員違法行為、誤導性陳述、內部人交易等之民事責任。

　　美國證監會以「1933 年證券法」第十七章規定為範本，配合「1934 年證券法」第十章⑵條制訂並頒布 10b–5 規則 (Rule 10b–5)，對各式各樣之操縱性或詐欺性行為或作法，作出禁止性規定。美國聯邦法院可據此 10b–5 規則對證券投資之受害人，默示出比較全面、適用之民事私法救濟。「10b–5 規則」救濟之適用範圍非常廣泛，在解決證券交易中所產生之公司重大不實之說明或不揭露問題，內線交易問題，以及公司不當管理問題等，均可適用「10b–5 規則」訴訟。

字第 33 號民事判決。

「10b-5 規則」救濟不是一種具體的明示救濟，法院必須努力解決許多在制訂法中之不確定法律概念，諸如「重大性」定義，證明原告對不實說明或遺漏之信賴之必要性、相當因果關係、正確之損害賠償計算、如何適用時效等 **❹** 。

㈢ 1998 年修訂版

「美國 1933 年證券法」與「美國 1934 年證券交易法」是美國證券法律體系之兩大支柱，自頒布以來歷經多次修正，在不同之歷史時期，為適應證券市場之新變化，促進證券市場之發展，該二部法律起了重要作用，最近一次修正在 1998 年，但法律之名稱卻一直沿用下來，未再有所變動。

二、美國實務上之運作

實務上，美國法院曾以集團訴訟之背景為動力，結合市場效率理論發展出所謂「詐欺市場理論」(the Fraud on the Market Theory)。意即將行為人故意以虛偽不實之資訊公開於市場之中，視為對整體市場的詐欺行為，而市場投資人可以「以信賴市場之股價」為由，說明其間接信賴了公開之資訊，故投資人無須一一證明個人之「信賴關係」，換言之，即使投資人並未閱讀詐欺行為人所公開之資訊 (公開說明書或財務報告)，亦可推定為詐欺行為之被詐害者。

按我國證券交易法除就「內線交易」損害賠償之計算，設有第 157 條之 1 規定外，同法第 32 條、第 20 條損害賠償範圍或其數額之計算，則未予明文規定。其中第 20 條規定，主要係參考美國證券交易委員會於 1942 年制定之 10b-5 規則 (Rule 10b-5) 之發展 **❹** ，該規則關於損害賠償 (Damages) 之方式，規定包括撤銷或回復原狀，以及交易時與消息公開後之價差 (out of Pocket) 2 種。

---

❹ 美國證券法在為受害投資人規定各色各樣法定民事救濟之同時，亦存在許多局限性。因此，從默示訴權中，規定許多有力之默示私法救濟，對付詐欺行為之私訴權主要是從 10b-5 規則默示出來的。

❹ David L. Ratner, Securities Regulation, 1999.10, pp. 134-137.

　　另美國證券交易法第 11 條，在註冊書件不實部分係以下列方式計算損害：起訴時之價格，或起訴前若已出售，其出售之價格；或起訴後出售，若出售價格較起訴時為高者，依出售價格來計算價差。另美國法院❹主張依「市場模型」(market model) 作為計算損害數額之依據，意即在交易市場模型中有價值線 (value line) 及市場線 (market line) 二條線，在不實陳述之前，這二條線是合一的；之後因不實陳述，市場線出現偏離，一旦事實揭露，二條線再度合一，此段期間中，真正損害便是截取二條線間之差異，堪以採取❹。

第六節　結　語

　　依證券違法行為之不同性質，證券法上之法律責任可分為證券法上之民事責任、刑事責任與行政責任。證券法上之民事責任為私法責任；法律規範該等責任之目的，主要係為保護投資人合法權益，樹立投資人對證券市場之信心。

　　美國是現今世界上證券立法最為完備，且承認以判例作為法律淵源之國家，在長期審判實務上，累積相當具有法律拘束力之判例。「他山之石，可以攻玉」，美國所採之立法精神與實務經驗，確有許多值得我國學習之處，而我國也有待透過與不同法律文化和制度之切磋交流，促使證券交易之制度與法規，能與國際接軌。

　　現行證券交易法第 20 條、第 20 條之 1 之「誠實義務及損害賠償責任」，是證券詐欺之一般性規範，同法第 32 條之「公開說明書虛偽或隱匿之責任」，為針對公開說明書虛偽或隱匿之特別規範，故如發行人募集、發行有價證券時，有虛偽、詐欺或其他足致他人誤信之行為，而又對於公開說明書之主要內容有虛偽或隱匿之情事者，則投資人即可同時或分別主張

---

❹　參閱美國法院 1976 年 Sneed J. in Green v. Occidental Petroleum Corporation 案。

❹　臺灣臺中地方法院 90 年度重訴字第 706 號民事判決。

第 20 條、第 20 條之 1，及第 32 條，對於賠償義務人請求損害賠償。

我國證券交易法對於證券詐欺之違法行為，設有刑事制裁之規定，諸如內線交易、掏空資產、資訊不實、操縱市場等，學者認為，此等違法行為均為典型之白領犯罪 (white collar crime)，其危害社會之程度，不下於殺人、搶劫之暴力犯罪型態[47]。另外，為維護證券市場秩序，保護投資人合法權益及社會公共利益，積極禁止證券詐欺，保障發行與交易之安全，對證券市場之穩定與發展而言，實屬刻不容緩。

總之，證券市場之發展與證券立法關係密切，有嚴格規範之證券市場，才能保證健康之證券市場之發展。因此，本文茲獲如下之結論：

1.證券交易法於第 20 條之性質，應屬於廣泛之反詐欺條款，解釋上亦可包括證券市場所有之詐欺行為或操縱行為，其規範對象涵蓋發行人、證券商及其他關係人之行為。

2.證券交易法於第 20 條之規範行為並包括在發行市場有價證券之募集、發行、私募，以及在交易市場為有價證券之買賣。

3.倘法律或契約具有作為義務之人，因故意或重大過失而「不作為」，以致公司所申報或公告之財務報告及其他業務文件內容有虛偽或隱匿者，亦應對於善意相對人所受損害，負賠償責任。

---

[47]　參閱賴英照，《最新證券交易法解析：股市遊戲規則》，元照出版，2009 年 10 月再版，頁 709。

第二十一章　證券會計師、律師之法律責任

第一節　概　說

　　律師之證券業務，亦即律師為證券發行與交易以及其相關行為提供法律服務之活動。同理，會計師之證券業務，亦即會計師為證券發行與交易以及其相關行為提供會計服務之活動。律師對證券之法律業務，亦即審查、修改、製作有關證券業務之法律文書。包括參與起草、審查或修改公司業務之創立性文件，當然更包括公開說明書等。

　　申言之，公司申請上市或上櫃買賣需提出之公開說明書，律師在該公開說明書中，對公司有關證券募集、發行或買賣之契約、報告書或文件等所提出之必要查核程序，包括實地查核、與公司相關人員訪談或舉行會議、蒐集、整理、查證公司議事錄、重要契約年報及其他相關文件資料等，提出法律意見書；或者會計師對公司申報或公告之財務報告、文件或資料等，均應有所謂證券市場資訊揭露制度之適用。

　　證券市場資訊揭露制度，又稱證券市場資訊公開制度，亦即政府為保障投資人之利益，與社會公眾之監督，而依證券交易法為據，規定上市公司必須公開或公布有關之資訊與資料，使投資人能在充分了解各種資訊情況下，做好決策之一系列制度。

　　實務上，主管機關會在公司初次申請有價證券上市用之公開說明書中，要求律師出具「發行人申請股票上市法律事項檢查表」。同時在股票上市申請書中，要求律師填製「發行人申請股票上市法律事項檢查表」，以及律師

與申請公司所出具其彼此間並無前開檢查表填表注意事項四所列情事之聲明書。在會計師方面，主管機關會要求會計師核閱會計年度損益表，並針對由承銷商併原損益表，分析其獲利能力均符合上市規定條件。而會計師依會計師法第 24 條、第 25 條、證券交易法第 36 條之立法精神，以及大法官釋字第 222 號解釋意旨，於查核公開發行公司之財務報告，對投資人權益之保護負有注意義務；另有會計學者認為，投資人係財務報表之使用者，係公司財務報表之直接利害關係人 ❶。

因此，律師在出具上述法律事項檢查表、法律意見書時，應當按照律師法規定與道德規範，對其所出具報告之真實性、準確性與完整性進行檢查與驗證，並就其負責部分承擔法律責任。同理，會計師依臺灣證券交易所股份有限公司營業細則之相關規定，就其查核簽證之財務報告與其財務報告所出具之意見書等，依證券交易法、會計師法、會計師查核簽證財務報表規則等之規定負其責任。

基上所述，顯然證明律師會計師法律責任仍有相當層次之不同，實務上亦認為，律師雖負有一定之社會責任，惟該等專業人員所為行為之影響層面乃明確之特定人。而會計師查核簽證財務報表之允當性，其影響層面係潛在眾多不確定之投資人，若不給予更高之行為道德標準，其對公眾權益之可能危害將形更鉅 ❷。

基此，本章首先擬探討會計師、律師執行證券業務之法律依據；其次擬探討特別規範，再次擬探討會計師與律師之業務與法律責任，最後，提出檢討與建議。

---

❶ 黃炳淳，〈從順大裕案談證券投資人之保護以會計師查核財務報告之賠償責任為核心〉，《律師雜誌》，第 297 期，2004 年 6 月，頁 67、68。並轉引鄭丁旺，《初級會計學（上冊）》，2001 年 7 月 7 版，頁 4。

❷ 最高行政法院 97 年度裁字第 1825 號裁定。

第二節　法律依據

　　在證券市場中，會計師與律師本於其不同領域之專業，以及法規之要求，各有其不同之角色功能，也受到一定程度之責任規範。茲謹針對與證券會計師、證券律師之權責較具關聯性之證券交易法相關條文，分別析述，以瞭解其法律依據。

一、證券交易法第 20 條

㈠條文內容

　　依證券交易法第 20 條規定，有價證券之募集、發行、私募或買賣，不得有虛偽、詐欺或其他足致他人誤信之行為。發行人依本法規定申報或公告之財務報告及財務業務文件，其內容不得有虛偽或隱匿之情事。違反第 1 項規定者，對於該有價證券之善意取得人或出賣人因而所受之損害，應負賠償之責。委託證券經紀商以行紀名義買入或賣出之人，視為前項之取得人或出賣人。

　　上開條文明訂之誠實義務及損害賠償責任，乃證券詐欺之一般性規範，其不僅適用於發行市場，亦適用於流通市場。學者認為，其規範對象涵蓋發行人、證券商、以及其他關係人之行為❸。

　　至於其規範行為並包括在發行市場為有價證券之募集、發行、私募或再流通市場為有價證券之買賣❹。

---

❸　參閱余雪明，《證券交易法》，證基會，2000 年 11 月，頁 527～528。又既然該條第 1 項包括其他關係人之行為，則本文亦認為會計師、律師之行為，自應包括在內。該條第 2 項規定其犯罪主體限於「發行人」，故應僅以發行人為追究責任之對象。

❹　王志誠，〈發行市場證券詐欺規範之解釋及適用〉，《律師雜誌》，第 297 期，2004 年 6 月，頁 17。

(二)修法理由

查證券交易法第 20 條第 2 項原係規定,「發行人申報或公告之財務報告及其他有關業務文件,其內容不得有虛偽或隱匿之情事。」2006 年 1 月修法時,基於實務上對於「其他有關業務文件」之定義有所疑義,為明確其範圍,爰就第 2 項文字酌作修正。另同條文第 3 項原規定「違反前二項規定者,對於該有價證券之善意取得人或出賣人因而所受之損害,應負賠償之責。」然因財務報告及有關財務業務文件內容有虛偽、隱匿情事,相關人員所應負擔之賠償責任有其特殊性,且與第 1 項所規範之行為主體不同,爰修正第 3 項,將有關財務報告或財務業務文件不實所應負擔之民事賠償責任規定移列至第 20 條之 1 另予規範。

二、證券交易法第 32 條

(一)條文內容

依證券交易法第 32 條,係規範有關公開說明書虛偽或隱匿之責任之規定中,涉及會計師、律師者,規定於該條第 1 項第 4 款,亦即「會計師、律師,曾在公開說明書上簽章,以證實其所載內容之全部或一部,或陳述意見者。」對於善意之相對人,因而所受之損害,應就其所應負責部分與公司負連帶賠償責任。不過,依同條第 3 項規定,如能證明已經合理調查,並有正當理由確信其簽證或意見為真實者,免負賠償責任。

(二)實務見解

依最高法院 97 年度之判決案例,略以:本件上訴人係主張就系爭更新財務預測之編製,所引用之資料有不實、不完整及未更新資料之情形,其等就系爭更新財務預測之編製及公布有虛偽、隱匿,故所謂上訴人知有得受賠償之原因時,應係指上訴人之授權人知悉系爭更新財務預測之內容有問題、涉嫌有不實或引用資料不完整、未更新資料之時,於該時起算時效[5]。

---

[5] 最高法院 97 年度臺上字第 432 號民事判決。

三、證券交易法第 13 條

㈠條文內容

有關證券法上之「公開說明書」則規定於證券交易法第 13 條，即「本法所稱公開說明書，謂發行人為有價證券之募集或出賣，依本法之規定，向公眾提出之說明文書。」

又「公開說明書」之內容則規定於證券交易法第 30 條，即「公司募集、發行有價證券，於申請審核時，除依公司法所規定記載事項外，應另行加具公開說明書。前項公開說明書，其應記載之事項，由主管機關以命令定之。公司申請其有價證券在證券交易所上市或於證券商營業處所買賣者，準用第一項之規定；其公開說明書應記載事項之準則，分別由證券交易所與證券櫃檯買賣中心擬訂，報請主管機關核定。」

㈡實務見解

最高法院認為，本條係配合 2006 年修正前、後之證券交易法第 30 條第 1 項、第 2 項之規定，其旨乃為保護投資人，防止公司藉由虛偽或不完整之財務資料，誤導投資人認股，因而遭受損失❻。

四、證券交易法第 174 條

㈠ 2012 年修法前

歷年來，我國證券交易法第 174 條曾經過多次之修法，最近一次修法是在 2012 年 1 月 4 日。在本次修法之前，其條文內容如下：

「有下列情事之一者，處一年以上七年以下有期徒刑，得併科新臺幣二千萬元以下罰金：一、於依第三十條、第四十四條第一項至第三項或第九十三條規定之申請事項為虛偽之記載者。二、對有價證券之行情或認募核准之重要事項為虛偽之記載而散布於眾者。三、發行人或其負責人、職員有第三十二條第一項之情事，而無同條第二項免責事由者。四、發行人、公開收購人或其關係人、證券商或其委託人、證券商同業公會、證券交易

---

❻　最高法院 93 年度臺上字第 4393 號刑事判決。

所或第十八條所定之事業，對於主管機關命令提出之帳簿、表冊、文件或其他參考或報告資料之內容有虛偽之記載者。五、發行人、公開收購人、證券商、證券商同業公會、證券交易所或第十八條所定之事業，於依法或主管機關基於法律所發布之命令規定之帳簿、表冊、傳票、財務報告或其他有關業務文件之內容有虛偽之記載者。六、於前款之財務報告上簽章之經理人或主辦會計人員，為財務報告內容虛偽之記載者。但經他人檢舉、主管機關或司法機關進行調查前，已提出更正意見並提供證據向主管機關報告者，減輕或免除其刑。七、就發行人或某種有價證券之交易，依據不實之資料，作投資上之判斷，而以報刊、文書、廣播、電影或其他方法表示之者。八、發行人之董事、經理人或受僱人違反法令、章程或逾越董事會授權之範圍，將公司資金貸與他人、或為他人以公司資產提供擔保、保證或為票據之背書，致公司遭受重大損害者。九、意圖妨礙主管機關檢查或司法機關調查，偽造、變造、湮滅、隱匿、掩飾工作底稿或有關紀錄、文件者（第 1 項）。

有下列情事之一者，處五年以下有期徒刑，得科或併科新臺幣一千五百萬元以下罰金：一、律師對公司有關證券募集、發行或買賣之契約、報告書或文件，出具虛偽或不實意見書者。二、會計師對公司申報或公告之財務報告、文件或資料有重大虛偽不實或錯誤情事，未善盡查核責任而出具虛偽不實報告或意見；或會計師對於內容存有重大虛偽不實或錯誤情事之公司財務報告，未依有關法規規定、一般公認審計準則查核，致未予敘明者（第 2 項）。

犯前項之罪，如有嚴重影響股東權益或損及證券交易市場穩定者，得加重其刑至二分之一（第 3 項）。

發行人之職員、受僱人犯第一項第六款之罪，其犯罪情節輕微者，得減輕其刑（第 4 項）。

主管機關對於有第二項第二款情事之會計師，應予以停止執行簽證工作之處分（第 5 項）。」

上開條文內容依資料所述係「照黨團協商條文通過」，其餘修正理由則

隻字未提，不免有草率及避重就輕之譏。經查當時該條文經爭議嗣又修正通過之重點，在於第 2 項第 2 款為避免對於會計師之一般查核錯誤或過失導致之錯誤即予以重罰之情形輕重等失衡狀況，爰增列「未善盡查核責任」要件，使其責任要件更為明確❼。

㈡ 2015 年修法後

1.證券交易法第 174 條第 1 項第 1 款

修正後內容為：「一、於依第三十條、第四十四條第一項至第三項、第九十三條、第一百六十五條之一或第一百六十五條之二準用第三十條規定之申請事項為虛偽之記載。」

2.證券交易法第 174 條第 1 項第 6 款

修正後內容為：「六、於前款之財務報告上簽章之經理人或會計主管，為財務報告內容虛偽之記載。但經他人檢舉、主管機關或司法機關進行調查前，已提出更正意見並提供證據向主管機關報告者，減輕或免除其刑。」

3.證券交易法第 174 條第 1 項第 7 款

修正後內容為：「七、就發行人或特定有價證券之交易，依據不實之資料，作投資上之判斷，而以報刊、文書、廣播、電影或其他方法表示之。」

4.證券交易法第 174 條第 2 項第 1 款

修正後內容為：「一、律師對公司、外國公司有關證券募集、發行或買賣之契約、報告書或文件，出具虛偽或不實意見書。」

5.證券交易法第 174 條第 2 項第 2 款

修正後內容為：「二、會計師對公司、外國公司申報或公告之財務報告、文件或資料有重大虛偽不實或錯誤情事，未善盡查核責任而出具虛偽不實報告或意見；或會計師對於內容存有重大虛偽不實或錯誤情事之公司、外國公司之財務報告，未依有關法規規定、一般公認審計準則查核，致未予敘明。」

6.增列證券交易法第 174 條第 2 項第 3 款

增列內容為：「三、違反第二十二條第一項至第三項規定。」

---

❼　《立法院公報》，第 93 卷第 6 期，頁 226。

7.增列證券交易法第 174 條第 6 項

增列內容為：「外國公司為發行人者，該外國公司或外國公司之董事、經理人、受僱人、會計主管違反第一項第二款至第九款規定，依第一項及第四項規定處罰。」

8.增列證券交易法第 174 條第 7 項

增列內容為：「違反第一百六十五條之一或第一百六十五條之二準用第二十二條規定，依第二項及第三項規定處罰。」

第三節　特別規範

除前一節所述證券會計師、證券律師權責之法律依據外，2006 年間，證券交易法在第 20 條之後，又增訂第 20 條之 1，本條與第 20 條同樣均在規範「誠實義務及損害賠償責任」，亦可謂為證券會計師、證券律師權責之特別規範。

一、證券交易法第 20 條之 1 原條文

我國證券交易法對於誠實義務及損害賠償責任之規範，原本僅見於該法第 20 條。2006 年 1 月間，又增訂第 14 條之 2 至 14 條之 5、20 條之 1、21 條之 1……等條文，其中第 20 條之 1 同樣係誠實義務及損害賠償責任之規範，條文內容為：「前條第二項之財務報告及財務業務文件或依第三十六條第一項公告申報之財務報告，其主要內容有虛偽或隱匿之情事，下列各款之人，對於發行人所發行有價證券之善意取得人、出賣人或持有人因而所受之損害，應負賠償責任：1.發行人及其負責人。2.發行人之職員，曾在財務報告或財務業務文件上簽名或蓋章者（第 1 項）。前項各款之人，除發行人、發行人之董事長、總經理外，如能證明已盡相當注意，且有正當理由可合理確信其內容無虛偽或隱匿之情事者，免負賠償責任（第 2 項）。會計師辦理第一項財務報告或財務業務文件之簽證，有不正當行為或違反或廢弛其業務上應盡之義務，致第一項之損害發生者，負賠償責任（第 3

項)。前項會計師之賠償責任,有價證券之善意取得人、出賣人或持有人得聲請法院調閱會計師工作底稿並請求閱覽或抄錄,會計師及會計師事務所不得拒絕(第4項)。第一項各款及第三項之人,除發行人、發行人之董事長、總經理外,因其過失致第一項損害之發生者,應依其責任比例,負賠償責任(第5項)。前條第四項規定,於第一項準用之(第6項)。」

二、證券交易法第20條之1原條文規範重點

依據證券交易法第20條之1(原條文)之立法理由觀之,該條文主要規範重點條文內容計有6項,茲分項敘述其立法理由如下:

㈠第1項之立法理由

1.加強違反第20條之1第2項行為之責任

違反第20條之1第2項行為者,對於有價證券之善意取得人或出賣人因而所受之損害,本應負賠償責任。惟實務上,外界對於發行人所公告申報之財務報告及財務業務書件,或依第36條第1項公告申報財務報告之主要內容有記載不實之虛偽情事或應記載而未記載之隱匿情事,相關人員所應負擔之責任範圍未盡明確,為杜爭議❽,就發行人、發行人之負責人、在相關文件上簽名或蓋章之發行人之職員等,其對相關文件主要內容有虛偽或隱匿情事,致有價證券之善意取得人、出賣人或持有人因而受損害時,應負賠償責任。

2.確保會計師簽證功能

證券交易法第20條之1第3項規定:「會計師辦理第一項財務報告或財務業務文件之簽證,有不正當行為或違反或廢弛其業務上應盡之義務,致第一項之損害發生者,負賠償責任。」以確保會計師簽證功能。

於此應注意,實務見解認為,依該條項規定主張受有損害之有價證券持有人應先舉證證明會計師辦理財務報告或財務業務文件之簽證有不正當行為或違反或廢弛其業務上應盡之義務之行為;另應舉證證明其所受損害與會計師違反義務之行為間有相當因果關係,始足當之❾,可供參考。

---

❽　證券交易法第32條、美國沙氏法案及美國證券交易法第18條規定。

3.周延地保護投資人

為使投資人之保護更形周延，除對於善意信賴財務報告及財務業務文件而積極為買賣行為之投資人明定其損害賠償之請求權外，對於該有價證券之持有人，亦明定其損害賠償請求權❿。

㈡第 2 項之立法理由

因證券交易法第 1 項所規定之發行人等與投資人間，其對於財務資訊之內涵及取得往往存在不對等之狀態，在財務報告不實之民事求償案件中，若責令投資人就第 1 項所規定之發行人等其故意、過失負舉證之責，無異阻斷投資人求償之途徑⓫，對發行人、發行人之董事長、總經理採結果責任主義，縱無故意或過失亦應負賠償責任，至其他應負賠償責任之人，則採取過失推定之立法體例，須由其負舉證之責，證明其已盡相當注意且有正當理由可合理確信其內容無虛偽或隱匿之情事，會計師則須證明其已善盡專業上之注意義務，始免負賠償責任，爰訂定證券交易法第 20 條之 1 第 2 項。

㈢第 3 項之立法理由

證券交易法第 20 條之 1 第 3 項規定：「會計師辦理第一項財務報告或財務業務文件之簽證，有不正當行為或違反或廢弛其業務上應盡之義務，致第一項之損害發生者，負賠償責任。」蓋會計師及於財務報告或有關財務業務文件上簽名蓋章之職員，其與發行人、發行人之董事長及總經理之責任有別，基於責任衡平考量，並參考美國等先進國家有關責任比例之規範，於證券交易法第 20 條之 1 第 3 項規定，該等人員因其過失致第 1 項損害之發生，應依其責任比例負賠償責任。

㈣第 4 項之立法理由

第 3 項所稱責任比例之認定⓬，未來法院在決定所應負責任時，可考

---

❾　最高法院 99 年度金上字第 7 號民事判決。

❿　證券交易法第 20 條之 1 修正說明，2006 年 1 月 11 日，頁 10。

⓫　證券交易法第 32 條、美國證券法第 11 條、日本證券交易法第 21 條之規定。

⓬　第 3 項所稱責任比例之認定，參考美國 1995 年私人證券改革法 (Private

量導致或可歸屬於原告損失之每一違法人員之行為特性，及違法人員與原告損害間因果關係之性質與程度，就個案予以認定，故為利法院未來就是類案件之判決，責任比例認定之準則，於第 4 項規定授權主管機關定之❸。

(五)第 5 項之立法理由

有鑑於會計師及於財務報告或有關財務業務文件上簽名蓋章之職員，其與發行人、發行人之董事長及總經理之責任有別，基於責任衡平考量，並參考美國等先進國家有關責任比例之規範，於證券交易法第 20 條之 1 第 5 項規定，該等人員因其過失致第 1 項損害之發生，應依其責任比例負賠償責任。

(六)第 6 項之立法理由

證券交易法第 20 條之 1 除前述 5 項外，又參考同法第 20 條第 4 項「委託證券經紀商以行紀名義買入或賣出之人，視為前項之取得人或出賣人」之規定，訂定第 6 項規定：「前條第四項規定，於第一項準用之」。

三、證券交易法第 20 條之 1 之修正

證券交易法第 20 條之 1，於 2015 年 7 月 1 日修正，新修訂部分，僅在第 20 條之 1 第 2 項規定：「前項各款之人，除發行人外，如能證明已盡相當注意，且有正當理由可合理確信其內容無虛偽或隱匿之情事者，免負賠償責任。」換言之，刪除「、發行人之董事長、總經理」等字。

另外，於第 20 條之 1 第 5 項後段規定：「……，除發行人外，因其過失致第一項損害之發生者，應依其責任比例，負賠償責任。」換言之，亦刪除「、發行人之董事長、總經理」等字。

Securities Litigation Reform Act)。

❸　證券交易法第 20 條之 1 修正說明，2006 年 1 月 11 日，頁 12。

第四節　證券會計師與律師之業務與法律責任

一、證券會計師與律師之業務

㈠證券會計師之業務

　　依據會計師法❶第 41 條及證券交易法第 37 條規定授權訂定之「會計師辦理證券交易法相關業務違規移付懲戒及行政處分作業要點」❶規定，會計師辦理下列各項業務：

　　　1.公開發行公司財務報表之查核簽證。

　　　2.公開發行公司財務季報表之核閱。

　　　3.公開發行公司財務預測之核閱。

　　　4.募集與發行有價證券申報（請）案件之複核。

　　　5.其他與證券交易法相關之業務。

㈡證券律師之業務

　　證券法律業務是證券法律服務之一種。在證券市場中，凡有如下法規所訂情事或權義關係發生時，均特別須要由律師為證券發行與交易及其相關活動提供法律服務。證券交易法第 20 條證券詐欺、第 20 條之 1 資訊不實、第 32 條公開說明書虛偽隱匿；交易市場部分有：證券交易法第 20 條證券詐欺、第 20 條之 1 資訊不實、第 43 條之 2 公開收購違反規定、第 43 條之 3 公開收購違反規定、第 155 條操縱市場、第 157 條歸入權、第 157 條之 1 內線交易等。

　　證券律師所提供法律服務包括兩方面：一是從事證券法律業務；二是從事證券訴訟與證券仲裁之代理。證券法律業務係指為發行與交易證券之

---

❶　按「會計師法」訂於 1945 年 6 月 30 日，歷經多次修正，最近一次修正於 2018 年 1 月 31 日。

❶　按「會計師辦理證券交易法相關業務違規移付懲戒及行政處分作業要點」於 1995 年 1 月 12 日，歷經多次修正，最近一次修正於 1999 年 11 月 18 日。

企業、機構與場所之各種證券相關業務出具相關法律意見書，及審查、修改、製作各種法律文書等活動。茲分述如下：

1.出具法律意見書

律師出具法律意見書，對於證券之發行、上市與交易等符合證券相關法令及證券交易所章則暨公告事項規定等相關規定條件之法律文書。律師出具法律意見書時，對於申請上市或上櫃之公司實應加以把關，以維護證券市場保障投資人與發展國民經濟之目的，如有出具虛偽或不實意見書者，應負證券交易法第174條第2項規定之刑事責任。

2.審查、修改、制作相關法律文件

證券之發行、上市與交易等法律文件具有相當高水準之技術性與法律規範性，故有委由具法律專業背景之律師加以審查、修改、制作相關法律文件之必要。

3.代理當事人從事證券訴訟與證券仲裁

在證券之發行、上市與交易中，如有證券糾紛，當事人亦可尋求律師之協助，以解決糾紛。

綜而言之，證券法律業務是一項政策性強、業務技術要求高之專門性工作。證券法律業務之質量大多取決於受任證券律師之素質與證券律師事務所之組織與管理水準。

律師在出具法律意見書，履行其職務時，應遵循律師法規定與道德規範，對其所出具報告之真實性、準確性與完整性進行檢查與驗證，並就其負責部分承擔法律責任。

二、證券會計師與律師之法律責任

(一)刑事責任

1.依證券交易法第171條第1項第1款之規定，違反第20條第1項者，處三年以上十年以下有期徒刑，得併科新臺幣一千萬元以上二億元以下罰金❻。雖有論者認為，會計師、律師在民事責任上亦可認為違反第20

---

❻　按證券交易法第171條雖有些修正，但該條第1款則未修訂，參閱該條立法

條第 1 項賠償義務人之主體，故亦有本條之刑事責任❶。惟基於罪刑法定主義，除非善意之投資人能證明會計師、律師有虛偽、詐欺或其他足致他人誤信之行為，否則會計師、律師並非「有價證券之募集、發行、私募或買賣」之主體，本文對此持保留意見。

2.又由於會計師、律師係由發行公司支付費用所聘任，如在利益衝突下，未能完成應盡之職責，或與發行公司有犯意聯絡，致其所表達之專家意見有虛偽或隱匿情事時，自應為該等行為，負法律上之責任❶。證券交易法第 174 條第 2 項第 1 款，即針對律師對於發行公司有關證券募集、發行或買賣之契約、報告書或文件，出具虛偽或不實意見書者，處五年以下有期徒刑，得科或併科新臺幣一千五百萬元以下罰金。

3.另依臺灣臺北地方法院 98 年度刑事判決案例，略以：會計師具其專業技能實際稽核、揭露公司各項財務報告數據，並提供予社會大眾、主管機關可靠資訊之義務，使公司外部人得據此評估公司財務狀況，而其等竟明知違法而為，造成會計師公正性、獨立性、信賴感等專業形象之損傷，並使其等所出具之會計師查核報告失去其維護經濟活動之正常秩序的應有功能，參酌證券交易法第 174 條第 2 項第 2 款規定，會計師對公司申報或公告之財務報告、文件或資料有重大虛偽不實或錯誤情事，未善盡查核責任而出具虛偽不實報告或意見；或會計師對於內容存有重大虛偽不實或錯誤情事之公司財務報告，未依有關法規規定、一般公認審計準則查核，致未予敘明者，亦處五年以下有期徒刑，得科或併科新臺幣一千五百萬元以下罰金❶。

理由，2012 年 1 月 4 日。

❶　廖晨曦，《證券交易法上之律師責任》，臺北大學法律學系碩士論文，2008 年 7 月，頁 134。

❶　林仁光，〈論證券發行人不實揭露資訊之法律責任兼論證券交易法修正草案第二十條〉，《律師雜誌》，第 297 期，2004 年 6 月，頁 38、39。

❶　臺灣臺北地方法院 98 年度金重訴字第 21 號刑事判決。

㈡行政責任

1.律　師

證券交易法第 174 條第 2 項第 1 款既規定律師不得出具虛偽或不實意見書，律師如有違反，除應依該條款之罰則承擔刑事責任外，依律師法❷另亦衍生行政責任，蓋依律師法❷第 40 條第 1 項規定，律師應付懲戒者，由高等法院或其分院或地方法院檢察署依職權送請律師懲戒委員會處理。其因辦理第 20 條第 2 項事務應付懲戒者，由各該主管機關逕行送請處理。

實務上曾有律師於訊碟科技股份有限公司海外公司債發行後，向證期局出具無重大差異之法律意見書，被認定違反律師法第 32 條第 2 項規定等情事，而被處以警告之處分❷，值得參考。

2.會計師

⑴規定內容

證券交易法第 174 條第 5 項規定：「主管機關對於有第二項第二款情事之會計師，應予以停止執行簽證工作之處分。」亦即主管機關對於會計師對公司申報或公告之財務報告、文件或資料有重大虛偽不實或錯誤情事，未善盡查核責任而出具虛偽不實報告或意見；或會計師對於內容存有重大虛偽不實或錯誤情事之公司財務報告，未依有關法規規定、一般公認審計準則查核，致未予敘明者，主管機關應予該會計師以停止執行簽證工作之行政處分。

又按會計師執行業務不得有不正當行為或違反或廢弛其業務上應盡之義務，會計師法第 41 條定有明文。會計師有前條情事致指定人、委託人或利害關係人受有損害時，應負賠償責任，亦為同法第 42 條所明定。會計師對於指定或委託事件，有不正當行為或違反或廢弛其業務上應盡之義務之

---

❷　按「律師法」公布於 1941 年 1 月 11 日，歷經多次修正，最近一次修正於 2010 年 1 月 27 日。

❷　按「律師法」公布於 1941 年 1 月 11 日，歷經多次修正，最近一次修正於 2010 年 1 月 27 日。

❷　律師懲戒覆審決議書 89 年度臺覆字第 1 號至 94 年度臺覆字第 3 號。

情事，致指定人或委託人受有損害，應負賠償責任。

此外，依證券交易法第 37 條規定：「會計師辦理第三十六條財務報告之查核簽證，應經主管機關之核准；其準則，由主管機關定之（第 1 項）。會計師辦理前項查核簽證，除會計師法及其他法律另有規定者外，應依主管機關所定之查核簽證規則辦理（第 2 項）。會計師辦理第一項簽證，發生錯誤或疏漏者，主管機關得視情節之輕重，為左列處分：一、警告。二、停止其二年以內辦理本法所定之簽證。三、撤銷簽證之核准（第 3 項）。第三十六條第一項之財務報告，應備置於公司及其分支機構，以供股東及公司債權人之查閱或抄錄（第 4 項）。」

足見，會計師辦理證券交易法第 36 條財務報告之查核簽證，包括年報、半年報及季報等，如「發生錯誤或疏漏者」，應受該法第 37 條第 3 項之懲戒處分，如為該法第 36 條以外之簽證，例如該法第 32 條公開說明書有關內控制度之查核，則可按其具體事實，依會計師法相關規定處理。

(2)**實務見解**

關於證券會計師之責任問題，經查臺灣高等法院 91 年度之實務判決案例，最高法院認為，本件上訴人既非指定，亦非委託被上訴人會計師為系爭財報簽證或查核之人，其縱認因上訴人會計師有違反或廢弛其業務上應盡義務之行為，不得依前揭法條所定指定人或委託人之地位，請求被上訴人賠償損害。惟上訴人雖非指定或委託之人，但是否為本條所稱「利害關係人」並得據以請求賠償損害，其有審究之必要。經按，證券交易法第 36 條規定，依該法發行有價證券之公司，應於營業年度終了、每半營業年度終了、每營業年度第一季及第三季終了後，一定期間內公告並向主管機關申報經會計師查核簽證，董事會通過及監察人承認之年度、半年度或季財務報告。考其立法意旨在於發行公司之財務報告為投資人投資有價證券之主要參考資料，除必須符合可靠性、公開性外，尚須具時效性，使投資人了解公司之現狀與未來，故會計師辦理此項簽證，如發生錯誤或疏漏者，同法第 37 條第 3 項並規定，主管機關得視情節之輕重，為警告、停止辦理簽證或撤銷簽證許可之處分。因此，公開發行有價證券之公司所為財務報

表之公告、申報，乃經由國家公權力之介入，強制公司揭露營業資訊予一般不特定之人，固可認係一般投資人對於了解公開發行公司現狀與未來之重要參考資料來源，但並非唯一，其與諸如網路郵件所傳遞之訊息，網路聊天室所張貼意見、報章雜誌所刊載之相關報導評論等等，均屬低成本或由毋需支付成本即得取得之資訊。然資訊之取得，自亦包括經由供需之特定雙方本於彼此信賴或對價關係所獲取者，此種資訊之取得，則須負擔更高成本，但相對的，供需雙方並藉由此信賴或對價關係，以平衡或調整彼此權益。會計師執行發行公司財報查核簽證業務，配合發行公司公開企業經營之體質，固便於證券投資人為投資判斷之參考，相當程序具有社會公益之功能，但尚未因此與一般投資人間因而建構特定之信賴或對價關係，投資人決定是否為證券投資，仍應對於整體投資之政經環境，個別產業發展前景為綜合之判斷，而非執財報為唯一之判斷依據。因此，除受指定或委託外，責令會計師其執行簽證或查核業務之疏失，對利害關係人負損害賠償之責，應具會計師明知財報供特定之利害關係人參考使用，並與該利害關係人建立一定之聯繫關係等要件，否則將使一般投資人盡信財報，令會計師擔負投資風險，並使其面臨無限制範圍之賠償責任，會計師勢將怯於財報簽核，使證券投資市場缺乏充分專業之資訊供投資人參考，此當非證券交易法第 36 條強制發行公司揭露營業資訊之立法本意。本件上訴人並未舉證證明被上訴人會計師與萬有公司之原經營階層有勾結及故意編造不實財報並予簽證之情事，而上訴人與許老有係於 87 年 7 月 3 日簽訂合作契約書，上訴人亦未舉證證明被上訴人會計師於系爭財報資料之簽證或查核時，已明知許老有將提供予上訴人，並作為上訴人是否給予萬有公司融資及入主經營之判斷參考，且其與被上訴人會計師間亦無因特定信賴或對價關係存在，其自非會計師法第 42 條第 1 項所稱之利害關係人，故被上訴人會計師依前所述，固有未盡專業應有注意之疏虞情事，但上訴人依會計師法第 42 條第 1 項規定，請求被上訴人及被告連帶賠償損害，自亦不應准許❷❸。

---

❷❸　臺灣高等法院 91 年度重上字第 164 號民事判決。

另最高行政法院實務上認為，查簽規則係依證券交易法第 37 條第 1 項、第 2 項及會計師法第 8 條第 2 項具體明確之授權而訂定，顯與法律保留原則無違，亦不生授權是否明確之問題。又查簽規則第 2 條第 1 項所定，係引用已存在之財團法人中華民國會計研究發展基金會研訂發布之審計準則作為其法規之內容，並非主管機關為會計師查核簽證財務報表而另行委託該基金會制定審計準則，自不生再授權委託制定行政命令之問題。且審計準則既經主管機關於訂定查簽規則時採為該規則之補充內容，是該規則已將審計準則訂為法規之一部分，並非將不屬於行政法法源之審計準則公報作為適用不確定法律概念（例如錯誤或疏漏）之認事用法之準則性依據。原處分以上訴人查核公司財務報表有以上諸多違規事實，依查簽規則及已訂為查簽規則之補充內容之審計準則相關規定，核有廢弛業務上應盡之義務而發生嚴重疏失，嚴重誤導財務報表使用者及影響證券交易市場秩序，遂於法定處罰範圍內，裁處上訴人停止二年辦理證券交易法所定簽證業務，尚難謂有違比例原則❷❹。

此外，一般公認審計準則係會計師專門職業工作之技術性標準，亦同時為會計師執行查核簽證工作所應遵守之最低標準。而金管會基於法律授權所訂「會計師查核簽證財務報表規則」之所以將該準則納入規範之中，係使此專業上之注意義務同時成為行政法上之注意義務，用以判斷會計師執行查核簽證工作時，有無證券交易法第 37 條第 3 項所稱之「錯誤或疏漏」情事，並非主管機關將法律授權其訂定之法規命令，再授權其所屬機關、其他行政機關或私法人另行訂定法規命令，自無違反再授權禁止原則❷❺。

㈢民事責任

依證券交易法第 32 條第 1 項第 4 款意旨，第 31 條之公開說明書，其應記載之主要內容有虛偽或隱匿之情事者，會計師、律師、工程師或其他專門職業或技術人員，曾在公開說明書上簽章，以證實其所載內容之全部

---

❷❹　最高行政法院 98 年度判字第 333 號判決。
❷❺　最高行政法院 99 年度判字第 1169 號判決。

或一部，或陳述意見時，對於善意之相對人，因而所受之損害，應就其所應負責部分與公司負連帶賠償責任，此乃「公開說明書虛偽或隱匿之責任」。

然而，該第 32 條條文中，何謂「就其所應負責部分」，其認定上恐有困難，蓋投資人所遭受之損害，究因發行公司之財務報表不實所影響，抑或由會計師簽證疏忽，或不實之專業意見所影響，其所歸責之比例分配如何界定，金額如何分配，均為實務上不易處理之難題。

茲因證券交易法第 20 條第 1 項規定：「有價證券之募集、發行、私募或買賣，不得有虛偽、詐欺或其他足致他人誤信之行為。」換言之，其規定對象，似應包括發行人以外之第三人。因此，於公開說明書有虛偽或隱匿之情況下，除非善意之投資人能證明會計師、律師有虛偽、詐欺或其他足致他人誤信之行為者，可依第 20 條第 1 項條文向會計師、律師請求損害賠償。否則，如欲援引證券交易法第 32 條第 1 項第 4 款意旨，主張會計師、律師與公司負連帶賠償責任，實務上恐有相當之困難。

至於證券交易法第 20 條第 2 項規定之「發行人依本法規定申報或公告之財務報告及財務業務文件，其內容不得有虛偽或隱匿之情事。」則係以發行人為對象，學者認為不能令會計師、律師負賠償責任❷，本文認為，基於該條第 2 項規定其犯罪主體限於「發行人」，故亦贊同，應以發行人為追究責任之對象。

第五節　結　語

有價證券上市用之公開說明書係記明發行公司有價證券信息資料之法律文書，其被用於作為允許有價證券在證券交易所正式上市之依據，同時，投資人亦用以決定是否投資於相關有價證券之依據，故必須保證投資人能全面、準確地獲取發行公司以及其有價證券之信息資料。此種「充分之信息揭露」為證券交易法基本原則之一。

---

❷　林仁光，前揭文，頁 38、39。

　　證券市場之蓬勃發展與專業需求，吸引眾多會計師、律師投身其中，提供法律、會計服務。而律師提供法律服務，會計師提供簽證服務，對證券市場之穩定、證券秩序之維護，確能發揮積極作用，而其專業立場，亦使上市公司和投資人對其有一定程度之信賴。因此，為保護投資人，並維護資訊揭露之功能，法律對於未依規定揭露資訊或所揭露之資訊有虛偽或隱匿情事之會計師、律師，分別處以行政處分、民刑事責任。

　　然而，在證券市場中，由於公開說明書係由承銷商主導，律師介入有限，實務上律師僅就形式上查核或複核第三人之文件，或發函相關單位查詢後，依標準格式出具法律意見書而已，其作業之模式和內容，非為發現舞弊而設計，故其所出具之法律意見書並無實質影響力，實不應苛責律師負高度之責任。

　　此外，我國證券交易法之罰則中，將民事責任與刑事責任合併規定，學者認為，民、刑事責任之構成要件不同，合併在一起規定，很容易產生適用上之疑義❷。本文亦認為，財務報表不實是否以故意為要件，刑事責任甚為明確，但民事責任部分就引發爭議，長遠之計，證券交易法應將民事責任部分，分列一專章，針對證券市場之特性及實際需要，在兼顧保障投資人權益與維護企業健全經營之目標下，分別就證券相關之民事責任範圍、賠償義務人、請求權人、構成要件、損害計算方法、時效及其他相關事宜，詳細規範，以期發揮應有之功能。

　　總之，依證券交易法之規定，上市公司之財務、業務必須公開。而在公開揭露之原則下，如何能充分透明之問題，應就法規及制度面予以探討，亦即如何能建立更可信之客觀原則，提升資訊揭露之有效性、完整性、無欺性等資訊品質，以盡保護投資人之能事，此乃有關資訊對稱、資訊公開、資訊透明等之建制❷，而其中證券會計師、律師均扮演重要之角色，在檢討證券法規及制度之際，實應更予重視。

---

❷　賴英照，〈建立更完備的民事責任機制〉，《律師雜誌》，第 297 期，2004 年 6月，頁 5。

❷　陳志龍，《財經發展與財經刑法》，元照出版，2006 年，頁 188。

第二十二章　庫藏股之探討

第一節　概　說

　　庫藏股 (treasury stock)，係指公司已發行股份後，再為公司本身買回，並取得不予銷除之股份而言。美國法將之視為已發行 (issued)，但非流通在外 (not outstanding) 之股份❶。

　　基於維持公司資本、防制投機等目的，現行公司法第 167 條就公司自己取得股份之行為已有規範。依公司法第 167 條第 1 項規定：「公司除依第一百五十八條、第一百六十七條之一、第一百八十六條、第二百三十五條之一及第三百十七條規定外，不得自將股份收回、收買或收為質物。但於股東清算或受破產之宣告時，得按市價收回其股份，抵償其於清算或破產宣告前結欠公司之債務。」第 2 項規定：「公司依前項但書、第一百八十六條規定，收回或收買之股份，應於六個月內，按市價將其出售，屆期未經出售者，視為公司未發行股份，並為變更登記。」第 3 項規定：「被持有已發行有表決權之股份總數或資本總額超過半數之從屬公司，不得將控制公司之股份收買或收為質物。」第 4 項規定：「前項控制公司及其從屬公司直接或間接持有他公司已發行有表決權之股份總數或資本總額合計超過半數者，他公司亦不得將控制公司及其從屬公司之股份收買或收為質物。」第 5 項規定：「公司負責人違反前四項規定，將股份收回、收買或收為質物，或抬高價格抵償債務或抑低價格出售時，應負賠償責任。」換言之，除所列舉之例外事由，原則上禁止公司自己取得股份。

❶　參閱劉連煜，《公司法理論與判決之研究》，1995 年 1 月，頁 102。

2000 年 7 月 19 日我國證券交易法修正時，參考美、英、日、德等國立法例，增訂第 28 條之 2，該條文第 1 項明定股票上市、上櫃之公司有「轉讓股份予員工」第 3 款法定情事者，得經董事會決議買回其股份，不受公司法第 167 條第 1 項規定之限制。當時修法之背景，亦係基於穩定股市之考量，由於證券交易法為公司法之特別法，故我國庫藏股立法依據為證券交易法第 28 條之 2。

基此，本章首先擬探討建立庫藏股制度之立法依據，包括證券交易法之規定、相關法規命令；其次擬探討庫藏股制度概述，包括適用對象、適法買回公司股份之情況、庫藏股票制度之實施程序、買回股份與買回成本之限制、轉讓期限與股東權利之限制；次則擬探討庫藏股之特殊問題，包括買回之庫藏股之辦理、資本公積撥充資本之適用、買回之本公司股份未轉讓者得否提前辦理減資變更登記；再則探討違反法令之責任，包括違法買回之效力、罰則問題、交叉持股等。最後，提出檢討與建議。

第二節　建立庫藏股制度之立法依據

一、證券交易法之規定

㈠規定內容

證券交易法第 28 條之 2 規定：「股票已在證券交易所上市或於證券商營業處所買賣之公司，有左列情事之一者，得經董事會三分之二以上董事之出席及出席董事超過二分之一同意，於有價證券集中交易市場或證券商營業處所或依第四十三條之一第二項規定買回其股份，不受公司法第一百六十七條第一項規定之限制：一、轉讓股份予員工。二、配合附認股權公司債、附認股權特別股、可轉換公司債、可轉換特別股或認股權憑證之發行，作為股權轉換之用。三、為維護公司信用及股東權益所必要而買回，並辦理銷除股份者（第 1 項）。前項公司買回股份之數量比例，不得超過該公司已發行股份總數百分之十；收買股份之總金額，不得逾保留盈餘加發

行股份溢價及已實現之資本公積之金額（第2項）。公司依第一項規定買回其股份之程序、價格、數量、方式、轉讓方法及應申報公告事項，由主管機關以命令定之（第3項）。公司依第一項規定買回之股份，除第三款部分應於買回之日起六個月內辦理變更登記外，應於買回之日起三年內將其轉讓；逾期未轉讓者，視為公司未發行股份，並應辦理變更登記（第4項）。公司依第一項規定買回之股份，不得質押；於未轉讓前，不得享有股東權利（第5項）。公司於有價證券集中交易市場或證券商營業處所買回其股份者，該公司其依公司法第三百六十九條之一規定之關係企業或董事、監察人、經理人之本人及其配偶、未成年子女或利用他人名義所持有之股份，於該公司買回之期間內不得賣出（第6項）。第一項董事會之決議及執行情形，應於最近一次之股東會報告；其因故未買回股份者，亦同（第7項）。」

　　同法第43條之4規定：「公開收購人除依第二十八條之二規定買回本公司股份者外，應於應賣人請求時或應賣人向受委任機構交存有價證券時，交付公開收購說明書（第1項）。前項公開收購說明書，其應記載之事項，由主管機關定之（第2項）。第三十一條第二項及第三十二條之規定，於第一項準用之（第3項）。」

　　故依證券交易法第28條之2，對於股票已上市或上櫃之公司，在符合規定目的及需要之情況下，得經董事會決議，於有價證券集中交易市場、證券商營業處所或以公開收購之方式，買回其股份，不受公司法第167條第1項規定之限制，至屬明確。

㈡庫藏股買回之限制

　　在證券交易法第28條之2規範下公司庫藏股之買回，除須符合第1項規定之前提外，並有如下限制：

　　1.公司買回股份之數量比例，不得超過該公司已發行股份總數10%；收買股份之總金額，不得逾保留盈餘加發行股份溢價及已實現之資本公積之金額。

　　2.公司依第1項規定買回其股份之程序、價格、數量、方式、轉讓方

法及應申報公告事項，由主管機關以命令定之。

3.公司依第 1 項規定買回之股份，除第 3 款部分應於買回之日起 6 個月內辦理變更登記外，應於買回之日起 3 年內將其轉讓；逾期未轉讓者，視為公司未發行股份，並應辦理變更登記。

4.公司依第 1 項規定買回之股份，不得質押；於未轉讓前，不得享有股東權利。

二、相關法規命令

㈠授權主管機關另定有關買回股份之相關事項

由於庫藏股制度涉及公司財務之運用，攸關股東、債權人之權益及市場秩序之維護，必須審慎規範，因此證券交易法第 28 條之 2 第 3 項規定授權主管機關另定有關買回股份之程序、價格、數量、方式、轉讓方法及應申報公告事項等，以利制度之運作。

㈡上市上櫃公司買回本公司股份辦法

於證券市場發展較為先進之國家，有關庫藏股制度業已施行有年，其相關規定及執行經驗，得提供我國執行之參考。財政部證券暨期貨管理委員會爰參酌美、日、英、德等國之立法例，並邀集國內專家學者舉行公聽會提供意見以集思廣益，於 2000 年 8 月間訂定發布「上市上櫃公司買回本公司股份辦法」❷，俾使公司買回其股份有明確之規範。

又值得注意者，為前開辦法第 12 條原規定：「公司董事會決議買回股份，其董事、監察人、經理人、持有公司股份超過百分之十之股東及其他相關人員，違反本法第一百五十七條之一之規定者，仍應依本法規定處罰。」而後該條文已於 2007 年刪除，其刪除理由為：「依據大法官會議第三一三號解釋意旨，對人民違反行政法上義務之行為科處罰鍰，其處罰之構成要件及數額，應由法律定之；而本法第一百七十一條對違反同法第一百五十七條之一已有處罰規定，故為符合前揭大法官會議解釋意旨，爰刪

❷ 按「上市上櫃公司買回本公司股份辦法」訂定於 2000 年 8 月 7 日，歷經多次修正，最近一次修正於 2012 年 8 月 22 日。

除本條」❸。

第三節　庫藏股制度概述

一、適用對象

㈠原　則

1.法規理論

　　按證券交易法第 2 條規定:「有價證券之募集、發行、買賣,其管理、監督依本法之規定;本法未規定者,適用公司法及其他有關法律之規定。」換言之,證券交易法係公司法之特別法;又依證券交易法第 28 條之 2 條文,明定其規範對象僅限於「股票已在證券交易所上市或於證券商營業處所買賣之公司」,亦即係針對公開發行公司而為規範,並明文排除「公司法第一百六十七條第一項規定之限制」之適用。

2.實務見解

　　實務上認為,按股份有限公司除實施庫藏股等法定事由外,原則上不能持有自己股份,此為「資本維持原則」以及「股份回籠禁止」之當然❹。

　　至於公司依證券交易法第 28 條之 2 規定買回公司股份即庫藏股,並轉讓於公司員工,則公司員工對庫藏股之承購價格與取得股票日之公司股票時價間之差額,性質上核屬公司給予員工之補償性報酬或福利,其所得於股票取得日業已取得之事實不因其係以實物方式給付而受影響❺。

　　另外,主管機關認為,自 2010 年 1 月 5 日起上市公司依證券交易法第 28 條之 2 第 1 項第 1 款規定買回其股份轉讓予員工,依所定之轉讓員工辦法辦理轉讓者,應依臺灣證券交易所股份有限公司及臺灣集中保管結算所

---

❸　刪除「上市上櫃公司買回本公司股份辦法」第 12 條規定之立法理由,2007 年 3 月 16 日。

❹　臺灣桃園地方法院 92 年度訴字第 1329 號民事判決。

❺　最高行政法院 100 年度判字第 1344 號判決。

股份有限公司相關規定，辦理庫藏股轉讓員工作業，不受證券交易法第150條「上市有價證券之買賣，應於證券交易所開設之有價證券集中交易市場為之」之限制。上櫃公司亦應比照上市公司，依財團法人中華民國證券櫃檯買賣中心及臺灣集中保管結算所股份有限公司相關規定，辦理庫藏股轉讓員工作業❻。

㈡例　外

有關證券交易法第28條之2得買回本公司股份之規定，對「興櫃股票」而言，適用上則有例外，蓋主管機關認為，股票已在證券交易所上市或於證券商營業處所買賣之公司，其買回本公司股份，應經由集中交易市場電腦自動交易系統或櫃檯買賣中心等價成交系統為之，「興櫃股票」之交易係採議價方式，故無證券交易法第28條之2得買回本公司股份之適用❼。

臺灣集中保管結算所股份有限公司為因應主管機關發布函令，自2010年1月5日起上市、上櫃公司庫藏股依所定之轉讓員工辦法辦理轉讓者，應依證交所、櫃檯中心及臺灣集保公司規定，辦理庫藏股轉讓員工作業，爰已於2009年間配合訂定上市（櫃）、興櫃公司庫藏股轉讓予員工時應作業程序及檢附文件❽。

二、適法買回公司股份之情況

㈠依一定條件買回自己公司之股份

證券交易法第28條之2允許上市或上櫃公司得為特定目的，在特定條件下，依一定之程序買回自己公司之股份，不受公司法之限制。換言之，

---

❻　行政院金融監督管理委員會金管證交字第09800640732號，2009年12月4日。

❼　財團法人中華民國證券櫃檯買賣中心(90)證櫃交字第40004號，2001年10月31日。

❽　臺灣集中保管結算所股份有限公司保結股字第0980117796號，2009年12月28日。

只要符合該等法條所定條件和程序，自可買回自己公司之股份。

㈡不受公司法之限制

前揭證券交易法第 28 條之 2 所謂股份之買回可不受公司法限制之情況如下：

1.轉讓股份予員工。

2.配合附認股權公司債、附認股權特別股、可轉換公司債、可轉換特別股或認股權憑證之發行，作為股權轉換之用。

3.為維護公司信用及股東權益所必要而買回，並辦理銷除股份者。

㈢小　結

查證券交易法第 28 條之 2 條文，其最初原擬定之草案第 1 項第 3 款文字前段原為：「公司非由於本身財務或業務之因素，但因證券市場發生連續暴跌情勢，致股價非正常之下跌，為維護公司信用及股東權益所必要者」，即所謂「護盤」或「挽救股市條款」。

惟一般而言，在其他採取原則禁止公司買回自己公司股份之法制中，並未見有類似之立法例，原擬定之草案條文如此規定，縱難謂為獨創，亦屬特例❾，故其後立法院通過之文字，將之修改為「為維護公司信用及股東權益所必要而買回，並辦理銷除股份者。」本文亦認為，立法院此一修正，為儘量尊重市場機制，避免藉由人為方式干預市場，所為必要之規定。

三、庫藏股票制度之實施程序

㈠決定權限之歸屬

庫藏股票制度之實施與否，其決定權限之歸屬，在於董事會之特別決議；亦即公司買回自己公司之股份，得經董事會三分之二以上董事之出席及出席董事超過二分之一同意。而公司依證券交易法第 28 條之 2 第 1 項規定買回其股份之程序、價格、數量、方式、轉讓方法及應申報公告事項，由主管機關以命令定之❿。

---

❾　黃銘傑，〈公司自己買回股份與公司法〉，載於《公開發行公司法治與公司監控法律與經濟之交錯》，元照出版，2001 年 11 月初版 1 刷，頁 151。

㈡庫藏股之配套措施

為避免公司內部人利用庫藏股票制度之實施，從事不法交易，諸如內線交易、操縱股價等，故必須經由主管機關訂定配套措施，以防患未然。

因此，庫藏股制度之配套措施，除由主管機關訂定「上市上櫃公司買回本公司股份辦法」以資遵循外，並修訂證券交易法第 175 條以及第 178 條，對違反庫藏股票制度相關規定者，分別科以刑事與行政責任。

㈢買回方式

公司買回自己公司股份之方式，依證券交易法第 28 條之 2 第 1 項規定之意旨，可分為三種：

1. 在證券交易所有價證券集中交易市場買回。
2. 於證券商營業處所買回。
3. 依證券交易法第 43 條之 1 第 2 項規定買回。

在有價證券集中交易市場或證券商營業處所買回者，主要是經由集合競價成交，而依證券交易法第 43 條之 1 第 2 項規定買回者，係依「公開收購公開發行公司有價證券管理辦法」之規定辦理❶。

四、買回股份與買回成本之限制

㈠買回股份之數量比例

公司買回股份之數量比例，依證券交易法第 28 條之 2 第 2 項之規定，不得超過該公司已發行股份總數百分之十；且公司收買股份之總金額，不得逾保留盈餘加發行股份溢價及已實現之資本公積之金額。

㈡規定目的

證券交易法第 28 條之 2 第 2 項規定，係為避免公司買回股份之數量，

---

❿ 按「上市上櫃公司買回本公司股份辦法」，於 2000 年 8 月 7 日訂定，歷經多次修正，最近一次修正於 2012 年 8 月 22 日。

❶ 按「公開收購公開發行公司有價證券管理辦法」係財政部證期會於 1995 年 9 月 5 日訂定發布，歷經多次修正，最近一次修正為 2016 年 11 月 21 日，適用時宜注意之。

以及其所運用之資金漫無限制，並保護債權人與股東之權益，蓋如買回股份之數量以及其所運用之資金漫無限制，將扭曲本項制度之美意❷。

五、轉讓期限與股東權利之限制

㈠六個月內辦理變更登記

公司買回之股份，除依證券交易法第 28 條之 2 第 1 項第 3 款部分，應於買回之日起六個月內辦理變更登記外，其餘依同條文第 4 項之規定意旨，應於買回之日起三年內將其轉讓；逾期未轉讓者，視為公司未發行股份，並應辦理變更登記。

㈡內部人相對賣出之禁止

1.買回之期間內不得賣出

證券交易法第 28 條之 2 第 6 項之規定，公司於有價證券集中交易市場或證券商營業處所買回其股份者，該公司其依公司法第 369 條之 1 規定之關係企業或董事、監察人、經理人之本人及其配偶、未成年子女或利用他人名義所持有之股份，於該公司買回之期間內不得賣出。

2.規範政策意義

前述內部人相對賣出之禁止此項規範有下列兩項政策意義：

⑴防範公司藉由關係人等之取得，以規避財源及數量之規制。

⑵防止公司經營者，利用公司本身資金，維持自己之支配地位。

㈢報告股東會

董事會決議公司買回股份，及其執行情形，依證券交易法第 28 條之 2 第 7 項之規定，應於最近一次之股東會報告；其因故未買回股份者，亦同。

---

❷ 謝碧珠，〈庫藏股制度介析〉，《證交資料》，第 438 期，1998 年 10 月 15 日，頁 8。

第四節　庫藏股之特殊問題

一、買回之庫藏股之辦理

㈠註銷登記問題

實務上，有關「依證券交易法第二十八條之二規定買回之庫藏股，事後如何辦理註銷登記」一案，經濟部認為 **⓭**：證券交易法係公司法之特別法，依該法第 28 條之 2 規定買回之庫藏股應辦理減資之變更登記，係屬法定減資之事由，無須召開股東會決議通過。

㈡庫藏股不得享有股東權利

公司召開股東會時，依證券交易法第 28 條之 2 規定買回之庫藏股，既不得享有股東權利，自不算入已發行股份總數。至於庫藏股註銷登記係屬法定減資登記。

㈢子公司持有金融控股公司股份之權利問題

有關金融控股公司法之子公司持有金融控股公司股份於未轉讓前，是否得享有股東權利問題，主管機關認為 **⓮**：

依金融控股公司法第 38 條規定，對交叉持股係採嚴格禁止之原則，故原上市、上櫃之金融機構於轉換為金融控股公司之子公司前，已依證券交易法第 28 條之 2 第 1 項第 1 款及第 2 款規定買回公司股份者，徵諸證券交易法第 28 條之 2 有關公司買回股份之目的，並參酌金融控股公司法第 31 條之精神，乃給予該等股份轉換為金融機構持有金融控股公司股份最長 3 年之調整期，逾期未轉讓者，視為金融控股公司未發行股份，並應辦理變更登記註銷。

又金融控股公司之子公司因前揭情形而持有之金融控股公司股份，仍屬子公司之庫藏股，應遵守證券交易法第 28 條之 2 對庫藏股之相關規定；

⓭　經濟部 89 年 10 月 18 日經商字第 89221704 號函。

⓮　參閱財政部證期會 91 年臺財證㈢字第 108164 號函，2002 年 4 月 8 日。

據此，該股份於未轉讓前，不得享有股東權利。

(四)庫藏股不列入歸入利益之計算問題

有關公司內部人因公司盈餘轉增資、受讓公司之庫藏股，或行使可轉換公司債之轉換權取得公司股票，如何不列入歸入利益之計算問題，主管機關認為[15]：

證券交易法第 157 條第 1 項規定意旨，發行股票公司董事、監察人、經理人或持有公司股份超過百分之十之股東，對公司之上市股票，於取得後六個月內再行賣出，或於賣出後六個月內再行買進，因而獲得利益者，公司應請求將其利益歸於公司，此即所謂歸入權。

公司內部人因公司盈餘轉增資（含員工紅利）、受讓公司之庫藏股或行使可轉換公司債之轉換權取得公司股票，尚非前揭法條所定「取得」之範圍，不列入歸入利益之計算。然公司內部人另有買進與賣出（或賣出與買進）公司股票之行為相隔不超過六個月者，應有歸入權之適用，不得以所賣出之股票係公司盈餘轉增資（含員工紅利）、受讓公司之庫藏股或行使可轉換公司債之轉換權所取得之股票，主張豁免適用。

二、資本公積撥充資本之適用

(一)以變更登記後之公司執照所載之實收資本額為準

有關資本公積撥充資本之適用問題，主管機關認為[16]，公開發行公司計算資本公積轉增資撥充資本之金額，所稱之實收資本額，係指向本會申報（請）案件時之公司執照上所載之實收資本額；至於公司如有依證券交易法第 28 條之 2 第 1 項規定買回其股份，且有同條第 4 項應辦理而尚未辦理變更登記銷除股份者，應先辦理變更登記後再行向證期會申報（請），並以變更登記後之公司執照所載之實收資本額為準。

(二)流通在外股份發生變動

已實施庫藏股制度之公司，流通在外股份可能因為買回、轉讓、轉換

---

[15]　參閱財政部證期會 91 年臺財證(三)字第 177669 號函，2002 年 2 月 18 日。

[16]　參閱財政部證期會 90 年臺財證(一)字第 114771 號函，2001 年 7 月 13 日。

及註銷庫藏股而發生變動,據經濟部函釋❶,依公司法第 241 條規定,公司發行新股得依股東會之特別決議將公積之全部或一部撥充資本,按股東原有股份之比例發給新股,因公司法已明定應由股東會決議之事項,自不得由董事會變更股東會資本公積撥充資本之決議。

㈢可轉換公司債與計算其得買回股份總金額問題

有關可轉換公司債於轉換為普通股股本時所產生之資本公積,是否得列入上市上櫃公司計算其得買回股份總金額之範圍問題,主管機關認為❶:

可轉換公司債於轉換為普通股股本時所產生之資本公積(轉換公司債轉換溢價),性質上屬於「超過票面金額發行股份所得之溢價」,符合「上市上櫃公司買回本公司股份辦法」第 8 條之規定,得列入上市上櫃公司計算其得買回股份總金額之範圍。

三、買回之本公司股份未轉讓者得否提前辦理減資變更登記

㈠逾期未轉讓視為未發行股份

有關上市上櫃公司為轉讓股份予員工而買回之本公司股份,尚未轉讓者得否於最後轉讓期限前提前辦理減資變更登記作業問題, 主管機關認為❶:證券交易法第 28 條之 2 第 4 項規定,上市上櫃公司買回本公司之股份,除第 1 項第 3 款部分應於買回之日起六個月內辦理變更登記外,其餘應於買回之日起三年內將其轉讓,逾期未轉讓者,視為公司未發行股份,並應辦理變更登記。

㈡申報變更買回後,辦理銷除股份變更登記

公司依證券交易法第 28 條之 2 第 1 項規定買回本公司股份,如其買回股份之執行期間屆滿尚未逾二個月者,可依「上市上櫃公司買回本公司股份辦法」第 2 條第 2 項規定,向金管會申報變更買回目的後,辦理銷除股份變更登記。

---

❶　參閱經濟部 90 年經商字第 09002074250 號函,2001 年 4 月 18 日。

❶　參閱財政部證期會 90 年臺財證㈢字第 162156 號函,2001 年 12 月 7 日。

❶　參閱財政部證期會 90 年臺財證㈢字第 162456 號函,2001 年 11 月 28 日。

　　按公司依證券交易法第 28 條之 2 第 1 項第 1 款規定買回本公司股份者，應依上開「買回辦法」第 10 條規定，訂定轉讓辦法；依「買回辦法」第 10 條第 2 項規定，轉讓辦法所載明之「轉讓期間」，得由公司董事會依實際需要訂定之，惟最長不得逾前揭之法定期限（三年）。買回之股份，若逾公司所訂「轉讓期間」仍未轉讓時，公司即應依證券交易法第 28 條之 2 第 4 項規定，辦理變更登記。

　　公司前已訂定之「轉讓期間」如有縮短之必要，可依原訂程序修訂「轉讓期間」，惟鑑於員工轉讓辦法公告後，已賦予員工在轉讓期限內認購股份之期待權，故修訂「轉讓期間」時，尚應再徵得員工之同意（有異議之員工則保留該部分員工認股所需之股份），其餘股數可於修訂後之轉讓期間屆滿後，依法辦理變更登記。

(三)員工轉讓應由公司與員工自行處理

　　查員工轉讓辦法規定事項，應屬公司與員工間之契約關係，若公司與員工間，就辦法中涉及員工認購權利等事項發生爭議時，應由公司與員工本於契約自行處理。

第五節　違反法令之責任

一、違法買回之效力

(一)理論上

　　學者認為，違法買回本公司股份效力，應就集中市場及店頭市場之交易特性予以考量。公司在集中市場及店頭市場買回股票者，係委託經紀商依電腦輔助撮合成交，投資人賣出股票時，亦循相同程序，買賣雙方既無機會接觸，且投資人為數眾多，投資人賣出之股票，是否即為公司違法買回之股票，投資人不但無法知悉，且無法控制，是否有效，不無疑問[20]。且在罰則方面，公司法與證券交易法相關規定，尚欠一致[21]，值得檢討。

---

[20]　賴英照，《最新證券交易法解析：股市遊戲規則》，2006 年 2 月，頁 222。

㈡實務見解

實務上認為，公司法第 167 條第 1 項前段明定，股份有限公司除依公司法第 158 條、第 167 條之 1、第 186 條及第 317 條規定外，不得自將股份收回，收買或收為質物。此項禁止取得自己股份之規定，為強制規定，違反此項規定之行為，應屬無效[22]。

㈢評　析

為公司違法買回之股票，法院判決為無效，固無問題，惟投資人依證券交易法第 15 條、第 16 條規定，委託證券經紀商買賣自己股份之股票，如為無效，由於買賣當事人為受託買賣之證券經紀商，而非委託之投資人，則由證券商承擔無效之後果，對證券商亦不公平。故本文認為，為保護證券經紀商，應由該委託之投資人承擔無效之後果，方為適當。

二、罰則問題

㈠證券交易法第 175 條規定

依證券交易法第 175 條第 1 項規定，違反第 28 條之 2 第 1 項之規定者，處二年以下有期徒刑、拘役或科或併科新臺幣一百八十萬元以下罰金。

此之「第 28 條之 2 第 1 項」係指未經董事會三分之二以上董事之出席及出席董事超過二分之一同意決議，或未符合買回股份之特定情況，而買回股份。

㈡證券交易法第 178 條第 1 項第 8 款規定

依證券交易法第 178 條第 1 項第 8 款規定：「違反第 28 條之 2 第 2 項、第 4 項至第 7 項或主管機關依第 3 項所定辦法有關買回股份之程序、價格、數量、方式、轉讓方法及應申報公告事項之規定，或第 165 條之 1 準用第 28 條之 2 第 2 項至第 7 項規定。」者，處新臺幣二十四萬元以上二百四十萬元以下罰鍰。茲分述如下：

---

[21]　賴英照，《證券交易法解析（簡明版）》，2013 年 3 月再版，頁 149。

[22]　最高法院 96 年度臺上字第 252 號民事判決；最高法院 86 年度臺抗字第 318 號民事判決。

1.違反第 28 條之 2 第 2 項

違反證券交易法第 28 條之 2 第 2 項規定，係指買回股份之數量或總金額違反規定。即公司買回股份之數量比例，已超過該公司已發行股份總數百分之十；或收買股份之總金額，已逾保留盈餘加發行股份溢價及已實現之資本公積之金額。

2.違反第 28 條之 2 第 4 項至第 7 項

違反證券交易法第 28 條之 2 第 4 項至第 7 項規定，係指買回後未依規定辦理變更登記，或將買回之股票質押、行使股東權，或買回股份期間，相關人員違法賣出股票，或未向股東會報告買回之情形。

3.違反主管機關依第 28 條之 2 第 3 項所規定之情事

違反主管機關依第 28 條之 2 第 3 項所規定之情事，係指違反買回辦法之相關規定。至於公司依第一項規定買回其股份之程序、價格、數量、方式、轉讓方法、及應申報公告事項，依規定係由主管機關以命令定之。

4.證券交易法第 165 條之 1 準用第 28 條之 2 第 2 項至第 7 項規定

按證券交易法第 165 條之 1 規定：「外國公司所發行之股票，首次經證券交易所或證券櫃檯買賣中心同意上市、上櫃買賣或登錄興櫃時，其股票未在國外證券交易所交易者，除主管機關另有規定外，其有價證券之募集、發行、私募及買賣之管理、監督，準用……第 28 條之 2……規定」。

上開證券交易法第 165 條之 1，係於 2012 年 1 月始增訂，該條文之立法理由，係為保障投資人及兼顧監理機制之衡平性，參考銀行法第 123 條及公司法第 377 條規定，並考量外國公司所發行之股票於首次經證券交易所或證券櫃檯買賣中心同意上市、上櫃或登錄興櫃時，其股票未在國外證券交易所交易者（以下稱第一上市櫃及興櫃外國公司），因其並未受外國證券主管機關相當之監理，故除部分事項（如董監持股成數規範等）因該第一上市櫃及興櫃外國公司據以組織登記之外國法令與我國規定或有不同，恐生衝突，或為與國際規範一致外，其管理、監督宜比照我國公開發行公司準用本法之相關規定，例如補辦相關發行審查程序、建立內部控制制度、設立獨立董事、審計委員會之組成、國內外募集及發行有價證券之申報、

定期公告申報財務報告及公開說明書應記載事項等，因此，乃新增訂證券交易法第 165 條之 1 條文之規定❷❸。

三、交叉持股

㈠緣　由

證券交易法第 28 條之 2 增訂前，因受限於公司法第 167 條規定，公司無法為護盤而買回股份，乃轉以子公司或關係企業買回母公司股票。惟 2001 年公司法修正時，明定從屬公司不得收買控制公司股份。其限制對象依第 167 條第 3 項規定為「被持有已發行有表決權之股份總數或資本總額超過半數之從屬公司」以及第 4 項「前項控制公司及其從屬公司直接或間接持有他公司已發行有表決權之股份總數或資本總額合計超過半數者」，均在禁止之列。茲公司法雖已於 2018 年 8 月 1 日大幅修正，惟查該兩項規定則仍維持。

從屬公司違法取得控制公司股份之法律效果，除公司負責人依公司法第 167 條第 5 項應負損害賠償責任外，該股權移轉之法律行為是否因違反民法第 71 條而當然無效，或者控制公司應負返還義務，法律並無規定。過去公司法學界對公司違反公司法第 167 條第 1 項取得自己股份之效力即爭議不斷，惟為保護與從屬公司交易之第三人及其後手之利益，基於此無因性之理論，股權移轉之效力，概依處分行為本身是否已履行其要件而定，不因從屬公司係違法向控制公司收買股份而受影響❷❹。

㈡通知與公告義務

公司法第 369 條之 8 第 1 項規定，公司持有他公司有表決權之股份或出資額，超過該他公司已發行有表決權之股份總數或資本總額三分之一者，應於事實發生之日起一個月內以書面通知該他公司。另外，同條第 2 項規定，公司持有他公司有表決權之股份或出資額，超過該他公司已發行有表

---

❷❸　參閱新增訂證券交易法第 165 條之 1 之立法理由，2012 年 1 月 4 日。

❷❹　葉新民，〈由公司法第一七九條之新修正條文論我國有關交叉持股之法律制度〉，《臺北大學法學論叢》，第 57 期，2005 年 12 月，頁 22。

決權之股份總數或資本總額三分之一者，應於事實發生之日起一個月內以書面通知該他公司。對於違反通知或公告義務者，依公司法第369條之8第4項規定，對公司負責人處以行政罰鍰。

㈢股東權行使之限制

1.如兩公司互相持有對方之股份皆未超過對方有表決權之股份總數或資本總額之三分之一，或兩公司互相持有他方之股份，而一公司持有他公司之股份超過他公司資本額之三分之一時，兩公司各得互相主張一般之股東權利，除依公司法第369條之8第1項之規定，持股超過對方資本額三分之一之公司應對他公司負通知義務外，公司法並無其他特殊規定。

2.如一公司持有他公司之股份超過他公司資本額之二分之一，而他公司持有此公司之股份則未超過其資本額之三分之一，此時，兩公司間之關係為公司法第369條之2第1項規定之控制公司與從屬公司，故應適用公司法第179條第2項第2款，從屬公司對控制公司之持股無表決權。

3.如兩公司互相持有他方之股份皆超過對方資本額之三分之一，此時，依公司法第369條之9第1項規定，此二公司將形成「相互投資公司」。

在公司法第369條之10第1項之實際適用上，如他公司已依公司法第369條之8為通知後，似即應推定公司已知相互投資之事實，否則在實務上，將甚難證明公司對相互投資之事實為惡意。

㈣針對具有控制從屬性質之交叉持股之規範

1.如相互投資公司之一方持有對方之股份總數超過1/2，則兩公司間，除有公司法第369條之9第1項之相互投資關係外，另依公司法第369條之2第1項，亦存在控制與從屬關係。如相互投資公司各持有對方之股份總數超過1/2，依公司法第369條之9第2項之規定，兩公司互為控制公司與從屬公司。

2.公司法第179條（2005年修正）

從屬公司違反公司法第167條第3項收買控制公司股份之效力，雖仍無定論，然而，縱採嚴格之無效說，基於法律不溯及既往之原則，在2001年公司法修正前已存在之控制與從屬公司交叉持股應仍屬合法，但如從屬

公司仍得行使其所持有控制公司股份之表決權，實際上與控制公司就其持有自己之股份行使表決權無異，此為 2005 年間，公司法第 179 條修正為「公司各股東，除有第一百五十七條第三款情形外，每股有一表決權。有左列情形之一者，其股份無表決權：一、公司依法持有自己之股份。二、被持有已發行有表決權之股份總數或資本總額超過半數之從屬公司，所持有控制公司之股份。三、控制公司及其從屬公司直接或間接持有他公司已發行有表決權之股份總數或資本總額合計超過半數之他公司，所持有控制公司及其從屬公司之股份。」之立法理由。

公司法 2005 年間之修正，不僅適用修法前之交叉持股，更適用於修法後之違法持股，因而成為防止垂直之交叉持股繼續擴大之主要法律手段。然而，公司法第 179 條第 2 項第 2 款與第 3 款，僅限制表決權之行使，為確實防止交叉持股規模之擴大，必須杜絕公司間交叉持股之誘因。因此，有必要將交叉持股股權行使之限制，由表決權擴大至股東之財產權，尤其盈餘分配請求權與公司發行新股之優先認股權，否則，從屬公司雖不得行使表決權，卻仍得參與盈餘分配或認購新股，此結果將影響控制公司其他股東盈餘分配與新股認購之額度，對其誠屬不公，此值為我國立法者於後續修法時列入參考。

第六節　結　語

一、檢　討

一般而言，庫藏股之概念定義為下列 3 種[25]：

1.「激勵優秀員工」之庫藏股

為配合高科技產業延攬及培育優秀之領導人才，在公司法中增訂條文，明定公司得以章程規定，在不超過公司實收資本額百分之五範圍內，收買

[25]　參閱廖大穎，〈庫藏股制度與證券交易秩序〉，《月旦法學雜誌》，第 34 期，1998 年 2 月 15 日，頁 92、93。

自家股份，以轉讓其員工❷。

2.「發行新金融商品」之庫藏股

在公司法中明定，公開發行公司為方便可轉換公司債、附認股權公司債、附認股權特別股及認股權憑證持有人申請轉換或認購股份，得在轉換或認購期限內，買回公司自家股份。

公司為配合轉換或認購新金融商品制度之發展，增列庫藏股，以利轉換或認購業務。

3.「調節股價」之庫藏股

在證券交易法中明定，公司得為調節股價及股份分配等目的考量下，得購入一定比例之自家股份，而排除公司法相關條文之適用。

對於前二者之庫藏股制度而言，學者皆持肯定之態度，惟第三種「調節股價」之庫藏股，是一種護盤式之庫藏股制度，屢受學者質疑❷，本文對學者之論，亦感贊同。

因此，2000 年 7 月證券交易法增訂第 28 條之 2 時，立法院乃修正原擬訂之草案，將該條文第 1 項第 3 款規定為「為維護公司信用及股東權益所必要而買回，並辦理銷除股份者」，實屬其來有自。同時，為避免公司於證券集中交易市場或證券商營業處所買回其股份導致股價劇烈波動，並為防止其操縱股價，爰於上市上櫃公司買回本公司股份辦法第 7 條第 1 項對公司每日買回股份之數量、委託價格及報價時間等予以限制；又為便於控

---

❷　例如上市公司廣積實施庫藏股，其目的乃在維持一貫之轉讓員工，因轉讓員工被視為因應獎勵員工所給予的員工認股選擇權。不過，公司在轉讓日需認列酬勞成本。參閱財訊快報，2015 年 7 月 23 日。

❷　參閱劉連煜，〈論庫藏股制度以證券交易法第二十八條之二草案之評論為中心〉，《月旦法學雜誌》，第 39 期，1998 年 7 月 15 日，頁 45；廖大穎，前揭文，頁 94；黃銘傑，前揭文，頁 151、152。然而，儘管如此，據 2007 年 12 月統計，我國股市自 9,859 高點重挫以來，宣布實施庫藏股、且目前仍在實施期限內的上市櫃公司，計有六十九家，總計將買回超過一百二十萬張股票，無論實施家數與預計買回張數，都創下近年來新高水準，此種情況，2008 年上半年更多，值得注意。

管及避免因在多家證券經紀商同時下單而造成假性需求之現象,故規定限委託單一證券商下單。

維繫證券市場之蓬勃與安定,係政府之責任,亦為社會之期待,茲因顧及部分股票每日成交量低迷之情形,上市上櫃公司買回本公司股份辦法第 7 條第 2 項,爰明定公司每日買回數量不超過二十萬股者,得不受該條第 1 項所定買回數量之限制。

二、建 議

證券交易法禁止內線交易之對象,包括公司董事、監察人、經理人、大股東及其他相關人員,依證券交易法第 157 條之 1,並未包括公司本身。因此,如公司本身在「買回庫藏股」消息未公開前買回股票者,就事理言之,可構成內線交易,但就「罪刑法定主義」之法理言,則不能處罰。為杜爭議,應修法將公司納入內線交易之適用對象。此外,證券交易法第 28 條之 2 有關公司得買回股份之規定,並不豁免公司董事、監察人、經理人、大股東及其他相關人員涉及內線交易之責任。

法律不僅是一種具體化的社會規範,亦係社會經濟制度穩定之所繫,甚至還代表著社會共同的認知和文化意涵,期盼因法令針對「庫藏股制度」訂定明確之規範,使上市、上櫃公司之經營者能知法守法,勿沈溺於庫藏股遊戲風潮,而應回歸遵循庫藏股制度之基本規則。只是,法令之訂定與推動,理論與實務,往往會有一段落差。蓋一旦股市下跌嚴重,連政府都希望公司進場買回庫藏股,以資護盤。甚至 2008 年上半年度,亦有上市公司迅杰公司,一方面因為認為公司股價未能反映實際營收,而以多餘資金買回公司股票實施庫藏股,另一方面卻以缺少資金為由,進行私募,二者間完全矛盾,但主管機關並未多加聞問,令投資人不知所措。可見庫藏股制度之相關規定,立意雖佳,但如何加以落實,如何配合實務之需再為研酌調整,對我國而言,尚有一段學習之路。

第二十三章 證券市場投資人保護立法與評價

——以團體訴訟文化為中心

第一節 概 說

為保障金融機構存款人權益，維護信用秩序，促進金融業務健全發展，因而設有中央存款保險公司。同理，在證券市場，亦有必要成立專責機構，以保護投資人。然而，我國有關證券市場投資人保護之立法，存在兩方面問題，一是保護之法律是否周延；二是保護之法律是否確能落實❶。

當然，證券投資人保護之程度，會影響一國證券市場之大小與榮枯，而在不同法系之淵源或法律傳統下，各國對於國內投資人及外資之保護立法，存有明顯差異。以我國為例，證券交易法之主軸，均圍繞著投資人之保護而設計，故投資人保護之法律規定雖難以量化，但卻可從質化之角度對其優劣得失加以評價；惟大陸法系國家，對外資之保護普遍較為欠缺，以致很難形成蓬勃之證券市場。

一般而言，欲就投資人保護之規範加以評價，至少有以下四種之指標，包括股東權利指標、公司治理指標、公共執行指標、法律救濟指標等。其中股東權利指標與公司治理指標，係投資人保護之基礎，主要體現在公司

---

❶ 參閱 http://www.cdic.gov.tw/ct.asp?xItem=3068&ctNode=410&mp=1，拜訪日：2011 年 2 月 28 日。此種存款保險保障制度在金融海嘯時，發揮極大之功能，筆者當時剛好在美國 Widener 大學擔任訪問學者，包括該校財經法名教授 Prof. Hammermesh 對我國之政策非常讚揚。

治理,以及其他上市(櫃)各種準則中。而公共執行指標,係指證券監理機構之市場監控機制和效能;至法律救濟指標,則是最顯著且重要之部分,蓋因個人才是其利益之最大化之計算者與投資者,故必須由法律賦予投資人以訴訟權❷,並保障其順利行使投資之相關權益,並於未獲順利行使時,得有救濟之途徑,此才是投資人保護之根本所在。

由於文化背景之不同,普通法系國家如英國、美國,其股權相對較為分散,因而投資人受大股東剝削之可能性相對減少。大陸法系國家如我國,股權集中度相對較高,家族企業之控制問題較為嚴重,少數投資人之保護從而受到較大之挑戰,在此環境下,有關投資人權益之法律救濟,遂更顯重要;另一方面,證券投資人提起團體訴訟之案例,邇來漸漸增加。為此,本文將探討議題侷限於上開指標中之法律救濟指標,尤其以投資人保護之團體訴訟文化為主要研究對象;從不同背景之法律文化,探討我國證券團體訴訟塑造之過程。

又從比較法律文化之觀點言之,美國律師團體訴訟制度與我國投資人保護機構團體訴訟制度顯然不同,此固然涉及判例法國家與法典法國家之差異,但此等不同之法律制度,相對於各自之文化背景與發展,均具備一定之形式合理性,且各有所長,甚值加以比較分析,以資參採。

基此,本章首先擬探討美國團體訴訟文化,包括團體訴訟制度之概念、制度之興衰與演進;其次擬探討我國團體訴訟制度,包括其目的、理論與其沿革、現行「證券投資人及期貨交易人保護法」(以下簡稱投保法)下之團體訴訟制度;再次擬探討證券團體訴訟之本土化問題,包括法律文化之概念與移植、美國與我國法律文化之差異、我國團體訴訟文化之特殊問題;再者擬探討我國投保法之修正事宜。此外,擬探討團體訴訟與因果關係之推定,包括美國證券交易法對因果關係之認定、我國證券交易法第 20 條之構成要件。最後,提出檢討與建議。

---

❷ 有關由法律賦予投資人以訴訟權之進一步討論,請參閱吳光明,第 25 章,〈證券投資損害民事訴權〉,《證券交易法論》,三民書局,2011 年 1 月增訂 10 版,頁 400～410。

第二節　美國團體訴訟文化

一、團體訴訟制度之概念

(一)沿　革

　　團體訴訟源自於美國之 class action 制度，係指肇始於英國衡平法 (equity) 之美國訴訟制度。美國是普通法系國家，其判例法是法官司法經驗之產物，有著獨特之柔韌性。

　　團體訴訟原係著眼於縮短訴訟之時間，即鑑於共同訴訟之不切實際，使一群因具共同利害關係之人，得僅由個人代表全體出庭❸。美國現行之團體訴訟制度，始於 1938 年實施之美國聯邦民事訴訟規則第 23 條 (Federal Rules of Civil Procedure Rule 23)，該條規定之團體訴訟，係指一群有相同利害關係之人，由於人數太多，實際上無法使全部之利害關係人進行全部訴訟，故由集體中之一人或數人為代表當事人，就集體共同之法律或事實問題，代表集體於法院向對造當事人為請求或被訴之民事訴訟❹。1966 年，該條文進一步擴大其適用範圍，至此，團體訴訟制度可謂大致完妥❺。

　　然而，由於嚴重之證券濫訴問題，與律師在訴訟中擔任之角色之扭曲，美國各巡迴法院嘗試經由聯邦民事訴訟法程序規則之變革及改進，來限制濫訴之情形，也因而促成 1995 年私人證券訴訟改革法、1998 年證券訴訟統一標準法，以及薩賓斯法 (Sarbanes-Oxley Act of 2002)❻。

---

❸　參閱 http://www.classaction.com/，拜訪日：2011 年 3 月 1 日。

❹　劉連煜、林俊宏，〈投資人團體訴訟新時代的來臨〉，《月旦法學雜誌》，第 111 期，2004 年 8 月，頁 81；另參閱賴英照，《證券交易法解析（簡明版）》，自版，2011 年 2 月，頁 338。

❺　高金枝，《消費者訴訟之比較研究》，臺灣大學法律學研究所碩士論文，1984 年，頁 17。

❻　Sarbanes-Oxley Act of 2002 對 1933 年證券法與 1934 年證券交易法作大幅修

(二)要　件

所謂團體訴訟，係指由一人或一人以上代表更大之一群人所進行之訴訟❼。根據美國聯邦民事訴訟規則第 23 條之規定，提起團體訴訟應具備之一般要件有：

1.人數之眾多性 (numerosity)

集體成員人數太多，實際上無法使全部團體成員為共同訴訟當事人而進行訴訟。

2.共同之法律或事實問題

團體成員普遍存有共同之法律或事實問題。

3.典型性

代表當事人所為之攻擊或防禦係典型之團體請求或防禦。

4.代表之可勝任性 (adequate representation)

代表當事人能為團體成員有效維護其利益等要件❽。

此外，該條文尚區分不同類型之團體訴訟而為規定，其中被用以作為解決證券團體爭議者，乃該條(2)項(3)款所規定之類型。該類型之特別要件為：法院應認為團體成員共同之法律或事實問題，超越個別成員之問題，且為使紛爭能獲得公平、有效率之裁判，利用團體訴訟較其他訴訟方法為優者。

(三)實務見解

當法院認為系爭訴訟具備團體訴訟之條件時，應以命令指示原告為代表當事人，對全體集體成員為通知。凡受通知而未向法院要求除名之人，對於法院判決結果不論有利不利，均視為團體訴訟之一員，而受判決拘束。易言之，除非有成員特別聲明除外之例外情形，否則原則上將所有潛在之

正，被認為是美國自 20 世紀 30 年代以來對上市公司與獨立會計師影響最大，且最重要之證券立法。

❼　Black's Law Dictionary (second pocket edition), West Group, 2001, p. 103.

❽　陳美卿、陳茵綺，〈證券暨期貨爭議案件訴訟進行之研究〉，劉連煜教授主持，1998 年，頁 54 以下。

成員全部納入集團中，不論其有無參與系爭團體訴訟之程序均同，且配合全面性之通知制度，使團體訴訟之判決效力及於所有之集團成員，而達一次性地解決紛爭之目的❾。

另外，美國司法實務上引用「市場詐欺理論」，放寬證券求償案件因果關係之認定❿。受侵害之股東只要有紀錄證明其交易時間是在公開說明書之虛偽陳述後，即可建立詐欺與交易間之因果關係⓫。經由因果關係認定之放寬，80年代證券團體訴訟蓬勃發展，團體訴訟成為美國保護股東權益最有效之司法程序，同時亦成為最普遍之股東民事索賠手段⓬。

二、團體訴訟神話之興衰

㈠團體訴訟之崛起

20世紀60年代以來，訴訟觀念變革之社會後果，係以維護權利為名所進行之再分配與權利義務關係之不確定性。此種不確定性使訴訟手段成為權利之主要來源，破壞法律之預測可能性，此由法律本身之用語之模糊不清，以及對廣泛司法自由裁量權之承認，可見一斑。

其次，經由審判確認之權利與損害賠償責任之無限擴大，誘使訴訟之進一步增長。蓋訴訟既可成為權利之來源，而不僅是對既有權利之肯定性或否定性之評價，則人人均樂於採取各式各樣之訴訟。

再次，由於回應公司治理之困境，美國政府刻意強化對企業所有人不當行為之控制力量，故美國證券法律允許被證券詐欺而受害之投資人，在某些情況下可直接提起訴訟。然而，實務上，大多數投資人僅零散地持有股份，缺乏主導性之需求。至此，美國團體訴訟，乃在證券詐欺領域內發

---

❾　陳美卿、陳茵綺，前揭文，頁60。

❿　賴英照，《證券交易法解析（簡明版）》，自版，2011年2月，頁316。

⓫　詳參美國聯邦最高法院1988年，Basic, Inc. v. Levinson判決485 U.S. 224, 108 S. Ct. 978, 99 L. Ed. 2d 194 (1988)。

⓬　劉彥廷，《論證券投資人及期貨交易人保護法之團體訴訟》，臺北大學法學系碩士論文，2003年，頁41。

揮著主導性之作用。

(二)訴訟成功酬金文化

按美國團體訴訟發達的原因之一，是美國訴訟成功酬金 (contingency fees) 制度，亦即律師在訴訟前不收律師費，而在訴訟勝訴後，提取一定比例（一般為百分之三十左右）之成功酬金為律師費。利用此種制度之設計，使律師為追求利潤，對於訴訟案件更能竭心盡力，藉以促使國家法律之貫徹，進而促進公益之實現。

由於成功酬金文化為大多數團體訴訟損害賠償案件中，當事人聘請律師之唯一途徑，導致團體訴訟可能帶來之鉅額利潤，刺激律師冒險興訟，也因而造成律師傳統道德規範之淪喪，以及律師對於團體訴訟之強力介入。此種狀況，使律師與當事人之角色發生倒轉，導致團體訴訟之每一步驟，均傾向於提高律師之作用，當事人之角色功能，反而不受重視。

因為律師角色舉足輕重與訴訟勝敗之不確定性，律師成為團體訴訟法律運作中之重要關鍵。隨著訴訟風險之倍增，美國社會大眾普遍感受到如無律師之支持，不敢貿然進行任何重要之交易。

(三)團體訴訟神話之破滅

在訴訟成功酬金文化的推波助瀾下，大規模且複雜之大眾侵權訴訟案件激增，在美國，已有「訴訟爆炸」之說；甚至有相當一部分之證券詐欺團體訴訟案件，是由律師慫恿而提起，但律師稍不小心，亦可能成為其客戶控告之對象。高額之訴訟費用與賠償金，使許多公司最後以破產告終。成功酬金之擴大，誘使律師藉由制度之操弄與惟利是圖之手段，以得到當事人之權利，導致團體訴訟制度之神話終於破滅❸。

面對上述現象，美國法學界對於其民事訴訟亦不斷自我否定，並加以改革檢討，期待配合法律文化，將其法律制度再進行截長補短。

---

❸　http://www.classaction.com/，拜訪日：2011 年 3 月 1 日。

三、團體訴訟制度之演進

㈠私人證券訴訟改革法案

　　美國之團體訴訟制度係由股東自行發動，致部分投資人結合律師濫用該制度，引發法律上對於證券集體訴訟制度問題之廣泛爭論。有鑑於此，美國國會在 1995 年制定並通過「私人證券訴訟改革法案」(Private Securities Litigation Reform Act)，此法案提高證券團體訴訟原告之起訴門檻，並緩和「市場詐欺理論」之適用，另針對濫訴之原告與律師加以懲戒❶❹。

　　因此，「私人證券訴訟改革法案」分別增訂第 27 章⑴條與第 21D 章⑴條，該等法條雖然亦涉及個別實體問題之規範，但主要是從程序方面，解決「職業原告」(professional plaintiff) 與證券團體訴訟之濫用問題。

㈡證券訴訟統一標準法

　　1998 年，美國通過「證券訴訟統一標準法」(Securities Litigation Uniform Standards Act)，避免股東運用州法逃避「私人證券訴訟改革法案」之規定，使該法案之功能，得以充分發揮❶❺。

　　「證券訴訟統一標準法」亦係出於防止民眾根據州藍天法（Blue-sky Laws，又稱股票買賣控制法）進行團體訴訟之目的，而對 1995 年「私人證券訴訟改革法案」所作之一種補充或限制。至此，美國證券團體訴訟制度得以較為完備，並獲得平衡性之發展❶❻。

---

❶❹　1995 年「私人證券訴訟改革法案」旨在限制：不問緣由對任何股價顯著波動提起訴訟、無端擴大被告範圍、濫用證據開示程序 (Discovery process) 逼迫和解牟利、團體訴訟律師操控斂財等。

❶❺　劉彥廷，前揭文，頁 43～59。

❶❻　吳光明，〈證券團體訴訟文化之探討——美國與我國比較法角度之觀察〉，載於《交大法學》，上海，2014 年第 3 期，頁 125。

四、小　結

團體訴訟是美國法律體系中，非常重要且極富特色之組成部分，其在大規模侵權行為與證券法等眾多部門領域內，均發揮主導性之作用。

美國在證券團體訴訟之法制設計，係追求「抑制詐欺行為」與「防止濫訴問題」間之平衡。為因應 80 年代濫訴之社會問題，以及律師文化之弊端，在 1995 年之「私人證券訴訟改革法案」及 1998 年之「證券訴訟統一標準法」，增訂相關程序上門檻限制 (pleading)，但整體上仍無法改變濫訴問題，唯賴學說持續討論，並尋求妥適之解決方式。

本文亦認為，司法改革已經觸及較深層次之團體訴訟模式，加上法律文化之變革問題。我國與美國之法律文化，顯然不同，團體訴訟雖是解決證券詐欺爭議之最終手段，但卻非解決投資人與上市公司間證券詐欺，所引起衝突下，衡平解決雙方爭議問題之最佳選擇。

第三節　我國團體訴訟制度

一、以保障投資為目的

我國證券交易法第 1 條開宗明義規定：「為發展國民經濟，並保障投資，特制訂本法。」由此可見，該法之立法目的之一，即在保障投資。蓋證券市場之發達，必須奠基於投資人對於市場之信賴。為保障投資，證券交易法應妥善規範市場參與人之行為，一方面防止其損害投資人權益，另一方面應賦予受害之投資人法律上之救濟途徑。

基此，在我國法律文化下，證券交易法制有以下之設計：

1.資訊公開原則

資訊公開原則係保障社會大眾均得以便利之方法取得最新、完整且正確之決策資訊，亦即明文規定應將有價證券之募集與發行（證券交易法第 22 條）、內部人股權之申報（證券交易法第 25 條）、委託書之使用（證券

交易法第 25 條之 1)、公開收購股權之管理（證券交易法第 43 條之 1)、公司財務業務之揭露（證券交易法第 36 條）等資訊公開❶。

2.保護投資人

保護投資人之核心是免受詐欺，並避免投資人因市場之不公正行為而受損害。前述資訊公開之規定，使投資人便於取得正確資訊，固然亦為保護投資人之方法，另「強制公開收購制度」（證券交易法第 43 條之 1）等規定亦屬之。

3.訴訟救濟

投資人如因市場上之不公正或詐欺行為而受有損害時，法律賦予救濟之權利。因此，對於證券交易爭議所生相關民事責任之追究，與私人訴訟權利之鞏固，不僅是對受害投資人事後之救濟，更是以高昂之機會成本，對於可能違法之加害人，達成有效之事前約束功能；而團體訴訟制度之法制化，無疑是強化訴訟救濟之重要方式。

二、團體訴訟制度之理論與其沿革

㈠團體訴訟制度之理論基礎

投資人在證券市場買賣股票，須依證券交易法第 15 條規定，委託證券經紀商，經由證券交易所撮合成交，此與一般面對面之交易不同。證券買賣雙方當事人並無接觸，遇有證券詐欺或買賣糾紛，如悉依民法機制解決，並非容易。況受害投資人如人數眾多，問題更為複雜。再者，上市公司擁有資訊及其他社會資源之優勢，投資人很難妥善維護其自身權利。

因此，我國金融法規對於投資人權益之保障，有諸多設計，例如公司法中賦予股東「單獨股東權」、「少數股東權」、「股東代表訴訟制度」及「反對股東股份收買請求權」等；在證券交易法上，亦可見到類似規定，例如前述「強制公開收購制度」，即係基於股東平等原則，為保障小股東權益，使全體股東均有參與應賣之機會所為之設計。

而證券投資人及期貨交易人保護法（簡稱投保法）基於保障投資人權

---

❶　賴英照，《證券交易法解析（簡明版）》，頁 26。

益之立場,故有建立團體訴訟制度之必要,使保護機構於必要時,得以團體訴訟之方式,維護多數股東之權益。

由於美國建國之歷史文化背景,使美國人有極強之權利觀念,導致美國人對法律亦有強烈之認知和依賴。而訴訟又與法律密不可分,加上美國律師制度所產生之訴訟文化❶,使美國之團體訴訟制度,在解決問題的同時,本身卻又衍生出一系列新的問題。

一般而言,證券求償案件有別於一般損害賠償事件,其特點為受害之人數眾多,個別受害金額微小,但累積之總受害金額卻相當龐大;另一方面,投資人散居各地,力量分散,多數受害投資人缺乏相關專業能力且權利意識薄弱,故有團體訴訟制度之必要❷;再者,證券求償案件之案情複雜,牽涉廣泛,涉及高度技術性,需要相當之專業知識始得為之,非委任專業人士無法做到❸。

我國證券市場之特色為淺碟型市場❹,容易受外部環境變動影響,對於總體市場所產生之重大衝擊較難回復,散戶投資人比例高達八成,投資人就其所受損害提起訴訟之誘因更見低落。考量前述證券求償案件之諸多特性,如未針對其特性設計特殊之求償制度,此種不公平現象恐將繼續下去,證券交易法上之民事責任,亦將形同具文❺,為此,遂有投保法中關於團體訴訟制度之建置。

(二)團體訴訟制度之沿革

1998 年,證券交易之主管機關證期會(已改為金管會證期局)於財團法人證券暨期貨市場發展基金會(以下簡稱證基會)下成立投資人保護之

---

❶　有關美國訴訟文化,請參閱吳光明,〈多元文化與訴訟外解決糾紛 (ADR) 機制〉,載於《仲裁法理論與判決研究》,2004 年 11 月,頁 1～27。

❷　劉彥廷,前揭文,頁 5～7。

❸　陳春山,《企業管控與投資人保護金融改革之路》,元照出版,2000 年 5 月,頁 133 以下。

❹　陳珮容,《企業併購下投資人保護之研究》,淡江大學國際貿易研究所碩士論文,2004 年,頁 121。

❺　劉連煜、林俊宏,前揭文,頁 84。

專責單位，亦即投資人服務與保護中心（以下簡稱投服中心），由該中心針對重大之證券不法案件進行研析，當認有損害投資人權益之情事時，即對外公告，受理符合一定條件投資人之登記，由其出面結合廣大受損害之投資人進行集體求償訴訟。早期因尚無特殊團體訴訟制度，故證基會投服中心僅依民事訴訟法有關共同訴訟之規定，受任為各登記投資人之共同訴訟代理人，進行訴訟❷❸。

1999 年投資人保護法（以下簡稱投保法）草案經行政院院會通過，嗣經提交立法院通過總統公布後，於 2003 年開始施行，並依該法設立保護機構證券投資人及期貨交易人保護中心（簡稱投保中心），依據該法第 28 條之規定，我國證券投資人之團體訴訟制度，終於有重大突破。然我國的團體訴訟制度，既係沿襲美國之團體訴訟模式，有鑑於美國團體訴訟問題之產生，自有進行若干修正之必要，故主管機關以及立法院業於 2009 年 5 月 20 日修正投保法，以資因應；嗣則因主管機關之變更，而修正該法第 3 條。

由於我國上市、上櫃公司股權分散，影響層面廣大，在投保法尚未通過及 2003 年民事訴訟法修正以前，證券投資人受損害之求償案件，如個別提起訴訟，因標的金額太小，不容易聘請到適任之律師代理訴訟❷❹，如要集體求償，僅能依民事訴訟法第 53 條以下之共同訴訟程序，或同法第 41 條之選定當事人制度來進行。換言之，此種選定當事人訴訟，是擴大原有共同訴訟制度之適用，並經由當事人適格之擴張，在任意之訴訟擔當理論基礎上，由全體共同訴訟人選出能代表他們之當事人，經過委託授權，使多數人訴訟以選定當事人方式進行。一般認為，此在證券實務運用上，功能實有不足，以致於證券法上之民事賠償之嚇阻違法預防性功能大打折扣❷❺，此種觀點，其實亦為證券各界之心聲。

自 2002 年 7 月投保法規定投資人得以將「訴訟實施權」授予保護機構

❷❸　賴英照，《證券交易法解析（簡明版）》，頁 338。

❷❹　賴英照，《最新證券交易法解析：股市遊戲規則》，2006 年 2 月，頁 568。

❷❺　劉連煜，《新證券交易法實例研習》，元照出版，2004 年 2 月，頁 18～21。

之方式，為投資人提起團體訴訟。該法施行以來，已就證券集體求償設有特別之程序規定，此為目前證券團體訴訟之主要依據；另外，2003 年 6 月民事訴訟法❷之修正，亦因應一般性集團紛爭之解決，擴大選定當事人制度之運用，亦可資為證券集體求償之用❷。

三、「投保法」下之團體訴訟制度

㈠團體訴訟之性質

我國「證券投資人及期貨交易人保護法」規定之團體訴訟制度❷，其目的在使證券投資人及期貨交易人之損害能獲得補償，進而達到制裁不法，並穩定經濟及金融秩序。此外，該制度並可減少重複起訴與裁判矛盾，而收紛爭一次解決之效，故有利於訴訟經濟，具有高度公益性。

由於投保法對於團體訴訟之立法，係參考消費者保護法（以下簡稱消保法）第 50 條❷之設計，而針對該條規定，學者間有所爭議❸，故在立法之初，投保法即將消保法第 50 條所規定之「得受讓二十人以上消費者損害賠償請求權」改為「得由二十人以上證券投資人或期貨交易人授與仲裁或訴訟實施權」，以避免產生爭議。依投保法所規定之團體訴訟制度，證券投資人或期貨交易人僅授與訴訟實施權予投保中心，相關請求權之主體仍為

---

❷ 按「民事訴訟法」訂定於 1930 年 12 月 26 日，歷經多次修正，最近一次修正於 2018 年 11 月 28 日，而有關選定當事人制度並未再變革。

❷ 劉連煜、林俊宏，〈投資人團體訴訟新時代的來臨〉，《月旦法學雜誌》，2004 年 8 月，頁 81。

❷ 劉連煜、林俊宏，前揭文，頁 84；劉連煜，前揭書，頁 320；陳珮容，前揭文，頁 121 以下。

❷ 消費者保護法第 50 條：「消費者保護團體對於同一之原因事件，致使眾多消費者受害時，得受讓二十人以上消費者損害賠償請求權後，以自己名義，提起訴訟。消費者得於言詞辯論終結前，終止讓與損害賠償請求權，並通知法院」。

❸ 有學者主張該規定為「訴訟信託」，消保團體所受讓者包括訴訟實施權及實體財產權；另有學者則主張「訴訟擔當」，消保團體受讓者僅為訴訟實施權。

投資人或交易人本人，實體權利並未移轉，故其本質應屬「訴訟擔當」，而非「訴訟信託」，自無待言❸。

再者，訴訟實施權之授與及撤回，均任由投資人自行決定，並無強制性，故其性質上應為「任意之訴訟擔當」❸，其判決之主觀範圍，僅及於授予訴訟實施權之投資人，未有既判力擴張，就同一證券事件受損害之其餘投資人，並不受團體訴訟判決效力拘束；故若投資人未加入投保中心所提起之團體訴訟，不論該等團體訴訟之判決結果如何，均不妨礙該投資人另行起訴求償。

㈡團體訴訟之要件

依據投保法第 28 條第 1 項之規定：「保護機構為保護公益，於本法及其捐助章程所定目的範圍內，對於造成多數證券投資人或期貨交易人受損害之同一原因所引起之證券、期貨事件，得由二十人以上證券投資人或期貨交易人授與仲裁或訴訟實施權後，以自己之名義，提付仲裁或起訴。證券投資人或期貨交易人得於言詞辯論終結前或詢問終結前，撤回仲裁或訴訟實施權之授與，並通知仲裁庭或法院。」由此可歸納出投保中心依法提起團體訴訟時，須同時具備四個要件：

　　1.為維護公益；

　　2.就造成多數證券投資人損害之同一證券事件；

　　3.有二十人以上之投資人受害；

　　4.該等投資人中，須有二十人以上授予訴訟實施權。

於前述四個要件同時具備後，投保中心即得進行投資人之團體訴訟。

---

❸　劉連煜、林俊宏，前揭文，頁 87。

❸　民事訴訟法上之任意訴訟擔當，係指第三人基於實體權利義務人自由意思授與訴訟實施權而成為當事人，得以自己名義為原告或被告當事人而進行訴訟。陳榮宗，〈當事人能力、當事人適格、本案適格〉，《臺北大學法學論叢》，第 51 期，2002 年 12 月，頁 163。應注意者，此任意訴訟擔當與民事訴訟法第 41 條以下所規定的「選定當事人」制度有所不同，其中最主要之差別在於，後者被選定人應具當事人身分；而在前者，投保中心乃為公益之財團法人，無庸具備當事人身分。

㈢團體訴訟之內容

為使團體訴訟制度得以落實，投保中心制訂有「辦理團體訴訟或仲裁事件處理辦法」❸，經主管機關核備後，就投保法所訂團體訴訟之相關執行程序及方法加以規定，以供實務運作之準據。

依投保法及相關法規之規範，我國團體訴訟之內容，略述如下：

1.加入或退出團體訴訟之規定

投保法第 28 條第 2 項規定:「保護機構依前項規定提付仲裁或起訴後，得由其他因同一原因所引起之證券或期貨事件受損害之證券投資人或期貨交易人授與仲裁或訴訟實施權，於第一審言詞辯論終結前或詢問終結前，擴張應受仲裁或判決事項之聲明。」。此外，同法第 29 條規定:「證券投資人或期貨交易人依第二十八條第一項撤回訴訟或仲裁實施權之授與者，該部分訴訟或仲裁程序當然停止，該證券投資人或期貨交易人應即聲明承受訴訟或仲裁，法院或仲裁庭亦得依職權命該證券投資人或期貨交易人承受訴訟或仲裁（第 1 項）。保護機構依第二十八條規定起訴或提付仲裁後，因部分證券投資人或期貨交易人撤回訴訟或仲裁實施權之授與，致其餘部分不足二十人者，仍得就其餘部分繼續進行訴訟或仲裁（第 2 項）。」

綜上可知，投資人縱使授與訴訟實施權予投保中心進行團體訴訟，仍得隨時撤回，此係因投資人是否利用團體訴訟制度，有完全之自由。惟為免因個別投資人之事後撤回，致影響原已合法繫屬團體訴訟之進行，損及其餘投資人之權益，且基於訴訟安定及對其他未撤回之投資者之誠信原則，特規定縱團體訴訟人數因撤回訴訟實施權而未滿二十人，仍無礙原團體訴訟之繼續進行。

又為便利其他被害人併案請求賠償，及符合訴訟經濟之考量下，特別規定於言詞辯論終結前，其他被害人得隨時加入團體訴訟，並由投保中心於訴訟上做擴張聲明。

---

❸ 2009 年 8 月 31 日行政院金融監督管理委員會金管證交字第 0980040029 號函核定修正本辦法第 2～8、15 條條文。

2.訴訟實施權授與之方式

有鑑於訴訟實施權之授與，對於投資人權益之影響極大，故投保法第28條第4項規定，其授與應以文書為之，避免爭議。

3.時效之計算

證券投資人雖共同利用團體訴訟制度進行求償，惟投資人之請求權仍個別獨立，其請求權行使之時點亦係各自起算，故其時效利益亦應分別起算❸❹。

4.投保中心之權限

投保中心因受讓訴訟實施權而為原告，在訴訟上為程序之主體，故原則上得為一切訴訟行為之權，惟考量團體訴訟中，投資人仍係實際上之權利人，無論是捨棄、認諾、撤回或和解，均影響投資人權利甚大，自得允許其就個人部分之訴訟予以限制，以維護其權益。此觀投保法第31條第1項❸❺可知，至於其限制方法，依同條第3項之規定，應於授與訴訟實施權之文書內表明，或以書狀提出於法院或仲裁庭。

5.團體訴訟之上訴

投保法第32條規定：「證券投資人或期貨交易人對於第二十八條訴訟之判決不服者，得於保護機構上訴期間屆滿前，撤回訴訟實施權之授與，依法提起上訴（第1項）。保護機構於收受判決或判斷書正本後，應即將其結果通知證券投資人或期貨交易人，並應於七日內將是否提起上訴之意旨以書面通知證券投資人或期貨交易人（第2項）。」投資人於團體訴訟判決後，仍得撤回訴訟實施權之授與，自行提起上訴；另外，投保中心於收受判決或判斷書正本後，應於七日內決定是否提起上訴，並將其意旨以書面

❸❹　投保法第30條：「各證券投資人或期貨交易人於第二十八條第一項及第二項之損害賠償請求權，其時效應個別計算」。

❸❺　投保法第31條第1、2項：「保護機構就證券投資人或期貨交易人授與訴訟或仲裁實施權之事件，有為一切訴訟或仲裁行為之權。但證券投資人或期貨交易人得限制其為捨棄、認諾、撤回或和解（第1項）。前項證券投資人或期貨交易人中一人所為之限制，其效力不及於其他證券投資人或期貨交易人（第2項）。」

通知投資人，俾投資人得有時間決定是否繼續參與團體訴訟。

6.賠償金額之交付

投保中心係公益財團法人，有其法定收入來源❸，投保中心進行團體訴訟時，將先行墊付相關之裁判費及送達郵資等必要之費用，且不收取任何報酬，故投資人加入團體訴訟，無庸任何支出。但若程序進行後取得賠償，投保中心將先扣除相關必要費用後，再將賠償金額分配給各投資人❸。

7.保全程序

由於投資訴訟之進行，往往費時耗日，加以證券不法案件案情複雜，審理時日可能拖延更久，為避免加害人脫產，使投資人縱獲勝訴判決，亦無法實質求償，終致徒勞無功，故有聲請保全程序❸之必要。又因團體訴訟之求償金額龐大，若依一般民事訴訟之保全程序，須繳納訴訟標的三分之一之擔保金，仍係一筆鉅額，為免造成保護基金運作上之困難，特別規定證券團體訴訟得經法院裁定，為免供擔保之保全程序❸。

8.裁判費之減免

基於證券集體求償之特殊性質，其個別投資人受害金額不高，但因人數眾多，故累積求償總額龐大，若依民事訴訟法規定之標準核算裁判費❹，

❸ 投保法第 18 條第 1 項：「保護機構為利業務之推動，應設置保護基金；保護基金除第七條第二項之捐助財產外，其來源如下：一、各證券商應於每月十日前按其前月份受託買賣有價證券成交金額之萬分之零點零二八五提撥之款項。二、各期貨商應於每月十日前按其前月份受託買賣成交契約數各提撥新臺幣一點八八元之款項。三、證券交易所、期貨交易所及櫃檯買賣中心應於每月十日前按其前月份經手費收入之百分之五提撥之款項。四、保護基金之孳息及運用收益。五、國內外公司機關（構）、團體或個人捐贈之財產。」

❸ 投保法第 33 條：「保護機構應將第二十八條訴訟或仲裁結果所得之賠償，扣除訴訟或仲裁必要費用後，分別交付授與訴訟或仲裁實施權之證券投資人或期貨交易人，並不得請求報酬。」

❸ 投保法第 34 條第 1 項：「保護機構依第二十八條規定提起訴訟，聲請假扣押、假處分時，應釋明請求及假扣押、假處分之原因。」

❸ 投保法第 34 條第 2 項：「法院得就保護機構前項聲請，為免供擔保之裁定」。

❹ 民事訴訟法第 77 條之 13 之規定：「因財產權而起訴，其訴訟標的之金額或價

負擔極為沈重，況保護機構依法所提起之團體訴訟具有公益性，爰參考消費者保護法第 52 條、民事訴訟法第 77 條之 22 規定意旨❹，於投保法第 35 條❷特別規定裁判費之減免。

9.假執行程序

投保法第 36 條規定：「保護機構依第二十八條規定提起訴訟或上訴，釋明在判決確定前不為執行，恐受難以抵償或難以計算之損害者，法院應依其聲請宣告准予免供擔保之假執行。」本條之立法目的，亦係希望投資人得以早日獲得賠償，並兼顧團體訴訟之公益性，以免因擔保金額龐大，造成投保中心運作上之負擔，故規定法院應予免供擔保之假執行。

額在新臺幣十萬元以下部分，徵收一千元；逾十萬元至一百萬元部分，每萬元徵收一百元；逾一百萬元至一千萬元部分，每萬元徵收九十元；逾一千萬元至一億元部分，每萬元徵收八十元；逾一億元至十億元部分，每萬元徵收七十元；逾十億元部分，每萬元徵收六十元；其畸零之數不滿萬元者，以萬元計算。」

❹　2009 年 5 月 20 日證券投資人及期貨交易人保護法第 35 條立法理由。

❷　投保法第 35 條：「保護機構依第二十八條規定提起訴訟或上訴，其訴訟標的金額或價額超過新臺幣三千萬元者，超過部分暫免繳裁判費。他造當事人提起上訴勝訴確定者，預繳之裁判費扣除由其負擔之費用後，發還之（第 1 項）。前項暫免繳之裁判費，第一審法院應於該事件確定後，依職權裁定向負擔訴訟費用之一造徵收之。但就保護機構應負擔訴訟標的金額或價額超過新臺幣三千萬元部分之裁判費，免予徵收（第 2 項）。保護機構依第二十八條起訴或聲請保全程序，取得執行名義而聲請強制執行時，其執行標的金額或價額超過新臺幣三千萬元者，超過部分暫免繳執行費，該暫免繳之執行費由執行所得扣還之（第 3 項）。」

第四節　證券團體訴訟之本土化問題

一、法律文化之概念與移植

㈠法律文化之概念

　　法律是現代社會穩定發展之重要基石；法律只有在適應社會之變化時，才具有生命力。

　　法律文化係指人們對法律本身、法律機構、法律判決之制作者——例如法官、律師、檢察官，以及司法程序之各種知識、價值觀念、態度、信仰與期望之總和。法律文化反映了人們對靜態之法律規章與動態之法律運作之知識性認識，包括人們對法律文化之價值判斷，以及對法律文化實際運用之心理基礎。

　　在糾紛發生時，當事人究將採取法律途徑，抑或以法律以外之社會機制，如家族力量、宗教力量等解決，深受法律文化之影響；法律文化之特質，也決定民眾心目中糾紛性質之歸屬。

　　法律文化觸及之範圍，涵蓋法與法律權利、司法機關與司法者、司法制度與司法程序，以及對社會主流價值之預期性回應等各個層面；在司法解釋方面，不僅因文化傳統而有所區別，且亦因時代特性而有變化。

㈡法律文化之移植

　　法律文化之移植，係指一個國家將其他國家之法律，包括體系、內容、形式或理論，吸納到自己之法律體系❸。法律文化移植之必要前提，係該「殖體」與「受體」之彼此瞭解，以及「受體」對「殖體」之法律文化有基本之認同。因此，比較法之研究，是法律文化移植不可或缺之起點。

---

❸　有關法律文化之探討，請參閱吳光明，〈仲裁文化之探討〉，《新世紀宏觀法學之研究與展望：劉鐵錚教授七秩華誕祝壽論文集》，2008 年 10 月，頁 55。

二、美國與我國法律文化之差異

大陸法系法典法與普通法系判例法，均為具有社會適應性之法律，長久以來各具優勢，但二者功力之形成與發揮，則各具妙處。屬大陸法系國家之我國，與屬普通法系之美國，法律文化自亦頗有不同。以團體訴訟制度而言，可作如下之比較：

㈠美　　國

美國法律從制訂到實際運作之全部過程，均體現大眾參與之特色，無論何種淵源之法律，人民均得從不同之途徑，直接或間接參與。因此，民眾對國家現行法律，通常均表現出極大之信任，無論發生任何爭議或糾紛，皆習於理所當然的藉由法律途徑解決。而美國之司法機關、司法人員與司法程序，在民眾心目中亦享有頗高之權威與可信賴度。法律之產生是為訴訟之需要，訴訟之結果又使法律自然產生。

美國人對法律所作所為，是由在美國占有主導地位、根深蒂固、源遠流長之法律文化所決定。從美國主流法律文化、美國人之法律本質觀、美國人對法律之態度、美國人對司法救濟方式之運用，即可以看出美國民事訴訟制度。

在美國，幾乎所有糾紛，法院均可解決，法院固然可以受理訴訟案件，而享有審判權。然而，美國人普遍守法，對法院亦高度信賴，故法院成為解決任何糾紛之最後一道防線。有些糾紛，不論從形式到內容，直接就是一種法律糾紛，但美國因訴訟爆炸結果，已經積極鼓勵訴訟外糾紛解決機制❹。美國之立法或造法過程，體現大眾參與之特色，無論何種淵源之法律，人民均得從不同之途徑，直接或間接參與。其次，美國人之私人利益或權利亦均與法律有關。

此外，美國法律之多重淵源以及判例制度，使法律之穩定屬性與可變

---

❹ 有關美國之訴訟外糾紛解決機制進一步之探討，請參閱吳光明，〈美國之訴訟外糾紛解決 (ADR) 機制——兼論美國仲裁協會之仲裁人教育訓練〉，《仲裁》，第 69 期，2003 年 9 月，頁 15～31。

屬性有機地統一起來。遵循先例是嚴格之原則,但「惡法非法」之觀念,則是強而有力之自然傳統;高度之法治觀念,更促使民眾勇於利用訴訟方式挑戰權威,爭取權利。

在證券投資人權益保護方面,美國證券糾紛解決機制下之團體訴訟,向係為抑制證券詐欺行為,以及對於投資損害之救濟,立意甚佳。但因前述之律師文化問題,卻引發嚴重之證券濫訴行為,而有 1995 年之「私人證券訴訟改革法案」以及 1998 年之「證券訴訟統一標準法」之立法。

由於美國「訴訟爆炸」,以致演變成一波糾紛解決程序之司法改革浪潮。此種司法改革,係屬訴訟模式、程序哲學以及法律文化之深層變革,在此變革之中,人們亦開始意識到,訴訟雖是解決糾紛之最終手段,卻並非弭平衝突之最優選擇。

最後,從世界範圍言之,大陸法系與英美法系在立法技術上不斷地融合,不斷地相互借鏡。

(二)我　　國

在我國傳統之法律文化中,基於「以和為貴」之和解文化❹,人民遇有糾紛,首先可能考慮以和解,或以調解等之方式解決,甚至忍氣吞聲,逐漸忘卻。與美國社會相較,我國民眾因糾紛而訴諸法律之比例,明顯偏低,此自然是受法律文化之特質不同所致。

有關證券糾紛解決機制下之團體訴訟問題,我國法制以投資人保護為優先,而採取由非營利組織 (nonprofit organization)——投保中心為投資人求償之立法模式。實施以來,投保中心在進行團體訴訟時,並未曾有濫訴之情形發生。惟訴訟實務上係參考市場詐欺理論而減輕當事人因果關係舉證責任❹。另由於我國之證券糾紛,除可依照投保法將訴訟實施權授與投

---

❹　有關法律文化之探討,請參閱吳光明,〈仲裁文化之探討〉,《新世紀宏觀法學之研究與展望,劉鐵錚教授七秩華誕祝壽論文集》,2008 年 10 月,頁 56。

❹　有關我國證券交易法第 20 條構成要件部分其因果關係之判斷,民法實務上原採取「相當因果關係說」,證券交易法實務上則參酌美國司法實務上,對證券市場虛偽陳述之求償案件,亦採用「證券詐欺市場理論」(市場詐欺理論)而

保中心進行團體訴訟外，仍可以自行訴訟方式，向法院請求救濟，故為一種「選擇加入」之機制，此機制顯然與美國 1996 年修正之聯邦民事訴訟規則 Rule23 確立成員「選擇退出」(opt-out) 機制，有所不同。

　　至於我國律師就「證券團體訴訟」，亦未聞以「成功酬金」方式與當事人約定以進行訴訟者，此應與我國刑法第 157 條規定：「意圖漁利，挑唆或包攬他人訴訟者，處一年以下有期徒刑、拘役或五萬元以下罰金」規定有關。蓋律師如與當事人約定其律師公費採「成功酬金」方式，恐將會有上述「包攬訴訟」之刑責等問題，與美國歷來「成功酬金」訴訟模式大行其道之狀況，又有甚大差異。

(三)小結——文化與價值觀之建構

　　面對社會轉型與文化重構之時代，許多制度之建立與改革，難免發生利益與價值之衝突。在民事訴訟中，部分當事人往往為現實利益之追求，不計成本持續纏訟，導致訴訟之浮濫與增加，此雖意味著法律觀念與權利意識之覺醒，但鼓勵訴訟畢竟不是實現法治社會必經之路。

　　理論上，法律與法治並不等於無選擇之自由，吾人必須破除法律萬能與訴訟之迷信，從而以效益與利益作為理性選擇之出發點。因此，適當之成本係分流訴訟壓力之必要環節，政府應加強各種訴訟外糾紛解決機制之有效運用，提倡傳統文化中之倫理道德規範。

　　至於有關我國團體訴訟，亦有些文化上之特殊問題，值得探討。茲因牽涉較多，故以下列專節論述之。

三、我國團體訴訟文化之特殊問題

(一)團體訴訟判決之既判力未能擴張

　　我國投保法規定之團體訴訟制度，其性質為「任意之訴訟擔當」，此與美國集體訴訟制度最大之不同，在於我國團體訴訟判決效力，僅對進行「訴訟實施權讓與」之投資人發生效力，訴訟判決之既判力未能擴張，因而可能無法一次性的解決相關紛爭，甚至發生裁判矛盾之情形，不符訴訟經濟

推定其因果關係。參閱臺灣臺北地方法院 96 年度金字第 20 號判決。

之原則。

此外，目前投保中心對辦理團體訴訟之訊息，雖已儘可能通知或公告投資大眾，但仍有很多投資人未能知悉，致未參與團體訴訟。特別是有關公司財務報告不實之案件，因涉及多數不特定之投資人，投保中心無從一一通知，故仍採報紙及網站公告之方式以告知投資大眾。此就保障投資人權益之角度言之，似尚有所不足，亦使團體訴訟制度功能大打折扣。

(二)訴訟實施權之內涵不明確

投保法第 28 條所規定之「訴訟實施權」，乃我國法律中首次出現，其內涵有待相關學說與實務予以釐清。就團體訴訟實務上運作情形而言，在適用上仍有若干事項未臻明確，茲參酌 2009 年該法修正意旨，敘明如下：

1.投保中心在接受投資人授與訴訟實施權之後，除民事訴訟之進行外，是否亦有進行相關執行程序之權利❹❼？

投保法於 2009 年修正前，其第 28 條雖未明定強制執行，但參照同法第 33 條：「保護機構應將第二十八條訴訟或仲裁結果所得之賠償，扣除訴訟或仲裁必要費用後，分別交付授與訴訟或仲裁實施權之證券投資人或期貨交易人，並不得請求報酬。」及第 34 條有關投保中心進行保全程序之相關規定，訴訟實施權應解為包括各項強制執行權利，始符合立法意旨。因此，2009 年投保法修正時，其第 28 條第 3 項已明定包含強制執行、假扣押、假處分等權限。

2.投保中心是否因訴訟實施權之授與，而取得受領賠償款項之權利問題？

依投保法第 33 條，投保中心得就訴訟所得賠償，扣除訴訟必要費用後交付投資人，顯見投保中心應有受領賠償款項之權利。

3.團體訴訟案件中，若牽涉其他法定程序，如重整、破產等，投保中心是否亦得代投資人申報債權、主張權利問題？

投保法於 2009 年修正前，依其第 28 條規定意旨，單就訴訟實施權之字義觀之，雖難謂其必涵蓋其他法定程序之實施，但從立法目的及投資人最大利益觀之，投資人依投保法授與訴訟實施權與投保中心，其本意在概

---

❹❼ 例如事前保全程序、判決後之強制執行權。

括地賦予投保中心進行相關的法定程序，避免繁瑣反覆委任作業，迅速解決集團性求償案件。若認訴訟實施權不及於進行其他法定程序之權利，反增程序困擾，亦不符合訴訟經濟。故解釋上應將訴訟實施權解為包括所有為實現其請求權之相關程序，故 2009 年該法修正後，已於第 28 條第 3 項明定包含與重整或破產程序及其他為實現權利所必要之權限。

4.若多數投資人已自行提起訴訟，並經一審判決，則其得否於二審程序中再依投保法授與投保中心訴訟實施權，在二審進行訴訟問題？

首先需說明者，此問題起因於在投保中心成立前，證基會投資人服務與保護中心代理投資人提起之集體求償案件，在經一審判決後，投資人得否另行授與訴訟實施權，由投保中心接續於高等法院進行訴訟程序。對此，立法時條文無明文規定。但從投保法保護投資人及促進訴訟經濟之立法目的觀之，應以肯定說為宜，蓋其利益狀態相同，並無限制之必要。

㈢訴訟程序所遭遇之問題

1.保全程序運用不易

民事訴訟程序耗日費時，證券團體訴訟案件因牽涉廣泛，審理時間更形冗長，已如前述，故宜事先透過保全程序，以確保投資人權益。

實務上雖認為，投保中心依投保法提起團體訴訟，在使投資人之損害能獲得賠償，而促進經濟、金融秩序穩定之功能，具有相當之公益性，且其授權人眾多，求償之金額甚高，訴訟終結尚需時日，如長時間提供擔保金，恐影響保護基金之運作，致無法發揮保障投資大眾之功能，爰准許投保中心之請求，免供擔保，得就抗告人之財產為假扣押，經核並無不合❹。

惟聲請保全程序，依法應先特定「當事人」（債權人）及「請求金額」，始得據以進行後續查封程序，然團體訴訟乃糾集多數受害人共同求償，目前實務上係以公告與個別通知並行的方式來告知受害投資人，公開受理投資人前來登記，待受理作業完畢後，始得特定前述之請求權人及全部之請求金額。因此，投保中心在進行保全程序前，為進行公開之受理程序，勢必難以確保案件秘密性與迅速性，欲及時進行保全程序，避免債務人脫產，

---

❹　臺灣高等法院 96 年度抗字第 558 號裁定。

恐有困難❹。

2.程序進行緩慢

　　證券不法案件往往牽涉刑事不法，刑事偵審程序可能同時進行，此時民事法院復可能基於審理之需要或訴訟經濟之考量，而暫待刑事庭之審理結果，惟如此將使民事審理進度更趨遲緩。

3.事實舉證困難

　　投保中心就團體訴訟案件面臨之最大挑戰，在於：證券團體訴訟所涉及之不法行為，多屬重大經濟犯罪，相關證據資料主要都在被告手中，投保中心欲蒐集該等事證十分困難，雖可藉投保法第 17 條❺進行查詢，但前揭不法事實均係秘密行事，相關單位未必能夠查知，甚至無從知悉，故往往無法掌握足夠的證據資料，憑以提起團體訴訟。

4.因果關係認定與損害金額計算困難

　　證券求償訴訟中，有關因果關係的認定及損害金額的計算，乃實務上重大爭議；蓋影響證券市場股票價格的因素眾多，投資人是否因信賴財務報告或是否受被告不法行為之影響而受損害，一直是訴訟上之攻防重心。財報不實、公開說明書不實、操縱股價及內線交易等不同之案件類型，其性質及構成要件不同，即便同一案件類型，其具體事實也會有不同情況發生，例如投資人是否仍持有股票、案發迄今是否有市場因素介入等。凡此皆影響證券求償案件損害金額之計算，甚至影響請求權是否成立之判斷。因此，若仍沿襲傳統民法因果關係之理論，則成立證券求償案件之可能性

---

❹　劉連煜、林俊宏，前揭文，頁 91、92。

❺　投保法第 17 條：「保護機構為處理下列情事，得請求發行人、證券商、證券服務事業、期貨業或證券及期貨市場相關機構協助或提出文件、相關資料：一、依本法規定提出之調處案件。二、依第二十一條第一項規定，對證券投資人或期貨交易人未受償債權之償付。三、為提起第二十八條訴訟或仲裁。四、主管機關委託辦理之事項。五、其他為利於保護機構執行保護業務之事項（第 1 項）。保護機構依前項所得文件或相關資料，發現有違反法令情事，或為保護公益之必要時，應報請主管機關處理。受請求人未依前項規定協助或提出文件、相關資料者，亦同（第 2 項）。」

微乎其微；故學者認為，有必要適度修正證券求償及團體訴訟案件之因果關係認定標準，以因應實務需求❺❶。換言之，如法院以投資人不看財務報表或看不懂財務報表為由，免除被告賠償責任，明顯不妥❺❷。

不過，在 2010 年 3 月間，投資人授與投資人保護中心訴訟實施權，對盧○○等 2 人涉嫌操縱「杭特電子公司」股價等情事之團體訴訟，事後與被告盧○○等 2 人達成和解，並成功地取得和解金，替參加團體訴訟之投資人追回若干款項，已是對團體訴訟之指標❺❸。因此，團體訴訟之和解問題，確為一重要課題，然限於篇幅，茲不贅述。

第五節　我國證券投資人及期貨交易人保護法之修正

一、投保法之實施與修正

㈠ 2003 年投保法之施行

我國證券投資人及期貨交易人保護法於 2002 年 7 月制定公布，全文 41 條，並經行政院發布自 2003 年 1 月 1 日施行；嗣於 2009 年 5 月修正公布，同年 8 月 1 日施行。

㈡ 2009 年投保法之修正要點

投保法於 2009 年修正公布施行之內容，摘要如下❺❹：

1.配合證券投資信託及顧問法於 2004 年 11 月 1 日施行，修正投資人權益之保護，於本法未規定時，亦適用證券投資信託及顧問法之規定（修正條文第 2 條）。

---

❺❶　劉連煜、林俊宏，前揭文，頁 93。

❺❷　賴英照，《證券交易法解析（簡明版）》，頁 318。

❺❸　投資人保護基金會和解金額分配通知書，2010 年 10 月。

❺❹　參閱法源法律網 Law bank，https://www.lawbank.com.tw，拜訪日：2011 年 3 月 4 日。

2.配合行政院金融監督管理委員會成立，本法之主管機關變更為行政院金融監督管理委員會（修正條文第 3 條）。

3.保護機構辦理業務，發現上市或上櫃公司之董事或監察人執行業務，有重大損害公司之行為或違反法令或章程之重大事項，得依規定為公司對董事或監察人提起訴訟及訴請法院裁判解任董事或監察人，俾得督促公司管理階層善盡忠實義務（修正條文第 10 條之 1）。

4.保護基金償付後，保護機構對違約證券商或期貨商提起訴訟、上訴或聲請保全程序、執行程序時，與第 28 條團體訴訟同具公益性，第 34 條至第 36 條有關裁判費、執行費之徵收及保全程序免供擔保之規定應準用之（修正條文第 21 條）。

5.強化小額證券投資或期貨交易爭議事件之處理，對當事人之一造無正當理由不到場者，調處委員得提出調處方案，並訂定擬制調處機制。小額爭議事件額度，由保護機構擬訂，報主管機關核定（修正條文第 25 條之 1 及第 25 條之 2）。

6.團體訴訟或仲裁實施權之授與，包括所有為實現權利所必要之權限，並排除仲裁法、證券交易法有關妨訴抗辯規定之適用（修正條文第 28 條）。

7.法院為審理團體訴訟，得設立專業法庭或指定專人辦理（修正條文第 28 條之 1）。

8.團體訴訟裁判費徵收之標準，調整為訴訟標的金額或價額超過新臺幣三千萬元者，超過部分，暫免繳裁判費，另相關執行程序所需費用亦有暫免繳之適用（修正條文第 35 條）。

9.依證券交易法第 60 條第 1 項第 5 款規定，證券商經主管機關核准，得辦理因證券業務受客戶委託保管及運用其款項，爰配合增列證券商因業務接受客戶委託所取得之資產，應與證券商自有財產加以區隔，以確實保障客戶之款項及資產（修正條文第 37 條）。

㈢ 2012 年投保法之修正

2012 年 6 月 25 日，證券投資人及期貨交易人保護法第 3 條所列屬「行政院金融監督管理委員會」之權責事項，自 2012 年 7 月 1 日起改由「金融

監督管理委員會」管轄❺❺。

㈣ 2015 年投保法之修正

1.條文內容

證券投資人及期貨交易人保護法第 3 條規定：「本法所稱主管機關，指金融監督管理委員會。」

2.立法理由

為配合行政院組織改造，更正現行機關名稱，實有必要。故將原條文之行政院金融監督管理委員會修正為金融監督管理委員會。

二、投保法團體訴訟修正之評析

2009 年投保法修正後，大致確立其與證券交易法、期貨交易法、證券投資信託及顧問法間特別法與普通法之關係。依投保法第 2 條規定意旨，凡證券投資人及期貨交易人權益之保護，依投保法之規定，投保法無規定時，始適用證券交易法等前述法律及其他法律之規定。此項修正僅係宣示作用，並無特別之處。

該次修正與團體訴訟有關者，在於新修正投保法第 28 條之 1 規定，法院為審理團體訴訟，得設立專業法庭或指定專人辦理。蓋證券團體訴訟涉及層面較為專業，此種規定，值得肯定。至同法第 35 條第 2 項規定，團體訴訟裁判費徵收之標準，調整為訴訟標的金額或價額超過新臺幣 3,000 萬元者，超過部分，暫免繳裁判費，另相關執行程序所需費用，亦有暫免繳之適用。此等裁判費用減免之規定，對於團體訴訟之運作與效能之發揮，應有相當之助益。

另外，投保法第 28 條第 5 項，明定團體訴訟或仲裁實施權之授與，並排除仲裁法、證券交易法有關妨訴抗辯規定之適用。惟筆者認為，此一規定之原由，其實是因為修法者對於仲裁法第 4 條停訴抗辯，以及證券交易法第 167 條有關妨訴之規定有所誤解，蓋仲裁法第 4 條及證券交易法第 167 條，均係針對「強制仲裁」而規定。然在證券團體訴訟中，上市公司

---

❺❺　參閱行政院院臺規字第 1010134960 號公告，2012 年 6 月 25 日。

與投資人間並無「強制仲裁」之問題，二者顯然並不相干，故第 28 條第 5 項所謂排除仲裁法、證券交易法有關妨訴抗辯規定之適用之修法，實乃多此一舉，並無必要。

第六節　團體訴訟與因果關係之推定

我國團體訴訟案件之類型，以財務報告不實之類型最多，證券投資人若欲透過證券交易法第 20 條第 3 項請求損害賠償，須證明所受損害之範圍與因果關係❺❻；而此條文之制訂，係參考自美國證券交易法❺❼，故茲先就美國對因果關係之證明作一簡述，再探討我國證券交易法第 20 條構成要件之規定，以及因果關係認定標準對團體訴訟制度之影響。

一、美國證券交易法對因果關係之認定

(一)認定原則

1934 年，美國證券交易法對於詐欺行為訂立原則性條款，此即該法第 10 條，亦即 rule10（2）款；由於本條文僅係原則性宣示，條文本身未能直接據以執行，尚須聯邦證券交易委員會制訂執行規則，始能發揮功能。在主管機關制訂之管理規則中，與財務報告不實最有關者，當屬 10b–5 規則。該規則在美國實務上，已被法院廣泛地適用於各類詐欺和詐騙案件。

(二)要　件

根據美國判例，若投資人欲本於 10b–5 規則向行為人訴請損害賠償，應向法院證明下列六項要件：

1.原告確實具有欺騙、不實陳述或遺漏之行為。

2.上揭之欺騙、不實陳述、遺漏與原告買賣證券之行為有關連。

3.被告於主觀上具有故意。

---

❺❻　闕光威、方文萱，〈投資人保障的觀點看財報不實的法律責任〉，《全國律師月刊》，2004 年 5 月，頁 85～93。

❺❼　詳見賴英照，《證券交易法逐條釋義》，第四冊，頁 105 以下。

4. 被告用以欺騙、不實陳述或遺漏之消息於交易上具有重要性。

5. 被告之行為與原告所受之損失具有因果關係。

6. 被告受有損失。

上開所列第 5 項要件因果關係之認定，原告若欲證明行為人財報不實行為與自己所受損害之間具有因果關係，該項證明需包含下列兩個層次：

第一個層次，是原告必須要證明係因該項不實的財務報表而為交易行為。

第二個層次，是原告必須要證明，所受損失是基於該項不實之財務報表所致。易言之，原告必須證明該不實財報，與己身之交易行為與所受損害，均具有因果關係。

㈢交易因果關係與損害因果關係

1. 交易因果關係

在交易之因果關係部分，美國法院提出「市場詐欺理論」(the Fraud on the Market Theory)，該理論認為公司的股票價格，是由市場中有關公司的訊息所共同決定。因此，當投資人買賣股票的同時，即間接相信股票價格背後所隱含之所有資訊，即便投資人並沒有直接因行為人詐欺行為為交易行為，但仍然間接地受到欺騙。

2. 損害因果關係

至於在損害因果關係部分，證明投資人所受損害與行為人詐欺行為間之因果關係，與如何認定投資人在具體案件之中所受損害，二者一體兩面。

美國法院實務上，係以「投資人所受之損害是否是因為被告之引誘行為所引起」為依據[58]，區分兩種處理方式：若投資人所受的損失，是因為被告之引誘行為所引起，此時美國法院採取舉證責任倒置方式，原則上，推定因果關係成立，但被告可舉反證免責；若投資人所受之損害，並非因被告引誘行為所引起，此時原告必須回到普通法上所確立之舉證規則，舉證其所受損害與被告之行為具有因果關係[59]。

---

[58]　賴英照，《證券交易法解析（簡明版）》，頁 319。

[59]　劉連煜，《公司法理論與判決研究㈠》，1997 年 11 月，頁 216 以下。

二、我國證券交易法第 20 條之構成要件

㈠規定內容

根據我國證券交易法第 20 條，行為人若為財報不實之行為，或發行人違反同條第 2 項之規定，投資人得以同條第 3 項為請求權基礎，向違法行為人求償。本條所規定之構成要件有四：

　　1.行為人對於財務報告或財務業務文件有虛偽或隱匿之行為；

　　2.造成投資人受有損害；

　　3.行為人之行為與投資人所受損害之間具有因果關係；

　　4.主觀要件上，行為人（本條指發行人）之行為係基於故意為之。

㈡因果關係之判斷

1.實務見解

我國民法實務上，對於因果關係之判斷標準，採取「相當因果關係說」❻⓿，原告必須證明被告財務報告不實之行為與原告之交易行為，具有相當因果關係，並證明原告所受之損失與被告財務報告不實之行為，亦有相當因果關係。

然而，在證券交易法實務上，依照經濟學之效率資本市場假說，在一個有效率之資本市場中，股價會充分反映所有可得之資訊，因此將形成「正確」之股價，個別投資人縱未掌握流入市場之全部資訊，該等資訊仍在股票之市價上反映出來，投資人信賴集中市場，依市價買賣股票，實際上亦承受各項資訊對市價影響的結果。如股票發行公司發布不實資訊，不僅是對個別投資人之欺騙，且為對整體證券市場之欺騙，個別投資人因信賴市場，依市價買賣，應推定其買賣與不實資訊之間，存有因果關係❻❶。

---

❻⓿　有關民法採取「相當因果關係說」之判例、判決，有最高法院 48 年臺上字第 481 號判例、最高法院 30 年上字第 18 號判例、最高法院 100 年度臺上字第 33 號判決、最高法院 99 年度臺上字第 2014 號判決。

❻❶　臺灣臺北地方法院 95 年度金字第 8 號判決。

2.「假投資，真取得公司債」案

茲舉一與不實財報相關之實務案例，以供參考：

上市公司吉○公司（原為訊○公司）於 2008 年 8 月 4 日發出重大訊息表示，對臺灣高等法院損害賠償事件民事判決，強烈表示無法接受。吉○公司又表示，前任經營者呂○○藉虛偽不實交易，以發行海外可轉換公司債手法，「假投資，真取得公司債」，詐得公司股票，再由集中市場賣出，掏空公司資產。此一手段乃臺灣上市公司前所未見，所有過程皆由呂○○等共犯一手主導、策劃，公司在任何階段皆不知情、亦無參與，更遑論獲利；相較於其他發生掏空公司，公司與主事者共同以不實財報誤導投資大眾，炒作股價坑殺股東，獲取不法利益，令公司與主事者連帶賠償合情合理，但此案中吉○公司與全體股東一樣無辜，同為受害者❻❷。且本件損害賠償案高達二十六億訴訟價額，涉及吉○公司四萬名股東及過去受害之八千名投資者，該公司嗣向最高法院提出上訴。

2010 年 3 月 25 日，本案經最高法院判決認為，投資人分別買進股票時，上訴人（即吉○公司）所申報公告之財務報告，非無輕重不等之虛偽不實情事，迨上訴人公告此項虧損訊息至暫停交易日之期間，已達四個月餘，且自上訴人公司股票恢復交易至各該投資人提起本件訴訟，亦各達二個月餘及五個月餘，則市場適當反應該項重要訊息所需之期間為何？倘投資人於適當反應期間內未出脫持股，導致擴大其損害是否與有過失，核與應否減免上訴人之賠償責任攸關。原審未遑詳查審認，遽謂投資人之股票如已賣出，則以買入時價格減去賣出時價格，如未賣出，則以買入時價格減去請求時價格計算云云，為不利上訴人之論斷，不無可議。上訴論旨，指摘原判決於其敗訴部分為不當，求予廢棄，非無理由。因而判決主文認為：「原判決關於命上訴人給付及該訴訟費用部分廢棄，發回臺灣高等法院」❻❸。而本案最終，結果如何，有待觀察。

---

❻❷　股市觀測站，2008/07/31 14:09 時報資訊。

❻❸　最高法院 99 年度臺上字第 521 號民事判決。可惜該案最終結果如何，並未公佈。

3.小 結

由於最高法院在前開案例之判決理由中提及:「倘投資人於適當反應期間內未出脫持股導致擴大其損害是否與有過失,核與應否減免上訴人之賠償責任攸關」云云,足見最高法院認為「因果關係論」與「投資人是否與有過失」二者之間,亦有些微關係,且該「投資人是否與有過失」攸關減免上訴人之賠償責任,故事實審法院應詳為調查。此種見解,值得注意。

第七節　結　語

證券投資人個別向證券不法行為之行為人求償時,其關鍵在因果關係上之判斷與認定,此因果關係存在之判定,在團體訴訟制度中亦同樣適用。惟基於證券訴訟之特性使然,有關因果關係的認定及損害金額之計算,一直是法院實務上之重大爭議。

申言之,訴訟實務上若無法承認因果關係推定之作法,即便投保法規定投資人得授與訴訟實施權給投保中心,由投保中心向行為人提起團體訴訟,仍將面臨重大困難。蓋團體訴訟之精神,在於受損害之當事人間就所受損害與因果關係具有一致性,而證券市場中,每一位投資人為交易之原因皆有所不同,信賴財務報告之程度亦有差異,若不推定因果關係存在,勢將阻礙團體訴訟之功能。故從團體訴訟制度角度觀之,因果關係之推定,乃保障投資人所不可避免之作法。

目前證券團體訴訟在投保中心努力下,已逐漸發揮功能,其團體訴訟之勝訴案件,不在少數❻,值得讚許。然而,倘忽略法律文化之限制,法律之所有正常變化將注定要失敗❻。因此,相較於國外行之有年之團體訴訟制度,我國在既有之法律文化下,團體訴訟制度仍有如下調整改進空間:

---

❻ 截至 2010 年 12 月團體訴訟勝訴案件 , 詳投保中心網站 http://www.sfipc.org.tw/main.asp,拜訪日:2011 年 2 月 18 日。

❻ Henry W. Ehrman, *Comparative Legal Cultures*, Prentice-Hall, Inc., 1976, p. 149.

1.團體訴訟判決之既判力問題

我國團體訴訟其判決之既判力，僅及於參與訴訟實施權讓與之投資人，此原係著眼於保障當事人程序利益，蓋現行團體訴訟之性質為任意訴訟擔當，投保中心係被動地接受訴訟實施權之授與。因此，自始不知團體訴訟消息之投資人，將並無機會參與，或是無從決定是否參與該件訴訟程序，此情況下，若逕將判決效力擴張及於該不知情投資人，則有侵害其訴訟權利之虞。相較於我國制度設計，美國團體訴訟制度，係經由法定通知義務來解決投資人程序保障問題，若投資人受通知而未表示除外之意思，即將之包括在團體訴訟內，日後均受判決效力所拘束❻❻。此種折衷作法，頗值我國參考。

2.證券求償特性之舉證責任問題

為發揮證券團體求償之功能，針對證券求償案件之特性，配合修正投保法有關因果關係之推定及損害之擬制，否則即使程序再便捷，亦可能因請求權有無之判定，而導致證券交易法上民事責任阻卻違法之功能受限，連帶市場秩序易受影響。

法諺有云：「舉證之所在，敗訴之所在。」故由何人負擔舉證之責，攸關訴訟之成敗，尤其在證券訴訟中，由於證據資料掌握在不法行為人手中，舉證責任更是困難，若依傳統理論，責令被害人進行舉證，不但困難，亦違反公平正義原則，故有必要立法，而為舉證責任之倒置。

此外，因果關係之判斷及損害之計算，亦為法庭上攻防爭議之一，如何界定投資人所受之損害與行為人之行為因果關係存在，有技術上困難。為求適用上明確，或可考慮明文擬制因果關係，並明定損害之計算方法，以為實務之準據。

3.訴訟外糾紛解決機制 (ADR) 之運用

訴訟外糾紛解決機制 (ADR) 之運用，在美國由來已久，在此背景下，美國亦非常重視團體訴訟案件之和解，故歷來曾有和解中之告知案❻❼，以

---

❻❻　劉連煜、林俊宏，前揭文，頁 97。

❻❼　參閱美國聯邦第三巡迴法院，Zimmer Paper Prod., Inc. v. Berger Montague, P.C.

及因當事人一造違反聯邦消費者租賃法至達成和解協議案 ❻❽ 等案例。

有關訴訟外糾紛解決機制 (ADR) 問題，在我國投保法第 28 條有「起訴或提付仲裁」二者並列之規定，後者亦即所謂「團體仲裁」，惟事實上，在證券爭議案件中，保護機構與被告間，雙方並無仲裁協議，根本無法進行「團體仲裁」 ❻❾。因此，自投保法施行以來，迄今尚未見有任何「團體仲裁」案例，顯然該立法有所疏忽；2009 年投保法修正時，對上開問題仍未解決，此在法制上似有不足。

判例法與法典法之差異，由來已久，更涉及各國歷史文化問題，惟美國畢竟是目前證券立法最為發達完善之國家，不但在證券法上之民事責任與團體訴訟制度方面，有較豐富之立法與實務經驗；且因其承認以判例作為法律淵源，故在長期審判實務中，也累積大量相關且具有拘束力案件之證券判例。而該等法律制度、法律文化，則被視為一種「先進之現代文明」，傳播到世界各地，然美國團體訴訟，仍有導致濫訴之缺點，自有其成功經驗與不足之處。因此，我國無須採取美國式之律師團體訴訟，而是採取由投資人授權保護機構進行團體訴訟之立法方式，以及設立金融專業法院 ❼⓪ 等途徑，以保護投資人。由於投資人保護機構得以專職處理證券團體訴訟案件，使投資人較易獲得實體損害賠償，對於健全法律之公共執行，和遏阻證券不法行為，確實有一定之成效。

1985, 758 F. 2d 86.

❻❽ 參閱美國聯邦地區法院，康乃爾州，Clement v. American Honda Fin, Corp. 1997, 176 F. R. D 15.

❻❾ 吳光明，〈證券交易爭議之仲裁〉，載於《仲裁法理論與判決研究》，2004 年 11 月，頁 338。

❼⓪ 司法院於 2005 年 12 月間表示，有鑑於金融重大犯罪案件頻傳，司法院短期內將以培養法官財經專業能力為優先，長期則考量設置「金融專業法院」。2008 年 8 月起，臺北地院成立了金融專業法庭，專辦重大金融案件。

第二十四章　公司董監等之詐害行為

第一節　概　說

為因應社會經濟發展之須，我國證券交易法於歷次之修正中，對於重大證券犯罪行為者，迭有提高刑期及罰金，延長易服勞役之期間等變革。為避免該等犯罪行為人進行財產移轉行為，掩飾其犯罪所得，以維護公司權益，並使犯罪人或相對人無法享受其犯罪所得或財產上利益，爰參考民法第 244 條、第 245 條規定，修正第 171 條第 1 項及增訂第 174 條第 1 項條文，並使犯罪人或相對人無法享受其所得，發揮嚇阻犯罪之功效❶。

我國早於 2005 年 5 月間修正證券交易法時，即參考民法第 244 條、第 245 條，增訂第 174 條之 1，於公司之董事、監察人、經理人或受僱人所為之無償行為，有害及公司之權利者，或其所為之有償行為，於行為時明知有損害於公司之權利，且受益人於受益時亦知其情事者，公司得對違法掏空者之移轉財產行為，聲請法院撤銷之。

基此，本章首先擬探討民法第 244 條之詐害行為，包括法規理論、實務見解；其次擬探討證券交易法之詐害行為，包括第 174 條之 1 規定內容與立法理由、行使撤銷權之要件、簡評；再次擬探討其他相關規定，最後提出檢討與建議。

---

❶　參閱證券交易法第 174 條之 1、第 174 條之 2、第 181 條之 1 修正總說明，
　　2005 年 5 月 8 日。

第二節　民法第 244 條之詐害行為

一、法規理論

㈠規定內容

按民法第 244 條規定：「債務人所為之無償行為，有害及債權者，債權人得聲請法院撤銷之（第 1 項）。債務人所為之有償行為，於行為時明知有損害於債權人之權利者，以受益人於受益時亦知其情事者為限，債權人得聲請法院撤銷之（第 2 項）。債務人之行為非以財產為標的，或僅有害於以給付特定物為標的之債權者，不適用前二項之規定（第 3 項）。債權人依第一項或第二項之規定聲請法院撤銷時，得並聲請命受益人或轉得人回復原狀。但轉得人於轉得時不知有撤銷原因者，不在此限（第 4 項）。」

大體言之，依據民法第 244 條規定所提撤銷之訴，其裁判上之效力，可分為 2 種情況：如因訴不合法或當事人不適格而被駁回者，其他債權人尚得提起撤銷之訴；如因撤銷要件不存在之敗訴判決或准予撤銷之勝訴判決，基於一事不再理原則，其他債權人則不得再行提起撤銷之訴。

在破產法方面亦有類似規定，如破產法第 78 條規定：「債務人在破產宣告前所為之無償或有償行為，有損害於債權人之權利，依民法之規定得撤銷者，破產管理人應聲請法院撤銷之。」係破產對財產之效力中，有關詐害行為之撤銷之相同規定。

㈡立法理由

前開民法第 244 條之規定本來只有兩項，至其第 3、4 項為 1999 年 4 月始修正新增，查其修正之立法理由如下：

1.撤銷權以保障全體債權人之利益為目的，非為確保特定債權而設。爰於第 3 項增訂不得僅為保全特定債權而行使撤銷權。

2.對債權人行使撤銷權，除聲請法院撤銷詐害行為外，如有必要，並得聲請命受益人返還財產權及其他財產狀態之復舊，及轉得人可否聲請回

復原狀，原條文並無規定。為維護交易安全並兼顧善意轉得人之利益，爰增訂第 4 項❷。

二、實務見解

㈠除斥期間有無經過法院應先為調查

按民法第 244 條第 1 項之撤銷訴權，依同法第 245 條規定，自債權人知有撤銷原因時起，一年間不行使而消滅。該項法定期間為除斥期間，其時間經過時權利即告消滅。此項除斥期間有無經過，縱未經當事人主張或抗辯，法院亦應先為調查認定，以為判斷之依據❸。

㈡是否有害債權以債務人行為時定之

按債務人所為之無償行為，有害及債權者，債權人得聲請法院撤銷之，民法第 244 條第 1 項定有明文。是否有害及債權，以債務人行為時定之。故有害於債權之事實，須於債務人行為時存在，債權人始得聲請法院撤銷。苟債務人於行為時有其他財產足以清償其對債權人所負債務，仍不構成詐害行為，債權人不得聲請法院撤銷。

㈢僅因日後之經濟變動尚難認係有害債權

民法第 244 條所規定因詐害行為所得行使之撤銷權，係屬撤銷訴權，應以訴之方法行使，須經法院為撤銷其行為之形成判決，始能發生撤銷之效力，在未生撤銷之效力以前，債務人之行為尚非當然無效。又抵押權設定行為為詐害行為時，抵押物縱經拍賣並經塗銷抵押權登記，其抵押權設定行為仍非不得撤銷，須經法院判決撤銷後，始能認抵押權人之優先受償權不存在。次按債務人之行為有害及債權之事實，必須於行為時存在，倘債務人於行為時仍有足以清償債務之財產，僅因日後之經濟變動，致其財產減少不足清償債務者，尚難認其行為係有害及債權之行為❹。

---

❷　民法第 244 條第 3 項、第 4 項修法理由，1999 年 4 月 21 日。
❸　最高法院 85 年臺上字第 1941 號判例，以及最高法院 93 年度臺上字第 2593 號民事判決。
❹　最高法院 92 年度臺上字第 821 號民事判決。

㈣「害於債權人之權利」係指債務人陷於無資力

債權人得依民法第 244 條規定，行使撤銷權，以其債權於債務人為詐害行為時，業已存在者為限，若債務人為詐害行為時，其債權尚未發生，自不許其時尚非債權人之人，於嗣後取得債權時，溯及的行使撤銷權。又民法第 244 條第 1 項及第 2 項所謂「有害及債權」或「害於債權人之權利」，係指債務人陷於無資力之狀態而言❺。

又按債務已屆清償期，債務人就原有債務為清償，固生減少積極資產之結果，但同時亦減少其消極財產，於債務人之資力並無積極影響，故債務人為代物清償，倘無不相當而有損債權人之權利時，自難指為民法第 244 條之詐害行為❻。

㈤塗銷移轉登記之訴僅須向該移轉登記之第三人為之

以合建契約其當事人間，自共同負有洽妥受理土地信託之受託人及融資銀行等義務，而債權人主張債務人與第三人所為不動產所有權移轉登記之處分行為無效，而提起塗銷該移轉登記之訴者，僅須向該移轉登記之第三人為之即可，不得對債務人一併為此請求；故若以用為合建建物之土地，以信託為原因所為所有權移轉登記之名義人以合建契約之數當事人為被告請求移轉，即有違法之處❼。

第三節　證券交易法之詐害行為

一、證券交易法第 174 條之 1 規定

我國證券交易法最初並無第 174 條之 1，迄 2005 年 5 月始增訂，該條文原計 6 項。2012 年 1 月修正時，又增訂第 7 項，茲分述其內容如下：

---

❺　最高法院 95 年度臺上字第 1741 號民事判決。
❻　最高法院 94 年度臺上字第 2105 號民事判決。
❼　最高法院 99 年度臺上字第 632 號民事判決。

㈠原規定內容（2005 年）

1.第 1 項

第 171 條第 1 項第 2 款、第 3 款或前條第 1 項第 8 款之已依本法發行有價證券公司之董事、監察人、經理人或受僱人所為之無償行為，有害及公司之權利者，公司得聲請法院撤銷之。

2.第 2 項

前項之公司董事、監察人、經理人或受僱人所為之有償行為，於行為時明知有損害於公司之權利，且受益人於受益時亦知其情事者，公司得聲請法院撤銷之。

3.第 3 項

依前 2 項規定聲請法院撤銷時，得並聲請命受益人或轉得人回復原狀。但轉得人於轉得時不知有撤銷原因者，不在此限。

4.第 4 項

第 1 項之公司董事、監察人、經理人或受僱人與其配偶、直系親屬、同居親屬、家長或家屬間所為之處分其財產行為，均視為無償行為。

5.第 5 項

第 1 項之公司董事、監察人、經理人或受僱人與前項以外之人所為之處分其財產行為，推定為無償行為。

6.第 6 項

第 1 項及第 2 項之撤銷權，自公司知有撤銷原因時起，一年間不行使，或自行為時起經過十年而消滅。

7.增訂第 7 項內容（2012 年）

證券交易法第 174 條之 1 增訂第 7 項規定：「前六項規定，於外國公司之董事、監察人、經理人或受僱人適用之。」

㈡立法理由

證券交易法第 174 條之 1 之立法理由，茲分析如下❽：

---

❽　證券交易法第 174 條之 1、第 174 條之 2、第 181 條之 1 修正草案條文對照表之說明，2005 年。

1.按本法第 171 條第 1 項第 2 款、第 3 款或第 174 條第 1 項第 8 款之已依本法發行有價證券公司之董事、監察人、經理人或受僱人，所為之無償行為，有害及公司之權利者，參考民法第 244 條第 1 項規定，應允許公司得聲請法院撤銷之，以保護公司之權利，爰為第 1 項規定。

2.第 1 項之公司董事、監察人、經理人或受僱人，所為之有償行為，於行為時明知有損害於公司之權利，且受益人於受益時亦知其情事者為限，參照民法第 244 條第 2 項規定，應允許公司得聲請法院撤銷之，俾受益人及公司之利益，均得保護，爰為第 2 項規定。

3.為使公司除行使撤銷權外，如有必要，並得聲請命受益人或轉得人返還財產權及其他財產狀態之復舊，爰參考民法第 244 條第 4 項規定，於第 3 項賦予公司對明知有損害公司之受益人或轉得人有回復原狀之請求權。但轉得人於轉得時不知有撤銷原因者，為保障其交易安全，爰為例外規定。

4.為利公司撤銷權之行使，並防止公司之董事、監察人、經理人或受僱人假藉與其配偶、直系親屬、同居親屬、家長或家屬間所為之處分其財產行為，以規避賠償責任，爰參酌破產法第 15 條第 2 項規定，於第 4 項將其擬制為無償行為。

5.第 1 項之公司董事、監察人、經理人或受僱人，與第 4 項以外之人所為之處分財產行為，則於第 5 項為舉證責任倒置之規定，將其推定為無償行為。

6.撤銷權若永久存續，則權利狀態永不確定，實有害於交易之安全，爰參考民法第 245 條，於第 6 項就第 1 項、第 2 項之撤銷權為除斥期間之規定。

7.為配合本法新增外國公司章之規定，基於我國公司及外國公司平等原則，以及參照銀行法第 125 條之 5 規定，故增訂第 7 項，定明前 6 項規定，於外國公司之董事、監察人、經理人或受僱人適用之❾。

---

❾　證券交易法第 174 條之 1 第 7 項增訂理由，2012 年 1 月 4 日。

二、行使撤銷權之要件

依證券交易法第 174 條之 1 第 1 項規定意旨，行使撤銷權之要件如下：

㈠須有下列犯罪行為

1.依證券交易法第 174 條第 1 項第 2 款規定，須以直接或間接方式，使公司為不利益之交易，且不合營業常規，致公司遭受重大損害。

2.依證券交易法第 174 條第 1 項第 3 款規定，已依本法發行有價證券公司之董事、監察人或經理人，意圖為自己或第三人之利益，而為違背其職務之行為或侵占公司資產者。

3.發行人之董事、經理人或受僱人違反法令、章程或逾越董事會授權之範圍，將公司資金貸與他人、或為他人以公司資產提供擔保、保證或為票據之背書，致公司遭受重大損害者。

㈡須為公司董事、監察人、經理人或受僱人之行為

1.無償行為

公司董事、監察人、經理人或受僱人之行為如為「無償行為」，須「有害及公司之權利」；另依第 174 條之 1 第 4 項規定，公司董事、監察人、經理人或受僱人與其配偶、直系親屬、同居親屬、家長或家屬間所為之處分其財產行為，均視為無償行為。依第 174 條之 1 第 5 項規定，公司董事、監察人、經理人或受僱人與前項以外之人所為之處分其財產行為，推定為無償行為。

2.有償行為

公司董事、監察人、經理人或受僱人之行為如為「有償行為」，須上開人員依第 174 條之 1 第 2 項規定，公司「於行為時明知有損害於公司之權利，且受益人於受益時亦知其情事者」，公司得聲請法院撤銷之。

三、簡　評

證券交易法第 174 條之 1 仿照民法第 244 條之詐害行為之規定，冀能杜絕詐害行為，立意良善，但學者認為，對詐害行為之防範，方法上仍有

下列未盡周延之處，茲分述如下❿：

(一)涵蓋範圍不足

證券交易法第 174 條之 1 所規定得以聲請法院撤銷之情形，限於同法第 171 條第 1 項第 2 款、第 3 款或第 174 條第 1 項第 8 款所規範者，故僅適用於背信、侵占、違法貸與資金等掏空資產之行為；至於內線交易、操縱市場、財報不實等犯罪均不在適用之列；此等犯罪之被害人，均無從依本條行使撤銷權。

(二)無法劍及履及

撤銷權須待有罪判決確定後始得行使，有心脫產之人士，足可從容為之，影響本條之效益。

(三)缺乏配套措施

有權行使撤銷權者，為公司本身，但公司缺乏誘因積極行使撤銷權。反之，如公司不行使撤銷權時，有何法律效果，證券交易法並無明文規定。

(四)缺乏銀行法限制出境等之規定

銀行法第 62 條之 1 規定：「銀行經主管機關派員接管或勒令停業清理時，其股東會、董事會、董事、監察人或審計委員會之職權當然停止；主管機關對銀行及其負責人或有違法嫌疑之職員，得通知有關機關或機構禁止其財產為移轉、交付或設定他項權利，並得函請入出國管理機關限制其出國。」可惜該條僅適用於「經主管機關派員接管或勒令停業清理」之銀行，並不及於其他公開發行公司，此部分有待修法時補強。

第四節　其他相關規定

一、重大犯罪適用洗錢防制法

證券交易法第 174 條之 2 規定：「第一百七十一條第一項第二款、第三款及第一百七十四條第一項第八款之罪，為洗錢防制法第三條第一項所定

---

❿　賴英照，《最新證券交易法解析：股市遊戲規則》，2006 年 2 月初版，頁 568。

之重大犯罪，適用洗錢防制法之相關規定。」此一條文與前述證券交易法第 174 條之 1 一樣，亦係於 2005 年 5 月所增訂，當時立法之理由為：按本法第 171 條為最重本刑十年以下有期徒刑之罪，第 174 條第 1 項第 8 款之罪為一年以上七年以下有期徒刑之罪，均對證券市場交易秩序及投資人權益造成重大影響，為防止該等犯罪行為人掩飾、隱匿因自己犯罪所得財物或財產上利益，爰增訂本條，將第 171 條第 1 項第 2 款、第 3 款及第 174 條第 1 項第 8 款之罪，列為洗錢防制法第 3 條第 1 項所定之重大犯罪，並適用洗錢防制法相關規定。

　　2012 年 1 月間，因證券交易法修正而新增之第 171 條第 9 項及第 174 條第 6 項亦涉有本條所列之罪，爰增訂其亦適用洗錢防制法相關規定。

二、得設立專業法庭或指定專人辦理

　　另證券交易法第 181 條之 1 規定：「法院為審理違反本法之犯罪案件，得設立專業法庭或指定專人辦理。」蓋證券犯罪案件有其專業性、技術性，一般刑事法庭法官若無相當專業知識者，較不易掌握案件重點，為使證券犯罪案件之審理能符合法律及社會公平正義之要求，有設立證券專業法庭之必要，爰增訂本條❶。

三、應以年度中之各筆交易為整體考量是否受有損害

　　證券交易法第 171 條第 1 項第 2 款為刑法背信罪之特別規定，學界認為在控制公司與從屬公司之間交易，本款之適用，應有特別之考量。例如甲控制公司與乙從屬公司之間，基於關係企業整體營運的需要，為不合營業常規之交易，致使乙公司受重大損害。從該條文文字觀察，乙公司之負責人及受僱人似有違反該條規定，惟如此解釋，尚有應斟酌之處。而依公司法規定，控制公司應負責補償從屬公司之交易損失，否則控制公司負責人應與控制公司連帶負責賠償。因此公司法係以民事責任處理相關問題。

---

❶　證券交易法第 174 條之 1、第 174 條之 2、第 181 條之 1 修正草案條文對照表之說明，頁 2。

次按基於整體營運的需要，控制公司與從屬公司間，或從屬公司相互間，其交易常有異於非關係企業者；所謂「受有損害」，應以年度中之各筆交易為整體考量，而非僅以個別之買賣作為認定基礎❷。

第五節　結　語

在證券市場中，證券之發行與上市之管理為兩個不同環節，但又相互關聯，前者為後者之必要條件，但後者卻非前者之必然結果。證券發行之管理制度，所涉龐雜，此由諸多法規章則之訂定，以及歷來實務運作引發之諸多論辯，概可想見，而如何防止公司之董事、監察人、經理人或受僱人掏空公司，以保護投資人，亦為重要課題。

證券交易法第 174 條之 1，初係參酌民法第 244 條規定意旨而來，此觀乎立法理由自明。依民法有關詐害行為之相關規定，實務上認為，債務人以其所有之不動產設定抵押權，同時向他人借貸款項，其設定抵押權之行為，固屬有償行為，若先有債權之存在而於事後為之設定抵押權者，如無對價關係，即屬無償行為。倘有害及債權，則債權人自得依民法第 244 條第 1 項之規定予以撤銷之❸。故證券交易法第 174 條之 1 規定，如已發行有價證券公司之董事、監察人、經理人或受僱人，將公司之不動產設定抵押權，而有害及公司之權利者，基於相同之法理，公司得聲請法院撤銷之。

於此應注意者，證券交易法第 174 條之 1 雖規定為：「公司得聲請法院撤銷之」，惟實則公司仍須透過訴訟判決程序，始得撤銷該等詐害行為所形成之法律關係，非可由法院逕按非訟程序，依據公司之聲請而裁定撤銷，顯見原條文用語有欠周延。立法上應將「非訟」與「訴訟」用不同之用語加以區辨，故應將公司得「聲請法院撤銷之」改為公司得「請求法院判決撤銷之」，用語始稱嚴謹。

---

❷　臺灣臺北地方法院 96 年度矚重訴字第 3 號民事判決。

❸　最高法院 94 年度臺上字第 318 號民事判決。

此外，證券交易法第 174 條之 1 規定在訴訟效力上，如因訴不合法或當事人不適格而被駁回者，即為確定，並無類似民法第 244 條之「其他債權人」得提起撤銷之訴問題，此於適用上應予明辨。

第二十五章 證券犯罪罰則與沒收新制

第一節 概 說

一般而言，證券市場之秩序有二：一為自然之秩序，即技術標準，例如證券理論、證券指數、股票加權等；另一為社會之秩序，即證券市場運轉之社會規範，其主要是規範法律意義上之秩序，例如證券交易法規以及主管機關所發布之交易規範等。

證券市場中違背社會規範之行為，可能衍生民事或刑事上之相關責任，民事方面之責任或多以損害賠償等為普遍之彌補途徑，惟若涉及刑事責任，則又有另一套刑事規制加以究責。

有關證券犯罪之刑事立法，主要有三種：

一、附屬刑法：將證券犯罪之刑事責任直接規定在證券法規上，我國證券交易法上行政罰所實行之處罰，又可分下列二種：

㈠行政秩序罰，對於違反行政上之義務者，科以刑法所定之刑名以外之制裁，例如證券交易法第 178 條明文違法者，處罰鍰規定即屬於此類。

㈡行政刑罰，即對於違反行政法上之義務者，科以刑法所定之刑名，如有期徒刑、拘役或罰金之刑事制裁。證券交易法第 171 條至第 177 條所明文違法者，即屬於此類。

二、特別刑法：即將證券犯罪之刑事責任以特別刑法模式呈現。

三、普通刑法：即將證券犯罪之刑事責任以普通刑法模式呈現。

我國乃採附屬刑法之立法模式，此種立法模式係在相關之證券法規上，

以附屬刑法之立法，將相關證券不法行為之刑事責任直接規定於證券法規上。惟依刑法第 11 條規定：「本法總則對於其他法令有刑罰之規定者，亦適用之。」因此，刑法總則之規定，於證券犯罪仍有其適用。

我國證券集中交易市場成立，迄今已逾 40 餘年，隨著證券市場投資人口之大量增加，一旦發生證券舞弊，則受害之投資人亦動輒成千上萬，不但投資人無法獲得適當之損害賠償，對證券市場亦將失去信心，社會游資不願進入證券市場，連帶使企業無法匯集資金，凡此均對社會經濟之繁榮與安定，發生重大影響。

另外，證券犯罪弊案、上市公司洗錢脫產❶、利用人頭戶交叉持股作集團性犯罪等，使不法之徒利用人頭以充當犯罪之工具，間接助長犯罪空間，凡此種種，在在顯示許多不合時宜之法令規章，亟待修正變革，如無法及早因應，老舊之典章制度將是我國經濟成長之絆腳石。惟在修正或增訂法令之同時，除應著眼於法學理論之探討外，尤應配合實務之需求及效率，相關之行政措施亦應併予修正或考量。否則，徒有完備之法令規章，牛步化之作業仍將使其作用緩不濟急。

針對證券犯罪之刑事處罰，我國證券交易法於第 171 條至第 180 條之 1 條文中，訂有各式罰則，其中近年又有修正。有關證券交易法晚近之修正與增訂，後續將以專章闡述，本文則僅擬配合證券罰則之主題，略敘第 171 條條文之修正事宜。

基此，本章首先擬探討證券交易法之罰則，包括引入刑罰威嚇犯罪、證券交易法之罰則類型、證券交易法罰則處罰之對象。其次擬析述證券交易法之違法類型，包括立法沿革、證券交易法第 171 條之違法類型、證券

---

❶　實務上認為，採證認事係事實審法院之職權，其對證據證明力之判斷，如符合經驗法則或論理法則，且於判決理由中述明，即不能再就事實上爭點為爭執，而指摘原判決違法。本件訴外人確曾利用資金非法投注股市，而違反證券交易法，然行為人所屬員工既與訴外人有密切資金上往來，即難認其員工明確知悉何者為拉抬股票所得之財物，而不構成洗錢罪。參閱最高法院 99 年度臺上字第 1649 號刑事判決。

交易法第 175 條之違法類型。再次擬探討證券交易法第 171 條刑罰之加重與減免，包括加重刑罰、刑之減免、犯罪所得之處理、外國公司或其人員違反規定之處罰規定。復次擬探討證券犯罪之沒收新制。最後，提出檢討與建議。

第二節　證券交易法之罰則

一、引入刑罰威嚇犯罪

我國證券市場固然需要建立完善之民事賠償制度，利用利益或損失之刺激機制與手段，鼓勵投資大眾安心投資，也藉此發揮市場監督機制，嚇阻或追究違法行為。

然而，違法者如僅以民事賠償為最終之責任，在各方利益之誘因下，其對違法行為之規範功能恐極為有限，政府為導正證券市場之不當行為，乃引入刑罰來達到威嚇預防犯罪之需要。蓋刑罰乃國家主權行使中最為嚴厲之手段，須依比例原則之審查。故國家對於刑罰權之行使，極為慎重，刑罰適用之得當，固足以產生壓制犯罪之作用；用之不當，反形成更多之犯罪。因之，引入刑罰介入證券秩序，應慎重為之。

近年來，我國之立法趨勢，對證券犯罪採取嚴刑峻法之立法政策，證券交易法自 2010 年 6 月修法以來，就該法第七章相關條文（如第 171 條）之修正，此一趨勢即頗為顯著。

二、證券交易法之罰則類型

我國證券交易法罰則訂於第七章，該章共 14 條，惟其中第 176、180 條條文已刪除，且第 179 條係規定法人及外國公司違反本法時之處罰對象；至第 180 條之 1 則係規定易服勞役之折算標準等，故條文內容確為「罰則」者，實際共 10 個條文。依據前開條文所訂罰則觀之，證券交易法對於違法行為之懲處規範方式，概可分為如下數種類型：

㈠有期徒刑

　　證券交易法第 171 條、第 172 條、第 173 條、第 174 條、第 175 條、第 177 條，對於特定之證券犯罪行為，均分別規定不同之刑期。且在有期徒刑之外，皆另明定得科或併科一定金額之罰金。例如依第 174 條第 2 項第 1 款意旨，律師對公司、外國公司有關證券募集、發行或買賣之契約、報告書或文件，出具虛偽或不實意見書者，處五年以下有期徒刑，得科或併科新臺幣一千五百萬元以下罰金。

㈡拘　　役

　　例如：證券交易法第 172 條第 1 項規定：「證券交易所之董事、監察人或受僱人，對於職務上之行為，要求期約或收受不正利益者，處五年以下有期徒刑、拘役或科或併科新臺幣二百四十萬元以下罰金。」

　　證券交易法第 173 條第 1 項規定：「對於前條人員關於違背職務之行為，行求期約或交付不正利益者，處三年以下有期徒刑、拘役或科或併科新臺幣一百八十萬元以下罰金。」

㈢罰　　金

　　證券交易法對於違法行為科以罰金者，多係伴隨刑期而來，意即就證券交易法之罰則言，針對證券犯罪行為，處以徒刑為主要之規範，另則「得」科或併科罰金。例如依該法第 172 條第 2 項意旨，證券交易所之董事、監察人或受僱人，對於違背職務之行為，要求期約或收受不正利益者，處七年以下有期徒刑，得併科新臺幣三百萬元以下罰金。

　　由於犯本章之罪所科罰金達新臺幣五千萬元以上，但因故無力完納，故證券交易法第 180 條之 1 乃規定：「犯本章之罪所科罰金達新臺幣五千萬元以上而無力完納者，易服勞役期間為二年以下，其折算標準以罰金總額與二年之日數比例折算；所科罰金達新臺幣一億元以上而無力完納者，易服勞役期間為三年以下，其折算標準以罰金總額與三年之日數比例折算。」

㈣明定適用其他法律

　　證券交易法第 171 條第 3 項規定，有第 1 項第 3 款之行為，致公司遭受損害未達新臺幣五百萬元者，並未逕行訂明刑期或罰金，而是規定「依

刑法第三百三十六條及第三百四十二條規定處罰」,並未直接規範其應處之刑罰。

三、證券交易法罰則處罰之對象

證券交易法罰則中,雖逐條列舉違反各強制規定時所應負之責任,惟其處罰對象為何,則又值斟酌,茲略述之:

㈠條文中已明確列載處罰對象

即證券交易法條文中不僅規定犯罪行為之態樣,且已明訂處罰之對象。例如證券交易法第 172 條第 1 項規定「證券交易所之董事、監察人或受僱人,對於職務上之行為,要求期約或收受不正利益者,處五年以下有期徒刑、拘役或科或併科新臺幣二百四十萬元以下罰金。」屬之,蓋行為人如未具備「證券交易所之董事、監察人或受僱人之身分」,即無成立本犯罪之可能;換言之,行為人如有此等違法行為,即應由該違法之董事、監察人或受僱人自負其責,其責任歸屬或處罰對象,甚為明確,基本上應無歸責於公司或個人之認定疑義可言。

㈡條文中未明確列載處罰對象

即證券交易法條文中僅規定犯罪行為之態樣,但並未明確列載應處罰之對象。例如依證券交易法第 174 條第 1 項第 2 款意旨,「對有價證券之行情或認募核准之重要事項為虛偽之記載而散布於眾」者,「處一年以上七年以下有期徒刑,得併科新臺幣二千萬元以下罰金」。惟此所謂「對有價證券之行情或認募核准之重要事項為虛偽之記載而散布於眾」者究竟為何?係社會民眾之行為或公司人員之行為?係某法人之行為或純屬其所屬人員個人之行為?凡此均須待事件發生時,始能就事實加以認定,並再據此認定處罰對象。

㈢法人違法行為之負責人

依證券交易法第 179 條第 2 項規定,外國公司違反本法之規定者,依本章各條之規定處罰其為行為之負責人。其中所稱為行為之負責人,係指實際負責人(公司法第 8 條負責人之定義可資參照),另外國公司之負責人

包括依第 165 條之 3 規定應在中華民國境內指定其依本法之訴訟及非訴訟
之代理人，並以之為本法在中華民國境內之負責人在內，至外國公司違反
本法為行為之負責人為誰，由主管機關及司法機關依個案事實認定之❷。

第三節　析述證券交易法之違法類型

　　證券交易法中確為「罰則」者，實際共十個條文。茲因其中係以第
171 條為首，且礙於篇幅因素，故謹先析論該條文，盼藉以見微知著；至
其他條文則將於其他篇章中另予述及，茲不贅述。

一、立法沿革

　　證券交易法第 171 條條文，最初僅規定「有左列情事之一者，處七年
以下有期徒刑，得併科新臺幣三百萬元以下罰金：一、違反第二十條第一
項、第一百五十五條第一項、第二項或第一百五十七條之一第一項之規定
者。二、已依本法發行有價證券公司之董事、監察人、經理人或受僱人，
以直接或間接方式，使公司為不利益之交易，且不合營業常規，致公司遭
受損害者。」，惟僅 2014 年迄今，即修正達五次，修正日期分別為 2004 年
4 月 28 日、2006 年 5 月 30 日、2010 年 6 月 2 日、2012 年 1 月 4 日及
2018 年 1 月 31 日。最近一次之修正原因及修正前後條文，於第二十八章
中將併同敘述。

二、證券交易法第 171 條之違法類型

㈠第 1 項第 1 款之類型

　　證券交易法第 171 條第 1 項第 1 款為「違反第二十條第一項、第二項、
第一百五十五條第一項、第二項、第一百五十七條之一第一項或第二項規
定。」茲再分述如下：

---

❷　證券交易法第 179 條立法理由，2012 年 1 月 4 日。

1.違反證券交易法第 20 條第 1 項

(1)條文內容

證券交易法第 20 條第 1 項規定：「有價證券之募集、發行、私募或買賣，不得有虛偽、詐欺或其他足致他人誤信之行為。」如以虛偽、詐欺等方法募集、發行、私募或買賣有價證券者，不論該有價證券是否為公開發行之性質，依證券交易法第 6 條第 1 項規定，均有適用。

(2)實務見解

a.按證券交易法第 171 條因違反同法第 20 條第 1 項成立之罪，須有價證券之募集，行為人有虛偽、詐欺、或其他足致他人誤信之行為。所謂虛偽係指陳述之內容與客觀之事實不符；所謂詐欺，係指以欺罔之方法騙取他人財物；所謂其他足致他人誤信之行為，係指陳述內容有缺漏，或其他原因，產生誤導相對人對事實之瞭解發生偏差之效果。無論虛偽、詐欺或其他使人誤信等行為，均須出於行為人之故意，否則尚不為罪❸。

b.又行為人製作虛偽資料向受害人詐稱一檔股票將會大漲，令被害人陷於錯誤而交付金錢，嗣後造成被害人財產損失，則行為人之行為確屬違犯該條規定，而應依同法第 171 條第 1 款之詐欺買賣有價證券罪處斷❹。

c.行為人等其本身未經主管機關核准即經營證券業務，又向客戶為詐欺行為，致客戶誤信為真而購買未上市或上櫃之公司股票，該犯罪所得，自應依同法第 171 條第 6 項規定發還於各該被害人；縱行為人已與各該被害人達成民事賠償和解，亦僅生將來執行扣抵之問題，而不得以此為上訴第三審之理由❺。

d.因證券詐欺通常發生在證券市場，投資人無從自證券紙張本身判斷證券之價值，而須以公司之財務、業務狀況及其他有關因素為衡酌，如有藉虛偽不實之資訊募集或買賣證券者，極易遂行其詐財之目的，被害人動輒萬千，妨礙證券市場健全發展，故為維護公益並促進市場發展，證券交

---

❸　最高法院 83 年度臺上字第 4931 號刑事判決。

❹　最高法院 99 年度臺上字第 652 號刑事判決。

❺　最高法院 99 年度臺上字第 3978 號刑事判決。

易法第 20 條參考美國反詐欺條款之精神，於該條第 1 項明定，有價證券之募集、發行、私募或買賣，不得有虛偽、詐欺或其他足致他人誤信之行為，違反者應依同法第 171 條第 1 項第 1 款規定論處，係設重刑以嚇止不法，杜絕投機取巧、操縱壟斷，使證券市場納入正軌❻。

2.違反證券交易法第 20 條第 2 項

⑴條文內容

證券交易法第 20 條第 2 項規定：「發行人依本法規定申報或公告之財務報告及財務業務文件，其內容不得有虛偽或隱匿之情事」。本項所謂「虛偽或隱匿」，均以故意為要件，且以有關重要內容為虛偽或隱匿之陳述，足以生損害於投資人或相關人員，或投資機構為限。所謂「重要內容」，係指某項資訊之表達或隱匿，對投資人之投資決定有重要影響而言❼。

本項規範之對象，為依本法規定申報或公告之「財務報告」及「財務業務文件」。所謂「財務報告」係指證券交易法第 14 條第 1 項「發行人及證券商、證券交易所依法令規定，應定期編送主管機關之財務報告。」所謂「財務業務文件」係指發行人依法令申報或公告之文件，均包括在內。

⑵實務上

依最高法院 94 年度判決，略以：原判決認定上訴人虛偽為無記名可轉讓定期存單買賣交易，並利用不知情之職員○○○等從事編製及審核會計憑證、簿冊等業務之人，在依法規定編製、審核之會計憑證、帳簿表冊傳票等業務文件為不實之登載，係犯上開修正前之證券交易法第 174 條第 1 項第 5 款（按 2004 年修法後已改為係依第 171 條論處，刑度明顯加重）、第 179 條之罪等情❽。

---

❻　最高法院 100 年度臺上字第 2611 號刑事判決。

❼　賴英照，《最新證券交易法解析：股市遊戲規則》，元照出版，2009 年 10 月再版，頁 732。

❽　最高法院 94 年度臺上字第 6221 號刑事判決。

3.違反證券交易法第 155 條第 1 項

(1)條文內容

證券交易法第 155 條第 1 項略以：「對於在證券交易所上市之有價證券，不得有下列各款之行為：……」，其下則列載 7 款對上市有價證券之禁止行為（其中第 2 款已經刪除），此即一般所稱之反操縱條款，其所規範者，為證券交易上各種不法之操縱行為。其犯罪型態包括違約不交割、相對委託、連續交易、造成交易活絡之表象、操縱行為之概括規定。

關於本法第 155 條第 1 項第 4 款連續交易之規定會衍生如此多的問題，起源於其法律規定上之不明確；所謂罪刑法定原則，指何行為屬於刑法上之犯罪，以及對這些犯罪應如何加以處罰，均需經由法律明確加以規定。罪刑法定原則是歐陸法系國家經過長期歷史演進而建立，其存在係為確保法之安定性，且具有保障人權之功能。

(2)證券交易法第 155 條第 1 項構成要件之爭議

由於證券交易法第 155 條第 1 項構成要件諸多概念，為不確定法律概念，在適用上發生許多疑義。為求法律概念明確，加上「刑法罪刑法定主義」、「刑法從新從輕原則」，導致條文越修正，實務上之適用越困難。又基於投資行為本質具有連續性，2006 年修正之證券交易法第 155 條第 1 項第 4 款，將正當合法投資人基於正當投資而連續買賣情形，當然必須排除處罰。最後，連續高價買入或低價賣出之判斷標準及其對結果產生與否等等，均應再予以釐清。

國內學界及實務長久以來有一種迷思，即認為單純把個別的「經濟法」之構成要件，加上「刑法」之法律效果，即為「經濟刑法」之內涵；其實經濟刑法可能隱含之衝突，不外是「規範彈性」及「構成要件明確性」不同需求間之表象衝突，及其背後「整體經濟秩序之安定性」及「個人基本權利」之實質衝突。

學者認為，如經濟刑法不可避免需以比較概括、不確定之方式立法，為符合「罪刑法定主義」及「明確性原則」，或許可以採取「空白刑法」之立法方式，所謂「空白刑法」之形式，即立法者訂定概括條款時有授權行

政機關以行政命令的方式來具體化其內容，法院有義務適用行政機關對犯罪構成要件所補充之禁止內容❾。對此，曾有立法委員連署建議於證券交易法第155條第1項中增列「且經證券交易所變更交易處置者」之要件。

　　然而，主管機關仍認為，證券交易所處置標準係屬對外公開資料，其目的既與證券交易法第155條禁止炒作之意旨不同，倘增列「經證券交易所變更交易處置」要件，可能造成有心人蓄意規避查核，且如證券交易所日後採取其他方式管理應注意之股票，則本條文將無所附麗。世界主要證券市場國家，僅韓國與我國證券市場訂有公布注意（警示）或處置相關標準，經查該國立法例並無以「經變更交易處置」作為處罰炒作之前提要件❿，故顯見「經變更交易處置」與反操縱條款無關。

4.違反證券交易法第155條第2項

　　證券交易法第155條第2項規定：「前項規定，於證券商營業處所買賣有價證券準用之。」再依證券交易法第62條第1項規定：「證券經紀商或證券自營商，在其營業處所受託或自行買賣有價證券者，非經主管機關核准不得為之。」則依證券商營業處所買賣有價證券管理辦法⓫第2條規定：「本辦法所稱證券商營業處所買賣有價證券，指有價證券不在集中交易市場以競價方式買賣，而在證券商專設櫃檯進行之交易行為，簡稱櫃檯買賣。」因此證券商營業處所買賣有價證券，即一般所稱之「店頭市場」，包括上櫃與興櫃在內⓬。

　　依證券交易法第155條第2項規定，如在店頭市場有違約不交割、相對委託、連續交易、造成交易活絡之表象、操縱行為之概括規定等之行為，

---

❾　吳元曜，〈論經濟刑法概括條款之規範模式〉，《軍法專刊》，第51卷第10期，2005年10月，頁38、39。

❿　立法院第7屆第5會期財政委員會第14次全體委員會議，金管會說帖，2010年5月5日，頁3。

⓫　按「證券商營業處所買賣有價證券管理辦法」訂於1982年8月23日，歷經多次修正，最近一次修正於2017年3月31日。

⓬　賴英照，《最新證券交易法解析：股市遊戲規則》，元照出版，2009年10月再版，頁112。

則亦應依證券交易法第 171 條規定處罰。

5.違反證券交易法第 157 條之 1 第 1 項或第 2 項

依證券交易法第 157 條之 1 第 1 項規定意旨，本項所列各款之人，實際知悉發行股票公司有重大影響其股票價格之消息時，在該消息明確後，未公開前或公開後 18 小時內，不得對該公司之上市或在證券商營業處所買賣之股票或其他具有股權性質之有價證券，自行或以他人名義買入或賣出。

另依證券交易法第 157 條之 1 第 2 項規定，前項各款所定之人，實際知悉發行股票公司有重大影響其支付本息能力之消息時，在該消息明確後，未公開前或公開後 18 小時內，不得對該公司之上市或在證券商營業處所買賣之非股權性質之公司債，自行或以他人名義賣出。

又證券交易法第 171 條規定，有違反「第一百五十七條之一第一項或第二項」者，處三年以上十年以下有期徒刑，得併科新臺幣一千萬元以上二億元以下罰金。

㈡證券交易法第 171 條第 1 項第 2 款之類型

1.規定內容

證券交易法第 171 條第 1 項第 2 款之類型，為「不合營業常規交易」之違法行為、蓋依該條第 2 款規定，「已依本法發行有價證券公司之董事、監察人、經理人或受僱人，以直接或間接方式，使公司為不利益之交易，且不合營業常規，致公司遭受重大損害。」其構成要件如下：

⑴已依本法發行有價證券公司

本條款規範之行為人既為「已依本法發行有價證券公司之董事、監察人……」，其中所稱之「已依本法發行有價證券公司」，不論是否上市、上櫃、興櫃，均包括在內，範圍較廣。

⑵公司之董事、監察人、經理人或受僱人

蓋公司之董事、監察人、經理人或受僱人係對公司決策有影響力之人，為防止其不當使用其控制力量，影響公司重大決策，故有必要立法禁止之。至於不兼任公司職務之大股東，則不在本款適用範圍。至於大股東如有其他參與犯罪之行為，依其情形可能僅為本款犯罪之教唆犯或共犯❸。

(3)使公司為不利益之交易，且不合營業常規

所謂「不合營業常規交易」(non-arm's length transaction)，係指交易雙方因具有特殊關係，未經由正常談判達成契約，且其交易條件未反映市場之公平價格而言❶。

2.實務見解

最高法院認為，本罪構成要件所稱之「不合營業常規」，為不確定法律概念，因利益輸送或掏空公司資產之手段不斷翻新，所謂「營業常規」之意涵，自應本於立法初衷，參酌時空環境變遷及社會發展情況而定，不能拘泥於立法前社會上已知之犯罪模式，或常見之利益輸送、掏空公司資產等行為態樣。該規範之目的既在保障已依法發行有價證券公司股東、債權人及社會金融秩序，則除有法令依據外，舉凡公司交易之目的、價格、條件，或交易之發生，交易之實質或形式，交易之處理程序等一切與交易有關之事項，從客觀上觀察，倘與一般正常交易顯不相當、顯欠合理、顯不符商業判斷者，即係不合營業常規，如因而致公司發生損害或致生不利益，自與本罪之構成要件該當❶。

又證券交易法第171條第1項第2款所規定之不合營業常規交易罪，其立法目的乃為保護公司及投資人權益，是所謂使公司為不利益之交易，且不合營業常規之行為，祇須形式上具有交易行為外觀，實質上對公司不利益，而與一般常規交易顯不相當，其犯罪即屬成立。故以交易行為為手段之利益輸送、掏空公司資產等行為，固屬之，如以行侵占或背信為目的，徒具交易形式，實質並無交易之虛假行為，其惡性尤甚於有實際交易而不合營業常規之行為，自亦屬不合營業常規之範疇❶。

至於此構成要件所稱之「不合營業常規」與所得稅法第43條之1規定

---

❸　參閱臺灣高等法院95年度金上重訴字第4號刑事判決，博達案。

❹　賴英照，《最新證券交易法解析：股市遊戲規則》，元照出版，2009年10月再版，頁748。

❺　最高法院98年度臺上字第6782號刑事判決。

❻　最高法院100年度臺上字第3945號刑事判決。

之「不合營業常規」，目的在防堵關係企業逃漏應納稅捐，破壞租稅公平等流弊，稅捐機關得將交易價格調整，據以課稅；公司法第 369 條之 4、第 369 條之 7 規定之 「不合營業常規」，重在防止控制公司不當運用其控制力，損害從屬公司之利益，控制公司應補償從屬公司者，迥不相同，自毋庸為一致之解釋。

(三)證券交易法第 171 條第 1 項第 3 款之類型

1.規定內容

證券交易法第 171 條第 1 項第 3 款規定，已依本法發行有價證券公司之董事、監察人或經理人，意圖為自己或第三人之利益，而為違背其職務之行為或侵占公司資產，致公司遭受損害達新臺幣 500 萬元。

2.修法理由

證券交易法第 171 條第 1 項於 2004 年 4 月修法時增訂第 3 款，當時之內容為「已依本法發行有價證券公司之董事、監察人或經理人，意圖為自己或第三人之利益，而為違背其職務之行為或侵占公司資產。」即所侵害之法益並不以「致生損害」之結果為構成要件**⓱**。

2012 年 1 月修法時，上開第 3 款增列：「致公司遭受損害達新臺幣五百萬元」，為此等修正之理由，係第 1 項第 3 款規定屬刑法第 336 條侵占罪及第 342 條背信罪之特別規定，故有第 1 項第 3 款所定行為，而致公司遭受損害達新臺幣 500 萬元之情形，為第 1 項第 3 款之既遂；如有第 1 項第 3 款之行為，所致公司遭受損害未達新臺幣 500 萬元之情形，為刑法第 336 條第 1 項或第 2 項、第 342 條第 1 項之既遂；如有第 1 項第 3 款之行為，未致公司遭受損害（無損害）之情形，則為刑法第 336 條第 3 項、第 342 條第 2 項之未遂，為期明確，爰新增第 3 項規定有第 1 項第 3 款之行為，致公司遭受損害未達新臺幣 500 萬元者，依刑法第 336 條及第 342 條規定處罰之**⓲**。

⓱ 證券交易法第 171 條第 1 項第 3 款立法理由，2004 年 4 月 28 日。

⓲ 證券交易法第 171 條第 1 項第 3 款立法理由，2012 年 1 月 4 日。

三、證券交易法第 175 條之違法類型

㈠規定內容

證券交易法第 175 條規定:「違反第十八條第一項、第二十八條之二第一項、第四十三條第一項、第四十三條之一第三項、第四十三條之五第二項、第三項、第四十三條之六第一項、第四十四條第一項至第三項、第六十條第一項、第六十二條第一項、第九十三條、第九十六條至第九十八條、第一百十六條、第一百二十條或第一百六十條之規定者,處二年以下有期徒刑、拘役或科或併科新臺幣一百八十萬元以下罰金(第 1 項)。

違反第一百六十五條之一或第一百六十五條之二準用第四十三條第一項、第四十三條之一第三項、第四十三條之五第二項、第三項規定,或違反第一百六十五條之一準用第二十八條之二第一項、第四十三條之六第一項規定者,依前項規定處罰(第 2 項)。

違反第四十三條之一第二項未經公告而為公開收購、第一百六十五條之一或第一百六十五條之二準用第四十三條之一第二項未經公告而為公開收購者,依第一項規定處罰(第 3 項)。」

㈡立法理由

1. 原條文有關違反第 22 條未向主管機關申報生效而為有價證券募集、發行或公開招募之處罰提高為五年以下有期徒刑,並移列至第 174 條第 2 項第 3 款規定,理由同第 174 條說明。

2. 增訂第 2 項,定明違反第 165 條之 1、第 165 條之 2 準用第 1 項所列條文之處罰規定。

3. 原第 175 條及第 178 條就公開收購人違反第 43 條之 1 第 2 項規定應先向主管機關申報並公告後,始得為公開收購行為,分別訂有刑罰及行政罰規定,而未就違反行為之影響程度有所區分。考量公開收購人未經公告而為公開收購,影響市場交易秩序重大,而有刑事處罰之必要,爰將違反第 43 條之 1 第 2 項未經公告而為公開收購者以及第 165 條之 1、第 165 條之 2 準用第 43 條之 1 第 2 項未經公告而為公開收購之處罰增訂於第 3

項，以期明確❶。

第四節　證券交易法第 171 條刑罰之加重與減免

一、加重刑罰

　　一般認為證券交易法第 7 章所明訂之罰則專章，在性質上屬於行政刑罰，乃屬於行政罰之一種。相較於刑法上之刑事犯，論者亦認為證券交易法第七章罰則所制裁者，為行政犯。然而，就行政犯本身與刑事犯不同，其並非如刑法上殺人（刑法第 271 條）、傷害（刑法第 276 條）、竊盜（刑法第 320 條）等罪。證券交易法操縱市場行為（證券交易法第 155 條）、內線交易（證券交易法第 157 條之 1）等，係因違反法律而受制裁，學者認為有違反道德之議❷。因此，本章以證券交易法第 171 條之罪，討論加重刑罰之情形，包括下列三種：

㈠犯罪所得達一億元以上

　　犯證券交易法第 171 條之罪，依法處三年以上十年以下有期徒刑，得併科新臺幣一千萬元以上二億元以下罰金；而該條第 2 項之特別規定：「犯前項之罪，其因犯罪獲取之財物或財產上利益金額達新臺幣一億元以上者，處七年以上有期徒刑，得併科新臺幣二千五百萬元以上五億元以下罰金。」

　　證券交易法第 171 條第 2 項所稱之犯罪所得，參諸同條第 6 項規定之意旨，應包括因犯罪所得之財物及財產上之利益在內。是犯內線交易罪而買進之股票，縱尚未賣出，然參照前揭證券交易法第 171 條第 2 項之立法理由，若「以犯罪行為既遂或結果發生時」為計算之時點，按「行為人買進之股數與消息公開後價格漲跌之變化幅度差額計算之」，而有正數之差額者，則其所加值之利益，仍屬內線交易之犯罪所得，應不待言。

---

❶　證券交易法第 175 條修法理由，2012 年 1 月 4 日。

❷　賴源河，《證券管理法規》，自版，2000 年，頁 393；廖大穎，《證券交易法導論》，三民書局，2011 年 9 月修訂 5 版，頁 475。

　　犯證券交易法第 171 條第 1 項內線交易或第 2 項加重內線交易之罪者，其因犯罪所得財物或財產上利益，除應發還被害人、第三人或應負損害賠償金額者外，以屬於犯人者為限，沒收之，同條第 6 項前段定有明文。

　　又違反同法第 157 條之 1 第 1 項內線交易禁止規定者，對於當日善意從事相反買賣之人買入或賣出該證券之價格，與消息公開後十個營業日收盤平均價格之差額，負損害賠償責任，同條第 2 項規定甚明。是犯內線交易或加重內線交易罪者，若應依證券交易法第 157 條之 1 第 2 項之規定，對於當日善意從事相反買賣之人負賠償責任者，其犯罪所得於扣除賠償金額後，始得為沒收之宣告❷❶。

㈡犯罪所得利益超過罰金上限

　　證券交易法第 171 條第 6 項前段規定，犯第 1 項或第 2 項之罪，其犯罪獲取之財物或財產上利益超過罰金最高額時，得於犯罪獲取之財物或財產上利益之範圍內加重罰金；如損及證券市場穩定者，加重其刑至二分之一。

㈢犯罪行為損及市場穩定

　　證券交易法第 171 條第 6 項後段規定意旨，「犯第 1 項或第 2 項之罪，……；如損及證券市場穩定者，加重其刑至二分之一。」

二、刑之減免

㈠基本規定（2011 年 6 月）

1.犯罪後自首

　　證券交易法第 171 條第 4 項規定：「犯前三項之罪，於犯罪後自首，如自動繳交全部犯罪所得者，減輕或免除其刑；並因而查獲其他正犯或共犯者，免除其刑。」

2.偵查中自白

　　證券交易法第 171 條第 5 項規定：「犯第一項至第三項之罪，在偵查中自白，如自動繳交全部犯罪所得者，減輕其刑；並因而查獲其他正犯或共

---

❷❶　最高法院 96 年度臺上字第 7644 號刑事判決。

犯者，減輕其刑至二分之一。」

㈡會計人員提出更正意見並提供證據

　　證券交易法第 174 條第 1 項第 6 款規定：「於前款之財務報告上簽章之經理人或會計主管，為財務報告內容虛偽之記載。但經他人檢舉、主管機關或司法機關進行調查前，已提出更正意見並提供證據向主管機關報告者，減輕或免除其刑。」

三、犯罪所得之處理

　　證券交易法第 171 條規定：「犯前三項之罪，於犯罪後自首，如自動繳交全部犯罪所得者，減輕或免除其刑；並因而查獲其他正犯或共犯者，免除其刑（第 4 項）。犯第一項至第三項之罪，在偵查中自白，如自動繳交全部犯罪所得者，減輕其刑；並因而查獲其他正犯或共犯者，減輕其刑至二分之一（第 5 項）。」

　　依據前述意旨，有違反證券交易法第 171 條之前三項之規定且有犯罪所得者，如能「自動繳交全部所得財物」，則得以減輕或免除其刑。

四、外國公司或其人員違反規定之處罰規定

　　為配合 2016 年 12 月 28 日修正公布之洗錢防制法第 3 條第 1 款規定，將特定犯罪門檻降為最輕本刑為六月以上有期徒刑以上之刑之罪，均已涵括原條文所列舉適用洗錢防制法相關規定之犯罪，證券交易法第 174 條之 2：「第一百七十一條第一項第二款、第三款及第一百七十四條第一項第八款之罪，為洗錢防制法第三條第一項所定之重大犯罪，適用洗錢防制法之相關規定。」已無規範必要，爰 2018 年 1 月 31 日予以刪除。

第五節　證券犯罪之沒收新制

一、概　述

　　針對「沒收」，依我刑法第 38 條之 3 規定：「第三十八條之物及第三十八條之一之犯罪所得之所有權或其他權利，於沒收裁判確定時移轉為國家所有（第 1 項）。前項情形，第三人對沒收標的之權利或因犯罪而得行使之債權均不受影響（第 2 項）。第一項之沒收裁判，於確定前，具有禁止處分之效力（第 3 項）。」

　　經查上開第 38 條之 3 之立法理由謂：「刑法沒收目的在剝奪犯罪不法利得，以預防犯罪，基於被害人保護優先及交易安全之維護，不僅第三人對於沒收標的之權利不應受沒收裁判確定效力影響，對於國家沒收或追徵之財產，因與犯罪行為有關，自應賦予被害人優先行使其債權之權利，以避免因犯罪行為人履行不能，致求償無門，有害於被害人權利之實現。爰修訂原條文第二項規定。」

　　以現行制度觀之，就應為「沒收」之案件，法官係「宣告沒收」；檢察官則「執行沒收」，執行沒收還包括先將犯罪所得發還給被害人的程序。刑事沒收與其他刑罰相同，均係由檢察官在判決確定後執行，至於檢察官執行之依據（國家之執行名義），則為法院之裁判。

　　依 2018 年 1 月 31 日修正之證券交易法第 171 條，於第 7 項中，對證券犯罪之「沒收」定有明文。基此，證券交易法規定之沒收新制，包括條文規定、修法理由、犯罪所得之計算方法與得否合併計算等，甚值探討。

二、證券交易法規定之沒收新制

㈠條文規定

　　按 2018 年 4 月 25 日修正後之證券交易法第 171 條第 7 項規定：「犯第一項至第三項之罪，犯罪所得屬犯罪行為人或其以外之自然人、法人或非

法人團體因刑法第三十八條之一第二項所列情形取得者,除應發還被害人、第三人或得請求損害賠償之人外,沒收之。」

㈡修法理由

上開證券交易法第 171 條第 7 項之修法理由如下:

1.依刑法第 38 條之 1 第 4 項規定,犯罪所得包括「違法行為所得,其變得之物或財產上利益及其孳息」,其範圍較原規定完整,爰將「因犯罪所得財物或財產上利益」修正為「犯罪所得」。

2.刑法第 38 條之 1 第 5 項之犯罪所得發還對象為被害人較原第七項規定之範圍限縮,被害人以外之證券投資人恐僅能依刑事訴訟法第 473 條規定,於沒收之裁判確定後一年內聲請發還或給付,保障較為不利,爰仍予維持明定,並酌作文字修正。

3.配合刑法第 38 條之 1 之犯罪所得沒收主體除犯罪行為人外,已修正擴及犯罪行為人以外之自然人、法人或非法人團體,爰作文字修正。

4.又刑法修正刪除追繳及抵償之規定,統一替代沒收之執行方式為追徵,並依沒收標的之不同,分別於第 38 條第 4 項及第 38 條之 1 第 3 項為追徵之規定,爰刪除後段規定,回歸適用刑法相關規定。

㈢犯罪所得之計算方法與得否合併計算

1.計算方法

理論上言之,證券交易法有關犯罪所得之計算方法如下:

⑴關聯所得法:關聯所得法認為,該股票價格變動與重大訊息公開有關聯者,均包括在內。又因內線交易罪係以犯罪所得金額達一億元以上,作為加重處罰之要件,則前揭立法理由所稱「消息公開後價格漲跌之變化幅度之差額」,應與計算內線交易犯罪所得有重要關係,且必須該股票價格之變動與該重大消息之公開,其間具有相當因果關聯為必要。如該股票價格之漲跌變動係基於其他經濟上或非經濟上因素所導致,而與該重大消息之公開並無相當因果關聯者,即不能以該漲跌變動後之股票價格,作為計算內線交易犯罪所得之依據。

⑵實際所得法:以證券交易犯罪而言,實際所得法係以被告賣出價格

扣除成本、手續費、證交稅後之餘額為犯罪所得。

(3)擬制所得法：擬制內線交易之民事賠償規定，以被告賣出或買進日與消息公開後十個交易日收盤平均價格之差額為犯罪所得。

2.得否合併計算問題

共同被告所得可否合併計算，見解不一。實務上，在趙○銘內線交易案中，高等法院曾認為，犯罪所得計算方式，應兼採「實際所得法」及「擬制所得法」。重大消息公開後十日內買賣股票者，應依「實際所得法」（實際成交價格），非於重大消息公開後十日內買賣股票者，應依「擬制所得法」（消息公開後十個營業日收盤平均價格）。不扣除手續費（賣出及買入）、交易稅等成本。且所有被告之所得不得併同計算。因此，上述該案最高法院屢次發回更審，臺灣高院更四審認定，犯罪所得417萬元，不適用加重規定，判趙○銘三年有期徒刑。

(四)沒收新制之檢討

1.刑法之沒收

按刑法沒收相關規定修正前，沒收係從刑之一種，與主刑有從屬關係，主刑撤銷，從刑即不能獨立存在，基於主刑與從刑不可分之原則，倘二者之中有一變動，原判決即應撤銷。至修正後雖改認沒收係獨立之法律效果而不具刑罰本質（參見刑法第2條修正理由參照），但針對犯罪所得沒收與否暨數額等節，本質上仍與犯罪事實具有關聯性，況犯罪所得多寡亦係法院量刑參考標準之一，要非僅涉及單純沒收事項。又倘犯罪所得數額減縮之情形，法院亦可能須依法不另為無罪諭知（例如竊盜所得財物較起訴書記載內容為少），故兩者未可分別獨立視之。

我國仿德國施行之利得沒收（Verfall）制度，而引進沒收新制，此一沒收制度乃基於「任何人都不得保有犯罪所得」之思維所設計之剝奪不法利得之機制。

另外，由於沒收犯罪所得之立法目的，既在於透過修正不法利益移轉的方式達成犯罪預防之效果。則犯罪所得係指直接由犯罪行為所得之財產利益，其中的「直接性」要求應該依據所實現之構成要件之規範保護目的

來認定。依此，由於內線交易之不法核心在於破壞投資人間之機會平等及金融秩序，而非有無利用購入股票或售出之價金獲利，故須以刑罰手段遏止之。是以，違反證券交易法第 171 條第 1 項第 1 款之內線交易罪，無非以其犯罪結果影響金融秩序重大，而有嚴懲之必要，自與行為人犯罪所得之利益無關，本無扣除成本之必要。

從新修正刑法第 38 條之 1 立法理由說明五、㈢中，即以「依實務多數見解，基於徹底剝奪犯罪所得，以根絕犯罪誘因之意旨，不問成本、利潤，均應沒收。」明白揭示採取總額沒收原則。

2.證券交易法之沒收

不法利得依其取得原因大抵區分「為了犯罪獲取的報酬（對價）」及「產自犯罪獲得之利潤（利益）」兩類，前者指行為人因其犯罪而取得之對價，後者係直接因實現犯罪本身而在某個過程獲得之財產價值。

然而，依證券交易法第 171 條第 2 項規定：「犯前項之罪，其因犯罪獲取之財物或財產上利益金額達新臺幣一億元以上者，處七年以上有期徒刑，得併科新臺幣二千五百萬元以上五億元以下罰金。」顯然涉及犯罪所得數額涉及構成要件事實之判斷，或者可能因犯罪事實減縮而不另為無罪或變更起訴法條，倘針對實施犯罪所得報酬數額認定歧異，當然會引起法院各別審理認定問題❷。

依證券交易法（2018 年 1 月 31 日修正）第 171 條第 7 項規定：「犯第一項至第三項之罪，犯罪所得屬犯罪行為人或其以外之自然人、法人或非法人團體因刑法第三十八條之一第二項所列情形取得者，除應發還被害人、第三人或得請求損害賠償之人外，沒收之。」其修正理由，已如前述。

3.實務案例

在某證券交易法內線交易案例中，最高法院認為，「原判決於計算林○龍等人之犯罪所得固採學說之『特殊獲利或避損機會說』，並以各行為人規

---

❷ 參閱陳重言，〈沒收新制下（併科）罰金機制的重複評價禁止原則檢驗──兼評重大經濟犯罪之一億元條款〉，《全國律師》，第 21 卷 11 期，2017 年 11 月，頁 13～29。

避損失＝賣出價格×（1－交易稅－賣出手續費）－擬制買價×股數×（1＋買進手續費）之方程式計算本案犯罪所得，分別認定林〇龍共新臺幣（下同）381萬3,853元、……，惟上開犯罪所得金額之計算式中，關於交易稅、賣出及買進手續費均係被告等人實行內線交易犯罪行為所支出之犯罪成本，依前揭說明並無扣除之必要，原判決予以扣除，自有適用法則不當之違誤。」

　　總之，最高法院實務上❷❸認為，應採取總額沒收原則。縱證券交易法第171條第7項採取差額說，但於刑法施行法第10條之3第2項增訂後，證券交易法關於沒收之規定，自不再適用。此觀點，在大陸法系之成文法國家是否將造成普通法與特別法規定之混淆，令人憂心。

　　至於在保護市場上之善意投資人方面，實務上認為，按違反內線交易罪之犯罪所得財物或財產上利益，固應為沒收並追徵或抵償，然為保護市場上之善意投資人，證券交易法第157條之1第3項明定對於當日善意從事相反買賣之人買入或賣出該證券之價格，與消息公開後十個營業日收盤平均價格之差額，負損害賠償責任。故犯內線交易罪，若應依前揭規定，對於當日善意從事相反買賣之人負賠償責任者，其犯罪所得於扣除賠償金額後，始得為沒收之宣告，法院倘無調查說明犯罪所得有無應發還被害人、第三人或應負賠償金額，亦未於理由說明不予發還之依據，遽將犯罪所得全部為沒收之宣告，於法自有未合❷❹。

　　另外，在「判決就各該犯罪所得有無應發還被害人、第三人或應負賠償金額者」方面，實務上認為，「按判決倘認定行為人等係違反修正前證券交易法第171條第1項第2款、第3款規定，其中部分行為人之犯罪所得金額達一億元以上，且行為人之犯罪行為亦使被害公司等因而受有重大損害。則判決就各該犯罪所得有無應發還被害人、第三人或應負賠償金額者，自應明白認定，並應於理由內予以說明；如無前揭情形，且犯罪所得屬行為人所有，則該犯罪所得部分即應依前揭同法第171條第6項規定諭知沒

❷❸　最高法院106年度臺上字第1009號刑事判決。

❷❹　最高法院105年度臺上字第477號刑事判決。

收。故判決如未於主文欄就該部分之犯罪所得為沒收之諭知，亦未於理由內說明何以毋庸諭知發還被害人，或未諭知沒收、追徵抵償所憑之理由，即有判決不適用法則及理由不備之違法」❷❺。

第六節　結　語

一、檢　討

(一)恐有法益位階錯亂及罪刑失衡之疑慮

　　罪責原則乃謂有確認行為人係刑法可責難，而具有罪責時，始足以引致國家刑罰權之行使，對行為人科處刑罰，均需固守罪刑相當原則，而標準依學者乃以「保護法益」為刑法之基礎；換言之，刑法法益保護是成立階梯型之體系，由生命法益、身體法益、自由法益、名譽法益、財產法益之高低位階關係，各種類型之犯罪需遵守此一位階為刑罰之高低對應關係，使符合罪刑相當原則❷❻。

　　依據我國證券交易法之金融犯罪之刑罰效果，所欲保護之法益乃是財產法益，則其得處七年以上有期徒刑之刑罰效果，較諸刑法分則中規定保護生命法益、身體法益之殺人罪或傷害罪來得重，違反保護法益之位階對應關係，恐有造成罪刑失衡之疑慮。

(二)刑度加重考量要素之不妥

　　刑法係所有社會控制體系或社會規範體系中，最具強制性之一種法律手段，但其僅係整個社會規範體系中一個環節，而非社會規範之全部，故規範本身即具有相當之「不完整性」。

　　因此，在防治不法之反犯罪政策及措施上，絕非以為刑法或刑罰是賴，更勿抱持「刑法萬能」論，而一味加重刑罰，甚至未考量到證券犯罪構成要件，例如第 155 條第 1 項有關連續交易是否本身具有不明確概念之規定，

---

❷❺　最高法院 104 年度臺上字第 1731 號刑事判決。

❷❻　陳志龍，《人性尊嚴與刑法體系入門》，1998 年 5 版，頁 45。

此僅滿足投資人分次買賣股票期望，但與刑法本質相左❷。

(三)犯罪所得沒收之立論不同

眾所周知，「法益侵害程度」與「犯罪所得多寡」要屬不同概念，參酌刑法係以保護法益為目的，個案量刑原則上應以法益侵害程度作為主要判斷標準，較為妥適。因如認犯罪所得多寡同屬量刑參考標準之一，則如上、下級審就犯罪所得之認定不一，必將影響量刑判斷。

至於刑法沒收新制關於犯罪所得沒收採取總額說，證券交易法卻採差額說，此時應適用刑法還是證券交易法之規定，值得探討。

二、建　議

按司法機關揭露證券犯罪，證實證券犯罪，確定被告之犯罪行為，並予以懲處，以維護證券市場之穩定。證券交易法規固然有較能與時俱進之優點，但是在制法考量時，仍不可摒棄基本原則於不顧；若在規定未明確前，而科以本法第 171 條罰則，且以重罪處之，不免令人生不平之議。因為法規一旦成立，其對人民身體及財產影響極大，故不可不慎矣。

又刑法關於犯罪所得沒收採取總額說，證券交易法卻採差額說，此節亦有待再予研議修正，俾期立法之一致，以免規範上相互扞格，更生爭議。

---

❷　吳光明，《證券交易法論》，三民書局，2011 年 1 月增訂 10 版，頁 494、495。

第二十六章　證券投資損害民事訴權

第一節　概　說

自 20 世紀以來，隨著投資理財觀念之發展，公司、股東、董事、監察人、管理階層，以及政府角色等，均發生根本性之變化。股東已由傳統之財產所有人，變成投資人。而任何投資均有風險，證券投資亦不例外。投資人投資證券損失可分為兩種：一、因股價變動而直接遭受之損失；二、因公司財產減少而間接遭受之損失。無論股價變動或公司財產減少，倘係因市場因素或營運績效所致，自無可議，但如係因相關人員違法失職所致，難免發生紛爭，蓋從公平正義理念出發，沒有理由讓投資人承擔因他人之違法失職行為所帶來之損失。

隨著證券市場之發展，因證券所引起之各種糾紛，與日俱增。我國證券交易法第 1 條規定：「為發展國民經濟，並保障投資，特制定本法。」足見其基本原則是保護投資人之合法權益，樹立並保護投資人對證券市場之信心[1]。因此，證券交易法之要旨，乃在確立三方面制度：一、證券發行核准制度；二、強制資訊揭露制度；三、禁止證券詐欺制度。

我國現行法令對於證券詐欺之規範，有證券交易法第 20 條，即一般詐欺行為；第 32 條，即公開說明書虛偽隱匿之責任；第 155 條，即操縱行為之禁止；第 157 條，即內部人短線交易之禁止；第 157 條之 1，即內線交

---

[1]　有關「發展國民經濟，並保障投資」相關內容，參閱吳光明，《證券交易法論》，增訂 13 版，第 23 章〈證券市場管理規範與課稅爭議〉。

易之禁止。

　　從證券交易法帶有很強烈之管理色彩，對詐欺行為，一方面，政府主管機關代表國家行使公權力對違法者予以處罰與訴追。另一方面，證券交易法，賦予因他人違法行為而遭受損害之投資人，提起民事訴訟請求損害賠償之權利。本文之所以強調證券投資損害「民事訴權」，係為與刑事訴訟區隔。

　　事實上，投資人之三大重要權利，即知情權、表決權與訴權。知情權是投資人權利之基礎，表決權是投資人權利之關鍵，訴權是投資人權利之保障。如因他人之違法或失職行為而遭受損失之投資人，自有向該等之人提出損害賠償訴訟之權。因此，可以確定地說，有民事責任即有訴權。

　　在美國，迄至 1998 年止，證券投資人提起之民事訴訟已獲得廣泛認同，全國各地由私人在聯邦法院以及州法院提出之證券訴訟案件頗多❷。

　　在我國之證券管理，一向偏重行政監督及刑事責任；對於民事賠償問題較為輕忽，故有關規範亦未臻周延，但近年來，證券交易法數度修正，有意填補立法漏洞。

　　基此，本章首先擬探討證券民事訴訟之基本要素，包括適格之原告、適格之被告；其次擬探討民事訴訟請求權依據，包括責任類型、歸責要件；再次擬探討因果關係與舉證責任，包括因果關係問題、損害賠償金額、舉證責任問題、請求權之時效。此外擬探討美國對證券詐欺行為舉證責任之規範，包括 10b–5 規則之性質、內容與歷史、10b–5 規則之獨立性與訴訟之基本要素、因果關係之理論、「詐欺市場」理論、1995 年訴訟改革法對10b–5 規則訴訟之影響；再則探討美國與我國證券詐欺民事賠償之比較；最後，提出檢討與建議。

---

❷　此部分由律師進行之「團體訴訟」涉及美國法律文化體系，以及美國現實法律環境中發人深省之層面，包括既有無數之法律原則之交織，以及各種社會集團之縱橫，該制度明顯與我國不同。參閱吳光明，《證券交易法論》，增訂14 版，第二十三章〈證券市場投資人保護立法與評價──以團體訴訟文化為中心〉。

第二節　證券民事訴訟之基本要素

　　證券民事訴訟制度係落實證券交易法實施之一項重要配套法規，如謂「證券交易法之核心係保障投資人」，則證券民事訴訟制度即為保障受損害之投資人獲得民事賠償救濟之重要武器。證券民事訴訟雖與其他普通民事訴訟相同，均適用民事訴訟法之規定，但因其發生於證券之發行與交易過程中，且證券係一種特殊有價證券，其與普通物品仍有許多不同之處，故在證券民事訴訟中，除認真貫徹民事訴訟法中之基本原則外，更應著重於保護投資人之權益。茲將民事訴訟行為主體，包括適格之原告、適格之被告，分述如下：

一、適格之原告

㈠原告是證券交易中之善意取得人或出賣人

　　依證券交易法第 20 條規定：「有價證券之募集、發行、私募或買賣，不得有虛偽、詐欺或其他足致他人誤信之行為（第 1 項）。發行人依本法規定申報或公告之財務報告及財務業務文件，其內容不得有虛偽或隱匿之情事（第 2 項）。違反第一項規定者，對於該有價證券之善意取得人或出賣人因而所受之損害，應負賠償責任（第 3 項）。委託證券經紀商以行紀名義買入或賣出之人，視為前項之取得人或出賣人（第 4 項）。」

　　由於我國證券集中市場與櫃買中心交易制度是採行紀方式，在此模式下，交易雙方當事人為受託之證券經紀商而非投資人，為使真正投資人能夠求償，證券交易法第 20 條第 4 項爰規定當投資人委託證券商以行紀之名義買入或賣出時，投資人即視為有價證券之取得人或出賣人。

　　但在徵求委託書之情形，因為股東並無實際買賣有價證券之行為，故即使徵求委託書人之文件有虛偽不實陳述致股東受有損害，則不得主張為有價證券之善意取得人或出賣人，而主張第 20 條之權利 ❸。

❸　　陳春山，〈不實財務報告之民事責任法律適用爭議〉，《賴英照大法官六秩華誕

同時，如因不實陳述而不為行為者，例如本欲賣出而未賣、本欲買進而未買之人，皆不得就其未發動之行為求償，否則請求權人之範圍將失去控制。

㈡原告是新增訂第 20 條之 1 之「持有人」

證券交易法第 20 條之 1 第 1 項前段規定，「……，下列各款之人，對於發行人所發行有價證券之善意取得人、出賣人或持有人因而所受之損害，應負賠償責任」，按此，其損害賠償請求權人除前述證券交易法第 20 條所訂者外，已將損害賠償請求權人擴及到原來就已持有該有價證券之投資人。此種規定，有別於理論上求償主體僅限於買進或賣出之人，將「持有人」納入求償主體，其立法理由謂：為使投資人之保護更形周延，除對於善意信賴財務報告及財務文件而積極為買賣行為之投資人明訂其損害賠償請求權外，對於該有價證券之持有人，亦明訂其損害賠償責任。

惟將持有人納入求償主體，尚未出現於各國立法例上，以其作為請求權基礎，適用上滋生眾多疑義；為此，投資人保護中心曾召開多次諮詢會議，並函請主管機關就該條持有人之適用範圍予以解釋，嗣經主管機關表示，證券交易法第 20 條之 1 增訂持有人之立法意旨，在於使投資人之保護更周延，故凡於 2006 年 1 月 13 日後有公布不實財報之不法情事者，對於行為時之持有人，即應負損害賠償責任，且 2006 年 1 月 13 日後公布不實財報之行為人，對於行為時之持有人，因已具有預見可能性，尚無法律不溯及既往之問題❹。

㈢持有人為請求權主體衍生之問題

如前所述，持有人作為請求權主體，將衍生許多問題，對於訴訟策略及投資人權益等均影響甚鉅，值得研究。投資人保護中心並召開多次諮詢會議，依學者專家意見，可分為下列二種見解：

1. 第一說

證券交易法第 20 條之 1 所稱之持有人應係指 2006 年 1 月 13 日證券

祝賀論文集》，2005 年 8 月，頁 462。

❹　行政院金管會金管證六字第 0960031574 號函，2007 年 8 月 1 日。

交易法修正施行後買進且持有之人，始為本條所稱之持有人：

(1)就立法目的而論，持有人範圍如超過善意取得或賣出人之範圍，反而造成真正應受賠償善意買賣人能獲得賠償相對減少或無法獲得賠償，恐將使整個損害賠償機制失序。

(2)另從是否有違反法律不溯及既往原則角度觀之，只要是在事件爆發時持有人，不論是在修法前或修法後買進都算是持有人，事實上已經發生「法律溯及既往效果」，亦超過不法行為人為不法行為時法律應給之制裁，故在 2006 年 1 月 13 日修法後，因各種原因成為持有人者，始為本條之持有人，較符合立法本旨。

(3)基於法律不溯及既往原則，2006 年 1 月 13 日證券交易法修正施行後之持有人，才可以受到保護，法律沒有溯及既往之道理，除非如同債編施行法修正人事保證規定後，同時宣布修正前之人事保證亦適用之，才可能有溯及之效果。否則，新修正法律，僅能於施行後始有適用之餘地。

2.第二說

符合證交所第 20 條之 1 所稱持有人之要件，僅需不法行為人於 2006 年 1 月 13 日後公布不實財報，投資人於事件爆發時仍持有，即符合本條所稱之持有人。

蓋本條之立法意旨在於使投資人之保護更形周延，且凡於 2006 年 1 月 13 日之後公布不實財報之行為人，對行為時之持有人因已具有預見可能性，應負損害賠償責任，尚無法律不溯及既往之問題❺。

3.小　結

本文認為，證券交易法第 20 條之 1 修訂「持有人」得為求償主體，雖立意良善，惟衍生諸多疑義，於相關配套措施、制度未建立前，理論上應有解釋空間。但在修法之前，依現行條文文義，除非能證明取得人在取得股票時「明知有不實說明或遺漏」之情形（亦即除非能舉證並非「善意取

---

❺　參閱陳春山教授、莊永丞教授在 2007 年 2 月 15 日投資人之保護諮詢會議之發言；在該次會議中，劉連煜教授亦認為持有人是可以溯及，但並無法證明因果關係。

得人」)，否則於公司公告申報之財務報告主要內容有虛偽或隱匿之情事時，任何「取得人、出賣人或持有人」均可能成為訴訟之原告，此一規定似又有過於寬濫之虞。

　　然而，實務上，如「持有人」擴張至十年、二十年之持有人均得求償，因果關係相當遙遠，甚難證明，且由於「持有人」既未因他人證券詐欺而買進亦未賣出證券，卻主張遭受到「失去買賣證券機會」之無形經濟損失時，顯然是一種帶有投機性之索賠，故該條文中「或持有人」一詞，將來恐需再予修法。

二、適格之被告

(一)被告之證券詐欺行為必須與證券買賣有關

　　上開證券交易法第 20 條有兩個行為態樣：1.為第 1 項規定之證券詐欺之行為；2.第 2 項規定之有關文件虛偽隱匿之行為。違反第 1 項、第 2 項者，皆有證券交易法第 171 條第 1 款之刑事責任。由於第 1 項為證券詐欺之一般規範，故不僅適用於發行市場，亦適用於交易市場。因本項之性質為廣泛之反詐欺條款，可包括詐欺行為或操縱行為❻。

　　由於證券交易法第 20 條之適用前提為「募集、發行、私募或買賣有價證券」，該條文原來並未明文規定其責任主體，其意義究竟何指，學者間有不同意見：

1.採狹義解釋

　　採狹義解釋者，認為僅指募集、發行、私募或買賣有價證券之人；如公司發行新股對象僅限於公司股東、員工及特定人者，不構成募集、發行，不能適用證券交易法第 20 條第 1 項及第 171 條規定❼。

---

❻　王志誠，〈發行市場證券詐欺規範之解釋及適用〉，《律師雜誌》，第 297 期，2004 年 6 月，頁 17。

❼　賴英照，《最新證券交易法解析：股市遊戲規則》，元照出版，2009 年 10 月再版，頁 715～718。

2.採廣義解釋

採廣義解釋者，認為其義務主體包含實際為募集、發行、私募或買賣有價證券之人以及與其有關之人，故包含實際參與募集發行買賣之人如證券承銷商、間接參與之人如律師、會計師或其他專門職業或技術人員❽。

至採廣義解釋者之理由如下：1.為貫徹證券交易法之立法意旨。2.如以發行人為唯一之民事責任主體，當受害人仍持有公司之有價證券時，則在不實財務報告被揭發後，該股東因股價下跌而受損害，即使其依證券交易法第20條第3項請求損害賠償，表面上似乎損害已得到填補，但事實上，因公司之責任財產多半由股東出資，如公司總體財產因賠償而減少，等同於受償股東所持有之公司股票表彰之價值減損，最後承擔損害賠償責任的仍是投資人本身，對受償之投資人事實上並不完全有利❾。

(二)被告主觀上必須有詐欺之意圖

茲所以強調主觀上必須有詐欺之意圖，主要是釐清其行為主體與責任要件。學者認為因違反第20條第1項將有民事責任與第171條之刑事責任。因此，仍應修正本條規定以釐清其行為主體與責任要件為妥，以免發生民事責任主體與刑事處罰對象之認定不一致之情形❿。

實務上，針對證券交易法第20條第2項之行為主體之認定亦不一致，其中認為不以發行人為限者，有遠倉案⓫、大中鋼鐵案⓬、京元電子案⓭、順大裕案⓮；認為以發行人為限者，則有國產汽車案。

---

❽　余雪明，《證券交易法》，證券暨期貨市場發展基金會，2000年11月，頁527、528。

❾　曾宛如，〈論證券交易法第二十條之民事責任——以主觀要件與信賴為核心〉，《臺大法學論叢》，第33卷第5期，2004年9月，頁57。

❿　王志誠，前揭文，頁23。

⓫　臺灣臺北地方法院90年度訴字第87號刑事判決。

⓬　臺灣高等法院臺中分院90年度上重訴字第28號刑事判決。

⓭　新竹地方法院90年度重訴字第162號民事判決。

⓮　臺中地方法院90年度重訴字第706號民事判決。

(三)小 結

證券交易法第 20 條第 1 項責任主體宜採廣義解釋,包括發行人以外之第三人,如會計師、公司負責人、在文件上簽名蓋章之人為妥。

至於第 20 條第 1 項對於文件虛偽隱匿之行為主體 ,原本僅規定發行人,而 2006 年 1 月 11 日修正通過之證券交易法中,增訂第 20 條之 1,將第 20 條第 1 項與第 2 項規範之行為主體分開,而仿照第 32 條規定之責任主體,另於第 20 條之 1 中規範違反第 20 條應負責之相關人員之責任。

又第 20 條之 1 於 2015 年再次修正時,已刪除該條第 2 項、第 5 項中原列之「發行人之董事長、總經理」,亦即「發行人之董事長、總經理」可不再受該條項之規範,此係為避免過苛之賠償責任降低優秀人才出任董事長及總經理等高階職位之意願,而有礙國家經濟發展,爰將董事長與總經理之絕對賠償責任修正為推定過失責任。

另從條文之文字觀之,第 20 條第 1 項、第 2 項之基本構成要件之區別與因果關係之證明方式仍然不夠明確。同時,將第 20 條第 2 項獨立出來成為第 20 條之 1,應是有意加重不實財務報告及財務業務文件之責任,將故意責任轉變為推定過失責任,如同現行法第 32 條,而較為嚴格[15]。

總之,關於行為主體之範圍,我國證券交易法第 20 條第 2 項之責任人範圍仍然較該條第 1 項為窄[16]。

第三節 民事訴訟請求權依據

一、責任類型

證券交易法第 20 條之責任性質 ,究屬契約或侵權行為,早期曾有爭議,惟 1988 年間之修法理由,已指明本條之賠償義務人為「侵權行為人」,故可肯定非屬契約之性質。茲將第 20 條之侵權行為原理以及該條規定與民

---

[15] 曾宛如,《證券交易法原理》,2005 年 3 月,頁 241～243。

[16] 曾宛如,前揭書,頁 214。

法第 184 條之關係，分述如下：

㈠侵權行為原理

有關第 20 條之責任類型，其釐清之實益在於可否另外主張民法第 184 條之責任。在 1988 年證券交易法修法後，學者一般採侵權行為說，其理由為：如採契約說，則求償權利人與義務人間須有契約關係，如非契約當事人，則即使其有虛偽詐欺之行為而影響證券交易之秩序，亦非賠償義務人。再者，自規範目的而言，為擴大本條規定之適用範圍以充分發揮其效用，採侵權行為說較妥。

㈡與民法第 184 條之關係

第 20 條與民法第 184 條之關係，例如構成要件、損害賠償之認定，並不相同，蓋證券交易法第 20 條之規定，乃為獨立類型之損害賠償制度，其構成要件、損害型態與民法侵權行為規定均不相同，且證券交易制度主要乃係為保障資訊公平之機會，並維護市場秩序之公益目的考量[17]。

然有學者認為，為避免與民法第 184 條牽連而造成適用上之困擾，應認本條為獨立類型之法定責任，佐以侵權行為之要件為適用時之參考[18]。

實務上對於已有證券交易法第 20 條之情事，可否再主張民法第 184 條之見解，有二說：

1. 肯定說

採肯定說者，認為已有證券交易法第 20 條之情事，可再主張民法第 184 條之見解，如：大中鋼鐵、萬有紙業、遠倉、國產車案。在該國產車案中法院判決：本案原告主張被告之公開說明書有虛偽、隱匿之情事，結果為原告之訴駁回。其中，法院認為，應直接適用民法第 184 條而非證券交易法第 20 條，理由為海外證券承銷商非證券交易法第 20 條之主體[19]。

2. 否定說

採否定說者，即認為已有證券交易法第 20 條之情事，則不可再主張民

---

[17] 臺灣臺北地方法院 92 年度金字第 41 號民事判決。

[18] 曾宛如，前揭文，頁 61。

[19] 臺北地方法院 89 年度國貿字第 34 號民事判決。

法第 184 條之見解，如：京元電子案、順大裕案等實務案例。

二、歸責要件

㈠證券詐欺之相關書類

　　證券交易法第 20 條第 2 項，最初係規定，「發行人申報或公告之財務報告及其他有關業務文件，其內容不得有虛偽或隱匿之情事。」惟其中所稱「其他業務文件」之規範範圍頗不明確，故 2006 年 1 月修正時，已修正為「發行人依本法規定申報或公告之財務報告及財務業務文件，其內容不得有虛偽或隱匿之情事。」即將證券詐欺之相關書類限制於「依本法規定」申報或公告之財務報告與「財務業務文件」，使其更加明確。

㈡主觀歸責要件

1.理論學說

　　多數學者認為，證券交易法第 20 條規範之損害賠償責任，屬於侵權行為之類型，故主觀要件即適用侵權行為之規定。即使認為證券交易法第 20 條所規定之證券詐欺行為性質為獨立之侵權行為，民法上侵權行為之主觀歸責要件仍有適用，而應由請求權人舉證證明行為人有故意或過失。

　　然就本條主觀要件，因其違反將有證券交易法第 171 條第 1 項第 1 款與證券交易法第 174 條第 1 項第 5 款之刑事責任，基於罪刑法定原則之考量，學者間多數認為以故意為限[20]。

　　然亦有學者認為，自損害賠償請求權之目的與比較法觀察，如有必要並非不可與刑事責任分別認定。因此其主張不以故意為限，但又為避免對發行人造成過重責任，使之不敢涉入資本市場活動，而不利資本市場活絡。因此，應限於重大過失為妥[21]。

---

[20]　學者認為刑事責任應以故意為前提，並無疑義，但民事責任是否應為相同解釋，見解尚欠一致。參閱賴英照，《最新證券交易法解析：股市遊戲規則》，元照出版，2009 年 10 月再版，頁 787。

[21]　曾宛如，前揭文，頁 62；王志誠，前揭文，頁 27。

2.實務見解

實務上就證券交易法第 20 條是否包含「過失」，目前認定亦未一致。順大裕案❷中，認為包含故意與重大過失，然亦有認為包含一般過失，另又有認為會計師若因過失而需對不特定多數投資人負責將顯失公平。因此，最後以不具因果關係為由，認為會計師不需要負責❷。

京元電子案中，則認為虛偽、隱匿實為客觀構成要件，與主觀無涉。因此凡是財報之主要內容有錯誤即構成本條責任，縱使其僅係「有過失」❷。

此外，如公開說明書之內容，對於截至公開說明書刊印日為止，所有已發生之「足以影響利害關係人判斷之交易或其他事件」自應全部揭露。是財務報表數字之確定與發行公司資訊之充分揭露，應屬不同之問題，亦即公司虧損之確切數字，縱尚未經會計師查核確認，然公司如已發生重大虧損之事件，依規定亦應揭露之❷。

(三)虛偽、隱匿、詐欺之情事

證券交易法第 20 條第 1 項規定之行為態樣為「虛偽、詐欺或其他足致他人誤信之行為」。所謂「虛偽」指陳述之內容與客觀事實不符，而陳述者在陳述時明知者；所謂「詐欺」是指以欺罔之方法騙取他人財物。而所謂「消極詐欺」，即交易之一方對於交易內容、相關事項應告知他方而未予告知之情形。所謂「足致他人誤信之行為」則是因為陳述內容有缺漏或其他原因而誤導相對人，使其對事實之瞭解產生偏差。

至於同條文第 2 項之財務報告、財務業務文件之「隱匿」行為，是指遺漏重要事實而使陳述不完整，概念上包含引人誤導之陳述、對於事實陳述有偏倚，使投資人不能獲得完整之認識，而生誤導之效果❷。

---

❷ 臺中地方法院 90 年度重訴字第 706 號民事判決。

❷ 曾宛如，前揭書，頁 239。

❷ 新竹地方法院 90 年度重訴字第 162 號民事判決。

❷ 最高法院 95 年度臺上字第 4108 號刑事判決。

❷ 賴英照，前揭書，頁 793。

　　證券交易法第 20 條可以規範之行為態樣甚廣，包含上市、未上市的有價證券募集、發行、私募或買賣。例如盤商對於非上市上櫃股票不實推薦❷❼、炒作之行為，因不符合證券交易法第 155 條於證券市場上市之規定，此時仍可適用第 20 條來規範之❷❽。

(四)虛偽或隱匿之重大性

　　就證券交易法第 20 條構成要件而言，虛偽或隱匿之事項是否以「重要」(Material) 為必要，所謂重大性是指，實質上足以影響投資人的判斷、決策行為。對此，該條第 2 項並未明確規定。

　　次就證券交易法第 32 條公開說明書虛偽隱匿之責任而言，亦是以主要內容為限；再者，事實上財務報表的項目繁多，如有任何錯誤即需要負責，對市場商業發展之順暢亦不利。因此，學者認為，本條虛偽或隱匿責任之成立應以重要內容為限❷❾，本文亦贊同。

第四節　因果關係與舉證責任

一、因果關係問題

(一)投資人對詐欺行為之信賴

　　依證券交易法第 20 條第 1 項規定，「有價證券之募集、發行、私募或買賣，不得有虛偽、詐欺或其他足致他人誤信之行為。」據此觀之，須因投資人對於詐欺行為有一定之信賴而致損害，即詐欺行為與損害之間，有因果關係存在，始可能成立損害賠償。茲所謂投資人對詐欺行為之信賴，除相信其陳述之外，且相信其陳述之完整性，並在此基礎上作投資決策。

　　因果關係之認定，我國民法採相當因果關係說❸⓿。就 2002 年 2 月修正

---

❷❼　臺灣高等法院 90 年度上字第 920 號、90 年度上字第 1289 號民事判決。

❷❽　廖大穎，〈不實推介非上市上櫃股票之民事責任〉，《月旦法學雜誌》，第 121 期，2005 年 6 月，頁 242。

❷❾　陳春山，前揭文，頁 475。

前證券交易法第 20 條文義觀之，係由投資人負舉證責任，證明其因信賴該不實資訊而為有價證券之買賣，亦即交易之因果關係，且加害行為與損害間有因果關係，亦即損害之因果關係，此種規定對於投資人之負擔極為沈重。2002 年 2 月修法之後，雖只加了「私募」兩個字，但實務上已仿照美國主張依照「投資人對詐欺行為之信賴」法理。

(二)對詐欺市場理論及其在因果關係判斷上之適用

1.理　論

對市場詐欺理論**❸**之前提，為證券市場是一有效率之市場，因為只有在有效率之市場環境下，才能使各方資訊、投資人意願與股票價格，得到充分而即時之反映，惟我國證券市場是否為一有效率之市場，國內實證研究並不一致。因此，如何引用此一理論，尚待討論，但學者認為其推定因果關係存在之規定，仍值得採用**❸**。

本文認為，就我國目前之市場狀況而言，任何人只要在證券商開戶，就可以在市場上自由買賣有價證券，交易量亦不算小，故應是符合效率市場假設之半強勢效率市場。

2.實務見解

實務上，早年京元電子案**❸**曾有承認對市場詐欺理論之判決。此外，實務上另認為，財務報告之內容，往往有相當專業術語，並非一般未具會計、財經或法律知識之投資人所能瞭解，投資人以財務報告之內容作為投資依據或重要資料者，顯為少見。就此，美國法院曾以集團訴訟之背景為動力，結合市場效率理論發展出所謂「詐欺市場理論」，意即將行為人故意以虛偽不實之資訊公開於市場之中，視為對整體市場的詐欺行為，而市場

---

❸ 曾宛如，前揭書，頁 229。

❸ 按「對市場詐欺理論」(the Fraud on the Market Theory)，亦有翻譯成「欺騙市場理論」、「詐欺市場理論」，法院實務上（臺灣臺北地方法院 96 年金字第 20 號判決）用語為「證券詐欺市場理論」，其意思並無不同。

❸ 劉連煜，〈證券詐欺與因果關係〉，《月旦法學雜誌》，第 78 期，2001 年 11 月，頁 23；劉連煜，《新證券交易法實例研習》，2004 年，頁 282。

❸ 臺灣臺中地方法院 90 年度重訴字第 706 號判決。

投資人可以「以信賴市場之股價」為由，說明其間接信賴了公開之資訊，故投資人無須一一證明個人之「信賴關係」，易言之，公司負責人以積極之手段欺騙投資人，投資者誤信公開資訊之內容真實，因而買進公司股票，即難謂無因果關係❸。

㈢損失方面之因果關係

因果關係可分為兩個層面：亦即交易之因果關係與損害之因果關係。損失方面之因果關係強調，在證券市場詐欺之訟爭案件中，原告之損失應當與被告之詐欺行為具有合理之關聯性。理論上，要求原告損失方面之因果關係，係為將被告之賠償責任限制在適當之範圍內，至於在通常情況下，難謂從被告之違法行為中造成之損失，則予排除。

二、損害賠償金額

㈠損害賠償金額之計算

1.賠償權利人之損害

對於證券市場詐欺所造成投資人之損失，其損害賠償金額如何計算，證券交易法第 20 條第 3 項以及第 20 條之 1，均無明文。一般而言，前二者以及同法第 32 條之公開說明書虛偽或隱匿、第 155 條操縱市場等行為，均以賠償權利人之損害為計算基礎。

證券交易法第 157 條之 1 內線交易，早期原係規定以賠償義務人之「責任限額」為計算基礎，在 2006 年修法後，改以賠償權利人之損害為計算基礎❸。嗣後該條條文雖又於 2010 年 6 月間再次修正，然以賠償權利人之損害為計算基礎之規定，仍無不同。

2.計算方法

所謂賠償權利人之損害，主要為股價下跌之損失。此種損失之計算方法，有二種：

---

❸　臺灣高等法院 97 年度金上字第 3 號民事判決，2008 年 7 月 31 日。

❸　證券交易法第 157 條之 1 修法理由，2006 年 1 月。

⑴毛損益法 (gross income loss)

依毛損益法，不論該差額係不實資訊之詐欺因素所造成，或者因詐欺以外市場經濟走勢、政治事件等因素所造成者，被告均應承受跌價之結果。

⑵淨損差額法 (out-of-pocket-method)

依淨損差額法，被告僅賠償詐欺因素所造成之損失，亦即證券之「真實價值」與「買價或賣價」間之差額。

⑵實務見解

實務上，法院採毛損益法計算損害賠償金額者，有臺灣高等法院臺中分院順大裕案❸、臺灣高等法院訊碟公司案❸等。至法院採淨損差額計算損害賠償金額者，有臺灣高等法院京元電子公司案❸。

三、舉證責任問題

⑴實務見解

依民事訴訟法第 277 條規定，「當事人主張有利於己之事實者，就其事實有舉證之責任。但法律別有規定，或依其情形顯失公平者，不在此限。」故實務上認為，基於訴訟公平原則，有民事訴訟法第 277 條但書之規定以緩和投資人之舉證責任，而應由提供資訊一方負舉證責任❸。

證券交易法第 20 條之 1 第 1 項，除規定對於「發行人所發行有價證券之善意取得人、出賣人」因而所受之損害，應負賠償責任外，對於「持有人」因而所受之損害，亦在規範課責之範圍，則在訴訟上因果關係如何證明，對投資人權益影響甚鉅，值得探討。

至於證券交易法第 20 條之 1 第 2 項，原仿照第 32 條第 2 項規定，就文件之虛偽、隱匿行為增訂相關責任人之舉證免責規定，亦即除發行人、發行人之董事長、總經理外，如行為人能證明其已盡相當之注意義務者，

---

❸ 臺灣高等法院臺中分院 93 年度金上字第 2 號民事判決。
❸ 臺灣高等法院 97 年度金上字第 3 號民事判決，2008 年 7 月 31 日。
❸ 臺灣高等法院 93 年度重上字第 220 號民事判決。
❸ 新竹地方法院 90 年度重訴字第 162 號民事判決。

免負賠償責任等。惟該條於 2015 年修正後，其第 2 項已修正為「前項各款之人，除發行人外，如能證明已盡相當注意，……」，亦即發行人之董事長、總經理，其權益較獲保障。

晚近實務上，則有所謂「責任比例」問題，例如最高法院認為：「在財務報告或財務業務文件上簽名或蓋章者之職員及會計師等，與發行人及發行人董事長、總經理之責任有別，乃另規定於發行人董事長、總經理外之其他應負賠償責任者時，由法院考量導致或可歸屬於被害人損失之每一違法人員之行為特性，及損害間因果關係之性質與程度，依其責任比例之不同而定其賠償責任。」❹值得注意。

(二)簡 評

學者認為證券交易法第 20 條或證券交易法第 20 條之 1 之重點，並不在提供賠償義務人舉證免責，而是舉證責任轉換之規定，在於提供投資人提出求償訴訟時，不需證明義務人之故意過失❹。

再者，一旦舉證責任轉換，則在對投資人保護之大門開啟之同時，投資人及其他財務報告使用者，反倒可能喪失仔細檢視此些資訊之誘因，其結果反而有害。

現行證券交易法第 20 條之 1 ，對於會計師責任並非採取推定過失責任，而是規定為僅於財務報告或財務業務文件之簽證，有不正當行為或違反或廢弛其業務上應盡之義務致損害發生時，會計師始負賠償責任。因此，舉證責任仍在請求權人身上。該條第 4 項並規定，就本項會計師之賠償責任，有價證券之善意取得人、出賣人或持有人得聲請法院調閱會計師工作底稿並請求閱覽或抄錄，會計師及會計師事務所不得拒絕。但本文認為此種規定對於投資人之舉證，幫助並不大。

---

❹　最高法院 105 年度臺上字第 2294 號民事裁判。

❹　林仁光，〈論證券發行人不實揭露資訊之法律責任——兼論證券交易法修正草案第二十條〉，頁 47。

四、請求權之時效

(一)基本規定

證券交易法第 21 條規定：「本法規定之損害賠償請求權，自有請求權人知有得受賠償之原因時起二年間不行使而消滅；自募集、發行或買賣之日起逾五年者亦同。」茲分述如下：

1.本法規定之損害賠償請求權

此證券交易法第 21 條所謂「本法規定之損害賠償請求權」，計有證券交易法第 20 條第 3 項、第 20 條之 1、第 31 條第 3 項、第 32 條第 2 項、第 43 條之 2 第 2 項、第 155 條第 3 項、第 157 條之 1 第 2 項、第 3 項。至於第 157 條之歸入權，則不在第 21 條規定之內。

2.時效起算標準

此證券交易法第 21 條之消滅時效起算標準有二：

(1)自有請求權人知有得受賠償之原因時起

自有請求權人知有得受賠償之原因時起二年間不行使而消滅，換言之，以賠償請求人主觀上認知「知有得受賠償」之原因時起為準，故賠償請求人應負舉證之責任。

(2)自募集、發行或買賣之日起

自募集、發行或買賣之日起，則以客觀上「自募集、發行或買賣」之日起為準。

在此，應注意者，「募集」與「發行」依證券交易法第 7 條或第 8 條之規定，均非單一行為，而係包含多數行為之程序，自開始迄至完成，可能延續數日甚或數月之久。本條所稱「募集」與「發行」之日起，不免有疑義。

學者認為，本條時效定為二年及五年，已符合時效之本質，由於若干違法行為，未必能在短期間內發現，故法律所定之時限內應從寬解釋，以「募集」與「發行」程序完成之日為準❷。本文從保障投資人之權益之意

---

❷　賴英照，《最新證券交易法解析：股市遊戲規則》，元照出版，2009 年 10 月再

旨言之，贊同此說。

㈡實務見解

1.證券交易係為保障資訊公平之機會

　　實務上認為，證券交易法第 20 條、第 32 條之規定，乃為獨立類型之損害賠償制度，其構成要件、損害型態與民法侵權行為規定均不相同，且證券交易制度主要乃係為保障資訊公平之機會，並維護市場秩序之公益目的考量，而非保障零風險之投資獲利，是證券交易法關於民事賠償責任之規定，因其案件之複雜性及上開公益目的之考量，為期能早日解決，以維護證券市場及法律之安定性，乃於該法第 21 條設短期時效之規定，故為民法第 197 條之特別規定，其解釋上「知有得受賠償之原因」自應與民法第 197 條不同，故本件有關消滅時效之規定，當應適用證券交易法第 21 條之規定，而非民法第 197 條，並以「請求權人知有得受損害賠償之原因時」即已起算❸。

2.如已罹於時效則不能依侵權行為再為請求損害賠償

　　實務上認為，證券交易法第 21 條規定，因證券交易法規定所生之損害賠償請求權，自有請求權人知有得受賠償之原因時起二年間不行使而消滅。而以該法第 20 條所生之損害賠償責任，應屬於侵權行為責任之性質，若相隔六年後始提起訴訟，自應認此一損害賠償請求權已罹於時效，依侵權行為、不當得利及證券交易法第 20 條第 3 項等規定所為請求損害賠償，自無理由❹。

版，頁 858。

❸　臺灣臺北地方法院 92 年度金字第 41 號民事判決。

❹　臺灣臺北地方法院 99 年度訴字第 618 號民事判決。

第五節　美國對證券詐欺行為舉證責任之規範

一、10b-5 規則之性質、內容與歷史

㈠性　質

美國證券法的演進有三部曲：「1933 年證券法」 (Securities Act of 1933) 規定證券之發行、「1934 年證券交易法」 (Securities Exchange Act of 1934) 規定證券之交易與 「1968 年威廉姆斯法」 (The Williams Act of 1968) 規定公司之收購與兼併❹。而其兩大主題仍然是資訊揭露與反詐欺。

10b-5 規則 (Rule 10b-5) 是美國證券交易委員會 (SEC) 為配合實施 1934 年證券交易法第 10 條而制定之一個全方位反詐欺之規定，適用於與證券交易有關之各種詐欺行為。

從性質上言之，其係屬於聯邦證券法之範疇。在其涉及到之第一個 10b-5 規則民事訴訟案件中，美國聯邦最高法院明確指出，10b-5 規則旨在禁止一切與證券買賣有關之詐欺行為，無論該行為是在有組織之市場，例如證券交易所中，還是在面對面之交易中實施。甚且，不論該證券是否根據 1934 年證券交易法進行登記，亦不論證券發行公司是否為大眾公司或封閉公司，均一律受 10b-5 規則之管轄。

㈡內　容

美國規範證券詐欺之主要規定，為前述聯邦證管會依據證券交易法之授權頒布之 10b-5 規則，其內容分為 3 款，第 1 款與第 3 款之表述以「詐欺」為核心，第 2 款之表述以「虛偽陳述」為核心❹。

10b-5 規則之具體內容為，任何人直接或間接利用州際通商媒介，或通信，或以郵件或以任何全國性證券交易所之設備為以下 3 種行為，均為

---

❹　David L. Ratner, *Securities Regulation*, west nutshell series 6ᵗʰ 1999, p. 132.

❹　參閱 James D. Cox and Robert W. Hillman, *Securities Regulation, Cases and Materials*, Fifth, Aspen Publishers, 2006.

非法：

　　1.使用任何方法、計畫或計謀從事詐欺。

　　2.對重要之事實作不實之陳述或在可能誤導之情形下，對重要事實加以隱瞞。

　　3.從事任何行為、業務或商務活動而對任何人構成詐欺或欺騙者❹❼。

㈢ 10b-5 規則項下民事訴訟之歷史

　　1942 年美國 SEC 主要負責人 Milton Freeman，將 1933 年證券法第 17 ⑴條與 1934 年第 10⑵條結合一起，起草 10b-5 規則，以「與購買或出售任何證券有關」之飾語，填補上述之法律上漏洞❹❽。

　　10b-5 規則生效四年後，出現第一個以違反該規則為由提起之民事訴訟案件。法院在該案中明確承認，10b-5 規則項下存在著默示之民事訴權❹❾。1971 年美國聯邦最高法院直接採納下級法院作出之結論，亦即受詐欺之投資人可依 10b-5 規則項下之默示民事訴權，提起損害賠償之訴。

　　1995 年美國證券民事訴訟改革法 (Private Securities Litigation Reform Act) 通過後❺⓿，法院加強對聯邦證券法下之默示民事訴權之限制，但並未否認 10b-5 規則項下之默示民事訴權。

　　就 10b-5 規則之具體適用而言，被援用最多者是涉及內線交易之案件。因此，10b-5 規則變成制裁董事與高級職員利用內線消息，從事買賣

---

❹❼　其原文為：⑴ to employ any device, scheme, or artifice to defraud, ⑵ to make any untrue statement of a material face to omit to state a material fact necessary in order to make the statements made, in the light of circumstances under which they were made, not misleading, or ⑶ to engage in any act, practice, or course of business which operate as a fraud or deceit upon any person.

❹❽　David L. Ratner, *Securities Regulation*, west nutshell series 6th 1999, p. 142.

❹❾　1946 年美國法院在 Kardon v. National Gypasum Co. 案中，首次承認當事人在證券法領域享有默示民事訴權時，即係依據傳統侵權行為法原理得出之結論。該案之索引為 69 F. Su. pp. 512 (E. D. Pa1946)；參閱 David L. Ratner, *Securities Regulation*, west nutshell series 6th 1999, p. 252.

❺⓿　賴英照，《最新證券交易法解析：股市遊戲規則》，2006 年 2 月，頁 518。

公司股票之不法行為之最有力武器。

此外，10b-5 規則訴訟亦經常出現於下列情況❺¹：

⑴公司發布虛偽消息或不履行揭露義務時。

⑵內部人向他人洩漏公司內部消息。

⑶公司內部有與證券買賣有關之不當管理行為。

⑷操縱市場。

⑸證券公司與其他專業人士實施之各種詐欺行為。

二、10b-5 規則之獨立性與訴訟之基本要素

㈠10b-5 規則之獨立性

10b-5 規則是關於反證券詐欺之一般性規定，此外 1933 年證券法與 1934 年證券交易法中，還有一些針對特定詐欺行為之具體規定。實務上，美國法院認為，10b-5 規則之適用具有相對獨立性，此不存在特別規定優於一般規定之原則。換言之，10b-5 規則項下之民事責任具獨立性，其並不受證券交易法或其他規則中關於類似責任之具體或一般性規定之影響。

以對重要情況進行詐欺性錯誤陳述為例，當其他法律或規則中，亦有詐欺性之誤述時，原告可自行選擇 10b-5 規則或者依其他法律或規則提起訴訟，甚至還可尋求普通法或衡平法上之救濟，其間互為補充，只是原告不能因被告之同一違法行為而獲得雙重補償。換言之，儘管 1933 年證券法第 11 條明確規定，在證券發行登記書中為虛偽陳述之民事責任，投資人仍可避而不談此條之內容，直接依 10b-5 規則提起訴訟。

㈡10b-5 規則訴訟之基本要素

1.適格之原告

10b-5 規則項下民事訴訟之原告，必須在受被告之詐欺或誤導之情況下實際從事過證券交易之投資者，亦即僅有買方或賣方，才有權提起該規則項下之訴訟❺²。如此，可防止當事人利用 10b-5 規則濫訴。另一方面，

---

❺¹　David L. Ratner, *Securities Regulation*, west nutshell series 6ᵗʰ 1999, pp. 144, 145.

❺²　蓋如因聽信公司有利多之虛偽陳述而繼續持有股票，既不賣出亦不買進股票

當原告既未因他人證券詐欺而買進亦未賣出證券，卻主張遭受到「失去買賣證券機會」之無形經濟損失時，總讓人覺得該原告像在謀求一大筆臆測性、帶有投機性之索賠，當然應該予以禁止❸。

2.適格之被告

10b-5 規則明確規定，被告之詐欺行為必須與證券買賣有關，亦即限於買進或賣出任何證券有關之詐欺行為。此外，美國聯邦最高法院在 1976 年更強調，被告主觀上必須有詐欺故意 (scienter)❹。

根據 1995 年美國證券民事訴訟改革法之規定，1934 年證券交易法增加第 21D(2)(2)條，需要根據被告在特定心理狀態下行事，此方面之證據以確定其責任時，起訴狀中應當就每項被指控之違法行為，載明能夠具體「有力地推斷出」❺被告懷有法定心理狀態之特定事實。因此，此規定改變對起訴之基本要求。

三、因果關係 (causation) 之理論

10b-5 規則之民事訴訟中之因果關係，美國實務上，將之再細分為「交易之因果關係」 (transaction causation) 與 「損失之因果關係」 (loss causation)。

「交易之因果關係」是指，如非交易相對人之不實陳述或隱匿，交易行為就不會發生。

之投資人，即不能提出類似之損害賠償。

❸　David L. Ratner, *Securities Regulation*, west nutshell series 6th 1999, p. 137.

❹　雖 10b-5 規則第 2 款提及公開揭露中之虛偽陳述或重大遺漏時，不像第 1 款或第 3 款那樣明確使用「詐欺」或「欺騙」等名詞，但美國長期審判實務上仍確立 「在當事人存在著詐欺之主觀故意時才承擔責任」 之原則。 有關 scienter 之定義， 請參閱 James D. Cox and Robert W. Hillman, *Securities Regulation, Cases and Materials*, Fifth, Aspen Publishers, 2006, pp. 670, 671.

❺　有關 「有力地推斷出」一語，美國一部分法院認為，其對原來確定之惡意標準並無任何影響；另有一部分法院認為，新規定改變原來惡意標準，而採用一種所謂 「有意識之行為」(conscious behavior) 標準。

　　「損失之因果關係」是指，原告之金錢損失可直接歸因於被告之不實陳述或隱匿行為❺❻。

　　原告對被告詐欺行為之信賴，包括下列：

　　1.原告相信被告之陳述極其完整性，並在此基礎上作出投資決策。在10b–5 規則訴訟中，信賴不能獨立於「重要情況」(materiality) 與因果關係問題而存在❺❼。

　　至於有關「重大性」(material) 之認定，10b–5 規則明確規定揭露義務，但其本身並無明確界定「重大性」一詞。按美國聯邦法院認定，虛偽陳述是否重大，取決於遵循常理之投資人決定買進或賣出相關證券時，是否「很有可能」(substantial likelihood) 考慮有關訊息，例如涉及公司股息或盈餘之重大變化、有關公司之虛偽陳述，發行人是否會成為收購要約目標等。

　　2.信賴之主客觀標準及其「重要情況」之關係。所謂主觀標準，又稱合理信賴 (reasonable reliance) 標準，係以本人之主觀信賴為基礎。所謂客觀標準，又稱正當信賴 (justifiable reliance) 標準，係以一個假想之理性人在當時之情況下，是否對暗中詐欺行為產生信賴為判斷依據。

　　3.信賴之合理性及原告之注意義務 (due care)

　　如原告對詐欺行為實際知情，或者他人有輕率或重大過失，則不存在任何合理之信賴基礎。同理，如原告對被告應揭露之內容有同等甚至更深程度之瞭解，其亦不能以被告之揭露有瑕疵而提出索賠❺❽。

　　4.信賴之推定

　　根據信賴推定原則，當被告未揭露與交易有關之重要訊息時，原告不

❺❻　James D. Cox and Robert W. Hillman, *Securities Regulation, Cases and Materials*, Fifth, Aspen Publishers, 2006, pp. 699, 700.

❺❼　Basic, Inc. v. Levinson, 485 U.S.224(1988). 參閱 James D. Cox and Robert W. Hillman, *Securities Regulation, Cases and Materials*, Fifth, Aspen Publishers, 2006, pp. 584, 585.

❺❽　James D. Cox and Robert W. Hillman, *Securities Regulation, Cases and Materials*, Fifth, Aspen Publishers, 2006, p. 720.

必積極舉證證明其對被告產生信賴，並因此買進或賣出證券。

　　5.信賴推定在效力上之相對性

　　被告利用相關訊息進行詐欺之手段，主要有作為與不作為兩種。作為指被告故意進行虛偽與誤導性陳述之情形，此部分主要由 10b–5 規則第 2 款來規範。不作為指被告故意隱瞞重要情況不予揭露之情形，例如被告不告訴對方，在交易時握有內部消息或在聯合操縱市場之協議等，此部分主要由 10b–5 規則第 1、3 款來規範。

四、「詐欺市場」理論

　　由於原告證明信賴與因果關係存在之困難，且在團體訴訟制度背景之需要下，美國法院於是發展出「對市場詐欺理論」(the Fraud on the Market Theory) 來解決舉證責任之問題❺❾。

㈠「對市場詐欺理論」之內容

　　「對市場詐欺理論」之內容係指在一開放且發展良好、有效率之證券市場內，股價會充分反映所有可得資訊，包括不實陳述或遺漏之資訊等，而當行為人故意將虛偽不實之資訊公開於市場時，則視為其對於整體證券市場有詐欺行為；因為投資人一般以股價作為其價值之表徵，即使投資人並未閱讀相關之公開資料，其亦可以信賴股價為理由，說明其間接信賴公開之資訊，推定為被詐害者，而不需證明個人之信賴關係，以減輕投資人之舉證責任❻⓪。

---

❺❾　美國法院於 Basic Incorporated v. Levinson 案中，有關於合併資訊之揭露，(485 U.S. 224,108 S. Ct. 978, 99 L. Ed. 2d 194(1988)) 採用「對市場詐欺理論」來推定信賴要件之存在。

❻⓪　劉連煜，〈證券詐欺與因果關係〉，《月旦法學雜誌》，第 78 期，2001 年 11 月，頁 23；《新證券交易法實例研習》，2004，頁 282；曾宛如，《證券交易法原理》，2005 年 3 月，頁 227。

(二)「對市場詐欺理論」由以下三個概念所構成

1.效率資本市場假說

此一假設是指在一個有效率之市場中，股價會反映所有已知之相關資訊，即使股價偏離基本價值，亦因資訊不對稱或資訊解讀點時間上之差異所致，並且其假設每一投資人皆係理性，可對市場上之資訊做出正確判斷。

如投資人並非全是理性，非理性之投資人之投資決策亦會呈現隨機分布。因此，以整個市場而言，非理性投資人之投資決策彙整後，並不會損及整個市場之效率性。即使非理性投資人之投資決策並非呈現隨機分布，此時市場會出現套利機會，而理性之投資人即會從事套利行為，直到套利空間消失為止[61]。

另外，美國學者依據市場反映資訊之不同，區分三種不同層次之市場[62]：

(1)**弱勢效率市場** (weak form of efficiency)

在弱勢效率市場中，即使證券價格已充分反映所有之歷史資訊，投資人仍無法利用證券之歷史表現來預測未來走向。

(2)**半強勢效率市場** (semi-strong form of efficiency)

半強勢效率市場指證券價格除反映歷史資訊外，還包括現在之已公開資訊，如財務報表、公司業績等。

(3)**強勢效率市場** (strong form of efficiency)

在強勢效率市場，現行之股價充分反映所有關於該證券之資訊，包括已公開與未公開之資訊。因此，在此市場中內部人不會有機會利用未經公開之資訊從事證券交易而獲利[63]。

---

[61] 郭大維，〈我國證券詐欺訴訟「因果關係」舉證之探討——以美國法為借鏡〉，《月旦法學教室》，第 28 期，2005 年 2 月，頁 87～89。

[62] James D. Cox and Robert W. Hillman, *Securities Regulation, Cases and Materials*, Fifth, Aspen Publishers, 2006, pp. 437–439.

[63] 曾宛如，《證券交易法原理》，2005 年 3 月，頁 37。

2.市場模式之投資決策

一般而言，學者將證券市場之參與者分為兩類：

⑴市場專業人士 (market professionals)

如機構投資人、證券分析師等，其通常有雄厚的資金與分析、解讀資訊的專業能力；藉由這些人士的買賣可將重大資訊反映於市場價格上，同時這些人士可藉由尋找被低估的證券而獲利。

⑵一般投資人 (average investors)

一般投資人縱使其有能力解讀資訊，但通常會因為成本效益之考量而放棄。因此，其大多是根據前一類之專業人士之投資建議來做投資決策。但這並不表示市場存有不實資訊時，此些一般投資人不會受害。因為當專業人士解讀市場資訊進而買賣時，包含所有真實與不實資訊，錯誤資訊會反映在股價上，證券價格就會被誤導，一般投資人亦跟著受害。

在市場模式之投資原理下，原告是否直接信賴被告之詐欺行為進而從事交易，則顯得不重要。只要被告之不實陳述的確影響證券之價格，原告就不需證明其直接信賴特定資訊。在此，對市場詐欺理論之間接信賴概念可以獲得支持[64]。

3.損害量化系統

其認為不實資訊具有經濟上之價值，在正確消息被揭露後，市場價格會反映之並自行調整，從而不實資訊對市場價格之影響便可以被測量出來。經由觀察該證券在正確消息揭露後之價格變化與整體市場的表現，可以判斷原告是否因不實陳述而受害。如證券之價格表現與預期大致相符，則可證明被告之不實陳述並未影響市場，則投資人並未受有損害。此種損害量化系統之方式有助於「對市場詐欺理論」之建立因果關係與測量其損害[65]。

㈢效率市場之認定

適用對市場詐欺理論之假設前提，必須是效率市場之存在。而是否為

---

[64]　郭大維，〈我國證券詐欺訴訟「因果關係」舉證之探討——以美國法為借鏡〉，《月旦法學教室》，第 28 期，2005 年 2 月，頁 88。

[65]　郭大維，前揭文，頁 89。

效率市場，美國實務與學界歸納以下因素來判斷某一證券市場是否為效率市場❻：

1.是否為一「開放」且「成熟」之市場

「開放之市場」係指任何人都可以在市場上自由買賣，而「成熟市場」是指有相對頻繁的交易活動，並且容易取得交易資訊。

2.平均交易量

平均交易量指一週之平均交易量。交易量大表示投資人對此證券有極大興趣。

3.市場參與者多寡

參與者越多元化，例如外國投資者之參與、專業人士之參與；越多參與者越能證明效率市場之存在。

應注意者，由於交易市場中亦有部分成交量較低之股票，此時參與之人數少，投資人無法迅速對相關資訊做出反應。因此，股價無法完全反映所有已知之資訊。因此，判斷某一證券所在之交易市場是否有效率，應就個別股票情形判斷，而不能只考量整體市場之表現。

㈣「對市場詐欺理論」之反對

然亦有美國學者如 Macey 等反對「對市場詐欺理論」，認為此理論誤用效率市場假說；其認為投資人所負之舉證責任並不在於整個市場是否有效率，而是某項消息在某有價證券上於投資人買進或賣出時是否已經有效率地被反映在股價上；如投資人可以證明此點，則投資人是否已經閱讀相關之資訊並不重要，被告不能以投資人未曾閱讀、信賴該資訊為由而免責❼。

---

❻ 美國法院最常引用來判斷是否為效率市場為 Cammer v. Bloom 一案。在此案中，美國法院提出下列幾種情形判斷系爭證券是否處於一個效率市場：每週之平均交易量、證券分析報告之數量、交易商與套利者是否存在、是否需向聯邦證管會申報 Form S-3、股價是否能反映相關之公司資訊。郭大維，前揭文，頁 87～89。

❼ 曾宛如，前揭書，頁 228。

五、1995 年訴訟改革法對 10b-5 規則訴訟之影響

㈠實體方面之影響

美國 1995 年訴訟改革法 （Private Securities Litigation Reform Act of 1995，簡稱 PSLRA）對 10b-5 規則項下民事責任之影響，主要體現在以下四方面：

　　1.確定損失方面之因果關係原則。

　　2.規定被告「詐欺市場」時之最高賠償限額。

　　3.提供資訊揭露之安全港 (Safety Harbor)[68]。

簡言之，當事人在履行資訊公開揭露義務時，如對公司財務預測、前景展望等，附加有意義地警示聲明，即可免除其虛偽陳述之責。

　　4.設定被告之比例原則。

訴訟改革法根據第 21D⑺條之規定，在被告係過失而非故意違反 10b-5 規則時，僅按其責任比例承擔終局判決之賠償數額中之相應部分。此種規定，改變原先讓被告承擔連帶責任之作法。

㈡程序方面之影響

訴訟改革法對 10b-5 規則，在程序方面之影響，尤其是在團體訴訟之情形，故 1995 年訴訟改革法被戲稱為「團體訴訟改革法」。茲分述如下：

1.限制律師對訴訟之控制，強化大股東之作用

在美國，很多訴訟都是在律師慫恿下提起，在一定程度上已淪為惡意律師謀取私利之一種工具，此嚴重違背該規則之立法宗旨。因此，根據第 21D⑴⑺條之規定，原告律師必須將和解協議建議稿與最終稿分發給每一位原告，同時揭露所有必要資訊。訴訟改革法引入主要原告 (lead plaintiff) 與首席律師 (lead counsel) 制度。至於律師費，第 21D⑴⑹條明確規定不得超過原告實際得到賠償總額之「合理百分比」[69]。

---

[68]　王育慧，《從公司治理論機構投資人股東權之行使——以公共基金為中心》，政大法學博士論文，2008 年 7 月，頁 143。

[69]　James D. Cox and Robert W. Hillman, *Securities Regulation, Cases and Materials,*

2.阻卻惡意訴訟

為爭取在起訴階段就打掉一些無意義之訴訟，可採取下列兩項措施：

⑴原告必須在起訴狀中載明能有力地推斷出被告之故意或輕率心理狀態之特定事實。

⑵美國 1934 年證券交易法第 21D⑵⑶(B)條規定，在法院對被告提出之「原告之請求駁回」作出裁定前，應當終止證據發現程序，以防止當事人利用無聊之訴訟推波助瀾，或強迫對方與其達成庭外和解❼。

3.強化會計師之外部監督功能

根據美國 1934 年證券交易法第 10A 條規定，公司會計師在發現公司有可疑或違法行為時，負有向 SEC 報告之義務❼。

第六節　美國與我國證券詐欺民事賠償之比較

一、相同點

㈠特　點

美國與我國證券詐欺民事賠償案件，均具有「小額多數」之特點，故產生如下問題：

1.起訴上市公司訴訟成本很高。

2.受害人人數眾多，地域分布廣泛。

3.違法行為人利用資本市場在短時間內侵犯成千上萬人之合法權益。

㈡證券詐欺之構成要件與分類

美國與我國證券詐欺均係指在證券之發行、交易及相關活動中發生之

Fifth, Aspen Publishers, 2006, p. 756.

❼ James D. Cox and Robert W. Hillman, *Securities Regulation, Cases and Materials*, Fifth, Aspen Publishers, 2006, p. 757.

❼ 參閱 Securities Exchange Act of 1934, Section 10A 有關 Audit Requirements 之規定。

違反證券法律、法規、破壞證券市場秩序、侵害投資人合法權益行為之總稱。而構成要件亦均係指行為構成證券詐欺所必須之一系列客觀要件與主觀要件，包括主體、主觀方面、客體、客觀方面四個要件。在證券詐欺之分類，均包括內線交易、操縱市場、虛偽陳述等。

(三)團體訴訟模式

美國與我國證券詐欺團體訴訟模式程序之基本要件均為：1.人數眾多；2.共同法律問題；3.團體代表之請求為具有代表性之請求；4.團體代表之行為具有適當性。

二、相異點

(一)美　國

美國聯邦之證券法，旨在保護證券投資人之利益，而投資人之利益主要是經由法律對資訊揭露之要求來實現。美國 1933 年證券法，反映美國國會對發行公司及其董事對資訊揭露之要求❼❷。至於美國證券交易法之 10b–5 規則似乎是一種廣泛適用之訴因，但美國法院又將 10b–5 規則限制在具有詐欺故意 (scienter) 之範圍內。

因此，10b–5 規則是對付各色各樣證券詐欺行為之有利武器，其作用是經由當事人提起民事訴訟來實現。美國法院實務上認為，該規則項下，存在著默示訴權。

1995 年訴訟改革法在程序上擴大對 10b–5 規則團體訴訟之限制。然而，隨著具體情況之變化，法律亦需要不時地在懲罰違法者與保護公司及其決策、管理人員，免受不當干擾之間，尋找新的平衡點。

(二)我　國

在美國，由律師進行之「團體訴訟」涉及美國法律文化體系，以及美國現實法律環境中發人深省之層面，包括既有無數之法律原則之交織，以及各種社會集團之縱橫，該制度明顯與我國不同。在我國，對於證券投資

---

❼❷　James D. Cox and Robert W. Hillman, *Securities Regulation, Cases and Materials*, Fifth, Aspen Publishers, 2006, p. 3.

損害之民事訴權，一般投資人並無能力提起，至於團體訴訟則唯賴政府所成立之「財團法人證券投資人及期貨交易人保護中心」進行❼❸。

第七節　結　語

　　在證券交易市場中，不實資訊之影響，將使投資人做出錯誤之投資決策，並且使市場上資金之運用，比沒有任何資訊公開時更無效率。蓋投資人如將資金投入在早期如太平洋電纜、博達等被掏空之公司，即無法使該等資金流向需要資金之公司助其發展成長，使資金錯置而無效率。

　　對於證券市場詐欺之行為，如未能加以民刑事制裁，則會發生「逆向選擇」之情形，亦即投資人不知道何種資訊可以信賴，則最後都不信任所有資訊時，資訊公開之制度即會崩潰，無法維持交易市場之健全，其影響甚為重大。因此，對於放出不實資訊之詐欺行為，除有處罰之必要之外，當然應由證券善意取得人或出賣人提出訴訟請求損害賠償。

　　我國證券交易法第 20 條之 1 第 2 項，原係規範對於「財務報告及財務業務文件或依第 36 條第 1 項公告申報之財務報告」或「公開說明書」之主要內容有虛偽或隱匿之情事者，發行人、發行人之董事長、總經理等須承擔無過失責任，而董事等其餘人士則承擔過失責任，但對於其過失則採取允許反證之推定方式。蓋發行人、發行人之董事長、總經理等為揭露義務主體，直接面對並向投資人負責，而董事等其餘人士非揭露義務人，僅係作為義務人之工作人員代理其組織體，並具體實施揭露工作，故其僅處於整個揭露過程中之輔助地位。

　　惟 2015 年 7 月 1 日修正第 20 條之 1 時，因基於有關財報不實之規定，對於董事長與總經理之責任顯然過重，而有礙企業之用才。為避免過苛之賠償責任降低優秀人才出任董事長及總經理等高階職位之意願而有礙國家經濟發展，爰提案將董事長與總經理之絕對賠償責任修正為推定過失責任。

---

❼❸　有關「團體訴訟」問題，參閱吳光明，本書第二十三章〈證券市場投資人保護立法與評價——以團體訴訟文化為中心〉。

另外，該修正已將「發行人之董事長、總經理」二者，自證券交易法第 20 條之 1 第 2 項、第 5 項中刪除。

總之，我國現行證券交易法對於證券市場詐欺行為之規範，係為顧及發行人與董事等其餘人士所負之特定義務，以及投資人在舉證上之實際困難，基於便利投資人提起訴訟之考量，故明定推定過失責任，並獲得廣泛之適用。

整體而言，我國證券立法，對於證券市場詐欺行為所致民事責任，已給予應有之關注，並建構可行之制度，尚可發揮相當之訴訟救濟功能。在美國，則因私人訴訟盛行，而此等訴訟許多卻是原告律師在風險代理之刺激下，所表現之激情，然風險代理往往同時伴隨律師違背職業道德之消極後果，站在維護經濟發展，健全證券交易市場之角度言，此一制度實非良策。

法律主要作用之一，即為調整與調和各種相互衝突之利益，此時又涉及利益評價問題。美國經驗顯示，民事賠償責任制度可增強投資人信心，故美國有 1933 年證券法第 11 條對發行人與其他相關人員設定嚴格之賠償責任之規定。因此，在證券投資損害民事訴權規制中，所體現之法律現實主義對我國之啟示，即任何法律制度一定要適合我國現實國情，亦即法律之本土化。在我國，因訴訟文化之不同，在特殊國情下，證券投資損害民事訴權一般投資人並無能力提起，故美國所實施之制度，於我國並不適用。於現階段，唯賴法規制度及「財團法人證券投資人及期貨交易人保護中心」運作機制之健全，始能達到保障投資人之效。

第二十七章　證券律師在證券市場監督機制角色之探討

——海峽兩岸之比較

第一節　概　說

　　海峽兩岸同文同種，既競爭又合作，有些法律制度，具有相當共通之處，而證券律師在證券市場監督機制中之角色，也均或多或少參考美國證券相關法制，但某些細節規定，海峽兩岸則又有些微異同，故以比較法學之立場，有針對證券律師在證券市場監督機制中之角色問題，加以比較之必要。

　　近二十多年來，海峽兩岸證券行業以及證券市場迅速發展，證券律師行業亦跟著蓬勃發展。我國證券交易法將證券交易市場分為集中市場與店頭市場，並分別予以規範（參見我國證券交易法第 62 條、第 85 條，以下同）。證券在集中市場買賣稱為上市，在店頭市場買賣稱為上櫃，2002 年1 月另成立興櫃市場，亦由櫃買中心主辦❶。此種分類係沿襲美國而來❷。

　　就法律規範而言，集中市場與店頭市場之分類，為證券交易法之基本設計。立法之初，證券交易法將集中市場定位為拍賣之競價市場，而與店

---

❶　吳光明，〈有價證券之上市、上櫃〉，載於《證券交易法論》，三民書局，2013年 9 月增訂 12 版，頁 221。

❷　賴英照，《最新證券交易法解析：股市遊戲規則》，2006 年 2 月，頁 63；賴英照，《證券交易法解析（簡明版）》，2013 年再版，頁 49。

頭市場之議價型態相區別（1988 年修正前證券交易法第 9 條），且依證券交易法第 96 條前段規定：「非依本法不得經營類似有價證券集中交易市場之業務。」惟前開證券交易法第 9 條規定，已於 1988 年修正時刪除；其後實務上集中市場與店頭市場之交易方式，均為委託單導向 (order driven market)，亦即以各投資人透過證券商向市場報價而直接競價撮合成交❸。

我國證券交易法第 139 條第 1 項規定，依本法發行之有價證券，得由發行人向證券交易所申請上市，足見我國是採自由上市之制度；至於上市之標準，依證券交易法第 140 條規定，證券交易所應訂定「有價證券上市審查準則」❹及「上市契約準則」❺，申請主管機關核定之。

又依上開準則之規定，申請股票上市之公司按其資本額、獲利能力、資本結構、股權分散情形，而將其股票分為第一類、第二類上市股票；或者按該準則之特別規定，將屬於創業投資之科技事業，可列為第三類上市股票。有關此部分，可參閱證券交易所訂定之「有價證券上市作業程序」，該規定就證券能否審核上市之標準，予以詳細說明。

依證券交易法之規定，上市公司之財務、業務必須公開，為因應公司業務之需求，一般而言，證券發行公司都會聘請律師負責資訊揭露，提高投資人信心，促進交易。因此，有必要對證券律師進行有效監控❻。此部分，通常有兩股力量讓監控律師之制度發揮力量。

律師之證券業務，亦即律師為證券發行與交易以及其相關行為提供法律服務之活動。律師對證券之法律業務，亦即審查、修改、製作有關證券業務之法律文書。包括參與起草、審查或修改公司業務之創立性檔，當然更包括公開說明書等。

---

❸　賴英照，《最新證券交易法解析：股市遊戲規則》，前揭書，頁 66。

❹　按「臺灣證券交易所股份有限公司有價證券上市審查準則」訂定於 1990 年 3 月 2 日，歷經多次修正，最近一次修正於 2018 年 11 月 30 日。

❺　按「臺灣證券交易所股份有限公司有價證券上市契約準則」訂定於 1990 年 3 月 12 日，歷經多次修正，最近一次修正於 2018 年 9 月 10 日。

❻　雖然會計師之證券業務，亦屬會計師為證券發行與交易以及其相關行為提供會計服務之活動，限於篇幅，本文僅針對證券律師予以論述。

　　我國管理證券市場之法規，主要為證券交易法，此外尚有將近 1500 種之行政規範或自治規章，其中對於證券律師之規範，則有證券交易法第 21 條之 1 有關「國際合作條約或協議之簽訂」、第 32 條有關「公開說明書虛偽或隱匿之責任」，第 38 條之 1 有關「主管機關認為必要時，得隨時指定律師或其他專門職業檢查上市公司」及第 174 條之罰責❼。此外，再加上律師法以及若干行政規範或自治規章。

　　中國大陸證券市場之監督機制，在公開揭露之原則下，其法規及制度面亦皆著重如何建立更可信之客觀原則，提升資訊揭露之有效性、完整性、無欺性等資訊品質，以盡保護投資人之能事，此乃有關資訊對稱、資訊公開、資訊透明等之建制，而其中證券律師亦扮演著重要角色。

　　基此，本章首先擬探討法律依據，包括資訊揭露制度、證券反詐欺條款、公開說明書虛偽或隱匿之責任；其次擬探討證券律師之業務與法律責任，包括證券律師之業務、證券律師之法律責任；再次擬探討中國大陸對於證券服務機構之監管，包括美國證券服務機構監管之借鑒、中國大陸對於證券服務機構之行業監管、證券律師法律責任之沿革；並探討海峽兩岸律師在證券市場監督之比較。最後，提出檢討與建議。

第二節　法律依據

一、資訊揭露制度

　　一般而言，證券市場訊息揭露制度，又稱證券市場訊息公開制度，亦即政府為保障投資人之利益，與社會公眾之監督，而以證券交易法為據，規定上市公司必須公開或公布有關之資訊與資料，使投資人能在充分瞭解各種資訊情況下，做好決策之一系列制度。

　　公司申請上市或上櫃買賣，均需提出公開說明書，該等公開說明書中，無論就公司證券募集、發行或買賣之契約書、報告書，或是相關查核資料，

❼　陳志龍，《財經發展與財經刑法》，元照出版，2006 年，頁 188。

包括實地查核、公司相關人員訪談或舉行會議、搜集、整理、查證公司議事錄、重要契約年報及其他檔案等，因涉及諸多法律問題，故有必要由律師提出法律意見書；且須另由會計師對公司申報或公告之財務報告、檔案資料等，加以審閱查核，且凡此均應有證券市場訊息揭露制度之適用。

　　實務上，主管機關會在公司初次申請有價證券上市用之公開說明書中，要求律師出具「發行人申請股票上市法律事項檢查表」。同時在股票上市申請書中，要求律師填製「發行人申請股票上市法律事項檢查表」，以及律師與申請公司所出具，其彼此間並無前開檢查表填表注意事項四所列情事之聲明書。

　　律師在出具上述法律事項檢查表、法律意見書時，應當按照律師法規定與道德規範，對其所出具報告之真實性、準確性與完整性進行檢查與驗證，並就其負責部分承擔法律責任❽。實務上亦認為，律師雖負有一定之社會責任，惟該等專業人員所為行為之影響層面乃明確之特定人❾。

　　在證券市場中，律師本於其領域之專業，以及法規之要求，有其重要之角色功能，亦受到一定程度之責任規範。茲謹針對與證券律師之權責較具關聯性之證券交易法相關條文，分別析述，以瞭解其法律依據。

二、證券反詐欺條款

㈠條文內容

　　在我國，依證券交易法第 20 條規定，有價證券之募集、發行、私募或買賣，不得有虛偽、詐欺或其他足致他人誤信之行為。發行人依本法規定申報或公告之財務報告及財務業務文件，其內容不得有虛偽或隱匿之情事。違反第 1 項規定者，對於該有價證券之善意取得人或出賣人因而所受之損害，應負賠償責任。委託證券經紀商以行紀名義買入或賣出之人，視為前

---

❽　顯然證明，律師與會計師法律責任，仍有相當層次之不同。

❾　至於會計師查核簽證財務報表之允當性，其影響層面係潛在眾多不確定之投資人，若不給予更高之行為道德標準，其對公眾權益之可能危害將形更鉅。參閱最高行政法院 97 年度裁字第 1825 號裁定。

項之取得人或出賣人。

㈡ 條文說明

上開條文明訂之誠實義務及損害賠償責任,乃證券詐欺之一般性規範,其不僅適用於發行市場,亦適用於流通市場。學者認為,其規範物件涵蓋發行人、證券商、以及其他關係人之行為❿。

至於其規範行為並包括在發行市場為有價證券之募集、發行、私募或再流通市場為有價證券之買賣⓫。

三、公開說明書虛偽或隱匿之責任

㈠條文內容

依證券交易法第 32 條,係規範有關公開說明書虛偽或隱匿之責任,其中涉及會計師、律師者,規定於該條第 1 項第 4 款,亦即「會計師、律師,曾在公開說明書上簽章, 以證實其所載內容之全部或一部, 或陳述意見者。」對於善意之相對人,因而所受之損害,應就其所應負責部分與公司負連帶賠償責任。不過,依同條第 2 項後段規定,如能證明已經合理調查,並有正當理由確信其簽證或意見為真實者,免負賠償責任。

㈡ 公開說明書之意義

有關證券法上之「公開說明書」,規定於證券交易法第 13 條,即「本法所稱公開說明書,謂發行人為有價證券之募集或出賣,依本法之規定,向公眾提出之說明文書。」

又「公開說明書」之內容,則規定於證券交易法第 30 條,即「公司募集、發行有價證券,於申請審核時,除依公司法所規定記載事項外,應另

---

❿ 參閱余雪明,《證券交易法》,證基會,2000 年 11 月,頁 527、528。又既然該條第 1 項規定包括其他關係人之行為,則本文亦認為會計師、律師之行為,自應包括在內。該條第 2 項規定其犯罪主體限於「發行人」,故應僅以發行人為追究責任之物件。

⓫ 王志誠,〈發行市場證券詐欺規範之解釋及適用〉,《律師雜誌》,第 297 期,2004 年 6 月,頁 17。

行加具公開說明書。前項公開說明書，其應記載之事項，由主管機關以命令定之。公司申請其有價證券在證券交易所上市或於證券商營業處所買賣者，准用第一項之規定；其公開說明書應記載事項之準則，分別由證券交易所與證券櫃檯買賣中心擬訂，報請主管機關核定。」

第三節　證券律師之業務與法律責任

一、證券律師之業務

　　證券法律業務是證券法律服務之一種。在證券市場中，凡有如下法規所訂情事或權利義務關係發生時，均特別須要由律師為證券發行與交易及其相關活動提供法律服務。例如證券交易法第 20 條證券詐欺、第 20 條之 1 資訊不實、第 32 條公開說明書虛偽隱匿；交易市場部分有：證券交易法第 20 條證券詐欺、第 20 條之 1 資訊不實、第 43 條之 2 公開收購違反規定、第 43 條之 3 公開收購違反規定、第 155 條操縱市場、第 157 條歸入權、第 157 條之 1 內線交易等。

　　證券律師所提供法律服務主要包括兩方面：一是從事證券法律業務；二是從事證券訴訟與證券仲裁之代理。證券法律業務係指為發行與交易證券之企業、機構與場所之各種證券相關業務出具相關法律意見書，及審查、修改、製作各種法律文書等活動。茲分述如下：

1.出具法律意見書

　　即對於證券之發行、上市與交易等證券相關法令及章則規定所需之文書，表達法律意見。律師出具法律意見書時，對於申請上市或上櫃之公司實應加以把關，以維護證券市場保障投資人與發展國民經濟之目的❷，如有出具虛偽或不實意見書者，應負證券交易法第 174 條第 2 項規定之刑事責任。

---

❷　王寶江，〈商務律師意見書與律師責任——以美國及中國資產證券化及律師意見書為中心〉，《致理法學》，第 4 期，2008 年 10 月，頁 69～108。

2. 受聘為上市上櫃審議委員

執業十年以上之律師，可以法律專業而受聘為上市上櫃審議委員**⑬**，一旦上市上櫃公司被輔導完成，提出上市上櫃申請時，可以上市上櫃審議委員身分，提出意見，並參與進行表決。

3. 具備五年以上之律師可被選為公開發行公司之獨立董事

證券交易法在歷來之修正過程中，就推動公司治理、增進證券商業務，以及防制證券市場操縱、內線交易不法行為等，頗有強化，其中就公司治理規範之變革有多項，而最重要一項為具備五年以上工作經驗之律師，可以被選為公開發行公司之獨立董事，且可以擔任該上市櫃公司審計委員會委員、薪酬委員會委員**⑭**。

4. 審查、修改、製作相關法律檔案

證券之發行、上市與交易等法律檔案，具有相當高水準之技術性與法律規範性，故有委由具法律專業背景之律師加以審查、修改、製作相關法律檔之必要。

5. 代理當事人從事證券訴訟與證券仲裁

在證券之發行、上市與交易中，如有證券糾紛，當事人亦可尋求律師之協助，藉由訴訟或仲裁之途徑，以解決糾紛。

綜合言之，證券法律業務是一項政策性強、業務技術要求高之專門性工作。證券法律業務之品質，大多取決於受任證券律師之素質與證券律師事務所之組織與管理水準。

律師在出具法律意見書，履行其職務時，應遵循律師法之規定與道德規範，對其所出具報告之真實性、準確性與完整性進行檢查與驗證，並就

---

⑬ 按「臺灣證券交易所股份有限公司有價證券上市審議委員會外部審議委員遴聘要點」訂於 2005 年 2 月 21 日，歷經多次修正，最近一次修正於 2017 年 10 月 31 日。另按「財團法人中華民國證券櫃檯買賣中心有價證券上櫃審議委員會組織細則」訂於 1994 年 10 月 28 日，歷經多次修正，最近一次修正於 2014 年 5 月 19 日。

⑭ 吳光明，〈公司治理與獨立董事〉，載於《證券交易法論》，三民書局，2013 年 9 月增訂 12 版，頁 1～33。

其負責部分承擔法律責任。

二、證券律師之法律責任

㈠刑事責任

1.證券交易法第 171 條

⑴依證券交易法第 171 條第 1 項第 1 款之規定，違反第 20 條第 1 項者，處三年以上十年以下有期徒刑，得併科新臺幣一千萬元以上二億元以下罰金❶。雖有論者認為，會計師、律師在民事責任上亦可認為違反第 20 條第 1 項賠償義務人之主體，故亦有本條之刑事責任❶。惟基於罪刑法定主義，除非善意之投資人能證明會計師、律師有虛偽、詐欺或其他足致他人誤信之行為，否則會計師、律師並非「有價證券之募集、發行、私募或買賣」之主體，故本文對此持保留意見。

⑵又由於律師係由發行公司支付費用所聘任，如在利益衝突下，未能完成應盡之職責，或與發行公司有犯意聯絡，致其所表達之專家意見有虛偽或隱匿情事時，自應為該等行為，負法律上之責任❶。

2.證券交易法第 174 條

證券交易法第 174 條第 2 項條款內容如下：「有下列情事之一者，處 5 年以下有期徒刑，得科或併科新臺幣一千五百萬元以下罰金」，亦係針對刑事責任之規定。

㈡行政責任

證券交易法第 174 條第 2 項第 1 款既規定律師不得出具虛偽或不實意見書，律師如有違反，除應依該條款之罰則承擔刑事責任外，依律師法❶

---

❶　按證券交易法第 171 條雖有些修正，但該條第 1 款則未修訂，參閱該條立法理由，2012 年 1 月 4 日。

❶　廖晨曦，《證券交易法上之律師責任》，臺北大學法律學系碩士論文，2008 年 7 月，頁 134。

❶　林仁光，〈論證券發行人不實揭露資訊之法律責任兼論證券交易法修正草案第二十條〉，《律師雜誌》，第 297 期，2004 年 6 月，頁 38、39。

❶　按「律師法」公布於 1941 年 1 月 11 日，歷經多次修正，最近一次修正於

另亦衍生行政責任,蓋依律師法第 40 條第 1 項規定,律師應付懲戒者,由高等法院或其分院或地方法院檢察署依職權送請律師懲戒委員會處理。其因辦理第 20 條第 2 項事務應付懲戒者,由各該主管機關逕行送請處理。

實務上,曾有律師於訊碟科技股份有限公司海外公司債發行後,向證期局出具無重大差異之法律意見書,被認定違反律師法第 32 條第 2 項規定等情事,而被處以警告之處分❿,值得參考。

(三)民事責任

依證券交易法第 32 條第 1 項第 4 款意旨,第 31 條之公開說明書,其應記載之主要內容有虛偽或隱匿之情事者,會計師、律師、工程師或其他專門職業或技術人員,曾在公開說明書上簽章,以證實其所載內容之全部或一部,或陳述意見時,對於善意之相對人,因而所受之損害,應就其所應負責部分與公司負連帶賠償責任,此乃「公開說明書虛偽或隱匿之責任」。

然而,該第 32 條條文中,何謂「就其所應負責部分」,其認定上恐有困難,蓋投資人所遭受之損害,究因發行公司之財務報表不實所影響,抑或由會計師簽證疏忽,或不實之專業意見所影響,其所歸責之比例分配如何界定,金額如何分配,均為實務上不易處理之難題。

茲因證券交易法第 20 條第 1 項規定:「有價證券之募集、發行、私募或買賣,不得有虛偽、詐欺或其他足致他人誤信之行為。」換言之,其規定對象,似應包括發行人以外之第三人。因此,於公開說明書有虛偽或隱匿之情況下,除非善意之投資人者能證明會計師、律師有虛偽、詐欺或其他足致他人誤信之行為者,可依第 20 條第 1 項條文向會計師、律師請求損害賠償。否則,如欲援引證券交易法第 32 條第 1 項第 4 款意旨,主張會計師、律師與公司負連帶賠償責任,實務上恐有相當之困難。

至於證券交易法第 20 條第 2 項規定之「發行人依本法規定申報或公告之財務報告及財務業務檔,其內容不得有虛偽或隱匿之情事。」則係以發

2010 年 1 月 27 日。

❿ 律師懲戒覆審決議書 89 年度臺覆字第 1 號至 94 年度臺覆字第 3 號。

行人為對象，學者認為不能令會計師、律師負賠償責任❷，本文認為，基於該條第 2 項規定其犯罪主體限於「發行人」，故亦贊同，應以發行人為追究責任之對象。

第四節　中國大陸對於證券服務機構之監管

各國為求監管證券市場以及仲介服務機構，皆分別制訂有多重規範。而在此監管機制中，律師均扮演著重要之角色，美國亦然，中國大陸亦然。

一、美國證券服務機構監管之借鑒

(一)美國證券法律體系之建構

1.在美國法律文化背景下，1911 年堪薩斯州制訂第一部保護公眾投資利益不受詐欺之法律－藍天法 (Blue-sky Laws)。

2.1933 年聯邦通過「聯邦證券法」(Federal securities laws of U.S.A)。

3.1934 年通過「證券交易法」(Securities Exchange Act of 1934)。開始全國統一立法，確立美國現行以「證券交易委員會」（U.S. Securities and Exchange Commission，以下簡稱為 SEC）為中心之集中型監管體系。

(二)上市公司聘僱之外部律師權責

依美國現行制度，上市公司所聘僱之外部律師，一般不對公司發起人、大股東、對公司有實際控制權人之存續與否或其出資資格，以及董監事和高階管理人之異動、其歷次股權變動、關聯交易、環保問題和各類侵權情況等出具法律意見書。

至於外部聘僱之證券律師，針對公司各種授權會議所提出之法律意見書，亦僅說明已審閱會議記錄或決議，而就會議召開之程序、內容等加以簽署，以確認其真實性和有效性。故以證券所涉業務而言，美國上市公司聘僱之外部律師，其所負監管權責之範圍，較屬有限。

---

❷　林仁光，前揭文，頁 38、39。

(三)證券律師行業監管之建構與干預

美國對於證券律師行業監管之建構，源於以下法制之建立：

1.美國聯邦政府於 1933 年通過「證券法」後，美國證券交易委員會成立，並制訂 Regulations S-k 規則，其中規則第 601 條規定，註冊股票時，需要律師出具法律意見書。

2.美國律師協會 1983 年通過「執行業務示範規則」(The Model Rules of Professional Conduct)，由行業協會對律師行為進行約束。

3.實務上，美國證券交易委員會 (SEC) 曾於 1972 年在 Fields 案之判決書中，宣稱有權管理律師，並認為 SEC 有權要求律師專業操守達到最高嚴格之標準。在該案中，法院判決，涉案律師被永久性地禁止在 SEC 出現與執業。

4.美國證券交易委員會 (SEC) 曾於 1979 年在 Keating. Muething & Klekamp 案之判決書中，宣稱有權管理律師之行為。SEC 並認為，律師在為公司準備向 SEC 提交檔時，因為沒有全面履行專業職責，故而要求該律師事務所建立合理設計之內部監管程式，並且在六十日內不得與新客戶簽訂契約。

5.「安隆事件」發生後，在 SEC 努力下，美國國會迅速通過「沙賓斯—奧克斯利法案」(Sarbanse—Olxey act of 2002)[21]。該法案規定，證券律師對參與證券市場活動之客戶進行監管，而律師本身受到來自 SEC 之監管。

美國證監會 (SEC) 對證券律師之干預，主要體現在兩方面，一是對律師「申斥權 (Authority to censure)」之存在；二是梯式報告之義務。

1935 年，SEC 制定《執業規則》(Rule of Practice) Rule 2(e)[22]，規定 SEC 有權臨時或永久性地拒絕任何人在 SEC 管轄下履職或執業[23]，惟這項

---

[21] 吳光明，〈證券團體訴訟文化之探討——美國與臺灣比較法角度之觀察〉，載於《交大法學》，上海交通大學，第 3 期，2014 年，頁 101。

[22] 1995 年，SEC 修訂《執業規則》時將 Rule 2(e) 更名為 Rule 102(e)。

[23] 對於「在 SEC 管轄下履職或執業」，SEC 曾予以廣泛定義，使該定義適用於律

規則並非剝奪律師等專業人士之資格，而僅是限制與約束其在 SEC 管轄範圍內之執業❷。又，該規則雖由於缺乏明確之法律授權，且存在被濫用之傾向，以致引發過很大爭議，但歷來法院判例仍無一例外地對其有效性給予肯定❷。「沙賓斯－奧克斯利法案」最終則通過修訂《證券交易法》，明確規定 SEC 對證券律師擁有申斥權。

　　至於前述所謂「梯式報告」，即是依據 SEC 所制訂之《律師職業行為標準》規定，代表發行人在證監會履職或執業之律師，如認為有重大違法行為已發生或將要發生，則應依據不同情況，分別逐級向發行人首席律師、首席執行官……等提出報告，並要求回應，以達到證券監管之效。

二、中國大陸對於證券服務機構之行業監管

　　在中國大陸，證監會對證券服務機構之監管頗稱完善，但對證券服務機構「行業自律」方面之監管，則相對欠缺，造成中國對證券服務機構監管之不平衡。茲先將中國證券法律服務之現況，略述如下：

㈠證券法律服務之現行規章

　　依中國證券法（以下或稱「證券法」）與「律師法」等規定，中國證券法律服務業務共有 25 項，其中行政許可類 22 項，非行政許可類 3 項❷。

　　證券法律服務之規章，主要包括 2003 年中華全國律師協會發布之《律師從事證券法律業務規範（試行）》、2007 年司法部和中國證監會聯合發布之《律師事務所從事證券法律業務管理辦法》(《管理辦法》)，以及 2010 年發布之《律師事務所證券法律業務執業規則（試行）》。此外，中國證監會及司法部還會同發布有《律師事務所證券投資基金法律業務執業細則》，於

師、會計師、工程師及其他專業人士。本文所探討者僅針對律師。

❷　參閱郭靂，〈證券律師業的發展出路與規範建議〉，《法學》，第 4 期，2012 年，頁 107～114。

❷　典型案例如 Touche Ross & Co. v. SEC, 609 F. 2d 570 (1979)。

❷　法律服務業務共有 25 項，尚不包括期貨類；行政許可類 22 項，包括發行上市類 3 項、證券公司類 4 項、基金公司類 5 項；非行政許可類 3 項，包括上市公司股東大會見證、股權激勵計畫方案、基金公司相關報告事項。

2011 年 1 月 1 日起施行，具有更細分行業規則之屬性及示範意義。

㈡就證券法律服務之規範詳細

中國證監會對於律師在證券業務中之相關事項和作業，規範可謂相當詳盡，甚至就律師所出具法律意見書之格式與內容等，均已做出具體規定。

除法制規範外，自 2007 年《管理辦法》施行以來，證監部門並曾先後依法對 47 家律師事務所進行過現場檢查，發現和處理違法行為 12 起，涉及事務所 11 家，簽字律師 34 人。由於大陸主管部門對於前述《管理辦法》等規定之推動，頗為積極，使相關規定因而更能充分發揮規範之效。

中國大陸學者認為，律師在中國資本市場建設這一行業之發展方向和出路在於：准入市場化、職責明晰化、執業規範化、功能專業化❷。未來，如何使律師在中國資本市場建設中更有作為，則是事關成千上萬法律精英之重大命題。

㈢證券律師之義務與責任

證券律師於中國證券行業之監管機制中，雖然舉足輕重，而相關規章亦稱完備，然於執行業務之際，仍有如下數項應再釐清：

1.證券律師之免責抗辯

法律責任與注意義務，一向密不可分。無論證券仲介機構或證券律師，於執行業務時，如已盡善良管理人之注意義務，應可構成免責事由。因此，現行法中有必要再針對監管機制中之免責抗辯事由，加以規定。

前開所謂免責抗辯事由，例如：證券律師對政府有關部門或機構所出具正式文件之真實性，不負調查義務；對其他同時為上市公司服務之專業人士出具之報告或檔案，亦不負調查義務，即使事後發現其中有所漏誤，亦可以提出「信賴專家抗辯」，主張免責。

至於證券律師所涉業務縱有違法情形，如能證明投資人明知虛假資訊存在，而仍進行投資而致生損害；虛假陳述行為未對市場產生影響，或者情節顯著輕微……應和律師無關，則律師即可因而免責。

---

❷ 參閱郭靂，〈證券律師的行業發展與制度完善——國際比較和實證研究〉，《金融服務法評論》，第 4 卷，頁 253～255。

2. 律師轉委託應該徵得委託人同意

中國大陸《管理辦法》第 16 條規定：「律師進行核查和驗證，需要會計師事務所、資產評估機構等證券服務機構作出判斷的，應當直接委託或者要求委託人委託會計師事務所、資產評估機構等證券服務機構出具意見。」惟律師在執行業務時，如委託證券服務機構作出判斷，實際上構成對委託事務之轉委託，根據《合同法》第 400 條之轉委託規定，及《律師執業行為規範》第 56 條之規定，律師在轉委託時應該事先徵得委託人的同意（但在緊急情況下，為維護委託人的利益可以轉委託，但應當及時告知委託人。），否則轉委託事項之責任由律師承擔。

3. 證券市場證券律師之民事責任承擔

《證券法》第 173 條，係規定證券服務機構與發行人、上市公司之責任分配，但針對不同證券服務機構間之關係，規範則未臻明確。事實上，即便在證券律師與委託人間之責任承擔上，適用時仍有矛盾存在。

2003 年，最高人民法院《關於審理證券市場因虛假陳述引發的民事賠償案件的若干規定》（虛假陳述司法解釋）第 27 條規定，擴大仲介機構之責任範圍——即使仲介機構沒有參與虛假陳述行為，只要其知道或者應當知道有虛假陳述存在，而不予糾正或者不出具保留意見者，即構成共同侵權，承擔連帶責任。該規定不僅無區分仲介機構之主觀狀態，對何謂「不予糾正」，亦無明確界定。而且仲介機構因前述共同侵權所承擔之連帶責任範圍，有時甚至大於證券律師自己虛假陳述之責任，因為根據《虛假陳述司法解釋》第 24 條，對於自己虛假陳述，證券律師只是就其負有責任之部分，承擔連帶賠償責任。

前開《虛假陳述司法解釋》確立之連帶責任，雖能有效地保護原告之利益❷❽，但可能造成被告之間過錯與責任分配不合理之現象。至 2007 年最高人民法院《關於審理涉及會計師事務所在審計業務活動中民事侵權賠償案件的若干規定》❷❾，所導向之區分主觀狀態以及補充實現之歸責方式，

---

❷❽　參閱劉燕，《會計師民事責任研究：公眾利益與職業利益的平衡》，北京大學出版社，2004 年版，頁 154。

則是以較公平分配責任為基礎，但前提是法律須能明確界定證券律師間之業務範圍和責任劃分標準。

㈣公開發行證券公司資訊披露的編報規則第 12 號衍生之矛盾

基於股票發行需要，證監會頒布《公開發行證券公司資訊披露的編報規則第 12 號——公開發行證券的法律意見書和律師工作報告》（2001 年 3 月 1 日起施行，「第 12 號規則」）其實一直在實踐中被應用，部分地發揮著「內容與格式」性質準則之作用❸。

另一方面，與發行上市活動相關諸多證監會實體性規範，也不可避免地會影響證券律師之執業❸。隨著中國發行審核制度之變遷，在現實操作中，實際上審核制度一直被微調，但其規則形式和基本內容都沒有太大變化。該規則對於律師之法律意見書、律師工作報告以及工作底稿之提出，訂有廣泛而詳細之要求，據從事境外發行之律師分析，此與國外律師執業慣例與通行做法有較大差異存在❸。

---

❷ 參閱《審計侵權責任規定》第 5 條規定，註冊會計師故意出具不實報告，與被審計單位承擔連帶賠償責任；第 6 條和第 10 條規定，過失出具不實報告則承擔與過失程度相應的賠償責任，並先由被審計單位賠償利害關係人之損失，不足則由會計師事務所在不實審計金額範圍內賠償。

❸ 參閱郭靂，〈證券律師的職責規範與業務拓展〉，《證券市場導報》，2011 年 4 月號，頁 1～14。

❸ 一般而言，影響中國大陸證券律師執業當下最主要者有：《首次公開發行股票並上市管理辦法》（2006 年 5 月 18 日起施行，「首發辦法」）、《首次公開發行股票並在創業板上市管理暫行辦法》（2009 年 5 月 1 於十年前之「第 12 號規則」）。

❸ 中國大陸學者認為，以美國為例，區別主要體現在：⑴美國律師在上市專案中大多不出具律師工作報告或工作底稿，向證監會出具的法律意見範圍也非常有限，對盡職調查只做概要說明。⑵法律意見只表示招股說明書披露不存在重大誤述或遺漏，並不在招股書及概要中做「真實、準確、完整」或「願意承擔相應法律責任」的承諾。⑶最顯著地，「第 12 號規則」明確要求在法律意見書正文中就發行上市的批准和授權、主體資格、實質條件等 23 項內容明確發表結論性意見，包括是否合法合規、真實有效，存在糾紛或潛在風險。

　　證券業務日益國際化之趨勢，業已勢不可擋，前開「第 12 號規則」與國際通行作法間不一致，所引起之扞格更不容忽視。蓋於許多證券業務所涉事項，依據中國大陸「第 12 號規則」之規定，須要求律師出具法律意見書，但多數律師在中國大陸以外之國家和地區並不能執業，沒有資格就大陸法域外之法律發表法律意見。

　　當跨國或已多地上市之境外公司申請發行股票和上市時，須由律師表示法律意見者，所在多有，牽扯之法律範圍則包括公司註冊地、營業地、上市地、不動產所在地法律，以及公司所簽署重大合同的準據法地、訴訟或侵權發生地之法律等。於此情形，中國律師必然要以境外有資格執業之律師出具之法律意見為據。但境外（例如美國）律師所負監管權責之範圍，較屬有限，已如前述，往往不會就事實問題發表任何法律意見。然大陸「第 12 號規則」之規定，頗多要求律師就事實問題發表意見者。在中國律師不能獲得境外律師之法律意見就無法出具法律意見，然境外律師又不就事實問題發表法律意見之情形下，其中矛盾不言可喻❸❸。

三、證券律師法律責任之沿革

　　於證券業務中，律師之專業既深受倚重，如其執業有所違誤，對信賴其專業之當事人或公司而言，自亦難免形成一定之傷害。針對此節，中國大陸在證券民事賠償制度和刑事責任制度方面，均已建立一套規範，例如證券律師的虛假陳述行為，係由中國證監會負責查處。

　　就實務案例觀察，證券律師最常發生並受追究之違誤，首在「虛假陳述行為」，而證券律師在中國所承擔的法律責任，則向以行政責任為主。然儘管如此，學界對證券律師之行政責任，卻較少關注。

　　參閱郭靂，〈證券律師的職責規範與業務拓展〉，《證券市場導報》，2011 年 4 月號，頁 15。

❸❸　因此中國大陸學者認為，非常有必要結合國際的現實需求，及時對「第 12 號規則」進行全面修訂。參閱郭靂，〈證券律師的職責規範與業務拓展〉，《證券市場導報》，2011 年 4 月號，頁 15。

茲依中國大陸學者蒐集之案例觀之❸❹，證券律師行政責任之處罰依據，早期主要涉及《暫行條例》之第 18、35、73 和 74 條以及《欺詐辦法》和《禁入規定》。至於《證券法》中雖亦有相關規定，但因在既有之處罰之案例中，相關違法行為均發生在《證券法》生效之前，所以《證券法》之相關條款，尚未得到適用過。

前開規章處罰證券律師之手段，主要有通報批評、警告、沒收非法所得、罰款、暫停從事證券業務、不受理相關律師出具之法律意見、責令內部整頓等，迄今雖已相隔多時，然其沿革仍可為借鏡，故分述如下：

(一)《證券法》生效前之證券律師行政責任

證券律師在《證券法》生效之前所發生之虛假陳述行為，中國證監會一般會適用《暫行條例》（1993 年）和《欺詐辦法》（1993 年），追究律師事務所和律師的行政責任。

1.《暫行條例》第 18 條和第 35 條所規定之行政責任

《暫行條例》第 18 條規定：「為發行人出具文件的……律師及其所在事務所，在履行職責時，應當按照本行業公認的業務標準和道德規範，對其出具文件內容的真實性、準確性、完整性進行核查和驗證。」同條例第 35 條規定：「為上市公司出具文件的……律師及其所在事務所，在履行職責時，應當按照本行業公認的業務標準和道德規範，對其出具文件內容的真實性、準確性、完整性進行核查和驗證。」上開兩條規定，確定證券律師在從事業務時之法定要求，即必須按照本行業公認之業務標準和道德規範，核查和驗證出具文件之內容。

2.《暫行條例》第 73 條和第 74 條第 2 項所規定之行政責任

《暫行條例》第 73 條規定：「……律師事務所違反本條例規定，出具的檔有虛假、嚴重誤導性內容或者有重大遺漏的，根據不同情況，單處或者並處警告、沒收非法所得、罰款；情節嚴重的，暫停其從事證券業務或者撤銷其從事證券業務許可。對前款所列的行為負有直接責任的……律師，

---

❸❹ 彭冰，〈證券律師行政責任的實證研究〉，《法商研究》，第 6 期，2004 年，頁 17～21。

給予警告或者處以 3 萬元以上 30 萬元以下的罰款；情節嚴重的，撤銷其從事證券業務的資格」。該條明確規定證券律師虛假陳述的行政責任和罰則。其中所述「違反本條例規定」，即指違反了上述《暫行條例》第 18 條和第 35 條。

3.《欺詐辦法》第 11、12 和 20 條所規定之行政責任

《欺詐辦法》第 11 條規定：「禁止任何單位或者個人對證券發行、交易及其相關活動的事實、性質、前景、法律等事項作出不實、嚴重誤導或者含有重大遺漏的、任何形式的虛假陳述或者誘導、致使投資者在不瞭解事實真相的情況下作出證券投資決定。」第 12 條進一步明確規定：「前條所稱虛假陳述行為包括……(2)律師事務所……等專業性證券服務機構在其出具的法律意見書……及參與制作的其他文件中作出虛假陳述……」第 20 條規定了相應處罰：「……專業性證券服務機構有本辦法第 12 條所列行為的，根據不同情況，單處或者並處警告、沒收非法所得、罰款、暫停……其從事證券業務或者撤銷……其從事證券業務許可。」

4.《資格規定》和《禁入規定》所規定之行政責任

1993 年 1 月，中國大陸司法部和中國證監會聯合發布《關於從事證券法律業務律師及律師事務所資格確認的暫行規定》（以下簡稱 《資格規定》），從而創設證券律師資格制度。其中第 7 條規定：「向證監會及公眾提供有虛假、誤導性內容或重大遺漏的法律檔（包括法律意見書）且拒不糾正之律師，由證監會會同司法部吊銷該律師從事證券法律業務資格證書或停止其一年至三年從事該業務的資格。」不過，前述《暫行條例》第 73 條，明確規定情節嚴重者❸❺，可以暫停或者撤銷證券業務許可，並未提出

---

❸❺　據此，中國證監會對違規之證券律師，情節嚴重者往往給予暫停從事證券業務許可之處罰。該處罰單獨由中國證監會作出，並不會同司法部，如勝利油田大明集團的虛假陳述案。唯一例外是，2002 年 4 月，中國證監會會同司法部，宣佈吊銷孫煒從事證券法律業務資格，在處罰決定書中明確援引之條款是《暫行條例》第 73 條和《資格規定》第 7 條。此也許和《證券法》之態度轉變有關。

該處罰應當「會同司法部」，而且《暫行條例》規定當時之國務院證券委員會對該條例有解釋權（第 83 條）。

1997 年，中國證監會頒佈《禁入規定》。其第 8 條規定，從事證券業務的律師出具的專業檔有虛假、嚴重誤導性陳述或者重大遺漏的，中國證監會可以視情節，認定其為市場禁入者。不過《禁入規定》實施後，未久即有學者對其效力提出質疑，認為《禁入規定》是一種額外設定之行政處罰。❸❻，與 1995 年頒布之《中華人民共和國行政處罰法》第 12 條、第 14 條規定意旨有違，蓋規範性檔只能設定警告或者一定數額罰款之行政處罰，除此之外，不能設定其他行政處罰。

㈡《證券法》生效後對證券律師行政責任之影響

中國大陸之《證券法》在 2004 年 8 月曾作修改 ❸❼，但修改後之《證券法》與原《證券法》在規定證券律師行政責任方面一模一樣。《證券法》第 13 條第 2 款規定：「為證券發行出具有關檔的專業機構和人員，必須嚴格履行法定職責，保證其所出具文件的真實性、準確性和完整性。」同法第 161 條規定：「為證券的發行、上市或者證券交易活動出具……法律意見書等檔的專業機構和人員，必須按照執業規則規定的工作程式出具報告，對其所出具報告內容的真實性、準確性和完整性進行核查和驗證，並就其負有責任的部分承擔連帶責任。」又該法第 202 條規定：「為證券的發行、上市或者證券交易活動出具……法律意見書等檔的專業機構，就其所應負責的內容弄虛作假的，沒收違法所得，並處以違法所得 1 倍以上 5 倍以下的罰款，並由有關主管部門責令該機構停業，吊銷直接責任人員的資格證

---

❸❻　中國大陸學者認為，《禁入規定》對《暫行規定》之突破主要表現在其進一步加重對被宣佈為市場禁入者之處罰，「在一定時期內或者永久性不得擔任上市公司高級管理人員或者不得從事證券業務的制度」（第 2 條）。這是一種額外設定之行政處罰。參閱周衛昕，〈中國證監會「證券市場禁入制度暫行規定」的缺陷評析〉，《法學》，第 4 期，1998 年。

❸❼　中華人民共和國證券法，1998 年 12 月 29 日第九屆全國人民代表大會常務委員會第六次會議通過，根據 2004 年 8 月 28 日第十屆全國人民代表大會常務委員會第十一次會議《關於修改〈中華人民共和國證券法〉的決定》修正。

書⋯⋯」。

　　由前述規定觀之，中國大陸之法令規章，對於律師在執行證券業務而有違誤時，所加諸律師之責任越來越重，相對而言，律師對證券市場監控制度，所扮演之角色，亦日益重要。

第五節　海峽兩岸律師在證券市場監督之比較

一、相同點

(一)我　國

1.管理證券市場法規

　　管理證券市場法規有證券交易法，此外尚有將近 1,500 種之行政規範或自治規章，但對於證券律師之規範則有證券交易法第 21 條之 1 有國際合作條約或協議之簽訂、第 32 條有公開說明書虛偽或隱匿之責任，第 38 條之 1 主管機關認為必要時，得隨時指定律師或其他專門職業檢查上市公司，第 174 條之罰則。

2.證券律師之業務

　　證券法律業務是證券法律服務之一種。在證券市場中，凡有證券市場管理情事或權利義務關係發生時，均特別須要由律師為證券發行與交易及其相關活動提供法律服務。

3.證券律師之法律責任

　　證券律師之法律責任，包括⑴刑事責任；⑵行政責任；⑶民事責任等三者。

(二)中國大陸

1.管理證券市場法規

　　依中國「證券法」與「律師法」等規定，中國證券法律服務業務共有 25 項，其中行政許可類 22 項，非行政許可類 3 項。證券法律服務之規章，主要包括 2003 年中華全國律師協會發布之 《律師從事證券法律業務規範

（試行）》、2007 年司法部和中國證監會聯合發布之《律師事務所從事證券法律業務管理辦法》（《管理辦法》）、2010 年發布之《律師事務所證券法律業務執業規則（試行）》。

此外，該兩部委還發布有《律師事務所證券投資基金法律業務執業細則》，於 2011 年 1 月 1 日起施行，具有更細分行業規則屬性及示範意義。

此外，中國證監會還對律師在證券業務中所出具法律意見書之格式與內容等做出具體規定。2007 年《管理辦法》施行以來，證監部門先後依法對 47 家律師事務所進行過現場檢查，發現和處理違法行為 12 起，涉及事務所 11 家，簽字律師 34 人，規則之嚴肅性、法律之「牙齒」初步顯現❸。

另外，證券市場仲介機構地位、義務和責任，包括：⑴明確證券市場仲介機構之責任邊界；⑵律師轉委託應該征得委託人同意；⑶證券市場仲介機構之民事責任承擔。

2.證券律師之法律責任

證券律師之法律責任，包括⑴刑事責任；⑵行政責任；⑶民事責任等三者。只是中國《證券法》第 202 條，主要表現為兩個方面：⑴主觀上要求故意。⑵對律師之處罰由主管部門作出。

二、相異點

在法律責任方面，依中國《證券法》第 202 條通過對主觀故意之要求，給中國證監會對律師責任之認定帶來巨大困擾：中國證監會現在必須證明律師在作出虛假陳述時是主觀故意，才可認定其責任。然而，要證明主觀故意，則非常困難。

2002 年 12 月，中國證監會會同司法部宣布取消證券法律業務資格審批，證券律師資格制度不再存在。此後，證券律師只有律師執業資格，不再需要專門之證券律師資格，以後對律師之行政處罰，中國證監會之職權範圍只能限於《證券法》第 202 條規定之沒收違法所得、罰款等手段，而

---

❸　因此，如何使證券律師在中國資本市場建設中更有作為，是事關成千上萬法律精英之重大命題。

均僅能由司法行政機關責令停業、吊銷直接責任人員之資格證書。

　　而在我國，有關此部分規定，證券交易法第 32 條關於公開說明書虛偽、隱匿情事，公司負責人應與公司對於善意相對人所受損害負連帶賠償責任之規定，係採取「結果責任」主義，意即公開說明書記載之主要內容如有虛偽或欠缺之情事，該條各款所列之人應與公司負連帶賠償責任，並無免責之餘地❸。以律師之立場，如能證明已盡相當之注意，並有正當理由確信其主要內容無虛偽、隱匿情事或對於簽證之意見，有正當理由確信其為真實者，免負賠償責任。

三、評　析

　　從法律適用之角度言之，針對歷年來中國證監會處罰之證券律師案例進行分析，中國大陸學者曾認為，在追究證券律師行政法律責任方面，在法律適用上有一些模糊不清之處❹。對於《證券法》給中國證監會追究證券律師法律責任帶來之限制，目前來看只有兩個解決方案：(1)中國證監會放棄適用《證券法》第 202 條，改為適用《暫行條例》第 74 條第 2 項，但此並不太符合嚴格之法治精神。(2)修改《證券法》第 202 條之表述，對主觀過錯之認定擴大到重大過失❹。

　　依中國大陸學者觀點，中國大陸證券律師在資本市場上發揮之作用，主要體現在下列❹：(1)為券商或者發行人提供法律服務，保證其行為合法

---

❸　惟為減輕發行人以外之人之責任，並促進其善盡調查及注意義務，證券交易法第 32 條第 2 項乃規定，前項第一款至第三款之人，除發行人（即公司負責人）外，對於未經前項第四款之人簽證部分，如能證明已盡相當之注意，並有正當理由確信其主要內容無虛偽、隱匿情事或對於簽證之意見有正當理由確信其為真實者，免負賠償責任。

❹　中國大陸學者彭冰進一步指出現行中國《證券法》在追究證券律師法律責任方面存在之一些問題。

❹　參閱彭冰，〈證券律師行政責任的實證研究〉，《法商研究》，第 6 期，2004 年，頁 23。

❹　參閱彭冰，〈證券律師，何去何從〉，《金融法苑》，第 9 期，2005 年。

以降低法律風險；(2)以獨立專家身分為發行人提供信譽保障；(3)作為資本市場之「看門人」(gatekeeper) 為投資者提供保護❸。

至於「十二五」時期改革開放與轉變經濟發展方式之新任務，對中國大陸資本市場之發展，提出更高要求。

2011 年 1 月 8 日，中國證監會在第 15 屆中國資本市場論壇上，強調要進一步完善證券監管法律制度，大力加強資本市場之法制化建設與推進資本市場誠信體系之建立，並針對證券仲介機構提出「歸位盡責、監管服務」之理念。

此外，2010 年 4 月 10 日，主管機關談到市場法制化建設問題時，指出❹：「總體上，中國資本市場的法制體系是完備的，從市場行為到市場監管等各個環節，我們都似乎有法可依。我們面臨的問題是怎樣提升法制體系完備的層次，如何培養市場對法制的尊重，在新興加轉軌階段，如何滿足各類創新活動對法律規則更加迫切的需求，如何形成符合市場發展需要的法制文化。」

其實，我國資深律師可參加上市上櫃公司治理，作為資本市場之「看門人」(gatekeeper) 之一，實施效果頗佳。不過，證券交易法之罰則中，將民事責任與刑事責任合併規定，當時並未考慮民、刑事責任之構成要件不同，合併在一起規定，很容易產生適用上之疑義。當然，我國證券律師在證券市場監督機制角色規定，顯然並不充足。根據本文數十多年觀察，律師在證券市場監督機制中責無旁貸，當然還有很多發揮之空間。

第六節　結　語

有價證券上市用之公開說明書，係記明發行公司有價證券資訊資料之

---

❸　參閱郭靂，〈我國證券律師業的發展出路與規範建議〉，《法學》，第 4 期，2012 年，頁 107。

❹　2010 年 4 月 10 日，桂敏傑副主席在出席深交所博士後論壇時，具體分析當前證券市場研究的六大課題。

法律文書，其被用於作為允許有價證券在證券交易所正式上市之依據，同時，投資人亦用以決定是否投資於相關有價證券之依據，故必須保證投資人能全面、準確地獲取發行公司以及其有價證券之資訊資料。此種「充分之資訊揭露」，為證券交易法基本原則之一。

海峽兩岸證券市場之蓬勃發展與專業需求，吸引眾多律師投身其中，提供法律服務。而律師提供法律服務，會計師提供簽證服務，對證券市場之穩定、證券秩序之維護，確能發揮積極之作用，而其專業立場，亦使上市公司和投資人對其有一定程度之信賴。因此，為保護投資人，並維護資訊揭露之功能，法律對於未依規定揭露資訊，或所揭露之資訊有虛偽、隱匿情事之會計師、律師，分別處以行政處分、民刑事責任。

然而，在證券市場中，由於公開說明書係由承銷商主導，律師介入有限，實務上，律師僅就形式上查核或覆核第三人之檔案，或發函相關單位查詢後，依標準格式出具法律意見書而已，其作業之模式和內容，非為發現舞弊而設計，故其所出具之法律意見書並無實質影響力，實不應苛責律師負高度之責任。

此外，我國證券交易法之罰則中，將民事責任與刑事責任合併規定，學者認為，民、刑事責任之構成要件不同，合併在一起規定，很容易產生適用上之疑義❹。本文亦認為，「財務報表不實」是否以故意為要件，刑事責任甚為明確，但民事責任部分就會引發爭議。長遠之計，證券交易法應將民事責任部分，分列一專章，針對證券市場之特性及實際需要，在兼顧保障投資人權益與維護企業健全經營之目標下，分別就證券相關之民事責任範圍、賠償義務人、請求權人、構成要件、損害計算方法、時效及其他相關事宜，詳細規範，以期發揮應有之功能。

在中國大陸，還是有質疑律師職責與業務衝突聲浪，具有雙重身分之律師，就會面臨兩者平衡之困難。儘管如此，支持律師擔任「看門人」之呼聲仍逐漸堅強。因此，剛好回應大陸學者前述所說，中國大陸證券律師

---

❹　賴英照，〈建立更完備的民事責任機制〉，《律師雜誌》，第 297 期，2004 年 6 月，頁 5。

發展出路在於：准入市場化、職責明晰化、執業規範化、功能專業化、同時離不開監管部門之正確定位與引導❹。此種呼籲，在我國證券市場，不正亦係如此。當然，海峽兩岸律師業更應特別重視律師規範，蓋行業自律所帶來之自我監督，既係職業道德之拘束，更係維護證券市場穩定發展與共同利益之動力。

---

❹ 參閱郭靂，〈我國證券律師的發展出路與規範建議〉，《法學》，第 4 期，2012年，頁 1。

第二十八章 證券交易法晚近之修正與增訂

第一節 概　說

　　證券作為金融商品，必須依賴於特定之市場進行交易，才能達到流通與募集資金之效。證券市場是證券發行與證券交易之場所，亦為資金需求與供給之交易平臺，不僅風險性極高，且其中涉及國家、社會及眾多投資人之利益。

　　隨著證券市場之發展，證券立法亦持續修正並進步。我國證券交易法之立法，始於 1968 年 4 月 30 日公布，全文共 183 條，嗣歷經多次修正。最近一次修正於 2018 年 4 月 25 日，其修正之目的，係為促進證券市場國際化，協助企業留才，促進公司治理之落實，強化法令遵循，以及強化對證券商、證券服務事業及周邊單位之管理等。

　　按證券交易法第 1 條規定：「為發展國民經濟，並保障投資，特制定本法。」蓋依憲法第 142 條規定，發展國民經濟，為我國基本國策之一。證券交易之穩定與發展，一方面有利資金募集，以培養大型企業，從事國際競爭；另一方面，則以股權分散及鼓勵共享，達到全民均富目標。因此，發展國民經濟與保障投資，兩者相輔相成。而為達到保護投資之目的，證券交易法除應妥善規範市場參與者之行為，以防止其侵害投資人權益外，並應賦予受害投資人適當之救濟程序。

　　由於證券交易法第 1 條之精神，貫穿全法，故證券交易法無論在歷次修正或文義解釋上，均須同時考慮是否顧及投資人之正當利益，以及市場

有效率、健全之運作，為體系合理之解釋，而不能僅從各該條文作文義解釋❶，在解釋上亦不能違背投資人之正當利益原則。

　　由證券交易法之修正中，吾人可以略見證券交易市場運作與變革之歷程，以及法學理論和實務發展之軌跡，故頗有研析探討之價值。基此，本章擬探討證券交易法晚近之修正，包括 2016 年 12 月、2018 年 1 月、2018 年 4 月及 2018 年 12 月間先後修正之條文與所涉要項。最後，提出檢討與建議，以為本章之結語。

第二節　2016 年 12 月修正之證券交易法

　　我國證券交易法自公布施行以來，迄今已經歷過 24 次修正。其中，2016 年 12 月 7 日修正公布者，為第 28 條之 4，以及第 43 條之 1 條文，茲先析述如下：

一、第 28 條之 4 條文修正

㈠修正前之條文內容

　　證券交易法第 28 條之 4 條文，其內容原為：「已依本法發行股票之公司，募集與發行有擔保公司債、轉換公司債或附認股權公司債，其發行總額，除經主管機關徵詢目的事業中央主管機關同意者外，不得逾全部資產減去全部負債餘額之百分之二百，不受公司法第二百四十七條規定之限制。」。

㈡現行條文內容

　　2016 年 12 月修正後，現行證券交易法第 28 條之 4 條文內容為：「已依本法發行股票之公司，募集與發行公司債，其發行總額，除經主管機關徵詢目的事業中央主管機關同意者外，依下列規定辦理，不受公司法第二百四十七條規定之限制：一、有擔保公司債、轉換公司債或附認股權公司債，其發行總額，不得逾全部資產減去全部負債餘額之百分之二百。二、

❶　余雪明，《證券交易法》，證券暨期貨發展基金會，2000 年 11 月，頁 5。

前款以外之無擔保公司債，其發行總額，不得逾全部資產減去全部負債餘額之二分之一。」。

(三)修正理由 ❷

　　1.我國於 2000 年間修正本法第 28 條之 4 規定時，係參考日本公司債發行限額暫行條例規定，放寬公開發行股份有限公司與非公開發行股份有限公司募集與發行有擔保公司債之額度，然對於公開發行公司募集與發行無擔保公司債部分，仍回歸適用公司法第 247 條第 2 項規定。惟考量下列因素，應放寬無擔保公司債之發行額度限制：

　　(1)考量於 1966 年無形資產之概念屬無具體、非公開、未有明確價值之性質，為保障債權人權益，增訂公司法第 247 條第 2 項規定，發行公司債之額度，不得逾公司現有全部資產減去全部負債及無形資產之餘額二分之一。

　　(2)然現行公開發行公司之財務報告有較嚴謹規範，且無形資產趨向多樣性、新穎化，如文創或生技產業之專利權、電信業之特許執照為企業重要營運資產部分，其價值須依據國際會計準則第 36 號，應定期評估並進行減損測試，用以確認該無形資產之未來經濟效益，故公開發行公司之無形資產價值認定方式，與 1966 年立法當時認定無形資產之性質與會計處理方式已有所不同。

　　(3)參酌現今美、英、日、星等國家募集與發行公司債之規定均未有公司債之發行額度限制。另日本於平成 5 年大幅修正公司債之制度，全面刪除公司債發行限額規定，並強制採行應委託公司債管理公司之制度，期引導公司債發行制度應回歸證券市場供需平衡法則，以充分發揮企業資金調度效率化以及投資人資金運用多樣化功能。

　　2.為協助我國公開發行公司之產業競爭力及籌措中長期資金，並擴大債券市場規模，爰修正本條文字如下：

　　(1)原條文部分移列第 1 款，關於發行有擔保公司債、轉換公司債或附認股權公司債之發行額度，不得逾全部資產減去全部負債餘額之百分之二百。

---

❷　參閱法源資訊，證券交易法第 28 條之 4，2016 年 12 月 7 日修正理由。

(2)增訂第 2 款，關於無擔保公司債係以公司本身信用為保證，與有擔保公司債以銀行保證或資產為擔保品等，提供投資人保障之程度有別，爰發行額度不得逾全部資產減去全部負債餘額之二分之一。

二、第 43 條之 1 條文修正

㈠修正前之條文內容

證券交易法第 43 條之 1 條文，其內容原為：「任何人單獨或與他人共同取得任一公開發行公司已發行股份總額超過百分之十之股份者，應於取得後十日內，向主管機關申報其取得股份之目的、資金來源及主管機關所規定應行申報之事項；申報事項如有變動時，並隨時補正之（第 1 項）。不經由有價證券集中交易市場或證券商營業處所，對非特定人為公開收購公開發行公司之有價證券者，除下列情形外，應先向主管機關申報並公告後，始得為之：一、公開收購人預定公開收購數量，加計公開收購人與其關係人已取得公開發行公司有價證券總數，未超過該公開發行公司已發行有表決權股份總數百分之五。二、公開收購人公開收購其持有已發行有表決權股份總數超過百分之五十之公司之有價證券。三、其他符合主管機關所定事項（第 2 項）。任何人單獨或與他人共同預定取得公開發行公司已發行股份總額或不動產證券化條例之不動產投資信託受益證券達一定比例者，除符合一定條件外，應採公開收購方式為之（第 3 項）。依第二項規定收購有價證券之範圍、條件、期間、關係人及申報公告事項與前項有關取得公開發行公司已發行股份總額達一定比例及條件，由主管機關定之（第 4 項）。對非特定人為公開收購不動產證券化條例之不動產投資信託受益證券者，應先向主管機關申報並公告後，始得為之。有關收購不動產證券化之受益證券之範圍、條件、期間、關係人及申報公告事項、第三項有關取得不動產投資信託受益證券達一定比例及條件，由主管機關定之（第 5 項）。」

㈡現行之條文內容

本條於 2016 年 12 月修正時，僅修正該條文第 2 項，亦即將該條文第 2 項之前段，修正為「不經由有價證券集中交易市場或證券商營業處所，

對非特定人為公開收購公開發行公司之有價證券者，除下列情形外，應提出具有履行支付收購對價能力之證明，向主管機關申報並公告特定事項後，始得為之」，其餘各項均予維持。

(三)修正理由

證券交易法第 43 條之 1 第 2 項前段如上之修正，係因樂陞案造成近 2 萬名投資人慘賠，金管會在颱風天照開業務會議，將「樂陞條款」趕出爐，未來公開收購監理趨嚴。修法理由係為強化公開收購投資人的權益保障，在參考英國、香港制度後修法，未來公開收購必須出具銀行或券商的「履約保證」，或是財顧、會計師的「確認書」，如銀行提供履約保證、但公開收購人未履約，銀行就要全賠❸。

第三節　2018 年 1 月修正之證券交易法

2018 年 1 月 31 日修正公布之證券交易法，係修正第 171 條、第 172 條條文；增訂第 44 條之 1 條文；並刪除第 174 條之 2 條文。

一、第 171 條條文修正

(一)修正前之條文內容

證券交易法第 171 條條文，其內容原為：「有下列情事之一者，處三年以上十年以下有期徒刑，得併科新臺幣一千萬元以上二億元以下罰金：一、違反第二十條第一項、第二項、第一百五十五條第一項、第二項、第一百五十七條之一第一項或第二項規定。二、已依本法發行有價證券公司之董事、監察人、經理人或受僱人，以直接或間接方式，使公司為不利益之交易，且不合營業常規，致公司遭受重大損害。三、已依本法發行有價證券公司之董事、監察人或經理人，意圖為自己或第三人之利益，而為違背其職務之行為或侵占公司資產，致公司遭受損害達新臺幣五百萬元　（第 1

---

❸　所謂「樂陞條款」之來龍去脈，請參閱 http://www.chinatimes.com/newspapers/20160929000042-260202，最後拜訪日：2018 年 9 月 14 日。

項)。犯前項之罪,其犯罪所得金額達新臺幣一億元以上者,處七年以上有期徒刑,得併科新臺幣二千五百萬元以上五億元以下罰金(第2項)。有第一項第三款之行為,致公司遭受損害未達新臺幣五百萬元者,依刑法第三百三十六條及第三百四十二條規定處罰(第3項)。犯前三項之罪,於犯罪後自首,如有犯罪所得並自動繳交全部所得財物者,減輕或免除其刑;並因而查獲其他正犯或共犯者,免除其刑(第4項)。犯第一項至第三項之罪,在偵查中自白,如有犯罪所得並自動繳交全部所得財物者,減輕其刑;並因而查獲其他正犯或共犯者,減輕其刑至二分之一(第5項)。犯第一項或第二項之罪,其犯罪所得利益超過罰金最高額時,得於所得利益之範圍內加重罰金;如損及證券市場穩定者,加重其刑至二分之一(第6項)。犯第一項至第三項之罪者,其因犯罪所得財物或財產上利益,除應發還被害人、第三人或應負損害賠償金額者外,以屬於犯人者為限,沒收之。如全部或一部不能沒收時,追徵其價額或以其財產抵償之(第7項)。違反第一百六十五條之一或第一百六十五條之二準用第二十條第一項、第二項、第一百五十五條第一項、第二項、第一百五十七條之一第一項或第二項規定者,依第一項第一款及第二項至前項規定處罰(第8項)。第一項第二款、第三款及第二項至第七項規定,於外國公司之董事、監察人、經理人或受僱人適用之(第9項)。」

㈡現行之條文內容

1.本條於2018年1月修正時,係分別修正該條文第2項及第4至第7項。

2.修正後之2、4、5、6、7項之內容為:「犯前項之罪,其因犯罪獲取之財物或財產上利益金額達新臺幣一億元以上者,處七年以上有期徒刑,得併科新臺幣二千五百萬元以上五億元以下罰金(第2項)。……犯前三項之罪,於犯罪後自首,如自動繳交全部犯罪所得者,減輕或免除其刑;並因而查獲其他正犯或共犯者,免除其刑(第4項)。犯第一項至第三項之罪,在偵查中自白,如自動繳交全部犯罪所得者,減輕其刑;並因而查獲其他正犯或共犯者,減輕其刑至二分之一(第5項)。犯第一項或第二項之

罪，其因犯罪獲取之財物或財產上利益超過罰金最高額時，得於犯罪獲取之財物或財產上利益之範圍內加重罰金；如損及證券市場穩定者，加重其刑至二分之一（第6項）。犯第一項至第三項之罪，犯罪所得屬犯罪行為人或其以外之自然人、法人或非法人團體因刑法第三十八條之一第二項所列情形取得者，除應發還被害人、第三人或得請求損害賠償之人外，沒收之（第7項）。」

　　3.本條文第1項、第3項及第8、9項，並未修正。

㈢修正理由 ❹

1.本條第2項之修正理由

　　⑴查原第2項係考量犯罪所得達新臺幣一億元對金融交易秩序之危害較為嚴重而有加重處罰之必要，惟「犯罪所得金額達新臺幣一億元」之要件與行為人主觀之惡性無關，故是否具有故意或認識（即預見），並不影響犯罪成立，是以犯罪行為所發生之客觀結果，即「犯罪所得」達法律擬制之一定金額時，即加重處罰，以資懲儆；且鑑於該項規定涉及罪刑之認定，該「犯罪所得」之範圍宜具體明確。

　　⑵另查原本項立法說明載明：計算「犯罪所得」時點，依照刑罰理論，應以犯罪行為既遂或結果發生時該股票之市場交易價格，或當時該公司資產之市值為準。至於計算方法，可依據相關交易情形或帳戶資金進出情形或其他證據資料加以計算。例如對於內線交易可以行為人真文買賣之股數與消息公開後價格漲跌之變化幅度差額計算之，不法炒作亦可以炒作行為期間股價與同性質同類股或大盤漲跌幅度比較乘以操縱股數，計算其差額。

　　⑶參照前述立法說明，原第2項之「犯罪所得」，指因犯罪該股票之市場交易價格，或當時該公司資產之市值為認定基準，而不擴及之後其變得之物或財產上利益及其孳息。其中關於內線交易之犯罪所得，司法實務上亦認為計算時應扣除犯罪行為人之成本❺，均與2015年12月30日修正公布之刑法第38條之1第4項所定沒收之「犯罪所得」範圍，包含違法行為

---

❹　參閱法源法律網，證券交易法第171條，2018年1月31日修正理由。

❺　最高法院96年度臺上字第7644號刑事判決。

所得、其變得之物或財產上利益及其孳息，且犯罪所得不得扣除成本，有所不同。為避免混淆，造成未來司法實務犯罪認定疑義，爰將第 2 項「犯罪所得」修正為「因犯罪獲取之財物或財產上利益」，以資明確。

⑷另「因犯罪獲取之財物或財產上利益」包含因犯罪取得之報酬，併此敘明。

2.本條第 4、5 項之修正理由

原第 4 項及第 5 項所定「如有犯罪所得並自動繳交全部所得財物」之減輕或免除刑罰規定，無涉構成犯罪事實，非屬不法構成要件，性質上為「刑罰裁量規則」。基於刑事立法政策一貫性，其「犯罪所得」之範圍，為與刑法第 38 條之 1 第 4 項所定沒收之「犯罪所得」範圍一致，以達所宣示「任何人都不得保有犯罪所得」之立法目的，爰配合刑法沒收新制之犯罪所得範圍酌作文字修正。

3.本條第 6 項之修正理由

原第 6 項規定犯罪所得利益超過罰金最高額得加重罰金之規定，係以「犯罪所得」高於法定最高額罰金酌加之例外規定，該「犯罪所得」之範圍，應以因犯罪行為時獲取之財物或財產上利益為計，不應因行為人交易能力、物價變動、經濟景氣等因素而有所增減，爰修正第 6 項，以資明確。

4.本條第 7 項之修正理由

⑴依刑法第 38 條之 1 第 4 項規定，犯罪所得包括「違法行為所得，其變得之物或財產上利益及其孳息」，其範圍較原規定完整，爰將「因犯罪所得財物或財產上利益」修正為「犯罪所得」。

⑵刑法第 38 條之 1 第 5 項之犯罪所得發還對象為被害人，較原第 7 項規定之範圍限縮，被害人以外之證券投資人恐僅能依刑事訴訟法第 473 條規定，於沒收之裁判確定後一年內聲請發還或給付，保障較為不利，爰仍予維持明定，並酌作文字修正。

⑶配合刑法第 38 條之 1 之犯罪所得沒收主體除犯罪行為人外，已修正擴及犯罪行為人以外之自然人、法人或非法人團體，爰作文字修正。

⑷又刑法修正刪除追繳及抵償之規定，統一替代沒收之執行方式為追

徵，並依沒收標的之不同，分別於第 38 條第 4 項及第 38 條之 1 第 3 項為追徵之規定，爰刪除後段規定，回歸適用刑法相關規定。

二、第 172 條條文修正

㈠修正前之條文內容

　　證券交易法第 172 條條文，其內容原為：「證券交易所之董事、監察人或受僱人，對於職務上之行為，要求期約或收受不正利益者，處五年以下有期徒刑、拘役或科或併科新臺幣二百四十萬元以下罰金（第 1 項）。前項人員對於違背職務之行為，要求期約或收受不正利益者，處七年以下有期徒刑，得併科新臺幣三百萬元以下罰金（第 2 項）。犯前二項之罪者，所收受之財物沒收之；如全部或一部不能沒收時，追徵其價額（第 3 項）。」

㈡現行之條文內容

　　1.本條於 2018 年 1 月修正時，係刪除該條文第 3 項。

　　2.修正後本條文之內容為：「證券交易所之董事、監察人或受僱人，對於職務上之行為，要求期約或收受不正利益者，處五年以下有期徒刑、拘役或科或併科新臺幣二百四十萬元以下罰金（第 1 項）。前項人員對於違背職務之行為，要求期約或收受不正利益者，處七年以下有期徒刑，得併科新臺幣三百萬元以下罰金（第 2 項）。」

㈢修正理由 ❻

　　依修正後刑法第 38 條之 1 第 4 項規定，犯罪所得包括違法行為所得、其變得之物或財產上利益及其孳息，原第 3 項規定「所收受之財物沒收之」，不包括財產上利益，範圍過於狹隘。又刑法修正後，追徵為全部或一部不能沒收之執行方式，爰配合刪除證券交易法第 172 條原第 3 項，回歸適用刑法相關規定。

三、增訂第 44 條之 1 條文

　　證券交易法第 44 條之 1 條文，係於 2018 年 1 月間修法時始增訂。

---

❻　參閱法源資訊，證券交易法第 172 條第 3 項，2018 年 1 月 31 日修正理由。

㈠現行之條文內容

本條條文之內容為：「為促進普惠金融及金融科技發展，不限於證券商及證券金融事業，得依金融科技發展與創新實驗條例申請辦理證券業務創新實驗（第1項）。前項之創新實驗，於主管機關核准辦理之期間及範圍內，得不適用本法之規定（第2項）。主管機關應參酌第1項創新實驗之辦理情形，檢討本法及相關金融法規之妥適性（第3項）。」

㈡新增本條文之理由

就條文意旨觀之，本條文之增訂，其理由係基於「為促進普惠金融及金融科技發展」之考量，嗣依照協商條文通過。

四、刪除第174條之2條文

㈠證券交易法原訂有第174條之2條文，其內容為：「第一百七十一條第一項第二款、第三款、第九項適用第一項第二款、第三款、第一百七十四條第一項第八款及第六項適用第一項第八款之罪，為洗錢防制法第三條第一項所定之重大犯罪，適用洗錢防制法之相關規定。」惟該條文嗣於2018年1月間修法時刪除。

㈡經查前開第174條之2條文刪除之理由，係因配合2016年12月28日修正公布之洗錢防制法第3條第1款規定，將特定犯罪門檻降為最輕本刑為六月以上有期徒刑以上之刑之罪，均已涵括原條文所列舉適用洗錢防制法相關規定之犯罪，本條已無規範必要，爰予刪除。

第四節　2018年4月及12月修正之證券交易法

證券交易法於2018年4月及12月先後修正二次，其中於4月25日修正公布者，為第14之2、178條條文。嗣於同年12月5日修正公布者，為第14條，茲再分述之。

一、第 14 條之 2 條文修正

㈠修正前之條文內容

證券交易法第 14 條之 2，其內容原為：「已依本法發行股票之公司，得依章程規定設置獨立董事。但主管機關應視公司規模、股東結構、業務性質及其他必要情況，要求其設置獨立董事，人數不得少於二人，且不得少於董事席次五分之一（第 1 項）。獨立董事應具備專業知識，其持股及兼職應予限制，且於執行業務範圍內應保持獨立性，不得與公司有直接或間接之利害關係。獨立董事之專業資格、持股與兼職限制、獨立性之認定、提名方式及其他應遵行事項之辦法，由主管機關定之（第 2 項）。有下列情事之一者，不得充任獨立董事，其已充任者，當然解任：一、有公司法第三十條各款情事之一。二、依公司法第二十七條規定以政府、法人或其代表人當選。三、違反依前項所定獨立董事之資格（第 3 項）。獨立董事持股轉讓，不適用公司法第一百九十七條第一項後段及第三項規定（第 4 項）。獨立董事因故解任，致人數不足第一項或章程規定者，應於最近一次股東會補選之。獨立董事均解任時，公司應自事實發生之日起六十日內，召開股東臨時會補選之（第 5 項）。」

㈡現行之條文內容

1.本條於 2018 年 4 月修正時，係新增該條文第 3 項；原條文之第 3 項則移為第 4 項，並配合修正其中之第 3 款之文字。

2.修正後本條文之第 3 項及第 4 項之內容為：「公司不得妨礙、拒絕或規避獨立董事執行業務。獨立董事執行業務認有必要時，得要求董事會指派相關人員或自行聘請專家協助辦理，相關必要費用，由公司負擔之（第 3 項）。有下列情事之一者，不得充任獨立董事，其已充任者，當然解任：一、有公司法第三十條各款情事之一。二、依公司法第二十七條規定以政府、法人或其代表人當選。三、違反依第二項所定獨立董事之資格（第 4 項）。」

(三)修正理由❼

1.獨立董事若要善盡公司治理之責，對公司事務做出獨立、客觀之判斷，宜另有其他專業評估意見供其審酌，俾厚實其見解，有效監督公司的運作和保護股東權益。然而，獨立董事蒐集相關治理專業意見，必須支付相當金額之費用，雖然獨立董事支領一定薪酬，惟其薪酬乃依據公司經營規模而有所不同，尤其小型上市櫃公司之獨立董事薪資所得，並非全部皆為年薪數百萬千萬，往往僅領取月薪五萬或是三萬，不可能自行另聘請律師、會計師。鑑此，為強化獨立董事之專業監督能力，並避免獨立董事執行職務受到不當干擾，爰參考現行「○○股份有限公司獨立董事之職責範疇規則參考範例」第七條規定，增訂本條第3項，以健全公司治理，落實獨立董事對公司事務為獨立判斷與提供客觀意見之職責與功能。

2.修正後之第4項僅係配合調整第3款之文字。

3.至於原條文之第4項及第5項內容雖未修正，但順移為第5項及第6項，乃屬當然。

二、第 178 條條文修正

(一)證券交易法第 178 條，係有關「罰則」之規定，條文內容共四項，其第 1 項原略為「有下列情事之一者，處新臺幣二十四萬元以上二百四十萬元以下罰鍰：一、違反第二十二條之二第一項、第二項、第二十六條之一、第一百四十一條、第一百四十四條、第一百四十五條第二項、第一百四十七條、第一百五十二條、第一百六十五條之一或第一百六十五條之二準用第一百四十一條、第一百四十四條、第一百四十五條第二項、第一百四十七條，或第一百六十五條之一準用第二十二條之二第一項、第二項規定。二、違反第十四條第三項、第十四條之一第一項、第三項、第十四條之二第一項、第五項、第十四條之三、……規定。」（第 3 款以下及其他項均暫略）

(二)現行之條文內容

❼　參閱法源資訊，證券交易法第 14 條之 2 第 3 項，2018 年 4 月 25 日修正理由。

　　本條於 2018 年 4 月修正時，僅將上開所列第 1 項第 2 款「二、違反第十四條第三項、第十四條之一第一項、第三項、第十四條之二第一項、第五項、第十四條之三、……規定。」，修正為「二、違反第十四條第三項、第十四條之一第一項、第三項、第十四條之二第一項、第三項、第六項、第十四條之三、……規定。」其餘各款內容則均未更動。

　　㈢修正理由

　　1.證券交易法第 14 條之 2 條文，已於 2018 年 4 月修正時新增第 3 項，前已敘明。

　　2.因配合證券交易法第 14 條之 2 之修正，同法第 178 條亦增訂違反第 14 條之 2 第 3 項，處新臺幣二十四萬元以上二百四十萬元以下罰鍰。

　　3.證券交易法第 178 條明定違反第 14 條之 2 第 3 項之罰則，並將原條文第 5 項項次變更為第 6 項。

三、證券交易法第 14 條條文修正

㈠修正前之條文內容

　　證券交易法第 14 條，係規範有關財務報告之定義及編製準則。原條文內容原為：「本法所稱財務報告，指發行人及證券商、證券交易所依法令規定，應定期編送主管機關之財務報告（第 1 項）。前項財務報告之內容、適用範圍、作業程序、編製及其他應遵行事項之財務報告編製準則，由主管機關定之，不適用商業會計法第四章、第六章及第七章之規定（第 2 項）。第一項財務報告應經董事長、經理人及會計主管簽名或蓋章，並出具財務報告內容無虛偽或隱匿之聲明（第 3 項）。前項會計主管應具備一定之資格條件，並於任職期間內持續專業進修；其資格條件、持續專業進修之最低進修時數及辦理進修機構應具備條件等事項之辦法，由主管機關定之（第 4 項）。」

㈡現行條文內容

　　2018 年 12 月 5 日修正時，於證券交易法第 14 條增列第 5 項：「股票已在證券交易所上市或於證券櫃檯買賣中心上櫃買賣之公司，依第二項規

定編製年度財務報告時，應另依主管機關規定揭露公司全體員工平均薪資及調整情形等相關資訊。」至同條文其餘四項內容，則均未異動。

㈢修正緣由與目的

晚近股市屢破萬點，外匯存底亦持續攀高，但社會大眾之薪資水準，卻反而呈現嚴重倒退之情況。為使企業改善低薪現象，故經立法委員多人聯署，提案修正「證券交易法第十四條」，嗣於該條新增第五項規定。

依據新增訂之證券交易法第 14 條第 5 項條文意旨，上市櫃公司，在提報財務報告時，必須揭露當年度內全體員工薪資調整資訊，以符合企業社會公義，並查核獲利之企業是否合理提供員工應得薪資。

未來上市櫃公司應揭露資訊的內容與施行日期，將配合金管會公司治理藍圖的施行時程分階段辦理。其中的第一階段，上市櫃公司即須揭露非主管的員工福利、薪資平均費用、公司每股盈餘 (EPS)，另再列入同業平均數字，如此便可看出該公司跟同業間之差異，以及企業「經營績效與員工薪酬的關聯性及合理性」。從這些資訊之揭露，得以具體呈現哪些上市櫃公司員工薪水偏低，甚至多久未替員工加薪，此對企業之評價與形象，必然頗有影響，而其主要目的，則為使企業重視並改進低薪之現象。茲因本項規定府新公布施行，實際成效如何，自有待後續加以觀察。

第五節　結　語

我國政府為維證券市場之管理與運作，達成保障證券投資之目的，前後所訂法令規章，計達 1500 種以上。惟無論法令如何建構或更迭，證券交易法仍是證券交易之基本規範，其重要性遠非其他法令章則所能比擬。

在證券交易法中，其法條各因不同之立法目的，而存有各種不同之屬性，例如其中分別有私法、行政法、刑事法之規定，故證券交易法乃具有私法與公法性質之混合性規範。

就證券交易法規範之對象而言，乃以該法第 4 條所明訂之「依公司法組織之股份有限公司」為主。而依該法第 2 條後段規定，本法未規定者，

適用公司法及其他有關法律之規定，顯見該法乃屬商事法中公司法之特別法。

　　證券交易法之規定，實際上並不僅限於「有價證券之募集、發行、買賣」，其他有關證券交易之諸多事項，亦屬於該法之規範範圍。由於證券交易涉及之事項龐雜，且隨著社會與經濟環境之發展而快速變遷，有些立法時視為理所當然之規定，可能未久即又顯不合時宜，故為避免滋生爭議，更為發展國民經濟，保障投資，如有不妥適之規定，自應儘速妥善評估研酌，俾進行修法；並配合修正其他相關之行政規章；而修法之後，則又須落實執行，始能配合國際化、自由化之彈性運作。

▶ 行政命令

黃舒芃　著

　　本書旨在說明行政命令於整個國家法秩序體系中扮演的角色，協助建立讀者對行政命令的基本概念。本書特別著眼於行政命令概念發展的來龍去脈，藉此凸顯相關爭議的問題核心與解決途徑。本書先介紹行政命令在德國憲法與行政法秩序中的發展脈絡，並在此基礎上，回歸探討我國對德國行政命令概念體系的繼受，以及這些繼受引發的種種問題。最後，本書針對我國行政命令規範體制進行檢討，從中歸納、解析出行政命令爭議核心，以及成功發展行政命令體系的關鍵。

▶ 地方自治法

蔡秀卿　著

　　本書內容大致上分為三大部分，一為地方自治之基礎概念，包括地方自治的基本概念、我國地方自治法制之歷史、地方自治之國際保障及地方自治團體。二為住民自治部分，即住民之權利義務。三為團體自治部分，包括地方自治團體之事務、地方自治團體之自治立法權、地方自治團體之自治組織權及中央與地方及地方間之關係。本書除以法理論為重外，並具歷史性、前瞻性及國際性之特色。

▶ 無因管理

林易典　著

　　本書之主要內容為解析無因管理規範之內涵，並檢討學說與實務對於相關問題之爭議與解釋。本書共分十三章：第一章為無因管理於民法體系中之地位，第二章為無因管理之體系與類型，第三章為無因管理規範之排除適用與準用，第四章至第六章為無因管理債之關係的成立要件，第七章為無因管理規範下權利義務的特徵，第八章至第十章為管理人之義務，第十一章為管理人之權利，第十二章為管理事務之承認，第十三章為非真正無因管理。期能使讀者在學說討論及實務工作上，能更精確掌握相關條文之規範意旨及適用，以解決實際法律問題。

▶ 物權基本原則

陳月端　著

　　本書主要係就民法物權編的共通性原理原則及其運用，加以完整介紹。近年的物權編修正及歷年來物權編考題，舉凡與通則章有關者，均是本書強調的重點。本書更將重點延伸至通則章的運用，以期讀者能將通則章的概括性規定，具體運用於其他各章的規定。本書包含基本概念的闡述、學說的介紹及實務見解的補充，更透過實例，在基本觀念建立後，使讀者悠遊於條文、學說及實務的法學世界中。

▶ 刑法構成要件解析

柯耀程　著

　　構成要件是學習刑法入門的功夫，也是刑法作為規範犯罪的判斷基準。本書的內容，分為九章，先從構成要件的形象，以及構成要件的指導觀念，作入門式的介紹，在理解基礎的形象概念及指導原則之後，先對構成要件所對應的具體行為事實作剖析，以便理解構成要件規範對象的結構，進而介紹構成要件在刑法體系中的定位，最後進入構成要件核心內容的分析，從其形成的結構，以及犯罪類型作介紹。本書在各章的開頭採取案例引導的詮釋方式，並在論述後，對於案例作一番檢討，使讀者能夠有一個較為完整概念。

▶ 未遂與犯罪參與

蕭宏宜　著

　　本書是三民「刑法法學啟蒙書系」的一部份，主要內容聚焦於不成功的未遂與一群人參與犯罪。簡單說，做壞事不一定會成功，萬一心想事不成，刑法要不要介入這個已經「殘念」的狀態，自然必須考量到失敗的原因，做出不同的反應；當然，做壞事更不一定什麼細節都得親自動手，也可以呼朋引伴、甚至控制、唆使、鼓勵別人去做。不論是未遂或犯罪參與的概念闡述與爭議問題，都會在這本小書中略做討論與說明，並嘗試提供學習者一個有限的框架與特定的角度，抱著多少知道點的前提，於群峰中標劃一條簡明線路。

▶ 公司法原論
廖大穎　著

　　本書係配合民國一〇四年公司法部分條文修正之最新版，內容以資合性的股份有限公司與人合性的無限公司、兩合公司及有限公司制度為兩大主軸，非常適合學術界與實務界人士參考。本書將我國公司組織的實態與運作，配合現行法的規範，區分為四個單元，十九個章節，針對我國的企業型態與公司法制，提綱挈領，簡明扼要剖析公司與法律的基本設計，並試圖藉由本書，勾勒出現代公司法的原貌，以開啟大學相關科系學生與一般讀者對公司法學的興趣。當然，就企業併購法之相關公司法制部分，亦將之納入本書的範疇，尤其是民國一〇四年企業併購法修正的部分，期以完整呈現我國目前的公司法制。

▶ 證券交易法導論
廖大穎　著

　　證券交易法制是一門隨著時間快速變化的學科。本書在章節安排與內容編寫上，試圖以最基礎的市場法制體系，引領初學者一窺證券交易法，使修習證券交易法課程的同學，能在短時間內掌握我國證券市場一個簡明而完整的輪廓。本書係配合最新修正證券交易法條文的修訂版，前後共分三篇十一章，就發行市場、流通（交易）市場的規制、證券法制與企業秩序、證券交易機關之構造及證券投資人保護法等主軸，依照現行法典所規範的內容撰寫而成，是一本淺顯而易懂的參考書籍。

▶ 商事法
劉渝生　著

　　本書採用教科書之形式編寫，其內容包括商業登記法、公司法、票據法、海商法、保險法及公平交易法六大部分，而讀者閱讀本書時，可參照六法全書相關之法律條文逐次研讀，則可使體系及內容更加明確。在各章、節後附有問答題，可測知讀者瞭解程度。一般之問答題為參加國內各類考試應予加強重點所在，實例式之問答題則有助於將理論與實際融為一爐，讀者解答後，不但會有豁然貫通之感，且學習興趣亦能相對提高。

▶ 保險法論

鄭玉波　著

劉宗榮　修訂

　　本書在維持原著《保險法論》的精神下，修正保險法總則、保險契約法的相關規定，並通盤改寫保險業法。本書的特色如下：

1. 囊括保險契約法與保險業法，內容最完備。
2. 依據最新公布的保險法條文修正補充，資料最新穎。
3. 依據大陸法系的體例撰寫，銜接民法，體系最嚴明。
4. 章節分明，文字淺顯易懂，自修考試兩相宜。

▶ 公司法實例研習

曾淑瑜　著

　　公司法乃是兼具理論與實務之一部法律，除法律人外，不論是會計師、公司負責人，或者是企業從業人員，若能事先釐清相關問題，靈活運用，在商場上就如同手持利器，開天闢地，無往不利。本書不採傳統教科書模式，而以實例導引出各章、節重點。除仍保留系統化之特色外，亦增加思考問題之空間。四版的內容除將上一版次後一〇四年、一〇二年、一〇一年及一〇〇年的修法納入外，亦納入其他有關修正法律的資料，最重要的是新增閉鎖性股份有限公司的題目，資料新穎。配合例題演練，更收綜效之功。